westermann

Andreas Blank, Helge Meyer, Helmut Müller, Monika Nelles, Peter Pade

Herausgeber: Andreas Blank, Helge Meyer

Betriebswirtschaftslehre mit Rechnungswesen

Band 1

für die Fachhochschulreife
für Wirtschaft und Verwaltung nach Anlage C APO-BK (Höhere Handelsschule)

4. Auflage

Bestellnummer 30172

Legende der verwendeten Verweise

Volkswirtschaftslehre	**→VWL**	Mathematik	**→Mathe**
Informationswirtschaft	**→IW**	Band 2	**→Bd. 2**
Politik/Gesellschaftslehre	**→P/G**	Arbeitsheft	**→LS**

Zu jedem Lehrbuch gibt es ein Arbeitsheft. Hier werden die Handlungssituationen zu den jeweiligen Kapiteln des Lehrbuchs aufgegriffen (in diesem Buch mit dem Icon LS gekennzeichnet) und über zusätzliche Arbeitsaufträge und methodischen Hinweise, die einen handlungsorientierten Unterricht steuern, in Lernsituationen überführt. Die Lernsituationen unterstützen die Schüleraktivierung und berücksichtigen Formen des kooperativen Lernens.

service@westermann.de
www.westermann.de

Bildungsverlag EINS GmbH
Ettore-Bugatti-Straße 6-14, 51149 Köln

ISBN 978-3-427-**30172**-1

westermann GRUPPE

Vorwort

Dieses zweibändige Lehr- und Arbeitsbuch erfüllt die Anforderungen des Lehrplans für das Fach Betriebswirtschaftslehre mit Rechnungswesen in der Höheren Berufsfachschule Typ Wirtschaft und Verwaltung (Höhere Handelsschule) für das Land Nordrhein-Westfalen. Der Gesamtinhalt für die Jahrgangsstufe 11 geht aus nachfolgendem Inhaltsverzeichnis hervor.

Um den Schülerinnen und Schülern die Lerninhalte zu veranschaulichen, wird bei der Erarbeitung sämtlicher Handlungsfelder ein Modellunternehmen, die **Bürodesign GmbH**, zugrunde gelegt. Dies unterstützt die Anschauung und bietet einen Fundus an konkreten betrieblichen Situationen, mit denen sich die Schülerinnen und Schüler identifizieren können.

Die im Lehrplan vorgesehenen Handlungsfelder sind in sachlogisch strukturierte Unterrichtseinheiten gegliedert. Diese nehmen die Anforderungssituationen des Lehrplans auf. Der Umfang der einzelnen Kapitel entspricht den Stundenrichtwerten der Richtlinien. Das didaktische Prinzip der Handlungsorientierung sowie die Orientierung am Erfahrungshorizont der Schüler sind durchgehend verwirklicht worden, um den Schülerinnen und Schülern die geforderten Kompetenzen zu vermitteln.

Jede Unterrichtseinheit (= Gliederungspunkt im Buch) wird mit einer unternehmens- und fachtypischen **Handlungssituation** eingeleitet. Über Arbeitsaufträge werden die Schülerinnen und Schüler zur eigenständigen Lösung motiviert. Mit der verständlichen Darstellung und Erläuterung der Inhalte **des Sachinhalts** an Beispielen werden Hilfen zur Entwicklung eigener Lösungsvorschläge und damit zu einer identifizierenden Handlungsorientierung angeboten. Dabei verzichten die Autoren bewusst auf die Darstellung von Spezialkenntnissen. Stattdessen vermitteln sie betriebswirtschaftliche Zusammenhänge als Grundstruktur des Faches und beachten zudem das exemplarische Prinzip. Das Rechnungswesen wird als Informations-, Kontroll- und Steuerungssystem dargestellt und in den Dienst betriebswirtschaftlicher Problemlösungen gestellt. Jeder Abschnitt schließt mit einer **Zusammenfassung** der Lerninhalte und einem umfangreichen **Aufgabenteil** ab.

Zahlreiche Aufgaben sind zur Wiederholung, Vertiefung und Anwendung des Gelernten geeignet. Insbesondere werden zu jeder Unterrichtseinheit Aufgaben angeboten, die für die im Lehrplan geforderten Kompetenzkategorien der Sozialkompetenz und Selbstständigkeit herangezogen werden können, z. B. Referate, Materialsammlungen, kleine Projekte, Rollenspiele, kritische Reflexionen usw. Sie sind mit sog. **Kompetenzquadraten** gekennzeichnet.

Mithilfe dieser Icons werden die Kompetenzen hervorgehoben, die in der jeweiligen Aufgabe im Vordergrund stehen oder besonders gefördert werden.

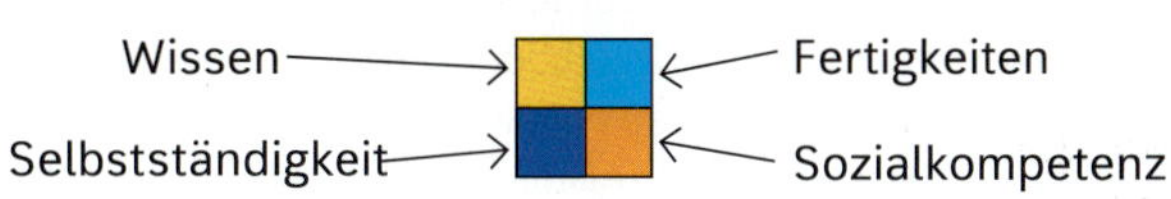

Grundsätzlich haben die vier im Lehrplan geforderten Kompetenzen eine feste Stellung im Kompetenzquadrat, der jeweils eine Farbe zugeordnet wird.

Aspekte der **beruflichen Bildung in der digitalen Welt** werden in Handlungssituationen, Sachinhalt und Aufgaben durchgängig berücksichtigt.

Zum Abschluss der Handlungsfelder werden **handlungsfeldübergreifende Aufgaben** angeboten, die sich auf den gesamten Lernstoff eines Handlungsfeldes beziehen. Darüber hinaus werden im 2. Band integrierte Aufgaben zur Prüfungsvorbereitung vorgestellt. Im Lehrerhandbuch (Bestellnummer 30194) sind alle Aufgaben ausführlich gelöst. Zusätzlich sind im Lehrbuch an verschiedenen Stellen blaue Web-Icons in der Randspalte eingefügt, hierzu können Sie unter **BuchPlusWeb** auf der Internetseite des Bildungsverlags EINS zusätzliche Materialien wie Belegvordrucke der Bürodesign GmbH und ihrer Kunden und Lieferanten kostenlos herunterladen.

Die Verfasser

Inhaltsverzeichnis

Gesetzesabkürzungen

Abgabenordnung	AO
Aktiengesetz	AktG
Betriebsverfassungsgesetz	BetrVG
Bürgerliches Gesetzbuch	BGB
Bundes-Immissionsschutzgesetz	BImSchG
Chemikaliengesetz	ChemG
Einkommensteuergesetz	EStG
Elektro- und Elektronikgerätegesetz	ElektroG
Gebrauchsmustergesetz	GebrMG
Gefahrgutverordnung Straße, Eisenbahn und Binnenschifffahrt	GGVSEB
Genossenschaftsgesetz	GenG
Gesetz gegen den unlauteren Wettbewerb	UWG
Gesetz gegen Wettbewerbsbeschränkungen	GWB
Gesetz über elektronische Handelsregister und Genossenschaftsregister	EHUG
Gewerbeordnung	GewO
GHS-Verordnung	GHS-V
GmbH-Gesetz	GmbHG
Grundgesetz	GG
Handelsgesetzbuch	HGB
Kreislaufwirtschaftsgesetz	KrWG
Markengesetz	MarkenG
Patentgesetz	PatG
Produkthaftungsgesetz	ProdHaftG
Produktsicherheitsgesetz	ProdSG
Schulgesetz	SchulG
Signaturgesetz	SigG
Strafgesetzbuch	StGB
Umsatzsteuergesetz	UStG
Umweltverträglichkeitsprüfungsgesetz	UVPG
Verpackungsgesetz	VerpackG
Zivilprozessordnung	ZPO

Handlungsfeld 1:

Unternehmensstrategien und Management

1 Ein Unternehmen untersuchen und kennenlernen

Im Handlungsfeld 1 werden Sie ein Unternehmen untersuchen und kennenlernen. Dazu werden Sie zunächst Kriterien erarbeiten, anhand derer Sie das Unternehmen beschreiben können. Im Anschluss daran werden Sie mit der Bürodesign GmbH ein mittelständisches Industrieunternehmen kennenlernen, das Büromöbel herstellt. Am Beispiel der Bürodesign GmbH werden die bei der Leistungserstellung zusammenwirkenden Prozesse erläutert und es werden die Geld-, Güter- und Informationsströme im Unternehmen nachvollzogen.

Im Prozess der betrieblichen Wertschöpfung werden Sie die für das Unternehmen typischen Wertströme erfassen und dokumentieren. Ferner lernen Sie das Controlling als zentrales Steuerungsinstrument kennen.

Anhand der erarbeiteten Merkmale können Sie jetzt eine kriteriengeleitete Analyse eines regional ansässigen Unternehmens durchführen.

2 Die Führung eines Unternehmens nachvollziehen

Anschließend werden Sie Unternehmensleitbilder, Unternehmensphilosophien und Unternehmensziele kennenlernen. Vor dem Hintergrund dieser Kenntnisse können Sie so die unternehmenspolitische Zielsetzung der untersuchten Unternehmen verstehen und die Führung eines Unternehmens nachvollziehen.

1 Ein Unternehmen untersuchen und kennenlernen

1.1 Das Unternehmen in den gesamtwirtschaftlichen Zusammenhang einordnen

1.1.1 Unterschiedliche Unternehmenstypen vergleichen

→LS

Sabine Sommer und Bülent Özdemir haben die Fachoberschulreife in der Tasche und wollen in der Höheren Handelsschule den schulischen Teil der Fachhochschulreife erwerben. Nach der Einschulung und dem Kennenlernen ihrer neuen Mitschüler sitzen sie neugierig in der ersten Stunde des Unterrichts im Fach Betriebswirtschaftslehre mit Rechnungswesen. Ihr Klassenlehrer, Herr Frank, ist auch ihr Fachlehrer. Er stellt ihnen das Fach vor und erläutert den Unterricht bis zu den Herbstferien. *„Im Fach Betriebswirtschaftslehre mit Rechnungswesen steht das Unternehmen mit seinen Leistungen, seinen Zielen und seinen Anspruchsgruppen im Mittelpunkt unserer Arbeit. Um ein Unternehmen konkret kennenzulernen, werdet ihr noch vor den Herbstferien einen Betrieb in der Region besuchen. Damit ihr wisst, worauf ihr achten müsst, wollen wir vorher Kriterien erarbeiten und abstimmen, anhand derer das Unternehmen beschrieben werden kann. Damit wollen wir uns in den kommenden Stunden beschäftigen."* Sabine meldet sich. *„Ich kenne natürlich viele Unternehmen aus der Werbung und vom Namen her. Aber lassen die uns auch hinein?" „Keine Angst"*, erwidert Herr Frank lächelnd, *„wir haben mit der Bürodesign GmbH, einem Hersteller von Büromöbeln, einen Kooperationspartner gewonnen, der sich schon auf euren Besuch freut. Viele ehemalige Schüler haben übrigens bei der Bürodesign GmbH einen Ausbildungsplatz bekommen!" „Und was sollen wir da machen?"*, fragt Bülent, der begeisterter Hobbyfotograf ist. *„Fotos wären nicht schlecht, oder?"* Herr Frank lacht: *„Nein, nein, ihr sollt die Bürodesign GmbH anhand betriebswirtschaftlicher Kriterien untersuchen. Zum Beispiel sollt ihr feststellen, um welchen Betriebstyp es sich bei der Bürodesign GmbH handelt, in welchem Wirtschaftszweig das Unternehmen tätig ist, auf welcher Stufe der Verarbeitung es angesiedelt ist usw. Also, gehen wir an die Arbeit!"*

Arbeitsaufträge

- ***Erstellen Sie eine Liste von Betriebstypen nach der Art der erbrachten Leistung, dem Verwendungszweck, dem Wirtschaftszweig und der Zielsetzung und suchen Sie für jeden der genannten Betriebstypen ein Unternehmen aus der Region.***
- ***Vergleichen Sie die gefundenen Betriebe anhand der erarbeiteten Kriterien.***
- ***Erstellen Sie eine Wandzeitung oder ein digitales Produkt der Betriebstypen. Hängen Sie die Wandzeitung in der Klasse auf bzw. sichern Sie das digitale Produkt in der Cloud.***

→VWL

Unsere Wirtschaft besteht aus einer Vielzahl von Akteuren, die alle Aufgaben arbeitsteilig wahrnehmen. Dabei haben sich im Wesentlichen zwei Akteure herausgebildet: **Unternehmen**, die die Güter und Dienstleistungen produzieren und dafür investieren, und **Haushalte**, die diese Güter und Dienstleistungen konsumieren.

Beispiele

- *Die Bürodesign GmbH als Unternehmen stellt Büromöbel her; die Vereinigte Spanplatten AG produziert u. a. Sperr- und Furnierholz; die Abels, Wirtz & Co. KG produziert Schlösser und Beschläge.*
- *Der Vater von Caroline Baum als Haushalt kauft der angehenden Kauffrau einen Schreibtisch.*

Das **Unternehmen** ist die rechtliche und organisatorische Einheit.

Beispiel *Bürodesign GmbH*

Der **Betrieb** ist die technische und organisatorische Einheit zur Erstellung von Gütern und Dienstleistungen, d.h. der Ort der Leistungserstellung. Betriebe sind der zugehörigen Unternehmung untergeordnet.

Beispiel *Die Lackiererei als Betrieb ist Teil des Unternehmens Bürodesign GmbH in Köln.*

Da Betrieb und Unternehmen häufig identisch sind, werden die Begriffe in der Praxis oft **synonym**, d.h. sinnverwandt, verwendet.

Betriebe können anhand einer Vielzahl von **Kriterien strukturiert** werden. So anhand der Art der erbrachten Leistung, des Verwendungszwecks der Leistung, des Wirtschaftszweiges, der Stufen der Verarbeitung, der Zielsetzung, der Kostenstruktur, der Häufigkeit der Leistungswiederholung und der Organisation der Fertigung.

■ Art der erbrachten Leistung

Hiernach werden Betriebe unterschieden in Sachleistungsbetriebe und Dienstleistungsbetriebe.

- Typische Vertreter der **Sachleistungsbetriebe** sind Maschinen-, Automobil-, Schuh- oder Möbelfabriken.
  Beispiel *Bürodesign GmbH*

- Zu den **Dienstleistungsbetrieben** gehören beispielsweise Banken, Versicherungen, Spediteure, Verkehrsbetriebe, Groß- und Einzelhandelsbetriebe.
  Beispiel *Sparkasse KölnBonn*

■ Verwendungszweck der Leistungen

Sachgüter und Dienstleistungen können für unterschiedliche Verwendungszwecke produziert werden.

- **Konsumgüter** werden von privaten Haushalten gekauft und verbraucht (**Verbrauchsgüter**, z.B. Lebensmittel) oder gebraucht (**Gebrauchsgüter**, z.B. Fahrrad, Waschmaschine). Alle Betriebe, die Güter herstellen, die vom Verbraucher gekauft und verwendet werden, fasst man unter dem Begriff **Konsumgüterindustrie** zusammen. →VWL

- **Produktivgüter** hingegen werden ausschließlich von Betrieben verwendet. Sie werden zur Herstellung neuer Güter eingesetzt (= investiert). Deshalb werden sie auch als **Investitionsgüter** bezeichnet.

  Beispiele
  - *Die Bürodesign GmbH bezieht von der Stammes Stahlrohr GmbH Stahlrohre für ihre Ablagetische „Stand".*
  - *Die Bürodesign GmbH schafft für die Fertigung drei Furnierschneidemaschinen sowie eine Absauganlage an. Produziert und geliefert werden diese Güter von der Maschinenbau AG.*

  Betriebe, die derartige Produktiv- oder Investitionsgüter herstellen, zählen zur **Investitionsgüterindustrie**.

■ Wirtschaftszweige →VWL

Die Herstellung vieler Sachleistungen ist oft derart umfangreich und kompliziert, dass daran verschiedene Betriebe in verschiedenen Produktionsstufen arbeitsteilig zusammenwirken.

- **Industriebetriebe** gewinnen Rohstoffe, erzeugen Energie und stellen durch Weiterverarbeitung Sachgüter her. Entsprechend ihren Aufgaben unterteilt man sie in Unternehmen der Grundstoff-, Investitionsgüter- und Konsumgüterindustrie.

Grundstoffindustrie	Investitionsgüterindustrie	Konsumgüterindustrie
Gewinnung von Rohstoffen Erzeugung von Energie ***Beispiele*** • *Abbau von Kohle, Erzen* • *Fördern von Öl* • *Atomkraft- und Elektrizitätswerke*	Weiterverarbeitung von Rohstoffen zu Produktionsgütern ***Beispiele*** • *Maschinenbau, Hersteller von Furnierzuschneidemaschinen* • *Hersteller von Computern für Unternehmen* • *Hersteller von Lkws*	Weiterverarbeitung zu Konsumgütern ***Beispiel*** • *Bürodesign GmbH, die Büromöbel für den Endverbraucher herstellt*

- **Handwerksbetriebe** sind i. d. R. kleiner als Industriebetriebe. Im Gegensatz zum Industriebetrieb produzieren sie auf Bestellung und vertreiben ihre Leistungen meist direkt an den Endverbraucher.

  Beispiele
  - *Der Glasermeister Meyer setzt im Verkaufsraum der Bürodesign GmbH zwei neue Scheiben ein.*
  - *Vom Maler- und Lackiererbetrieb Helmut Müller e. K. lässt die Bürodesign GmbH demnächst einen neuen Außenanstrich durchführen.*
  - *Der Installations- und Sanitärbetrieb Schmitz installiert für die Mitarbeiter der Produktion in der Fertigung drei neue Duschanlagen.*

- **Handelsbetriebe** beschäftigen sich mit dem Austausch von Gütern.
  - Ein **Großhandelsbetrieb** bezieht Güter vom Hersteller und verkauft sie an Einzelhändler und Großverbraucher weiter.
    Beispiel *Die Bürobedarfsgroßhandlung Schneider & Co. OHG bezieht ihr Sortiment von verschiedenen Herstellern und liefert in kleineren Mengen an den Einzelhandel aus.*
  - Ein **Einzelhandelsbetrieb** bezieht die Güter vom Großhandel oder direkt von Herstellern und verkauft sie in kleineren Mengen an den Endverbraucher.
    Beispiele *Im Fachgeschäft für Bürozubehör werden einzelne Kugelschreiber verkauft, im Fachgeschäft für Büromöbel kann ein Schreibtisch erworben werden.*
  - →VWL Ein **Außenhandelsbetrieb** sorgt für den internationalen Güteraustausch. Hierbei handelt es sich um den Im- und Export von Gütern.
    Beispiele *Teppichgeschäfte, Importeure für Südfrüchte und für ostasiatische Kunst. Die Bürodesign GmbH exportiert Güter nach Italien.*

- **Verkehrsbetriebe** sind für den Transport von Gütern und Personen zuständig.
  Beispiel *Die Auslieferung der Büromöbel lässt die Bürodesign GmbH von der Spedition Rheintrans GmbH, in einigen Fällen von der Deutschen Bahn AG durchführen.*

- →Bd. 2 **Kreditinstitute** erledigen den **Zahlungsverkehr** und **vermitteln Kredite**.
  Beispiel *Die Bürodesign GmbH wickelt ihren Zahlungsverkehr über die Deutsche Bank, die Postbank Köln und die Sparkasse KölnBonn ab.*

- **Versicherungsbetriebe** übernehmen die Absicherung gegen bestimmte Risiken.

  Beispiele
  - *Die Bürodesign GmbH hat für ihre Lager- und Produktionshallen Gebäude- und Feuerversicherungen, für alle Mitarbeiter eine Unfallversicherung abgeschlossen.*
  - *Die Bürodesign GmbH übernimmt den Arbeitgeberanteil zur Kranken-, Renten-, Pflege- und Arbeitslosenversicherung ihrer Arbeitnehmer*
  - *Alle Geschäftsfahrzeuge der Bürodesign GmbH sind Kfz-haftpflichtversichert.*

Stufen der Verarbeitung

Ehe aus den Rohstoffen ein verwendbares Endprodukt wird, müssen verschiedene **Stufen der Verarbeitung** durchlaufen werden. Die **Betriebswirtschaftslehre** gliedert die Betriebe in Betriebe der **Urproduktion**, Betriebe der **Grundstofferzeugung** und Betriebe der **Materialverarbeitung**. →VWL

Beispiel *Die Bürodesign GmbH stellt u. a. den Konferenztisch „Logo" aus Massivholz mit Stahlbeinen her. Die hierbei verwendeten Stahlbeine bezieht sie von der Stammes Stahlrohr GmbH. Bis zur Fertigstellung des Konferenztisches werden folgende Stufen durchlaufen:*

- *Das Eisenerz stellt das Ausgangsmaterial für die vier Tischbeine dar. Die mit der Materialgewinnung beschäftigten Betriebe heißen **Betriebe der Urproduktion.***
- *Im Stahlwerk wird das Erz weiterverarbeitet. Im Hochofen entsteht dort unter großer Hitze flüssiger Stahl, der abgekühlt und in Form gewalzt wird. Dieser Walzstahl ist der Grundstoff für die weitere Verarbeitung. Weitere Grundstoffe, die von anderen Betrieben zu neuen Gütern verarbeitet werden, sind z. B. Kraftstoff, Kunststoffe, Papier, Fasern und Zellstoffe. Typische Vertreter dieser Betriebe sind chemische Betriebe, Erdölraffinerien und Hüttenbetriebe. Sie heißen **Betriebe der Grundstofferzeugung.***
- *Das Grundprodukt wird weiterverarbeitet. Aus dem Stahl werden die Tischbeine hergestellt. Diese Tischbeine werden dann von der Bürodesign GmbH eingekauft und unter die Tischplatte montiert. Das Endprodukt ist fertig. Die Stammes Stahlrohr GmbH und die Bürodesign GmbH zählen zu den **Betrieben der Materialverarbeitung.***

Die **Volkswirtschaftslehre** gliedert sich in die drei Sektoren der Urproduktion (**primärer Sektor**), der Verarbeitung (**sekundärer Sektor**) und der Dienstleistungen (**tertiärer Sektor**). →VWL

Zielsetzung

- Die meisten Betriebe sind bestrebt, aus dem Verkauf ihrer Güter und Dienstleistungen **Gewinn** zu erzielen. Man bezeichnet sie als **erwerbswirtschaftliche Betriebe**.
  Beispiel *Die Bürodesign GmbH stellt Büromöbel her. Hierbei entstehen Kosten. Der Verkaufspreis für diese Büromöbel muss nicht nur die Kosten decken, sondern darüber hinaus noch einen Gewinn für die Gesellschafter erbringen.*

- **Gemeinwirtschaftliche Betriebe** erbringen Aufgaben für die Gemeinschaft und wollen in erster Linie ihre Kosten decken.

  Beispiele
  - *Der Westdeutsche Rundfunk (WDR) in Köln ist ein öffentlich-rechtliches Unternehmen, das keinen Gewinn erzielen soll. Sein Ziel ist die flächendeckende Information aller Bürger.*
  - *Ein städtisches Krankenhaus hat als Ziel die Wiederherstellung der Gesundheit der Patienten.*
  - *Die Kölner Verkehrs-Betriebe AG erfüllt die Wünsche der Bürger nach bezahlbarer Mobilität.*

- **Genossenschaftliche Betriebe** sind gemeinwirtschaftliche Betriebe. Sie stellen die Förderung der Leistungsfähigkeit ihrer Mitglieder in den Vordergrund.
  Beispiel *Bei der Edeka eG haben sich Einzelhandelsbetriebe zu einer Einkaufsgenossenschaft zusammengeschlossen, um den Herstellern gegenüber als Einheit aufzutreten und so z. B. günstigere Einkaufspreise zu erzielen.*

Kostenstruktur

In jedem Betrieb werden zur Erstellung der Leistung Arbeit, Betriebsmittel und Werkstoffe (Roh-, →VWL Hilfs- und Betriebsstoffe) eingesetzt. Dabei kann das **Einsatzverhältnis der betrieblichen Produktionsfaktoren** je nach Unternehmen und Produkt unterschiedlich sein.

- In **arbeits- oder lohnintensiven Betrieben** stellen die Lohnkosten den größten Kostenanteil dar.
  Beispiel *Die Bürodesign GmbH lässt alle Büros und Flure, die Ausstellungsräume und sämtliche Glasflächen von Fachkräften der Gebäudereinigung Klein OHG reinigen. Die Klein OHG ist ein lohnintensiver Betrieb, weil etwa 80 % aller anfallenden Kosten Lohnkosten sind.*

- **Anlage- oder kapitalintensive Betriebe** sind durch umfangreiche Produktionsanlagen ge- →Bd. 2 kennzeichnet. Hier stellen die Kapitalkosten wie **Abschreibung** und Zinsen den größten Anteil an den Gesamtkosten dar.

  Beispiele
  - *In der Automobilindustrie werden große Teile der Produktionsarbeiten durch kapitalintensive Roboter weitgehend automatisiert. Diese ersetzen die menschliche Arbeitskraft.*
  - *Bei der Herstellung von Kunststoffen und anderen chemischen Produkten sind umfangreiche Produktionsanlagen und Gebäude erforderlich.*
  - *Ebenso setzt die Erzeugung von Strom aufwendige technische Einrichtungen wie Turbinen, Trafostationen und Leitungssysteme für den Transport der Energie zum Kunden voraus.*

- In **materialintensiven Betrieben** fallen die Materialkosten besonders ins Gewicht.

  Beispiele
  - *In der Uhrenindustrie werden Armbanduhren aus Massivgold, Platin oder Keramik hergestellt.*
  - *Das Ausgangsmaterial für Schmuck sind Gold, Silber, Platin, Diamanten und andere Edelsteine, die in der Schmuckwarenindustrie verarbeitet werden.*

Häufigkeit der Leistungswiederholung

Bei dieser Einteilung ist ausschlaggebend, ob die Erstellung einer Leistung, eines Produktes oder Erzeugnisses nur einmal erfolgt (**Einzelfertigung**) oder ob mehrere gleiche Produkte in großer Stückzahl hergestellt werden (**Mehrfach- oder Massenfertigung**, vgl. S. 345 ff.).

Beispiele

- *In Einzelfertigung werden Brücken, Kraftwerke, Produktionsanlagen und Spezialmaschinen hergestellt.*
- *Die meisten Produkte der Bürodesign GmbH wie Schreibtische und Regale werden in großen Stückzahlen durch Mehrfach- oder Massenfertigung hergestellt.*

Organisation der Fertigung

Hierbei geht es um die Frage, in welcher Weise die zur Leistungserstellung benötigten Maschinen angeordnet sind und wie die notwendigen Arbeitsgänge aufeinander abgestimmt werden. Die entsprechenden Verfahren, wie **Werkstatt-/Werkstättenfertigung, Reihen-, Fließ- und** →Bd. 2 **Gruppenfertigung**, werden in Band 2 vorgestellt.

Einteilung nach sonstigen Merkmalen

Betriebsgröße

Wird die Anzahl der Beschäftigten, der Umsatz, die Kapitalhöhe oder die Höhe der Bilanzsumme als Maßstab genommen, können anhand der Betriebsgröße **Kleinbetriebe, Mittelbetriebe** und **Großbetriebe** unterschieden werden.

Standort

- **Rohstofforientierte** Betriebe suchen die Nähe von Rohstoffvorkommen.
  Beispiel *Kohlekraftwerke siedeln sich in unmittelbarer Umgebung von Kohlebergwerken an, Fertigbetonhersteller findet man in der Nähe von Kiesgruben und Holz verarbeitende Betriebe wie die Vereinigte Spanplatten AG produzieren in direkter Nachbarschaft forstwirtschaftlicher Betriebe.*

- **Arbeitskraftorientierte** Betriebe suchen sich ihren Standort dort, wo das Lohnniveau am niedrigsten ist oder die gewünschte Qualifikation der Arbeitnehmer vorhanden ist.
  Beispiel *Betriebe der Textil- und Elektronikindustrie verlegen ihre Produktion in den Fernen Osten oder in osteuropäische Länder.*
- **Absatzorientierte** Betriebe suchen die Nähe der potenziellen Käufer.
  Beispiel *Fachgeschäfte des Einzelhandels, wie Schuh-, Textil-, Sport- und Kosmetikfachgeschäfte, lassen sich vorzugsweise in der Fußgängerzone der Innenstadt nieder, weil dort mit vielen Kunden zu rechnen ist.*
- **Verkehrsorientierte** Betriebe suchen günstige Verkehrsanbindungen.
  Beispiel *Speditionen siedeln sich in größeren Gewerbegebieten, in der Nähe von Autobahnen, Güterbahnhöfen, Schiffs- und Flughäfen an.*

Zusammenfassung: Unterschiedliche Unternehmenstypen vergleichen

Einteilungskriterium	Kennzeichen	Beispiele
Art der erbrachten Leistung	Sachleistungen Dienstleistungen	Möbelfabrik Steuerberater
Verwendungszweck der Leistung	Konsumgüter Produktiv-/Investitionsgüter	Schokoladenfabrik Maschinenbaufabrik
Wirtschaftszweige	Industriebetriebe Handwerksbetriebe Handelsbetriebe Verkehrsbetriebe Kreditinstitute Versicherungsbetriebe	Maschinenbau Schreinerei, Malerbetrieb Einzel-, Großhandel Deutsche Bahn AG Banken und Sparkassen Lebensversicherungen
Stufe der Verarbeitung	Gewinnung von Rohstoffen Herstellung von Grundstoffen Herstellung von Fertigprodukten	Braunkohlebergbau Erdölraffinerie Bürodesign GmbH
Zielsetzung	erwerbswirtschaftliche Ausrichtung gemeinwirtschaftliche Ausrichtung genossenschaftliche Ausrichtung	Automobilindustrie Stadtwerke Bonn Edeka eG
Kostenstruktur	arbeits- und lohnintensiver Betrieb anlage- und kapitalintensiver Betrieb materialintensiver Betrieb	Versicherungen Chemische Industrie Schmuckwarenindustrie
Leistungs-wiederholung	Einzelfertigung Mehrfach-, Massenfertigung	Schiffe, Fabrikationsanlagen Stapelstühle
Organisation der Fertigung	Werkstättenfertigung Reihen-, Fließ-, Gruppenfertigung	Möbel, Elektrogeräte Automobile
sonstige Merkmale	Betriebsgröße Standort – Rohstofforientierung – Arbeitskraftorientierung – Absatzorientierung – Verkehrsorientierung	

Aufgaben

1 *Unterscheiden Sie Sachleistungs- und Dienstleistungsbetriebe anhand von drei Beispielen.*

2 *Erklären Sie Konsum- und Investitionsgüter anhand von Beispielen.*

3 *Betriebe können nach verschiedenen Gesichtspunkten eingeteilt werden. Erstellen Sie eine Liste mit mindestens fünf Einteilungskriterien. Nennen Sie zu jedem Kriterium zwei Beispiele.*

4 *a) Finden Sie für jedes der folgenden Beispiele heraus, um welchen Betriebstyp es sich handelt:*
- *Lebensversicherungs AG*
- *Maschinenfabrik Klein OHG*
- *Meyers Konservenfabrik KG*
- *Kraftwerksbau AG*
- *Gebr. Meier OHG Import/Export*
- *Heinz Nagel e. K., Intern. Spedition*
- *Klever Bergwerksgesellschaft AG*
- *Hagel & Co. KG Schokoladenfabrik*

b) Finden Sie heraus, welche der in Aufgabe 4a) genannten Betriebe
1. rohstofforientiert, 2. absatzorientiert, 3. verkehrsorientiert, 4. Industriebetriebe, 5. Handelsbetriebe sind.

c) Klären Sie, welche der in Aufgabe 4a) genannten Betriebe ihre Produkte
1. in Einzelfertigung, 2. in Massenfertigung herstellen.

d) Welche der in Aufgabe 4a) genannten Betriebe stellen
1. Konsumgüter, 2. Produktivgüter her?

5 *Führen Sie eine Internetrecherche durch.*
a) Sehen Sie unter dem Stichwort „Maschinenbaubetriebe" nach, welche Betriebe es in Ihrer Region gibt.
b) Erstellen Sie eine Liste, in der Sie den folgenden Merkmalen jeweils drei Betriebe Ihrer Region zuordnen: Investitionsgüterindustrie, Großhandel, Spedition, Betriebe mit gemeinwirtschaftlicher Ausrichtung, anlage- und kapitalintensive Betriebe. Sie können die Liste auch als digitales Produkt, z. B. mithilfe eines Textverarbeitungsprogramms, erstellen.
c) Diskutieren Sie Gemeinsamkeiten und Unterschiede der gefundenen Lösungen.

6 *Werten Sie den Stellenmarkt der Wochenendausgabe Ihrer Tageszeitung oder eine Jobbörse im Internet aus. Ordnen Sie die gefundenen Betriebe den Betriebstypen zu.*

7 *Belegen Sie anhand eines Beispiels, dass der Schreibtisch Chef 2000 der Bürodesign GmbH sowohl Konsumgut als auch Investitionsgut sein kann.*

8 *Formulieren Sie für jeden der in der Zusammenfassung als Beispiel genannten Betriebstypen ein Sachziel.*

9 *Laut einer Prognose der führenden Wirtschaftsforschungsinstitute werden die Zuwächse in den kommenden Jahren ausschließlich im Bereich der Dienstleistungsbetriebe erzielt. Erarbeiten Sie Vorschläge für die Bürodesign GmbH, wie diese ihr Sachziel in Richtung auf einen Dienstleistungsbetrieb verändern könnte.*

10 *In der Volkswirtschaftslehre werden die Sektoren der Volkswirtschaft wie folgt gegliedert:*

Primärer Sektor (Urproduktion)	*Sekundärer Sektor (Verarbeitung)*	*Tertiärer Sektor (Dienstleistungen)*

Stellen Sie dem volkswirtschaftlichen Modell die betriebswirtschaftliche Einteilung der Betriebe nach den Stufen der Verarbeitung gegenüber.

1.1.2 Am Beispiel eines Industrieunternehmens die Funktionsbereiche und ihre Verknüpfungen herausarbeiten

Herr Frank ist mit der von seinen Schülern erstellten Wandzeitung und mit den digitalen Produkten zufrieden. „*Jetzt können wir Betriebe in den gesamtwirtschaftlichen Zusammenhang einordnen. Für den Besuch bei der Bürodesign GmbH wollen wir uns jetzt Betriebe von innen ansehen.*“ Bülent ist begeistert: „*Dann kann ich ja endlich meine Fotos machen!*“ Wieder bremst Herr Frank lächelnd: „*Nein Bülent, Fotos machen wir immer noch nicht. Wir wollten doch zuerst die Kriterien erarbeiten, anhand derer wir einen Betrieb beschreiben können!*“

Arbeitsaufträge

- ***Erstellen Sie ein weiteres Plakat oder digitales Produkt, in dem die betrieblichen Funktionsbereiche beispielhaft dargestellt werden.***
- ***Bilden Sie Arbeitsgruppen. Jede Gruppe sucht im Internet nach Organigrammen von Unternehmen. Im Anschluss daran präsentieren und vergleichen Sie die Ergebnisse softwaregestützt.***
- ***Erläutern Sie anhand eines Beispiels die Phasen der Planung, Entscheidung, Realisation und Kontrolle. Gehen Sie dabei insbesondere auf die Rolle der Geschäftsleitung ein.***

■ Betriebliche Grundfunktionen

Die **Aufgaben der Industriebetriebe** bestehen in der Herstellung und dem Vertrieb von Gütern und Dienstleistungen. Wegen der Komplexität der Aufgabenerfüllung müssen die einzelnen Arbeiten auf verschiedene Aufgabenträger (= Personen) aufgeteilt werden.

Beispiel *Die Aufgabe der Bürodesign GmbH ist im Gesellschaftsvertrag festgelegt. Sie lautet: „Die Gesellschaft betreibt die Herstellung und den Vertrieb von Büromöbeln.“*

Um die Aufgabe eines Industriebetriebes erfüllen zu können, ist eine Vielzahl von unterschiedlichen Arbeiten zu erledigen:

- Werkstoffe, Maschinen und Werkzeuge müssen eingekauft werden. Das ist Aufgabe der **Beschaffung**.
- Aus den Rohstoffen werden mithilfe von Arbeit, Maschinen und Werkzeugen Büromöbel hergestellt. Auch hierbei wirken mehrere Aufgabenträger mit; alle erforderlichen Arbeiten werden unter dem Begriff der **Produktion** zusammengefasst.
- Die fertigen Büromöbel warten im **Lager** auf ihren Verkauf und Transport zum Abnehmer.
- Es müssen Anstrengungen unternommen werden, die Büromöbel an die Kunden zu verkaufen. Dies erledigt der **Absatz**.
- Die beim Ein- und Verkauf entstehenden Verbindlichkeiten und Forderungen müssen gebucht, die Kosten erfasst werden. Dies geschieht im **Rechnungswesen** als Teil der **Verwaltung**.
- Schließlich muss jemand die Fäden in der Hand halten, die einzelnen Arbeiten planen, verteilen, dafür sorgen, dass alle Abteilungen reibungslos zusammenarbeiten, und dies auch kontrollieren. Dies sind die Aufgaben der **Geschäftsleitung**.

Die Aufgaben **Beschaffen, Produzieren, Lagern, Verkaufen, Verwalten** sowie **Leiten** fallen grundsätzlich in jedem Betrieb an. Sie heißen daher auch **betriebliche Grundfunktionen**. Damit auch Außenstehende erkennen können, wie die einzelnen Funktionsbereiche (= z. B.

Beschaffung, Produktion, Absatz und Verwaltung) zusammenarbeiten, verwendet man zur →INFO Darstellung ein **Organigramm** (vgl. S. 68ff). Hierin sind die Aufgaben, die Aufgabenträger sowie die Über- und Unterordnungsverhältnisse in einer hierarchischen Darstellung veranschaulicht.

Beispiel *Organigrammausschnitt der Bürodesign GmbH (vgl. S. 27)*

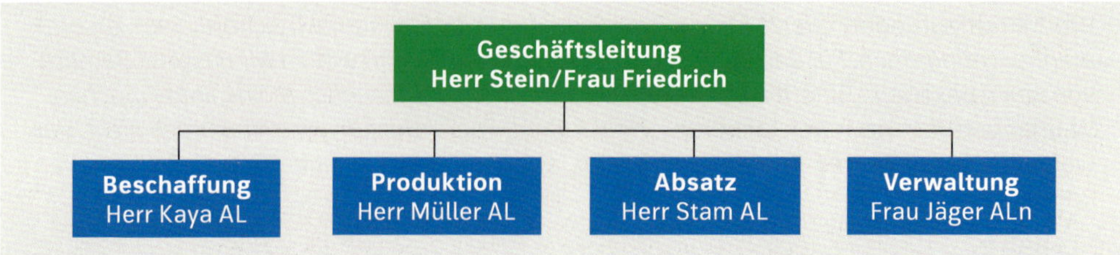

■ Führungsaufgaben

Die Hauptaufgaben der Geschäftsleitung bestehen in der Vorgabe von Zielen, der Planung, Entscheidung, Realisation und der Kontrolle, ob die angestrebten Ziele erreicht wurden, und in der Sicherstellung der Kommunikation (vgl. S. 178ff.).

- **Zielsetzung:** Ausgangspunkt einer effizienten Planung ist eine eindeutige **Zielvorgabe**.

  Beispiel *Die Geschäftsleitung der Bürodesign GmbH hat für das kommende Geschäftsjahr folgende Ziele vorgegeben:*
  - *Im nächsten Jahr soll unser Betrieb einen Umsatz von 5 Mio. € erzielen.*
  - *Die Kosten sollen im nächsten Jahr nicht höher als 3 Mio. € sein.*

  Die Festlegung von realistischen Zielen setzt voraus, dass der Geschäftsleitung hinreichende **Informationen** über die abgelaufene Geschäftsperiode, die voraussichtliche Marktentwicklung, das Verhalten der Konkurrenz und die Kosten- und Preisentwicklung vorliegen.

- **Planung:** Liegen die Ziele fest, muss überlegt werden, **wie** diese Ziele erreicht werden können. Dies geschieht durch die **Planung**. Jede Produktion ist betriebswirtschaftlich sinnlos, wenn die hergestellten Güter nicht abgesetzt werden können. Deshalb ist die Planung des Absatzes die wichtigste Arbeit. Vom Absatzplan hängt ab, welche Mengen produziert werden können, welche Rohstoffe, Maschinen und Werkzeuge beschafft und wie viele Arbeitskräfte eingestellt werden müssen.

  Grundlage der Planung sind **Informationen** über die Kundenbedürfnisse, die Preissituation, die Konkurrenz, die Einkommensentwicklung usw. Diese Informationen werden durch Marktforschung gewonnen und im Rahmen des Marketing aufbereitet.

  Ergebnis der Planungsüberlegungen sind verschiedene Einzelpläne für die Funktionsbereiche. Damit die Pläne der Erreichung desselben Zieles dienen, müssen sie abgestimmt werden.

  Beispiel *Bürodesign GmbH: Planung für das nächste Jahr:*
  Zielvorstellung für d. n. J.: Umsatz 5 Mio. €, Kosten 3 Mio. €, Gewinn 1 Mio. €

Einzelpläne	Inhalt	Konkrete Formulierung	
→Bd. 2 **Absatzplan Umsatzplan**	Planung des Absatzes und des Umsatzes nach Abnehmern und Märkten gegliedert	Soll-Umsatz für d. n. J. Soll-Absatz für d. n. J.	5 Mio. € 24000 St.
→Bd. 2 **Produktionsplan**	Planung des Ablaufes der Produktion, der dafür benötigten Zeiten und des Arbeitskräftebedarfs	Soll-Produktion für d. n. J. (Lagerbestände 4000 St.) Soll-Arbeitskräfte für d. n. J. Ist-Arbeitskräfte	20000 St. 25 20

Einzelpläne	Inhalt	Konkrete Formulierung	
Kapazitätsplan	Planung der baulichen Maßnahmen und der erforderlichen maschinellen Anlagen	Soll-Maschinen für d. n. J. Ist-Maschinenbestand	12 10
Investitionsplan	Planung der aus dem Kapazitätsplan abgeleiteten Investitionen	Soll-Maschinenbeschaffung	2 St.
Personalplan	Planung der Anzahl und der Qualifikationen der Mitarbeiter	Soll-Personalbeschaffung	5 Personen
Materialbeschaffungsplan	Planung der aus dem Produktionsplan abgeleiteten Beschaffungsmengen	Bestand im Rohstofflager Soll-Rohstoffbeschaffung	8000 St. 12000 St.
Finanzplan	Planung des für die geplante Produktion erforderlichen Kapitals	Soll-Kapitalbedarf für d. n. J. – eigene Mittel	2,5 Mio. 1 Mio.
		Soll-Kapitalbeschaffung	1,5 Mio.

→Bd. 2

- **Entscheidung:** Am Ende eines jeden Planungsvorgangs steht eine **Entscheidung**. Diese Entscheidungen sind Soll-Vorgaben, die für das Handeln der einzelnen Aufgabenträger maßgeblich sind.

Beispiel *Auf der Basis des Absatzplanes der Bürodesign GmbH wird der Produktionsplan erstellt. Hieraus lassen sich Entscheidungen für den Kapazitäts-, Investitions-, Personalplan und weitere Pläne ableiten.*

Die Soll-Vorgaben stellen auch die Werte dar, die später auf ihre Realisierung und Einhaltung hin überprüft werden.

- **Realisation:** Der Entscheidung folgen Anweisungen, wie ihre Umsetzung, d. h. **Realisation,** zu erfolgen hat. Die hierbei auftretenden Einzelprobleme, wie Arbeitsverteilung auf **Stellen**, Festlegung der Anordnungsbefugnisse und Gestaltung der Umsetzung, d. h. Informationswege zwischen den einzelnen Abteilungen, werden durch organisatorische Maßnahmen geregelt. →Bd. 2

- **Kontrolle:** Die Geschäftsleitung muss bei ihren Planungen davon ausgehen, dass die gesetzten Ziele erreicht werden. Hierzu muss sie den betrieblichen Ablauf **kontrollieren**. Dies geschieht durch die Instrumente des Rechnungswesens (Finanzbuchhaltung, Kostenrechnung, Statistik). Wichtig ist, dass diese Instrumente nicht erst zum Ende des Geschäftsjahres, sondern kontinuierlich eingesetzt werden.

Beispiel *Um die geplante Soll-Absatzmenge und den Soll-Umsatz besser kontrollieren und im Bedarfsfall rechtzeitig eingreifen zu können, werden die Jahreswerte zunächst auf ein Quartal umgerechnet. Am Ende des 2. Quartals ergeben sich die nachfolgenden Werte.*

Absatz/Umsatz		1. Quartal	2. Quartal	3. Quartal	4. Quartal	Jahreswerte
Soll	Absatz Umsatz	6000 St. 1000000,00 €	6000 St. 1000000,00 €	6000 St. 1000000,00 €	6000 St. 1000000,00 €	24000 St. 4000000,00 €
Ist	Absatz Umsatz	5000 St. 833333,00 €	6500 St. 1083333,00 €			
Abweichungen	Absatz Umsatz	– 1000 St. – 166667,00 €	+ 500 St. + 83333,00 €			

Im ersten Quartal wurden der vorgegebene Absatz und Umsatz nicht erreicht. Da nach Ablauf der ersten drei Monate bereits die tatsächlichen Absatz- und Umsatzzahlen (Ist-Werte) aus dem Rechnungswesen vorlagen, konnte die Geschäftsleitung sofort entsprechende Maßnahmen einleiten. Hierzu gehören verstärkte Werbung oder Maßnahmen der Preis- und Konditionenpolitik. Diese Maßnahmen zeigten im zweiten Quartal Wirkung. Sowohl Absatz als auch Umsatz stiegen. Vermutlich wird die Geschäftsleitung die eingeleiteten Maßnahmen verstärken, um die Soll-Ist-Abweichung bis zum Jahresende möglichst auf Null zu bringen. Hierzu ist eine permanente ***Kontrolle*** *notwendig.*

- **Kommunikation:** Die Erfüllung all dieser Aufgaben setzt voraus, dass die Geschäftsleitung immer mit allen Bereichen im Gespräch ist, um die einzelnen Aufgaben zu koordinieren und zu korrigieren. Eine weitere wichtige Tätigkeit der Geschäftsführung besteht demnach in der **Kommunikation**.

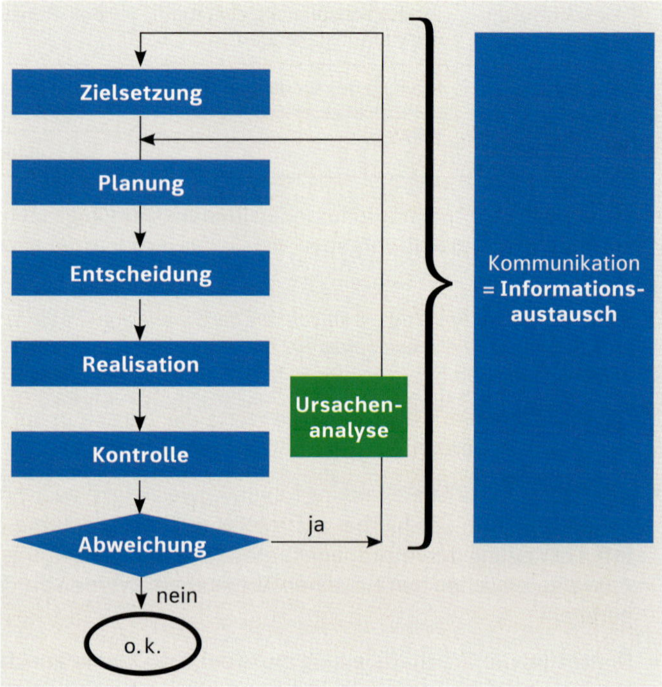

Die Aufgabe der Geschäftsführung (= **Führungsaufgabe**) ist es, die Ziele des Unternehmens zu formulieren und deren Erreichung sicherzustellen. Sie wird als **leitende (dispositive) Arbeit** bezeichnet.

Die leitenden Mitarbeiter eines Unternehmens setzen die betriebswirtschaftlichen Produktionsfaktoren so ein, dass das angesetzte **Unternehmensziel** (vgl. S. 174 ff.) erreicht wird.

Beispiel *Frau Friedrich und Herr Stein sind als Geschäftsführer leitende Mitarbeiter der Bürodesign GmbH. Sie werden dem dispositiven Faktor zugeordnet.*

Davon zu unterscheiden ist die Arbeit nach Anordnung. Hier werden Arbeiten gemäß den Vorgaben ausgeführt. Deshalb bezeichnet man diese als **ausführende Arbeit**.

Informationsmanagement

Informationsaustausch und Koordination

Nur wenn die Pläne der einzelnen Funktionsbereiche untereinander abgestimmt werden, ist sichergestellt, dass alle Bereiche auf **die gleichen Ziele** hinarbeiten. Dazu müssen die Aufgaben zwischen den einzelnen Bereichen koordiniert werden und es muss ein ständiger **Informationsaustausch** stattfinden.

Beispiel *Die Bodo Lukas KG bestellt bei der Bürodesign GmbH 10 Schreibtische „Stardesign". Der Kundenauftrag wird in der Abteilung* ***Absatz*** *angenommen. Von dort aus wird im Fertiglager nachgefragt, ob die bestellte Menge verfügbar ist. Ist dies nicht der Fall, wendet sich der Verkauf an die* ***Produktion****. Dort wird festgelegt, wann die Herstellung der bestellten Produkte erfolgen kann und welche Materialien beschafft werden müssen. Eine entsprechende Anfrage geht an das Rohstofflager. Wenn die Materialien dort nicht vorrätig sind, wird die* ***Beschaffung*** *beauftragt, sie bereitzustellen. Die* ***Beschaffung*** *bestellt und legt das Lieferdatum fest. Diese Information geht über das Lager an die* ***Produktion****, die jetzt den*

*Fertigstellungstermin festlegen kann. Dieser Termin wird dem **Absatz** mitgeteilt und der kann jetzt der Bodo Lukas KG mitteilen, wann die bestellten Produkte zur Auslieferung gelangen. Das gemeinsame Ziel aller Abteilungen besteht in der termingerechten Abwicklung des Kundenauftrages.*

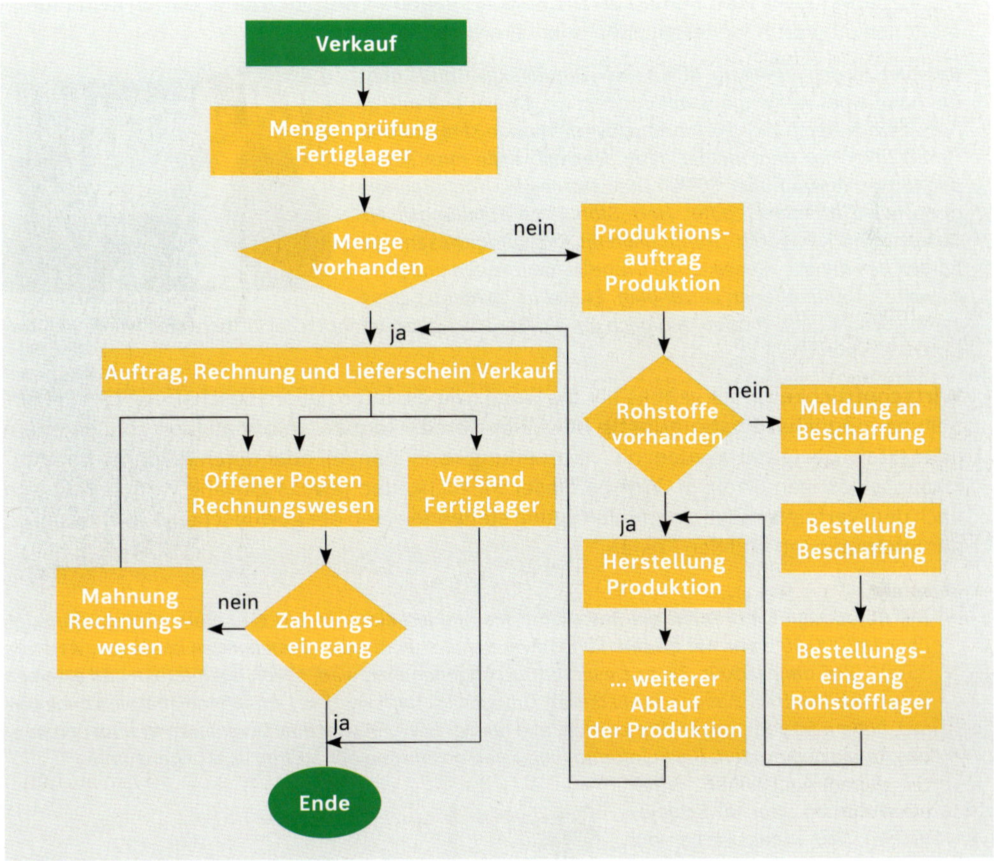

Informationsgrundsätze

Um das gemeinsame Ziel zu erreichen, müssen an die Informationen bestimmte **Anforderungen** gestellt werden.

- **Aktualität:** Die Informationen müssen stets auf dem **neuesten Stand** sein.

  Beispiel *In der Bürodesign GmbH sind alle wichtigen Kundeninformationen in einer zentralen Datenbank gespeichert. Heute erfuhr der für den Kunden Bodo Lukas KG zuständige Außendienstmitarbeiter, dass der Kunde seinen letzten Auftrag über 125 000,00 € kurzfristig stornieren musste. Diese Information wird sofort an die betroffenen Bereiche Produktion, Beschaffung und Finanzbuchhaltung weitergeleitet, damit die dort bereits eingeleiteten Aktivitäten eingestellt werden können. Sie wird in die Datenbank eingegeben, sodass jeder Mitarbeiter, der den Datensatz des Kunden Bodo Lukas KG aufruft, über diese Änderung informiert ist.*

- **Verfügbarkeit:** Die Informationen müssen für alle betroffenen Mitarbeiter **jederzeit und an jedem Arbeitsplatz** abrufbar sein.

  Beispiel *Damit jeder Mitarbeiter der Bürodesign GmbH jederzeit mit allen erforderlichen Informationen versorgt werden kann, wurden die einzelnen PC-Arbeitsplätze untereinander und mit dem Zentralrechner vernetzt. Auf diesem Zentralrechner ist auch die Datenbank gespeichert. Durch die Vernetzung hat jeder Mitarbeiter jederzeit direkten Zugriff auf die benötigten Informationen aus der Datenbank. Dadurch können wichtige Nachrichten direkt auf den Bildschirm des betroffenen Mitarbeiters geschickt werden (Mailing).*

- **Zuverlässigkeit:** Sowohl die Informationsquelle als auch der Inhalt der Information müssen **vertrauenswürdig und glaubwürdig** sein. Ebenso gilt dies für Informationen, die innerhalb des Betriebes oder vom Betrieb an Dritte weitergegeben werden. Daher dürfen keine Informationen ungeprüft weitergegeben oder verarbeitet werden.

  Beispiel *In der Abteilung Absatz der Bürodesign GmbH geht der Anruf eines Außendienstmitarbeiters ein. Dieser teilt mit, er habe gerade durch Zufall erfahren, dass der Kunde Klassik 2000 GmbH Insolvenz angemeldet habe. Deshalb solle man sofort den letzten Auftrag über 80000,00 € stornieren. Nach Beendigung des Gespräches bittet Herr Stam, der Abteilungsleiter Absatz, Frau König, die Gruppenleiterin Rechnungswesen, die Bonität des Kunden Klassik 2000 GmbH zu überprüfen und hierzu weitere Informationen einzuholen. Es stellt sich heraus, dass es sich bei der „Information" lediglich um ein Gerücht gehandelt hat. Glücklicherweise wurde der Auftrag nicht storniert.*

- **Wirtschaftlichkeit:** Hier geht es um die Frage, wie die Informationsbeschaffung und -verarbeitung **möglichst kostengünstig** bewältigt werden können. Informationen können intern oder extern beschafft werden, die Verarbeitung kann manuell oder durch moderne Kommunikationslösungen erfolgen. Welche dieser Möglichkeiten jeweils gewählt wird, richtet sich nach dem verfolgten Ziel, der zur Verfügung stehenden Zeit, der gewünschten Zuverlässigkeit der Informationen und den Kosten.

  Beispiele

  - *Der Bürodesign GmbH liegt die Bestellung des Kunden Klaus Arnold e. K., Büromöbelgroßhandel, über 120000,00 € vor. Mit diesem Kunden wurden bisher nur drei Bestellungen im Gesamtwert von 35000,00 € abgewickelt. Bevor dieser Auftrag angenommen wird, sollen auf internen und externen Wegen weitere Informationen über diesen Kunden beschafft werden. Der Außendienst wird angewiesen, nähere Erkundigungen einzuziehen, und bei der SCHUFA wird eine Bankauskunft über den Kunden Arnold angefordert. Beide Informationen sind positiv und der Auftrag wird angenommen.*
  - *Die Bürodesign GmbH erhält einen Auftrag über 80 Schreibtische. Die Arbeitsfläche der Schreibtische soll aus Acrylglasplatten bestehen. Geliefert werden muss in zwei Wochen. In der Beschaffungsabteilung wird fieberhaft nach einem Lieferanten für diese Platten gesucht. Einige Mitarbeiter blättern in Branchenbüchern und telefonieren, andere starten eine Datenbankrecherche. Durch diese Recherche wird ein preiswerter Lieferant in Italien gefunden.*

Zusammenfassung: Am Beispiel eines Industrieunternehmens die Funktionsbereiche und ihre Verknüpfungen herausarbeiten

- **Betriebliche Funktionsbereiche** umfassen Aufgaben wie:
  - Beschaffen
  - Produzieren
  - Lagern
  - Absetzen
  - Leiten
  - Verwalten

  Dies sind Funktionen, die in jedem Betrieb vorkommen **(Grundfunktionen)**.
- **Führungsaufgaben (dispositive Aufgaben)** sind:
  - Ziele setzen
  - Planen
  - Entscheiden
  - Realisieren
  - Kontrollieren
  - Kommunizieren
- **Informationsmanagement** umfasst die Koordination des Informationsaustausches zwischen den einzelnen Bereichen des Betriebes unter Beachtung der Informationsgrundsätze
  - Aktualität,
  - Verfügbarkeit,
  - Zuverlässigkeit,
  - Wirtschaftlichkeit.

Aufgaben

1 Stellen Sie die Aufgaben (Funktionen) eines Industrie-, Einzelhandels- und Versicherungsbetriebes gegenüber.

2 a) Formulieren Sie die Hauptaufgabe eines Industriebetriebes, der Spülmaschinen herstellt.
b) Stellen Sie in einer Liste die einzelnen Arbeiten dar, die Ihrer Meinung nach zur Erledigung dieser Hauptaufgabe erforderlich sind.

3 Unterscheiden Sie dispositive von ausführender Arbeit am Beispiel von zwei Mitarbeitern der Bürodesign GmbH.

4 Erläutern Sie die wichtigsten Führungsaufgaben der beiden Geschäftsführer der Bürodesign GmbH, Frau Friedrich und Herrn Stein.

5 Als Ergebnis der Planungsüberlegungen muss die Geschäftsleitung verschiedene Pläne erstellen und aufeinander abstimmen. Hierbei wird eine bestimmte Abfolge der Pläne zwingend vorgegeben. Welcher Plan ist Ausgangspunkt aller weiterer Überlegungen? Begründen Sie Ihre Entscheidung.

6 Die Bürodesign GmbH soll in eine Verwaltungs-, eine Produktions- und eine Vertriebsgesellschaft aufgeteilt werden.
a) Fertigen Sie für alle drei Gesellschaften je ein Organigramm an. Nutzen Sie dafür geeignete Software.
b) Vergleichen Sie die unterschiedlichen Arbeitsergebnisse in der Klasse und diskutieren Sie Unterschiede und Gemeinsamkeiten.

1.1.3 Die Bürodesign GmbH als Modell für ein Industrieunternehmen untersuchen und beschreiben

Herr Frank ist mit der Arbeit der Klasse zufrieden. *„Wir haben die Grundlagen gelegt, um uns ein Unternehmen in der Praxis ansehen zu können. In der kommenden Woche werdet ihr die Bürodesign GmbH besuchen. Damit ihr wisst, worauf ihr bei dem Besuch achten müsst, habe ich für euch eine Liste mit Aufgaben zusammengestellt. Bitte beantwortet die Fragen und fasst die Ergebnisse so zusammen, dass ihr sie der Klasse präsentieren könnt.“*
Bitte lesen Sie den folgenden Datenkranz der Bürodesign GmbH und bearbeiten Sie im Anschluss folgende Arbeitsaufträge.

Arbeitsaufträge

1. ***Beschreiben Sie den Betriebstyp der Bürodesign GmbH anhand folgender Kriterien.***

Art der erbrachten Leistung	
Verwendungszweck der Leistung	
Wirtschaftszweig	
Stufe der Verarbeitung	
Zielsetzung	
Kostenstruktur	
Häufigkeit der Leistungswiederholung	
Organisation der Fertigung	
Betriebsgröße	
Standort	

2. ***Erläutern Sie die betrieblichen Funktionsbereiche der Bürodesign GmbH anhand des Organigramms.***
3. ***Stellen Sie fest, welche Produktgruppen von der Bürodesign GmbH angeboten werden. Beschreiben Sie jeweils zwei Produkte.***
4. ***Stellen Sie fest, mit welchen drei Kunden die Bürodesign GmbH im laufenden Jahr den höchsten Umsatz erzielt hat, und berechnen Sie den Gesamtumsatz der Bürodesign GmbH.***
5. ***Beschreiben Sie die Produkte, die die Bürodesign GmbH von der Vereinigte Spanplatten AG und der Stammes Stahlrohr GmbH bezieht, und erläutern Sie, für welche Produkte der Bürodesign GmbH diese Rohstoffe verwendet werden können.***
6. ***Frau Friedrich und Herr Stein sind Geschäftsführer der Bürodesign GmbH. Beide haben Kapital in das Unternehmen eingebracht. Stellen Sie anhand des Gesellschaftervertrages fest, wie hoch die jeweiligen Einlagen sind und über welches Kapital die Gesellschaft verfügt.***
7. ***Stellen Sie fest, in welchen Verbänden die Bürodesign GmbH Mitglied ist.***
8. ***Entwerfen Sie einen Briefbogen für die Bürodesign GmbH, auf dem folgende Angaben enthalten sein müssen: Name, Anschrift, Telefon, Fax, E-Mail, Bankverbindungen, Geschäftsführer der GmbH.***

9 ***Sammeln Sie Argumente für und gegen ein Praktikum, wie Sabine und Bülent es absolvieren, und begründen Sie Ihre Antworten.***

10 ***Versetzen Sie sich in die Lage der Geschäftsleitung der Bürodesign GmbH und begründen Sie, weshalb Praktikantenplätze für Schülerinnen und Schüler ausgeschrieben werden.***

Damit Sie betriebswirtschaftliche Fragestellungen besser verstehen, werden diese im Unterricht anhand von konkreten Fällen aus der Praxis erörtert. In der Praxis des Unterrichts werden Sie deshalb immer wieder in Form von **Praktika** Betriebe erkunden.

Da wir Sie dabei nicht begleiten können, haben wir für die gemeinsame Erarbeitung in diesem Lehrbuch ein mittelständisches Industrieunternehmen als **Modellunternehmen** geschaffen, die Bürodesign GmbH. An typischen Situationen dieses Unternehmens lernen Sie die wesentlichen Problemkreise kennen, mit denen sich die Betriebswirtschaftslehre beschäftigt. Sie erfahren, wie betriebswirtschaftliche Entscheidungen zustande kommen und welche Methoden eingesetzt werden, damit ein Unternehmen Erfolg hat.

Betrachten Sie die Bürodesign GmbH als **Ihren „Ausbildungsbetrieb“**, um betriebswirtschaftliches Denken und Handeln nachzuvollziehen. Hierzu wollen Sie sicher einige Details über dieses Unternehmen erfahren. Auf den nächsten Seiten werden Ihnen diese Informationen vorgestellt.

Sie erfahren, wo die Bürodesign GmbH ihren Sitz hat, wie das Unternehmen aufgebaut ist, welche Abteilungen vorhanden sind und welchen Menschen in diesem Modellunternehmen arbeiten. Sie beobachten diese in typischen betrieblichen Situationen.

Sie finden auch einen Katalog der Produkte, die von der Bürodesign GmbH hergestellt werden, sowie einen Auszug aus der Kunden- und Liefererdatei. Außerdem wird der Gesellschaftsvertrag der Bürodesign GmbH vorgestellt. Schließlich erfahren Sie, in welchen Verbänden die Bürodesign GmbH Mitglied ist und wie der Betriebsrat und die Jugend- und Auszubildendenvertretung zusammengesetzt sind.

Die Unternehmensgeschichte

Im Zentrum des Rheinlandes gründete der Tischlermeister Christian Stein 1947 in Köln die **Sitzmöbelfabrik Christian Stein**, die Stühle im gutbürgerlichen Geschmack und von hoher handwerklicher Qualität produzierte. Im Jahre 1952 trat der Tischlermeister Bernd Friedrich in das bestehende Unternehmen als Mitgesellschafter ein, wobei das Unternehmen seitdem als **Sitzmöbelfabrik Stein OHG** firmierte. 1983 wandelten die beiden Nachfahren Dipl.-Kfm. Klaus Stein und Dipl.-Ing. Helma Friedrich das Unternehmen in die **Bürodesign GmbH** um. Damit begann der eigentliche Aufstieg des Unternehmens zu einem der führenden Hersteller von Büromöbeln in Deutschland. Das Unternehmen hat den Ruf eines Pioniers der zeitgemäßen Büromöbelgestaltung erlangt.

Die **Unternehmensphilosophie** der Bürodesign GmbH ist seit ihrer Gründung die **Forderung nach hoher Dauerhaftigkeit der Produkte und die Absage an verschwenderischen Überfluss**. In einer Zeit also, in der „Ex-und-Hopp“ als erstrebenswertes Konsumverhalten galt, erkannten führende Designer dessen Fragwürdigkeit und zogen gemeinsam mit einer Handvoll fortschrittlicher Unternehmen, zu denen auch die Bürodesign GmbH zählt, daraus die Konsequenz. Daraus entstand in der Bürodesign GmbH der Begriff **„Wahrhaftigkeit der Produkte“** als verpflichtende Maxime.

Ohne um die ökologischen Zusammenhänge zu wissen, produzierte die Bürodesign GmbH vor über zwei Jahrzehnten Möbel, die ein **wesentliches ökologisches Grunderfordernis** erfüllen – **hohe Gebrauchsdauer bei reduziertem Materialaufwand**. Zu den Forderungen nach Form und Funktion ist vor einigen Jahren die **Nachhaltigkeit** als dritte Vorgabe für die Designer und Konstrukteure gekommen.

Mit dieser Unternehmensphilosophie bildete sich bei der Bürodesign GmbH auch ein **neues Verständnis für das soziale Verhalten** im Unternehmen aus, das auf gegenseitigem Vertrauen gegründet ist. Der **Führungsstil** ist kooperativ und durch die Regel „Keine Anweisung ohne Begründung" charakterisiert. Seit dem 1. Januar 1984 sind die Mitarbeiterinnen und Mitarbeiter mit 50 % am Betriebsergebnis (nach Steuern) vermögensbildend beteiligt und halten heute als **stille Gesellschafter** 28 % des Kapitals. Mit der geplanten Umwandlung der Unternehmung in eine **Aktiengesellschaft** sollen die Mitarbeiteranteile in Vorzugsaktien umgewandelt werden.

Es ist naheliegend, dass ein Unternehmen, das in der Produktentwicklung ebenso wie in seiner Haltung als Arbeitgeber neue Wege geht, sich in seiner Umweltverantwortung nicht abwartend verhält, sondern bestrebt ist, die Entwicklung aktiv mit voranzutreiben. Ziel ist es bei der Bürodesign GmbH, ein umfassendes **Öko-Controlling** zu implementieren, um durch alternative Werkstoffe, wirtschaftlichen Einsatz von Energien und die Optimierung der Herstellverfahren sowohl die Produkte als auch die Produktion kontinuierlich nachhaltiger zu gestalten. Hierbei wird die folgende Kernaussage der Unternehmensphilosophie zugrunde gelegt:

„In der Zukunft werden nur die Unternehmen überleben, die zwei Voraussetzungen erfüllen: ökologische Produkte und die Zustimmung der Menschen."

■ Der Standort

Produktionsstätte und Büroräume der Bürodesign GmbH liegen in **50933 Köln, Stolberger Straße 188**. Hier hat das Unternehmen Werkstätten für die Fertigung angemietet. Die Büroräume befinden sich in einem Nebengebäude, das Eigentum der Bürodesign GmbH ist. Die Bürodesign GmbH unterhält ebenfalls in ihrem Verwaltungsgebäude ein Verkaufsstudio, in dem Letztverbraucher ihre Einkäufe tätigen können.

Über die Aachener Straße ist das Autobahnkreuz Köln-West mit den Autobahnen A1 und A4 in wenigen Minuten zu erreichen. Der Güterbahnhof Köln-Gereon befindet sich ebenfalls in unmittelbarer Nähe. Arbeitnehmer/-innen können mit drei Straßenbahnlinien bis fast vor die Werkstore fahren.

Die Bürodesign GmbH unterhält Zweigniederlassungen in **26607 Aurich, Dieselstraße 10**, und in **04347 Leipzig, Brahestraße 30–32**. Eine weitere Vertriebsniederlassung soll in zwei Jahren in München oder Umgebung eröffnet werden. Mit einem italienischen Büromöbelhersteller aus Bozen ist ein Kooperationsvertrag abgeschlossen worden. Hierbei sollen die Produkte des jeweilig anderen Unternehmens den Kunden als Produktalternativen angeboten werden. Jedes Unternehmen erhält aus den für das andere Unternehmen getätigten Verkäufen Provisionen.

Telefon, Telefax, E-Mail, Internet und USt-IdNr.

Telefon:	0221 6683550	E-Mail:	kontakt@buerodesign-online.de
Telefax:	0221 668357	Homepage:	www.buerodesign-online.de
USt-IdNr.:	DE135795835	Steuernummer:	223/8459/8844

Bankverbindungen

Web

Kreditinstitut	IBAN	BIC
Sparkasse KölnBonn	DE11 3705 0198 0085 3139 48	COLSDE33XXX
Postbank Köln	DE13 3701 0050 0324 0665 06	PBNKDEFF370

Die Abteilungen (Auszug der Mitarbeiter)

[1] Umweltbeauftragter
[2] Sicherheits- und Gefahrgutbeauftragter
[3] Qualitätsbeauftragter
[4] Datenschutzbeauftragter
AL/-n = Abteilungsleiter/-in GL/-n = Gruppenleiter/-in SB/-n = Sachbearbeiter/-in
Auszubildende zur/zum Industriekauffrau/-mann: Renate Becker, Elke Grau, Jutta Meier, Torsten Menne, Jörg Lehmann
Auszubildende zur/zum Kauffrau/Kaufmann für Büromanagement: Caroline Baum, Silvia Land, Heinz Becker, Hark Blech

■ Die Verbände

Gemäß § 1 IHK-Gesetz ist die Bürodesign GmbH Mitglied in der **Industrie- und Handelskammer (IHK)**. Als Handwerksbetrieb ist sie ebenfalls Mitglied in der **Handwerkskammer (HWK)**. Frau Friedrich und der Tischlermeister Schauff sind Mitglieder in Prüfungsausschüssen der IHK und der Handwerkskammer. Das Unternehmen ist im **Landesverband Holzindustrie und Kunststoffverarbeitung Nordrhein e. V.** organisiert, die organisierten Arbeitnehmer sind Mitglieder in der Gewerkschaft **IG Metall**.

■ Der Betriebsrat und die Jugend- und Auszubildendenvertretung

Vorsitzender des Betriebsrates der Bürodesign GmbH ist **Frank Messerschmidt**, seine Stellvertreterin Sabine Schmitz. Darüber hinaus gehören dem Betriebsrat die Mitarbeiterinnen und Mitarbeiter Regina Lehmann, Vera Botsch und Werner Horn an. Jugend- und Auszubildendenvertreterin ist **Silvia Land**, Stellvertreterin ist Elke Grau.

■ Die Produkte

Auszug aus dem Katalog der Bürodesign GmbH:

BÜRODESIGN GMBH

Ein ökologisch orientiertes Unternehmen mit Zukunft

Die Stärke eines Unternehmens liegt im Rückgrat seiner Mitarbeiter!

Deshalb ist unser Ziel:
Ihre Mitarbeiter sollen gut sitzen, damit sie ein besseres Stehvermögen haben!

Alle unsere Büromöbel sind miteinander kombinierbar und geben Ihrem Arbeitsplätzen ein modernes und funktionelles Flair. Ihre Mitarbeiter sollen sich wohlfühlen.

Ein wichtiges Anliegen ist uns die Ergonomie am Arbeitsplatz.

Büromöbel sollen sich den Bedürfnissen Ihrer Mitarbeiter anpassen und nicht umgekehrt.

Hierzu berücksichtigen wir stets die neusten Erkenntnisse der Arbeitsmedizin und Vorschriften der Berufsgenossenschaften für die Gestaltung von Büroarbeitsplätzen.
Ein weiteres Prinzip unseres Unternemens ist die ökologische Produktion von umweltverträglichen Büromöbeln. Wir verwenden ausschließlich Materialien, die frei von Schadstoffen und recycelbar sind.
Deshalb erhalten Sie zu jedem Produkt eine Ausstellung der verwendeten Materialien.
Zusätzlich sind die verwendeten Stoffe auf unseren Produkten besonders gekennzeichnet.
Übrigens, es versteht sich von selbst, dass wir keine Tropenhölzer verwenden.

Sie sehen, uns liegt die Umwelt am Herzen, genau wie Ihnen!

Die Palette unserer Erzeugnisse umfasst folgende Produktgruppen:

- **Arbeiten am Schreibtisch**
- **Warten und Empfang**
- **Konferenzen und Schulung**

Unser Katalog gibt Ihnen nur einen kleinen Überblick über unser Angebot.
Bei Bedarf stehen Ihnen unsere qualifizierten Einrichtungsberater zur Verfügung.
Rufen Sie uns einfach an, wir vereinbaren gerne einen Besuchstermin.

BÜRODESIGN GMBH
Stolberger Straße 188 , 50933 Köln
E-Mail: kontakt@buerodesign-online.de
Telefon: 0221 668-35, Telefax: 0221 668-357
Webseite: www.buerodesign-online.de

Auszug aus der Produktliste

Produktgruppe „Arbeiten am Schreibtisch“

Produkt	Artikel-Nr.	Beschreibung	Maße in cm	Material, Farbe
• **Chef 2000**	010	Schreibtisch mit Winkelkombination, Oberfläche versiegelt, auf Wunsch mit Glas, Sicherheitsschlösser	Standard: 120 × 80 Höhe: regulierbar von 68–75 Sondermaße auf Wunsch	Eiche, Birke, Esche (furniert)
• **Stardesign**	011	Schreibtisch Stahlrohrrahmen mit wahlweise Glas-, Holz- oder Kunststoffplatte	Standard: 180 × 95 Höhe: regulierbar von 68–76 Sondermaße auf Wunsch	Rahmen in Chrom, Platte nach Wunsch
• **Container-Serie Volumen**	012	Unterbau mit Rollen für alle Modelle, mit Schubladen, Hängeregistratur, Aktenablage, Sicherheitsschlössern	135 × 42 × 164	passend zu Schreibtischen
• **Integra**	014	Stellwände zur Gestaltung von Bürolandschaften	80 × 80 × 122	passend zu Schreibtischen
• **Ergo-design-natur**	015	Arbeitssessel, höhen- und neigungsverstellbar, mit Rollen		Leder, Textil (nach Farbmuster)
• **Xama 2000**	016	Bürotisch	Standard: 150 × 70 Höhe regulierbar von 68–75 Sondermaße auf Wunsch	Esche, Birke, Kiefer (furniert)
• **Modulo**	013	Kombinationsschreibtisch, erweiterbar zu Arbeitsinseln, Ergänzungsmodul	160 × 80 × 68–75 120 × 80 × 68–75	Eiche, Birke, Esche (furniert)

Stardesign

Xama 2000

Ergo-design-natur

Produktgruppe „Konferenzen und Schulung“

Produkt	Artikel-Nr.	Beschreibung	Maße in cm	Material, Farbe
• **Logo**	444/4	Konferenztisch kombinierbar mit Eckstücken, Rahmen aus Holz oder Stahlrohr	180 × 95 × 68–75	Eiche, Birke, Esche (furniert)
• **Stapler**	444/1	Stapelstühle klappbar, Besprechungs- und Besucherstuhl		Kunststoff auf Stahlrohr
• **Konzentra**	442/1	Konferenzstühle mit Armlehnen		Leder, Textil (nach Farbmuster)
• **Wikinger**	442/2	Regalsystem	180 × 90 × 30	Eiche, Birke, Esche (furniert) Kiefer (massiv)

Konzentra

Stapler

Logo

Wikinger

Produktgruppe „Warten und Empfang“

Produkt	Artikel-Nr.	Beschreibung	Maße in cm	Material, Farbe
• **Intro**	2–112	Empfangstheke kombinierbar mit Eckteilen	160 × 80 × 220 Thekenbreite 35	Eiche, Birke, Esche
• **Waiter**	763/62	Sessel für den Warteraum, kombinierbar zu Sofa		Leder, Textil (nach Farbmuster)
• **Stand**	542/41	Ablagetisch für Warteraum, Stahlrohr mit Glasplatte	80 × 80 × 50	Rahmen in Chrom, Platte aus Glas

Intro

Waiter und Stand

Vento

■ Die Webseite

Die Hauptkunden

Auszug aus der Kundendatei der Bürodesign GmbH

Web

Kunden/ Debito-ren-Nr.	Name	Anschrift	Tel./Fax E-Mail Internet	Kreditinstitut IBAN/BIC	Umsatz lfd. Jahr	Offene Posten	Mah-nun-gen
L-5677 D24001	Klassik 2000 GmbH	Hagenstr. 130 59075 Hamm	02381 98546 02381 98541 info@klassik-2000.de www.klassik-2000.de	Postbank Dortmund DE98 4401 0046 0000 3421 76 PBNKDEFF440	320000,00	2	1
L-5681 D24002	Bürobedarfs-großhandel Schneider & Co. OHG	Laarstr. 19 58636 Iserlohn	02371 342311 02371 342315 info@buerobedarf-schneider.de www.buerobedarf-schneider.de	Commerzbank Iserlohn DE48 4454 0022 0045 6234 68 COBADEFF445	160000,00	1	0
L-5621 D24005	Bodo Lukas KG Fachgeschäft für Büroeinrichtun-gen	Ohmstr. 16 76229 Karlsruhe	0721 451122 0721 451128 info@bueroeinrichtung-lukas.de www.bueroeinrichtung-lukas.de	Postbank Karlsruhe DE68 6601 0075 0091 7231 46 PBNKDEFF660	185000,00	1	2
L-5641 D24008	Büromöbel GmbH Europa	Lahnstr. 168 28199 Bremen	0421 886635 0421 886640 info@bueromoebel-europa.de www.bueromoebel-europa.de	Sparkasse Bremen DE78 2905 0101 0554 4362 78 SBREDE22XXX	95000,00	0	0
L-5610 D24009	Klaus Oswald e.K. Büromöbelgroß-handel	Magazinstr. 98 01099 Dresden	0351 763400 0351 763434 info@bueromoebel-oswald.de www.bueromoebel-oswald-de	Deutsche Bank Dresden DE69 8707 0000 0097 6832 14 DEUTDE8C870	70000,00	0	0

Die Hauptlieferer

Web

Auszug aus der Liefererdatei der Bürodesign GmbH

Lieferer/ Kreditoren-Nr.	Name	Anschrift	Tel./Fax E-Mail Internet	Kreditinstitut IBAN/BIC	Produkte	Lieferbedingungen	Zahlungsbedingungen	Umsatz lfd. Jahr
B-44008 K70008	Wollux GmbH Peter Findeisen	Zinckestr. 19 39122 Magdeburg	0391 334231 0391 334232 info@wollux-findeisen.de www.wollux-findeisen.de	Commerzbank Magdeburg DE54810400000674563870 COBADEFF810	Bezugs- und Polster-materialien und Zubehör für Möbel	frei Haus	Ziel: 30 Tage Skonto: 10 Tage/3 %	800000,00
H-0082 K70010	Vereinigte Spanplatten AG	Ulmer Str. 12 86154 Augsburg	0821 34785 0821 34679 info@vereinigte-spanplatten.de www.vereinigte-spanplatten.de	Commerzbank Augsburg DE15720400460000127890 COBADEFF720	Spanplatten Sperrholz Furnierholz Kunststoff-platten alle Sonder-maße	ab Werk zzgl. Fracht	40 Tage netto 12 Tage 3 % Skonto	862000,00
H-0345 K70020	Furnierwerk GmbH	Grenzstr. 16 41515 Grevenbroich	02181 56781 02181 56788 info@furnierwerk.de www.furnierwerk.de	Raiffeisenbank Grevenbroich DE72370693060047162896 GENODED1GRB	Furniere Umleimer Kanten-schoner	Selbstabholung mögl. ab Werk	40 Tage netto 10 Tage 2 % Skonto	126000,00
M-0126 K70030	Stammes Stahlrohr GmbH	Neptunstr. 46 45277 Essen	0201 89451 0201 75689 info@stammes-stahlrohr.de www.stammes-stahlrohr.de	Volksbank Ruhr-Mitte DE41 4226 0001 0000 7584 93 GENODEM1GBU	Stahlrohre roh, verzinkt, verchromt alle Maße, beliebiger Querschnitt	frei vereinbar bisher frachtfrei	30 Tage netto 10 Tage 3 % Skonto Mindest-bestellwert 15 000,00 €	476850,00
Z-0012 K70040	Abels, Wirtz & Co. KG	Industriestr. 124 42653 Solingen	0212 72114 0212 72119 info@abels-wirtz.de www.abels-wirtz.de	Stadtsparkasse Solingen DE80342500000123452234 SOLSDE33XXX	Schlösser Schlüssel Schließ-anlagen Beschläge	Selbstabholung Post, UPS unfrei	10 Tage 2 % Skonto oder in 30 Tagen netto Kasse	168900,00
B-00126 K70050	Hanckel & Cie. GmbH	Augustastr. 8 40477 Düsseldorf	0211 345234 0211 345100 info@hanckel.de www.hanckel.de	Commerzbank Düsseldorf DE91300400000001340000 COBADEDDXXX	Klebstoffe, Leime, Lasuren, Lacke, Farben, Beize, Polsterstoffe	ab Lager	Ziel: 30 Tage Skonto: 10 Tage/3 %	287560,00

Der Gesellschaftsvertrag (Auszug)

Gesellschaftsvertrag der Bürodesign GmbH
durch die Gesellschafterversammlung am 1. April .. in 50933 Köln, Stolberger Straße 188, festgelegt:

§ 1 Die Firma der Gesellschaft lautet Bürodesign GmbH.

§ 2 Der Geschäftssitz der Gesellschaft ist in 50933 Köln.

§ 3 Die Gesellschaft betreibt die Herstellung und den Vertrieb von Büromöbeln. Nach Möglichkeit sollen umweltverträgliche Materialien und Produktionsverfahren berücksichtigt werden.

§ 4 Das Produktionsprogramm kann um ergänzende Produkte erweitert werden. Hierzu ist der einstimmige Beschluss der Geschäftsführer erforderlich. Änderungen des Betriebszweckes und der Branche sind nur mit einer 3/4-Mehrheit der Gesellschafter möglich.

§ 5 Das Stammkapital der Gesellschaft beträgt 600 000,00 €.

§ 6 Das Stammkapital wird aufgebracht:
1. Gesellschafterin Dipl.-Ing. Helma Friedrich mit einem Nennbetrag der Geschäftsanteile in Höhe von 300 000,00 €.
2. Gesellschafter Dipl.-Kfm. Klaus Stein mit einem Nennbetrag der Geschäftsanteile in Höhe von 300 000,00 €.

Die Nennbeträge der Geschäftsanteile sind in bar oder in Sachwerten zu leisten. Sie sind sofort in voller Höhe fällig.

§ 7 Der Mindestnennbetrag eines Geschäftsanteils muss 1 000,00 € betragen. Jeder andere Geschäftsanteil muss durch 100,00 € teilbar sein.

§ 8 Die Gesellschafterversammlung beruft einstimmig die Geschäftsführung.

§ 9 Die Gesellschaft hat einen oder mehrere Geschäftsführer. Sie wird von der Geschäftsführung geleitet und gerichtlich und außergerichtlich vertreten. Die Geschäftsführung hat das Recht der unbeschränkten Einzelvertretung und ist vom Selbstkontrahierungsverbot des § 181 BGB befreit. Sie kann nur aus wichtigem Grund durch die Gesellschafterversammlung aus ihrem Amt entlassen werden.

§ 10 Die Gesellschafter treten jährlich einmal zu einer ordentlichen Versammlung zusammen. Die Geschäftsführer laden mit einwöchiger Frist unter Angabe von Tagungsort, Tagungszeit und Tagesordnung ein. Die Gesellschafterversammlung findet regelmäßig am Gesellschaftssitz statt.

§ 16 Bekanntmachungen der Gesellschaft nach den gesetzlichen Bestimmungen erfolgen ausschließlich im Unternehmensregister.

§ 17 Zuständiges Gericht für alle Streitigkeiten aus diesem Vertrag ist das Gericht am Sitz der Gesellschaft.

§ 20 Außerhalb des Gesellschaftsvertrages wurde folgender Beschluss gefasst:
Als Geschäftsführer gemäß § 9 des Gesellschaftsvertrages werden bestimmt:
1. Frau Dipl.-Ing. Helma Friedrich
2. Herr Dipl.-Kfm. Klaus Stein

§ 21 Vorstehendes Protokoll wurde den Gesellschaftern vom Notar vorgelesen, von ihnen genehmigt und eigenhändig wie folgt gegengezeichnet:

zu 1. Helma Friedrich

zu 2. Klaus Stein

Köln, 1. April ..

Zusammenfassung: Die Bürodesign GmbH als Modell für ein Industrieunternehmen untersuchen und beschreiben

- **Unternehmensgeschichte**
  Das Vorläuferunternehmen der Bürodesign GmbH wurde 1947 als Sitzmöbelfabrik Christian Stein in Köln gegründet. 1952 trat der Tischlermeister Bernd Friedrich in das Unternehmen ein. 1983 wandelten die Nachfahren das Unternehmen in die Bürodesign GmbH um.
- **Standort**
  Produktion und Verwaltung der Bürodesign GmbH liegen in Köln. Zweigniederlassungen gibt es in Leipzig und in Aurich.
- **Abteilungen**
  Die Bürodesign GmbH ist in die Abteilungen „Beschaffung“, „Produktion“, „Absatz“ und „Verwaltung“ gegliedert.
- **Verbände**
  Die Bürodesign GmbH ist Mitglied in der Industrie- und Handelskammer und der Handwerkskammer.
- **Betriebsrat und Jugend- und Auszubildendenvertretung**
  Betriebsrat ist Frank Messerschmidt, Jugend- und Auszubildendenvertreterin ist Silvia Land.
- **Produkte**
  Die Bürodesign GmbH bietet Produkte in den Produktgruppen „Arbeiten am Schreibtisch“, „Konferenz und Schulung“ und „Warten und Empfang“ an.
- **Kunden und Lieferanten**
  Hauptkunden der Bürodesign GmbH sind Groß- und Einzelhändler in Deutschland, Hauptlieferanten sind ebenfalls deutsche Unternehmen.
- **Gesellschaftsvertrag**
  Der Gesellschaftsvertrag der Bürodesign GmbH regelt u. a. den Gegenstand des Unternehmens, wie und durch wen das Stammkapital aufgebracht wird und die Geschäftsführung.

Aufgaben

1 *Sie haben Kriterien für die Untersuchung eines Unternehmens kennengelernt und anhand des Modellunternehmens, der Bürodesign GmbH, erprobt. Führen Sie anhand dieser Kriterien die Analyse eines regional ansässigen Unternehmens im Internet durch. Einigen Sie sich dafür zunächst auf einheitliche Suchbegriffe, unter denen Sie die Recherche durchführen wollen.*

2 *Dokumentieren Sie das untersuchte Unternehmen anhand der Kriterien in Form einer Wandzeitung oder digital mithilfe einer Präsentationssoftware. Vergleichen Sie das von Ihnen untersuchte Unternehmen mit den Unternehmen Ihrer Mitschüler und stellen Sie Unterschiede und Gemeinsamkeiten fest.*

1.2 Den Weg von der Geschäftsidee bis zur Unternehmensgründung nachvollziehen

1.2.1 Eine Geschäftsidee entwickeln und die Gründung eines Unternehmens vorbereiten

→LS

Sabine und Bülent sind vom Besuch der Bürodesign GmbH beeindruckt. Besonders Bülent hat es die Möglichkeit angetan, über die Selbstständigkeit zu Unabhängigkeit und Wohlstand zu kommen. Bei der Präsentation der Ergebnisse der Beobachtungsaufträge in der Klasse berichtet er ausführlich über die Chancen einer Unternehmensgründung und hat auch schon eine Idee für ein eigenes Unternehmen. *„Meine Druckerpatronen sind immer leer und die neuen kosten ein Vermögen"*, sagt Bülent, *„mit einer ‚Druckertankstelle' könnte man gute Geschäfte machen!"* Herr Frank freut sich über die Begeisterung seines Schülers für betriebswirtschaftliche Fragestellungen. *„Eine Geschäftsidee hast du ja"*, erwidert er schmunzelnd, *„aber hast du auch schon einmal über die Gründungsvoraussetzungen und die Risiken eines Scheiterns nachgedacht?"*

Arbeitsaufträge

- ***Sehen Sie sich den Datenkranz der Bürodesign GmbH noch einmal an und formulieren Sie die Geschäftsidee der Bürodesign GmbH.***
- ***Stellen Sie fest, welche persönlichen, sachlichen und rechtlichen Voraussetzungen für die Gründung von Bülents „Druckertankstelle" erfüllt sein müssen.***
- ***Wägen Sie Chancen und Risiken einer Unternehmensgründung am Beispiel von Bülents Geschäftsidee ab. Recherchieren Sie zu den Risiken auch im Internet.***

Für einen Kaufmann, der in einem Unternehmen aufsteigt, stellt sich irgendwann die Frage, ob er weiterhin als Angestellter tätig sein will oder ob er sich selbstständig macht.

Fällt die Entscheidung für die Selbstständigkeit, ist eine **Geschäftsidee** zu entwickeln, es sollten **Ziele und Voraussetzungen** der Unternehmensgründung geklärt werden und es sind **Chancen und Risiken** abzuwägen.

■ Die Geschäftsidee

Am Anfang jeder Existenzgründung steht eine **Geschäftsidee**. Die Idee, etwas anders, erfolgreicher, besser zu machen als der eigene Chef oder die zukünftigen Mitbewerber. Damit diese Idee Aussicht auf Erfolg hat, sollte der Existenzgründer seine unternehmerischen Ziele und das Vorliegen der Gründungsvoraussetzungen sorgfältig prüfen.

■ Ziele und Voraussetzungen der Unternehmensgründung

Unternehmerische Ziele

Wichtigstes Ziel jedes Unternehmens ist die langfristige Sicherung des größtmöglichen Gewinns (**Gewinnmaximum**). Daneben spielen aber auch andere Ziele, z. B. Unabhängigkeit, das Ansehen in der Öffentlichkeit oder die soziale Verantwortung eine Rolle. In einer marktwirtschaftlichen Wirtschaftsordnung ist jedoch ein langfristiger Gewinn für die Existenzsicherung des Unternehmers unabdingbar. Für den selbstständigen Unternehmer bedeutet der Gewinn:

- **Unternehmerlohn** für die geleistete Arbeit im Betrieb und damit Einkommen und Sicherung des Lebensunterhalts,
- **Kapitalverzinsung** für das eingebrachte Eigenkapital,
- **Risikoprämie** für die Möglichkeit des Scheiterns, z.B. durch ein Insolvenzverfahren des Unternehmens.

Gründungsvoraussetzungen

In der Bundesrepublik Deutschland herrscht gemäß Artikel 12 Abs. 2 Grundgesetz (GG) und § 1 Gewerbeordnung (GewO) der Grundsatz der **Gewerbefreiheit**.

§ 1 GewO
(1) Der Betrieb eines Gewerbes ist jedermann gestattet, soweit nicht durch dieses Gesetz Ausnahmen oder Beschränkungen vorgeschrieben oder zugelassen sind.

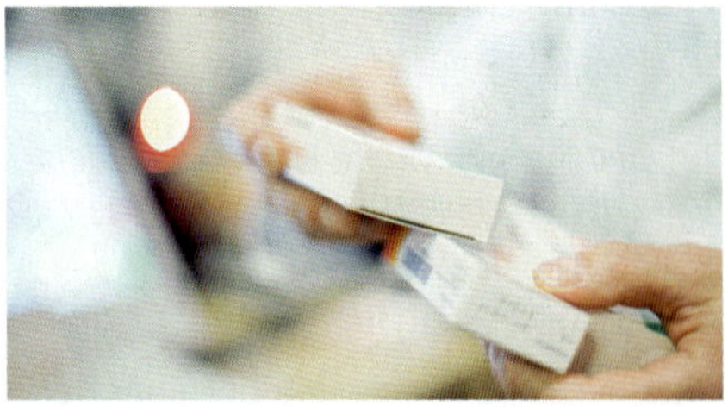

Die genannten **Ausnahmen oder Beschränkungen** dienen dem Schutz der Verbraucher. So gibt es Gesetze und Verordnungen, die z.B. den Verkauf von

- bestimmten Arzneimitteln,
- Hackfleisch,
- Waffen,
- Pflanzenschutzmitteln

an besondere Sachkundenachweise oder Prüfungen der Zuverlässigkeit binden. Darüber hinaus ist es jedoch jedermann gestattet, ein Unternehmen zu gründen. Um dieses Unternehmen erfolgreich führen zu können, sollte der zukünftige Unternehmer jedoch bestimmte **Voraussetzungen** erfüllen.

Persönliche Voraussetzungen

Die harten Anforderungen des Wettbewerbs erfordern u. a.

- gute Ausbildung:
  - umfassende Kenntnisse der Produkte,
  - umfassende Kenntnisse der Branche,
  - Erfahrung in der Kundenberatung,
  - Kenntnis der einschlägigen Gesetze und Verordnungen,
  - Kenntnisse der Nutzung neuer Techniken,
- Einsatzbereitschaft,
- Menschenkenntnis,
- Risikofreude,
- Führungsfähigkeit,
- Ideenreichtum,
- Rückendeckung durch den Partner.

Beispiel *Ideenreichtum kann man Bülent sicher nicht absprechen. Ansonsten erfüllt er aber keine der genannten Voraussetzungen.*

Sachliche Voraussetzungen

Die Hauptschwierigkeiten bei einer Neugründung liegen im Bereich der Beschaffung von Kapital, Personal und der anderen Betriebsfaktoren. Daneben spielen selbstverständlich auch Absatzprobleme eine Rolle.

Um die genannten Schwierigkeiten zu vermeiden, sollten folgende Fragen geklärt werden:

→VWL

- **Marktchancen:** Für die Geschäftsidee muss der entsprechende **Bedarf** vorhanden sein, d. h., es müssen Marktlücken im Güter- und Dienstleistungsangebot der Mitbewerber bestehen, und Absatzchancen müssen vorhanden sein, d. h., die Konkurrenzsituation muss die Neugründung ermöglichen. Hier unterstützen Kreditinstitute, Kammern und Verbände gründungswillige Unternehmer durch Marktuntersuchungen und Beratung.
  Beispiel *Um die Marktchancen für eine „Druckertankstelle" zu ermitteln, könnte ein Existenzgründer ein Gespräch mit dem Gründungsberater der Industrie- und Handelskammer führen.*
- **Geeigneter Standort:** Die Wahl des Standortes (vgl. S. 14 f.) ist eine der wichtigsten Entscheidungen bei der Neugründung. Sie beeinflusst maßgeblich den Kundenkreis, den Umsatz und die Kosten des Unternehmens.
- **Leistungsfähige Lieferanten:** Es müssen Lieferanten gefunden werden, die den Bedarf des Unternehmens mengen- und qualitätsmäßig decken.
- **Qualifiziertes und motiviertes Personal:** Die Beschaffung qualifizierten Personals und die langfristige Motivation der Mitarbeiter stellen bei vielen Unternehmen ein Problem dar. Darüber hinaus sind die Personalkosten und insbesondere die Lohnnebenkosten zu berücksichtigen.

→Bd. 2

- **Eine gesicherte Finanzierung:** Der Kapitalbedarf ist u. a. von der Betriebsgröße, der Betriebs- und Vertriebsform, dem Marketingkonzept und der Art der Ware abhängig.

Rechtliche Voraussetzungen

→Bd. 2

Wer ein Gewerbe betreiben will, muss **unbeschränkt geschäftsfähig sein**.

Das neu gegründete Unternehmen muss bei einer Vielzahl von Institutionen **angemeldet** werden.

- Das staatliche **Amt für Gewerbeschutz** (Gewerbeaufsichtsamt) erteilt den Gewerbeschein, der für den Betrieb jedes Gewerbes erforderlich ist.
- Das **Finanzamt** erteilt die Steuer- und Sozialversicherungsnummer.
- Die **Berufsgenossenschaft** prüft die Einhaltung der Unfallverhütungsvorschriften.
- Die **Kammern** (z.B. Industrie- und Handelskammern, Handwerkskammern, Rechtsanwaltskammer usw.) sind Körperschaften des öffentlichen Rechts, denen alle im Kammerbezirk tätigen Gewerbetreibenden als Pflichtmitglieder angehören. Aufgaben der Kammern sind die Wahrnehmung der Interessen der Mitglieder, die Förderung der Wirtschaft und die Förderung der Berufsausbildung. Sie überwachen als „zuständige Stelle" die Ausbildung.
- Die **Krankenkasse** muss informiert werden, sofern Arbeitnehmer beschäftigt werden. Über die Krankenkasse werden die Beiträge zur Kranken-, Renten-, Pflege- und Arbeitslosenversicherung abgerechnet.
- **Handelsregister** (vgl. S. 49ff.)
- Das **Gesundheitsamt**, wenn Lebensmittel angeboten werden. In diesem Fall ist eine amtsärztliche Unbedenklichkeitsbescheinigung für die Mitarbeiter erforderlich.

Zur Existenzgründung finden Sie im Internet unter folgender Adresse Informationen:
☞ www.existenzgruender.de

Fördermöglichkeiten im Rahmen der Existenzgründung

Für Kaufleute, die einen eigenen Betrieb gründen wollen, gibt es eine Vielzahl von Fördermöglichkeiten, die an allen erforderlichen Voraussetzungen der Existenzgründung ansetzen.

- **Förderung der persönlichen Voraussetzungen:**
  Seminare der Kammern und der Kreditinstitute zu Themen wie Handelsrecht, Unternehmensrecht, Personalführung, Nutzung neuer Techniken usw.
- **Förderung der sachlichen Voraussetzungen:**
  zinsgünstige Darlehen für Existenzgründer, die durch die Kreditinstitute vermittelt werden
- **Förderung der rechtlichen Voraussetzungen:**
  Seminare der Kammern zu Themen wie Existenzgründung oder Wettbewerbsrecht

Chancen und Risiken der Selbstständigkeit

Die **Chancen und Risiken** einer Selbstständigkeit kann ein Kaufmann nur vor dem Hintergrund seiner persönlichen Situation beantworten.

Beispiele

Vorteile	Nachteile
• eigene Ideen verwirklichen • Gewinnerwartung • gesellschaftliches Ansehen • ...	• Risiko des Scheiterns • Arbeitsbelastung • Verantwortung gegenüber Mitarbeitern • ...

Das **Risiko des Scheiterns** machen folgende Abbildungen deutlich:

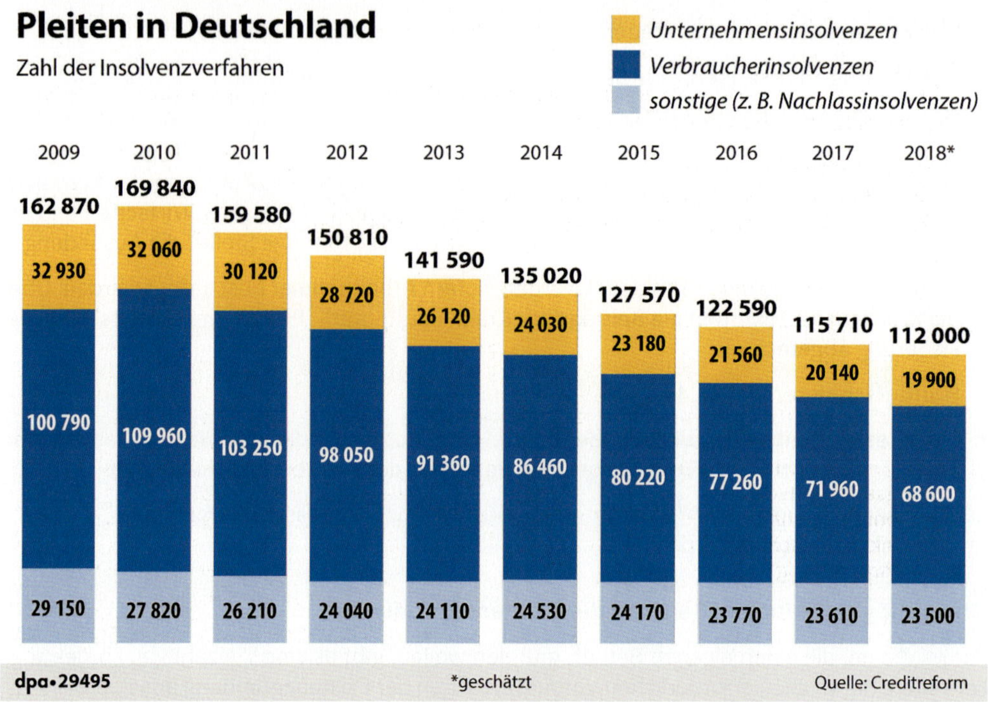

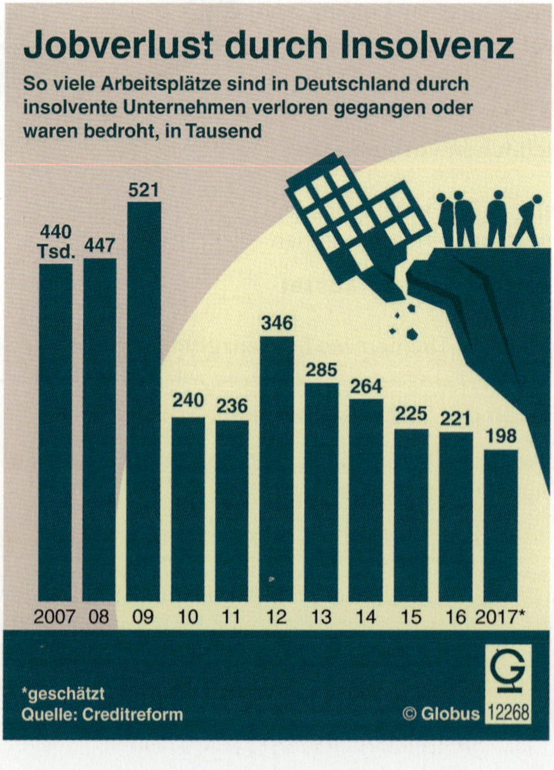

Zusammenfassung: Eine Geschäftsidee entwickeln und die Gründung eines Unternehmens vorbereiten

- **Geschäftsidee**
  Ausgangspunkt jeder Existenzgründung ist eine Geschäftsidee. Diese wird durch die unternehmerischen Ziele konkretisiert.
- **Unternehmerische Ziele:**
  Oberziel: langfristiges Gewinnmaximum
  Teilziele: Wachstum, Unabhängigkeit, Ansehen, soziale Verantwortung

Gründungsvoraussetzungen

persönliche
- Erfahrung in der Branche
- kaufmännisches Wissen
- Kenntnis neuer Techniken
- Einsatzbereitschaft
- Menschenkenntnis
- Risikobereitschaft
- Führungsfähigkeit

sachliche
- Marktchancen
- geeigneter Standort
- leistungsfähige Lieferanten
- qualifiziertes Personal
- gesicherte Finanzierung

rechtliche
- Geschäftsfähigkeit
- Anmeldung bei
  - Amt für Gewerbeschutz
  - Finanzamt
  - Berufsgenossenschaft
  - Kammer
  - Krankenkasse
  - Handelsregister
  - ggf. Gesundheitsamt

Aufgaben

1 *Fritz und Walter erben jeder 750000,00 €. Fritz gründet eine „Druckertankstelle", Walter legt das Kapital in festverzinslichen Wertpapieren mit einer Verzinsung von 3,5 % an. Nach einigen Jahren treffen sie sich wieder und stellen fest, dass Fritz einen durchschnittlichen Jahresgewinn von 100000,00 € erwirtschaftet hat. Walter hingegen erhält jährlich 56250,00 € Zinsen. Walter findet es ungerecht, dass sein Bruder fast die doppelte Rendite erzielt und schimpft auf die Unternehmer.*
Nehmen Sie zu den Standpunkten der Brüder Stellung.

2 *Nennen Sie sechs Stellen, bei denen ein neu gegründetes Unternehmen angemeldet werden muss.*

3 *Stellen Sie Vor- und Nachteile einer Existenzgründung am Beispiel eines Betriebes Ihrer Wahl gegenüber. Begründen Sie Ihre persönliche Entscheidung für oder gegen die Selbstständigkeit.*

4 *Entwickeln Sie eine begründete Geschäftsidee für ein Unternehmen Ihrer Wahl.*

5 *Der Gründung der Bürodesign GmbH liegt eine Geschäftsidee zugrunde. Lesen Sie nochmals die Ausführungen zur Unternehmensgeschichte auf S. 25 f., vollziehen Sie die Geschäftsidee nach und erläutern Sie, wie sich eine Geschäftsidee heute von der aus dem Jahr 1947 unterscheiden würde.*

6 *Recherchieren Sie im Internet zum Risiko des Scheiterns einer Unternehmensgründung und bewerten Sie die Idee von Bülent, sich mit einer „Druckertankstelle" selbstständig zu machen, vor dem Hintergrund der gefundenen Ergebnisse.*

1.2.2 Die handelsrechtlichen Rahmenbedingungen beschreiben

1.2.2.1 Kaufmannseigenschaften

Jan, ein ehemaliger Freund von Renate Becker, einer Auszubildenden der Bürodesign GmbH, hat die Ausbildung als Kaufmann für Büromanagement abgebrochen, um Fotograf zu werden. Leider hat auch das nicht geklappt, aber nach einigem Hin und Her hat Jan es jetzt geschafft. Er vertreibt als selbstständiger Kaufmann Fotobücher und Fotoprodukte. Eine neue Freundin hat er auch. Und dann kommt plötzlich diese Karte:

Ihre Verlobung geben bekannt:

Anna Weber
Steuerfachgehilfin

Jan Wolf
Kaufmann

Die Verlobungsfeier findet statt am 2. Mai 20..
um 15:00 Uhr im Dorfgemeinschaftshaus Winterscheid,
Stiftstraße 15, 53809 Winterscheid.

Renate ist sauer! Von wegen Kaufmann, der hat doch die Ausbildung abgebrochen. Wenn alles gut geht, wird sie in einem Jahr Kauffrau sein. Kauffrau für Büromanagement. In der Mittagspause erzählt sie Herrn Kaya, ihrem Abteilungsleiter, von der Sache. Aber der weiß es natürlich wie immer besser: *„Sie sind doch nur eifersüchtig. Und wer Kaufmann ist, regelt das HGB!"*

Arbeitsaufträge
- ***Stellen Sie fest, ob Jan Kaufmann im Sinne des HGB ist.***
- ***Erläutern Sie, was man unter einem Handelsgewerbe versteht.***
- ***Erläutern Sie die verschiedenen Kaufmannseigenschaften.***

Die Rechte und Pflichten des Kaufmanns sind im Handelsrecht geregelt. Sie sind strenger als die des normalen Bürgers, da der Gesetzgeber davon ausgeht, dass der Kaufmann die Folgen von Rechtsgeschäften besser kennen muss. Das **Handelsrecht** stellt somit das **Sonderrecht des Kaufmanns** dar.

Beispiel *Ein Kaufmann kann eine Bürgschaft mündlich rechtswirksam abschließen. Um den Nichtkaufmann vor den unübersehbaren Rechtsfolgen einer Bürgschaft zu schützen, hat der Gesetzgeber für diesen die Schriftform vorgeschrieben.*

Zum Handelsrecht gehören z. B. das Handelsgesetzbuch (HGB), das Aktiengesetz (AktG), das GmbH-Gesetz (GmbHG), das Genossenschaftsgesetz (GenG), das Gesetz gegen unlauteren Wettbewerb (UWG) und das Gesetz gegen Wettbewerbsbeschränkungen (GWB).

■ Gewerbetreibender nach § 1 HGB (Istkaufmann)

Umgangssprachlich bezeichnet man Menschen als Kaufleute, die eine entsprechende Ausbildung abgeschlossen haben. Wer im juristischen Sinne Kaufmann ist, regelt das HGB.

Handelsgewerbe

> **§1 HGB**
> (1) Kaufmann im Sinne dieses Gesetzbuchs ist, wer ein Handelsgewerbe betreibt.

Ein Handelsgewerbe ist jede auf Dauer angelegte und auf Gewinnerzielung ausgerichtete selbstständige Tätigkeit, die einen in **kaufmännischer Weise eingerichteten Geschäftsbetrieb** erfordert. Eine kaufmännische Einrichtung muss dabei nicht tatsächlich vorhanden, sondern grundsätzlich nur erforderlich sein.

Handelsgewerbe ist nach §1 Abs. 2 HGB jedes gewerbliche Unternehmen, das einen in kaufmännischer Weise eingerichteten Gewerbebetrieb erfordert, und zwar ohne Rücksicht auf die Eintragung ins Handelsregister. Das Vorliegen eines Handelsgewerbes ist somit unabhängig von der Eintragung in das Handelsregister. Grundvoraussetzung für die Kaufmannseigenschaft ist das Vorhandensein eines Gewerbebetriebes.

> **§1 HGB**
> (2) Handelsgewerbe ist jeder Gewerbebetrieb, es sei denn, dass das Unternehmen nach Art oder Umfang einen in kaufmännischer Weise eingerichteten Geschäftsbetrieb nicht erfordert.

Es besteht die **Pflicht zur deklaratorischen Eintragung** (vgl. S. 50) ins Handelsregister. Versäumt ein Gewerbetreibender die Eintragung ins Handelsregister, kann er durch Ordnungsmaßnahmen dazu gezwungen werden.

Der Gewerbetreibende trägt die Beweislast, dass sein Unternehmen nicht kaufmännisch ist, d.h., es wird von der Vermutung ausgegangen, dass bei Vorliegen eines Gewerbes ein Handelsgewerbe und damit der Status eines Kaufmanns vorliegt.

Nichtkaufmann

Wissenschaftliche und künstlerische Tätigkeiten, die als freie Berufe ausgeübt werden können, sind eintragungsunfähig, diese Personen gelten somit als **Nichtkaufleute**. Ebenfalls sind die sonstigen freien Berufe (z.B. Ärzte, Rechtsanwälte, Steuerberater) von der Regelung des §1 HGB ausgenommen, auch sie sind keine Kaufleute.

Ein Nichtkaufmann ist nicht berechtigt, eine Firma zu führen, er kann aber sein Kleingewerbe mit einer Geschäftsbezeichnung benennen, sofern die Bezeichnung nicht den Anschein eines kaufmännischen Gewerbes erzeugt.

Beispiel *Thomas Klein betreibt in Duisburg einen Imbissstand. Er führt hierfür die Geschäftsbezeichnung Speiserestaurant Klein. Diese Geschäftsbezeichnung ist nicht zulässig. Zulässig wäre die Bezeichnung „Speisekajüte Klein“ oder „Grillhütte Klein“.*

Ist die Firma eines Gewerbetreibenden im Handelsregister eingetragen, ohne dass der Gewerbetreibende die Voraussetzungen für die Eintragung erfüllt, so ist der Gewerbetreibende ein sog. **Scheinkaufmann**. Es kann gegenüber demjenigen, der sich auf die Eintragung beruft, nicht geltend gemacht werden, dass das unter der Firma betriebene Gewerbe überhaupt kein Handelsgewerbe sei.

> **§5 HGB**
> Ist eine Firma im Handelsregister eingetragen, so kann gegenüber demjenigen, welcher sich auf die Eintragung beruft, nicht geltend gemacht werden, dass das unter der Firma betriebene Gewerbe kein Handelsgewerbe sei.

Jeder Gewerbetreibende ist ohne Rücksicht auf die Branche Kaufmann.

Kaufmann nach § 1 HGB

Jedes gewerbliche Unternehmen, dessen Betrieb nach Art und Umfang eine kaufmännische Organisation erfordert, ist ein Handelsgewerbe.

Eine kaufmännische Organisation ist erforderlich, wenn eine kaufmännische Buchführung geführt werden muss. Dies ist der Fall, wenn an den Abschlussstichtagen von zwei aufeinanderfolgenden Geschäftsjahren die beiden folgenden Größen überschritten werden:

- 60 000,00 € Gewinn pro Jahr oder
- 600 000,00 € Umsatz.

Für den Kaufmann nach § 1 HGB gilt das HGB in vollem Umfang. Er

- muss Handelsbücher führen,
- muss sich in das Handelsregister eintragen lassen (vgl. S. 49 ff.),
- führt eine Firma (vgl. S. 46 ff.) und darf Prokura erteilen (vgl. S. 183 f.),
- kann Personengesellschaften (vgl. S. 53 ff.) gründen und
- →Bd. 2 **bürgt selbstschuldnerisch**.

■ Kleingewerbetreibender (Kannkaufmann)

Ein Gewerbetreibender, dessen Betrieb keine kaufmännische Organisation erfordert, ist Kleingewerbetreibender. Für ihn gilt das HGB nur in **beschränktem Umfang**. Er

- ist nur zu eingeschränkter Buchführung verpflichtet,
- braucht sich nicht in das Handelsregister eintragen zu lassen,
- führt keine Firma und
- kann keine Personengesellschaften gründen.

Beispiel *Der Großküchenlieferant Hans Sand, der die Bürodesign GmbH beliefert, macht bei einem Eigenkapital von 50 000,00 € einen Umsatz von 200 000,00 € pro Jahr und einen Gewinn von 20 000,00 €. Somit ist er Kleingewerbetreibender.*

> § 2 HGB
> Ein gewerbliches Unternehmen, dessen Gewerbebetrieb nicht schon nach § 1 Abs. 2 Handelsgewerbe ist, gilt als Handelsgewerbe im Sinne dieses Gesetzbuchs, wenn die Firma des Unternehmens in das Handelsregister eingetragen ist. Der Unternehmer ist berechtigt, aber nicht verpflichtet, die Eintragung nach den für die Eintragung kaufmännischer Firmen geltenden Vorschriften herbeizuführen. [...]

Ein in kaufmännischer Weise eingerichteter Geschäftsbetrieb ist i. d. R. erforderlich, wenn eine kaufmännische Buchführung notwendig ist (s. o.) und kaufmännische Mitarbeiter beschäftigt werden.

Ist dies nicht der Fall, **kann** sich der Gewerbetreibende freiwillig in das Handelsregister eintragen lassen (**Kannkaufmann**). Ab dem Zeitpunkt der Eintragung ist der Gewerbetreibende Kaufmann, folglich ist die Wirkung der Eintragung **konstitutiv** (vgl. S. 50).

Beispiele *Kiosk, Blumengeschäft, Lottoannahmestelle*

■ Land- und Forstwirtschaft (Kannkaufmann)

> § 3 HGB
> (1) Auf den Betrieb der Land- und Forstwirtschaft finden die Vorschriften des § 1 keine Anwendung.
> (2) Für ein land- und forstwirtschaftliches Unternehmen, das nach Art und Umfang einen in kaufmännischer Weise eingerichteten Geschäftsbetrieb erfordert, gilt § 2 mit der Maßgabe, dass nach

Eintragung in das Handelsregister eine Löschung der Firma nur nach den allgemeinen Vorschriften stattfindet, welche für die Löschung kaufmännischer Firmen gelten.
(3) Ist mit dem Betrieb der Land- und Forstwirtschaft ein Unternehmen verbunden, das nur ein Nebengewerbe des land- oder forstwirtschaftlichen Unternehmens darstellt, so finden auf das im Nebengewerbe betriebene Unternehmen die Vorschriften der Absätze 1 und 2 entsprechende Anwendung.

Ein land- und forstwirtschaftliches Unternehmen **kann** demnach den Hauptbetrieb (§ 3 Abs. 2 HGB) oder den Nebenbetrieb (§ 3 Abs. 3 HGB) in das Handelsregister eintragen lassen. Ab dem Zeitpunkt der Eintragung ist der Gewerbetreibende Kaufmann **(Kannkaufmann)**.

Beispiel *Landwirt mit einer Mühle, Brennerei oder Molkerei im Nebengewerbe*

Handelsgesellschaften (Formkaufmann)

Die Aktiengesellschaft (vgl. S. 64 ff.), die Gesellschaft mit beschränkter Haftung (vgl. S. 61 ff.) und die eingetragene Genossenschaft sind Kaufmann **kraft Rechtsform (Formkaufmann)**. Sie sind ab der Eintragung in das Handelsregister **juristische Person** und erwerben damit ohne Rücksicht auf den Gegenstand des Unternehmens die Eigenschaft eines Kaufmanns. →Bd. 2

§ 6 HGB
(1) Die in betreff der Kaufleute gegebenen Vorschriften finden auch auf die Handelsgesellschaften Anwendung.

Beispiele *Bürodesign GmbH, Vereinigte Spanplatten AG*

Zusammenfassung: Kaufmannseigenschaften

Aufgaben

1 *Für den Kaufmann gilt das HGB in vollem Umfang. Erläutern Sie, welche Rechtsfolgen der Status eines Kaufmanns nach § 1 HGB hat.*

2 *Begründen Sie, warum für einen Kaufmann strengere Regelungen gelten, als für einen Nichtkaufmann.*

3 *Erläutern Sie die Rechte und Pflichten*
a) des Kaufmanns nach § 1 HGB, *b) des Kleingewerbetreibenden.*

4 *Die Wirtschaftsauskunftei Müller beschäftigt 35 Mitarbeiter.*
a) Überprüfen Sie, ob Herr Müller Kaufmann ist.
b) Stellen Sie fest, ob er Kaufmann kraft Eintragung oder kraft Gesetz ist.
c) Überprüfen Sie, ob er Bücher führen muss.

5 *Sammeln Sie Anzeigen aus der Tageszeitung oder Veröffentlichungen aus Jobbörsen im Internet und ordnen Sie die gefundenen Unternehmen den jeweiligen Kaufmannseigenschaften zu.*

6 *Stellen Sie fest, ob es sich in den unten stehenden Fällen*
1. um einen Kaufmann nach § 1 HGB,
2. um einen Kannkaufmann,
3. um einen Formkaufmann,
4. nicht um einen Kaufmann
im Sinne des HGB handelt.
a) Anja Schmitz ist Inhaberin eines nicht im Handelsregister eingetragenen Glas- und Porzellan-Einzelhandelsgeschäftes. Sie betreibt den Betrieb allein.
b) Beim Schulfest der Berufsbildenden Schule verkaufen Schüler Pizza.
c) Die Autoreparaturwerkstatt Schmitz GmbH ist in das Handelsregister eingetragen.

1.2.2.2 Die Firma

Als Renate Jan anrufen will, um ihm zur Verlobung zu gratulieren, hat sie seine Verlobte Anna Weber am Apparat. Eigentlich will sie sofort auflegen, aber dann gratuliert sie doch. Anna erzählt stolz, dass sie ihre Stelle zum 31.12. kündigen will, um dann für die Firma Jan Wolf, Internationaler Fotohandel, die Buchhaltung zu machen. In der Mittagspause berichtet Renate aufgeregt Herrn Herr Kaya: *„Stellen Sie sich vor, die arbeitet jetzt sogar bei Jan in der Firma!"* Aber Herr Kaya lässt sie wieder abblitzen: *„Alten Liebschaften soll man nicht nachtrauern, und außerdem sollten Sie sich der kaufmännischen Fachsprache bedienen, Frau Becker!"*

Arbeitsaufträge
- ***Stellen Sie fest, an welcher Stelle Renate sich nicht der kaufmännischen Fachsprache bedient hat.***
- ***Erläutern Sie Firmenarten und -grundsätze.***

■ Begriff der Firma

Umgangssprachlich werden die Begriffe Unternehmung, Betrieb und Firma oft gleichgesetzt. Was im **juristischen Sinne** eine Firma ist, regelt das HGB:

> § 17 HGB
> (1) Die Firma eines Kaufmanns ist der Name, unter dem er seine Geschäfte betreibt und die Unterschrift abgibt.

Die Firma besteht aus dem Firmenkern und dem Firmenzusatz. Der **Firmenkern** beinhaltet den Namen des Unternehmens, den Gegenstand des Unternehmens oder eine Fantasiebezeichnung.

Beispiele *Hanckel & Cie. GmbH, Chemische Fabriken KG, Donald Duck OHG*

Der **Firmenzusatz** kann das Gesellschaftsverhältnis erklären, über Art und Umfang des Geschäftes Auskunft geben oder der Unterscheidung der Person oder des Geschäftes dienen. Er muss der Wahrheit entsprechen.

§ 19 HGB
(1) Die Firma muss [...] enthalten:
1. bei Einzelkaufleuten die Bezeichnung „eingetragener Kaufmann", „eingetragene Kauffrau" oder eine allgemein verständliche Abkürzung dieser Bezeichnung, insbesondere „e.K.", „e.Kfm." oder „e.Kffr.";
2. bei einer offenen Handelsgesellschaft die Bezeichnung „offene Handelsgesellschaft" oder eine allgemein verständliche Abkürzung dieser Bezeichnung;
3. bei einer Kommanditgesellschaft die Bezeichnung „Kommanditgesellschaft" oder eine allgemein verständliche Abkürzung dieser Bezeichnung.

(2) Wenn in einer offenen Handelsgesellschaft oder Kommanditgesellschaft keine natürliche Person persönlich haftet, muss die Firma [...] eine Bezeichnung enthalten, welche die Haftungsbeschränkung kennzeichnet.

Beispiele *Abels, Wirtz & Co. KG, Sicherheitstechnik; Stammes Stahlrohr GmbH*

Arten der Firma

- **Personenfirma:** Der Firmenkern besteht aus einem oder mehreren Namen und ggf. dem Vornamen.
  Beispiel *Bodo Lukas e. K.*
- **Sachfirma:** Der Firmenkern ist aus dem Gegenstand des Unternehmens abgeleitet.
  Beispiel *Bürodesign GmbH*
- **Gemischte Firma:** Die Firma besteht aus Namen und Gegenstand des Unternehmens.
  Beispiel *Bürobedarfsgroßhandel Schneider & Co. KG*
- **Fantasiefirma:** Die Firma besteht aus einer Abkürzung oder einem Fantasienamen.
  Beispiel *Klassik 2000 GmbH*

Firmengrundsätze

Bei der Wahl der Firma muss der Kaufmann neben den Vorschriften, die sich auf die Unternehmensform beziehen, die **Firmengrundsätze** beachten.

Firmenwahrheit/Firmenklarheit

Bei einer Sachfirma muss der Gegenstand der Unternehmung den Tatsachen entsprechen (Firmenwahrheit). Firmenzusätze dürfen nicht zu einer Täuschung über die Art oder den Umfang des Geschäfts oder die Verhältnisse des Geschäftsinhabers Anlass geben (Firmenklarheit).

Beispiel *Jan Wolf verstößt gegen den Grundsatz der Firmenwahrheit. Die Bezeichnung „Internationaler Fotohandel Wolf e. K." ist eine Täuschung über den Umfang des Geschäftes.*

Firmenausschließlichkeit

Ist eine Firma in das Handelsregister eingetragen, hat sie das ausschließliche Recht, im Amtsgerichtsbezirk diese Firma zu führen.

Firmenbeständigkeit

Bei einem Wechsel in der Person des Inhabers darf die Firma fortgeführt werden. Dies kann mit oder ohne einen das Nachfolgeverhältnis andeutenden Zusatz geschehen.

Beispiel *Bodo Lukas erwirbt den Büromöbelgroßhandel Theodor Becker. Folgende Firmen sind möglich:*
- *Bodo Lukas e. Kfm.*
- *Theodor Becker e. Kfm.*
- *Theodor Becker e. K., Inhaber Bodo Lukas*
- *Bodo Lukas, vormals Theodor Becker e. Kfm.*
- *Theodor Becker Nachfolger e. Kfm.*

§ 25 HGB
(1) Wer ein unter Lebenden erworbenes Handelsgeschäft unter der bisherigen Firma mit oder ohne Beifügung eines das Nachfolgeverhältnis andeutenden Zusatzes fortführt, haftet für alle im Betriebe des Geschäfts begründeten Verbindlichkeiten des früheren Inhabers. [...]

Ein **Ausschluss der Haftung** des Erwerbers ist möglich. Er muss jedoch in das Handelsregister eingetragen und veröffentlicht werden. Die Ansprüche der Gläubiger gegen den früheren Inhaber verjähren nach fünf Jahren. Selbstverständlich gehen auch alle Forderungen auf den neuen Inhaber über.

Firmenöffentlichkeit

Jeder Kaufmann ist verpflichtet, seine Firma am Ort der Niederlassung in das **Handelsregister** (vgl. S. 49ff.) eintragen zu lassen, damit sich jedermann über die Rechtsverhältnisse informieren kann.

Zusammenfassung: Die Firma

Begriff	Firmenarten	Firmengrundsätze
Die Firma eines Kaufmanns ist der **Name, unter dem er sein Handelsgewerbe betreibt** und die Unterschrift abgibt. Einzelkaufleuten, Personengesellschaften und Kapitalgesellschaften ist die freie Wahl einer aussagekräftigen, werbewirksamen Firma gestattet, wenn diese unterscheidungskräftig ist, die Gesellschaftsverhältnisse offenlegt und nicht irreführend ist.	• **Personenfirma:** Der Firmenkern besteht aus den/dem Namen der/des Unternehmer/-s. • **Sachfirma:** Der Firmenkern besteht aus dem Gegenstand des Unternehmens. • **Gemischte Firma:** Die Firma besteht aus Namen und Gegenstand des Unternehmens. • **Fantasiefirma:** Die Firma besteht aus Fantasienamen.	• **Wahrheit:** Bei einer Sachfirma muss der Gegenstand des Unternehmens wahr sein. • **Klarheit:** keine täuschenden Firmenzusätze • **Ausschließlichkeit:** Eingetragene Firma hat ausschließlich das Recht, diese Firma zu führen. • **Beständigkeit:** Fortführung der Firma bei Wechsel in der Person des Inhabers • **Öffentlichkeit:** Eintragung der Firma am Ort der Niederlassung in das Handelsregister

Aufgaben

1 *Suchen Sie im Internet je drei Beispiele für eine Personen-, Sach-, gemischte und Fantasiefirma heraus und stellen Sie die Ergebnisse der Klasse in einem Lernplakat oder als digitales Produkt zusammen.*

2 *Erläutern Sie, warum es wichtig ist, dass man die Firma bei Erwerb eines Handelsgeschäfts fortführen kann.*

3 *Fritz Müller und Gabi Stein wollen einen Versandhandel für Computerzubehör gründen. Erstellen Sie eine Checkliste, welche Überlegungen sie bei der Wahl der Firma anstellen müssen.*

4 *Der Bürodesign GmbH wird ein alteingesessenes Unternehmen zum Kauf angeboten. Welche Überlegungen sollten bei der Wahl der Firma angestellt werden?*

5 *Sie haben im Kapitel „Kaufmannseigenschaften" Anzeigen oder digitale Veröffentlichungen von Unternehmen der Region gesammelt. Ordnen Sie diese jetzt nach den Arten der Firma.*

1.2.2.3 Das Handelsregister

Der „Internationale Fotohandel Jan Wolf e. K." lässt Renate keine Ruhe. Sie möchte zu gern wissen, was sich hinter dieser Firma verbirgt. Deshalb fragt sie in der Mittagspause Frau Geissler, ob es eine Möglichkeit gibt, Informationen über das Unternehmen von Jan Wolf zu bekommen. Frau Geissler hat eine einfache Lösung: *„Alle wichtigen Informationen über Kaufleute und Handelsgesellschaften sind im Handelsregister niedergelegt. Und das Handelsregister ist unter www.handelsregister.de im Internet für jedermann zugänglich!"* Sie holt einen alten Ausdruck des Handelsregisterauszugs der Bürodesign GmbH aus einer Akte und zeigt sie Renate.

Amtsgericht Köln — **HRB 9842**

Nr. der Eintragung	a) Firma b) Ort der Niederlassung (Sitz der Gesellschaft) c) Gegenstand des Unternehmens (bei juristischen Personen)	Grund- oder Stammkapital €	Vorstand Persönlich haftende Gesellschafter Geschäftsführer Abwickler	Prokurat	Rechtsverhältnisse	a) Tag der Eintragung und Unterschrift b) Bemerkung
1	2	3	4	5	6	7
1	a) Bürodesign GmbH b) 50933 Köln (Sitz der Gesellschaft) c) Herstellung und Vertrieb von Büromöbeln	600 000,00	Dipl.-Ing. Helma Friedrich Dipl.-Kfm. Klaus Stein		Gesellschaft mit beschränkter Haftung. Der Gesellschaftsvertrag ist am 1. April .. festgestellt. Die Gesellschaft hat zwei Geschäftsführer. Sie wird durch einen Geschäftsführer in Alleinvertretungsbefugnis vertreten.	a) 1. April ..

„Ein Interessent kann sich über jeden Kaufmann und jede Handelsgesellschaft seines Amtsgerichtsbezirks einen solchen Auszug anfertigen lassen!" Renate ist verblüfft. Dann könnte sie sich ja auch eine solche Information über das Unternehmen von Jan Wolf beschaffen!

Arbeitsaufträge
- ***Suchen Sie Gründe, die für die Notwendigkeit der Öffentlichkeit des Handelsregisters sprechen.***
- ***Stellen Sie fest, welche Wirkung die Handelsregistereintragung hat.***
- ***Erläutern Sie den abgebildeten Handelsregisterauszug der Bürodesign GmbH***

Das Handelsregister ist ein **amtliches Verzeichnis aller Kaufleute**. Es wird beim Registergericht des Amtsgerichts am Sitz des Unternehmens elektronisch geführt. Das Handelsregister soll die Öffentlichkeit über wichtige Sachverhalte und Rechtsverhältnisse der Kaufleute und Handelsgesellschaften unterrichten und dient der Rechtssicherheit im Handelsverkehr.

§ 9 HGB
(1) Die Einsichtnahme in das Handelsregister sowie in die zum Handelsregister eingereichten Dokumente ist jedem zu Informationszwecken gestattet. [...]

Das elektronische Handelsregister kann unter www.handelsregister.de eingesehen werden. Eintragungen in das Handelsregister und deren Änderungen werden zudem durch das Registergericht unter www.handelsregisterbekanntmachungen.de veröffentlicht.

Das Handelsregister wird in **zwei Abteilungen** gegliedert:

- **Abteilung A** für Einzelkaufleute und Personengesellschaften
- **Abteilung B** für Kapitalgesellschaften

Die Genossenschaften werden in ein spezielles **Genossenschaftsregister** eingetragen.

Die **Anmeldung** muss elektronisch in öffentlich beglaubigter oder notariell beurkundeter Form erfolgen. Hierfür wird das Dokument von einem Notar mit einer elektronischen Signatur versehen und anschließend in das elektronische Gerichtspostfach des Registergerichts übermittelt.

Ebenfalls eingetragen wird z. B. die **Auflösung** der Unternehmung.

Die **Wirkung** der Eintragung kann rechtsbezeugend **(deklaratorisch)** oder rechtserzeugend **(konstitutiv)** sein.

- **Deklaratorisch** bedeutet, dass die Rechtswirkung schon mit Aufnahme des Handelsgewerbes eingetreten ist. Die Eintragung in das Handelsregister **bezeugt** diese Tatsache lediglich.
  Beispiel *Zum Kaufmann wurde die Bodo Lukas KG mit Aufnahme eines Handelsgewerbes. Die Eintragung in das Handelsregister bezeugt diese Tatsache lediglich.*

- **Konstitutiv** bedeutet, dass die Rechtswirkung erst mit der Eintragung in das Handelsregister eintritt. So wird der Kleingewerbetreibende erst im Moment der Eintragung Kaufmann im Sinne des HGB. Die Eintragung **erzeugt** die Rechtswirkung.
  Beispiel *Die Bürodesign GmbH entstand als juristische Person im Moment der Eintragung.*

Ist eine Tatsache eingetragen und bekannt gemacht, muss ein Dritter sie gegen sich gelten lassen, auch wenn er sie nicht kannte **(Öffentlichkeitswirkung)**.

Beispiel *Helga Kowski ist Prokuristin der Abels, Wirtz & Co. KG. Wegen einer Unterschlagung wird ihr die Prokura entzogen und der Arbeitsvertrag fristlos gekündigt. Die Entziehung der Prokura wird im Handelsregister eingetragen und veröffentlicht. Eine Woche später kauft Frau Kowski im Namen der Abels, Wirtz & Co. KG bei der Auto-Becker GmbH einen Pkw der Oberklasse und verschwindet mit dem Fahrzeug. Da die Prokura von Frau Kowski erloschen war, kann die Auto-Becker GmbH die Forderung nicht gegen die Abels, Wirtz & Co. KG geltend machen.*

Jeder Kaufmann sollte das Handelsregister sorgfältig lesen. Nur so kann er sicherstellen, dass er jederzeit über Veränderungen, z. B. bei der Haftung eines Kunden, informiert ist.

Zusammenfassung: Das Handelsregister

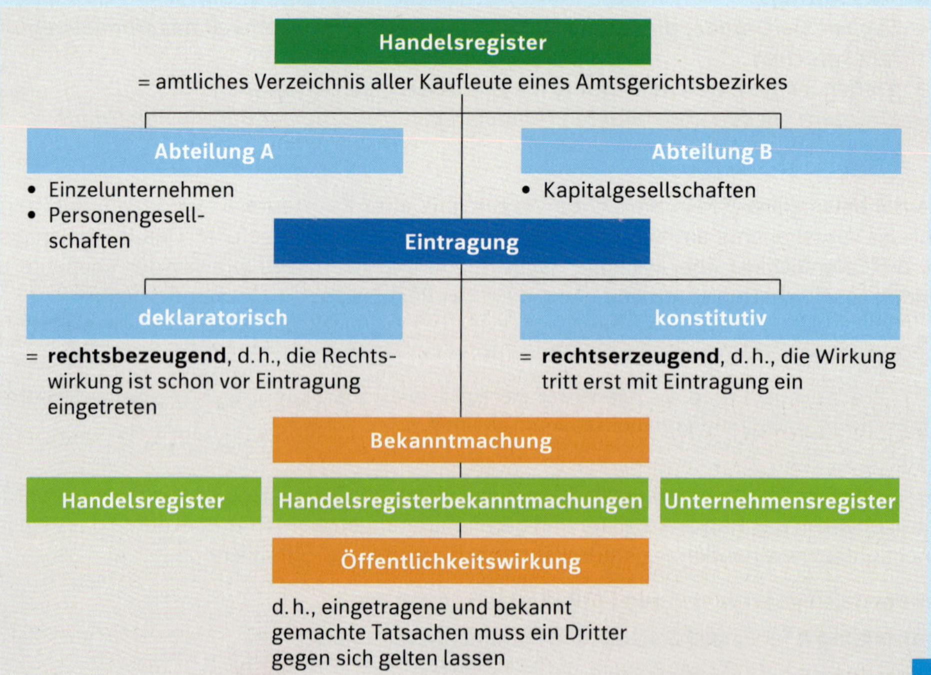

Aufgaben

1 *Erläutern Sie den Unterschied zwischen deklaratorischer und konstitutiver Wirkung einer Eintragung in das Handelsregister anhand je eines Beispiels.*

2 *Welche Rechtsfolgen hat die sog. Öffentlichkeitswirkung des Handelsregisters? Erläutern Sie den Sachverhalt anhand eines Beispiels.*

3 *Besuchen Sie das Unternehmensregister im Internet (www.unternehmensregister.de). Stellen Sie fest, auf welche Daten ein Kaufmann durch das Unternehmensregister Zugriff hat.*

4 *Prüfen und begründen Sie, ob die nachfolgenden Aussagen den gesetzlichen Vorschriften zum Handelsregister entsprechen:*
a) Das Handelsregister ist das Verzeichnis aller Kaufleute eines Amtsgerichtsbezirkes.
b) In das Handelsregister dürfen nur Kaufleute bei Vorliegen eines berechtigten Interesses Einblick nehmen.
c) Die Aktiengesellschaft wird in die Abteilung A (HRA) des Handelsregisters eingetragen.
d) Kapitalgesellschaften werden in die Abteilung B (HRB) des Handelsregisters eingetragen.
e) Eintragungen in das Handelsregister erfolgen ausschließlich in elektronischer Form.
f) Bestellung oder Widerruf der Prokura müssen nicht in das Handelsregister eingetragen werden.
g) Die Anmeldung zum Handelsregister kann formlos erfolgen.

5 *Suchen Sie im Internet nach Unternehmen Ihrer Region unter www.unternehmensregister.de. Ordnen Sie diese anhand der Kriterien Gründung, Veränderungen, Löschung. Stellen Sie fest, welche Branchen und Unternehmensformen am häufigsten vertreten sind. Vergleichen Sie Ihre Ergebnisse mit denen Ihrer Mitschüler.*

1.2.3 Die Wahl der Rechtsform als wesentliche Gründungsentscheidung nachvollziehen

1.2.3.1 Die Einzelunternehmung

Sabine Freund, Gruppenleiterin Marketing der Bürodesign GmbH, will sich selbstständig machen. Sie plant die Eröffnung einer Boutique für exklusives Bürozubehör. Vor- und Nachteile einer Existenzgründung hat sie abgewogen, und auch die Frage der Firma ist bereits geklärt. Als sich im Zusammenhang mit einer Gründungsberatung bei der Industrie- und Handelskammer die Frage nach der geeigneten Unternehmensform stellt, ist für Frau Freund schnell klar, dass sie alleinige Inhaberin ihres Unternehmens sein will: *„Dafür habe ich mich ja selbstständig gemacht!"*

Arbeitsaufträge
- ***Diskutieren Sie, welche Voraussetzungen Frau Freund mitbringen sollte, damit die Gründung ihres Unternehmens ein Erfolg wird.***
- ***Erstellen Sie mithilfe einer Präsentationssoftware ein digitales Produkt, in dem Sie die Vor- und Nachteile der Gründung einer Einzelunternehmung gegenüberstellen.***

Die Einzelunternehmung wird von **einer Person** betrieben, die das Eigenkapital allein aufbringt.

Die **Gründung** erfolgt formlos. Falls es sich um ein Handelsgewerbe nach § 1 HGB handelt und das Gewerbe in kaufmännischem Umfang betrieben wird, ist eine Eintragung in das Handelsregister erforderlich.

Die **Firma** der Einzelunternehmung kann Personen-, Sach-, Fantasiefirma oder gemischte Firma sein und muss den Zusatz „eingetragene Kauffrau (e. Kffr.)" oder „eingetragener Kaufmann (e. K.)" tragen.

§ 18 HGB
(1) Die Firma muss zur Kennzeichnung des Kaufmanns geeignet sein und Unterscheidungskraft besitzen.
(2) Die Firma darf keine Angaben enthalten, die geeignet sind, über geschäftliche Verhältnisse, die für die angesprochenen Verkehrskreise wesentlich sind, irrezuführen. [...]

Beispiele *Sabine Freund e. K., Bürozubehör-Einzelhandel; August Stark e. K., Befestigungstechnik*

Da der Einzelunternehmer als alleiniger **Eigenkapitalgeber** fungiert, ist die Eigenkapitalbasis durch das Betriebsvermögen des Unternehmers begrenzt. Eine Erweiterung des Eigenkapitals kann nur durch die Nichtentnahme erzielter Gewinne und Privateinlagen erfolgen.

→Bd. 2 Auch den Möglichkeiten der **Fremdkapitalbeschaffung** sind bei der Einzelunternehmung enge Grenzen gesetzt, da sich die Beschränkung des Haftungskapitals auf das Vermögen einer Person nachteilig auf die Kreditwürdigkeit auswirken kann.

Der Einzelunternehmer **haftet** für die Verbindlichkeiten seines Unternehmens allein und unbeschränkt, d. h. mit seinem gesamten Vermögen.

Beispiel *Die Einzelunternehmerin Freund hat für die Gründung ihrer Bürozubehör-Einzelhandlung bei der Bank einen Kredit aufgenommen. Sie haftet hierfür mit ihrem gesamten Vermögen, d. h. auch mit ihrem Privatvermögen.*

Der Einzelunternehmer ist alleiniger Inhaber, er hat infolgedessen auch alle Entscheidungsbefugnisse. Er hat das alleinige Recht, im Innenverhältnis die Geschäfte zu führen (**Geschäftsführungsbefugnis**) und das Unternehmen im Außenverhältnis gegenüber Dritten zu vertreten (**Vertretungsbefugnis**).

Da der Einzelunternehmer alle Risiken allein übernimmt, steht ihm auch der gesamte **Gewinn** zu, andererseits trägt er auch alle **Verluste** allein.

Zusammenfassung: Die Einzelunternehmung

Definition	• Gewerbebetrieb, dessen Eigenkapital von einer Person aufgebracht wird
Gründung	• eine Person • Eintragung in das Handelsregister bei Handelsgewerbe mit kaufmännischem Umfang
Firma	• Personen-, Sach-, Fantasiefirma oder gemischte Firma und der Zusatz „eingetragener Kaufmann (e. Kfm., e. K.)" oder „eingetragene Kauffrau (e. Kffr., e. K.)"
Kapitalaufbringung	• durch den Einzelunternehmer
Haftung	• allein und unbeschränkt

Geschäftsführung und Vertretung	• allein durch den Einzelunternehmer
Gewinne und Verluste	• erhält bzw. trägt der Einzelunternehmer

Aufgaben

1 *Beschreiben Sie die Rechtsform der Einzelunternehmung.*

2 *Stellen Sie fest, wer sich in Ihrer Klasse einmal selbstständig machen möchte, und diskutieren Sie die damit verbundenen Vor- und Nachteile.*

3 *Der Einzelunternehmer Eberle ist zahlungsunfähig. Der Gläubiger Pfeiffer behauptet, Eberle hafte auch mit seinem Privatvermögen. Eberle selbst steht auf dem Standpunkt, Geschäfts- und Privatvermögen hätten nichts miteinander zu tun. Nehmen Sie zu diesen Behauptungen Stellung.*

4 *August Stark ist Tischlermeister und Großhändler für Befestigungstechnik. Er betreibt sein Unternehmen als Einzelunternehmung. Die Bürodesign GmbH, mit der er seit vielen Jahren in Geschäftsbeziehung steht, bietet ihm einen Auftrag an. Stark soll Aufbau und Montage der Möbel für einen Großauftrag der Bürodesign GmbH übernehmen. Er müsste dazu jedoch zwei Lkws anschaffen und vier weitere Mitarbeiter einstellen. Überlegen Sie, welche Schwierigkeiten sich für Stark im Bereich der Kapitalbeschaffung ergeben.*

5 *Stellen Sie in einem Kurzreferat die Unternehmensform der Einzelunternehmung vor. Nutzen Sie die Tafel oder eine Präsentationssoftware zur Veranschaulichung.*

1.2.3.2 Die offene Handelsgesellschaft (OHG)

Sabine Freunds Bürozubehör-Geschäft ist eröffnet. Das Einkaufszentrum, in dem sie ihr Einzelhandelsgeschäft betreibt, entwickelt sich immer mehr zu einer exklusiven Adresse für Kunden des gehobenen Bedarfs. Da Frau Freund mit ihrem Sortiment genau diese Zielgruppe abdeckt, steigen die Umsätze und sie muss schon bald zwei Verkäufer/-innen einstellen. Auch in der Buchhaltung wird eine Halbtagskraft beschäftigt. Trotzdem wächst ihr die Arbeit langsam über den Kopf. Alles muss sie selbst entscheiden, um alles muss sie sich selbst kümmern. Dazu kommt der Ärger mit den Banken. Ein dringend benötigter Kredit für die Erweiterung der Geschäftsräume wurde mit der Begründung abgelehnt, das Eigenkapital sei zu gering und es fehle an Sicherheiten. In dieser Situation wendet sich Frau Freund an den Betriebsberater der IHK. Nach eingehender Beratung schlägt dieser ihr die Gründung einer Personengesellschaft in der Rechtsform einer OHG vor.

Arbeitsaufträge
- ***Erarbeiten Sie die Merkmale der OHG.***
- ***Beurteilen Sie, ob die Wahl dieser Unternehmensform die Lösung für Frau Freunds Probleme ist.***
- ***Erstellen Sie mithilfe einer Präsentationssoftware ein digitales Produkt, in dem Sie die Vor- und Nachteile der Gründung einer OHG gegenüberstellen.***

Definition

§ 105 HGB
(1) Eine Gesellschaft, deren Zweck auf den Betrieb eines Handelsgewerbes unter gemeinschaftlicher Firma gerichtet ist, ist eine offene Handelsgesellschaft, wenn bei keinem der Gesellschafter die Haftung gegenüber den Gesellschaftsgläubigern beschränkt ist.

Gründung

Die **Gründung** der OHG ist formfrei, die Schriftform in Form eines Gesellschaftsvertrages ist jedoch üblich. Die Gesellschaft entsteht bei Kaufleuten im Sinne des § 1 HGB mit Aufnahme der Tätigkeit, bei Kleingewerbetreibenden und Kannkaufleuten mit Handelsregistereintrag. Die Gesellschaft ist zur Eintragung in das Handelsregister anzumelden.

Firma

Die **Firma** der OHG kann Personen-, Sach-, Fantasiefirma oder gemischte Firma sein. Sie muss die Bezeichnung „offene Handelsgesellschaft" oder eine verständliche Abkürzung dieser Bezeichnung (z. B. OHG) enthalten.

Beispiel *Becker und Bauer betreiben eine Druckerei in der Rechtsform einer OHG. Folgende Firmen sind möglich: Becker & Bauer OHG, Bauer & Becker OHG, Becker OHG, Bauer OHG, Becker & Co. OHG, Druckerei OHG, BEBA OHG.*

Kapitalaufbringung

Ähnlich wie bei der Einzelunternehmung kann die **Eigenkapitalbasis** durch Erhöhung der Kapitaleinlagen der Gesellschafter oder durch die Nichtentnahme von Gewinnen erfolgen. Darüber hinaus besteht die Möglichkeit der Aufnahme neuer Gesellschafter.

Beispiel *Die Becker OHG erzielt einen Jahresüberschuss von 68 800,00 €, die Gesellschafter beschließen den Gewinn zur Anschaffung eines Hochleistungskopierers zu verwenden.*

Die Beschaffung von **Fremdkapital** ist leichter als bei der Einzelunternehmung, da hier mindestens zwei Gesellschafter mit ihrem gesamten Vermögen haften und das Risiko der Gläubiger dadurch auf zwei Schuldner verteilt ist.

Haftung

Die Gesellschafter der OHG **haften** unbeschränkt, unmittelbar und solidarisch.

- **Unbeschränkt** bedeutet, dass jeder Gesellschafter mit seinem gesamten Vermögen haftet. Es haftet also nicht nur das Gesellschaftsvermögen, sondern jeder Gesellschafter muss auch mit seinem Privatvermögen für die Schulden der OHG einstehen.
- **Unmittelbar** bedeutet, dass sich ein Gläubiger an jeden beliebigen Gesellschafter wenden kann. Der Gesellschafter kann nicht verlangen, dass der Gläubiger zuerst gegen die Gesellschaft auf Zahlung klagt.
- **Solidarisch** (gesamtschuldnerisch) heißt, dass jeder Gesellschafter für die gesamten Schulden der OHG haftet. Er haftet also für die anderen Gesellschafter mit. Im Innenverhältnis hat der Gesellschafter selbstverständlich einen Ausgleichsanspruch.

Ein in eine Einzelunternehmung oder OHG **eintretender Gesellschafter** haftet auch für die Verbindlichkeiten, die bei seinem Eintritt bereits bestehen. **Bei Austritt** haftet der Gesellschafter noch fünf Jahre für die bei seinem Austritt vorhandenen Verbindlichkeiten.

Geschäftsführung und Vertretung

Zur **Geschäftsführung**, d.h. zur Führung der Gesellschaft im **Innenverhältnis**, ist jeder OHG-Gesellschafter allein berechtigt und verpflichtet.

Beispiel *Wenn Sabine Freund einen Gesellschafter für die geplante OHG finden würde, wäre dieser zur Mitarbeit verpflichtet.*

Im **Außenverhältnis** kann jeder Gesellschafter die OHG wirksam vertreten (**Einzelvertretungsmacht**).

Beispiel *Bauer schafft für die OHG einen repräsentativen Geschäftswagen an. Als Becker davon erfährt, kommt es zum Streit. Er ist mit dem Kauf nicht einverstanden. Trotzdem ist der Kaufvertrag zwischen dem Autohaus und der OHG wirksam zustande gekommen, da jeder Gesellschafter die OHG wirksam vertreten kann.*

Es besteht jedoch auch die Möglichkeit, dass ein oder mehrere Gesellschafter nur in Gemeinschaft zur Vertretung der OHG ermächtigt sein sollen (**Gesamtvertretungsmacht**). Diese Einschränkung ist jedoch nur wirksam, wenn sie in das Handelsregister eingetragen ist.

Beispiel *Becker und Bauer vereinbaren Gesamtvertretungsmacht und lassen dies in das Handelsregister eintragen. Beim Kauf eines neuen Kopierers müssen jetzt beide den Kaufvertrag unterschreiben.*

Ein Gesellschafter darf ohne Einwilligung seiner Partner weder im Handelszweig seiner Gesellschaft Geschäfte tätigen (**Handelsverbot**) noch sich an einer anderen Gesellschaft als persönlich haftender Gesellschafter beteiligen (**Wettbewerbsverbot**).

Beispiel *Bauer will sich an einer weiteren Druckerei als Gesellschafter beteiligen. Hierfür ist die Zustimmung seines Gesellschafters Becker erforderlich.*

Gewinnverteilung

Der **Gewinn** der OHG wird gemäß Gesellschaftsvertrag verteilt. In der Regel bekommen die mitarbeitenden Gesellschafter zunächst ein Arbeitsentgelt (Unternehmerlohn). Danach werden die geleisteten Kapitaleinlagen in einer vereinbarten Höhe verzinst. Der verbleibende Rest kann „nach Köpfen" oder nach einem Schlüssel verteilt werden, der die unterschiedliche Höhe des mithaftenden Privatvermögens berücksichtigt. Wird zur Gewinnverteilung nichts vereinbart, gilt § 121 HGB. Danach steht jedem Gesellschafter zunächst ein Anteil in Höhe von 4% seiner Kapitaleinlage zu. Der Rest wird nach Köpfen unter die Gesellschafter verteilt.

Der Gewinn eines Gesellschafters wird seinem Kapitalanteil zugeschrieben. Jeder Gesellschafter ist berechtigt, 4 % seines Kapitalanteils pro Jahr **zu entnehmen**. Dies ist auch dann möglich, wenn die OHG Verluste macht.

Beispiel *Der Gewinn der Becker OHG beträgt 68800,00 €. Die Einlage von Becker beläuft sich auf 100000,00 €, die von Bauer auf 150000,00 €. Becker hat am 31.12. d.J. 8100,00 €, Bauer 9600,00 € entnommen. Die Verteilung soll nach § 121 HGB erfolgen.*

	Kapital am Anfang des Jahres in €	4% in €	Rest nach Köpfen in €	Gesamtgewinn in €	Entnahme in €	Gutschrift in €	Kapital am Ende des Jahres in €
Becker	100000,00	4000,00	29400,00	33400,00	8100,00	25300,00	125300,00
Bauer	150000,00	6000,00	29400,00	35400,00	9600,00	25800,00	175800,00
Gesamt	250000,00	10000,00	58800,00	68800,00	17700,00	51100,00	301100,00

Die Ertragskraft eines Unternehmens wird mithilfe der **Rentabilität** ausgedrückt. Die **Unternehmerrentabilität** ist das Verhältnis des Reingewinns zum eingesetzten Eigenkapital.

Beispiel

$$\textbf{Unternehmerrentabilität} = \frac{\text{Gewinn} \cdot 100}{\text{Eigenkapital}} \qquad \frac{68\,800 \cdot 100}{250\,000} = \underline{\underline{27{,}52\,\%}}$$

Die Unternehmerrentabilität von 27,52 % besagt, dass sich das eingesetzte Eigenkapital mit diesem Zinssatz verzinst hat.

■ Verlustverteilung

Die **Verluste** der OHG werden nach Köpfen verteilt und vom Kapitalkonto der Gesellschafter abgezogen. Vertragliche Abweichungen von dieser Regelung sind möglich.

Beispiel *Die Becker OHG macht im folgenden Jahr einen Verlust von 50600,00 €. Jedem der Gesellschafter werden 25300,00 € vom Kapitalkonto abgezogen. Der neue Kontostand von Becker beträgt jetzt 100000,00 €, der von Bauer 150500,00 €.*

■ Kündigung und Auflösung

Eine **Kündigung** des Gesellschaftsvertrages ist mit einer Frist von sechs Monaten zum Ende des Geschäftsjahres möglich.

Die **Auflösung** der OHG erfolgt durch Zeitablauf, Gesellschafterbeschluss, Liquidation im →Bd. 2 **Insolvenzverfahren** oder gerichtliche Entscheidung auf Antrag eines Gesellschafters, wenn ein wichtiger Grund (z. B. die vorsätzliche oder grob fahrlässige Pflichtverletzung eines anderen Gesellschafters) vorliegt.

Zusammenfassung: Die offene Handelsgesellschaft (OHG)

Definition	• Gesellschaft, deren Zweck auf den Betrieb eines gemeinsamen Handelsgewerbes gerichtet ist, wobei alle Gesellschafter unbeschränkt haften
Gründung	• mindestens zwei Personen • Der Gesellschaftsvertrag ist formfrei. • Die Gesellschaft ist zur Eintragung in das Handelsregister anzumelden.
Firma	• Personen-, Sach-, Fantasiefirma oder gemischte Firma mit Zusatz „offene Handelsgesellschaft“
Kapitalaufbringung	• verbesserte Möglichkeiten der Fremdkapitalaufbringung durch Verbreiterung der Eigenkapitalbasis und Haftung
Haftung	• unbeschränkt • unmittelbar • solidarisch (gesamtschuldnerisch)
Geschäftsführung und Vertretung	• Jeder Gesellschafter ist berechtigt, allein die Geschäfte zu führen und die Gesellschaft im Außenverhältnis zu vertreten.
Gewinnverteilung	• lt. Gesellschaftsvertrag • Wenn nichts geregelt ist, dann gilt das HGB, d. h. 4 % auf das eingesetzte Kapital, Rest nach Köpfen.
Verlustverteilung	• nach Köpfen

Aufgaben

1 *Roland Rothe plant die Gründung einer Spedition in der Rechtsform einer OHG. Um Chancen und Risiken gegeneinander abzuwägen, bittet Herr Rothe seinen Steuerberater Schmitz um die ausführliche Beantwortung der nachfolgenden Fragen:*
a) Wo muss die Gesellschaft eingetragen bzw. angemeldet werden?
b) Wie haften die Gesellschafter?
c) Wie ist die gesetzliche Gewinnverteilung geregelt?
d) Warum wird der Gewinn der OHG nach Köpfen und in Form einer Kapitalverzinsung verteilt?
e) Roland Rothe will die OHG zusammen mit seinem Kompagnon Kotte betreiben. Er bittet um die Nennung von fünf mögliche Firmen.
f) Roland Rothe bittet um die Erstellung einer Tabelle in der die Rechte und Pflichten der OHG-Gesellschafter gegenüber gestellt werden.
Helfen Sie Herrn Schmitz bei der Erledigung dieses Auftrages.

2 *Nach der Eintragung der Rothe-OHG in das Handelsregister kauft Rothe mehrere Pkws.*
a) Stellen Sie fest, ob die Eintragung der Rothe-OHG in das Handelsregister konstitutive oder deklaratorische Wirkung hat.
b) Erläutern Sie, ob Rothe das Geschäft für die Firma wirksam abschließen konnte.
c) Welche Rechtsfolgen hätte es gehabt, wenn Kotte dem Geschäft widersprochen hätte?
d) Könnte Kotte sich an einer anderen OHG als Gesellschafter beteiligen?
e) Kotte bekommt einen Lkw günstig angeboten. Er möchte mit diesem Geschäfte auf eigene Rechnung machen. Ist dies zulässig, wenn Rothe dagegen ist?
f) Aufgrund von Unstimmigkeiten möchte Kotte die Gesellschaft verlassen. Er ist der Meinung, ab dem Tag der Auflösung des Gesellschaftsvertrages habe er mit den Verbindlichkeiten des Unternehmens nichts mehr zu tun. Erläutern Sie die Rechtslage.

3 *Entwerfen Sie einen Text, mit dem Sie die Rothe-OHG zum Handelsregister anmelden.*

4 *Entwerfen Sie einen Formulierungsvorschlag für einen Gesellschaftsvertrag. Orientieren Sie sich dabei am Gesellschaftsvertrag der Bürodesign GmbH oder an Verträgen, die Sie im Internet gefunden haben, und an den gesetzlichen Vorgaben.*

5 *Stellen Sie in einem Kurzreferat die Unternehmensform der OHG vor. Nutzen Sie die Tafel oder eine Präsentationssoftware zur Veranschaulichung.*

1.2.3.3 Die Kommanditgesellschaft (KG)

Sabine Freund ist grundsätzlich von den Vorzügen der Gründung einer Personengesellschaft in der Rechtsform einer OHG überzeugt. In der Praxis gestaltet sich die Suche nach einem geeigneten Partner jedoch schwierig. Trotz der Unterstützung durch die IHK und der Veröffentlichung einer Anzeige in einer Wirtschaftszeitung findet sich kein geeigneter Gesellschafter. In dieser Situation bietet der Steuerberater Frau Freund eine Beteiligung an ihrem Unternehmen an. Er ist bereit, eine beträchtliche Summe zu investieren, kann aber aufgrund seiner beruflichen Situation nicht im Unternehmen mitarbeiten und möchte auch die Haftung auf das eingesetzte Kapital beschränken. Er rät zur Gründung einer Kommanditgesellschaft.

Arbeitsaufträge
- ***Erarbeiten Sie die Merkmale der KG.***
- ***Beurteilen Sie anhand des nachfolgenden Sachinhalts, ob diese Unternehmensform den Vorstellungen der beiden Partner gerecht wird.***
- ***Erstellen Sie mithilfe einer Präsentationssoftware ein digitales Produkt, in dem Sie die Vor- und Nachteile der Gründung einer KG gegenüberstellen.***

Definition

Die Kommanditgesellschaft ist eine Handelsgesellschaft, bei der mindestens ein Gesellschafter unbeschränkt (**Komplementär**) und ein Gesellschafter nur in Höhe seiner Einlage (**Kommanditist**) haftet.

Gründung

Zur **Gründung** einer KG sind mindestens zwei Personen (ein Komplementär und ein Kommanditist) erforderlich. Der Gesellschaftsvertrag ist formfrei. Die Gesellschaft ist zur Eintragung in das Handelsregister anzumelden.

Firma

Die **Firma** der KG kann Personen-, Sach-, Fantasiefirma oder gemischte Firma sein. Sie muss den Zusatz „Kommanditgesellschaft" oder eine verständliche Abkürzung dieser Bezeichnung (z. B. KG) enthalten.

Beispiel *Sabine Freund kann z. B. die Firma Freund KG oder Bürozubehör Freund KG führen.*

Kapitalaufbringung

Die Möglichkeiten der **Eigenkapitalbeschaffung** sind bei der KG i. d. R. größer als bei der Einzelunternehmung oder der OHG, da aufgrund der Beschränkung der Haftung des Kommanditisten auf seine Einlage leichter Kapitalgeber gefunden werden können.

Die **Fremdkapitalbeschaffung** ist leichter als bei der Einzelunternehmung, da hier neben dem Vollhafter zumindest ein Teilhafter zusätzlich haftet. Grundsätzlich ist sie jedoch schwieriger als bei der OHG, da bei der OHG mindestens zwei Gesellschafter unbeschränkt haften.

Haftung

Der Komplementär der KG **haftet** wie der OHG-Gesellschafter unbeschränkt, unmittelbar und solidarisch. Die Haftung des Kommanditisten ist auf die in das Handelsregister eingetragene Einlage beschränkt.

Bei Eintritt in die KG haftet der Kommanditist bis zur Höhe seiner Einlage auch für bereits bestehende Verbindlichkeiten. **Bei Austritt** haftet er noch fünf Jahre für die bis zu seinem Austritt entstandenen Verbindlichkeiten.

Geschäftsführung und Vertretung

Geschäftsführung und **Vertretung** der Gesellschaft liegen allein beim Komplementär, d. h., der Kommanditist ist von der Führung der Geschäfte ausgeschlossen. Er kann Rechtsgeschäften jedoch widersprechen, wenn sie über den gewöhnlichen Geschäftsbetrieb hinausgehen.

Beispiel *Der Komplementär will den Sitz des Unternehmens aus steuerlichen Gründen nach Liechtenstein verlegen. Hier hat der Kommanditist ein Widerspruchsrecht.*

Der Kommanditist ist berechtigt, eine Abschrift der Bilanz zu verlangen und diese durch Einsicht in die Bücher auf ihre Richtigkeit hin zu überprüfen. Das Recht auf eine laufende Kontrolle der Geschäfte hat er jedoch nicht.

Beispiel *Der Kommanditist Lästig erscheint an jedem ersten Freitag im Monat im Unternehmen und verlangt Einblick in die Bücher. Komplementär Pfiffig kann ihm dies verweigern, da der Kommanditist kein Recht auf eine laufende Kontrolle der Geschäfte hat.*

Gewinnverteilung

Auch bei der KG erhält der geschäftsführende Gesellschafter vom **Gewinn** der Unternehmung i.d.R. zunächst einen Unternehmerlohn. Danach werden die Kapitaleinlagen gemäß Gesellschaftsvertrag verzinst. Ist hierüber keine Regelung getroffen, gilt § 168 HGB, der eine Kapitalverzinsung von 4 % vorsieht. Falls der Gewinn diesen Betrag übersteigt, soll der Rest „angemessen" verteilt, d.h. das unterschiedliche Risiko der Gesellschafter berücksichtigt werden.

Beispiel *Steuerberater Schröder ist mit 100000,00 € als Kommanditist an der Freund KG beteiligt. Frau Freund hat als Komplementärin 150000,00 € eingebracht. Im ersten Jahr der Gründung erwirtschaftet die KG einen Gewinn in Höhe von 35000,00 €. Nach der Kapitalverzinsung lt. HGB soll der Restgewinn im Verhältnis der Einlagen verteilt werden.*

Gesellschafter	Geschäftsanteil in €	Kapitalverzinsung 4 % in €	Rest angemessen in €	Gewinnanteil in €
Schröder	100000,00	4000,00	10000,00	14000,00
Freund	150000,00	6000,00	15000,00	21000,00
Gesamt	250000,00	10000,00	25000,00	35000,00

Der Kommanditist hat nur Anspruch auf Auszahlung des Gewinns, wenn er seine Einlage voll geleistet hat.

Verlustverteilung

Macht die Gesellschaft **Verlust**, wird dieser im Verhältnis der Anteile verteilt, wobei die Verlustbeteiligung des Kommanditisten auf die Höhe seiner Einlage beschränkt ist.

Kündigung und Auflösung

Die Gesellschafter können das Gesellschaftsverhältnis mit einer Frist von sechs Monaten zum Ende des Geschäftsjahres **kündigen**. Die **Auflösung** erfolgt durch Zeitablauf, Gesellschafterbeschluss oder die Einleitung des Insolvenzverfahrens.

Zusammenfassung: Die Kommanditgesellschaft (KG)

Definition	• Handelsgesellschaft, bei der mindestens ein Gesellschafter unbeschränkt (Komplementär) und ein Gesellschafter in Höhe seiner Einlage (Kommanditist) haftet
Gründung	• mindestens zwei Personen • Der Gesellschaftsvertrag ist formfrei. • Handelsregistereintrag erforderlich

Firma	• Personen-, Sach-, Fantasiefirma oder gemischte Firma mit Zusatz „Kommanditgesellschaft“
Kapital-aufbringung	• verbesserte Möglichkeiten der Eigenfinanzierung durch Aufnahme von Kommanditisten
Haftung	• Komplementär: – unbeschränkt – unmittelbar – solidarisch • Kommanditist: – in Höhe seiner Einlage
Geschäftsführung und Vertretung	• Der Komplementär führt die Geschäfte und vertritt die Gesellschaft und Vertretung nach außen. • Der Kommanditist ist von der Geschäftsführung ausgeschlossen.
Gewinnverteilung	• lt. Gesellschaftsvertrag • Wenn nichts geregelt ist, dann gilt das HGB, d.h. 4 % auf das eingesetzte Kapital, Rest im angemessenen Verhältnis.
Verlustverteilung	• angemessen, d.h. im Verhältnis der Anteile

Aufgaben

1 Erläutern Sie die wesentlichen Unterschiede zwischen einer OHG und einer KG.

2 Erläutern Sie die gesetzliche Gewinnverteilung bei der OHG und bei der KG und begründen Sie die unterschiedliche Behandlung der Gesellschafter.

3 Stellen Sie die Rechtsstellung des Komplementärs der des Kommanditisten der KG gegenüber.

4 Auszug aus dem Gesellschaftervertrag der Bauer KG:

§ 6 Einlagen der Gesellschafter

Die Gesellschafter verpflichten sich, folgende Einlagen zu leisten:

Andreas Bauer (Komplementär)	1000000,00 €
Thomas Doberstein (Kommandist)	100000,00 €

§ 7 Ergebnisverteilung

Für die Geschäftsführung erhält der Komplementär vom erzielten Reingewinn vorweg eine Vergütung von 60000,00 €. Die Verzinsung des eingesetzten Kapitals beträgt 10%, der Rest wird im Verhältnis der Einlagen verteilt.

a) Im ersten Geschäftsjahr beträgt der Reingewinn 500000,00 €. Führen Sie die Gewinnverteilung lt. Gesellschaftsvertrag durch. Benutzen Sie dazu ein Tabellenkalkulationsprogramm.

b) Stellen Sie die Gewinnverteilung einer OHG, bei der Bauer und Doberstein als Gesellschafter mit den gleichen Einlagen beteiligt sind, der Gewinnverteilung der KG gegenüber.

c) Im zweiten Geschäftsjahr macht die Bauer KG Verluste. Erläutern Sie die Verlustverteilung der KG.

5 In Aufgabe 4 zum Kapitel 1.2.3.2 „Die offene Handelsgesellschaft (OHG)“ haben Sie einen Gesellschaftsvertrag für eine OHG entworfen. Schreiben Sie den Gesellschaftsvertrag für eine Kommanditgesellschaft um.

1.2.3.4 Die Gesellschaft mit beschränkter Haftung (GmbH)

Ärger bei der Bürodesign GmbH! Seit Frau König, die Abteilungsleiterin des Rechnungswesens, mitgeteilt hat, dass sie zwei zusätzliche Mitarbeiter braucht, hängt der Haussegen schief! Dabei ist Frau König vollkommen im Recht. Durch die rasante Umsatzentwicklung der letzten Jahre ist die Bürodesign GmbH zur „mittelgroßen Kapitalgesellschaft“ im Sinne des HGB geworden. Das bedeutet einen erheblich aufwendigeren Jahresabschluss und Lagebericht. Den damit verbundenen Mehraufwand kann Frau König mit den vorhandenen Mitarbeitern nicht schaffen. Als die Verwaltungsleiterin den Fall der Geschäftsleitung vorträgt, macht Herr Stein einen Vorschlag: Wie wäre es, wenn wir die Bereiche Produktion/Beschaffung und Absatz trennen und in jeweils einer eigenen GmbH zusammenfassen? Die alte Bürodesign GmbH könnte als Verwaltungs-GmbH bestehen bleiben.

Arbeitsaufträge

- ***Prüfen Sie anhand des Gesellschaftsvertrages der Bürodesign GmbH und des nachfolgenden Sachinhaltes, ob eine solche Umwandlung möglich ist, und machen Sie einen konkreten Vorschlag für die Gliederung des neuen Unternehmens.***
- ***Überlegen Sie, welche Gründe Herr Stein für seinen Vorschlag haben könnte.***

■ Definition

Die GmbH ist eine Handelsgesellschaft mit eigener Rechtspersönlichkeit **(juristische Person)**, deren Gesellschafter mit ihren Geschäftsanteilen am Stammkapital der Gesellschaft beteiligt sind, ohne persönlich zu haften.

■ Gründung

Eine Mindestzahl von **Gründern** ist nicht vorgeschrieben, d. h., auch eine Person allein kann eine GmbH gründen **(Ein-Personen-GmbH)**. Dies kann auch eine juristische Person sein.

Der Gesellschaftsvertrag **(Satzung)** bedarf der notariellen Form. Als **juristische Person** entsteht die GmbH erst mit Eintragung in das Handelsregister. Sie ist damit Formkaufmann. →Bd. 2

Beispiel *Die Bürodesign GmbH entschließt sich, die bestehende GmbH in drei unabhängige GmbHs umzuwandeln. Die Bürodesign Verwaltungs-GmbH ist als juristische Person Gründerin der Bürodesign Vertriebs-GmbH und der Bürodesign Produktions-GmbH. Geschäftsführer der Verwaltungs-GmbH sind Frau Friedrich und Herr Stein. Geschäftsführerin der Produktions-GmbH ist Frau Friedrich, Geschäftsführer der Vertriebs-GmbH Herr Stein.*

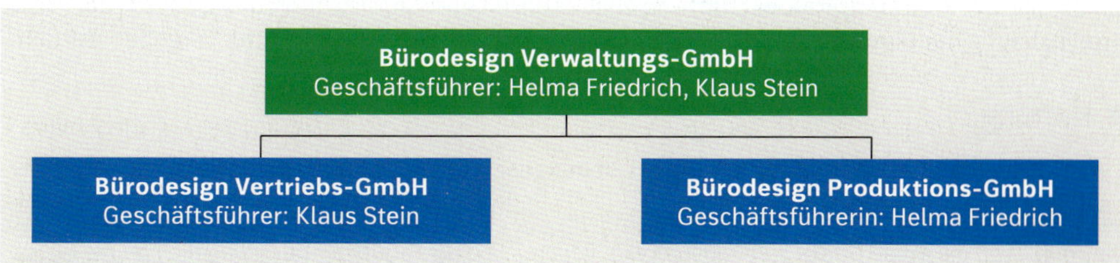

Für unkomplizierte Standardgründungen steht als Anlage zum GmbHG ein **Mustergesellschaftsvertrag** zur Verfügung. Wird dieser verwendet, ist eine notarielle Beurkundung nicht erforderlich. Es sind lediglich die Unterschriften der Gesellschafter zu beglaubigen. Ein **Muster der Handelsregisteranmeldung** steht als Anlage zum GmbHG ebenfalls zur Verfügung.

> § 11 GmbHG
> (2) Ist vor Eintragung im Namen der Gesellschaft gehandelt worden, so haften die Handelnden persönlich und solidarisch.

Beispiel *Jürgen Kruse plant die Gründung einer Polsterei in der Rechtsform einer GmbH. Er lässt von seinem Rechtsanwalt einen Gesellschaftsvertrag aufsetzen und beschafft die erforderlichen Maschinen. Da die hiermit verbundenen Rechtsgeschäfte vor der Eintragung abgeschlossen wurden, haftet Kruse persönlich und solidarisch.*

■ Firma

Die **Firma** der GmbH kann Personen-, Sach-, Fantasiefirma oder gemischte Firma sein. Sie muss den Zusatz „Gesellschaft mit beschränkter Haftung“ oder eine verständliche Abkürzung dieser Bezeichnung (z. B. GmbH) enthalten.

Beispiel *Herr Kruse könnte folgende Firmen wählen: Kruse GmbH oder Möbelpolsterei GmbH oder Polster-Kruse GmbH.*

■ Kapitalaufbringung

Anders als bei den Personengesellschaften ist bei der GmbH ein festes Gesellschaftskapital vorgeschrieben. Es wird **Stammkapital** genannt und beträgt mindestens 25000,00 €. Die Einlage jedes einzelnen Gesellschafters ist der **Nennbetrag der Geschäftsanteile**. Er muss auf einen Betrag in vollen € laufen und beträgt mindestens 1,00 €. Das Stammkapital kann in Geld oder Sachwerten aufgebracht werden.

Beispiel *Jürgen Kruse bringt als Stammkapital 20000,00 € in bar und einen Geschäftswagen im Wert von 5000,00 € ein.*

Existenzgründer, die wenig Eigenkapital benötigen, können die GmbH als **haftungsbeschränkte Unternehmergesellschaft** UG (haftungsbeschränkt) eintragen lassen. Diese kann ohne das Mindeststammkapital gegründet werden. Die Gewinne dieser Einstiegsform der GmbH dürfen nicht voll ausgeschüttet werden. Sie werden einbehalten, bis das Mindestkapital von 25000,00 € erreicht ist.

Die Erweiterung der Eigenkapitalbasis der GmbH ist durch sog. **Nachschusszahlungen** der Gesellschafter möglich. Diese müssen jedoch ausdrücklich in der Satzung vorgesehen sein. Darüber hinaus besteht die Möglichkeit der Aufnahme neuer Gesellschafter, die durch ihre Einlagen das Stammkapital der GmbH erhöhen.

Infolge der Beschränkung der Haftung und der damit verbundenen geringen Kreditwürdigkeit der GmbH sind der **Fremdkapitalbeschaffung** enge Grenzen gesetzt. Dies führt dazu, dass in der Praxis Kredite häufig nur durch Sicherung mit dem Privatvermögen der Gesellschafter vergeben werden.

■ Haftung

Eine Haftung der Gesellschafter der GmbH ist ausgeschlossen, es haftet ausschließlich die juristische Person.

Beispiel *Wird die Kruse GmbH zahlungsunfähig, können sich die Gläubiger ausschließlich an die Gesellschaft wenden. Sie haftet mit ihrem Stammkapital in Höhe von 25000,00 €. Auf das Privatvermögen von Jürgen Kruse haben die Gläubiger keinen Zugriff.*

■ Organe

Die Leitung der GmbH liegt bei den dafür vorgesehenen **Organen**. Diese sind die Geschäftsführer, die Gesellschafterversammlung und ggf. der Aufsichtsrat.

- Geschäftsführung und Vertretung der Gesellschaft obliegen den **Geschäftsführern**. In der Praxis sind dies gerade bei kleinen Unternehmen häufig die Gesellschafter, es können aber selbstverständlich auch dritte Personen sein. Die Art der Vertretungsbefugnis (Einzel- oder Gesamtvertretung) ist in das Handelsregister einzutragen und auf den Geschäftsbriefen der GmbH anzugeben.
- Die **Gesellschafterversammlung** wird durch die Geschäftsführer einberufen. Sie beschließt z. B. über
  - Jahresabschluss und Gewinnverwendung oder
  - Bestellung, Entlastung und Abberufung der Geschäftsführer.

  Die Abstimmung erfolgt mit einfacher Mehrheit nach Geschäftsanteilen. Je 1,00 € eines Geschäftsanteils gewährt eine Stimme.
- Der Gesellschaftsvertrag kann die Einrichtung eines **Aufsichtsrates** vorsehen. Seine wesentlichen Aufgaben sind die Überwachung der Geschäftsführer und die Prüfung von Jahresabschluss und Lagebericht. Für GmbHs, die mehr als 500 Arbeitnehmer beschäftigen, ist die Einrichtung eines Aufsichtsrates durch das Betriebsverfassungsgesetz (BetrVG) zwingend vorgesehen. Der Aufsichtsrat wird für vier Jahre gewählt. Er besteht aus Vertretern der Arbeitnehmer und der Gesellschafter.

Gewinnverteilung

Der **Gewinn** der GmbH wird, wenn die Satzung nichts anderes vorsieht und die Gesellschafterversammlung dies beschließt, im Verhältnis der Geschäftsanteile verteilt.

Verlustverteilung

Bei **Verlusten** werden zunächst die Rücklagen aufgezehrt. Ist die Gesellschaft zahlungsunfähig oder ergibt sich bei Aufstellung der Bilanz, dass die Schulden nicht mehr durch das Vermögen der Gesellschaft gedeckt sind **(Überschuldung)**, müssen die Geschäftsführer spätestens nach drei Wochen das Insolvenzverfahren beantragen. →Bd. 2

Eine **Pflichtprüfung und die Veröffentlichung** (Publizierung) von **Jahresabschluss** und Lagebericht sind für große Kapitalgesellschaften vorgeschrieben. →IW

Auflösung

Die **Auflösung** erfolgt durch Zeitablauf, Gesellschafterbeschluss, Liquidation im Insolvenzverfahren oder gerichtliche Entscheidung.

Zusammenfassung: Die Gesellschaft mit beschränkter Haftung (GmbH)

Definition	• Handelsgesellschaft mit eigener Rechtspersönlichkeit (juristische Person), deren Gesellschafter mit ihren Geschäftsanteilen am Stammkapital der Gesellschaft beteiligt sind, ohne persönlich zu haften
Gründung	• Mindestzahl nicht vorgeschrieben • i. d. R. notarieller Gesellschaftsvertrag erforderlich • Handelsregistereintrag erforderlich
Firma	• Sach-, Personen-, Fantasiefirma oder gemischte Firma mit Zusatz „GmbH“
Kapitalaufbringung	• Stammkapital mindestens 25000,00 €, Stammkapital der UG haftungsbeschränkt mind. 1,00 € • Nennbetrag der Geschäftsanteile je Gesellschafter mindestens 1,00 € • Fremdkapitalbeschaffung durch Beschränkung der Haftung problematisch
Haftung	• Es haftet die juristische Person mit ihrem gesamten Vermögen.
Geschäftsführung und Vertretung	• durch die Geschäftsführer (Einzel- oder Gesamtgeschäftsführung und Vertretung möglich)

Beschließendes Organ	• Gesellschafterversammlung als beschlussfassendes Organ
Kontrollorgan	• ggf. Aufsichtsrat
Gewinnverteilung	• im Verhältnis der Geschäftsanteile
Verlustverteilung	• Aufzehrung von Rücklagen, bei Überschuldung Insolvenzverfahren

Aufgaben

1 Erläutern Sie die Unternehmensform der GmbH anhand der Merkmale
- *Gründung,*
- *Firma,*
- *Kapitalaufbringung,*
- *Haftung,*
- *Geschäftsführung und Vertretung und*
- *Gewinn- und Verlustverteilung.*

2 Erstellen Sie mithilfe einer Präsentationssoftware ein digitales Produkt, in dem Sie die Vor- und Nachteile der Gründung einer GmbH gegenüberstellen.

3 Erläutern Sie die grundsätzlichen Unterschiede zwischen einer OHG und einer GmbH.

4 Die Bürodesign GmbH ist in eine Verwaltungs-GmbH, eine Produktions-GmbH und eine Vertriebs-GmbH aufgegliedert worden.
a) Fertigen Sie mithilfe einer Präsentationssoftware ein Organigramm auf der Grundlage des alten Plans an und ordnen Sie Mitarbeiter und Abteilungen ensprechend zu.
b) Stellen Sie Vor- und Nachteile der Neuordnung gegenüber.

5 Die Bürodesign GmbH will eine Gesellschafterversammlung durchführen. Stellen Sie fest, welche Regelungen hierzu im GmbH-Gesetz getroffen sind, und stellen Sie diese in der Klasse vor. Das GmbH-Gesetz finden Sie im Internet unter www.gesetze-im-internet.de/gmbhg/.

1.2.3.5 Die Aktiengesellschaft (AG)

Frau Grell, Gruppenleiterin Auftragsbearbeitung, ist ganz aus dem Häuschen. Sie hat den Auftrag bekommen, 40 Geschäftsstellen der Allfinanz Versicherungs-AG neu auszustatten! Als sie in der Konferenz der Gruppen- und Abteilungsleiter darüber berichtet, erkundigt sich die Leiterin des Rechnungswesens nach den Zahlungsbedingungen. *„Da musste ich natürlich Zugeständnisse machen, sonst hätte die Konkurrenz das Geschäft gemacht. Die Allfinanz zahlt in drei Raten. Jeweils ein Drittel in 30, 60 und 90 Tagen." „Und wie steht es mit den Sicherheiten?"*, fragt der Geschäftsführer, Herr Stein. *„Da brauchen wir uns keine Gedanken zu machen"*, antwortet Frau Grell, *„die Allfinanz ist eine Aktiengesellschaft, da stehen Tausende von Aktionären für unsere Forderungen gerade!"*

Arbeitsaufträge
- ***Erarbeiten Sie den nachfolgenden Sachinhalt und überprüfen Sie die Aussage von Frau Grell.***
- ***Stellen Sie in einer Liste die Rechte und Pflichten der Aktionäre gegenüber.***

Definition

Die Aktiengesellschaft ist eine Handelsgesellschaft mit eigener Rechtspersönlichkeit (**juristische Person**, deren Grundkapital in Aktien zerlegt ist. Eine Haftung der Gesellschafter (Aktionäre) ist ausgeschlossen. →Bd. 2

Gründung

Zur **Gründung** einer Aktiengesellschaft ist eine Person erforderlich, die die **Aktien** gegen Einlage des Grundkapitals übernimmt. Der Gesellschaftsvertrag, die **Satzung**, muss notariell beurkundet werden. Als Formkaufmann im Sinne des § 6 HGB entsteht die Aktiengesellschaft mit Eintragung in das Handelsregister. →Bd. 2

Firma

Die **Firma** der AG kann Personen-, Sach-, Fantasie- oder eine gemischte Firma mit dem Zusatz „Aktiengesellschaft (AG)" sein.

> § 4 AktG
> Die Firma der Aktiengesellschaft muss, auch wenn sie nach § 22 des Handelsgesetzbuchs oder nach anderen gesetzlichen Vorschriften fortgeführt wird, die Bezeichnung „Aktiengesellschaft" oder eine allgemein verständliche Abkürzung dieser Bezeichnung enthalten.

Kapitalaufbringung

Das **Grundkapital** der Aktiengesellschaft ergibt sich aus dem Nennwert sämtliche Aktien. Es muss mindestens 50000,00 € betragen, wobei der Mindestbetrag pro Aktie 1,00 € beträgt.

Die **Aktie** ist eine Urkunde über die Beteiligung an einer AG. Sie wird i. d. R. zum **Nennwert** →Bd. 2 ausgegeben. Werden die Aktien an der Börse gehandelt und ist die AG erfolgreich, steigt der Wert der Aktie über den Nennwert. Der Börsenpreis einer Aktie wird Kurs oder **Kurswert** →Bd. 2 genannt.

Haftung

Es haftet die **juristische Person** mit ihrem gesamten Vermögen. Eine Haftung der Gesellschafter (Aktionäre) ist ausgeschlossen.

Organe

Die im Gesetz vorgeschriebenen **Organe** der Aktiengesellschaft sind der Vorstand, der Aufsichtsrat und die Hauptversammlung:

- Der **Vorstand** ist das Leitungsorgan der Gesellschaft. Er nimmt die **Geschäftsführung und Vertretung** wahr und wird vom Aufsichtsrat auf höchstens fünf Jahre bestellt. Eine gleichzeitige Mitgliedschaft in Vorstand und Aufsichtsrat ist nicht zulässig. Der Vorstand kann aus einer oder mehreren Personen bestehen.

  Die **Aufgaben** des Vorstandes sind u. a.:
  - Leitung der Gesellschaft unter eigener Verantwortung,
  - Berichterstattung an den Aufsichtsrat über die beabsichtigte Geschäftspolitik, die Rentabilität der Gesellschaft und den Gang der Geschäfte und
  - Aufstellung von Jahresabschluss und Lagebericht und Vorlage bei den Abschlussprüfern.

- Der **Aufsichtsrat** ist das **Kontrollorgan** der Aktiengesellschaft. Er überwacht den Vorstand und wird auf vier Jahre durch die Hauptversammlung gewählt.

  Die **Zusammensetzung des Aufsichtsrates** ist von der Zahl der Arbeitnehmer der Gesellschaft abhängig.

  Beispiele
  - *Für Unternehmen mit bis zu 2000 Beschäftigten gilt das Drittelbeteiligungsgesetz von 2004. Es sieht vor, dass 1/3 der Aufsichtsratsmitglieder von den Arbeitnehmern und 2/3 der Mitglieder von den Anteilseignern gewählt werden.*
  - *Für Unternehmen, die i. d. R. mehr als 2000 Arbeitnehmer beschäftigen und in der Rechtsform einer GmbH, AG oder KGaA betrieben werden, gilt das Mitbestimmungsgesetz von 1976. Hier gilt die „paritätische Mitbestimmung", die vorsieht, dass Anteilseigner und Arbeitnehmer im Aufsichtsrat zu gleichen Teilen vertreten sind. Die Anteilseigner werden von der Hauptversammlung gewählt, die Arbeitnehmervertreter von der Belegschaft. Ein Teil der Aufsichtsratssitze der Arbeitnehmer ist für die in den Unternehmen vertretenen Gewerkschaften reserviert. Arbeiter, Angestellte und leitende Angestellte sollen entsprechend ihrem Anteil an der Gesamtbelegschaft vertreten sein. Jede Gruppe muss mindestens einen Sitz erhalten (Minderheitenschutz).*

  Die **Aufgaben des Aufsichtsrates** sind u. a.:
  - Überwachung der Geschäftsführung des Vorstandes
  - Bestellung und Abberufung des Vorstandes
  - Prüfung von Jahresabschluss und Lagebericht

- Die **Hauptversammlung** ist die Versammlung der Aktionäre und das **beschließende Organ** der AG. Jedem Aktionär ist auf Verlangen in der Hauptversammlung vom Vorstand Auskunft über Angelegenheiten der Gesellschaft zu geben.

  Die **Aufgaben** der Hauptversammlung sind u. a.:
  - Wahl der Aufsichtsratsmitglieder der Anteilseigner
  - Beschlussfassung über lebenswichtige Fragen der AG und die Verwendung des Jahresüberschusses. Die Hauptversammlung beschließt auch über den Betrag des Bilanzgewinns, der an die Aktionäre ausgeschüttet wird. Dieser Betrag wird als **Dividende** bezeichnet.
  - Entlastung der Mitglieder von Vorstand und Aufsichtsrat
  - Beschluss über die Erhöhung des Grundkapitals

  Die **Abstimmung** in der Hauptversammlung erfolgt nach Aktiennennbeträgen, d. h., jeder Aktionär hat pro Aktie eine Stimme. Grundsätzlich werden Beschlüsse der Hauptversammlung mit einfacher Mehrheit gefasst.

  Beispiel *Frau Friedrich und Herr Stein halten Aktien der Allfinanz Versicherungs AG. Frau Friedrich 10 Aktien zu 50,00 €, Herr Stein 10 Aktien zu 100,00 €. In der Hauptversammlung haben Frau Friedrich 500 und Herr Stein 1 000 Stimmen.*

  Bei **Satzungsänderungen** ist jedoch eine Mehrheit von 75 % der abgegebenen Stimmen erforderlich. Ein Aktionär, der über 25 % des Grundkapitals plus eine Stimme verfügt, kann demnach Beschlüsse über entscheidende Fragen der Gesellschaft verhindern = **Sperrminorität**.

■ Gewinnverteilung

Der Gewinn der Aktionäre ist die **Dividende**. Sie wird auf Beschluss der Hauptversammlung je Aktie ausgezahlt.

■ Verlustverteilung

Die Verluste treffen die Aktiengesellschaft als juristische Person. Im Fall der Überschuldung muss das **Insolvenzverfahren** eingeleitet werden. →Bd. 2

Zusammenfassung: Die Aktiengesellschaft (AG)

Definition	• Handelsgesellschaft mit eigener Rechtspersönlichkeit (juristische Person), deren Grundkapital in Aktien zerlegt ist
Gründung	• mindestens eine Person erforderlich • Satzung muss notariell beurkundet werden • Eintragung in das Handelsregister
Firma	• Sach-, Personen-, Fantasiefirma oder gemischte Firma mit Zusatz „Aktiengesellschaft"
Kapitalaufbringung	• Das Grundkapital in Höhe von mindestens 50000,00 € ist in Aktien zerlegt.
Haftung	• Es haftet die juristische Person mit ihrem gesamten Vermögen. Eine Haftung der Gesellschafter (Aktionäre) ist ausgeschlossen.
Geschäftsführung und Vertretung	• Vorstand
Beschließendes Organ	• Hauptversammlung
Kontrollorgan	• Aufsichtsrat
Gewinnverteilung	• Zahlung einer Dividende pro Aktie nach Beschluss der Hauptversammlung
Verlustverteilung	• Aufzehrung von Rücklagen • bei Überschuldung Insolvenzverfahren

Aufgaben

1 *Erläutern Sie die Rechtsform der Aktiengesellschaft unter besonderer Berücksichtigung der Merkmale*
- *Gründung,*
- *Firma,*
- *Kapitalaufbringung,*
- *Haftung,*
- *Geschäftsführung und Vertretung,*
- *Gewinn- und Verlustverteilung.*

2 *Überlegen Sie, in welcher Situation die Gründung eines Unternehmens in der Rechtsform einer Aktiengesellschaft sinnvoll sein könnte.*

3 *Die Vereinigte Möbelwerke AG hat ein Grundkapital von 100 Mio. €. Sie beschäftigt 2100 Mitarbeiter. Der Vorstand besteht aus drei Mitgliedern, zum Vorsitzenden wurde Dr. Weber bestellt. Eine Regelung über die Vertretungsmacht wurde nicht getroffen.*

a) *Der Aktionär Schmitz besitzt 30 Aktien zum Nennwert von 50,00 €, sein Freund Lang 20 Aktien zu 100,00 €. Wie viele Stimmen haben Schmitz und Lang bei der Wahl des Aufsichtsrates?*

b) *Der Aktionär Schmitz verlangt zum Tagesordnungspunkt „Rationalisierung" Auskunft über geplante Entlassungen der AG. Der Vorstand verweigert die Auskunft. Begründen Sie, ob dies zulässig ist.*

c) *Zur Frage der Zahlung einer Dividende kommt es zu kontroversen Diskussionen. Fast alle der anwesenden Kleinaktionäre sind dafür. Lediglich Dr. Müller-Lüdenscheid, der Vertreter der Großaktionäre (sie halten 74 % der Anteile), ist dagegen. Erläutern Sie, wie entschieden wird und warum die Kleinaktionäre für und die Großaktionäre gegen die Zahlung einer Dividende sein können.*

d) *Dr. Müller-Lüdenscheid möchte die Satzung der AG dahingehend ändern lassen, dass der Sitz des Unternehmens nach Liechtenstein verlegt wird. Kann er dies durchsetzen?*

4 *Sie haben zum Thema „Kaufmannseigenschaften“ Anzeigen von Unternehmen der Region aus der Tageszeitung oder dem Internet gesammelt. Stellen Sie fest, ob ein Zusammenhang zwischen der Unternehmensform und dem Gegenstand des Unternehmens besteht. Bereiten Sie die Ergebnisse mithilfe einer Präsentationssoftware auf und stellen Sie diese in der Klasse vor.*

5 *Stellen Sie die wesentlichen Merkmale der Personengesellschaften und der Kapitalgesellschaften in einem digitalen Produkt gegenüber.*

6 *Die Aktien der Vereinigte Möbelwerke AG werden an der deutschen Börse zum Börsenhandel zugelassen. An den deutschen Börsen ergibt sich der Kurs der Aktie durch Angebot und Nachfrage. Die jeweiligen Kurse werden in der Tageszeitung oder in entsprechenden Internetforen veröffentlicht. Stellen Sie anhand des nachstehenden Kurszettels fest, zu welchem Kurs die Aktien am 18.03. und 19.03. gehandelt wurden.*

Deutsche Aktien		
Vereinigte Möbelwerke AG	18.03.: 23,50 G	19.03.: 24,00 b
G = Geld, d. h., es bestand nur Nachfrage nach der Aktie, es wurde aber kein Umsatz getätigt. b = bezahlt, d. h., zum genannten Kurs wurden alle Kaufaufträge voll erfüllt.		

1.3 Die Geld-, Güter- und Informationsströme im Unternehmen beschreiben

1.3.1 Die Unternehmensorganisation nachvollziehen

Sabine Sommer und Bülent Özdemir absolvieren ihr nächstes Praktikum bei der Bürodesign GmbH. Sie sind für drei Tage der Gruppenleiterin Auftragsbearbeitung, Frau Grell, zugewiesen. Nach einer freundlichen Vorstellung fragt Frau Grell die beiden, welche Arbeitsaufträge sie für dieses Praktikum aus der Schule mitgebracht haben. *„Wir sollen die Unternehmensorganisation der Bürodesign GmbH kennenlernen, um diese im Unterricht mit der Organisation der Praktikumsbetriebe unserer Mitschüler zu vergleichen“*, erwidert Sabine. *„Und wir sollen einen Geschäftsprozess kennenlernen“*, ergänzt Bülent, *„aber darunter kann ich mir im Moment gar nichts vorstellen.“ „Eins nach dem anderen“*, erwidert Frau Grell. *„Sehen wir uns zunächst einmal an, welche Aktivitäten durch eine einfache Telefonnotiz ausgelöst werden.“*

Frau Grell legt den beiden die folgende Telefonnotiz vor.

BÜRODESIGN GMBH

Ein ökologisch orientiertes Unternehmen mit Zukunft

Telefonnotiz

Tag: 08.10.20..

Uhrzeit: 11:30

Anrufer: Martina van den Bosch b. v., Venlo

Thema: Anfrage für die sofortige Lieferung:

- 100 Stück Wikinger Regalsysteme
- 50 Stück XAMAS 2000 Bürotische nicht rechteckig, sondern rund, Durchmesser 120 cm

Bestätigung bis morgen 16:00 Uhr

Arbeitsaufträge

- ***Stellen Sie fest, welche Abteilungen der Bürodesign GmbH durch die Telefonnotiz betroffen sind.***
- ***Erläutern Sie, welche Informationen zur Bearbeitung der Telefonnotiz zu beschaffen und weiterzugeben sind.***
- ***Stellen Sie fest, in welcher Abfolge der auf die Anfrage folgende Kundenauftrag bearbeitet werden sollte.***
- ***Stellen Sie das Ergebnis mithilfe einer Software in einem Schaubild dar.***

Aufbauorganisation

→IW

Die **Aufgabe der Aufbauorganisation** besteht darin, die zur Erreichung der Unternehmensziele notwendigen Tätigkeiten und Prozesse so in Teilaufgaben zu zerlegen, dass das Unternehmensziel in technisch und ökonomisch sinnvoller Weise erreicht werden kann.

Dazu werden wird im Rahmen einer **Aufgabenanalyse** die Gesamtaufgabe analysiert und in mögliche Teilaufgaben zerlegt. Schon hierbei muss eine erste organisatorische Entscheidung getroffen werden, denn die Aufgabenzerlegung kann anhand verschiedener Kriterien erfolgen. Häufig anzutreffende Kriterien sind:

- Aufgabenanalyse **nach der Verrichtung:** Die Aufgaben werden nach ihrer betrieblichen Funktion analysiert, z. B. Beschaffungsaufgaben, Absatzaufgaben, Personalaufgaben.
- Aufgabenanalyse **nach einzelnen Objekten:** Die Aufgaben werden nach ihrer Zugehörigkeit zu einzelnen Objekten analysiert. Dabei können als Objekte z. B. bestimmte Erzeugnisse oder halbfertige Erzeugnisse gelten, denkbar sind aber auch Absatzgebiete, z. B. Absatz Süddeutschland, Absatz Norddeutschland.
- Aufgabenanalyse **nach ihrem Rang:** Die Aufgaben werden nach leitenden oder ausführenden Tätigkeiten analysiert.

In einem weiteren Schritt erfolgt nun die Zusammenfassung der gebildeten Teil- oder Einzelaufgaben (**Aufgabensynthese**). Die so entstehenden Einheiten werden als **Stellen** bezeichnet.

→Bd. 2 Im Rahmen von **Stellenbeschreibungen** wird festgehalten,

- welche Aufgaben in dieser Stelle zu erfüllen sind,
- mit welchen anderen Stellen sie in Beziehung steht und
- welche Anforderungen an den Stelleninhaber zu stellen sind.

Beispiel *Stellenbeschreibung Gruppenleiter/-innen Personalwesen*

Übernimmt der Inhaber einer Stelle Leitungsaufgaben und ist diese Stelle anderen Stellen hierarchisch übergeordnet, so spricht man von einer **Instanz**. Übergeordnete und ihr untergeordnete Stellen können zu **Abteilungen** verbunden werden.

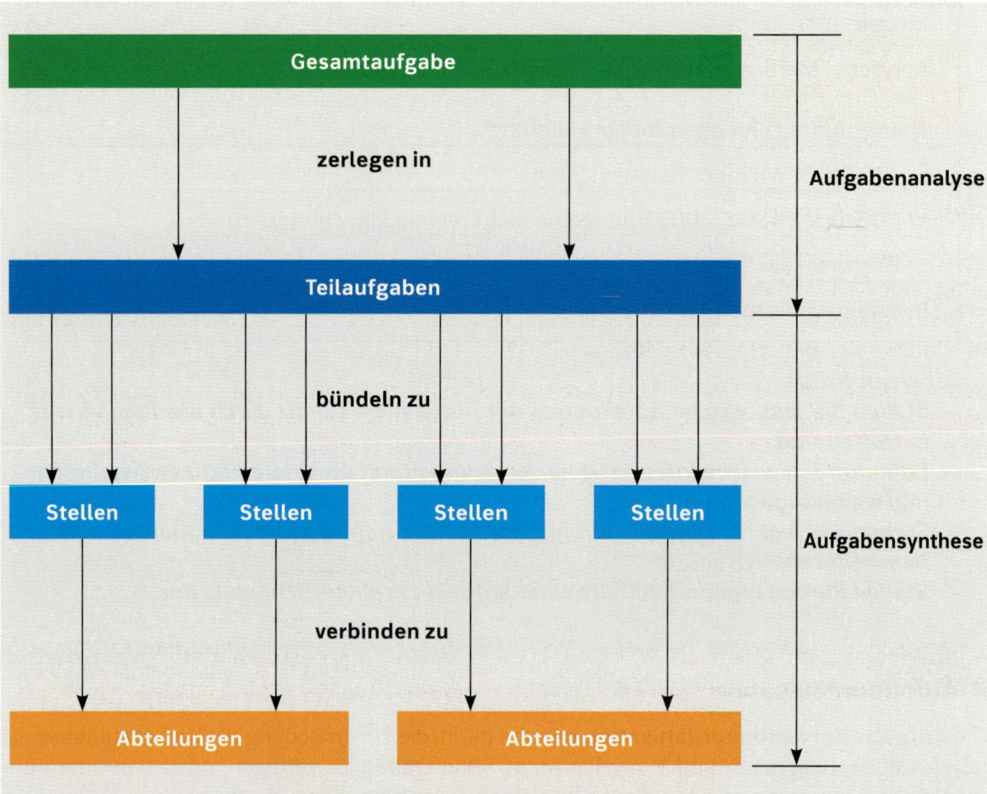

Aufgrund der unterschiedlich ausgeprägten Leitungsbefugnisse der Stellen ergibt sich ein sog. **Hierarchiegefüge**. Je höher Stellen in der Hierarchie angesiedelt sind, desto umfangreicher sind die ihr zugewiesenen Entscheidungsbefugnisse. Dementsprechend können Stellen den Führungsebenen des **Top-Managements**, des **Middle-Managements** oder des **Lower-Managements** zugeordnet werden (vgl. S. 174).

Je nach Anordnung der Instanzen, also der Stellen mit Entscheidungs- und Weisungsbefugnis, lassen sich die folgenden **Grundformen der Aufbauorganisation** bilden.

Einliniensystem

Eine Stelle darf nur von **einer** ihr übergeordneten Instanz Anweisungen erhalten. Dementsprechend ist der sog. **Dienstweg** (vom Top- zum Lower-Management und umgekehrt) einzuhalten. Keine Stelle kann Anweisungen von zwei ihr übergeordneten Instanzen erhalten. In diesem Zusammenhang wird auch vom **Einliniensystem** gesprochen.

Beispiel *Die Mitarbeiterinnen Sonja Kiefer und Yvonne Gerke aus der Abteilung Rechnungswesen können nur von ihrer Abteilungsleiterin Frau König Anweisungen erhalten, diese wiederum nur von den Geschäftsführern Stein und Friedrich.*

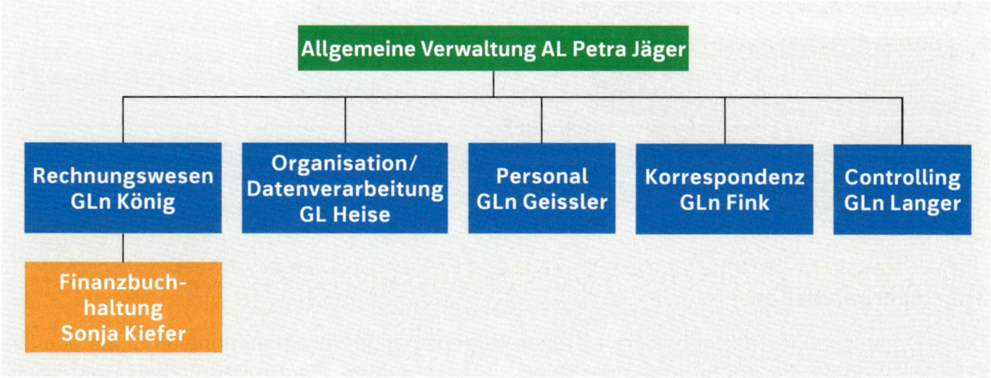

Mehrliniensystem

Bei diesem System ist der Instanzenweg nicht mehr eindeutig. Einer Stelle stehen mehrere weisungsberechtigte Instanzen vor. Daher kann es zu **Abstimmungsschwierigkeiten** zwischen Stellen und Instanzen kommen. Vorteil des Einliniensystems ist, dass der **Instanzenweg erheblich kürzer** als beim Einliniensystem sein kann.

Beispiel *Die Bürodesign GmbH möchte einen neuen Bürostuhl auf den Markt bringen. Hierzu wird der Mitarbeiter in der Entwicklung Patrik Herr aufgefordert, nach bereits vorher ausgearbeiteten Plänen ein erstes Holzmodell zu erstellen. Der Mitarbeiter erhält Änderungsanweisungen vom AL Absatz, der die Neuentwicklung kaufmännisch betreut, und vom AL Produktion, der die technische Entwicklung betreut.*

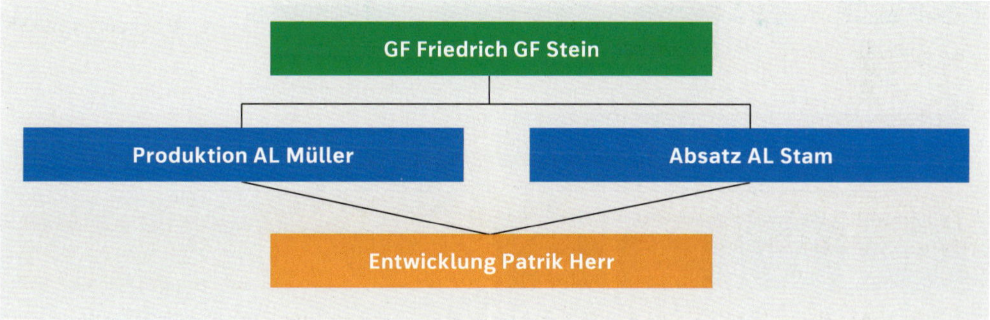

Stabliniensystem

Einzelnen Instanzen können sog. **Stabsstellen** zugeordnet werden. Die Inhaber der Stabsstellen unterstützen ihre jeweilige Instanz bei der Entscheidungsfindung, indem sie hierfür notwendige vorbereitende Aufgaben erledigen und Vorschläge unterbreiten. Die Entscheidung selbst trifft immer der Inhaber der Instanz, dem die Stabsstelle zugeordnet ist. Insgesamt soll durch diese Organisationsform die Instanz durch Spezialisten entlastet werden ohne dass diese an der Entscheidungsfindung beteiligt werden.

Beispiel *Stefan Heise ist die Datenschutzbeauftragter der Bürodesign GmbH. Er ist der ALn Jäger als Stabsstelle „angegliedert“. Entscheidungen und Anweisungen, die datenschutzrechtliche Berührungspunkte aufweisen, sind vorher von ihm daraufhin untersucht worden, ob sie mit dem Datenschutz vereinbar sind. Diese Aufgabe wäre für Frau Jäger aufgrund fehlender Kenntnisse und Zeit zu arbeitsintensiv und zeitaufwendig.*

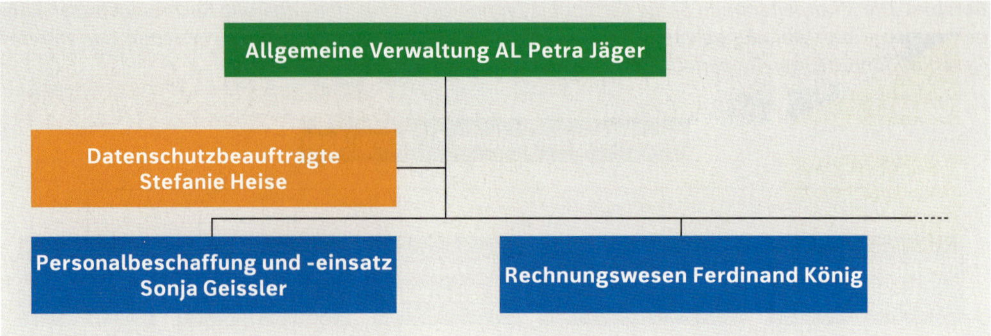

Spartenorganisation

Diese Organisationsstruktur basiert auf einer Abgrenzung betrieblicher Einheiten z. B. nach den Kriterien Produkt, Produktgruppe oder Region (Absatzgebiet). Die **Sparten (Divisionen)** handeln unabhängig voneinander, stehen jedoch unter einheitlicher Leitung. Die Autonomie kann so weit gehen, dass die Sparten als **Profitcenter** behandelt werden. Dabei ist der jeweilige Spartenleiter für den Erfolg seiner Sparte voll verantwortlich. Voraussetzung dafür ist, dass die Spartenleiter einen entsprechenden Entscheidungsspielraum besitzen.

Beispiel *Bei der Bürodesign GmbH soll der Vertriebsbereich nach regionalen Sparten in die Bereiche Vertrieb Europa und Vertrieb Amerika gegliedert werden. Diese Sparten können selbstständig entscheiden, ob sie für ihren Bereich bestimmte Erzeugnisse vertreiben wollen oder nicht oder ob die Erzeugnisse – auf die Kundenbedürfnisse der jeweiligen Region abgestimmt – Produktvariationen erfahren sollen. Letztlich sind die Spartenleiter Jana Bauer und Daniel Berger dafür verantwortlich, dass ihr jeweiliges Spartenergebnis angemessen zum gesamten Unternehmensergebnis beiträgt.*

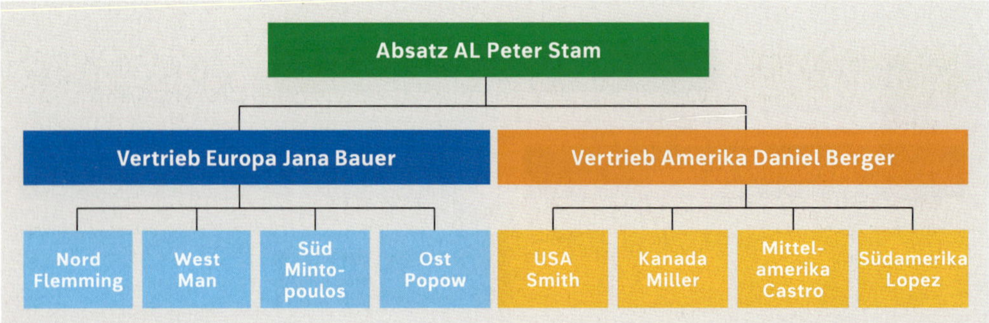

Matrixorganisation

Bei dieser Organisationsform werden die Gliederung nach dem Funktionsprinzip und nach dem Objektprinzip kombiniert. Häufig repräsentieren die Objekte bestimmte (zeitlich begrenzte) Projekte. Als Objekte sind aber auch die bereits oben erwähnten Produkte, Produktgruppen oder Regionen denkbar.

Im Falle der **projektorientierten Matrixorganisation** werden Mitarbeiter aus ihren angestammten Verrichtungs- und Funktionsbereichen abgezogen, um in Zusammenarbeit mit dem jeweiligen Produktmanager an der Umsetzungs des Projekts zu arbeiten.

Beispiel *Die Bürodesign GmbH plant eine Erweiterung der Produktgruppe „Warten und Empfang" um eine Empfangstheke als Projekt. Hierzu wurde von der Geschäftsleitung Udo Möller als Projektmanager bestellt. In dieser Funktion wird er mit Gerd Fust (Objektplanung), Rainer Kempf (Produktentwicklung), Horst Messerschmidt (Produktion) und Peter Stam (Vertrieb) zusammenarbeiten.*

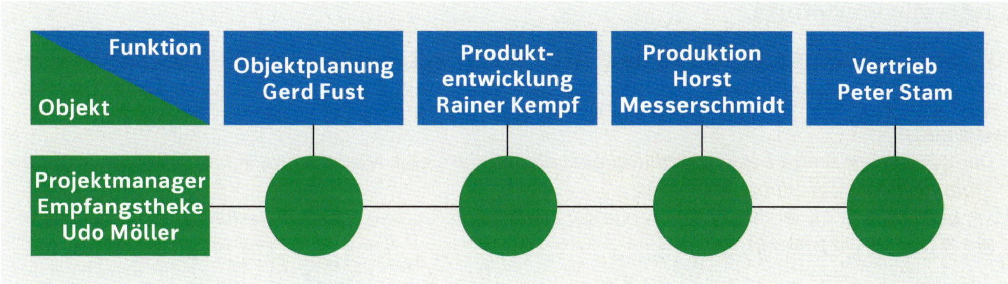

■ Ablauforganisation

→IW

Nachdem im Rahmen der Aufbauorganisation die Gesamtaufgabe der Unternehmung in einzelne Teilaufgaben gegliedert wurde, ist es nun Aufgabe der Ablauforganisation, diese Teilaufgaben in eine ökonomisch sinnvolle **Reihenfolge** zu bringen. Zudem muss festgelegt werden, **wo** die Teilaufgaben zu bearbeiten sind (in welcher Abteilung, an welcher Maschine), **wie** die Teilaufgaben zu erledigen sind und **wann** mit der Erledigung von Teilaufgaben begonnen werden muss, damit insgesamt Reihenfolgen eingehalten und Kosten minimiert werden.

Mithilfe von **Ablaufdiagrammen** werden die betrieblichen Abläufe dokumentiert. Damit ist für jeden Mitarbeiter ersichtlich, wie er eine Arbeitsaufgabe zu erledigen hat und wo seine Teilaufgabe im Gesamtprozess vorzufinden ist. Eine Weiterentwicklung sind die sog. **ereignisgesteuerten Prozessketten (EPK)** (vgl. S. 82).

Beispiel *Auszug aus einem Ablaufdiagramm der Bürodesign GmbH hinsichtlich eines Auftragseingangs bei ausreichendem Lagerbestand:*

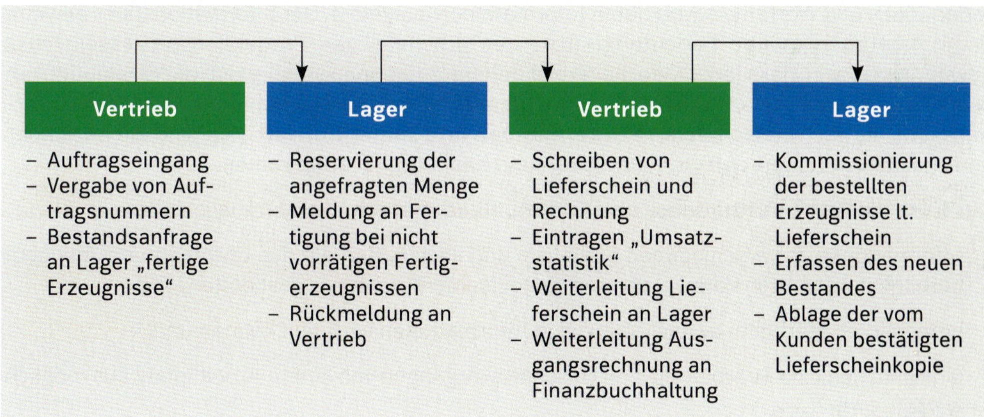

■ Der industrielle Leistungsprozess als Güter-, Werte- und Informationsfluss im Zusammenwirken unterschiedlicher betrieblicher Bereiche

Industriebetriebe beschaffen auf dem **Beschaffungsmarkt** Werkstoffe, Betriebsmittel, Arbeitskräfte, Dienstleistungen, Rechte und Informationen. Dies sind die **Produktionsfaktoren der Unternehmung.** Die werden im Produktionsprozess durch die menschliche Arbeitsleistung unter Nutzung der Betriebsmittel zu neuen Erzeugnissen be- oder verarbeitet. Die fertigen Erzeugnisse werden auf dem **Absatzmarkt** an die Kunden (Großhandel, Einzelhandel, gewerbliche Abnehmer) verkauft.

Güter- und Wertefluss

Vom **Beschaffungsmarkt** fließt ein Strom von Gütern und Dienstleistungen in die Industrieunternehmung. Beim Verkauf strömen Güter und Dienstleistungen zu den Kunden am **Absatzmarkt**.

Beispiele
- *Die Bürodesign GmbH bezieht Stahlrohrgestelle, Alugussteile, Alupressprofile und Schrauben von der Stammes Stahlrohr GmbH aus Essen.*
- *Ein bedeutender Abnehmer der Produkte der Bürodesign GmbH ist der Bürobedarfsgroßhandel Schneider & Co. OHG in Iserlohn.*

Die Beschaffung der für den Produktionsprozess notwendigen Güter und Dienstleistungen führt zu **Ausgaben**. Über die Erlöse aus dem Verkauf der Erzeugnisse an die Kunden werden **Einnahmen** erzielt. Damit fließen die für die Beschaffung ausgegebenen finanziellen Mittel wieder in die Unternehmung zurück. Es ist Ziel des Unternehmens, einen Überschuss der Einnahmen gegenüber den Ausgaben (**Gewinnmaximierung**) zu erzielen.

Beispiele
- *Im laufenden Geschäftsjahr betrugen die Ausgaben für die von der Stammes Stahlrohr GmbH aus Essen bezogenen Mittel zur Leistungserstellung 5420000,00 €.*
- *In demselben Geschäftsjahr konnten Einnahmen aus der Leistungsverwertung der Büromöbel in Höhe von 9000000,00 € erzielt werden.*

Dem vom Beschaffungsmarkt zum Absatzmarkt ausgerichteten **Güter- und Dienstleistungsfluss** läuft somit ein **Wertefluss** in umgekehrter Richtung entgegen. Auf diese Weise entsteht ein Kreislauf, der durch Ein- und Verkäufe und die damit verbundenen Ausgaben und Einnahmen aufrecht dargestellt wird.

Informationsfluss

Jeder Güter- und Wertefluss wird durch Informationen ausgelöst. Der Informationsfluss gewinnt damit eine zunehmende Bedeutung. Trotz des arbeitsteiligen Produktionsprozesses muss gewährleistet sein, dass jeder Mitarbeiter mit den Informationen versorgt ist, die er benötigt, um seine Aufgaben optimal zu erfüllen. Informationen fließen dabei sowohl **innerhalb des Unternehmens** als auch **zwischen dem Unternehmen und seiner Umwelt**. Hier sind die Beziehungen zum Beschaffungs-, Absatz-, Personal- und Kapitalmarkt zu gestalten.

Der Einsatz **neuer Informations- und Kommunikationstechniken** ermöglicht, dass

- Informationen an verschiedenen Stellen im und auch außerhalb des Unternehmens bequem bereitgestellt werden können, da eine gemeinsame Datenbasis geschaffen wird,
- berechtigte Mitarbeiter aktuell über diese Informationen verfügen können und,
- eine ganzheitliche Bearbeitung von Geschäftsvorgängen von einem Arbeitsplatz aus möglich wird.

In der Praxis wird an einer vollständigen Vernetzung und Integration der inner- und zwischenbetrieblicher Bereiche gearbeitet. Erfolge konnten mit dem auf die Informationsintegration im Produktionsbereich zielenden **CIM-Konzept** (Computer Integrated Manufacturing) erreicht werden.

Beispiel *Die Deutsche Bank AG Frankfurt bestellt bei der Bürodesign GmbH einen größeren Posten Einrichtungsmöbel der Produktgruppe „Warten und Empfang" zur Einrichtung einer Besucherecke in der Eingangshalle. Die mit diesem Auftrag anfallenden Daten – Auftragsnummer, Kundennummer, Bestellnummer, ... – werden von dem zuständigen Vertriebsmitarbeiter erfasst. Diese Datenbasis kann weiterhin dazu benutzt werden, den Auftrag zu buchen und die Rechnung zu erstellen. Darüber hinaus lassen sich Informationen darüber gewinnen. wie sich bestimmte Artikel am Markt verkaufen, ob Werbemaßnahmen angebracht sind und welche Bedeutung der Kunde für das Unternehmen hat.*

Betriebliche Bereiche

Aus der Wertschöpfungskette des betrieblichen Leistungsprozesses lassen sich – weitgehend unabhängig vom Gegenstand der Leistungserstellung – die betrieblichen Grundfunktionen Beschaffung, Produktion, Absatz und die Finanzierung ableiten.

- **Beschaffung**: Aufgabe der Beschaffung ist es, die Produktionsfaktoren in der richtigen Menge und Qualität, zur rechten Zeit am richtigen Ort zu minimalen Kosten bereitzustellen. Beschaffung im engeren Sinne bezieht sich dabei auf die Versorgung des Unternehmens mit Materialien, Beschaffung im weiteren Sinne umfasst auch die Beschaffung der Betriebsmittel, Personal und Geldkapital. Eng mit der Beschaffung verbunden ist die Funktion der **Lagerhaltung**. Da die bezogenen Werkstoffe nicht immer unverzüglich in der Produktion ver- oder bearbeitet werden können, dienen Lager dem Ziel der Sicherung der **Produktionsbereitschaft**. Aber auch Fertigerzeugnisse, die nicht für bestimmte Kunden, sondern für den anonymen Markt hergestellt wurden, werden vor dem Verkauf auf dem Absatzmarkt mit dem Ziel der Sicherung der **Lieferbereitschaft** im Fertigerzeugnislager gelagert. Schließlich dienen Zwischenlager zur Lagerung von Einzelteilen und Halbfertigerzeugnissen während des Produktionsprozesses dazu, **Produktionsengpässe zu überbrücken**.

  Die Beschaffungsplanung passt sich der Absatzplanung an; sie ist von dieser abhängig. Jede Veränderung von Verbrauchergewohnheiten, Mode und Geschmack führt auch zu einer veränderten Beschaffungsplanung.

  Beispiel *Die Bürodesign GmbH benötigt zur Herstellung der Büro- und Einrichtungsmöbel Arbeitskräfte, Produktionsstätten, Maschinen und Werkzeuge. Dazu müssen Holz, Lacke, Leim, Stahlrohrgestelle und Bezugs- und Polstermaterialien bestellt werden. Produktentwicklung und Bedarfsplanung sind abhängig von den Ergebnissen der im Rahmen des Marketings durchgeführten Marktforschung. Potenzielle Lieferer müssen gefunden, Angebote eingeholt und verglichen werden. Die bezogenen Materialien müssen beim Materialeingang geprüft, dann eingelagert und schließlich bezahlt werden.*

- **Produktion**: Der Bereich Produktion unterscheidet den Industriebetrieb von anderen Betrieben. Die Produktion oder **Leistungserstellung** von Erzeugnissen ist die Hauptaufgabe des Industriebetriebes. Aus der Kombination von Arbeitskräften, Betriebsmitteln, Werkstoffen, und Informationen entstehen betriebliche Leistungen. Dies sind im engeren Sinne **Sachleistungen**, im weiteren Sinne zählen auch **Dienstleistungen** dazu. Verantwortlich für die planmäßige Kombination der Produktionsfaktoren und damit für Planungs-, Entscheidungs- und Kontrollaufgaben ist die Unternehmensleitung, der **dispositive Faktor**.

  Industriebetriebe stellen die benötigten Teile selbst her oder beziehen diese fremd. Kriterien zur Lösung des Entscheidungsproblems **Eigenfertigung oder Fremdbezug (Make-or-buy-Entscheidung)**, sind Kostenüberlegungen, vorhandene Kapazitäten, die zukünftigen Erwartungen, bestimmte Qualitätsanforderungen oder notwendiges Spezialwissen.

  Bei der Herstellung von Erzeugnissen werden auf der einen Seite Güter und Dienstleistungen eingesetzt, auf der anderen Seite werden neue Güter und Dienstleistungen geschaffen. Der **Werteverzehr** verursacht **Kosten**, durch den **Wertezuwachs** entstehen **Leistungen**.

  Beispiele
  - *Die Bürodesign GmbH produziert Büro- und Einrichtungsmöbel (Sachleistungen). Ferner berät sie Kunden bei der Einrichtung ihrer Büros, hält Ersatzteile bereit und liefert ihre Produkte mit eigenem Fuhrpark (Dienstleistungen) an den Kunden.*
  - *Die Bürodesign GmbH stellt die Produkt- und Transportverpackungen für ihre Möbel nicht selbst her, sondern bezieht sie fremd von der Wellpappe GmbH & Co. KG Alfred Weigelt. Auch Bezugs- und Polstermaterialien sowie Zubehör für die Möbel werden fremd von der Wollux GmbH Peter Findeisen bezogen.*

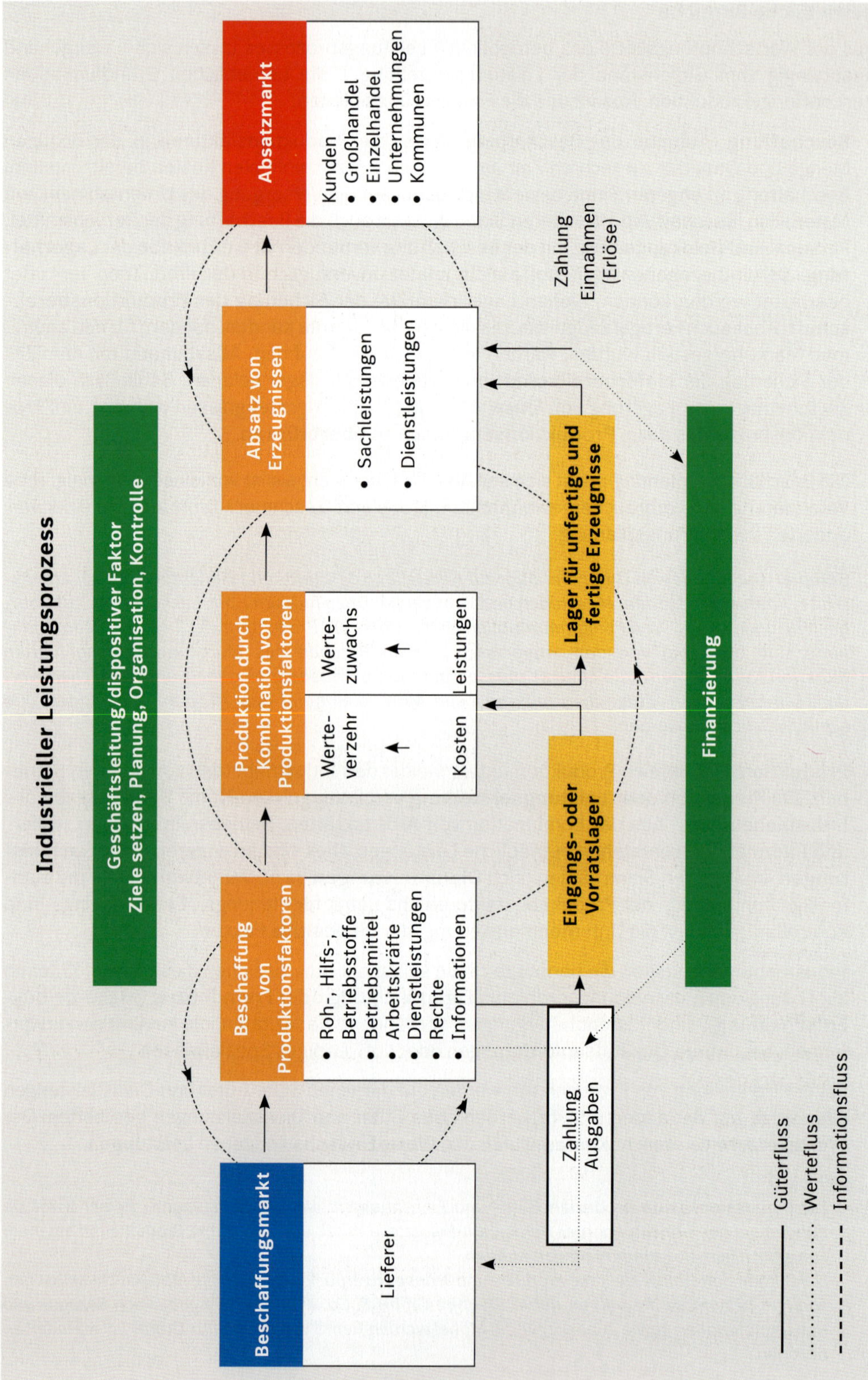
Industrieller Leistungsprozess
Geschäftsleitung/dispositiver Faktor
Ziele setzen, Planung, Organisation, Kontrolle
Beschaffungsmarkt
Lieferer
Beschaffung von Produktionsfaktoren
• Roh-, Hilfs-, Betriebsstoffe
• Betriebsmittel
• Arbeitskräfte
• Dienstleistungen
• Rechte
• Informationen
Produktion durch Kombination von Produktionsfaktoren
Werte-verzehr
Kosten
Werte-zuwachs
Leistungen
Absatz von Erzeugnissen
• Sachleistungen
• Dienstleistungen
Absatzmarkt
Kunden
• Großhandel
• Einzelhandel
• Unternehmungen
• Kommunen
Eingangs- oder Vorratslager
Lager für unfertige und fertige Erzeugnisse
Zahlung Ausgaben
Zahlung Einnahmen (Erlöse)
Finanzierung
Güterfluss
Wertefluss
Informationsfluss

- **Absatz**: Am Ende des betrieblichen Leistungsprozesses steht der Absatz der erstellten Leistungen durch den Einsatz des **absatzpolitischen Instrumentariums**. →Bd. 2

Beispiele
- *Die Bürodesign GmbH bildet das Vertriebspersonal in speziellen Seminaren zu fachlichen Beratern und Planern aus, die über ein breites Wissen der ökologischen Zusammenhänge verfügen, damit sie ihre wichtige Mittlerfunktion wahrnehmen können und die Kunden aus eigener Überzeugung heraus beraten können.*
- *Für die Bürodesign GmbH endet die Umweltverantwortung nicht mit dem Verkauf ihrer Produkte. Mit den Kunden werden spezielle Servicevereinbarungen getroffen, die in einem Zeitraum von fünf Jahren drei Funktionskontrollen vor Ort umfassen. Außerdem können ältere Modelle auf Wunsch technisch aktualisiert oder von der Bürodesign GmbH zurückgenommen werden.*

- **Finanzierung**: Industriebetriebe benötigen zur Aufnahme der Produktion Kapital für die Ausstattung wie Gebäude, Maschinen, die Geschäftsausstattung oder den Fuhrpark. Darüber hinaus entsteht ein Kapitalbedarf im Rahmen der laufenden Betriebstätigkeit. Werkstoffe sind zu beschaffen, Löhne und Gehälter an die Mitarbeiter zu zahlen und Reparaturen fallen an. Diesen Ausgaben stehen – i. d. R. zu späteren Zeitpunkten – Geldeinnahmen aus dem Verkauf der hergestellten Erzeugnisse in Form von Verkaufserlösen gegenüber. Zur Überbrückung dieser Zeitspanne muss Kapital z. B. durch Einlagen der Eigentümer, oder durch Kredite beschafft und bereitgestellt werden. Dieser Vorgang heißt Finanzierung. Ziel der Finanzierung ist die Sicherung des finanziellen Gleichgewichts des Unternehmens. →Bd. 2

Beispiel *Die Bürodesign GmbH benötigt zur Erweiterung der Produktion eine Produktionshalle. Diese wird über einen geschätzten Zeitraum von 25 Jahren genutzt. Der Bau dieser Halle führt im Jahr der Herstellung zu Ausgaben, denen über den gesamten Nutzungszeitraum Einnahmen über den Verkauf von Erzeugnissen gegenüberstehen. Zur Überbrückung dieser Zeitspanne müssen finanzielle Mittel beschafft werden.*

Zusammenfassung: Die Unternehmensorganisation nachvollziehen

- Die **Aufbauorganisation** entsteht als Folge der **Aufgabenanalyse** und **Aufgabensynthese**.
- Im Rahmen der **Aufgabensynthese** entstehen **Stellen** und **Abteilungen**. Stellen und Abteilungen können nach dem **Verrichtungsprinzip**, nach dem **Objektprinzip** (Produkte, Produktgruppen, Regionen) oder nach ihrem **hierarchischen Rang** gebildet werden.
- Eine Stelle mit Leitungs- und Weisungsbefugnis wird **Instanz** genannt.
- Je nach Anzahl der übergeordneten Stellen wird zwischen einem **Einlinien-** und einem **Mehrliniensystem** unterschieden.
- Eine **Stabsstelle** ist entscheidungsvorbereitend und beratend tätig. Sie besitzen keine Weisungskompetenz.
- **Spartenorganisationen** sind nach dem Objektprinzip organisiert und handeln unabhängig voneinander. Falls Sparten auch für ihren Erfolg eigenverantwortlich sind, handelt es sich um **Profitcenter**.
- **Matrixorganisationen** werden häufig für Projektarbeiten gewählt. Hier wird das Verrichtungs- mit dem Objektprinzip kombiniert.
- Die **Ablauforganisation** stellt die Teilaufgaben in einer sinnvollen Reihenfolge dar.
- **Ablaufdiagramme** stellen die einzelne Teilaufgabe in den betrieblichen Zusammenhang und beschreiben die einzelne Verrichtung.

- Der **industrielle Leistungsprozess** kann durch einen Informations-, Güter- und Wertefluss beschrieben werden.
- **Güter- und Wertefluss** laufen entgegengesetzt. Der Informationsfluss begleitet den Materialfluss.
- Die wesentlichen **betrieblichen Grundfunktionen** sind Beschaffung, Produktion, Absatz und die Finanzierung.

Aufgaben

1 *Erläutern Sie die verschiedenen Formen der Aufbauorganisation anhand des Organigramms der Bürodesign GmbH.*

2 *Stellen Sie die Vor- und Nachteile der Formen der Aufbauorganisation in einem digitalen Produkt gegenüber.*

3 *Erläutern Sie anhand des Schaubilds auf S. 76*
a) die Aufgabenbereiche der Industrieunternehmung,
b) den Informations-, Güter- und Wertefluss im Unternehmen,
c) den Informations-, Güter- und Wertefluss zwischen Industrieunternehmung und Beschaffungs- und Arbeitsmarkt.

4 *Erläutern Sie mithilfe des Schaubildes auf S. 76*
a) die Notwendigkeit einer Ablauforganisation,
b) die Notwendigkeit, Organisationsabläufe in einem Organisationshandbuch zu dokumentieren.

5 *Verändern Sie das Organigramm der Bürodesign GmbH*
a) als reines Mehrliniensystem,
b) als Stabliniensystem,
c) als Spartenorganisation,
d) als Matrixorganisation.
Stellen Sie die Organigramme gemeinsam mit Ihren Mitschülern mithilfe einer Präsentationssoftware dar und diskutieren Sie die mit der jeweiligen Organisationsform verbundenen Vor- und Nachteile.

6 *Sie haben in diesem Kapitel die Formen der Aufbauorganisation Einliniensystem, Mehrliniensystem und das Stabliniensystem kennengelernt. Stellen Sie diese Formen der Organisation am Beispiel eines Kunden der Bürodesign GmbH mithilfe einer Präsentationssoftware dar.*

7 *Beim Stabliniensystem werden den Instanzen Stabsstellen ohne eigene Entscheidungs- und Weisungskompetenz zugeordnet. Diskutieren Sie die mit dieser Organisationsform verbundenen Vor- und Nachteile.*

1.3.2 Die Unternehmensführung als Prozess erläutern

Sabine und Bülent wollen Frau Grell ihr Schaubild der Bearbeitung eines Kundenauftrags vorstellen. Leider hat Frau Grell dafür aber keine Zeit. *„Ich habe eine gute Nachricht"*, sagt sie, *„die van den Bosch b.v. hat unser Angebot für die Lieferung der 100 Wikinger Regalsysteme und die 50 XAMAS 200 in Sonderausführung angenommen. Hier ist das Fax. Bringt es bitte zu Herrn Messerschmidt, dem Gruppenleiter Produktionssteuerung und Logistik und schaut Euch dabei an, welche Ströme durch ein einziges Fax ausgelöst werden."*

Sabine und Bülent machen sich auf den Weg. Unterwegs sagt Bülent: *„Was macht die Frau Grell nur für einen Stress. Der Herr Messerschmidt muss doch nur ein paar Büromöbel losschicken."* Auch Sabine ist unzufrieden: *„Ich habe nicht verstanden, was die Grell mit ‚Strömen' meint. Strom kommt doch aus der Steckdose, oder?"*

Arbeitsaufträge

- ***Frau Grell sagt, dass das Fax der van den Bosch b.v. „Ströme" auslöst. Erläutern Sie, was sich hinter dem Begriff verbirgt.***
- ***Skizzieren Sie stichwortartig, wie in Zusammenhang mit einem Kundenauftrag Geld-, Güter- und Informationsströme fließen.***

Unternehmen können ihre **betrieblichen Ziele** niemals isoliert von ihrer Umwelt erreichen. Sie stehen in Beziehung mit zahlreichen anderen Wirtschaftssubjekten und sind eingebunden in ein weitreichendes **Netz von Kommunikationsbeziehungen**. **→INFO**

Beispiel

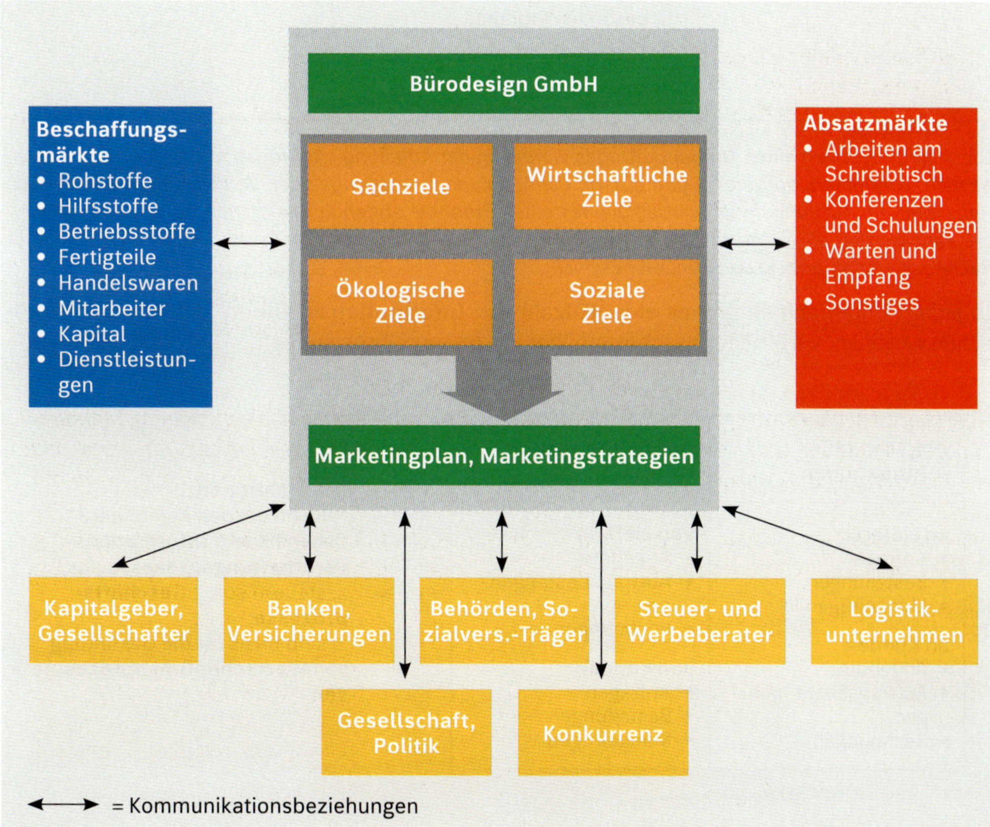

Durch die **Kommunikation** werden **Informationen** übermittelt, die zu bestimmten Reaktionen beim Empfänger der Informationen führen können.

Beispiele

- *Ein Kunde erfragt per E-Mail bei der Bürodesign GmbH die Abmessungen eines bestimmten Schreibtisches. Als Reaktion auf diese eingehende Information schaut der Kundenbetreuer in seiner Produktdatenbank nach und mailt dem Kunden die gewünschten Daten.*
- *Die Bürodesign GmbH benötigt einen weiteren Lieferwagen. Sie fragt bei einem Autohaus nach, zu welchen Konditionen ein bestimmtes Fahrzeug gekauft oder geleast werden kann. Als Reaktion auf diese Anfrage kann das Autohaus einen Kundenberater beauftragen, mit der Bürodesign GmbH einen Beratungstermin zu vereinbaren oder die gewünschten Informationen per Brief oder E-Mail zuzustellen.*

Ein Unternehmen gibt gezielt Informationen an seine Umwelt ab und nimmt andererseits Informationen auf. Die aufgenommenen Informationen werden gefiltert, nach Wichtigkeit bzw. Dringlichkeit sortiert und innerhalb des Unternehmens an den zuständigen Arbeitsplatz geleitet, damit sie dort zielorientiert verarbeitet werden können.

Beispiel *Bei einem Kundenauftrag sind durch die Bürodesign GmbH eine Vielzahl von Informationen zu verarbeiten.*

Informationen über den Kunden	**Informationen über den Auftrag**	**Informationen über bestellte Produkte**
Kundennummer Kundenname und -anschrift Lieferanschrift Bonität ...	Auftragsdatum Auftragsnummer Bearbeiter des Auftrages Lieferdatum Bezeichnung und Menge der bestellten Produkte Versandart Zahlungsbedingungen ...	Produktnummern Produktbezeichnungen Lagerort ...

Diese Informationen eines Kundenauftrages werden in der Abteilung „Auftragsbearbeitung" zusammengestellt, kontrolliert, aufbereitet und u. a. an die Abteilungen Ausgangslager, Versand, Buchhaltung weitergeleitet. Im Ausgangslager werden die bestellten Produkte abgeholt und an den Versand weitergeleitet. Hier werden sie verpackt und auf den Weg zum Kunden geschickt. In der Buchhaltung wird die Rechnung erstellt und an den Kunden geschickt.

In jedem Unternehmen gibt es eine Vielzahl von **Informationsströmen**, die zu unterschiedlichen Aktionen, Verarbeitungsschritten oder Prozessen führen können.

Abgabe von Informationen	**Aufnahme von Informationen**
an Lieferer • Anfragen • Bestellungen • Mängelrügen **an Kunden** • Angebote • Auftragsbestätigungen • Rechnungen	**von Lieferern** • Angebote • Auftragsbestätigungen • Rechnungen **von Kunden** • Anfragen • Bestellungen • Mängelrügen

→

Informationen ...
... lösen bei den Kommunikationspartnern **Informationsverarbeitungsprozesse** aus,
... steuern somit **Geschäftsprozesse**,
... sind Basis für die Gestaltung von **Wertschöpfungsprozessen**.

Neben den Informationsströmen fließen im Unternehmen auch **Güter- und Geldströme**.

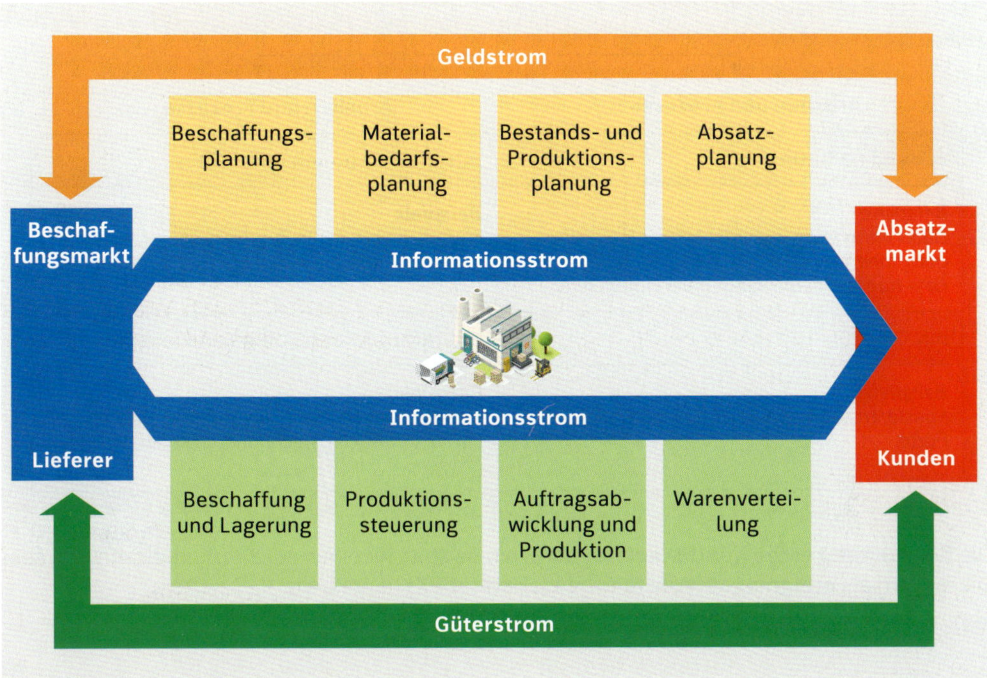

Die **Güterströme** fließen vom Beschaffungsmarkt in das Unternehmen. Innerhalb des Unternehmens gibt es ebenfalls Güterströme. Die Güter werden vom Eingangslager in die verschiedenen Produktionsstufen verbracht und zu neuen Erzeugnissen im Produktionsprozess verarbeitet, von da aus fließen sie über das Ausgangslager aus dem Unternehmen ab, sie werden an den Kunden geliefert.

Geldströme entstehen, wenn fertige Erzeugnisse in den Absatzmarkt gebracht werden. Die Kunden bezahlen für die bestellten Produkte und es fließt Geld in das Unternehmen. Dies wird u. a. benötigt, um die Gehälter der Mitarbeiter zu bezahlen und um neue Roh-, Hilfs- und Betriebsstoffe zu erwerben, die als Güterströme wieder in das Unternehmen fließen. Geldströme werden im Rechnungswesen eines Unternehmens dokumentiert.

Beispiel *Alle Zahlungsein- und -ausgänge in einem Unternehmen werden in der Finanzbuchhaltung erfasst.*

Die Güter- und Geldströme werden durch Informationen gesteuert. Im materiellen Bereich werden Güter transportiert, verarbeitet und gelagert. Wohin sie transportiert werden, in welchen Mengen sie verarbeitet werden und wo sie gelagert werden, sind informationelle Entscheidungen.

Wie Güter-, Geld- und Informationsströme in einem Unternehmen geregelt sind, ist i. d. R. in **Arbeitsanweisungen** und **Vorgangs- und Prozessbeschreibungen** im Rahmen der Ablauforganisation (vgl. S. 73f.) geregelt. Sie werden den Mitarbeitern zur Verfügung gestellt, damit diese zielorientiert ihre Aufgaben verrichten können. Es gibt sehr komplexe Arbeitsanweisungen, die sich über mehrere Stellen, die z. T. in verschiedenen Abteilungen sein können, erstrecken.

In einem Unternehmen gibt es Arbeiten und Prozesse in materiellen Bereichen, die immer von entsprechenden informationellen Prozessen begleitet und gesteuert werden.

Arbeiten und Prozesse

Arbeiten und Prozesse ...	Arbeiten und Prozesse ...
mit und an Gütern	**mit Informationen über Güter**
Beispiele *Güter annehmen, auspacken, zählen, einlagern, innerbetrieblich an die erforderlichen Orte transportieren, zusammenbauen usw.*	***Beispiele*** *Lieferschein und Rechnung prüfen, Lagerein- und -ausgang buchen, Lagerort festlegen usw.*
mit Geld	**mit Informationen über Geld**
Beispiele *Kassieren bei Barverkauf, Barzahlung von Porto*	***Beispiele*** *Erstellen von Überweisungsträgern, Buchen von Ein- und Ausgangsrechnungen, Kalkulation von Preisen*

→IW Die **Bearbeitung eines Kundenauftrages** ist ein Beispiel für einen solchen komplexen Prozess. Dieser wird als **ereignisgesteuerte Prozesskette (EPK)** dargestellt.

Beispiel *EPK Bearbeitung eines Kundenauftrages*

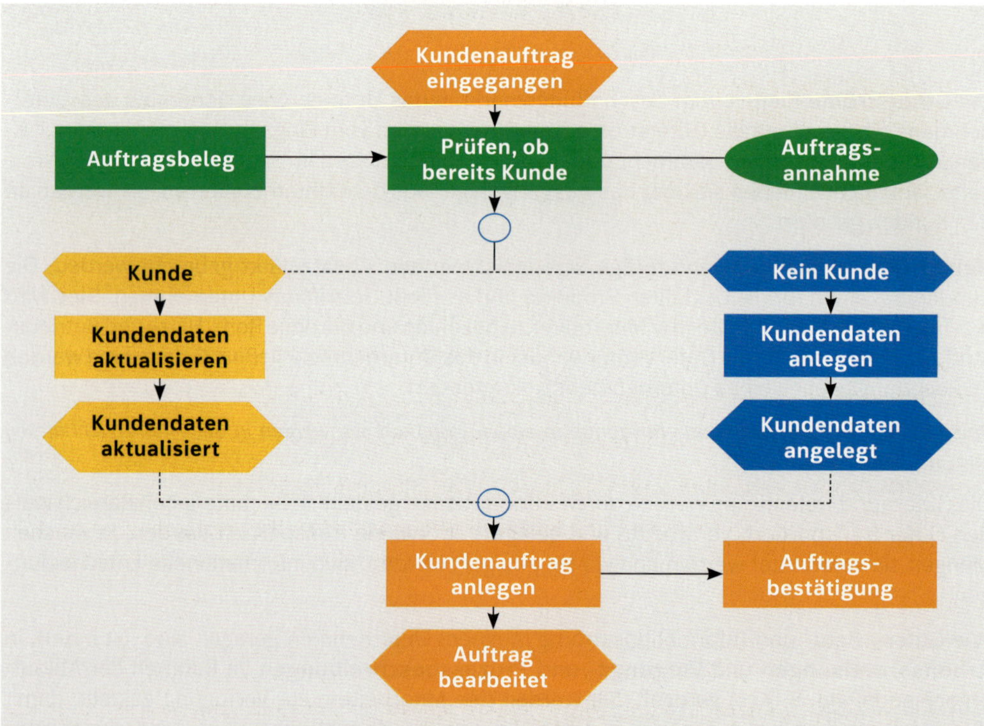

Beispiel *In der Verkaufsabteilung werden die Kunden- und Auftragsinformationen aufgenommen. Die Daten werden an das Fertiglager weitergeleitet, wo geprüft wird, ob die bestellten Produkte vorrätig sind, andernfalls werden die Informationen an die Produktion weitergeleitet, damit die bestellten Produkte gefertigt werden können. Zusätzlich wird in der Buchhaltung die Ausgangsrechnung als Forderung gebucht.*

Ereignisgesteuerte Prozessketten werden in der betrieblichen Praxis in Diagrammform dargestellt. Sie liefern in anschaulicher Form einen guten und schnellen Überblick über den Arbeitsprozess, die beteiligten Stellen und die erforderlichen Informationen.

Beispiel *EPK zur Angebotsbearbeitung*

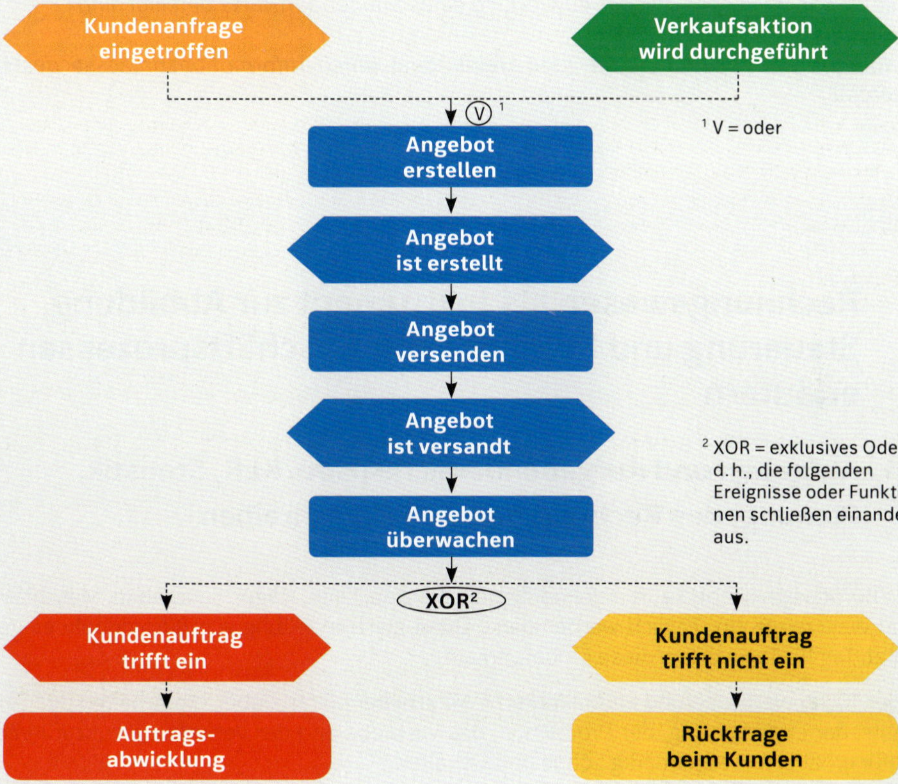

[1] V = oder

[2] XOR = exklusives Oder, d.h., die folgenden Ereignisse oder Funktionen schließen einander aus.

Zusammenfassung: Die Unternehmensführung als Prozess erläutern

- **Güterströme** fließen vom Beschaffungsmarkt in das Unternehmen.
- **Geldströme** entstehen, wenn fertige Erzeugnisse auf dem Absatzmarkt zu Erlösen führen.
- Güter- und Geldströme werden durch **Informationen** gesteuert.
- Die Darstellung kann als **ereignisgesteuerte Prozesskette** (EPK) erfolgen.

Aufgaben

1 *Erläutern Sie, weshalb in einem Unternehmen von verschiedenen Güterströmen statt nur von einem Güterstrom gesprochen werden muss.*

2 *Geben Sie jeweils Beispiele an für*
a) Informationen, die ein Unternehmen nach außen abgibt,
b) Informationen, die ein Unternehmen von außen aufnimmt.

3 *Erläutern Sie, welche Informationen eine Rechnung enthalten muss, die ein Kunde der Bürodesign GmbH erhalten soll.*

4 *Untersuchen Sie einen gängigen Geschäftsprozess und stellen Sie fest, welche Stellen in der Bürodesign GmbH bei der Abwicklung eines Kundenauftrages beteiligt sind.*

5 *Erläutern Sie, weshalb Güter- und Geldströme durch Informationsprozesse gesteuert werden.*

1.4 Rechnungswesen als Instrument zur Abbildung, Steuerung und Kontrolle von Geschäftsprozessen erläutern

1.4.1 Aufgaben und Aufgabenbereiche (Fibu, KLR, Statistik, Planung) des Rechnungswesens beschreiben

→LS

Die Bürodesign GmbH kauft regelmäßig Holz, Platten, Leim, Nägel, Schrauben, Maschinen und Werkzeuge ein. Täglich werden diese Güter zur Herstellung von Büromöbeln eingesetzt. Tag für Tag werden diese Möbel verkauft.

Über 100 gewerbliche und kaufmännische Mitarbeiter helfen dabei, die Arbeiten des Einkaufs, der Lagerhaltung, der Produktion, des Vertriebs und der Verwaltung auszuführen. Dafür erhalten sie regelmäßig Löhne und Gehälter.

Eingekaufte Güter müssen bezahlt werden. Für verkaufte Büromöbel werden Einnahmen erzielt. Mehr als 1000 Belege fallen monatlich an. Bei all diesen Vorgängen fällt es der Geschäftsleitung schwer, die Übersicht zu behalten.

Arbeitsaufträge
- ***Beschreiben Sie mit eigenen Worten das Schaubild auf S. 85.***
- ***Erläutern Sie die Zusammenhänge zwischen Beschaffung, Lager, Absatz, Rechnungswesen und Unternehmensleitung.***
- ***Erstellen Sie einen Aufgabenkatalog des Rechnungswesens, aus dem hervorgeht, dass das Rechnungswesen ein Informationssystem für Geschäftsleitung, Beschaffung, Produktion, Absatz und Verwaltung ist.***

Industriebetriebe kaufen über den **Beschaffungsmarkt Werkstoffe** (Roh-, Hilfs- und Betriebsstoffe) und **Betriebsmittel** (Maschinen, Werkzeuge) ein.

Die Werkstoffe werden im Produktionsprozess durch **menschliche Arbeitsleistung** unter Nutzung der Betriebsmittel zu neuen **Erzeugnissen** be- oder verarbeitet. Die fertigen Erzeugnisse werden auf dem Absatzmarkt an die Kunden (Großhandel, Einzelhandel, Großverbraucher) verkauft. Werkstoffe, Betriebsmittel und menschliche Arbeit sind die **Produktionsfaktoren** der Unternehmung. Die neuen Erzeugnisse sind neben Dienstleistungen, wie Montage und Wartung verkaufter Erzeugnisse, die typischen **Leistungen** der Industrieunternehmung.

■ Güter- und Geldströme

Vom **Beschaffungsmarkt** fließt also ein **Strom von Gütern und Dienstleistungen** in die Industrieunternehmung. **Beim Verkauf strömen Güter und Dienstleistungen** zu den Kunden **am Absatzmarkt**.

Die Beschaffung der für den Produktionsprozess notwendigen Güter und Dienstleistungen führt zu **Ausgaben**. Über die Erlöse aus dem Verkauf der Erzeugnisse (Umsatzerlöse) an die Kunden werden **Einnahmen** erzielt. Damit fließen die für die Beschaffung ausgegebenen finanziellen Mittel wieder in die Unternehmung zurück.

Dem **Güter-** und **Dienstleistungsstrom** steht also ein **Geldstrom** gegenüber:

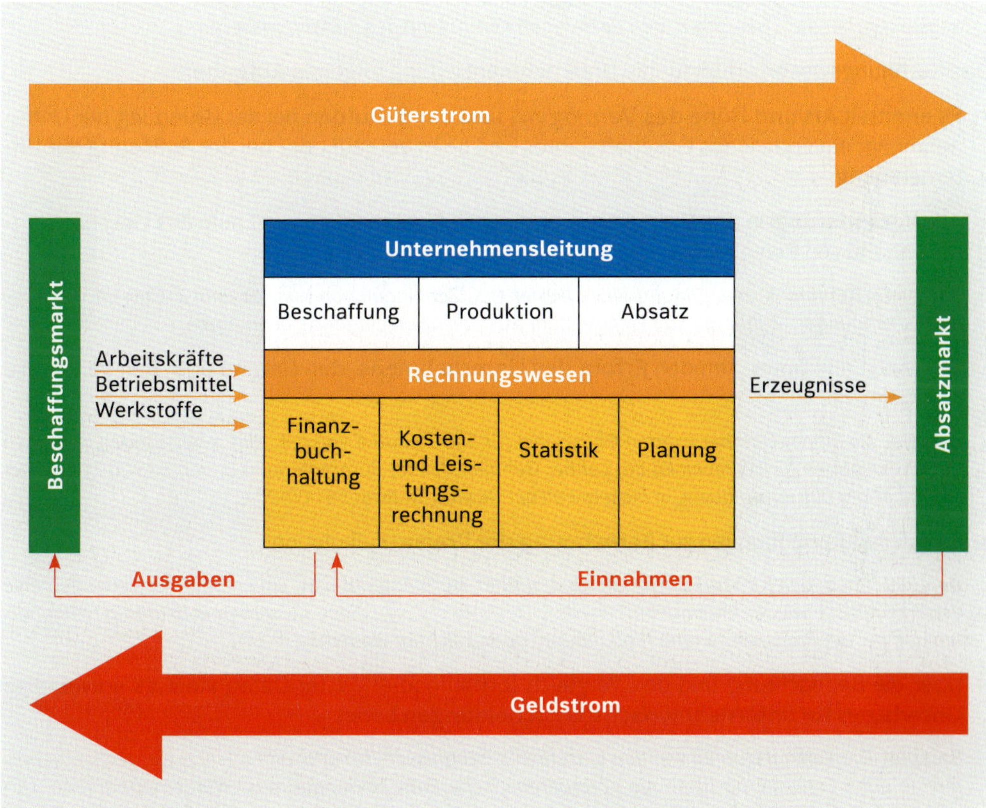

Es ist ein Ziel des Unternehmens, einen Überschuss der Einnahmen gegenüber den Ausgaben zu erzielen. Ist das der Fall, erzielt das Unternehmen einen **positiven Erfolg** (einen **Gewinn**). Es setzt sich jedoch auch dem Risiko aus, einen **negativen Erfolg** (einen **Verlust**) zu erleiden.

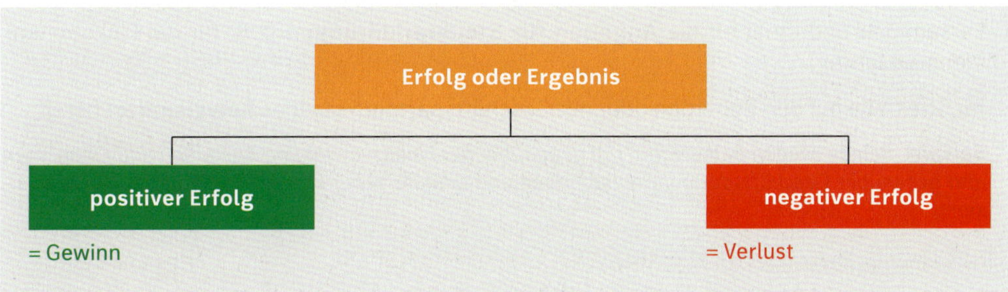

■ Einzelaufgaben des Rechnungswesens

Geld- und Güterströme verändern fortwährend Zusammensetzung und Höhe der Vermögensteile (z.B. Rohstoffe, Erzeugnisse, Forderungen, Bankguthaben) und der Schulden. Über die Ursachen, die Art und den Umfang der Veränderungen des Vermögens und der Schulden muss die Unternehmensleitung zuverlässige Informationen (Daten) erhalten, um aufgrund genauer Angaben die erforderlichen Entscheidungen treffen zu können.

Beispiele

- *Der Bürodesign GmbH wird von der Furnierwerk GmbH, Grevenbroich, ein großer Posten Tischlerplatten besonders preisgünstig bei sofortiger Zahlung angeboten. Die Unternehmensleitung erkundigt sich in der Buchhaltung nach dem Bestand an Zahlungsmitteln (Bargeld, Guthaben bei Banken).*
- *Wegen eines Auftrages über 80000,00 € vom Kunden Klaus Oswald e.K., Dresden, möchte der Abteilungsleiter „Absatz", Herr Stam, den derzeitigen Kontostand des Kunden wissen.*

Das Rechnungswesen erfüllt für die Unternehmensleitung folgende **Aufgaben**:

- Es ermittelt **Art und Höhe des Vermögens und der Schulden** bei der Gründung der Unternehmung, am Ende jedes Geschäftsjahres und beim Verkauf oder bei der Auflösung der Unternehmung.
- Alle **Veränderungen des Vermögens und der Schulden** hält es im Laufe des Geschäftsjahres anhand von Belegen fest.

  Beispiele *Aufnahme oder Tilgung eines Darlehens, Zahlungen von Kunden zum Ausgleich von Ausgangsrechnungen, Zahlungen an Lieferer zum Ausgleich von Eingangsrechnungen*

- Es erfasst alle Daten, um den **Erfolg des Unternehmens**, den Gewinn oder den Verlust, zu ermitteln.

  Beispiel *Im Monat Oktober wurden Büromöbel für 590000,00 € verkauft, dafür entstanden im selben Monat Ausgaben für Wareneinkäufe, Löhne, Gehälter, Miete, Büromaterial u.a. von 535000,00 €. Der Monatserfolg aus Büromöbeln, in diesem Fall ein Gewinn, beträgt 55000,00 €.*

- Es liefert Aufzeichnungen zur **Berechnung der Preise** (Kalkulation).

  Beispiel *Ausgaben für Werkstoffe, Löhne, Gehälter, Büromaterial usw. sollen über die Verkaufspreise der Erzeugnisse wieder hereingeholt werden. Deshalb müssen diese Ausgaben vollständig festgehalten und bei der Preisberechnung (Kalkulation) berücksichtigt werden.*

- Über die Beobachtung und den Vergleich fortlaufend erfasster Daten stellt es notwendige **Unterlagen für unternehmerische Entscheidungen** bereit.

  Beispiel *Die Verkaufszahlen von den einzelnen Erzeugnissen (Umsatz und Absatz) werden festgehalten. Je nach Entwicklung lösen sie unternehmerische Entscheidungen aus: Werbemaßnahmen, Herausnahme aus dem Produktionsprogramm u.a.*

- Es ist **Informationsstelle für Gläubiger**.

  Beispiel *Kreditinstitute überprüfen anhand von Unterlagen des Rechnungswesens die Kreditwürdigkeit.*

- Es sammelt und ermittelt die **Angaben für Steuererklärungen** (z.B. für die Einkommensteuererklärung).
- Im Streitfalle mit den Behörden oder mit Geschäftspartnern stellt es **Beweismittel** bereit.

  Beispiel *Belege werden aufbewahrt, um gegenüber der Finanzverwaltung Ausgaben und Einnahmen und gegenüber Geschäftspartnern entstandene und getilgte Schulden und Forderungen nachzuweisen.*

Aufgaben des betrieblichen Rechnungswesens

Informationssystem	Kontrollsystem	Steuerungssystem
stellt Daten bereit über • Einnahmen, Ausgaben • Gewinne, Verluste • Veränderungen der Güter- und Geldmittelbestände	• überwacht die Erfassung von Einnahmen und Ausgaben • kontrolliert die Einhaltung von Plänen durch Soll-Ist-Vergleich	• liefert Planungsdaten für künftige Entscheidungen

Das Rechnungswesen ist somit zugleich **Informations-, Kontroll- und Steuerungssystem** für alle betrieblichen Funktions- und Verantwortungsbereiche, vor allem für das Absatz- und Beschaffungsmarketing.

■ Aufgabenbereiche des Rechnungswesens

Wegen der vielfältigen Aufgaben ist das Rechnungswesen der meisten Betriebe in folgende Bereiche gegliedert:

Finanzbuchhaltung (Fibu)	Kosten- und Leistungsrechnung (KLR)	Statistik	Planung
• erfasst die **Geldströme** zwischen dem Unternehmen und der Außenwelt (z. B. Ausgaben an Lieferer und Einnahmen von Kunden) • ermittelt den **Erfolg** (Gewinn oder Verlust) des Unternehmens, indem sie Aufwendungen und Erträge gegenüberstellt • ermittelt Bestände und **Veränderungen** von **Vermögen** und **eingesetztem Kapital**	• ermittelt den Erfolg aus der Produktion und dem Verkauf von Erzeugnissen • stellt dazu die Kosten zur Erstellung und zum Vertrieb der Erzeugnisse und die Umsatzerlöse für die abgesetzten Erzeugnisse gegenüber • kontrolliert die Wirtschaftlichkeit des Unternehmens	• sammelt betriebliche und außerbetriebliche Daten • stellt diese in Tabellen oder Diagrammen anschaulich dar (z. B. Umsätze einzelner Produkte, Kosten einzelner Abteilungen) • ist Basis für die Entscheidungsvorbereitung	• wertet innerbetriebliche Daten der Fibu, KLR und Statistik und außerbetriebliche Daten (z. B. Preisentwicklung, Vergleichszahlen der Verbände und IHK) aus • stellt Daten für Einzelpläne (Absatzplan, Beschaffungsplan, Produktionsplan, Finanzplan) zur Verfügung

Das Rechnungswesen ist vergleichbar mit einer **Datenbank**, in der Daten von allen Funktionsbereichen gesammelt und von allen Bereichen für die unterschiedlichsten Zwecke abgerufen werden. →IW

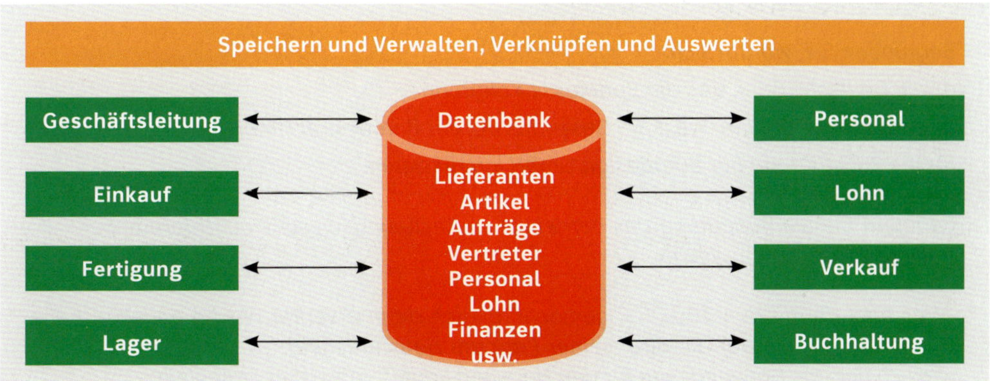

Zusammenfassung: Aufgaben und Aufgabenbereiche (Fibu, KLR, Statistik, Planung) des Rechnungswesens beschreiben

- Das Rechnungswesen
  - erfasst die **Güter- und Geldströme** zwischen dem Unternehmen und dem Beschaffungs- und Absatzmarkt,
  - ermittelt regelmäßig den **Stand an Vermögen und Schulden** und erfasst laufend deren **Veränderungen,**
  - stellt den **Erfolg** (Gewinn oder Verlust) des Geschäftsjahres fest,
  - stellt Daten für die Preisberechnung und für zahlreiche betriebliche Entscheidungen bereit.
- Das Rechnungswesen ist **Informations-, Kontroll- und Steuerungssystem**.
- Das Rechnungswesen ist in die Aufgabenbereiche Finanzbuchhaltung, Kosten- und Leistungsrechnung, Statistik und Planung gegliedert.
- Das Rechnungswesen stellt **Informationen für alle Bereiche des Unternehmens** bereit (Datenbank).

Aufgaben

1 Erläutern Sie anhand des Schaubildes S. 85 die Aufgabenbereiche der Industrieunternehmung.

2 Ordnen Sie den betrieblichen Produktionsfaktoren die folgenden Wirtschaftsgüter einer Büromöbelfabrik zu.

a) Fahrzeuge
b) Leistungen der Unternehmensleitung
c) Computer in der Abteilung Beschaffung
d) Grundstücke und Gebäude
e) Leistungen des Lagerpersonals
f) Regale in den Verwaltungsräumen
g) Bürotische in der Verwaltungsabteilung
h) Gabelstapler im Materiallager
i) Leim, Lacke
j) Leistungen der Möbelschreiner in der Fertigung
k) Holz

3 Nennen Sie die wesentlichen Aufgaben der Finanzbuchhaltung.

4 Erläutern Sie den Güter- und den Geldstrom zwischen Industrieunternehmung und Beschaffungs- und Absatzmarkt.

5 Begründen Sie, warum sich

a) die Deutsche Bank und die Sparkasse KölnBonn,
b) das Finanzamt Köln-West am Geschäftssitz der Bürodesign GmbH

für die Buchführung der Bürodesign GmbH interessieren.

6 Erläutern Sie die Bedeutung des betrieblichen Rechnungswesens als Informations-, Kontroll- und Steuerungssystem.

7 „Was hast du mit den 400,00 € gemacht, die ich dir erst vorige Woche gegeben habe?“, reagiert Herr Klein auf die Bitte seiner Frau um Haushaltsgeld. „Du weißt doch, dass ich wirklich nur das Notwendigste für den Haushalt kaufe“, antwortet Frau Klein.

Ähnliche Gespräche haben Sie sicher auch schon in Ihrer Familie miterlebt.

a) Erarbeiten Sie in Gruppen ein Haushaltsbuch zur übersichtlichen Aufzeichnung aller Einnahmen und Ausgaben und vergleichen Sie die Ergebnisse.

b) Begründen Sie jeweils den Aufbau.

c) Stellen Sie einen Katalog von Gründen zusammen, die für ein solches Haushaltsbuch sprechen.

1.4.2 Zeitliche und inhaltliche Verbindung von Inventur, Inventar und Bilanz zur Aufnahme und Darstellung von Vermögen und Schulden erläutern

1.4.2.1 Eine Inventur planen und durchführen

Silvia Land, Auszubildende der Bürodesign GmbH, ist seit einer Woche in der Abteilung Rechnungswesen, als sie ein Gespräch zwischen Herrn Stein und Frau König mithört:

„Karl Weil e. K. – Sie wissen schon, Frau König, der Hersteller von Kleinmöbeln neben uns – will aus Altersgründen zum 31. Dezember seinen Betrieb aufgeben. Er hat uns ein Angebot gemacht."

„Wir suchen doch seit Langem nach Möglichkeiten der Erweiterung unserer Fertigungshalle, das wäre doch ideal", antwortet Frau König. *„Aber der Kaufpreis entspricht nicht ganz unseren Vorstellungen." „Aber, da sind doch sicher Maschinen und Vorräte. Bitten Sie doch Herrn Weil, uns ein Inventar aufzustellen, damit wir nicht die Katze im Sack kaufen."*

→LS

Arbeitsaufträge

- ***Überprüfen Sie, welche Arbeiten damit für Herrn Weil verbunden sind.***
- ***Erarbeiten Sie einen Vorschlag eines Aufnahmeplans für die Wirtschaftsgüter von Karl Weil e. K.***

■ Gesetzliche Grundlagen der Inventur

§ 240 HGB
(1) Jeder Kaufmann hat zu Beginn seines Handelsgewerbes seine Grundstücke, seine Forderungen und Schulden, den Betrag seines baren Geldes sowie seine sonstigen Vermögensgegenstände genau zu verzeichnen und dabei den Wert der einzelnen Vermögensgegenstände und Schulden anzugeben.
(2) Er hat [...] für den Schluss eines jeden Geschäftsjahrs ein solches Inventar aufzustellen. [...]

Der **Unternehmer** muss zum **Beginn der Betriebstätigkeit, für den Schluss jedes Geschäftsjahres** und beim Verkauf ein **genaues Verzeichnis** (Inventar) seiner Wirtschaftsgüter aufstellen. Sie müssen in **Art** und **Menge** sowie **Wert vollständig** aufgeführt werden.

Beispiel *Herr Weil muss Mengen und Werte der vorhandenen Werkstoffe, wie Spanplatten, Tischlerplatten, Scharniere, Schlösser, Leim, Lacke, sein Bargeld, sein Guthaben (Forderungen) gegenüber einzelnen Kunden, jede Maschine und deren Wert, seine Schulden gegenüber Lieferern und Banken feststellen und in einem Verzeichnis darstellen.*

Dazu muss der Geschäftsmann sein Bargeld und seine Materialien zählen, noch nicht bezahlte Rechnungen zusammenstellen. Dieses Aufnehmen aller Wirtschaftsgüter nach Art, Menge und Wert wird als **Inventur** bezeichnet.

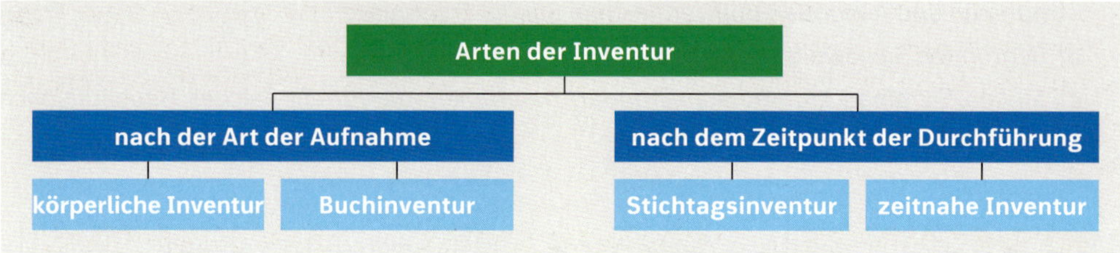

Arten der Inventur

Körperliche Inventur

Um die gesetzliche Verpflichtung zu erfüllen, sind die **Vermögensgegenstände** (Werkstoffe, Bargeld) „**körperlich**" **aufzunehmen**. Zu einem bestimmten Zeitpunkt sind also alle Vermögensgegenstände, die im Unternehmen vorzufinden sind (lat.: invenire = finden, vorfinden), zu **zählen**, zu **messen**, zu **wiegen** oder zu **schätzen** und schließlich zu **bewerten**.

Beispiel *In der Möbelfabrik Karl Weil e.K. werden am Aufnahmestichtag 86 Tischlerplatten 3 × 200 × 200 cm gezählt und mit den Anschaffungskosten von 60,00 € je Stück bewertet. Damit ergibt sich ein Inventurwert von 5 160,00 €.*

Buchinventur

Wird der mengen- und wertmäßige Bestand der Wirtschaftsgüter nur **anhand** von **schriftlichen Unterlagen** oder Daten in der Datenbank ermittelt, liegt eine **Buchinventur** vor. Sie ersetzt die körperliche Inventur, wenn auch aufgrund von Aufzeichnungen eine ordnungsmäßige buchmäßige Erfassung sichergestellt ist.

Beispiele

Wirtschaftsgüter	Buchinventur aufgrund von
• Grundstücke und Gebäude	• Grundbuchauszügen und anhand der Anlagendatei
• Maschinen und Fuhrpark	• Verzeichnis der Maschinen und Fahrzeuge
• Forderungen	• noch nicht bezahlten Ausgangsrechnungen
• Verbindlichkeiten	• noch nicht beglichenen Eingangsrechnungen
• Darlehensforderungen und -schulden	• Kontenauszügen der Gläubiger
• Bank- und Postbankguthaben	• entsprechenden Tagesauszügen der Banken

Stichtagsinventur und zeitnahe Inventur

Der Gesetzgeber fordert die Inventur für den Schluss des Geschäftsjahres. Die Finanzverwaltung legte den Gesetzestext früher recht eng aus und verlangte den Ablauf der Bestandsaufnahme **genau am Schluss des Geschäftsjahres**, z.B. genau zum Stichtag 31. Dezember. Eine solche Inventur wird als **Stichtaginventur** bezeichnet.

Die Aufnahme lässt sich in zahlreichen Fällen wegen des Arbeitsumfangs am **Schluss des Geschäftsjahres** aufgrund beispielsweise großer Lagerbestände **nicht durchführen**, es sei denn, dass folgende Nachteile in Kauf genommen werden:
- Das Betriebsgeschehen wird erheblich gestört oder gar unterbrochen.
- Vielfach müssen Arbeitskräfte eingestellt oder Überstunden gemacht werden. Damit sind erhebliche Personalkosten verbunden.

Beispiel *Industrieunternehmen haben nicht selten zwischen 40000 und 120000 verschiedene Werkstoffe auf Lager.*

Deshalb müssen die **Bestände nur zeitnah**, also i. d. R. innerhalb einer Frist von 10 Tagen vor und 10 Tagen nach dem Stichtag, **aufgenommen** werden: **zeitnahe Inventur**. Dabei muss sichergestellt werden, dass die **Bestandsveränderungen** zwischen dem Bilanzstichtag und dem früher oder später liegenden Aufnahmetag anhand von Belegen ordnungsmäßig **mengen- und wertmäßig berücksichtigt werden**.

Beispiele

bis zu 10 Tagen vor dem Bilanzstichtag ← **Körperliche Inventur** → **bis zu 10 Tagen nach dem Bilanzstichtag**

Fortschreibung				**Rückrechnung**			
Artikel: **Bürotische T5**	Menge	Einzelwert	Gesamtwert	Artikel: **Stühle S5**	Menge	Einzelwert	Gesamtwert
Bestand am 21.12. **(Aufnahmetag)**	25	220,00	5500,00	Bestand am 09.01. **(Aufnahmetag)**	280	120,00	33600,00
+ Zugang am 23.12.	260	220,00	57200,00	+ Abgang am 03.01.	200	120,00	24000,00
	285		62700,00		480		57600,00
– Abgang am 28.12.	190	220,00	41800,00	– Zugang am 07.01.	400	120,00	48000,00
= Bestand am 31.12. **(Bilanzstichtag)**	95	220,00	20900,00	= Bestand am 31.12. **(Bilanzstichtag)**	80	120,00	9600,00

Ablaufplanung der Inventur

Damit die Inventurarbeiten zügig ablaufen, sind **Inventuranweisungen** auszuarbeiten, in denen für alle Bereiche der Unternehmung Aufnahmevorschriften enthalten sind.

Ein zusätzlicher **Ablaufplan** enthält Angaben darüber,
- **wer** die Inventur an den verschiedenen Orten im Unternehmen durchzuführen hat,
- **wo** im Unternehmen die Bestände zu erfassen sind und
- **wann** die Bestandsaufnahme an den verschiedenen Orten abzulaufen hat.

Beispiel *Auszug aus einem Inventurablaufplan in der Bürodesign GmbH:*

Name	Pers.-Nr.	Ort	Gang	Fächer	Aufnahmetag
Kluge, Martha Land, Silvia	085 096	Werkstofflager Werkstofflager	01–14		04.01.20..
König, Ferdinand Blümel, Franz	017 086	Werkstofflager Werkstofflager	15–30		04.01.20..
...	...	...	...	...	...

Für die Inventur sollten **Inventurlisten** zur Aufzeichnung der aufgenommenen Bestände vorbereitet werden. Diese sollten Felder für die folgenden Angaben enthalten:
- genaue Mengen nach Zahl, Maßen, Volumen (z. B. Liter) und Gewichten
- fachgerechte (handelsübliche) Bezeichnungen der Gegenstände nach Art und Größe

- übersichtliche Gruppierungen der aufgenommenen Wirtschaftsgüter nach Standorten, Lagerstellen oder Abteilungen
- den Wert je Einheit und den Gesamtwert des jeweiligen Postens
- das Datum der Bestandsaufnahme und die Unterschrift der mit der Aufnahme beauftragten Person

<table>
<tr><th colspan="4">Aufnahmeliste</th><th colspan="2">Bewertung</th></tr>
<tr><td colspan="2">Abteilung: Werkstofflager</td><td colspan="2">Lagerort: Gang 12</td><td>Stichtag: 31.12.</td><td>Fach:</td></tr>
<tr><td rowspan="2">Waren-Nr.</td><td>Gegenstand</td><td colspan="2">Festgestellte Menge</td><td rowspan="2">Wert je Einheit €</td><td rowspan="2">Inventurwert €</td></tr>
<tr><td>Handelsübliche Bezeichnung</td><td>Anzahl</td><td>Einheit (St., kg, m, l)</td></tr>
<tr><td>1</td><td>Tischlerplatten</td><td>86</td><td>St. à 2 × 200 × 200 cm</td><td>60,00</td><td>5 160,00</td></tr>
<tr><td>2</td><td></td><td></td><td></td><td></td><td></td></tr>
<tr><td>3</td><td></td><td></td><td></td><td></td><td></td></tr>
<tr><td>4</td><td></td><td></td><td></td><td></td><td></td></tr>
<tr><td>5</td><td></td><td></td><td></td><td></td><td></td></tr>
<tr><td colspan="2">Aufnahmedatum: 31.12.</td><td colspan="2">Aufgenommen: S. Land / M. Kluge</td><td>Berechnet:</td><td>Geprüft:</td></tr>
</table>

Bei EDV-gesteuerter Lagerhaltung können die Inventurlisten bereits mit den **Soll-Beständen** ausgedruckt werden. Durch Eintragung der Ist-Bestände lt. Inventur werden die Abweichungen sofort erkannt.

Zusammenfassung: Eine Inventur planen und durchführen

Inventur

Zeitpunkte

- **Beginn** oder **Übernahme des Betriebes**
- zum **Schluss jedes Geschäftsjahres**
- **Auflösung** oder **Veräußerung des Betriebes**

Gegenstand

- **Erfassung aller Vermögensteile und Schulden** nach **Art, Menge, Einzelwert und Gesamtwert gleichartiger Vermögensteile** und **Schulden**

Verfahren

- **nach der Art der Bestandsaufnahme**
  - körperliche Inventur
  - Buchinventur
- **nach dem Zeitpunkt der Bestandsaufnahme**
  - Stichtaginventur
  - zeitnahe Inventur

- **Ziele der Inventur**
  - Kontrolle der Soll-Bestände durch Aufnahme der Ist-Bestände
  - Feststellung, Klärung und Erfassung von Bestandsdifferenzen
  - Bewertung aller Vermögensteile und aller Schulden
- **Ablaufplanung der Inventur**
  - Vorschriften, **wer, wo** und **wann** aufzunehmen hat
  - Vorbereitung von Inventurlisten – eventuell mit Soll-Beständen

- **Auswertung der Inventurergebnisse**
  - Feststellung der Differenzen zwischen Soll- und Ist-Werten
  - Abgleich im Warenwirtschaftssystem

Aufgaben

1 Machen Sie Inventur in Ihrem Klassenraum. Erfassen Sie die Ergebnisse in einer Inventurliste (vgl. S. 92), die Sie in der Klasse aushängen. Versuchen Sie, die Gegenstände zu bewerten, und zeigen Sie die dabei auftretenden Probleme auf.

2 a) Geben Sie den Zeitraum zur Durchführung einer zeitnahen Inventur an, wenn das Geschäftsjahr vom 1. Januar bis zum 31. Dezember dauert.

b) Berechnen Sie den Inventurbestand zum 31. Dezember 20.. im Wege der Rückrechnung für die Rohstoffart Tischlerplatten S4 aufgrund folgender Angaben:

Bestand bei der Aufnahme am 09.01.	*180 Stück*	*à 75,00 €*
Einkäufe von Tischlerplatten am 05.01.	*150 Stück*	*à 75,00 €*
Abgang von Tischlerplatten in die Fertigung am 03.01.	*160 Stück*	
Abgang von Tischlerplatten in die Fertigung am 07.01.	*70 Stück*	

3 Erläutern Sie die Aufgaben der Inventur.

4 Erläutern Sie die Begriffe „Inventuranweisungen“ und „Inventurablaufplanung“.

5 Nennen Sie Inventurarten und erklären Sie die Stichtaginventur.

6 Es gibt nach der Art der Inventurdurchführung die „Buchinventur“ und die „körperliche Inventur“. Nennen Sie die jeweils zweckmäßige Inventurart für folgende Wirtschaftsgüter: Kassenbestand, Bankguthaben, Forderungen a. LL.[1], Fertige Erzeugnisse, Verbindlichkeiten a. LL.

7 Stellen Sie in Gruppen jeweils Probleme der Inventurplanung, -durchführung und -auswertung und Möglichkeiten der Lösung zusammen.

8 Führen Sie nach dem Muster von S. 92 eine Inventurliste des Holzlagers der Bürodesign GmbH, deren Geschäftsjahr mit dem Kalenderjahr übereinstimmt.

1. Aufnahmedatum: 21. Dezember 20..
2. Lagerort: Holzlager
3. Handelsübliche Bezeichnung: Eiche massiv
4. Bezugs-/Einstandspreis einschließlich Bezugskosten 2000,00 €/m³
5. Beschaffenheit: keine Mängel
6. Menge/Anzahl: 15 m³
7. Aufgenommen durch: Karl Fischer

a) Tragen Sie diese Daten in die Inventurliste ein und berechnen Sie den Inventurwert.

b) Erklären Sie, um welche Inventurart es sich handelt.

c) Berechnen Sie den Bestand zum 31.12. unter Berücksichtigung folgender Vorgänge:

22.12.: Eingangsrechnung über Eichenholzlieferung:	*12 m³ zu 2000,00 €/m³*
22.12.: Materialentnahmeschein:	*18 m³ zu 2000,00 €/m³*
28.12.: Materialentnahmeschein:	*5 m³ zu 2000,00 €/m³*

[1] *aus Lieferungen und Leistungen*

1.4.2.2 Ein Inventar erstellen

Frau König hat nach der Inventur der Firma Karl Weil e. K. alle Aufnahmelisten eingesammelt. In vielen Fällen enthalten sie nur handelsübliche Artikel- und Mengenangaben. Überhaupt sind die Vermögensteile und Schulden noch nicht geordnet. Silvia Land wird aufgefordert, sich Gedanken zu machen, wie das Inventar gegliedert wird und wie die einzelnen Vermögensteile zu bewerten sind.

Arbeitsauftrag
- ***Machen Sie einen Vorschlag zur Gliederung und Bewertung der Vermögensteile und Schulden.***

Gliederung des Inventars

Aufgrund der durchgeführten Inventur ist der Unternehmer in der Lage, ein Bestandsverzeichnis (Inventar) anzulegen, in dem **Vermögensteile** und **Schulden** der Unternehmung zum Abschlussstichtag nach Art, Menge und Wert aufgezeichnet sind. Zieht der Unternehmer vom Gesamtwert der Vermögensteile die Summe der betrieblichen Schulden ab, erhält er sein **Reinvermögen** (Eigenkapital).

Daraus ergibt sich folgende Gliederung des Inventars (Bestandsverzeichnis):

A. Vermögen	B. Schulden	C. Errechnung des Reinvermögens (Eigenkapital)

Vermögen

Der Gesetzgeber fordert vom kaufmännischen Unternehmen die Gliederung des Vermögens in **Anlage-** und **Umlaufvermögen** (§ 247 Abs. 1 HGB).

- **Anlagevermögen:** Zum **Anlagevermögen** rechnen die Vermögensgegenstände, die zum Abschlussstichtag dazu bestimmt sind, dauernd dem Geschäftsbetrieb zu dienen (§ 247 HGB). Das Anlagevermögen bildet die **Grundlage der Betriebstätigkeit**, mit seiner Hilfe können die eigentlichen Aufgaben des Betriebes, wie Einkauf, Lagerung, Produktion und Verkauf, erst durchgeführt werden.

  Das Anlagevermögen wird gegliedert in:

Immaterielle Vermögensgegenstände	Sachanlagen	Finanzanlagen
– Lizenzen (Rechte zur Nutzung einer Erfindung) – geschützte Marken – Softwarelizenzen	– Grundstücke und Gebäude – Maschinen – Lagereinrichtung – Fuhrpark – Büroeinrichtung – Computeranlagen	– Beteiligungen an anderen Unternehmen – Darlehensforderungen gegenüber anderen Unternehmen

- **Umlaufvermögen:** Zum **Umlaufvermögen** rechnen die Vermögensteile, die zum Abschlussstichtag dazu bestimmt sind,
  - **verbraucht** (Roh-, Hilfs- und Betriebsstoffe),
  - **veräußert** (fertige Erzeugnisse, Handelswaren) oder
  - nur **einmalig genutzt** (Bargeld, Bankguthaben, Forderungen)

  zu werden.

Das Umlaufvermögen bildet den eigentlichen **Gewinnträger**. Es kann gegliedert werden in:

Vorräte	Forderungen	Liquide Mittel
– Roh-, Hilfs- und Betriebsstoffe – Unfertige Erzeugnisse – Fertige Erzeugnisse – Handelswaren	– Forderungen aus Lieferungen und Leistungen	– Kassenbestand (Bargeld) – Bankguthaben

Rohstoffe sind alle die Stoffe, die **unmittelbar in das** herzustellende **Erzeugnis eingehen** und dessen **Hauptbestandteile** darstellen.

Auch die **Hilfsstoffe** gehen unmittelbar in das zu erstellende Erzeugnis ein, jedoch bilden sie nicht die **Grundstoffe** des Erzeugnisses, sondern **ergänzen, verbinden, verschönern** die Rohstoffe.

Betriebsstoffe werden **nur mittelbar** für die Herstellung der Erzeugnisse gebraucht, sodass sie **keine Bestandteile der Erzeugnisse** darstellen. Sie sind erforderlich zur allgemeinen Aufrechterhaltung des Fertigungsganges und zur Durchführung der Arbeiten in der Verwaltung und im Absatz der Unternehmung.

Beispiele

Materialart	Büromöbelproduktion
Rohstoffe	Holz- und Kunststoffplatten, Stahlrohre, Profilleisten
Hilfsstoffe	Leim, Lacke, Spachtelmasse
Betriebsstoffe	Folien, Kartons, Schmier- und Treibstoffe, Schmirgelpapier, Verbrauchswerkzeuge

Zu den **unfertigen Erzeugnissen** sind alle die Erzeugnisse oder Erzeugnisbestandteile zu rechnen, die sich noch auf Zwischenstufen der Fertigung befinden und **noch kein absatzreifes Erzeugnis** darstellen.

Beispiel *Schreibtische ohne Schlösser, unlackiert*

Fertige Erzeugnisse sind folglich absatzreife Erzeugnisse.

Bei den **Handelswaren** handelt es sich um Handelsartikel, die von fremden Unternehmen bezogen und ohne weitere wesentliche Veränderung veräußert werden.

Beispiele *Zusatzschlüssel, Möbelpolitur*

Forderungen aus Lieferungen und Leistungen (a.LL.) entstehen, wenn das Industrieunternehmen Erzeugnisse gegen Ausgangsrechnung an seine Kunden liefert und diesen für die Zahlung ein Ziel (z.B. 30 Tage) einräumt.

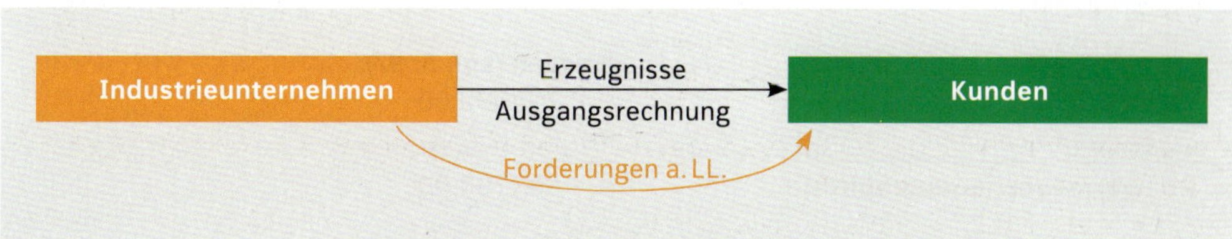

Im Gegensatz zum Anlagevermögen wird das **Umlaufvermögen** durch die betrieblichen Tätigkeiten **ständig verändert und umgewandelt**:

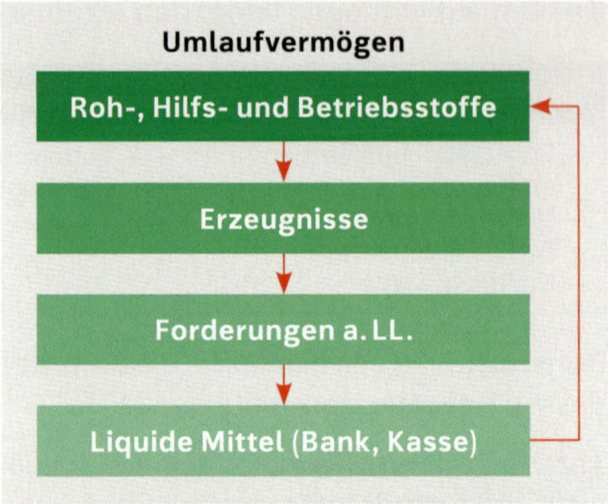

Anordnung der Vermögensteile

Die Gegenstände des Vermögens werden nach **zunehmender Flüssigkeit** (Liquidität) und abnehmender Kapitalbindungsdauer geordnet:

Schulden

Die verschiedenen Verbindlichkeiten werden nach zunehmender **Fälligkeit** oder abnehmender **Restlaufzeit** geordnet:

Schulden	Fälligkeit	Restlaufzeit von ...
Darlehensschulden mit einer Restlaufzeit von 10 Jahren	• langfristig	• mehr als fünf Jahren
Verbindlichkeiten gegenüber Banken Verbindlichkeiten a.LL., Sonstige Verbindlichkeiten (z.B. Steuerschulden)	• mittelfristig • kurzfristig	• einem bis fünf Jahren • bis zu einem Jahr

Verbindlichkeiten aus Lieferungen und Leistungen entstehen aus Kaufverträgen mit Lieferern, wenn diese ihre Lieferungen ausgeführt haben, für die Zahlung aber ein Ziel gewähren.

Errechnung des Reinvermögens (Eigenkapital)

Die Differenz zwischen Vermögenswerten und Schulden ergibt das **Reinvermögen (Eigenkapital)**.

	Beispiel (vgl. S. 97)
Summe der Vermögensteile	1 200 000,00
– Summe der Schulden	– 201 250,00
= **Reinvermögen (Eigenkapital)**	= **998 750,00**

→Bd. 2 Das Reinvermögen zeigt den Wert der Vermögensteile, die mit eigenen Mitteln (**Eigenkapital**) und nicht mit fremden Mitteln (Schulden oder **Fremdkapital**) beschafft worden sind.

Beispiel

Inventar der Bürodesign GmbH — *Köln, 31. Dezember 20..*

Art, Menge, Einzelwert	€	€
A. Vermögen		
I. Anlagevermögen		
1. Grundstücke mit Bauten, Stolberger Straße 188 (Anlage 1)[1]		300000,00
2. Maschinen (Anlage 2)		200000,00
3. Werkzeuge (Anlage 3)		17500,00
4. Fuhrpark (Anlage 4)		160000,00
5. Betriebs- und Geschäftsausstattung (Anlage 5)		105000,00
II. Umlaufvermögen		
1. Roh-, Hilfs- und Betriebsstoffe		
Rohstoffe (Anlage 6)	100000,00	
Hilfsstoffe (Anlage 7)	70000,00	
Betriebsstoffe (Anlage 8)	16000,00	186000,00
2. Unfertige Erzeugnisse (Anlage 9)		6500,00
3. Fertige Erzeugnisse		
12 Stapelstühle STAPLER 444/1 zu 175,00 € je St.	2100,00	
10 Bürotische XAMA 2000 445/2 zu 185,00 € je St.	1850,00	
15 Ablagetische STAND zu 225,00 € je St.	3375,00	
Sonstige Erzeugnisse (Anlage 10)	6675,00	14000,00
4. Forderungen aus Leistungen und Leistungen (Anlage 11)		123000,00
5. Bankguthaben		
Sparkasse KölnBonn lt. Kontoauszug (Anlage 12)	37000,00	
Deutsche Bank Köln lt. Kontoauszug (Anlage 13)	30000,00	
Postbank Köln lt. Kontoauszug (Anlage 14)	15000,00	82000,00
6. Kassenbestand		6000,00
Summe des Vermögens		1200000,00
B. Schulden		
I. Langfristige Schulden		
Verbindlichkeiten gegenüber Banken (Anlage 15)		66500,00
II. Kurzfristige Schulden		
1. Verbindlichkeiten aus Lieferungen und Leistungen (Anlage 16)		100000,00
2. Sonstige Verbindlichkeiten (Anlage 17)		34750,00
Summe der Schulden		201250,00
C. Errechnen des Reinvermögens (Eigenkapital)		
Summe des Vermögens		1200000,00
– Summe der Schulden		201250,00
Reinvermögen (Eigenkapital)		998750,00

■ Inventare auf Bild- und anderen Datenträgern

Inventare mit allen zu ihrem Verständnis erforderlichen Unterlagen dürfen auch auf **Bildträgern** (Mikrokopien) oder auf **anderen Datenträgern** (z. B. Magnetband, Magnetplatte, USB-Stick, CD-ROM) angefertigt und aufbewahrt werden, wenn sie bei Bedarf innerhalb angemessener Frist lesbar gemacht werden können (§§ 239 HGB, 147 Abs. 2 AO).

[1] *Wegen ihres Umfangs sind die Anlagen hier nicht aufgenommen.*

Erfolgsermittlung durch Eigenkapitalvergleich

Das Inventar gibt dem Kaufmann einen detaillierten Überblick über den **Stand seines Vermögens und seiner Schulden zu einem bestimmten Stichtag**.

Durch Vergleich der Inventare zweier aufeinander folgender Jahre wird die Entwicklung der Bestände an Vermögen und Schulden erkennbar. Die Veränderung des Eigenkapitalbestands, der sich erhöht oder vermindert haben kann, verdeutlicht, mit welchem Erfolg ein Unternehmen gearbeitet hat.

Beispiel

Erfolg

Eigenkapitalmehrung **(positiver Erfolg)** Gewinn		**Eigenkapitalminderung** (negativer Erfolg) **Verlust**
998750,00 €	31.12.2018 – Eigenkapital – 31.12.2017	570000,00 €
570000,00 €	31.12.2017 – Eigenkapital – 31.12.2016	588000,00 €
428750,00 €		18000,00 €

Bewertung der Vermögensteile und der Schulden

Für alle Vermögensteile und Schulden sind im Inventar Werte (in Euro) anzugeben. Damit alle Unternehmen bei der Bewertung einheitlich verfahren, hat der Gesetzgeber zahlreiche Vorschriften zur **Bewertung** erlassen. →Bd. 2

Zusammenfassung: Ein Inventar erstellen

- Verzeichnis aller Vermögensteile (Art, Menge, Einzelwerte) und Schulden
- Errechnung des Reinvermögens
- Erfolgsermittlung durch Vergleich des Reinvermögens zweier Jahre

A. Vermögen	Ordnung nach zunehmender Liquidität bzw. abnehmender Kapitalbindungsfrist
I. Anlagevermögen	• Vermögensgegenstände, die dazu bestimmt sind, **dauernd** dem Geschäftsbetrieb zu dienen • **Grundlage der Betriebs- und Absatzbereitschaft**
II. Umlaufvermögen	• Vermögensgegenstände, die verbraucht, veräußert und nur einmalig genutzt werden • **Gewinnträger** des Unternehmens
B. Schulden	**Ordnung nach abnehmenden Restlaufzeiten bzw. zunehmender Fälligkeit**
1. Verbindlichkeiten gegenüber Kreditinstituten (Darlehensschulden) 2. Verbindlichkeiten aus Lieferungen und Leistungen	• Fremdkapital • Es ist nach **Restlaufzeiten** zu gliedern: – **langfristige Schulden** mit mehr als fünf Jahren – **mittelfristige** von einem bis fünf Jahre – **kurzfristige** bis zu einem Jahr

C. Errechnung des Reinvermögens	
Vermögen – Schulden = Reinvermögen	• Gegenüberstellung von Vermögen und Schulden • Die Differenz ist das Reinvermögen, das dem Betrieb nach Abzug aller Schulden verbleibt (**Betriebsvermögen**).

Aufgaben

1 Der Lebensmittelfabrikant Felix Roth e. K., Köln, machte für den 31. Dezember 20.. Inventur.

Dabei stellte er folgende Werte fest:	€	€
Gebäude		45 000,00
Fuhrpark lt. Verzeichnis		60 000,00
Geschäftsausstattung lt. Verzeichnis		12 000,00
Rohstoffe lt. Verzeichnis		75 000,00
Forderungen		
Alois Hausmann e. K., Köln	2 100,00	
Ludwig Sommer e. K., Siegburg	1 950,00	
Peter Dick e. K., Euskirchen	3 270,00	
Guthaben bei der		
Handelsbank, Köln	3 185,00	
Sparkasse KölnBonn	7 430,00	
Postbank Köln	2 865,00	
Bargeld		2 487,00
Verbindlichkeiten gegenüber der Bank für Handel und Gewerbe		18 000,00
Verbindlichkeiten a. LL.		
Schmitz & Co. KG, Aachen	4 600,00	
König AG, Stuttgart	3 200,00	
Werner Linde e. K., Hamburg	5 100,00	

Stellen Sie das Inventar auf.

2 Geben Sie an, welche der folgenden Begriffe unten stehende Satzteile zu einer richtigen Aussage ergänzen.

(1) das Anlagevermögen
(2) das Umlaufvermögen
(3) das Vermögen
(4) die Schulden
(5) das Reinvermögen

Aussagen:

a) Grundlage der Betriebsbereitschaft bildet ...
b) Eigentlicher Gewinnträger der Unternehmung ist ...
c) ... ist der dem Unternehmer verbleibende Teil des Vermögens, nachdem ... abgezogen wurden.
d) Kapital, das der Unternehmung nur befristet überlassen wurde, bezeichnet man als ... der Unternehmung.
e) ... ist dazu bestimmt, dem Unternehmen dauernd zu dienen.
f) ... können als Fremdkapital bezeichnet werden.
g) ... wird nach zunehmender Liquidität geordnet.

3 *Begründen Sie, welche der folgenden Aussagen auf das Inventar zutreffen.*
a) Es ist die Aufnahme aller Vermögens- und Schuldenteile durch Zählen, Messen, Wiegen oder Schätzen.
b) Es ist das Verzeichnis der Erzeugnisbestände zum Inventurstichtag.
c) Reinvermögen = Vermögen – Schulden
d) Es ist zehn Jahre aufzubewahren.
e) Die Erzeugnisse werden mit ihren Verkaufspreisen bewertet.

4 *Ordnen Sie die unten angegebenen Posten eines Fleischkonservenherstellers in einer Tabelle mit folgender Gliederung:*

Anlagevermögen	Umlaufvermögen	Eigenkapital	Langfristige Schulden	Kurzfristige Schulden

Posten:
1. *Vorräte an Fleischkonserven*
2. *EDV-Anlage*
3. *Verbindlichkeiten gegenüber einem Lieferer*
4. *Bankguthaben*
5. *Darlehen mit zehnjähriger Laufzeit*
6. *Transportbänder im Lager*
7. *Geschäftshaus*
8. *Guthaben bei einem Kunden*
9. *Abfüllanlage*
10. *Vorräte an Gewürzen*
11. *Kassenbestand*
12. *Regale in den Lagerräumen*
13. *Gabelstapler*
14. *Reinvermögen*
15. *Überziehung des Bankkontos*
16. *Geschäfts-Pkw*
17. *Geschäftsparkplatz*
18. *Schreibtisch*

5 *a) Erläutern Sie den Zusammenhang von Inventur und Inventar.*
b) Erklären Sie die Begriffe „körperliche" und „buchmäßige" Bestandsaufnahme.
c) Grenzen Sie Anlage- und Umlaufvermögen gegeneinander ab.
d) Erklären Sie die Begriffe Rohstoffe, bezogene Fertigteile, Hilfsstoffe, Betriebsstoffe und fertige Erzeugnisse. Ordnen Sie typische Wirtschaftsgüter einer Möbelfabrik diesen Begriffen zu.

6 *Der Textilfabrikant Martin Huber e. K., Stuttgart, stellte zum 31.12. des Abrechnungsjahres und 31.12. des Vorjahres folgende Werte fest:*

	Vorjahr €	Abrechnungsjahr €
Roh-, Hilfs- und Betriebsstoffe lt. Verzeichnis	*15 000,00*	*21 000,00*
Maschinen lt. Verzeichnis	*60 000,00*	*59 000,00*
Darlehensschulden bei der Neckar-Bank	*70 000,00*	*60 000,00*
Guthaben bei der Stadtsparkasse, Stuttgart	*6 740,00*	*15 280,00*
Forderungen a. LL. lt. Saldenliste		
Wilhelm Bauer e. K., Stuttgart	*4 000,00*	*3 500,00*
Alois Michels e. K., Ludwigshafen	*2 800,00*	*5 000,00*
Klaus Lohmar e. K., Mannheim	*3 100,00*	*3 800,00*
Geschäftsausstattung	*18 000,00*	*16 200,00*
Verbindlichkeiten a. LL. lt. Saldenliste		
V. Missel & Co. KG, Heidenheim	*6 000,00*	*8 000,00*
P. Schulze e. K., Berlin	*8 000,00*	*4 000,00*
F. Schmitz e. K., Krefeld	*3 300,00*	*2 600,00*
H. Meyer e. K., Augsburg	*3 400,00*	*3 700,00*
Fuhrpark lt. Verzeichnis	*40 000,00*	*30 000,00*
Bargeld	*2 100,00*	*2 900,00*
Unfertige Erzeugnisse lt. Verzeichnis	*5 000,00*	*12 000,00*
Fertige Erzeugnisse lt. Verzeichnis	*65 000,00*	*68 000,00*

a) Stellen Sie die Inventare zu den beiden Zeitpunkten auf.
b) Vergleichen Sie die Inventare der beiden Jahre miteinander.
c) Erläutern Sie, worauf Sie die Veränderungen des Anlage- und Umlaufvermögens und der Schulden zurückführen.
d) Berechnen Sie, um welchen Betrag sich das Eigenkapital verändert hat.

7 Nennen Sie je zwei typische Merkmale
a) des Eigenkapitals,
b) der Schulden,
c) des Anlagevermögens,
d) des Umlaufvermögens.

1.4.2.3 Eine Bilanz aus dem Inventar ableiten und zur Information über Finanzierung und Finanzstruktur, Vermögen und Vermögensstruktur nutzen

Schon am 15. Januar kann Frau König Herrn Stein das gewünschte Inventar überreichen. Es umfasst 84 Seiten. Nach kurzem Blättern im Inventar sagt Herr Stein: *„Das ist zwar ein schönes Paket Arbeit, aber im Moment fehlt mir die Zeit, alles durchzulesen. Bitte erstellen Sie mir eine Übersicht über die Struktur des Vermögens und des Kapitals in Form einer Bilanz!“*

→LS

Arbeitsaufträge
- ***Erarbeiten Sie mithilfe nachstehenden Textes den Unterschied zwischen der Bilanz und dem Inventar.***
- ***Leiten Sie in Gruppen aus dem Inventar auf S. 97 eine verkürzte und übersichtliche Gegenüberstellung von Vermögen und Kapital ab.***

Inhalt und Struktur der Bilanz

Eine bessere Übersicht als das Inventar vermittelt die **Bilanz**. Nach § 242 HGB ist sie regelmäßig neben dem Inventar zu erstellen.

§ 242 Abs. 1 Satz 1 HGB
Der Kaufmann hat zu Beginn seines Handelsgewerbes und für den Schluss eines jeden Geschäftsjahrs einen das Verhältnis seines Vermögens und seiner Schulden darstellenden Abschluss (Eröffnungsbilanz, Bilanz) aufzustellen.

- In der Bilanz wird auf jede **mengenmäßige Darstellung des Vermögens und der Schulden verzichtet**.
- Sie enthält lediglich die **Gesamtwerte gleichartiger Posten** (z. B. den Gesamtwert der Rohstoffe).
- **Vermögen und Kapital werden in einem Konto gegenübergestellt.**

Beispiel

***Gegenüberstellung in T-Kontenform von Vermögen und Kapital in der Bilanz zum Inventar** (vgl. S. 97)*

Aktiva	Bilanz der Bürodesign GmbH zum Anfang des Geschäftsjahres		Passiva
I. Anlagevermögen		**I. Eigenkapital**	998750,00
1. Grundstücke und Gebäude	300000,00	**II. Fremdkapital (Schulden)**	
2. Maschinen	200000,00	**1. langfristige Schulden**	
3. Werkzeuge	17500,00	Verbindlichkeiten gegen-	
4. Fuhrpark	160000,00	über Kreditinstituten	66500,00
5. Betriebs- und		**2. kurzfristige Schulden**	
Geschäftsausstattung	105000,00	Verbindlichkeiten a. LL.	100000,00
II. Umlaufvermögen		Sonstige Verbindlichkeiten	34750,00
1. Roh-, Hilfs- und Betriebsstoffe	186000,00		
2. Unfertige Erzeugnisse	6500,00		
3. Fertige Erzeugnisse	14000,00		
4. Forderungen a. LL.	123000,00		
5. Bankguthaben	82000,00		
6. Kassenbestand	6000,00		
	1200000,00		1200000,00

Köln, den 10. Januar 20.. *Friedrich Stein*

Die Bilanz einer Unternehmung zeigt in übersichtlicher Form, **woher** das Kapitel stammt bzw. wie das Vermögen finanziert wurde (Eigen- und Fremdkapital) und wie es angelegt oder investiert wurde (Anlage- und Umlaufvermögen):

Vermögen oder Aktiva	*Bilanz* *Kapital oder Passiva*
Anlagevermögen	*Eigenkapital*
+ Umlaufvermögen	*+ Schulden (Fremdkapital)*
= Vermögen der Unternehmung	***= Kapital der Unternehmung***
↑	↑
*Diese Seite erfasst **die Formen des Vermögens**, d. h. die Mittelverwendung (**Investierung**).*	*Diese Seite erfasst **die Quellen des Kapitals**, d. h. die Mittelherkunft (**Finanzierung**).*

→Bd. 2

Die Summe des Vermögens ist gleich der Summe des Kapitals (**Bilanzgleichung**).

Bilanzgleichung

Vermögen (Aktiva) = Kapital (Passiva)

Anlagevermögen + Umlaufvermögen = Eigenkapital + Schulden (Fremdkapital)

→Bd. 2 Diese Bilanzdarstellung entspricht den **Mindestgliederungsvorschriften** des § 247 HGB. In Kapitalgesellschaften (AG und GmbH) sind die ausführlichen Gliederungsangaben des § 266 HGB zu beachten.

→Bd. 2 Der **Jahresabschluss** – dazu gehört neben der **Bilanz** auch die **Gewinn- und Verlustrechnung** (vgl. S. 152ff.) – ist unter Angabe des Datums vom Kaufmann zu **unterzeichnen** (§ 245 HGB).

Informationen aus der Bilanz

Die Bilanz ist im Unterschied zum Inventar sehr übersichtlich und macht eine schnelle Analyse der Vermögens- und Kapitalstruktur möglich.

→Bd. 2

Aktivseite der Bilanz	Passivseite der Bilanz	Aktiv- / Passivseite der Bilanz
Vermögensstruktur	**Kapitalstruktur**	**Finanzierung** (Deckungsstruktur)
Anlagevermögen mit langfristiger Kapitalbindung; Umlaufvermögen mit überwiegend kurzfristiger Kapitalbindung	Eigenkapital mit langfristiger/unbegrenzter Überlassungsfrist; Fremdkapital (Schulden) mit lang- bis kurzfristiger Überlassungsfrist	**Liquidität/Schuldendeckung** $= \frac{\text{liquide Mittel} \cdot 100}{\text{kurzfr. Verbindlichkeiten}}$ **Anlagendeckung** $= \frac{\text{langfristiges Kapital} \cdot 100}{\text{Anlagevermögen}}$
Wurde das Kapital überwiegend im **Anlage-** oder im **Umlaufvermögen** angelegt?	Arbeitet das Unternehmen überwiegend - mit **eigenen** oder - mit **fremden Mitteln**?	Verfügt das Unternehmen über **genügend flüssige Mittel**, um die **kurzfristigen Verbindlichkeiten zu decken**? Reichen die **langfristigen Mittel** aus, den **langfristigen Finanzierungsbedarf im AV zu decken**?

Vermögensstruktur

Die Vermögensstruktur gibt Auskunft über die prozentualen Anteile von **Anlage-** und **Umlaufvermögen** am Gesamtvermögen.

$$\textbf{Anteil des Anlagevermögens} = \frac{\text{Anlagevermögen} \cdot 100}{\text{Gesamtvermögen}}$$

$$\textbf{Anteil des Umlaufvermögens} = \frac{\text{Umlaufvermögen} \cdot 100}{\text{Gesamtvermögen}}$$

Die Anteile sind abhängig von der Betriebsart, der Branche, vom Fertigungsverfahren und der Vertriebsorganisation.

- **Anlagevermögen**, wie Grundstücke und Gebäude, Maschinen und sonstige betriebliche Anlagen, Fuhrpark sowie Anlagen in Büros zur technischen und kaufmännischen Verwaltung (Personalcomputer, Regale, Schränke) bildet zwar die **Grundlage der Betriebsbereitschaft**, verursacht aber immer gleich hohe fixe Kosten.

  Da das Anlagevermögen dazu bestimmt ist, dem Unternehmen dauernd (im Sinne von mehrmals) zu dienen, bindet es das angelegte Kapital langfristig. Hier deutet sich das mit Anlagen ins Anlagevermögen verbundene große **Risiko** an, das bei unerwarteter **technischer** und **wirtschaftlicher Überholung** sichtbar wird: das gebundene Kapital kann nicht freigesetzt werden, um eine markt- und betriebsgemäße Anpassung zu finanzieren.

- **Umlaufvermögen** ist der eigentliche **Gewinnträger**.

  Durch Verkauf der produzierten Güter fließen Geldwerte für die einkalkulierten Produktionsfaktoren in das Unternehmen zurück, die zum Zwecke der Wiederbeschaffung, Rationalisierung und Erweiterung bzw. zur Tilgung von noch offenen Rechnungen eingesetzt werden können.

Kapitalstruktur

Die Kapitalstruktur informiert

- über die **Anteile** von **Eigenkapital** und **Schulden** (**Fremdkapital**) am Gesamtkapital und damit über die Herkunft des Kapitals,

$$\textbf{Eigenkapitalanteil}\text{ (Eigenkapitalquote)} = \frac{\text{Eigenkapital} \cdot 100}{\text{Gesamtkapital}}$$

$$\textbf{Fremdkapitalanteil}\text{ (Fremdkapitalquote)} = \frac{\text{Fremdkapital} \cdot 100}{\text{Gesamtkapital}}$$

- in welchem Umfang sich der Unternehmer selbst bzw. die Gesellschafter an der Finanzierung des Unternehmens und dem damit verbundenen Risiko beteiligen,
- wie hoch der Anteil des **Haftungs-** und **Garantiekapitals** ist.

Je höher der Eigenkapitalanteil ist, desto größer ist die finanzielle Unabhängigkeit vom Geld- und Kapitalmarkt und die Kreditwürdigkeit des Unternehmens.

- **Fremdkapitalanteil:** Er gibt Auskunft über die **Kapitalanspannung**, die durch die regelmäßigen Liquiditätsbelastungen durch Zins- und Rückzahlungen – auch bei schlechter Ertragslage – hervorgerufen werden.

Investierung (Kapitalanlage) und Liquidität (Zahlungsfähigkeit)

- **Investierung (Kapitalanlage)**

  Für den Bilanzstichtag gibt die Bilanz einen groben Einblick, ob das Unternehmen bei Investitionen darauf geachtet hat, dass das zur **Finanzierung** benötigte Kapital für die Dauer der Bindung im Vermögen bereitstehen muss: **Goldene Finanzierungsregel**.

  Kapitalbindungsfristen = Kapitalüberlassungsfristen

  Dieser **Finanzierungsgrundsatz** wird vor allem für die **Finanzierung des Anlagevermögens** gefordert (**goldene Bilanzregel**). Wie weit diese Forderung erfüllt ist, kann durch prozentualen Vergleich vom Eigenkapital und langfristigem Fremdkapital mit Anlagevermögen überprüft werden:

$$\textbf{Anlagendeckung} = \frac{\text{(Eigenkapital + langfristiges Fremdkapital)} \cdot 100}{\text{Anlagevermögen}}$$

  Beim Ergebnis von 100 % liegt langfristige Anlagedeckung vor.
  Beim Ergebnis von über 100 % wird ein Teil des Umlaufvermögens langfristig finanziert.

- **Zahlungsfähigkeit (Liquidität)**

  Hier geht es um die Frage, ob das Unternehmen den laufenden Verpflichtungen aus fälligen Verbindlichkeiten nachkommen kann. Zur Information wird ein prozentualer Vergleich von liquiden Mitteln und Forderungen einerseits und kurzfristigen Verbindlichkeiten andererseits durchgeführt (Liquidität 2. Grades). Von der **Liquidität 1. Grades** wird gesprochen, wenn die liquiden Mittel (Kassenbestand und Bankguthaben) den kurzfristigen Verbindlichkeiten gegenübergestellt werden (= **Barliquidität**).

$$\textbf{Liquidität 2. Grades} = \frac{(\text{liquide Mittel} + \text{kurzfristige Forderungen}) \cdot 100}{\text{kurzfristige Verbindlichkeiten}}$$

Inventar und Bilanz, ein Vergleich

Das Inventar und die Bilanz sind Übersichten über das Vermögen und das Kapital einer Unternehmung. Sie unterscheiden sich nur in der Art der Darstellung. Die Unterschiede zeigt folgende Übersicht:

Inventar	→	Bilanz
• ausführlich, aber unübersichtlich • Angabe der Art, Mengen, Einzel- und Gesamtwerte • Vermögen, Schulden und Reinvermögen untereinander (Staffelform) • dient der innerbetrieblichen Kontrolle (Soll-Ist-Vergleich) • keine gesetzlichen Gliederungsvorschriften	Das Inventar ist die Grundlage zur Aufstellung der Bilanz.	• kurz, aber übersichtlich • nur Angabe von Gesamtwerten • Vermögen und Kapital in Kontenform nebeneinander • vom Inhaber einer Einzelunternehmung, den Geschäftsführern einer GmbH, den Vorstandsmitgliedern einer AG zu unterschreiben • bietet Einblick in die Vermögens-, Finanz- und Ertragslage • unterliegt gesetzlichen Gliederungsvorschriften (§§ 242, 247 und 266 HGB)

Zusammenfassung: Eine Bilanz aus dem Inventar ableiten und zur Information über Finanzierung und Finanzstruktur, Vermögen und Vermögensstruktur nutzen

Bilanz

Aktiva (Vermögen)		Passiva (Kapital)
• I. Anlagevermögen • II. Umlaufvermögen	← **Gegenüberstellung in T-Kontenform** →	• I. Eigenkapital • II. Schulden
Mittelverwendung = **Investition**	← **Aussagen** →	Mittelherkunft = **Finanzierung**
Liquidierbarkeit oder **Kapitalbindungsfrist**	← **Ordnungskriterien** →	**Fälligkeit** oder **Kapitalüberlassungsfrist**

- Inventare und Bilanzen müssen **10 Jahre** aufbewahrt werden (§ 257 Abs. 1 HGB).

Vermögen oder Aktiva	**Bilanz**		**Kapital oder Passiva**
Vermögensteile: • die dem Unternehmen **dauernd** (mehrmals) dienen, • die das Kapital langfristig binden, • die die Grundlage der Betriebsbereitschaft sind.	**I. Anlagevermögen**	**I. Eigenkapital**	**Haftungskapital** mit unbegrenzter Überlassungsfrist
Vermögen, das dem Unternehmen **nur einmal** dient. Es unterliegt ständigen Veränderungen durch Leistungserstellung und -verwendung. Es ist der Gewinnträger.	**II. Umlaufvermögen**	**II. Schulden**	**Verpflichtungskapital** mit begrenzter Überlassungsfrist • Rückzahlung • Zinsen
	↑	↑	
	Formen des Vermögens = Mittelverwendung = Investierung	Quellen des Kapitals = Mittelherkunft = Finanzierung	
	Ordnung nach Liquidität bzw. Kapitalbindungsfristen	Ordnung nach Fälligkeit bzw. Kapitalüberlassungsfristen	

Aufgaben

1 *Stellen Sie nach folgenden Angaben die Bilanz des Unternehmens Karl Monz e. K., Stuttgart zum*

2 *31. Dezember 20.. auf. Tag der Fertigstellung: 15. Januar 20..*

	1	2
	€	€
Geschäftsausstattung	6000,00	18000,00
Rohstoffe	7000,00	32000,00
Forderungen a. LL.	1800,00	5500,00
Bankguthaben	2000,00	4400,00
Kassenbestand	800,00	1600,00
Verbindlichkeiten gegenüber Banken	–	3000,00
Verbindlichkeiten a. LL.	2100,00	6400,00

3 *Der Kaufmann Hans Lewen e. K., Mainz, machte am 31. Dezember 20.. (Aufgabe 3) und am*

4 *31. Dezember des folgenden Jahres (Aufgabe 4) Inventur.*

	3	4
	€	€
Betriebs- und Geschäftsausstattung lt. Verzeichnis	8500,00	7650,00
Rohstoffe lt. Verzeichnis	19360,00	17920,00
Forderungen a. LL.		
Herbert Berg e. K., Wiesbaden	1850,00	1970,00
Fritz Maas e. K., Bingen	2370,00	–

	3	4
	€	€
Kurt Schorn e. K., Mainz	3640,00	3640,00
Hermann Feld e. K., Mainz	–	1760,00
Bankguthaben: Sparkasse Mainz	4800,00	5100,00
Postbank Frankfurt a. M.	1260,00	1130,00
Kassenbestand	750,00	810,00
Verbindlichkeiten a. LL.		
Karl Huber OHG, Stuttgart	2670,00	1720,00
Ernst Klein e. K., Berlin	3620,00	2100,00
F. Merz OHG, Frankfurt	4100,00	530,00

a) Stellen Sie Inventar und Bilanz für beide Zeitpunkte auf. Tag der Fertigstellung:
Aufgabe 3 – 15. Februar 20..
Aufgabe 4 – 28. Februar des folgenden Jahres

b) Ermitteln Sie den Erfolg durch Eigenkapitalvergleich.

5 Die Bilanz einer Unternehmung weist am Ende des Geschäftsjahres folgende Werte aus:

Anlagevermögen	4800000,00 €	Eigenkapital	5600000,00 €
Umlaufvermögen	3200000,00 €	Schulden	2400000,00 €

Berechnen Sie, wie viel Prozent der Bilanzsumme

a) das Anlagevermögen,

b) das Umlaufvermögen,

c) das Eigenkapital,

d) das Fremdkapital (Schulden)

beträgt.

6 Untersuchen Sie folgende Aussagen über die Bilanz und stellen Sie eventuelle Fehler heraus:

a) Die Aktivseite der Bilanz gibt Auskunft über die Verwendung des Kapitals.

b) Die Passivseite wird nach zunehmender Fälligkeit der Kapitalien geordnet.

c) Zum Anlagevermögen zählen beispielsweise Grundstücke, Gebäude, Fuhrpark, Forderungen a. LL., Geschäftsausstattung.

d) Das Anlagevermögen ist das Haftungskapital der Unternehmung.

e) Das Umlaufvermögen ist stärkeren Veränderungen unterworfen als das Anlagevermögen.

f) Das Eigenkapital in der Bilanz stimmt wertmäßig mit dem Reinvermögen im Inventar zum Schluss des Geschäftsjahres überein.

g) Die Bilanz ist eine Gegenüberstellung von Vermögen und Schulden in Kontenform.

h) Die Bilanz wird Jahr für Jahr zu Beginn des Geschäftsjahres aufgestellt.

7 Aus dem Inventar zum 31. Dezember von zwei aufeinander folgenden Jahren der Möbelfabrik
8 Franz Klein e. K., Siegburg, gehen nachstehende Gesamtwerte hervor.

	7	8
	€	€
Bankguthaben	570000,00	434280,00
Darlehensschulden, Restlaufzeit 4 Jahre	500000,00	720000,00
Forderungen a. LL.	900000,00	253800,00
Maschinen	150000,00	600000,00
Rohstoffe	1600000,00	1126220,00
Verbindlichkeiten a. LL.	1170000,00	1080000,00
Betriebs- und Geschäftsausstattung	60000,00	141000,00
Kasse	7000,00	42300,00
Grundstücke mit Gebäuden	1670000,00	338400,00
Hypothekenschulden, Restlaufzeit 8 Jahre	600000,00	–
Fuhrpark	700000,00	564000,00
Eigenkapital	?	1700000,00

a) *Stellen Sie eine ordnungsgemäße Bilanz zum 31. Dezember 20.. auf. Tag der Fertigstellung:*
__Aufgabe 7:__ 14. Januar 20..
__Aufgabe 8:__ 15. Februar des folgenden Jahres
b) *Berechnen Sie die Bilanzkennzahlen zur Vermögensstruktur, Kapitalstruktur, Investierung und zur Liquidität beider Jahre.*
c) *Beurteilen Sie die Entwicklung des Unternehmens im 2. Geschäftsjahr aufgrund der ermittelten Kennziffern und präsentieren Sie Ihre Ergebnisse.*

9 *Prüfen Sie die nachstehenden Aussagen über das Inventar und über die Bilanz auf ihre Richtigkeit:*
a) *Das Inventar enthält Mengen- und Wertangaben, die Bilanz dagegen nur Wertangaben.*
b) *Inventar und Bilanz eines Unternehmens können wertmäßig voneinander abweichen.*
c) *Die Bilanz ist eine kurz gefasste Gegenüberstellung von Kapitalquellen und Kapitalverwendung.*
d) *Die Bilanz eines Geschäftsjahres ergibt die Grundlage für die Buchführung des folgenden Geschäftsjahres.*
e) *Inventar und Bilanz können nur von einem leitenden Angestellten oder vom Inhaber unterschrieben werden.*

10 *Stellen Sie formale und inhaltliche Unterschiede von Inventar und Bilanz gegenüber.*

11 *Kreditgebern reicht oft die Bilanz zur Einsicht in die Vermögens- und Kapitallage aus.*
a) *Stellen Sie hierfür Gründe zusammen.*
b) *Erläutern Sie, welche Informationen die Kreditgeber der Bilanz entnehmen können.*

1.5 Geschäftsprozesse als Geschäftsfälle auf Bestandskonten buchen

1.5.1 Wertveränderungen des Vermögens und der Schulden anhand von Belegen begründen (Bilanzbewegungen)

Silvia Land ist zufrieden mit sich und mit ihrer Arbeit. Sie hat bei der Inventur mitgearbeitet, bei der Erstellung des Inventars geholfen und sogar verstanden, wie eine Bilanz aufgebaut ist und welche Erkenntnisse aus dieser zu gewinnen sind. Aber nun fragt sie sich, was genau es mit all den Rechnungen, Kontenauszügen und sonstigen Belegen auf sich hat, die sich auf den Schreibtischen von Frau König stapeln. Dass sie „gebucht werden müssen“, hat sie mittlerweile mitbekommen, aber welche Auswirkungen haben diese Buchungen eigentlich auf die Bilanz?

Das können Sie sich anhand der Bilanz zum Ende des letzten Geschäftsjahres und aufgrund folgender vier Belege klarmachen.

Aktiva	Bilanz der Bürodesign GmbH zum Anfang des Geschäftsjahres		Passiva
I. Anlagevermögen		I. Eigenkapital	998750,00
1. Grundstücke; Gebäude	300000,00	II. Fremdkapital	
2. Maschinen	200000,00	1. Verbindlichkeiten gegenüber Kreditinstituten	66500,00
3. Werkzeuge	17500,00	2. Verbindlichkeiten a. LL.	100000,00
4. Fuhrpark	160000,00	3. Sonstige kurzfristige Verbindlichkeiten	34750,00
5. Geschäftsausstattung	105000,00		
II. Umlaufvermögen			
1. Roh-, Hilfs- und Betriebsstoffe	186000,00		
2. Unfertige Erzeugnisse	6500,00		
3. Fertige Erzeugnisse	14000,00		
4. Forderungen a. LL.	123000,00		
5. Bankguthaben	82000,00		
6. Kassenbestand	6000,00		
	1200000,00		1200000,00

Beleg 1

Abels, Wirtz & Co. KG

Abels, Wirtz & Co. KG, Industriestr. 124, 42653 Solingen

Bürodesign GmbH
Stolberger Straße 188
50933 Köln

Schlösser und Schlüssel für Möbel
Industriestraße 124
42653 Solingen

Tel.: 0212 72114
Fax: 0212 72119
E-Mail: info@abels-wirtz.de
Internet: www.abels-wirtz.de

RECHNUNG

Kunden-Nr.	Rechnungs-Nr.	Datum
928454	0017	04.01.20..
Bei Zahlung bitte angeben		

Artikel-Nr.	Artikelbezeichnung	Menge	Einzelpreis €	Gesamtpreis €
B542	Multifunktionsbohrer	1	20000,00	20000,00

Warenwert, netto €	Fracht €	Verpackung €	Entgelt, netto €	Gesamtbetrag €
20000,00	–	–	20000,00	20000,00

Der Rechnungsbetrag wird von Ihrem Konto bei der Sparkasse KölnBonn (IBAN: DE11 3705 0198 0085 3139 48, BIC: COLSDE33XXX) abgebucht.

Bankverbindung:
Stadtsparkasse Solingen
IBAN: DE80 3425 0000 0023 4522 34
BIC: SOLSDE33XXX

Steuer-Nr.: 128/1121/1987 **USt-IdNr.:** DE184655343

Beleg 2

Sparkasse KölnBonn

Hahnenstraße 57, 50667 Köln
0221 226-0
0221 226-400400
kontakt@sparkasse-koelnbonn.de
www.sparkasse-koelnbonn.de

Bürodesign GmbH
Stolberger Straße 188
50933 Köln

04.01.20..

Ihr Darlehensantrag vom 02.01.20..

Sehr geehrte Frau König,

gerne gewähren wir Ihnen ein Darlehen über 12000,00 € zur Tilgung einer fälligen Verbindlichkeit gegenüber dem Lieferer Furnierwerk GmbH, Grenzstr. 16, 41515 Grevenbroich.

Wir haben die entsprechende Bereitstellung durch sofortige Überweisung an Ihren Lieferer, Furnierwerk GmbH, vorgenommen.

Für die Vorfinanzierung über sechs Monate berechnen wir Ihnen 5% Zinsen p.a.

Mit freundlichen Grüßen

Sparkasse KölnBonn

Kollmann

Anlage: Vertragskopie

Beleg 3

Computec GmbH & Co. KG

Hard- und Softwarevertrieb

Computec GmbH & Co. KG, Volksparkstr. 12–20, 22525 Hamburg

Bürodesign GmbH
Stolberger Straße 188
50933 Köln

Volksparkstr. 12–20
22525 Hamburg
Tel.: 040 22446-69
Fax: 040 22446-64
info@computec.de
www.computec.de

Ihre Bestellung/Datum	Unser Zeichen	Kundennummer	Lieferdatum	Rechnungsdatum
me-ra	bu-ra	05839		04.01.20..

Rechnung Nr. 00025

Artikel-Nr.	Artikel-bezeichnung	Menge in St.	Einzelpreis €	Gesamtpreis €
AL-1633	Digitalkopierer	4	1000,00	4000,00

Warenwert	Fracht	Verpackung	Nettoentgelt	Bruttoentgelt
4000,00	–	–	4000,00	4000,00

Bankverbindung
Postbank Hamburg
IBAN: DE04 2001 0020 0671 1908 70 **BIC:** BPNKDEFF200

Zahlung: innerhalb von 30 Tagen rein netto

Steuer-Nr.: 02/645/10226 USt-IdNr.: DE775539480

Beleg 4

SEPA-Girokonto	IBAN: DE11 3705 0198 0085 3139 48 BIC: COLSDE33XXX	**Kontoauszug**	**4**
Sparkasse KölnBonn	UST-ID DE110260423	**Blatt**	**1**

Datum	Erläuterungen		Betrag
Kontostand in € am 04.01.20.., Auszug Nr. 3			68 239,29 +
04.01.	Überweisung COMPUTEC GMBH & CO. KG, HAMBURG KD-NR 05839	Wert: 04.01.20.. RG-NR. 00025, V. 04.01.20..	4 000,00 –
04.01.	Lastschrift ABELS & WIRTZ & CO. KG, SOLINGEN KD-NR 928454	Wert: 05.01.20.. RG-NR. 0017, V. 04.01.20..	20 000,00 –
Kontostand in € am 05.01.20.., 10:30 Uhr			44 239,29 +
Ihr Dispositionskredit 200 000,00 €			
			Bürodesign GmbH

Arbeitsauftrag

– ***Erläutern Sie die Informationen, die aus den einzelnen Belegen hervorgehen und die Auswirkungen der einzelnen Geschäftsfälle auf die Bilanz.***

Doppelte Buchführung – doppelte Kontrolle

Aus den Belegen gehen unentbehrliche Angaben für die Buchungen hervor: Zeitpunkt, Art, Ursache und Höhe der Wertveränderungen. Die Buchhaltung muss alle in den Belegen verbrieften Vermögens- und Kapitaländerungen lückenlos und zeitnah erfassen. Umgekehrt sind die Belege lückenlos und geordnet zum Nachweis der ordnungsgemäßen Buchführung aufzubewahren.

Aus der Buchführung können dann zu jeder Zeit während des Geschäftsjahres die **Buchbestände (Soll-Bestände)** an Vermögen und Kapital abgerufen werden. Ob diese Soll-Bestände wirklich vorhanden sind, wird Jahr für Jahr über die Inventur festgestellt.

Das Besondere an der **doppelten Buchführung** ist die **doppelte Kontrolle der Bestände** und der alljährliche **Abgleich** der **Soll-** und **Ist-Bestände**.

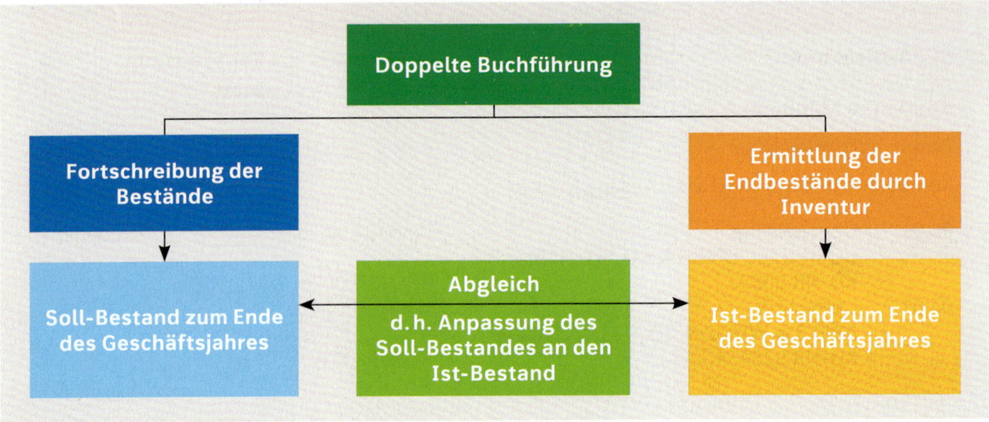

Geschäftsfälle und Belege

Durch **Geschäftsprozesse** eines Unternehmens werden dessen Vermögen und Schulden fortlaufend verändert. Alle Geschäftsprozesse, die zu einer Änderung einzelner Vermögensteile und/oder der Kapitalstruktur führen, werden in der Buchführungssprache als **Geschäftsfälle**[1] bezeichnet. Geschäftsfälle werden immer durch **Belege** dokumentiert.

Beispiele *lt. Handlungssituation von S. 108ff.*

- ***Beispiel 1:***
  ER: *Einkauf eines Multifunktionsbohrers für 20000,00 € gegen Zahlung per Abbuchung vom Bankkonto*
- ***Beispiel 2:***
  Darlehensvertrag: *Die Hausbank, die Sparkasse KölnBonn, bewilligt der Bürodesign GmbH ein Darlehen über 12000,00 € für den Ausgleich einer fälligen Liefererrechnung.*
- ***Beispiel 3:***
  ER: *Kauf von vier Digitalkopierern auf Ziel: 4000,00 €*
- ***Beispiel 4:***
  Bankkontoauszug:
  Pos. 5420: Ausgleich der Liefererrechnung Computec GmbH & Co. KG (Fall 3)
  Pos. 8190: Abbuchung vom Bankkonto – Ausgleich der Liefererrechnung Abels, Wirtz & Co. KG (Fall 1)

Auswirkung der Geschäftsfälle auf die Bilanz: Bilanzveränderungen

Die Bilanz ist eine Aufstellung des Vermögens und der Schulden zu einem bestimmten Zeitpunkt. Durch die Geschäftstätigkeit werden die Vermögens- und Kapitalbestände aber laufend verändert. Damit ändern sich die Bestände einzelner Positionen. Alle Änderungen werden durch Belege **angezeigt** und nachgewiesen.

Ein wichtiger Grundsatz der Buchführung lautet:

Keine Buchung ohne Beleg

Folgende vier **strukturell unterschiedliche Wertbewegungen** in der Bilanz sind zu unterscheiden:

---

[1] *Im HGB (§ 238ff.) wird die Bezeichnung* ***Geschäftsvorfall*** *benutzt.*

Aktivtausch

Der Geschäftsfall betrifft nur die Aktivseite der Bilanz. Die Bilanzsumme bleibt unverändert. Es werden flüssige Mittel in weniger liquide umgewandelt oder umgekehrt (Aktivtausch).

Beispiel Beleg 1: Eingangsrechnung
Einkauf eines Multifunktionsbohrers gegen Abbuchung vom Bankkonto *20000,00 €*

Maschinen *+ 20000,00 €*
Bankguthaben *– 20000,00 €*[1]

Aktiva	Bilanz der Bürodesign GmbH		Passiva
I. Anlagevermögen		**I. Eigenkapital**	998750,00
1. Grundstücke; Gebäude	300000,00	**II. Fremdkapital**	
2. Maschinen	220000,00	1. Verbindlichkeiten gegenüber Kreditinstituten	66500,00
3. Werkzeuge	17500,00	2. Verbindlichkeiten a. LL.	100000,00
4. Fuhrpark	160000,00	3. Sonstige kurzfristige Verbindlichkeiten	34750,00
5. Geschäftsausstattung	105000,00		
II. Umlaufvermögen			
1. Roh-, Hilfs- und Betriebsstoffe	186000,00		
2. Unfertige Erzeugnisse	6500,00		
3 Fertige Erzeugnisse	14000,00		
4. Forderungen a. LL.	123000,00		
5. Bankguthaben	62000,00		
6. Kassenbestand	6000,00		
	1200000,00		1200000,00

Passivtausch

Der Geschäftsfall betrifft nur die Passivseite der Bilanz. Die Bilanzsumme bleibt unverändert. Inhaltlich werden kurzfristige in längerfristige Verbindlichkeiten umgewandelt (Passivtausch).

Beispiel Beleg 2: Vertragskopie
Eine kurzfristige Verbindlichkeit a. LL. wird in eine längerfristige Verbindlichkeit gegenüber Kreditinstituten umgewandelt *12000,00 €*

Verbindlichkeiten a. LL. *– 12000,00 €*
Verbindlichkeiten gegenüber Kreditinstituten (Darlehensschulden) *+ 12000,00 €*

Aktiva	Bilanz der Bürodesign GmbH		Passiva
I. Anlagevermögen		**I. Eigenkapital**	998750,00
1. Grundstücke; Gebäude	300000,00	**II. Fremdkapital**	
2. Maschinen	220000,00	1. Verbindlichkeiten gegenüber Kreditinstituten	78500,00
3. Werkzeuge	17500,00	2. Verbindlichkeiten a. LL.	88000,00
4. Fuhrpark	160000,00	3. Sonstige kurzfristige Verbindlichkeiten	34750,00
5. Geschäftsausstattung	105000,00		
II. Umlaufvermögen			
1. Roh-, Hilfs- und Betriebsstoffe	186000,00		
2. Unfertige Erzeugnisse	6500,00		
3 Fertige Erzeugnisse	14000,00		
4. Forderungen a. LL.	123000,00		
5. Bankguthaben	62000,00		
6. Kassenbestand	6000,00		
	1200000,00		1200000,00

[1] *Der Beleg für diese Abbuchung ist der Bankkontoauszug (BA) von S. 111.*

■ Aktiv-Passiv-Mehrung (Bilanzverlängerung)

Der Geschäftsfall betrifft Aktiv- und Passivseite der Bilanz. Ein Posten der Aktiv- und ein Posten der Passivseite vermehren sich um den gleichen Betrag. Die Bilanzsummen nehmen um den gleichen Betrag zu. Die Bilanzgleichung bleibt erhalten. Inhaltlich zeigt die Passivseite eine Mehrung eines Kapitalpostens und die Herkunft dieses Kapitals an. Die Veränderung auf der Aktivseite zeigt die Verwendung des neuen Kapitals auf der Passivseite an.

Beispiel* *Beleg 3: ER *– Kauf von vier Digitalkopierern auf Ziel* *4000,00 €*

Geschäftsausstattung *+ 4000,00 €*
Verbindlichkeiten a. LL. *+ 4000,00 €*

Aktiva — Bilanz der Bürodesign GmbH — Passiva

Aktiva		Passiva	
I. Anlagevermögen		**I. Eigenkapital**	998750,00
1. Grundstücke; Gebäude	300000,00	**II. Fremdkapital**	
2. Maschinen	220000,00	1. Verbindlichkeiten gegenüber Kreditinstituten	78500,00
3. Werkzeuge	17500,00	2. Verbindlichkeiten a. LL.	92000,00
4. Fuhrpark	160000,00	3. Sonstige kurzfristige Verbindlichkeiten	34750,00
5. Geschäftsausstattung	109000,00		
II. Umlaufvermögen			
1. Roh-, Hilfs- und Betriebsstoffe	186000,00		
2. Unfertige Erzeugnisse	6500,00		
3 Fertige Erzeugnisse	14000,00		
4. Forderungen a. LL.	123000,00		
5. Bankguthaben	62000,00		
6. Kassenbestand	6000,00		
	1204000,00		1204000,00

■ Aktiv-Passiv-Minderung (Bilanzverkürzung)

Ein Posten der Aktivseite und ein Posten der Passivseite werden um den gleichen Betrag vermindert. Die Bilanzsummen verringern sich um den gleichen Betrag. Die Bilanzgleichung bleibt erhalten. Inhaltlich wurde befristet überlassenes Kapital zurückgezahlt. Die Änderung auf der Passivseite zeigt, welches Kapital zurückgezahlt wurde, die Änderung auf der Aktivseite zeigt, mit welchen Mitteln die Tilgung erfolgte.

Beispiel* *Beleg 4: BA *Ausgleich einer Liefererrechnung (Fall 3) durch Banküberweisung* *4000,00 €*

Verbindlichkeiten a. LL. *– 4000,00 €*
Bankguthaben *– 4000,00 €*

Aktiva — Bilanz der Bürodesign GmbH — Passiva

Aktiva		Passiva	
I. Anlagevermögen		**I. Eigenkapital**	998750,00
1. Grundstücke; Gebäude	300000,00	**II. Fremdkapital**	
2. Maschinen	220000,00	1. Verbindlichkeiten gegenüber Kreditinstituten	78500,00
3. Werkzeuge	17500,00	2. Verbindlichkeiten a. LL.	88000,00
4. Fuhrpark	160000,00	3. Sonstige kurzfristige Verbindlichkeiten	34750,00
5. Geschäftsausstattung	109000,00		
II. Umlaufvermögen			
1. Roh-, Hilfs- und Betriebsstoffe	186000,00		
2. Unfertige Erzeugnisse	6500,00		
3 Fertige Erzeugnisse	14000,00		
4. Forderungen a. LL.	123000,00		
5. Bankguthaben	58000,00		
6. Kassenbestand	6000,00		
	1200000,00		1200000,00

Beantworten Sie bei jedem Geschäftsfall zunächst die folgenden vier Fragen:

1. ***Welche Bilanzpositionen werden berührt?***
2. ***Handelt es sich um Positionen auf der Aktiv- oder auf der Passivseite der Bilanz?***
3. ***Werden diese Positionen durch den Geschäftsfall größer oder kleiner?***
4. ***Um welche der vier Arten der Bilanzänderung handelt es sich demnach?***

Alle Belege enthalten wichtige Informationen, die für die weitere buchhalterische Erfassung von zentraler Bedeutung sind (u. a. Zeitpunkt, Art, Ursache und Höhe der Veränderung). Aufgabe der Buchhaltung ist es, alle durch Geschäftsfälle ausgelösten Vermögens- und Kapitaländerungen lückenlos und zeitnah zu erfassen. Nur mithilfe von Belegen kann letztendlich die korrekte und somit ordnungsmäßige Buchführung nachgewiesen werden. Deshalb sind alle Belege lückenlos und geordnet aufzubewahren.

Zusammenfassung: Wertveränderungen des Vermögens und der Schulden anhand von Belegen begründen (Bilanzbewegungen)

- Alle Geschäftsfälle werden durch **Belege** abgebildet und in der Buchhaltung festgehalten. Daraus ergibt sich ein zentraler Grundsatz der Buchführung: **Keine Buchung ohne Beleg!**
- Damit der Kaufmann jederzeit einen **Überblick** über seinen Vermögens- und Schuldenstand erhält, müssen alle Belege lückenlos in der Buchhaltung erfasst werden. **Geschäftsfälle** in einem Unternehmen verändern die Bestände an Vermögen (Anlage- und Umlaufvermögen) und Kapital (Eigenkapital und Schulden). Diese Bestände stehen in der **Bilanz** auf der Aktiv- und Passivseite.
- Jeder Geschäftsfall hat Auswirkungen auf mindestens **zwei Positionen** der Bilanz.
- Nach der strukturellen Auswirkung sind vier **Arten der Bilanzveränderungen** zu unterscheiden:

Arten der Bilanzveränderungen

Aktivtausch	Passivtausch	Aktiv-Passiv-Mehrung	Aktiv-Passiv-Minderung
• Umschichtung auf der Aktivseite der Bilanz • Liquide Mittel werden in weniger liquide umgewandelt oder umgekehrt.	• Umschichtung auf der Passivseite der Bilanz • Kurzfristige Kapitalien werden in langfristige umgewandelt oder umgekehrt.	• Der Unternehmung wird neues Kapital zugeführt (Passivmehrung). • Seine Verwendung wird auf der Aktivseite sichtbar (Aktivmehrung).	• Es wird von der Unternehmung Kapital zurückgezahlt (Passivminderung). • Hierfür verwendete Mittel zeigt die Aktivseite (Aktivminderung).

Aufgaben

1 Bestände lt. Inventur:

	€		€
Maschinen	400000,00	Kasse	15000,00
Geschäftsausstattung	100000,00	Eigenkapital	450000,00
Forderungen a. LL.	35000,00	Darlehensschuld	210000,00
Bank	200000,00	Verbindlichkeiten a. LL.	90000,00

Geschäftsfälle:	€
1. **Quittungsdurchschlag:** Kunde bezahlte fällige Ausgangsrechnung bar	2000,00
2. **Bankauszug:** Kauf einer Werkzeugmaschine für die Fertigung	50000,00
3. **Vertragskopie:** Lieferer stundet Rechnungsbetrag auf sechs Jahre	20000,00
4. **Ausgangsrechnung:** Zielverkauf eines gebrauchten Großrechners	5000,00
5. **Bankauszug:** Überweisung der Tilgungsrate für unser Darlehen	10000,00

Stellen Sie bei jedem Geschäftsfall die Auswirkungen auf die Bilanz fest. Kennzeichnen Sie die Wertveränderungen mit dem zutreffenden Begriff und erstellen Sie nach jedem Geschäftsfall die veränderte Bilanz.

2 Bestände lt. Inventur:

	€		€
Grundstück mit Gebäude	300000,00	Kasse	10000,00
Fuhrpark	50000,00	Eigenkapital	180000,00
Forderungen a. LL.	38000,00	Darlehensschulden	30000,00
Bank	62000,00	Verbindlichkeiten a. LL.	250000,00

Geschäftsfälle:	€
1. **Bankauszug,** Kaufvertrag: Grundstückskauf mit Banküberweisung	10000,00
2. **Bankauszug:** Bareinzahlung auf das Bankkonto	1000,00
3. **Bankauszug:** Banküberweisung einer fälligen Liefererrechnung	20000,00
4. **Eingangsrechnung:** Zielkauf eines Pkw	30000,00
5. **Bankauszug:** Kunde zahlt fällige AR mit Banküberweisung	8000,00

Stellen Sie bei jedem Geschäftsfall die Auswirkungen auf die Bilanz fest. Kennzeichnen Sie die Wertveränderungen mit dem zutreffenden Begriff und erstellen Sie nach jedem Geschäftsfall die veränderte Bilanz.

3 *Beantworten Sie zu den Geschäftsfällen folgende Fragen:*
a) Welche Posten der Bilanz werden berührt?
b) Handelt es sich um Posten der Aktiv- oder Passivseite der Bilanz?
c) Wie wirkt sich der Geschäftsfall auf die Posten aus?
d) Um welche der vier Bilanzveränderungen handelt es sich?

Geschäftsfälle:	€
1. **Eingangsrechnung/Bankauszug:** Kauf einer Telefonanlage mit Girocard	1000,00
2. **Vertragskopie:** Umwandlung einer Verbindlichkeit in ein Darlehen	6000,00
3. **Eingangsrechnung:** Zielkauf eines Gabelstaplers für das Lager	15000,00
4. **Quittungsdurchschlag:** Kunde bezahlte fällige Ausgangsrechnung bar	2000,00
5. **Bankauszug:** Barabhebung vom Bankkonto	5000,00
6. **Ausgangsrechnung/Quittung:** Barverkauf gebrauchter Büromöbel	3000,00
7. **Bankauszug:** Tilgungsrate für unsere Darlehensschuld	10000,00
8. **Bankauszug:** Ausgleich einer Liefererrechnung durch Banküberweisung	20000,00
9. **Bankauszug:** Bareinzahlung auf das Bankkonto	8000,00
10. **Eingangsrechnung:** Einkauf einer Bohrmaschine für die Fertigung auf Ziel	12000,00

4 *Untersuchen Sie, welche der unten stehenden Auswirkungen durch die Geschäftsfälle 1 bis 4 hervorgerufen werden:*

Geschäftsfälle:	*€*
*1. **Eingangsrechnung/Bankauszug:***	
Kauf von zwei Personalcomputern gegen Banküberweisung	*6000,00*
*2. **Bankauszug:** Tilgungsrate einer Darlehensschuld*	*5000,00*
*3. **Bankauszug:** Ein Kunde begleicht eine fällige Rechnung*	*9200,00*
*4. **Eingangsrechnung:** Zielkauf eines Lkw*	*85000,00*

Auswirkungen:

a) Der Unternehmung wird neues Fremdkapital zugeführt.
b) Dieser Geschäftsfall ruft einen Aktivtausch hervor.
c) Die Bilanzsumme wird vergrößert.
d) Er ruft eine Aktiv-Passiv-Minderung hervor.
e) Die Bilanzsumme wird verkleinert.
f) Es handelt sich um eine Aktiv-Passiv-Mehrung.
g) Schulden der Unternehmung werden getilgt.
h) Es findet ein Tausch innerhalb des Umlaufvermögens statt.

5 *a) Listen Sie sämtliche Informationen auf, die Sie den drei folgenden Belegen entnehmen.*
b) Beschreiben Sie jeweils, welcher Geschäftsprozess zugrunde liegt.
c) Erläutern Sie, wie Vermögen und Kapital der Bürodesign GmbH durch den Geschäftsprozess jeweils verändert werden.
d) Benennen Sie die Bilanzpositionen, die durch die Geschäftsfälle verändert werden.
e) Richten Sie für die genannten Positionen Bestandskonten ein und stellen Sie auf diesen die Veränderungen aufgrund der Belege dar.

Metallwerke Bauer & Söhne OHG

Metallwerke Bauer & Söhne OHG, Baststr. 188, 44265 Dortmund

Bürodesign GmbH
Stolberger Straße 188
50933 Köln

Baststraße 188
44265 Dortmund
0231 6683550
0231 668357
info@metallwerke.de
www.metallwerke.de

RECHNUNG

Kunden-Nr.	Rechnungs-Nr.	Datum
2836	2453	15.03.20..
Bei Zahlung bitte angeben		

Artikel-Nr.	Artikelbezeichnung	Menge	Einzelpreis	Gesamtpreis
278	Rohrprofile Stahl verchromt	5000	8,80	44000,00

Zahlbar innerhalb von 60 Tagen netto

Bankverbindung
Postbank Dortmund
IBAN: DE86440100460324066506 **BIC:** PBNKDEFF440

Steuernummer: 315/8679/0122 USt-IdNr.: DE956434222

Maschinenbau Kruppi GmbH

Kruppi GmbH, Baustr. 11, 45359 Essen

Bürodesign GmbH
Stolberger Straße 188
50933 Köln

Kruppi GmbH
Maschinenbau
Baustr. 11
45359 Essen
Tel.: 0201 163623
Fax: 0201 163624
info@kruppi-maschinenbau.de
www.kruppi-maschinenbau.de

RECHNUNG

Kunden-Nr.	Rechnungs-Nr.	Datum
1576	33465	15.04.20..
Bei Zahlung bitte angeben		

Artikel-Nr.	Artikelbezeichnung	Menge	Einzelpreis	Gesamtpreis
48	Rohrbiegeautomat	1	285000,00	285000,00

Zahlbar innerhalb von 30 Tagen netto

Bankverbindung
Deutsche Bank Essen
IBAN: DE47360700500002653810 **BIC:** DEUTDEDEXXX

Steuernummer: 110/6452/6655 USt-IdNr.: DE345456654

SEPA-Girokonto	IBAN: DE11 3705 0198 0085 3139 48	**Kontoauszug**	**98**
Sparkasse KölnBonn	BIC: COLSDE33XXX UST-ID DE110260423	**Blatt**	**1**

Datum	Erläuterungen		Betrag
Kontostand in € am 13.05.20.., Auszug Nr. 97			485 498,00 +
15.05.	Überweisung METALLWEKE BAUER & SÖHNE OHG, DORTMUND, KD-NR 2836	Wert: 15.05.20.. RG-NR. 2453, V. 15.03.20..	44 000,00 –
15.05.	Überweisung MASCHINENBAU KRUPPI GMBH, ESSEN KD-NR 1576	Wert: 15.05.20.. RG-NR. 33465, V. 15.04.20..	285 000,00 –
15.05.	Überweisung BÜROMÖBEL GMBH EUROPA, BREMEN KD-NR 2400	Wert: 15.05.20.. RG-NR. 10283, V. 15.04.20..	35 000,00 +
Kontostand in € am 16.05.20.., 10:30 Uhr			191 498,00 +
Ihr Dispositionskredit 200 000,00 €			
			Bürodesign GmbH

6 *Erläutern Sie, welche Bilanzveränderungen folgende Geschäftsfälle hervorrufen:*

	€
1. Barabhebung vom Bankkonto für die Geschäftskasse	*1 500,00*
2. Ausgleich einer Liefererrechnung durch Banküberweisung	*92 000,00*
3. Aufnahme eines Darlehens, das auf dem Bankkonto gutgeschrieben wird	*70 000,00*
4. Ein Kunde begleicht eine fällige Rechnung durch Banküberweisung	*5 750,00*
5. Barkauf eines Lagerregals	*1 250,00*
6. Ein Lieferer stundet einen Rechnungsbetrag auf fünf Jahre	*50 000,00*
7. Verkauf eines gebrauchten Lkw gegen Abbuchung vom Bankkonto	*4 500,00*
8. Einkauf eines Gabelstaplers auf Ziel	*17 200,00*

7 ***Bestände lt. Inventur:***

	€		€
Grundstück mit Gebäude	*800 000,00*	*Kasse*	*10 000,00*
Fuhrpark	*250 000,00*	*Eigenkapital*	*852 000,00*
Forderungen a. LL.	*138 000,00*	*Darlehensschuld*	*230 000,00*
Bankguthaben	*142 000,00*	*Verbindlichkeiten a. LL.*	*258 000,00*

Geschäftsfälle:

	€
*1. **Bankauszug, Kaufvertrag:** Grundstückskauf gegen Banküberweisung*	*10 000,00*
*2. **Bankauszug:** Bareinzahlung auf das Bankkonto*	*8 000,00*
*3. **Bankauszug: Banküberweisung:** Ausgleich einer fälligen Liefererrechnung*	*20 000,00*
*4. **Eingangsrechnung:** Zielkauf eines Pkw*	*30 000,00*
*5. **Bankauszug:** Kunde bezahlt fällige AR mit Banküberweisung*	*8 000,00*

a) Stellen Sie bei jedem Geschäftsfall die Auswirkungen auf die Bilanz fest.
b) Kennzeichnen Sie die Wertveränderungen mit dem zutreffenden Begriff.
c) Erstellen Sie nach jedem Geschäftsfall die veränderte Bilanz.

1.5.2 Die Bilanz zur Erfassung der Wertveränderungen in Bestandskonten auflösen

→LS

Nach einigen Schwierigkeiten und vielen Übungen hat Silvia Land verstanden, wie sich die Geschäftsfälle auf einzelne Bilanzpositionen auswirken. *„Aber es ist doch verrückt, nach jedem Geschäftsfall eine neue Bilanz zu erstellen – und überhaupt – die macht man doch sowieso nur einmal im Jahr, habe ich festgestellt."* Frau König lächelt anerkennend. *„Sehr gut Frau Land, Sie haben mit beiden Einwänden recht. Die Übungen mit der Bilanz soll Ihnen nur das grundsätzliche Verstehen und Begründen erleichtern. Jetzt gehen wir einen Schritt weiter und Sie lernen, wie man auf Konten bucht, nachdem Sie die Veränderung der Bilanzpositionen begründet haben, statt jeweils nach jedem Geschäftsfall eine neue Bilanz zu erstellen."*

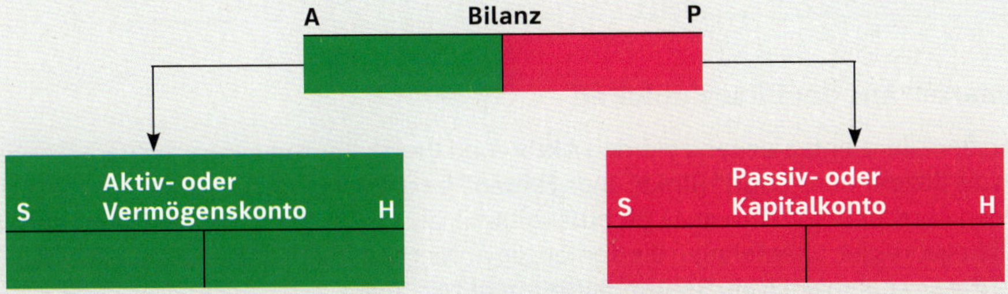

Arbeitsauftrag

- ***Begründen Sie die buchhalterische Erfassung der Wertveränderungen der Bilanz auf den Konten.***

■ Auflösung der Bilanz in Konten

Konten und deren Aufbau

Das Konto (ital. conto = Rechnung) ist eine zweiseitige Rechnung in T- oder Reihenform (vgl. S. 135 f.) zur getrennten und übersichtlichen Aufzeichnung von Geschäftsfällen mit gegensätzlicher Wirkung. Das Führen eines Kontos, d. h. das Eintragen der Veränderungen, nennt man „buchen".

Formal können diese entweder in **T-Kontenform** oder in **Reihenform** dargestellt werden. Für Schulbücher hat sich die Darstellung in der T-Kontenform durchgesetzt, weil diese übersichtlich ist und das Üben und Darstellen erleichtert. Finanzbuchführungsprogramme hingegen stellen die Konten immer in Reihenform dar.

Beispiel 1 *Buchung der Bareinnahmen und Barausgaben auf dem Kassenkonto in T-Form:*

Einnahmen	Kasse		Ausgaben
Anfangsbestand	860,00	04.01. Mietzahlung	460,00
03.01. Zahlung vom Kunden Klaus Oswald e. K.	1 250,00	05.01. Zahlung an Lieferer Furnierwerk GmbH	780,00
07.01. Bareinzahlung	900,00	31.01. Gehaltszahlung	850,00
		Endbestand (= Saldo)	920,00
	3010,00		3010,00

Beispiel 2 *Buchung der Bareinnahmen und -ausgaben im Konto mit Reihenform:*

Kassenkonto			
Datum	**Text**	**Soll**	**Haben**
23.06.	Anfangsbestand (Saldovortrag)	860,00	
25.06.	Zahlung vom Kunden Klaus Oswald e. K.	1 250,00	
28.06.	Mietzahlung		460,00
28.06.	Zahlung an Lieferer Furnierwerk GmbH		780,00
29.06.	Bareinzahlung	900,00	
30.06.	Gehaltszahlung		850,00
30.06.	Saldo (Endbestand)		920,00
		3010,00	3010,00
01.07.	Saldovortrag	920,00	

Kontenarten aus der Bilanz ableiten

Den Seiten der Bilanz entsprechend werden **Aktiv-** und **Passivkonten** unterschieden. Ihre Seiten tragen die Bezeichnung **„Soll" (links)** und **„Haben" (rechts)**. Aus der Bilanz vom Schluss des vergangenen Abrechnungszeitraumes **(Schlussbilanz)**, die identisch mit der **Eröffnungsbilanz** des Geschäftsjahres ist, übernehmen die Konten die Anfangsbestände (AB). Deshalb werden die Aktiv- und Passivkonten auch als **Bestandskonten** bezeichnet.

Einrichtung der Bestandskonten

Die Einrichtung der Bestandskonten erfolgt nach festen Regeln:

Regeln *zur Einrichtung von* Bestandskonten:
1. ***Jedes Konto wird immer durch einen* Kontennamen *bezeichnet.***
2. ***Jedes Konto hat* zwei Spalten. *Die linke Spalte wird mit* Soll *und die rechte mit* Haben *bezeichnet.***
3. ***Zum* Beginn eines Jahres *werden die Bestandskonten eröffnet. Aus der Bilanz zum Schluss des Vorjahres werden die Bestände als* Anfangsbestände *(AB) in die Konten übernommen.***
4. ***Die* Anfangsbestände *der* Aktivkonten *stehen im* Soll *und die der* Passivkonten *im* Haben, *also immer auf der Seite, auf der sie auch in der Bilanz stehen.***

Bestandskonten

Aktivkonten

Die **Aktivkonten** werden durch Auflösung der Aktiv- oder Vermögensseite der Bilanz abgeleitet. Bei ihnen wird der **Anfangsbestand auf der Soll-Seite** gebucht, weil er in der Bilanz auch auf der linken Seite steht.

Konten für Vermögenspositionen
(Anlage- und Umlaufvermögen)
Aktivseite der Bilanz

Passivkonten

Die **Passivkonten** werden aus der Passiv- oder Kapitalseite der Bilanz abgeleitet. Bei ihnen wird der **Anfangsbestand auf der Haben-Seite** gebucht, weil er in der Bilanz auf der rechten Seite steht.

Konten für Kapitalpositionen
(Eigenkapital und Schulden)
Passivseite der Bilanz

Aktiva — Bilanz der Bürodesign GmbH zu Beginn des Geschäftsjahres — Passiva

Aktiva		Passiva	
I. Anlagevermögen		I. Eigenkapital	998750,00
1. Grundstücke und Gebäude	300000,00	II. Fremdkapital	
2. Maschinen	200000,00	1. Verbindlichkeiten gegenüber über Kreditinstituten	66500,00
3. Werkzeuge	17500,00	2. Verbindlichkeiten a. LL.	100000,00
4. Fuhrpark	160000,00	3. Sonstige kurzfristige Verbindlichkeiten	34750,00
5. Geschäftsausstattung	105000,00		
II. Umlaufvermögen			
1. Roh-, Hilfs- und Betriebsstoffe	186000,00		
2. Unfertige Erzeugnisse	6500,00		
3. Fertige Erzeugnisse	14000,00		
4. Forderungen a. LL.	123000,00		
5. Bankguthaben	82000,00		
6. Kassenbestand	6000,00		
	1200000,00		1200000,00

Aktivkonten

Soll	Grundstücke und Gebäude	Haben
AB	300000,00	

Soll	Maschinen	Haben
AB	200000,00	

Soll	Werkzeuge	Haben
AB	17500,00	

Soll	Fuhrpark	Haben
AB	160000,00	

Soll	Geschäftsausstattung	Haben
AB	105000,00	

Soll	Roh-, Hilfs- und Betriebsstoffe	Haben
AB	186000,00	

Soll	Unfertige Erzeugnisse	Haben
AB	6500,00	

Soll	Fertige Erzeugnisse	Haben
AB	14000,00	

Soll	Forderungen a. LL.	Haben
AB	123000,00	

Soll	Bankguthaben	Haben
AB	82000,00	

Soll	Kassenbestand	Haben
AB	6000,00	

Passivkonten

Soll	Eigenkapital	Haben
	AB	998750,00

Soll	Verb. geg. Kreditinstituten	Haben
	AB	66500,00

Soll	Verbindlichkeiten a. LL.	Haben
	AB	100000,00

Soll	Sonstige kurzfr. Verbindlichkeiten	Haben
	AB	34750,00

Buchung der Bilanzveränderungen auf Bestandskonten

Jeder Geschäftsfall ruft Veränderungen auf mindestens zwei Konten hervor.

Vor jeder Buchung sind folgende Überlegungen (lt. Merksatz von S. 115) anzustellen:

- Welche **Konten** werden berührt?
- Um welche **Kontenart** handelt es sich?
- Wie **wirkt** sich der Geschäftsfall **auf den Bestand** der Konten aus?
- Auf welcher **Kontenseite** wird gebucht?

Es muss genau überlegt werden, ob es sich um ein Aktiv- oder ein Passivkonto handelt, da auf beiden Kontenarten unterschiedlich gebucht wird.

- ***Bei Aktivkonten werden Mehrungen zum Anfangsbestand auf der Soll-Seite, Minderungen auf der Haben-Seite gebucht.***
- ***Bei Passivkonten ist es folglich umgekehrt: Mehrungen stehen auf der Haben-Seite unter dem Anfangsbestand, Minderungen auf der Soll-Seite.***

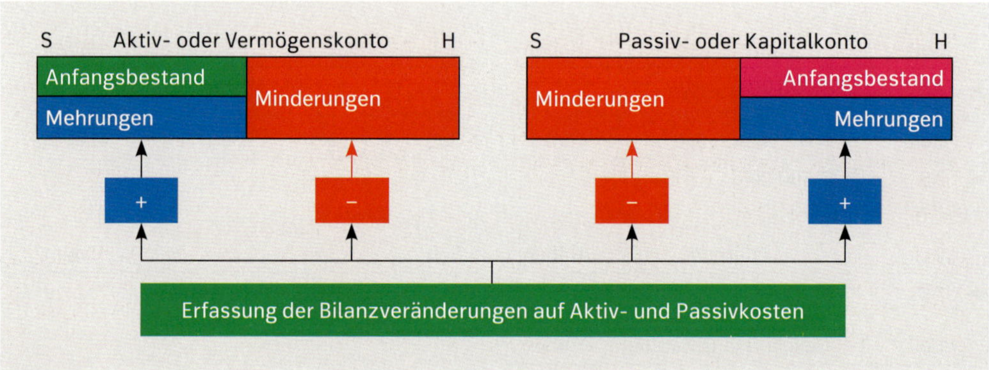

Beispiel 1 ER: *Einkauf von einem Multifunktionsbohrer gegen Zahlung per Abbuchung vom Bankkonto .... 20000,00 €*

Auswirkung	Buchung
Mehrung der Maschinen	Maschinen (Aktivkonto) Soll 20000,00
Minderung des Bankguthabens	Bankguthaben (Aktivkonto) Haben 20000,00

Beispiel 2 Darlehensvertrag: *Umwandlung einer Verbindlichkeit a. LL. in eine Darlehensschuld .... 12000,00 €*

Auswirkung	Buchung
Minderung der Verbindlichkeiten a. LL.	Verbindlichkeiten a. LL. (Passivkonto) Soll 12000,00
Mehrung der Verbindlichkeiten gegenüber Kreditinstituten	Verbindlichkeiten gegenüber Kreditinstituten (Passivkonto) Haben.............. 12000,00

Beispiel 3 ER: *Zieleinkauf von vier Digitalkopierern .... 4000,00 €*

Auswirkung	Buchung
Mehrung der Betriebs- und Geschäftsausstattung	Mehrung der Betriebs- und Geschäftsausstattung (Aktivkonto) Soll.................. 4000,00
Mehrung der Verbindlichkeiten a. LL.	Verbindlichkeiten a. LL. (Passivkonto) Haben.............. 4000,00

Beispiel 4 Bankkontoauszug: *Pos. 5420, Ausgleich einer Liefererrechnung (Fall 3). . 4000,00 €*

Auswirkung	Buchung
Minderung der Verbindlichkeiten a. LL.	Verbindlichkeiten a. LL. (Passivkonto) Soll 4000,00
Minderung des Bankguthabens	Bankguthaben (Aktivkonto) Haben 4000,00

Damit die Ursachen der Veränderung der Anfangsbestände erkennbar sind, wird bei der Buchung in den Konten vor die Beträge das **Gegenkonto geschrieben**.

Beispiel *Aus dem Konto „Maschinen" (Beleg 1) geht durch Angabe des Gegenkontos „Bankguthaben" hervor, dass per Bank bezahlt wurde. Auf dem Konto „Bankguthaben" wird durch die Angabe des Gegenkontos „Maschinen" erkennbar, wofür die Ausgabe entstand.*

Beispiel *(siehe Beispiel von S. 121)*

Aktiva — Bilanz der Bürodesign GmbH — Passiva

Aktiva		Passiva	
I. Anlagevermögen		**I. Eigenkapital**	998750,00,00
1. Grundstücke und Gebäude	300000,00	**II. Fremdkapital**	
2. Maschinen	200000,00	1. langfristige Schulden	
3. Werkzeuge	17500,00	Verbindlichkeiten gegenüber	
4. Fuhrpark	160000,00	Kreditinstituten	66500,00
5. Geschäftsausstattung	105000,00	2. kurzfristige Schulden	
II. Umlaufvermögen		Verbindlichkeiten a. LL.	100000,00
1. Roh-, Hilfs- und Betriebsstoffe	186000,00	Sonstige Verbindlichkeiten	34750,00
2. Unfertige Erzeugnisse	6500,00		
3. Fertige Erzeugnisse	14000,00		
4. Forderungen a. LL.	123000,00		
5. Bankguthaben	82000,00		
6. Kassenbestand	6000,00		
	1200000,00		1200000,00

S	Grundstücke und Gebäude	H
AB	300000,00	

S	Eigenkapital	H
	AB	998750,00

S Maschinen H

S		H	
AB	200000,00		
(1) BA	20000,00		

S Werkzeuge H

S		H	
AB	17500,00		

S Fuhrpark H

S		H	
AB	160000,00		

S Geschäftsausstattung H

S		H	
AB	105000,00		
(3) Verb.	4000,00		

S Roh-, Hilfs- und Betriebsstoffe H

S		H	
AB	186000,00		

S Unfertige Erzeugnisse H

S		H	
AB	6500,00		

S Fertige Erzeugnisse H

S		H	
AB	14000,00		

S Forderungen a. LL. H

S		H	
AB	123000,00		

S Bankguthaben H

S		H	
AB	82000,00	(1) Masch.	20000,00
		(4) Verb.	4000,00

S Kassenbestand H

S		H	
AB	6000,00		

S Verbindlichkeiten geg. Kreditinstituten H

S		H	
		AB	66500,00
		(2) Verb.	12000,00

S Verbindlichkeiten a. LL. H

S		H	
(2) Verb. geg. Banken	12000,00	AB	100000,00
(4) BA	4000,00	(3) BuG	4000,00

S Sonstige kurzfr. Verbindlichkeiten H

S		H	
		AB	34750,00

(1) **Fall 1: ER**
Kauf eines Multifunktionsbohrers gegen Abbuchung vom Bankkonto 20000,00 €

(2) **Fall 2: Vertragskopie**
Umwandlung einer kurzfristigen Verbindlichkeit in ein längerfristiges Darlehen 12000,00 €

(3) **Fall 3: ER auf Ziel**
Kauf von 4 Digitalkopierern 4000,00 €

(4) **Fall 4: BA Pos. 5420**
Ausgleich einer Liefererrechnung (Fall 3) 4000,00 €

Zusammenfassung: Die Bilanz zur Erfassung der Wertveränderungen in Bestandskonten auflösen

Bestandskonten

Aktivkonten

- Sie werden durch Auflösung der Aktivseite der Bilanz gebildet.
- Der Anfangsbestand wird im Soll eingetragen.
- Mehrungen werden im Soll unter dem Anfangsbestand, Minderungen im Haben gebucht.

Passivkonten

- Sie werden durch Auflösung der Passivseite der Bilanz gebildet.
- Der Anfangsbestand wird im Haben eingetragen.
- Mehrungen werden im Haben unter dem Anfangsbestand, Minderungen im Soll gebucht.

S	Aktivkonten	H
Anfangsbestand **Mehrungen**	**Minderungen**	

S	Passivkonten	H
Minderungen	**Anfangsbestand** **Mehrungen**	

Aufgaben

1 *Stellen Sie die Bilanz auf. Richten Sie die Bestandskonten ein und übernehmen Sie die Anfangsbestände. Buchen Sie die Geschäftsfälle auf den Konten bei Angabe der Nummer des Buchungsfalles und des Gegenkontos.*

Anfangsbestände:	*€*		*€*
Maschinen	*330000,00*	*Eigenkapital*	*250000,00*
Forderungen a. LL.	*15000,00*	*Darlehensschulden*	*190000,00*
Bank	*125000,00*	*Verbindlichkeiten a. LL.*	*40000,00*
Kasse	*10000,00*		

Geschäftsfälle:	*€*
*1. **Bankauszug:** Kunde bezahlt fällige Ausgangsrechnung durch Banküberweisung*	*5000,00*
*2. **Eingangsrechnung:** Zielkauf einer Maschine*	*20000,00*
*3. **Bankauszug:** Banküberweisung an Lieferer für fällige Eingangsrechnung*	*17000,00*
*4. **Bankauszug:** Bareinzahlung auf das Bankkonto*	*4000,00*
*5. **Ausgangsrechnung:** Zielverkauf einer gebrauchten Maschine*	*8000,00*
*6. **Bankauszug:** Zahlung einer Tilgungsrate für die Darlehensschuld*	*2000,00*

2 *Stellen Sie die Bilanz auf. Richten Sie die Bestandskonten ein und übernehmen Sie die Anfangsbestände. Buchen Sie die Geschäftsfälle auf den Konten bei Angabe der Nummer des Geschäftsfalles und des Gegenkontos.*

Anfangsbestände:	*€*		*€*
Grundstücke mit Gebäude	*400000,00*	*Fuhrpark*	*30000,00*
Geschäftsausstattung	*70000,00*	*Forderungen a. LL.*	*75000,00*

	€		€
Bank	150000,00	Darlehensschuld	210000,00
Kasse	15000,00	Verbindlichkeiten a. LL.	80000,00
Eigenkapital	450000,00		

Geschäftsfälle:

	€
1. ***Eingangsrechnung:*** *Zielkauf eines Großrechners*	12000,00
2. ***Bankauszug:*** *Banküberweisung der Tilgungsrate für die Darlehensschuld*	30000,00
3. ***Bankauszug:*** *Kunde bezahlte fällige AR mit Banküberweisung*	15000,00
4. ***Ausgangsrechnung:*** *Zielverkauf eines gebrauchten Pkw*	10000,00
5. ***Bankauszug:*** *Unser Unternehmen zahlte auf das Bankkonto bar ein*	8000,00
6. ***Vertrag:*** *Lieferer stundet eine fällige ER auf sechs Jahre*	20000,00
7. ***Vertrag, Bankauszug:*** *Kauf einer Lagerhalle gegen Banküberweisung*	80000,00
8. ***Eingangsrechnung:*** *Zielkauf eines Pkw.*	40000,00
9. ***Bankauszug:*** *Banküberweisung an Lieferer für fällige ER*	4000,00
10. ***Ausgangsrechnung/Quittung:*** *Barverkauf eines gebrauchten PC*	1000,00

3 *Erläutern Sie zu folgenden Buchungen den Geschäftsfall:*

			€				€
1.	Bank	Soll	600,00	5.	Geschäftsausstattung	Soll	900,00
	Forderungen	Haben	600,00		Kasse	Haben	900,00
2.	Geschäftsausstattung	Soll	900,00	6.	Verbindlichkeiten a. LL.	Soll	750,00
	Verbindlichkeiten a. LL.	Haben	900,00		Bank	Haben	750,00
3.	Kasse	Soll	1500,00	7.	Kasse	Soll	450,00
	Bank	Haben	1500,00		Forderungen a. LL.	Haben	450,00
4.	Darlehensschulden	Soll	2000,00	8.	Bank	Soll	1200,00
	Bank	Haben	2000,00		Kasse	Haben	1200,00

4 *Buchen Sie folgende Geschäftsfälle, indem Sie*

a) zu jedem Geschäftsfall die entsprechenden Konten einrichten,

b) auf dem ersten Konto die Soll-Buchung, auf dem zweiten die Haben-Buchung vornehmen und das jeweilige Gegenkonto angeben.

	€
1. Kunde bezahlt fällige Ausgangsrechnung bar	800,00
2. Banküberweisung durch einen Kunden	430,00
3. Banküberweisung an einen Lieferer	1940,00
4. Bareinzahlung auf das Bankkonto	1200,00
5. Kauf eines PC gegen Banküberweisung	3600,00
6. Kauf einer Maschine auf Ziel	1500,00
7. Rückzahlung eines Darlehens durch Banküberweisung	3000,00
8. Banküberweisung durch den Kunden	640,00
9. Verkauf eines gebrauchten Pkw bar	1500,00
10. Barabhebung vom Bankkonto	2000,00

5 *Untersuchen Sie, welche der folgenden Aussagen zutreffen.*

a) nur auf die Aktivkonten,

b) nur auf die Passivkonten,

c) auf alle Bestandskonten,

d) weder auf Aktiv- noch auf Passivkonten?

1. *Der Anfangsbestand steht im Soll.*
2. *Die Minderungen stehen im Soll.*
3. *Die Mehrungen stehen im Soll.*
4. *Der Anfangsbestand steht im Haben, die Zugänge stehen im Soll.*
5. *Sie stellen Art, Ursache und Höhe der Vermögensänderungen dar.*

6. Der Anfangsbestand steht im Haben.
7. Sie erteilen Auskunft über die Veränderungen des Kapitals.
8. Minderungen stehen im Haben.

6 *a) Erläutern Sie, wodurch Abweichungen der Ist-Bestände lt. Inventur von den Soll-Beständen lt. Buchhaltung verursacht werden können.*
b) Durch Inventur wurden
1. ein Kassenmanko (Kassenfehlbetrag) von .... 100,00 €
2. ein Fehlbestand an Erzeugnissen im Wert von .... 2500,00 €
festgestellt. Nennen Sie Gründe hierfür.

7 *Buchen Sie die aus folgendem Kontoauszug der Bürodesign GmbH hervorgehenden Geschäftsfälle:*

SEPA-Girokonto | IBAN: DE11 3705 0198 0085 3139 48 | **Kontoauszug 127**
BIC: COLSDE33XXX | **Blatt 1**
Sparkasse KölnBonn | UST-ID DE110260423

Datum	Erläuterungen		Betrag
Kontostand in € am 14.06.20.., Auszug Nr. 126			377 638,20 +
15.06.	Überweisung WOLLUX GMBH, MAGDEBURG KD-NR 1832	Wert: 15.06.20.. RG-NR. 6453, V. 01.06.20..	23 320,00 –
15.06.	Überweisung KUNDEN KD-NR 24009	Wert: 15.06.20.. RG-NR. 24009, V. 25.05.20..	12 264,06 +
Kontostand in € am 16.06.20.., 10:30 Uhr			366 582,26 +

Ihr Dispositionskredit 200 000,00 €

Bürodesign GmbH

1.5.3 Den Buchungssatz, die SMS[1] der Finanzbuchhaltung, belegorientiert dokumentieren

Frau König möchte Frau Land möglichst schnell in die Buchungsarbeiten einbeziehen, insbesondere in den Umgang mit PC und Fibu-Programm. Damit sie keine Buchungsfehler macht, will sie ihr zunächst auf den Belegen angeben, wie zu buchen ist.

Arbeitsauftrag
- ***Erarbeiten Sie am Beispiel eines Geschäftsfalles, welche Informationen Silvia Land bei ihrem jetzigen Kenntnisstand braucht, um Buchungen auf Bestandskonten einzugeben.***

[1] *SMS = Short Message Service – Telekommunikationsdienst für kurze Nachrichten*

Einfacher Buchungssatz

Ein Buchhalter erteilt mithilfe eines **Buchungsstempels** auf den Belegen Anweisungen, wie die Geschäftsfälle zu buchen sind.

Beispiel *Banküberweisung der Bürodesign GmbH zum Ausgleich der ER Nr. 706 vom 10. Mai 20.. über 9200,00 € lt. BA 107/1*

SEPA-Girokonto IBAN: DE11 3705 0198 0085 3139 48 **Kontoauszug 107**
BIC: COLSDE33XXX **Blatt 1**
Sparkasse KölnBonn UST-ID DE110260423

Datum	Erläuterungen		Betrag
	Kontostand in € am 09.06.20.., Auszug Nr. 106		94 300,00 +
10.06.	Überweisung ABELS, WIRTZ & CO. KG, SOLINGEN KD-NR 928454	Wert: 10.06.20.. RG-NR. 8706, V. 10.05.20..	9 200,00 –
	Kontostand in € am 11.06.20.., 10:30 Uhr		85 100,00 +
	Ihr Dispositionskredit 200 000,00 €		
			Bürodesign GmbH

Buchungsstempel:

Konto	Soll	Haben
Verb.	9200,00	9200,00
Bank		
Gebucht: S. 97/4,5 Kluge		

Buchungsstempel

Buchungsvermerk

Die Anweisung für die Buchung des Bankkontoauszugs könnte wie folgt lauten:

„Im Konto ‚Verbindlichkeiten a. LL.' sind auf der Soll-Seite 9200,00 € und im Konto ‚Bankguthaben' auf der Haben-Seite 9200,00 € zu buchen."

Diese Anweisung ist lang und unübersichtlich. Deshalb gibt es in der Buchführung eine **Kurzanweisung – den Buchungssatz**. Diesen gibt die Buchungsanweisung in der kürzesten Form wieder und benötigt dazu nur eine Regel:

Die **Soll-Buchung** wird **vor** der **Haben-Buchung** genannt. Der Seitenwechsel wird mit dem Wort **„an"** eingeleitet.

Soll		***an Haben***	
Verbindlichkeiten a. LL.	***9200,00***	***an Bankguthaben***	***9200,00***

Der Buchungssatz wird im Buchungsstempel auf dem Beleg eingetragen (= **Vorkontierung**). Zusammenfassend lässt sich festhalten:

- ***Jeder Geschäftsfall betrifft mindestens zwei Konten.***
- ***Jeder Geschäftsfall bewirkt zumindest eine Soll- und eine Haben-Buchung.***
- ***Bei einem Buchungssatz wird die Soll-Buchung vor der Haben-Buchung genannt.***

Soll-Buchung auf dem Konto „BuG" = ***Haben-Buchung auf dem Konto „Verbindlichkeiten a. LL."***

Zusammengesetzter Buchungssatz

Beim einfachen Buchungssatz ruft der zugrunde liegende Geschäftsfall nur auf zwei Konten Wertveränderungen hervor. Beim zusammengesetzten Buchungssatz werden mehr als zwei Konten berührt.

Beispiel

	€	€
Ausgleich einer Liefererrechnung		
durch Banküberweisung	*1 100,00*	
und bar	*400,00*	*1 500,00*

Buchungssatz	***Soll***	***Haben***
Verbindlichkeiten a. LL.	*1 500,00*	
an Bankguthaben		*1 100,00*
an Kasse		*400,00*

Buchung

S	Bankguthaben (Ba)		H
AB	4000,00	Vb	1 100,00

S	Verbindlichkeiten a. LL. (Vb)		H
Ba, Ka	1 500,00	AB	8000,00

S	Kasse (Ka)		H
AB	2500,00	Vb	400,00

Soll-Buchung auf dem Konto „Verbindlichkeiten a. LL." ***= Haben-Buchung auf den Konten „Bankguthaben" und „Kasse"***

Die Summen Soll und Haben müssen gleich sein.

Zusammenfassung: Den Buchungssatz, die SMS der Finanzbuchhaltung, belegorientiert dokumentieren

- Die **Kurzanweisung** für Buchungen heißt **Buchungssatz. Dabei wird die Soll-Buchung stets vor der Haben-Buchung genannt:** Soll an Haben.
- Der Seitenwechsel wird mit dem Wort **„an"** eingeleitet.
- Im **Buchungsstempel** wird die Vorkontierung eingetragen. Diese ist die Grundlage der späteren Buchungen auf den Konten.
- Der **Buchungsvermerk** ist der Beweis, dass die Buchung ausgeführt worden ist.
- Der Buchungsvermerk verhindert Doppelbuchungen und zeigt durch Angabe der Seite und Zeilen im Grundbuch (vgl. S. 135 f.) an, wo gebucht wurde.

Aufgaben

1 *Stellen Sie die Bilanz auf. Richten Sie die Bestandskonten ein und übernehmen Sie die Anfangsbestände. Buchen Sie die Geschäftsfälle auf den Konten bei Angabe der Nummer des Geschäftsfalles und des Gegenkontos.*

Anfangsbestände:	*€*		*€*
Maschinen	*430 000,00*	*Eigenkapital*	*540 000,00*
Forderungen a. LL.	*115 000,00*	*Darlehensschulden*	*100 000,00*
Bank	*225 000,00*	*Verbindlichkeiten a. LL.*	*140 000,00*
Kasse	*10 000,00*		

Geschäftsfälle: | | €
|---|---|
| *1. **Bankauszug:** Kunde bezahlt fällige Ausgangsrechnung durch Banküberweisung* | *15000,00* |
| *2. **Eingangsrechnung:** Zielkauf einer Maschine* | *30000,00* |
| *3. **Bankauszug:** Banküberweisung an Lieferer für fällige Eingangsrechnung* | *37000,00* |
| *4. **Bankauszug:** Bareinzahlung auf das Bankkonto* | *4000,00* |
| *5. **Ausgangsrechnung:** Verkauf einer gebrauchten Maschine* | *28000,00* |
| *6. **Bankauszug:** Überweisung einer Tilgungsrate für die Darlehensschuld* | *2000,00* |

2 *Stellen Sie die Bilanz auf. Richten Sie die Bestandskonten ein und übernehmen Sie die Anfangsbestände. Buchen Sie die Geschäftsfälle auf den Konten bei Angabe der Nummer des Geschäftsfalles und des Gegenkontos.*

Anfangsbestände:	€		€
Grundstücke und Gebäude	*1400000,00*	*Kasse*	*15000,00*
Lager- und Transporteinr.	*270000,00*	*Eigenkapital*	*2240000,00*
Fuhrpark	*430000,00*	*Darlehensschuld*	*320000,00*
Forderung a. LL.	*275000,00*	*Verbindlichkeiten a. LL.*	*280000,00*
Bank	*450000,00*		

Geschäftsfälle:	€
*1. **Eingangsrechnung:** Zielkauf einer Lagersteuerungsanlage*	*14000,00*
*2. **Bankauszug:** Banküberweisung der Tilgungsrate für die Darlehensschuld*	*25000,00*
*3. **Bankauszug:** Kunde bezahlt fällige AR mit Banküberweisung*	*20000,00*
*4. **Ausgangsrechnung:** Zielverkauf eines gebrauchten Pkw*	*12000,00*
*5. **Bankauszug:** Aus der Geschäftskasse werden auf das Bankkonto bar eingezahlt*	*8000,00*
*6. **Vertrag:** Lieferer stundet eine fällige ER auf sechs Jahre*	*20000,00*
*7. **Vertrag, Bankauszug:** Kauf einer Lagerhalle mit Banküberweisung*	*120000,00*
*8. **Eingangsrechnung:** Zielkauf eines Pkw*	*45000,00*
*9. **Bankauszug:** Banküberweisung an Lieferer für fällige ER*	*14000,00*
*10. **Ausgangsrechnung:** Verkauf eines gebrauchten PC mit Drucker auf Ziel*	*1000,00*

3 *Bilden Sie die Buchungssätze zu folgenden Geschäftsfällen:*

	€
1. Bareinzahlung auf das Bankkonto	*1300,00*
2. Barabhebung vom Bankkonto	*600,00*
3. Ein Kunde begleicht eine Rechnung durch Banküberweisung	*350,00*
4. Kauf eines Druckers bar	*760,00*
5. Zieleinkauf eines Drehstuhls	*830,00*
6. Tilgung einer Darlehensschuld durch Banküberweisung	*900,00*
7. Ausgleich einer Liefererrechnung durch Banküberweisung	*850,00*
8. Einkauf eines Pkw gegen Banküberweisung	*20000,00*
9. Aufnahme eines Darlehens bar	*1500,00*
10. Zahlung an einen Lieferer durch Banküberweisung	*950,00*
11. Verkauf eines gebrauchten Pkw bar	*450,00*
12. Kauf eines Baugrundstücks gegen Banküberweisung	*5500,00*

4 *Erläutern Sie, welche Geschäftsfälle folgenden Buchungssätzen zugrunde liegen:*

1. Fuhrpark	*an Verbindlichkeiten a. LL.*
2. Kassenbestand	*an Bankguthaben*
3. Bankguthaben	*an Forderungen a. LL.*

4. Verbindlichkeiten a. LL.	*an Bankguthaben*
5. Darlehensschulden	*an Bankguthaben*
6. Bankguthaben	*an Kassenbestand*
7. Geschäftsausstattung	*an Kassenbestand*
8. Bankguthaben	*an Unbebaute Grundstücke*
9. Kassenbestand	*an Darlehensschulden*

5 Bilden Sie die Geschäftsfälle zu den Buchungen im Kassenkonto:

Soll		Kasse	Haben
AB	3000,00	(1) Darlehen	500,00
(3) Forderungen a. LL.	250,00	(2) Verbindlichkeiten a. LL.	300,00
(5) Bank	310,00	(4) Geschäftsausstattung	270,00
(6) Geschäftsausstattung	1160,00	(7) Bank	1000,00
		SB	2650,00
	4720,00		4720,00

6 Formulieren Sie zu folgenden Geschäftsfällen die Buchungssätze:

	€	€
1. Einkauf eines Aktenschrankes		
bar	*200,00*	
auf Ziel	*750,00*	*950,00*
2. Ausgleich einer Liefererrechnung		
bar	*180,00*	
durch Banküberweisung	*1020,00*	*1200,00*
3. Rechnungsausgleich des Kunden		
bar	*80,00*	
durch Banküberweisung	*700,00*	*780,00*
4. Einkauf eines Druckers		
bar	*250,00*	
gegen Bankgirocard	*430,00*	*680,00*
5. Tilgung einer Darlehensschuld		
durch Banküberweisung	*800,00*	
bar	*200,00*	*1000,00*

7 Erklären Sie, welche Geschäftsfälle folgenden Buchungssätzen zugrunde liegen:

Lfd. Nr.	Buchungs-datum	Beleg	Buchungstext	Soll €	Haben €
001	02.01.	BA 1, KB 1	Darlehen an Bank an Kasse	2000,00	 1500,00 500,00
002	03.01.	KB 2, BA 2	Kasse Bank an Forderungen a. LL.	200,00 900,00	1100,00
003	04.01.	ER 1, BA 3	Fuhrpark an Verbindlichkeiten a. LL. an Bank	40000,00	 30000,00 10000,00
004	05.01.	BA 4, KB 3	Verbindlichkeiten a. LL. an Bank an Kasse	1280,00	 900,00 380,00

Web

Lfd. Nr.	Buchungs-datum	Beleg	Buchungstext	Soll €	Haben €
005	07.01.	ER 2, BA 5	Geschäftsausstattung an Kasse an Bank	800,00	 300,00 500,00
006	08.01.	Kaufvertrag, KB 4, BA 6	Unbebaute Grundstücke an Kasse an Bank an Verbindlichkeiten a. LL.	70000,00	 10000,00 45000,00 15000,00

1.5.4 Bei der Erfassung von Belegen systematisch vorgehen und Organisationshilfen nutzen

Silvia Land hat einen Termin bei Herrn Stein, Geschäftsführer der Bürodesign GmbH. Herr Stein möchte wissen, was Silvia bisher bei Frau König in der Finanzbuchhaltung kennengelernt hat. Silvia berichtet: „*Das Wichtigste war für mich, dass ich zunächst einmal die Geschäftsprozesse, die den einzelnen Belegen zugrunde liegen, verstanden habe. Das habe ich und kann jetzt alle möglichen Belege lesen. Außerdem habe ich schon sämtliche Buchungen auf Bestandskonten vorgenommen. Nur mit unserem Fibu-Programm habe ich noch nicht gearbeitet – das kommt wohl heute an die Reihe.*" „*Das hört sich ja prima an*", erwidert Herr Klein. „*Bevor Sie aber an den Rechner gehen, machen Sie sich mit dem Kontierungsstempel und unseren Büchern vertraut.*" Silvia ist verwirrt. „*Stempel? Bücher? Das hört sich ja total veraltet an, was soll das heutzutage noch?*"

Arbeitsauftrag

- ***Erläutern Sie mit eigenen Worten, welche Arbeitsschritte zur systematischen Erfassung von Belegen anfallen.***

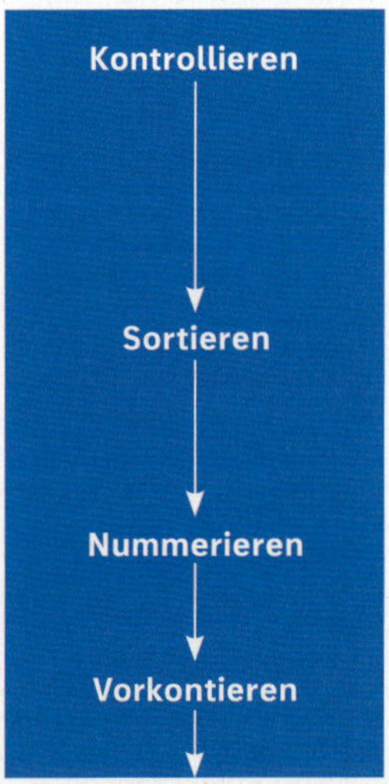

Selbstverständlich muss jeder Beleg zunächst auf seine **sachliche** und **rechnerische Korrektheit** überprüft werden.

Beispiel *Silvia kontrolliert die Eingangsrechnung für die Digitalkopierer, indem sie die Rechnung mit der vorausgegangenen Bestellung vergleicht. Zufrieden stellt sie fest, dass die richtigen Kopierer zum vereinbarten Preis geliefert wurden.*

Damit Belege auf keinen Fall doppelt gebucht und sie zudem rasch gefunden werden können, erhalten sie eine **Bezeichnung** der Belegart (ER, AR, BA, KB etc.) und werden **sortiert** sowie fortlaufend **nummeriert**.

Beispiel *Silvia schreibt auf die Eingangsrechnung für die Digitalkopierer „ER 0009", da es sich um die neunte Eingangsrechnung in diesem Jahr handelt.*

Schließlich erhält jeder Beleg einen **Kontierungsstempel** (Buchungsstempel). Hier wird der Buchungssatz sachlich richtig vermerkt, sodass die weitere Bearbeitung des Beleges nur noch Routinearbeit darstellt:

Buchen
↓
Ablegen
↓
Aufbewahren

Konto	Soll	Haben
Gebucht:		

Buchungsbelege, wie Eingangs- und Ausgangsrechnungen, Quittungen, Bankbelege usw., sind wie Buchführungsbücher (siehe unten) zehn Jahre aufzubewahren.

■ Kontenrahmen

Ein wichtiges Ordnungsinstrument zur Einrichtung der Konten in einem Unternehmen ist der **Kontenrahmen** (vgl. Faltblatt am Ende des Buches). Die **Übersichtlichkeit** der Buchführung wird dadurch erheblich gesteigert. Dazu gibt der Kontenrahmen eine **Übersicht sämtlicher Konten** der Finanzbuchhaltung, **benennt diese** und **ordnet** ihnen neben einer **namentlichen Bezeichnung** auch **Kontennummern** zu. Dadurch ist gewährleistet, dass die Finanzbuchführung zwischen einzelnen Unternehmen **vergleichbar** bleibt und sich alle Leser und Anwender zügig in den Kontenbezeichnungen **zurechtfinden**. Auch die Nutzung EDV-gesteuerter **Finanzbuchhaltungsprogramme** ist immer am Kontenrahmen angelehnt, weil die Programme nur dann funktionieren, wenn den jeweiligen Konten auch Kontennummern hinzugefügt werden.

■ Aufbau des Kontenrahmens

Der Kontenrahmen ist nach dem **Zehnersystem** aufgebaut. Auf Basis der zehn Ziffern von 0 bis 9 wurden insgesamt **zehn Kontenklassen** eingerichtet. Jede Kontenklasse wird in **zehn Kontengruppen** eingeteilt und jede Kontengruppe kann **zehn Kontenarten** aufnehmen, die im Bedarfsfall in **zehn** weitere **Kontenunterarten** aufgeteilt werden können.

Beispiel

Zuordnung einer Kontennummer für das Konto „Andere Anlagen, BuG“					
1. Stelle	0			**Kontenklasse**	Immaterielle Vermögensgegenstände und Sachanlagen
+ 2. Stelle	0	8		**Kontengruppe**	Andere Anlagen, Betriebs- und Geschäftsausstattung
+ 3. Stelle	0	8	6	**Kontenart**	Büromaschinen, Organisationsmittel und Kommunikationsanlagen (BuG)

Kontenplan

Auf der Basis des Kontenrahmens legt jedes Unternehmen seinen betriebsindividuellen Kontenplan fest. Je nach Branche, den spezifischen Informationsbedürfnissen, der Größe und Unternehmensstruktur können dabei Kontengruppen oder Kontenarten, die im Kontenrahmen vorgesehen sind, im Kontenplan des betreffenden Unternehmens gar nicht vorkommen. Andererseits kann ein Unternehmen die bestehenden Kontengruppen in mehrere Kontenarten unterteilen, um detailliertere Informationen zu erhalten.

Der Kontenplan enthält nur die Konten, die in der Finanzbuchhaltung eines bestimmten Unternehmens tatsächlich erforderlich sind.

Kontenrahmen ⟶ **Kontenplan eines speziellen Unternehmens**

Beispiel
Auszug aus dem Kontenplan der Bürodesign GmbH

05 Grundstücke, grundstücksgleiche Rechte und Bauten einschließlich der Bauten auf fremden Grundstücken
0500 Unbebaute Grundstücke
0510 Bebaute Grundstücke
0550 Andere Bauten

Mithilfe des Buchungssatzes und der Kontennummern aus dem Kontenplan führt ein ausgebildeter Buchhalter die Vorkontierung durch und gewährleistet dadurch eine einheitliche Erfassung der Belege (**Vergleichbarkeit**).

Beispiel *Silvia Land führt die Vorkontierung auf der Eingangsrechnung (ER 00025) durch.*

Computec GmbH & Co. KG
Hard- und Softwarevertrieb

Computec GmbH & Co. KG, Volksparkstr. 12-20,
22525 Hamburg

Bürodesign GmbH
Stolberger Straße 188
50933 Köln

Volksparkstr. 12-20
22525 Hamburg
Tel.: 040 22446-69
Fax: 040 22446-64
info@computec.de
www.computec.de

Ihre Bestellung/Datum	Unser Zeichen	Kundennummer	Lieferdatum	Rechnungsdatum
me-ra	bu-ra	05839		04.01.20..

Rechnung Nr. 00025

Artikel-Nr.	Artikelbezeichnung	Menge in St.	Einzelpreis €	Gesamtpreis €
AL-1633	Digitalkopierer	4	1 000,00	4 000,00

Konto	Soll	Haben
0860	4000,00	
4400		4000,00

Gebucht: S. 97/4,5
Datum: 07.01.20.. von: S. Land
Grundbuch-S: 01 /3

Warenwert	Fracht	Verpackung	Nettoentgelt	Gesamtpreis
4 000,00	–	–	4 000,00	4 000,00

Bankverbindung
Postbank Hamburg
IBAN: DE04 2001 0020 0671 1908 70 **BIC:** BPNKDEFF200

Zahlung: innerhalb von 30 Tagen rein netto

Steuer-Nr.: 02/645/10226 USt-IdNr.: DE775539480

Die **Kontenklassen** 0 bis 4 enthalten die Bestandskonten: 0 bis 2 die aktiven Bestandskonten, 3 und 4 die passiven Bestandskonten.

■ Systematische Aufzeichnung der Geschäftsfälle im Grund- und Hauptbuch (Systembücher)

Sind die Belege vorkontiert, kann im Grund- und Hauptbuch gebucht werden. Diese beiden Bücher sind nach unterschiedlichen **Prinzipien** aufgebaut:

Grundbuch

Im **Grundbuch**, auch **Journal** genannt, werden alle Buchungssätze in **zeitlicher Reihenfolge (chronologische Ordnung)** festgehalten. Daneben werden zur besseren Kontrolle und Übersicht Buchungsdatum, Buchungstext, Kontierung und Buchungsbetrag erfasst.

Beispiel *Siehe Handlungssituation des Kapitels 1.5.1, S. 108 ff.*

Bürodesign GmbH					
Grundbuch 20.. (Auszug)					**Seite 1**
Lfd. Nr.	**Buchungsdatum**	**Beleg**	**Buchungstext**	**Soll**	**Haben**
1	04.01.20..	ER 0017	0720 Maschinen an 2800 Bankguthaben	20000,00	20000,00
2	06.01.20..	Vertragskopie	4400 Verbindlichkeiten a. LL. an 4250 Verbindlichkeiten gegenüber Kreditinstituten	12000,00	12000,00
3	07.01.20..	ER 00025	0860 Geschäftsausstattung an 4400 Verbindlichkeiten a. LL.	4000,00	4000,00
4	04.02.20..	BA 25	4400 Verbindlichkeiten a. LL. an 2800 Bankguthaben	4000,00	4000,00

Da in diesem Buch alle Geschäftsfälle fortlaufend und lückenlos gebucht werden, bildet es die Grundlage bei **Prüfungen** durch die Behörden (z. B. Finanzamt). Gleichzeitig ist das Grundbuch die Basis für die Buchung der Geschäftsfälle auf den Konten im Hauptbuch.

Hauptbuch

Um einen Überblick über die Veränderungen der einzelnen Vermögens- und Kapitalposten zu haben, werden alle Geschäftsfälle auf den Konten gebucht **(sachliche Ordnung)**. Die Konten befinden sich im Hauptbuch.

Beispiel *Siehe Handlungssituation des Kapitels 1.5.1, S. 108 ff.*

Bürodesign GmbH

Hauptbuch 20.. (Auszug) **Seite 1**

S 0720 Maschinen H

S		H	
AB	200000,00		
(1) 2800	20000,00		

S 4250 Verbindlichkeiten gegenüber Kreditinstituten H

S		H	
		AB	66500,00
		(2) 4400	12000,00

S	0860 Geschäftsausstattung		H
AB	105000,00		
(3) 4400	4000,00		

S	4400 Verbindlichkeiten a.LL.		H
(2) 4250	12000,00	AB	100000,00
(4) 2800	4000,00	(3) 0860	4000,00

S	2800 Bankguthaben		H
AB	82000,00	(1) 0720	20000,00
		(4) 4400	4000,00

Nebenbücher

Bestimmte Konten des Hauptbuches müssen besonders genau betrachtet werden. So ist für ein professionell geführtes Unternehmen undenkbar, dass z.B. die Geschäftsbeziehungen und Zahlungsverpflichtungen zu Lieferern und Kunden lediglich auf den Konten „Verbindlichkeiten a.LL." und „Forderungen a.LL." gesammelt werden. Zur Beobachtung des Geschäftsverkehrs mit den einzelnen Kunden und Lieferern bedient man sich der **Nebenbücher**, der **Debitoren-** und **Kreditorenkonten (Kontokorrentbuch)**.

Kontokorrentbuch

Kundenkonten = Debitorenkonten
- Informationsspeicher über:
  - Umsatzhöhe und -entwicklung
  - Zahlungsverhalten
  - offene Posten einzelner Kunden
- Grundlage für Maßnahmen im Absatzmarketing

Liefererkonten = Kreditorenkonten
- Informationsspeicher über:
  - Umsatz mit einzelnen Lieferern
  - Zahlungen an Lieferer
  - Fälligkeit und offene Posten
- Grundlage für Maßnahmen im Beschaffungsmarketing

Beispiel *Das Kontokorrentbuch der Bürodesign GmbH erfasst den Geschäftsverkehr mit jedem einzelnen Kunden (Debitor) und Lieferer (Kreditor).*

D 24001 Klassik 2000 GmbH, Hagenstraße 130, 59075 Hamm

Datum	Beleg	Text	Soll	Haben
02.01.		**Saldovortrag: AR 4002 und AR 4014**	278400,00	
28.02.	AR 0560	Zielverkauf von Erzeugnissen	464000,00	
17.03.	BA 0066	Überweisung von AR 4002 und AR 4014		278400,00
28.06.	AR 1678	Zielverkauf von Erzeugnissen	1015000,00	
29.06.	BA 0131	Überweisung von AR 0560		464000,00
06.09.	AR 2296	Zielverkauf von Erzeugnissen	1531200,00	
10.09.	BA 0183	Überweisung von AR 1678		1015000,00
12.12.	BA 0251	Überweisung von AR 2296, Teilzahlung		800000,00
13.12.	AR 3201	Zielverkauf von Erzeugnissen	1281800,00	
31.12.		**Saldo: AR 2296 und AR 3201**		2013000,00
			4570400,00	4570400,00
02.01.		**Saldovortrag: AR 2296 und AR 3201**	2013000,00	

Zusammenfassung: Bei der Erfassung von Belegen systematisch vorgehen und Organisationshilfen nutzen

- **Belege** (ER, AR, BA, KB etc.) sortieren, nummerieren, vorkontieren

Beleg mit Kontierung

↑

Grundlage aller Buchungen

↓

Buchungen mit einem **Finanzbuchhaltungs-programm**: Eingabe der Buchungsdaten in die benannten Konten

Grundbuch

Datum	Nr.	Text (Vorkontierung)	S	H

↑

Buchung in zeitlicher Reihenfolge

↓

- **Buchungsprotokoll** mit Korrekturmöglichkeit
- **Journal**

Hauptbuch

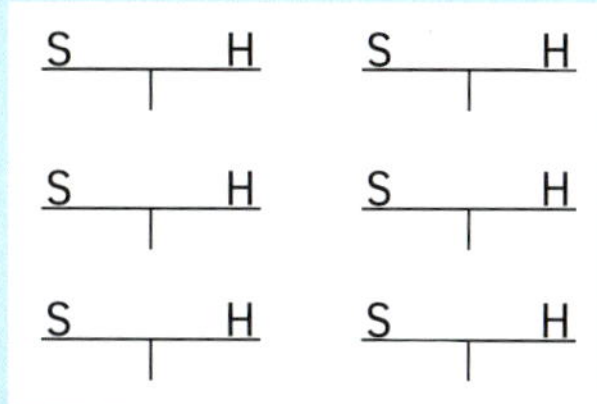

↑

Buchung nach sachlichen Gesichtspunkten auf den Konten

↓

- einzelne Konten des **Hauptbuches** (Sachkonten)
- einzelne Konten der **Nebenbücher**

- Ein wesentliches Ordnungsinstrument der Buchhaltung ist der **Kontenplan** eines Industrieunternehmens. Dieser wird auf der Grundlage des **Industriekontenrahmens (IKR)** erstellt.
- **Nebenbücher** erläutern durch umfassende Einzelaufzeichnungen die Buchungen auf bestimmten Sachkonten des Hauptbuches.

Aufgaben

1 *Ergänzen Sie in den folgenden Buchungssätzen die Kontenbezeichnungen und formulieren Sie die zugrunde liegenden Geschäftsfälle:*

1. 0860 an 2880
2. 2800 an 2400
3. 4400 an 2800
4. 2880 an 2800
5. 2800 an 0500
6. 0840 an 4400
7. 2800 an 0700
8. 4250 an 2800
9. 0820 an 2880

2 *Richten Sie ein Grundbuch nach dem Beispiel auf S. 135 ein und erfassen Sie dann folgende Geschäftsfälle unter Verwendung des Kontenrahmens.* €

1. ***ER 250*** *vom* ***25.07.:*** *Einkauf eines Computers auf Ziel* *1 800,00*
2. ***BA 110*** *vom* ***27.07.:*** *Ausgleich der AR 406* *8 000,00*

3. ***ER 251** vom **28.07.**: Kauf eines Lkw auf Ziel 100000,00*
4. ***BA 111** vom **30.07.**: Tilgungsrate eines aufgenommenen Darlehens 15000,00*
5. ***BA 112** vom **03.08.**: Ausgleich der ER 251 (Geschäftsfall 3) 100000,00*
6. ***AR 507***
   ***BA 113** vom **07.08.**: Verkauf eines gebrauchten Pkw gegen Bankabbuchung 7500,00*
7. ***AR 508***
   ***BA 114** vom **09.08.**: Kauf eines Regals für das Personalbüro gegen Bankgirocard 1200,00*
8. ***BA 115** vom **10.08.**: Ausgleich der ER 250 (Geschäftsfall 1) 1800,00*

3 *Auf dem Konto „2800 Bankguthaben", das im Hauptbuch geführt wird, wurden folgende Geschäftsfälle erfasst:*

S	2800 Bankguthaben		H
8000 AB	270000,00	(2) 4250 Darlehensschulden	5000,00
(1) 0840 Fuhrpark	10000,00	(3) 4400 Verbindlichkeiten a. LL.	9200,00
(4) 2400 Forderungen a. LL.	8100,00	(5) 0860 Geschäftsausstattung	2800,00
(6) 2880 Kasse	2500,00	8010 Endbestand (Saldo)	273600,00
	290600,00		290600,00

Formulieren Sie
a) die Buchungssätze,
b) die Geschäftsfälle, die den Buchungen auf dem Bankkonto zugrunde liegen.

4 *Tragen Sie die Buchungen, die sich aus nachstehendem Kontoauszug der Bürodesign GmbH ergeben,*
a) in das Grundbuch (vgl. S. 135),
b) in das Konto „Bankguthaben" des Hauptbuches
ein.

SEPA-Girokonto IBAN: DE11 3705 0198 0085 3139 48 **Kontoauszug 125**
BIC: COLSDE33XXX **Blatt 1**
Sparkasse KölnBonn UST-ID DE110260423

Datum	Erläuterungen		Betrag
Kontostand in € am 11.06.20.., Auszug Nr. 124			382838,20 +
13.06.	Überweisung STAMMES STAHLROHR GMBH, ESSEN KD-NR 7463	Wert: 13.06.20.. RG-NR. 0705, V. 05.06.20..	15400,00 –
13.06.	Überweisung KLASSIK 2000 GMBH, DORTMUND KD-NR 24001	Wert: 13.06.20.. RG-NR. 7404, V. 01.06.20..	10200,00 +
Kontostand in € am 14.06.20.., 10:30 Uhr			377638,20 +

Ihr Dispositionskredit 200000,00 €

Bürodesign GmbH

5 *Tragen Sie folgende Geschäftsfälle ins Grundbuch (vgl. S. 135) ein und bilden Sie die Buchungsätze mithilfe des Kontenrahmens.*

Geschäftsfälle	€	€
1. Bareinkauf einer Schreibtischlampe für das Personalbüro. ER 84		300,00
2. Barabhebung vom Bankkonto, BA 120		600,00
3. Ein Kunde begleicht AR 102 durch Banküberweisung, BA 121		350,00
4. Kauf eines Schreibtisches für die Buchhaltung gegen Girocard, ER 85, BA 122		2 760,00
5. Einkauf eines Regals für das Büro auf Ziel, ER 86		830,00
6. Tilgung einer Darlehensschuld durch Banküberweisung, BA 123		900,00
7. Ausgleich der Liefererrechnung ER 87 durch Banküberweisung, BA 124		850,00
8. Einkauf eines Monitors für die Buchhaltung gegen Girocard, ER 88		560,00
9. Aufnahme eines Darlehens, das auf das Bankkonto bereitgestellt wird, BA 125		1 500,00
10. Zahlung an einen Lieferer für ER 89 durch Banküberweisung, BA 126		950,00
11. Bareinzahlung auf das Bankkonto, BA 127		800,00
12. Verkauf eines gebrauchten Pkw bar, AR 103		450,00
13. Kauf einer Kühltruhe für die Kantine auf Ziel, ER 90		5 500,00
14. Einkauf eines Drehstuhls für das Büro, ER 91		
bar	200,00	
auf Ziel	750,00	950,00
15. Ausgleich der Liefererrechnung ER 92		
bar	180,00	
durch Banküberweisung, BA 128	1 020,00	1 200,00
16. Ausgleich der AR 104		
bar	80,00	
durch Banküberweisung, BA 129	700,00	780,00
17. Einkauf eines Personalcomputers für die Buchhaltung, ER 93		
bar	250,00	
gegen Banküberweisung, BA 130	2 430,00	2 680,00

6 *Stellen Sie die Eröffnungsbilanz auf und übernehmen Sie die Anfangsbestände. Tragen Sie die laufenden Buchungen im Grundbuch ein. Buchen Sie die Geschäftsfälle auf den Konten im Hauptbuch.*

Anfangsbestände		€
0500	Grundstücke und Gebäude	730 000,00
0700	Maschinen	650 000,00
0840	Fuhrpark	235 000,00
0860	Geschäftsausstattung	175 000,00
2400	Forderungen a. LL.	122 600,00
2800	Bankguthaben	257 800,00
2880	Kassenbestand	5 100,00
3000	Eigenkapital	1 325 500,00
4250	Verbindlichkeiten gegenüber Kreditinstituten (Darlehensschulden)	600 000,00
4400	Verbindlichkeiten a. LL.	250 000,00

Geschäftsfälle:		€
1. ***Bankauszug, Vertrag:*** *Aufnahme eines Darlehens bei der Bank*		*75000,00*
2. ***Bankauszug, Vertrag:*** *Verkauf eines Grundstücks gegen Banküberweisung*		*100000,00*
3. ***Bankauszug:*** *Barabhebung vom Bankkonto*		*36000,00*
4. ***Kassenbeleg:*** *Kunde bezahlt fällige AR*		*600,00*
5. ***Bankauszug:*** *Banküberweisung an Lieferer für fällige ER*		*32100,00*
6. ***Ausgangsrechnung:*** *Zielverkauf eines gebrauchten Pkw*		*10700,00*
7. ***Kassenbeleg:*** *Bareinkauf eines Schreibtisches*		*950,00*
8. ***Ausgangsrechnung:*** *Verkauf einer gebrauchten Maschine auf Ziel (30 Tage)*		*14000,00*
9. ***Eingangsrechnung:*** *Kauf eines Pkw auf Ziel*		*45800,00*
10. ***Bankauszug:*** *Zahlung eines Kunden für fällige AR*		*19100,00*
11. ***Vertrag:*** *Lieferer stundete fällige Eingangsrechnungen auf acht Jahre*		*30000,00*
12. ***Bankauszug:*** *Banküberweisung zur Tilgung eines Darlehens*		*80000,00*
13. ***Eingangsrechnung, Bankauszug:*** *Kauf einer Lagertransportanlage gegen*		
a) Banküberweisung (Anzahlung beim Kauf)	*5000,00*	
b) Zielgewährung von 90 Tagen	*8000,00*	*13000,00*

1.5.5 Bestandskonten abschließen

Silvia ist nun schon seit einiger Zeit im Rechnungswesen tätig. Sie kennt die Inventurarbeiten und weiß, wie ein Inventar und eine Bilanz entstehen. Außerdem kennt sie die Buchungen auf Bestandskonten, mit denen Veränderungen des Vermögens und der Schulden erfasst werden. Im Gespräch mit Frau König kommt ihr, so denkt sie, ein besonders kluger Gedanke.

„Jetzt müssen wir am Jahresende doch nur schauen, wie sich die einzelnen Vermögenspositionen und die Schulden entwickelt haben. Zieht man von den Anfangsbeständen alle Minderungen ab und addiert man alle Mehrungen hinzu, ist doch klar, wie hoch z. B. der Rohstoffbestand ist. Und mit unserem Buchhaltungsprogramm habe ich dann die Schlussbestände mit einem Mausklick."

„Hm – fast richtig!", meint Frau König.

„Wieso ‚fast'?", erwidert Silvia. *„Wir könnten uns doch die ganze Arbeit mit der Inventur sparen und sofort aus den Schlussbeständen der Konten die neue Bilanz erstellen."*

„Nein, die Inventur können wir uns leider nicht sparen", korrigiert Frau König geduldig.

Silvia schaut ungläubig: *„Verstehe ich nicht, das ist doch dann eine doppelte Ermittlung der Bestände."*

„Eben!", meint Frau König. *„Und das ist auch gut so."*

Arbeitsaufträge
- ***Korrigieren Sie Silvias erste Aussage.***
- ***Listen Sie die Schritte zum Abschluss der Bestandskonten auf.***
- ***Erklären Sie den Begriff der „doppelten Buchführung" und begründen Sie deren Vorteile (vgl. S. 111 f. und nachfolgenden Text).***

Doppelte Buchführung

Ausgangspunkt der doppelten Buchführung eines Geschäftsjahres ist die Bilanz auf Grundlage der vorangegangenen Inventur des vergangenen Geschäftsjahres. Durch die Geschäftstätigkeit werden die Vermögens- und Kapitalbestände laufend verändert. In der Buchführung werden diese Veränderungen durch Belege angezeigt und durch entsprechende Buchungen laufend dokumentiert. So kann zur Ermittlung der Soll-Bestände jederzeit auf die entsprechenden Konten zugegriffen werden. Diese müssen jedoch nicht immer mit den Ist-Beständen übereinstimmen.

Beispiel *Frau König ruft in der Lagerbuchhaltung den aktuellen Bestand des Tisches Kendo rechteckig ab. Das Programm meldet einen Bestand von 500 Stück. Der tatsächliche Ist-Bestand beträgt jedoch nur 491 Stück, da durch einen Wasserschaden 9 Stück der Tische unverkäuflich sind. Dieser Schaden wurde jedoch noch nicht in der Lagerbuchhaltung erfasst.*

Ob die Soll-Bestände wirklich vorhanden sind, muss daher durch die Inventur ermittelt werden.

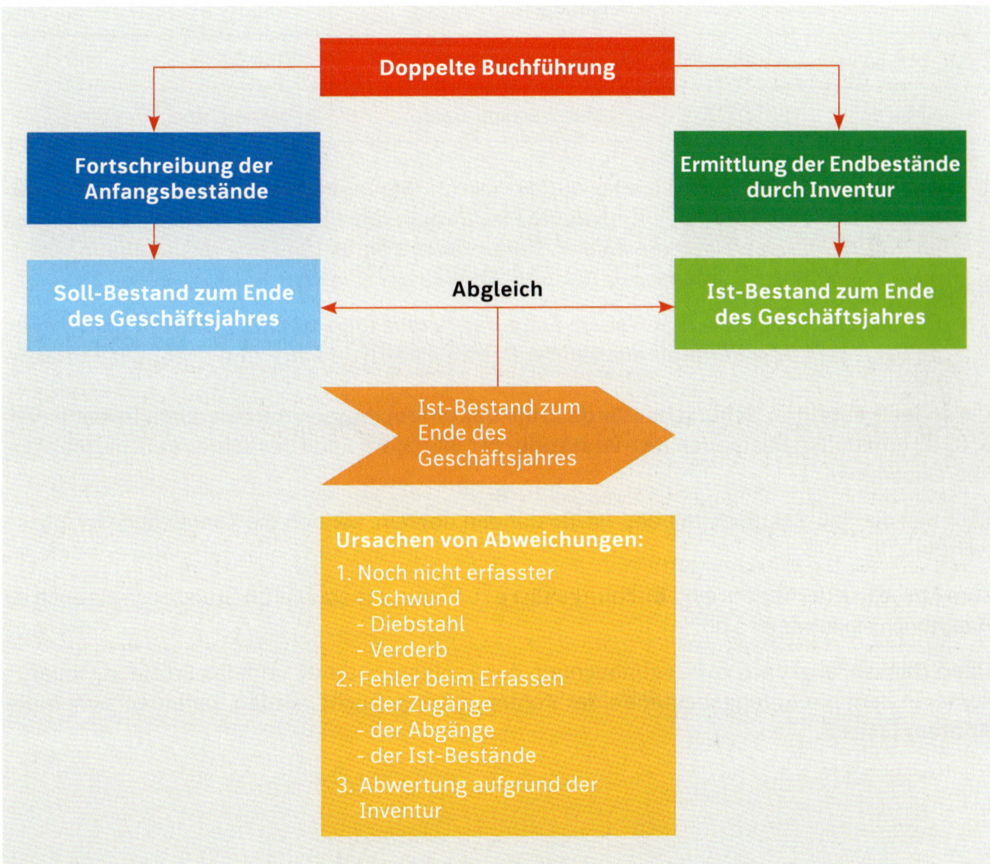

Vorgehen beim Abschluss der Bestandskonten

Zur Ermittlung der vorhandenen Bestände (in der Praxis monatlich, quartalsmäßig, jährlich) werden die Konten abgeschlossen. Dazu wird der **Saldo = Schlussbestand (SB)** auf jedem Konto errechnet.

Beispiel *Vgl. Handlungssituation des Kapitels 1.5.1 S. 108ff.*

S	2800 Bankguthaben		H
8000	82000,00	(1) 0860	20000,00
		(4) 4400	4000,00
		8010	58000,00
	82000,00		82000,00

S	4400 Verbindlichkeiten a. LL.		H
(2) 4250	12000,00	8000	100000,00
(4) 2800	4000,00	(3) 0860	4000,00
8010	88000,00		
	104000,00		104000,00

Aktivkonten		Berechnung des Schlussbestandes	Passivkonten	
+ Soll-Zahlen	82000,00 €	Anfangsbestand + Mehrungen	+ Haben-Zahlen	104000,00
– Haben-Zahlen	24000,00 €	– Minderungen	– Soll-Zahlen	16000,00
= Soll-Saldo	58000,00 €	= Schlussbestand (Saldo)	= Haben-Saldo	88000,00

- ***Der Schlussbestand wird immer auf der wertmäßig kleineren Seite des Kontos eingetragen: der Soll-Saldo des Aktivkontos im Haben, der Haben-Saldo des Passivkontos im Soll. Dadurch weisen die beiden Seiten jedes Kontos am Ende des Rechnungszeitraumes die gleiche Summe aus (Waage, ähnlich der Bilanz).***
- ***Die Summen der Soll- und Haben-Seite des Schlussbilanzkontos müssen gleich sein, da bei jedem Geschäftsfall der gleiche Betrag im Soll und im Haben gebucht wurde.***

Die so **festgestellten Schlussbestände (Soll-Bestände)** müssen mit den durch Inventur (vgl. S. 89ff.) ermittelten Beständen **(Ist-Bestände)** der Bilanz am Ende des Jahres (= Schlussbilanz) übereinstimmen.

Stimmen die Soll-Bestände mit den Ist-Beständen überein, können die Konten abgeschlossen werden.

Zum Abschluss der Konten sind **Buchungssätze** zu bilden, die sowohl im Grundbuch als auch im Hauptbuch einzutragen sind.

Das Schlussbilanzkonto zur Gegenbuchung der Schlussbestände und das Eröffnungsbilanzkonto, in dem die Anfangsbestände der Konten gegengebucht werden, befinden sich in der **Kontenklasse 8**.

Abschlussbuchungen

Aktive Bestandskonten
SBK an Aktivkonten

Passive Bestandskonten
Passivkonten an SBK

S 0500 Grundstücke und Gebäude H

S			H
8000	300000,00	8010	300000,00

S 0700 Maschinen H

S			H
8000	200000,00	8010	220000,00
(1) 2800	20000,00		
	220000,00		220000,00

S 0820 Werkzeuge H

S			H
8000	17500,00	8010	17500,00

S 0840 Fuhrpark H

S			H
8000	160000,00	8010	160000,00

S 0860 Geschäftsausstattung H

S			H
8000	105000,00	8010	109000,00
(3) 4400	4000,00		
	109000,00		109000,00

S 2000 Roh-, Hilfs- und Betriebsstoffe H

S			H
8000	186000,00	8010	186000,00

S 2100 Unfertige Erzeugnisse H

S			H
8000	6500,00	8010	6500,00

S 2200 Fertige Erzeugnisse H

S			H
8000	14000,00	8010	14000,00

S 2400 Forderungen a. LL. H

S			H
8000	123000,00	8010	123000,00

S 2800 Bankguthaben H

S			H
8000	82000,00	(1) 0700	20000,00
		(4) 4400	4000,00
		8010	58000,00
	82000,00		82000,00

S 2880 Kassenbestand H

S			H
8000	6000,00	8010	6000,00

S 3000 Eigenkapital H

S			H
8010	998750,00	8000	998750,00

S 4250 Verbindlichkeiten gegenüber Kreditinstituten H

S			H
8010	78500,00	8000	66500,00
		(2) 4400	12000,00
	78500,00		78500,00

S 4400 Verbindlichkeiten a. LL. H

S			H
(2) 4250	12000,00	8000	100000,00
(4) 2800	4000,00	(3) 0860	4000,00
8010	88000,00		
	104000,00		104000,00

S 4890 Sonstige kurzfristige Verbindlichkeiten H

S			H
8010	34750,00	8000	34750,00

S	8010 Schlussbilanzkonto		H
0500 Grundstücke und Gebäude	300000,00	3000 Eigenkapital	998750,00
0700 Maschinen	220000,00	4250 Verbindlichkeiten gegenüber Kreditinstituten	78500,00
0820 Werkzeuge	17500,00	4400 Verbindlichkeiten a.LL.	88000,00
0830 Fuhrpark	160000,00	4890 Sonstige kurzfristige Verbindlichkeiten	34750,00
0860 Geschäftsausstattung	109000,00		
2000 Roh-, Hilfs- und Betriebsstoffe	186000,00		
2100 Unfertige Erzeugnisse	6500,00		
2200 Fertige Erzeugnisse	14000,00		
2400 Forderungen a.LL.	123000,00		
2800 Bankguthaben	58000,00		
2880 Kassenbestand	6000,00		
	1200000,00		1200000,00

Zusammenfassung: Bestandskonten abschließen

Buchung auf den Bestandskonten

Buchung auf Aktivkonten

Soll	Haben
Anfangsbestand	Minderungen
Mehrungen	Endbestand

Berechnung des Endbestands

Soll-Zahlen (AB + Zugänge)
– Haben-Zahlen (Abgänge)
Soll-Saldo (Endbestand)

Buchungsregeln

- Der **Anfangsbestand** steht auf derselben Seite wie in der Bilanz:
  - auf Aktivkonten links (Soll),
  - auf Passivkonten rechts (Haben).
- **Mehrungen** stehen unter dem Anfangsbestand.
- **Minderungen** stehen auf der gegenüberliegenden Seite.
- Der **Endbestand** bildet die Differenz (Saldo) zwischen wertmäßig kleinerer und größerer Seite.

Buchung auf Passivkonten

Soll	Haben
Minderungen	Anfangsbestand
Endbestand	Mehrungen

Berechnung des Endbestands

Haben-Zahlen (AB + Zugänge)
– Soll-Zahlen (Abgänge)
Haben-Saldo (Endbestand)

- Vor Abschluss der Konten müssen bei Abweichungen die Soll-Bestände der Buchführung an die Ist-Bestände der Inventur angepasst werden.
- Die Salden der Bestandskonten werden zum Jahresende auf dem **Schlussbilanzkonto** gesammelt bzw. gegengebucht.
- Lösungsweg **von der Kontoeröffnung bis zum Schlussbilanzkonto:**
  (1) Übernahme der Schlussbilanz des Vorjahres als Eröffnungsbilanz
  (2) Einrichtung von Konten für die Bilanzposten (Bestandskonten)
  (3) Übertragung der Anfangsbestände der Bilanz auf die Konten
  (4) Buchung der Geschäftsfälle im Grundbuch
  (5) Buchung in den Konten des Hauptbuchs
  (6) Aufstellung der Schlussbilanz aufgrund der Inventurwerte
  (7) Abschluss der Konten über das Schlussbilanzkonto nach Abgleich mit den Ist-Beständen

Aufgaben

1 *Eröffnen Sie die Bestandskonten; tragen Sie die Buchungssätze zu den Geschäftsfällen im Grundbuch ein. Buchen Sie die Geschäftsfälle auf den Konten und schließen Sie die Konten über das Schlussbilanzkonto ab.*

Anfangsbestände:	€		€
0500 Grundstücke mit Gebäuden	150 000,00	2880 Kassenbestand	5 000,00
0840 Fuhrpark	40 000,00	3000 Eigenkapital	270 000,00
0860 Geschäftsausstattung	24 000,00	4250 Verbindlichkeiten gegenüber Banken	120 000,00
2400 Forderungen a. LL.	36 000,00	4400 Verbindlichkeiten a. LL.	15 000,00
2800 Bankguthaben	150 000,00		

Geschäftsfälle:	€
1. **Eingangsrechnung:** Zielkauf eines Pkw	40 000,00
2. **Ausgangsrechnung:** Zielverkauf eines gebrauchten PC	500,00
3. **Bankauszug:** Banküberweisung an einen Lieferer	35 000,00
4. **Kassenbeleg:** Bareinzahlung auf das Bankkonto	2 000,00
5. **Bankauszug:** Banküberweisung von einem Kunden	17 400,00
6. **Bankauszug:** Verkauf eines gebrauchten Pkw gegen Abbuchung vom Bankkonto	6 000,00
7. **Bankauszug:** Banküberweisung der Tilgungsrate für das Darlehen	20 000,00
8. **Bankauszug:** Kunde bezahlt fällige Rechnung durch Banküberweisung	1 400,00
9. **Bankauszug:** Einkauf eines Büroregals gegen Girocard	1 200,00

2 *Stellen Sie die Eröffnungsbilanz auf. Richten Sie die Bestandskonten ein und übernehmen Sie die Anfangsbestände. Buchen Sie die Geschäftsfälle auf den Konten bei Angabe der Nummer des Geschäftsfalles und des Gegenkontos.*
Schließen Sie die Konten über das Schlussbilanzkonto ab.

Anfangsbestände:	€		€
0860 Geschäftsausstattung	420 000,00	3000 Eigenkapital	488 000,00
2400 Forderungen a. LL.	115 000,00	4250 Darlehensschulden	200 000,00
2800 Bankguthaben	226 000,00	4400 Verbindlichkeiten a. LL.	84 000,00
2880 Kassenbestand	11 000,00		

Geschäftsfälle:	€
1. **Bankauszug:** Kunde bezahlt fällige Ausgangsrechnung durch Banküberweisung	35 000,00
2. **Eingangsrechnung:** Zielkauf einer Kühlanlage für das Lager	60 000,00
3. **Bankauszug:** Banküberweisung an Lieferer für fällige Eingangsrechnung	36 000,00
4. **Bankauszug:** Bareinzahlung auf das Bankkonto	5 000,00
5. **Ausgangsrechnung:** Verkauf eines gebrauchten Gabelstaplers	6 000,00
6. **Bankauszug:** Banküberweisung einer Tilgungsrate der Darlehensschuld	20 000,00

3 *Stellen Sie die Eröffnungsbilanz auf. Richten Sie die Bestandskonten ein und übernehmen Sie die Anfangsbestände. Buchen Sie die Geschäftsfälle auf den Konten bei Angabe der Nummer des Geschäftsfalles. Schließen Sie die Konten über das SBK ab.*

Anfangsbestände:	€		€
0500 Grundstücke mit Gebäuden	600 000,00	2800 Bankguthaben	180 000,00
0840 Fuhrpark	130 000,00	2880 Kassenbestand	13 000,00
0860 Geschäftsausstattung	90 000,00	3000 Eigenkapital	694 000,00
2400 Forderungen a. LL.	85 000,00	4250 Darlehensschulden	312 000,00
		4400 Verbindlichkeiten a. LL.	92 000,00

Geschäftsfälle:	*€*
*1. **Eingangsrechnung:** Zielkauf eines Computers*	*15000,00*
*2. **Bankauszug:** Banküberweisung der Tilgungsrate für die Darlehensschuld*	*25000,00*
*3. **Bankauszug:** Kunde bezahlt fällige AR mit Banküberweisung*	*17000,00*
*4. **Ausgangsrechnung:** Zielverkauf eines gebrauchten Pkw*	*9000,00*
*5. **Bankauszug:** Einzahlung auf das Bankkonto bar*	*10000,00*
*6. **Vertrag:** Lieferer stundet eine fällige ER auf sechs Jahre*	*25000,00*
*7. **Vertrag, Bankauszug:** Kauf einer Lagerhalle gegen Banküberweisung*	*80000,00*
*8. **Eingangsrechnung:** Zielkauf eines Pkw*	*38000,00*
*9. **Bankauszug:** Banküberweisung an Lieferer für fällige ER*	*13000,00*
*10. **Ausgangsrechnung, Quittung:** Barverkauf eines gebrauchten Personalcomputers*	*200,00*

Web

1.6 Geschäftsprozesse zur Ermittlung des Ergebnisses auf Erfolgskonten darstellen

Silvia Land: *„Tag für Tag kommen Lkws mit Span-, Tischlerplatten, Scharnieren, Schlössern, Metallstangen, die sofort in die Produktion gebracht werden, täglich verkaufen wir Büromöbel. Solche Fälle habe ich bisher aber noch nicht gebucht. Überhaupt – ich hätte mal gerne gewusst, ob sich das Ganze auch lohnt."*

Frau König: *„Das ist richtig, Silvia, aber ich denke, dass das Buchen auf Bestandskonten dafür die Voraussetzung ist."*

Arbeitsaufträge

- ***Erläutern Sie, welche Ziele die Bürodesign GmbH mit der Produktion und dem Verkauf von Erzeugnissen verfolgt.***
- ***Erläutern Sie die Auswirkungen des Rohstoffverbrauchs einerseits und des Verkaufs von fertigen Erzeugnissen andererseits auf die Bilanz.***
- ***Zeigen Sie Buchungsmöglichkeiten dieser Vorgänge auf.***
- ***Machen Sie einen Vorschlag, wie der Erfolg einer Unternehmung ermittelt werden kann.***

■ Veränderungen des Eigenkapitals durch Aufwendungen und Erträge

Die bisher gebuchten Geschäftsfälle veränderten Bestände der Bilanz. Eine Bilanzposition wurde nicht berührt, das **Eigenkapital**. Dieses wird jedoch durch die eigentliche Unternehmenstätigkeit (Produktion und Absatz von Erzeugnissen) laufend verändert.

Mit dieser Tätigkeit will das Unternehmen das eingesetzte Kapital vermehren, also Gewinn erzielen. Das Unternehmen setzt sich aber dadurch auch dem Risiko aus, durch Verluste das Eigenkapital zu verlieren.

Minderungen des Eigenkapitals durch Aufwendungen

Um die Erzeugnisse zu produzieren, muss das Unternehmen **Werkstoffe**, menschliche **Arbeitsleistungen** und **Betriebsmittel** einsetzen (= **Verbrauch von Produktionsfaktoren**).

Alle Ausgaben für die eingesetzten Produktionsfaktoren mindern das Vermögen und zugleich das Eigenkapital. Solche **Verbräuche von Produktionsfaktoren** werden als **Aufwendungen** bezeichnet.

↓

- **Ausgaben für verbrauchte Werkstoffe** (Materialeinkäufe)
- **Mietzahlungen für Betriebsmittel**
- **Lohn- und Gehaltszahlungen für die Arbeitsleistungen**

Beim Eingang der Roh-, Hilfs- und Betriebsstoffe wird unterstellt, dass sie unmittelbar zur Herstellung von Erzeugnissen eingesetzt und verbraucht werden, also das Lager nicht berühren. Sie werden daher sofort beim Eingang als Materialverbrauch oder Materialaufwand erfasst (**verbrauchsorientierte Erfassung**).

Mehrungen des Eigenkapitals durch Erträge

Die **Ergebnisse des Produktionsprozesses sind fertige Erzeugnisse** (verkaufsreife Büromöbel). Sie werden auf dem Absatzmarkt verkauft. Die dadurch erzielten **Umsatzerlöse** sollen den Verbrauch von Produktionsfaktoren ersetzen und darüber hinaus dem Unternehmen einen **Gewinn** bringen. Damit dieses Ziel erreicht wird, müssen die Umsatzerlöse größer als der gesamte Einsatz an Produktionsfaktoren sein:

Beispiel *Herstellung und Absatz von 2000 Bürotischen:*

				€	€
Bewerteter Verbrauch (in €) von Produktionsfaktoren	Personaleinsatz	→	Löhne, Gehälter	325000,00	
	Nutzung von Anlagen	→	Mieten	20000,00	
	Materialeinsatz	→	Rohstoffaufwand	140000,00	
		→	Hilfsstoffaufwand	15000,00	
	Gesamteinsatz der Rechnungsperiode = Aufwand				500000,00
Bewerteter Zuwachs (in €) an Vermögen	Verkauf der Erzeugnisse	→	Umsatzerlöse	600000,00	
	Gesamtzuwachs der Rechnungsperiode = Ertrag				600000,00
Differenz von Wertezuwachs und Verbrauch in €					
	Aufwand < Ertrag = Gewinn				100000,00

Durch die Umsatzerlöse des Industriebetriebs wird ein Wertezuwachs des Vermögens (liquide Mittel, Forderungen) erzielt, der gleichzeitig eine Mehrung des Eigenkapitals darstellt. Diese Eigenkapitalmehrungen werden als **Erträge** bezeichnet.

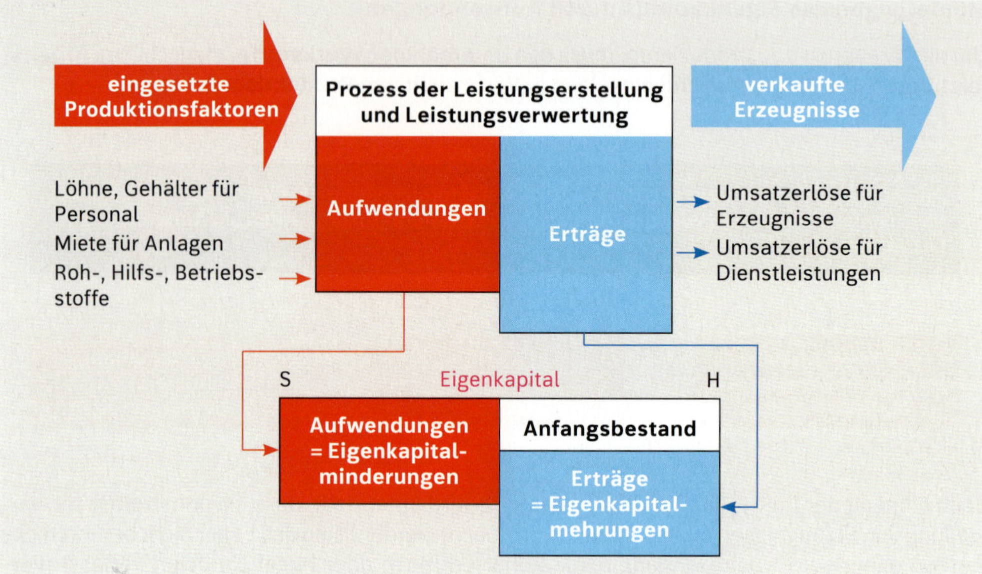

■ Buchungen der Aufwendungen und Erträge auf Unterkonten des Eigenkapitals

Buchungen der Aufwendungen und Erträge

Eine **unmittelbare Buchung** der Aufwendungen und Erträge **auf dem Eigenkapitalkonto** hat **Nachteile**:

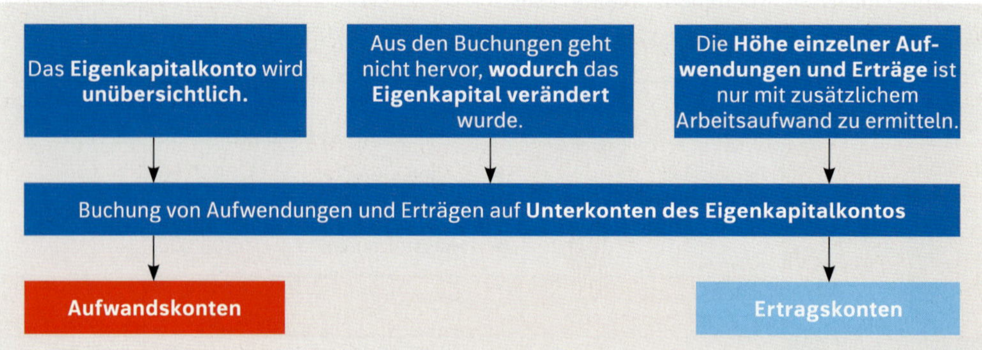

Weil die Aufwendungen und Erträge den Erfolg eines Unternehmens bestimmen, werden die Aufwands- und Ertragskonten als **Erfolgs- oder Ergebniskonten** bezeichnet. Durch die getrennte Erfassung der einzelnen Aufwands- und Ertragsarten werden dem Unternehmer Ursachen und Höhe der Eigenkapitalveränderungen verdeutlicht.

Beispiel *Durch die Einrichtung eines Aufwandskontos „Aufwendungen für Rohstoffe", „Löhne", „Fremdinstandsetzungen" verschafft sich der Unternehmer einen genauen Überblick über die genannten Aufwandsarten und deren Höhe. Durch Vergleich von Jahr zu Jahr stellt er so die Entwicklung dieser Aufwandsarten fest.*

Die Erfolgskonten sind also ein bedeutendes Informations- und Kontrollinstrument über die einzelnen Aufwands- und Ertragsarten. Daher empfiehlt sich für jede Aufwands- und Ertragsart ein besonderes **Unterkonto**.

Soll	3000 Eigenkapital	Haben
Eigenkapitalminderungen		**Anfangsbestand** Eigenkapitalmehrungen

↓ Eigenkapitalminderungen:

Verbrauch oder Einsatz von Produktionsfaktoren in Euro (Werteverzehr)

Aufwandsarten

- 60 Aufwendungen für Roh-, Hilfs- und Betriebsstoffe
- 6050 Energie (Strom, Heizung, Benzin)
- 6160 Fremdinstandsetzung (Reparatur an Maschinen, Fahrzeugen, Gebäuden)
- 6200 Löhne (Facharbeiter, Lkw-Fahrer)
- 6300 Gehälter (Büroangestellte, Reisende)
- 68 Aufwendungen für Kommunikation (Büromaterial, Postwertzeichen, Telekommunikation, Werbung)
- 6900 Versicherungsbeiträge
- 7510 Zinsaufwendungen
- 7700 Gewerbesteuer

↓ Eigenkapitalmehrungen:

Wertezuwachs durch erbrachte Leistungen für den Absatzmarkt in Euro

Ertragsarten

- 5000 Umsatzerlöse für eigene Erzeugnisse
- 5400 Mieterträge
- 5710 Zinserträge

Buchungsregeln für Aufwands- und Ertragskonten

Für die Buchungen

- der Aufwendungen als **Eigenkapitalminderungen** auf den **Aufwandskonten** und
- für die Buchungen der Erträge als **Eigenkapitalmehrungen** auf den **Ertragskonten**

gelten die **Buchungsregeln für passive Bestandskonten**:

> ***Aufwendungen sind auf Aufwandskonten als Eigenkapitalminderungen im Soll, Erträge auf Ertragskonten als Mehrungen des Eigenkapitals im Haben zu buchen.***

Soll	3000 Eigenkapital	Haben
Eigenkapitalminderung ←	**Buchung der Eigenkapitalveränderungen**	→ **Anfangsbestand** Eigenkapitalmehrung

S	Aufwandskonten	H
Eigenkapital-minderung		

S	Ertragskonten	H
		Eigenkapital-mehrung

Beispiel

1. *Banküberweisung der Löhne für Facharbeiter* *325 000,00 €*
2. *Verkauf von fertigen Erzeugnissen auf Ziel* *600 000,00 €*

Aufwandskonto

S	6200 Löhne	H
1. 2800 Ba 325 000,00		

↓

Minderung des Eigenkapitals

Ertragskonto

S	5000 Umsatzerlöse	H
		2. 2400 Ford 600 000,00

↓

Mehrung des Eigenkapitals

Abschluss der Erfolgskonten über das Gewinn- und Verlustkonto

Am Ende des Geschäftsjahres werden die Konten abgeschlossen. Aufwendungen und Erträge werden gesammelt und gegenübergestellt, um den **Erfolg** (**Gewinn** oder **Verlust**) festzustellen.

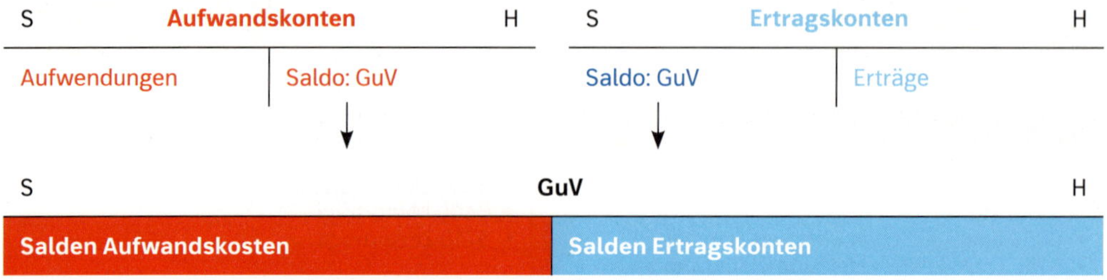

Abschlussbuchungen: *GuV* *an Aufwandskonten*
Ertragskonten *an GuV*

Die Kontenklasse 5 enthält die Ertragskonten, die Kontenklassen 6 und 7 enthalten die Aufwandskonten. Das Konto „Gewinn und Verlust" befindet sich in der Kontenklasse 8.

Ermittlung und Buchung des Ergebnisses

Nach dem Abschluss der Erfolgskonten kann auf dem Konto „Gewinn und Verlust" der **Unternehmungserfolg** oder das **Unternehmungsergebnis** festgestellt werden.

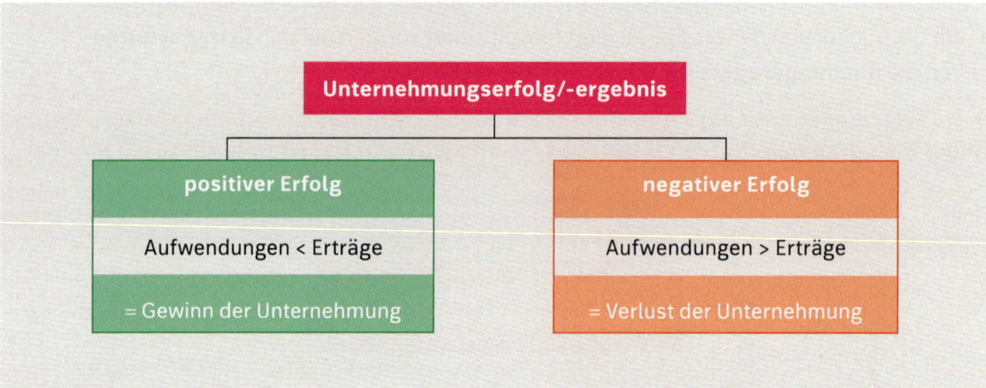

Der Gewinn oder der Verlust wird auf das Eigenkapitalkonto übertragen (vgl. S. 151).

Beispiel 1		Beispiel 2
500000,00	Eigenkapital Anfangsbestand	700000,00
500000,00	Aufwendungen des Geschäftsjahres	720000,00
600000,00	Erträge des Geschäftsjahres	670000,00

Beispiel 1

S — 8020 GuV (bei Gewinn) — H

S	H
Aufwendungen 500000,00	Erträge 600000,00
Gewinn 100000,00	

Eigenkapitalmehrung

S — 3000 Eigenkapital — H

S	H
	Anfangsbestand 500000,00
	Gewinn 100000,00

Abschlussbuchungssatz bei Gewinn:
8020 GuV 100000,00
an 3000 EK 100000,00

Beispiel 2

S — 8020 GuV (bei Verlust) — H

S	H
Aufwendungen 720000,00	Erträge 670000,00
	Verlust 50000,00

Eigenkapitalminderung

S — 3000 Eigenkapital — H

S	H
Verlust 50000,00	Anfangsbestand 700000,00

Abschlussbuchungssatz bei Verlust:
3000 EK 50000,00
an 8020 GuV 50000,00

Zusammenfassendes Beispiel

Aktiva — Eröffnungsbilanz eines Industrieunternehmens zum 1. Januar — Passiva

Aktiva		Passiva	
I. Anlagevermögen		I. Eigenkapital	600000,00
Geschäftsausstattung	200000,00	II. Schulden	
II. Umlaufvermögen		Verbindlichkeiten a.LL.	150000,00
Forderungen a.LL.	50000,00		
Bankguthaben	500000,00		
	750000,00		750000,00

Das Industrieunternehmen produzierte in der Rechnungsperiode 2000 Bürotische. Dabei fielen folgende Geschäftsfälle an:

	€
*1. **BA:** Banküberweisung der Löhne für Facharbeiter*	*325000,00*
*2. **BA:** Banküberweisung der Miete für gemietete Anlagen*	*20000,00*
*3. **BA, ER:** Einkauf von Rohstoffen gegen Banküberweisung*	*50000,00*
*4. **ER:** Einkauf von Hilfsstoffen auf Ziel*	*15000,00*
*5. **AR:** Verkauf von fertigen Erzeugnissen auf Ziel: 1500 Bürotische à 300,00 €*	*450000,00*
*6. **ER:** Einkauf von Rohstoffen auf Ziel*	*90000,00*
*7. **AR, BA:** Verkauf von fertigen Erzeugnissen gegen Banküberweisung 500 Bürotische à 300,00 €*	*150000,00*

Buchung der Fälle 1 bis 4 und 6 auf Aufwandskonten

	€
1. 6200 Löhne an 2800 Bankguthaben	*325000,00*
2. 6700 Miete an 2800 Bankguthaben	*20000,00*
3. 6000 Rohstoffaufwand an 2800 Bankguthaben	*50000,00*
4. 6020 Hilfsstoffaufwand an 4400 Verbindlichkeiten a.LL.	*15000,00*
6. 6000 Rohstoffaufwand an 4400 Verbindlichkeiten a.LL.	*90000,00*

Buchung der Fälle 5 und 7 auf dem Ertragskonto

	€
5. 2400 Forderungen a.LL. an 5000 Umsatzerlöse	*450000,00*
7. 2800 Bankguthaben an 5000 Umsatzerlöse	*150000,00*

Bestandskonten

Aktive Bestandskonten

S — 0860 Geschäftsausstattung — H

S		H	
8000	200000,00	8010	200000,00

S — 2400 Forderungen a. LL. — H

S		H	
8000	50000,00	8010	500000,00
2100	450000,00		
	500000,00		500000,00

S — 2800 Bankguthaben — H

S		H	
8000	500000,00	(1) 6200	325000,00
(7) 2100	150000,00	(2) 6700	20000,00
		(3) 6000	50000,00
		8010	255000,00
	650000,00		650000,00

Passive Bestandskonten

S — 3000 Eigenkapital — H

S		H	
8010	700000,00	8000	600000,00
		8020	100000,00
	700000,00		700000,00

S — 4400 Verbindlichkeiten a. LL. — H

S		H	
8010	255000,00	8000	150000,00
		(4) 6020	15000,00
		(6) 6000	90000,00
	255000,00		255000,00

Erfolgskonten

Aufwandskonten

S — 6000 Aufwendungen für Rohstoffe — H

S		H	
(3) 2800	50000,00	8020	140000,00
(6) 4400	90000,00		
	140000,00		140000,00

S — 6020 Aufwendungen für Hilfsstoffe — H

S		H	
(4) 4400	15000,00	8020	15000,00

S — 6200 Löhne — H

S		H	
(1) 2800	325000,00	8020	325000,00

S — 6700 Miete — H

S		H	
(2) 2800	20000,00	8020	20000,00

Ertragskonten

S — 5000 Umsatzerlöse für eigene Erzeugnisse — H

S		H	
8020	600000,00	(5) 2400	450000,00
		(7) 2800	150000,00
	600000,00		600000,00

S — 8020 Gewinn- und Verlustkonto — H

S		H	
6000 Aufwendungen für Rohstoffe	140000,00	5000 Umsatzerlöse für eigene Erzeugnisse	600000,00
6020 Aufwendungen für Hilfsstoffe	15000,00		
6200 Löhne	325000,00		
6700 Miete	20000,00		
3000 Eigenkapital	**100000,00**		
	600000,00		600000,00

Abschlussbuchung für die Aufwandskonten

	€
8020 GuV an 6000 Rohstoffaufwand	*140000,00*
8020 GuV an 6020 Hilfstoffaufwand	*15000,00*
8020 GuV an 6200 Löhne	*325000,00*
8020 GuV an 6700 Mieten	*20000,00*
8020 GuV an 3000 Eigenkapital (Gewinn)	*100000,00*

Abschlussbuchung für das Ertragskonto

	€
5000 Umsatzerlöse an 8020 GuV	*600000,00*

Abschlussbuchungen aktive Bestandskonten

	€
8010 SBK an 0860 Geschäftsausstattung	*200000,00*
8010 SBK an 2400 Forderungen a. LL.	*500000,00*
8010 SBK an 2800 Bankguthaben	*255500,00*

Abschlussbuchungen passive Bestandskonten

	€
3000 Eigenkapital an 8010 SBK	*700000,00*
4400 Verbindlichkeiten a. LL. an 8010 SBK	*255000,00*

Aktiva — Schlussbilanz des Industrieunternehmens zum 31. Dezember — Passiva

Aktiva		Passiva	
I. Anlagevermögen		**I. Eigenkapital**	700000,00
Geschäftsausstattung	200000,00	**II. Schulden**	
II. Umlaufvermögen		Verbindlichkeiten a. LL.	255000,00
Forderungen a. LL.	500000,00		
Bankguthaben	255000,00		
	955000,00		955000,00

Die **Buchung** der Aufwendungen und Erträge auf den **Erfolgskonten** hat **Vorteile**:

- Aufwendungen und Erträge werden getrennt nach Aufwands- und Ertragsarten gebucht.
- Es wird ersichtlich, **welche Aufwendungen** und **Erträge den Erfolg** des Unternehmens besonders **bestimmen** (Aufwands- und Ertragskonten).

Beispiel

	€	%		€	%
6000 Rohstoffaufwand 6020 Hilfsstoffaufwand 6200 Löhne 6700 Miete 8020 GuV (Gewinn)	140000,00 15000,00 325000,00 20000,00 100000,00	23,3 2,5 54,2 3,3 16,7	5000 Umsatzerlöse	600000,00	100,0
	600000,00	100,0		600000,00	100,0

- Der Unternehmer kann die Entwicklung der Aufwendungen und Erträge feststellen, indem er die Werte der **Erfolgskonten mehrerer Jahre** miteinander vergleicht (Zeitvergleich).
- Durch **Vergleich** der betrieblichen **Aufwendungen mit denen anderer Betriebe** können die Ursachen zu hoher Aufwendungen entdeckt werden (Betriebsvergleich).
- Aufgrund der gewonnenen Erkenntnisse können **Maßnahmen zur Kostensenkung oder Ertragssteigerung** getroffen werden (Rationalisierung, Planung).

Zusammenfassung: Geschäftsprozesse zur Ermittlung des Ergebnisses auf Erfolgskonten darstellen

- Jedes Industrieunternehmen produziert und verkauft Erzeugnisse.
- Der dabei notwendige Einsatz von Produktionsfaktoren wird als **Aufwand** bezeichnet, der das Eigenkapital der Unternehmung mindert.
- Über die **Umsatzerlöse** versucht die Industrieunternehmung diesen Einsatz und einen Gewinn hereinzuholen und das eingesetzte Eigenkapital zu vermehren.
- Damit die Unternehmensleitung die Ursachen der Eigenkapitalveränderungen erkennt, werden Aufwendungen und Erträge artmäßig getrennt auf Unterkonten des **Eigenkapitalkontos** gebucht **Erfolgskonten** (**Aufwands-** und **Ertragskonten**).
- **Aufwandskonten** erfassen die **Eigenkapitalminderungen**, **Ertragskonten** die **Eigenkapitalmehrungen** durch die Unternehmenstätigkeit.
- Zur Ermittlung des Erfolges (Gewinn und Verlust) werden die Aufwands- und Ertragskonten über das **GuV-Konto** abgeschlossen.
- Der **Saldo** (Gewinn und Verlust) wird auf das **Eigenkapitalkonto** übertragen.
- Die Bezeichnung **„Gewinn- und Verlustkonto“** erklärt sich, weil ein Haben-Saldo (**Gewinn**) zum Ausgleich im Soll und ein Soll-Saldo (**Verlust**) im Haben eingetragen wird.
- Die **Gewinn- und Verlustrechnung** bildet **zusammen mit** der **Bilanz** den **Jahresabschluss**, der vom Kaufmann unter Angabe des Datums zu unterzeichnen ist (§ 245 HGB).

Aufgaben

1 ***Konten:*** *0700 Maschinen, 0840 Fuhrpark, 0860 Geschäftsausstattung, 2400 Forderungen a. LL., 2800 Bankguthaben, 2880 Kassenbestand, 3000 Eigenkapital, 4250 Darlehensschulden, 4400 Verbindlichkeiten a. LL., 5000 Umsatzerlöse für eigene Erzeugnisse, 6000 Aufwendungen für Rohstoffe, 6020 Aufwendungen für Hilfsstoffe, 6050 Aufwendungen für Energie, 6200 Löhne, 6300 Gehälter, 6700 Mieten, 6820 Postentgelte/Telekommunikation, 6870 Werbung, 7700 Gewerbesteuer, 8010 SBK, 8020 GuV.*

Anfangsbestände	*€*	***Anfangsbestände***	*€*
0700 Maschinen	*300 000,00*	*2880 Kassenbestand*	*5 400,00*
0840 Fuhrpark	*45 000,00*	*3000 Eigenkapital*	*430 780,00*
0860 Geschäftsausstattung	*55 000,00*	*4250 Darlehensschulden*	*150 000,00*
2400 Forderungen a. LL.	*30 000,00*	*4400 Verbindlichkeiten a. LL.*	*34 620,00*
2800 Bankguthaben	*180 000,00*		

Geschäftsfälle:	*€*
*1. **BA:** Banküberweisung der Miete für gemietete Gebäude*	*25 000,00*
*2. **ER:** Zieleinkauf von Rohstoffen*	*151 200,00*
*3. **ER, KB:** Bareinkauf eines Schreibtisches*	*940,00*
*4. **BA, Vertrag:** Darlehensaufnahme bei der Bank*	*200 000,00*
*5. **BA:** Lohnzahlung durch Banküberweisung*	*252 000,00*
*6. **BA:** Banküberweisung der Gewerbesteuer*	*8 400,00*
*7. **AR, BA:** Verkäufe von fertigen Erzeugnissen gegen Banküberweisung*	*545 000,00*
*8. **BA:** Banküberweisung der Gehälter*	*42 000,00*

9. **ER:** Zieleinkauf von Hilfsstoffen	33600,00
10. **KB, BA:** Barabhebung von der Bank	17600,00
11. **BA:** Ausgleich der betrieblichen Telefonrechnung	2060,00
12. **BA:** Banküberweisung für den Strom- und Gasverbrauch	16800,00
13. **AR:** Verkäufe von fertigen Erzeugnissen auf Ziel	394000,00
14. **BA:** Banküberweisung für Werbemaßnahmen	140000,00
15. **BA:** Einkauf von Rohstoffen gegen Zahlung mit Banküberweisung	168940,00
16. **KB:** Verkäufe von fertigen Erzeugnissen gegen Barzahlung	6000,00

a) Richten Sie die Konten ein.
b) Eröffnen Sie die Bestandskonten.
c) Buchen Sie die Geschäftsfälle im Grund- und Hauptbuch.
d) Führen Sie den Abschluss durch.
e) Berechnen Sie
   1. den Herstellungsaufwand für ein Erzeugnis, wenn die Produktion 7000 Stück umfasste,
   2. den Verkaufspreis pro Stück, wenn 7000 Stück verkauft wurden,
   3. den Gewinn pro Stück in Euro und in Prozent vom Herstellungsaufwand pro Stück.

2 Konten: 0700 Maschinen, 2400 Forderungen a. LL., 2800 Bankguthaben, 2880 Kassenbestand, 3000 Eigenkapital, 4400 Verbindlichkeiten a. LL., 5000 Umsatzerlöse für eigene Erzeugnisse, 6000 Aufwendungen für Rohstoffe, 6050 Aufwendungen für Energie, 6200 Löhne, 6300 Gehälter, 6700 Mieten, 7700 Gewerbesteuer, 8010 SBK, 8020 GuV.

Anfangsbestände	€	**Anfangsbestände**	€
0700 Maschinen	250000,00	2880 Kassenbestand	5000,00
2400 Forderungen a. LL.	50000,00	3000 Eigenkapital	500000,00
2800 Bankguthaben	320000,00	4400 Verbindlichkeiten a. LL.	125000,00

Geschäftsfälle:	€
1. **ER:** Zieleinkauf von Rohstoffen	75000,00
2. **BA:** Banküberweisung von Kunden für fällige AR	15000,00
3. **BA:** Banküberweisung der Löhne an Facharbeiter	175000,00
4. **AR:** Zielverkäufe von fertigen Erzeugnissen	325000,00
5. **BA:** Banküberweisung für fällige AR von Kunden	300000,00
6. **BA:** Gehaltszahlungen durch Banküberweisung an Angestellte	150000,00
7. **BA:** Banküberweisung der Miete für gemietete Gebäude	50000,00
8. **AR:** Verkäufe von fertigen Erzeugnissen auf Ziel	295000,00
9. **BA:** Banküberweisung der Gewerbesteuer	30000,00
10. **AR, KB:** Verkäufe von fertigen Erzeugnissen gegen Barzahlung	5000,00
11. **BA:** Banküberweisung für den Strom- und Gasverbrauch	20000,00
12. **BA:** Banküberweisung an Lieferer für fällige ER	82000,00

Führen Sie die Finanzbuchhaltung zur Ermittlung des Jahresabschlusses durch.

3
4 Eine Industrieunternehmung ermittelte vor dem Abschluss der Erfolgskonten folgende Salden:

	Aufgabe 3		Aufgabe 4	
Konten	Soll €	Haben €	Soll €	Haben €
0700 Maschinen	230000,00		980000,00	
0860 Geschäftsausstattung	25000,00		340000,00	
2400 Forderungen a. LL.	35000,00		180000,00	
2800 Bankguthaben	146000,00		457200,00	

	Aufgabe 3		Aufgabe 4	
Konten	**Soll €**	**Haben €**	**Soll €**	**Haben €**
2880 Kassenbestand	6400,00		12000,00	
3000 Eigenkapital		105000,00		1248000,00
4250 Darlehensschulden		240000,00		409000,00
4400 Verbindlichkeiten a. LL.		76400,00		125000,00
6000 Aufwendungen für Rohstoffe	44800,00		216000,00	
6020 Aufwendungen für Hilfsstoffe	19600,00		115200,00	
6050 Aufwand für Energie	7000,00		43200,00	
6200 Löhne	49000,00		252000,00	
6300 Gehälter	7000,00		36000,00	
6800 Büromaterial	11200,00		50400,00	
7700 Gewerbesteuer	1400,00		7200,00	
5000 Umsatzerlöse		161000,00		907200,00

a) Berechnen Sie den Unternehmungsgewinn.
b) Geben Sie den Endbestand des Eigenkapitals an.
c) Berechnen Sie die gesamten Aufwendungen des Geschäftsjahres.

5 *Eine Möbelfabrik erstellte und verkaufte im Geschäftsjahr 2000 Eichentruhen. Sie verwendete dazu folgende Materialien:* ***Rohstoffe:*** *Eiche;* ***Hilfsstoffe:*** *Beize, Lack, Schrauben;* ***Betriebsstoffe:*** *Maschinenöl.*

Konten der Möbelfabrik: *0700 Maschinen, 0860 Geschäftsausstattung, 2400 Forderungen a. LL., 2800 Bankguthaben, 2880 Kassenbestand, 3000 Eigenkapital, 4250 Darlehensschulden, 4400 Verbindlichkeiten a. LL., 5000 Umsatzerlöse für eigene Erzeugnisse, 6000 Aufwendungen für Rohstoffe, 6020 Aufwendungen für Hilfsstoffe, 6050 Aufwendungen für Energie, 6200 Löhne, 6300 Gehälter, 6700 Mieten, 6870 Werbung, 7700 Gewerbesteuer, 8010 SBK, 8020 GuV.*

Anfangsbestände	*€*	***Anfangsbestände***	*€*
0700 Maschinen	*450000,00*	*2880 Kassenbestand*	*13000,00*
0860 Geschäftsausstattung	*152000,00*	*3000 Eigenkapital*	*932570,00*
2400 Forderungen a. LL.	*126000,00*	*4250 Darlehensschulden*	*350000,00*
2800 Bankguthaben	*820000,00*	*4400 Verbindlichkeiten a. LL.*	*278430,00*

Geschäftsfälle:	*€*	*€*
1. ***ER:*** *Zielkauf einer Holzfräse*		*30000,00*
2. ***AR, KB:*** *Barverkauf eines gebrauchten Aktenschranks*		*750,00*
3. ***ER:*** *Zieleinkäufe von*		
a) Eichenholz	*330000,00*	
b) Beize	*12000,00*	*342000,00*
4. ***BA:*** *Banküberweisungen für*		
a) Lohnzahlungen an Arbeiter	*429600,00*	
b) Gewerbesteuer an die Stadtkasse	*31600,00*	
c) Mieten für gemietete Betriebsgebäude an Vermieter	*221200,00*	
d) Tilgungsrate einer Darlehensschuld	*35000,00*	*717400,00*
5. ***KB, BA:*** *Zahlungen von Kunden für fällige Ausgangsrechnungen*		
a) bar	*6000,00*	
b) mit Banküberweisung	*84000,00*	*90000,00*
6. ***KB:*** *Einkauf von Maschinenöl bar*		*400,00*

7. ***ER, BA:*** *Banklastschriften für*
   a) Einkauf von Schrauben gegen Banküberweisung 1 300,00
   b) Banküberweisung an Lieferer für fällige ER............ 35 300,00 36 600,00
8. ***ER:*** *Zieleinkauf von Lack 9 600,00*
9. ***AR, KB, BA:*** *Verkäufe von Eichentruhen*
   a) bar... 1 920,00
   b) gegen Banküberweisung 520 000,00
   c) mit Zielgewährung von 30 Tagen 800 000,00 1 321 920,00
10. ***BA:*** *Banküberweisungen für*
   a) Strom- und Gasverbrauch......................... 125 100,00
   b) Werbemaßnahmen „Aktion Eichentruhen“ 63 200,00 188 300,00

Führen Sie die Finanzbuchhaltung zur Ermittlung des Jahresabschlusses durch.

6 *Prüfen Sie, welche der folgenden Aussagen*
(1) nur auf Aktivkonten,
(2) nur auf Passivkonten,
(3) auf alle Bestandskonten,
(4) nur auf Aufwandskonten,
(5) nur auf Ertragskonten,
(6) auf alle Erfolgskonten zutreffen.

Aussagen:
a) Sie haben keinen Anfangsbestand.
b) Der Saldo steht im Haben und wird auf das GuV-Konto übertragen.
c) Auf diesen Konten werden Eigenkapitalmehrungen gebucht.
d) Der Anfangsbestand steht im Haben.
e) Es sind Unterkonten des Eigenkapitals.
f) Auf diesen Konten werden Eigenkapitalminderungen gebucht.
g) Der Saldo wird auf der Soll-Seite des SBK eingetragen.
h) Sie erteilen Auskunft über die Vermögensänderungen.
i) Sie haben einen Endbestand.
j) Ihre Salden werden im Haben des GuV-Kontos gesammelt.

7 *Das Vermögen einer Industrieunternehmung beträgt am Ende des Geschäftsjahres 7 200 T€, die Schulden 3 700 T€. Im Laufe des Jahres sind 9 000 T€ Aufwendungen und 9 150 T€ Erträge entstanden.*
Berechnen Sie
a) das Eigenkapital am Ende des Geschäftsjahres,
b) das Eigenkapital am Anfang des Jahres.

8 *Berechnen Sie die Aufwendungen der Bürodesign GmbH als Prozentanteil der Gesamtaufwendungen und vergleichen Sie diese mit den Branchenkennzahlen.*

	Bürodesign GmbH in €	**Branche in %**
Aufwendungen für Roh-, Hilfs- und Betriebsstoffe	4 556 000,00	55
Personalaufwendungen	1 980 000,00	30
Mieten, Instandhaltungen, Reinigung, Versicherungen	315 600,00	6
Aufwendungen für Energie	54 000,00	1
Werbung	75 000,00	3
Steuern	285 000,00	5

Web

Diskutieren Sie in Gruppen über die Ursachen der Abweichungen und über mögliche Maßnahmen der Bürodesign GmbH.
Präsentieren Sie die Gruppenergebnisse in der Klasse.
Vergleichen Sie Ihre Ergebnisse und entwickeln Sie einen Ursachen- und Maßnahmenkatalog.

1.7 Inventur- (Ist-) und Buchbestände (Soll-Bestände) abgleichen

1.7.1 Materialbestandsveränderungen berechnen und buchen

Die Bürodesign GmbH hatte zu Beginn des Geschäftsjahres für die Herstellung des Bürotisches Xama 2000 210 Holzplatten auf Lager. Im Laufe des Jahres kaufte sie weitere 2500 Holzplatten à 85,00 € ein. Silvia Land erfasste diesen Einkauf auf dem Konto „Rohstoffaufwand". Sie unterstellte dabei, dass die Rohstoffe auch im Abrechnungsjahr verbraucht und somit zu Aufwand wurden. *„Da stimmt doch etwas mit unserem Bestandskonto nicht"*, stellt sie fest, als sie bei der Inventur zum 31. Dezember 20.. am Lager 480 Stück zählt.

Arbeitsauftrag
- ***Geben Sie Gründe an, warum sich zum Jahresende mehr Holzplatten auf Lager befinden als zu Beginn des Geschäftsjahres, und machen Sie Vorschläge für die Berichtigung des Lagerbestandes in der Buchhaltung.***

Materialbestandsmehrungen

Bisher wurde bei der Buchung von Rohstoffeinkäufen **unterstellt** (vgl. S. 147), dass alle eingekauften Rohstoffe in demselben Geschäftsjahr verbraucht wurden. Daher wurden die eingekauften Rohstoffe als Aufwand auf dem Konto „Rohstoffaufwand" gebucht. Es ist jedoch in der Praxis die Regel, dass nicht alle eingekauften Rohstoffe im selben Geschäftsjahr verbraucht werden.

Dieser Sachverhalt ist eingetreten, wenn der Rohstoffbestand lt. Inventur am Ende des Geschäftsjahres größer als am Anfang des Geschäftsjahres ist.

Der tatsächliche Rohstoffeinsatz ist also kleiner als der gebuchte Rohstoffaufwand. Es entstand zusätzliches Vermögen in Form eines Lagerbestandes an Rohstoffen. Der im Laufe des Geschäftsjahres beim Eingang gebuchte Rohstoffaufwand muss daher vor dem Abschluss der Konten um diesen Lagerbestandszugang berichtigt werden.

Die **Bestandsmehrung** wird auf dem **Bestandskonto „Rohstoffe"** zur Anpassung des Soll-Bestandes an den Ist-Bestand als Zugang erfasst. Die Gegenbuchung nimmt das Konto „Rohstoffaufwand" im Haben auf. Der hier zu hoch angesetzte Rohstoffaufwand wird dadurch korrigiert.

Mit dieser Buchung wird der Abschluss des Bestandskontos „Rohstoffe" und des Erfolgskontos „Rohstoffaufwand" vorbereitet. Diese Buchung wird als **vorbereitende Abschlussbuchung** oder **Umbuchung** bezeichnet.

Durch folgende Gegenüberstellung wird der Unterschied von Umbuchung und Abschlussbuchung verdeutlicht.

Umbuchung	Abschlussbuchung
• Bei einer Bestandsmehrung werden die Eintragungen in den Konten – Rohstoffbestand und – Rohstoffaufwendungen berichtigt. • Diese beiden Konten müssen also noch für den Abschluss vorbereitet werden.	• Nach der Erfassung der Bestandsmehrung werden die Konten „Rohstoffbestand" und „Rohstoffaufwand" abgeschlossen, d.h., die Salden werden auf ein Sammelkonto (GuV oder SBK) übertragen. • Abschlussbuchungen müssen somit das GuV-Konto oder das SBK anrufen.

- ***Auf dem Konto „Rohstoffe" wird nach Erfassung der Bestandsmehrung der Bestand lt. Inventur (Ist-Bestand) ausgewiesen.***
- ***Rohstoffbestand = Soll-Bestand + Bestandsmehrung***
- ***Auf dem Konto „Rohstoffaufwand" ergibt sich der Rohstoffaufwand (Verbrauch in der Fertigung) erst nach Ausbuchung des Lagerzugangs.***
- ***Rohstoffaufwand = Rohstoffeinkäufe – Bestandsmehrung***

Beispiel *Rohstoffbestandsmehrung*

1. Anfangsbestand	*210 Holzplatten à 85,00 =*	*17850,00 €*
2. Einkäufe auf Ziel	*2500 Holzplatten à 85,00 =*	*212500,00 €*
3. Endbestand lt. Inventur	*480 Holzplatten à 85,00 =*	*40800,00 €*

Anfangsbestand		*Endbestand*		*Bestandsmehrung*
210 Stück zu 85,00 €	<	*480 Stück zu 85,00 €*	→	*270 Stück zu 85,00 €*
17850,00 €		*40800,00 €*		*22950,00 €*

Umbuchung:
2000 Rohstoffe 22950,00 an 6000 Rohstoffaufwand 22950,00

S — 2000 Rohstoffe — H

S			H
(1) 2000	17850,00	8010	40800,00
(3) 6000	22950,00		
	40800,00		40800,00

S — 6000 Rohstoffaufwand — H

S			H
(2) 4400	212500,00	(2) 2000	22950,00
		8020	189550,00
	212500,00		212500,00

S — 8010 SBK — H

S			H
2000	40800,00		

S — 8020 GuV — H

S			H
6000	189550,00		

■ Materialbestandsminderung

Neben den Materialeinkäufen einer Rechnungsperiode können Bestände aus dem Vorjahr während der laufenden Rechnungsperiode in der Fertigung eingesetzt werden. Es ist also denkbar, dass der Materialeinsatz einer Rechnungsperiode größer ist als der Wert der Materialeinkäufe. Dieser Sachverhalt ist eingetreten, wenn der Materialbestand lt. Inventur am Ende des Geschäftsjahres kleiner ist als am Anfang des Geschäftsjahres. Die **Materialbestandsminderung** stellt eine Vermögens- und Eigenkapitalminderung dar, die als zusätzlicher Aufwand auf dem entsprechenden Aufwandskonto – z.B. Rohstoffaufwand – erfasst wird. Materialbestand und Materialaufwand sind also zu berichtigen.

- ***Auf dem Konto „Rohstoffe“ wird nach Erfassung der Bestandsminderung der Bestand lt. Inventur (Ist-Bestand) ausgewiesen.***
- ***Rohstoffbestand = Soll-Bestand – Bestandsminderung***
- ***Auf dem Konto „Rohstoffaufwand“ ergibt sich der Rohstoffaufwand (Verbrauch in der Fertigung) erst nach Ausbuchung der Bestandsminderung.***
- ***Rohstoffaufwand = Rohstoffeinkäufe + Bestandsminderung***

Beispiel *Rohstoffbestandsminderung (Fortsetzung des Beispiels S. 159)*

1. Anfangsbestand	*480 Holzplatten à 85,00 =*	*40800,00 €*
2. Einkäufe auf Ziel	*2500 Holzplatten à 85,00 =*	*212500,00 €*
3. Endbestand lt. Inventur	*120 Holzplatten à 85,00 =*	*10200,00 €*

Anfangsbestand		*Endbestand*		*Bestandsminderung*
480 Stück zu 85,00 €	>	*120 Stück zu 85,00 €*	→	*360 Stück zu 85,00 €*
40800,00 €		*10200,00 €*		*30600,00 €*

Umbuchung:
6000 Rohstoffaufwand 30600,00 an 2000 Rohstoffe 30600,00

S	2000 Rohstoffe		H
(1) 2000	40800,00	(3) 6000	30600,00
		8010	10200,00
	40800,00		40800,00

S	6000 Rohstoffaufwand		H
(2) 4400	212500,00	8020	243100,00
2000	30600,00		
	243100,00		243100,00

S	8010 SBK		H
2000	10200,00		

S	8020 GuV		H
6000	243100,00		

Zusammenfassung: Materialbestandsveränderungen berechnen und buchen

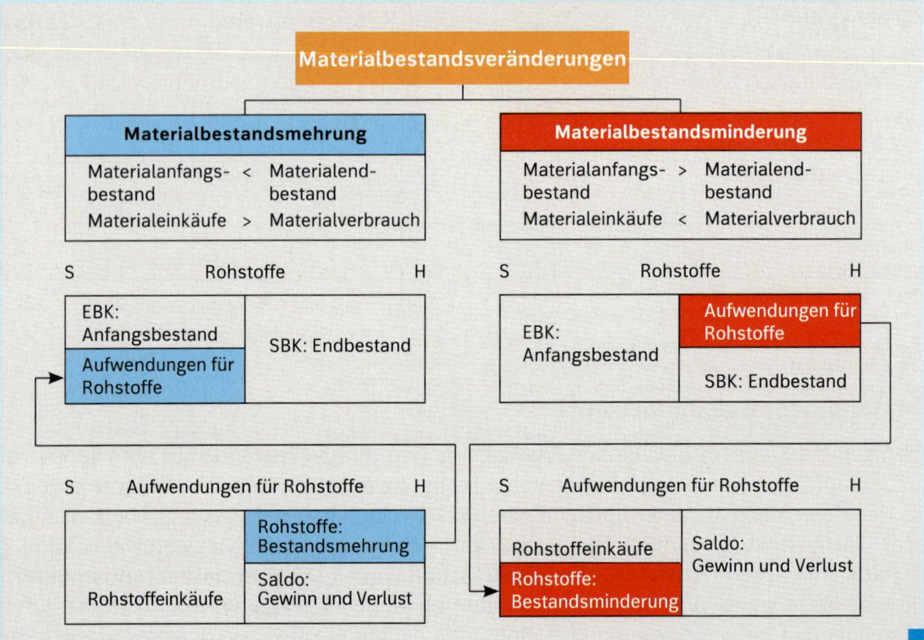

Aufgaben

1 **Konten eines Industrieunternehmens:** *0700 Maschinen, 2000 Rohstoffe, 2020 Hilfsstoffe, 2400 Forderungen a. LL., 2800 Bankguthaben, 2880 Kasse, 3000 Eigenkapital, 4400 Verbindlichkeiten a. LL., 5000 Umsatzerlöse, 6000 Aufwendungen für Rohstoffe, 6020 Aufwendungen für Hilfsstoffe, 6200 Löhne, 8010 SBK, 8020 GuV.*

Anfangsbestände	**€**		€
0700 Maschinen	300 000,00	2800 Bankguthaben	529 700,00
2000 Rohstoffe	10 000,00	2880 Kasse	5 000,00
2020 Hilfsstoffe	4 000,00	3000 Eigenkapital	729 000,00
2400 Forderungen a. LL.	51 300,00	4400 Verbindlichkeiten a. LL.	171 000,00

Geschäftsfälle:	€	€
1. **ER:** Zieleinkäufe von Rohstoffen		305 200,00
2. **AR, BA:** Verkäufe von fertigen Erzeugnissen		
a) gegen Zielgewährung von 30 Tagen	400 000,00	
b) gegen sofortige Zahlung per Banküberweisung	69 200,00	469 200,00
3. **ER, BA:** Banklastschriften		
a) Hilfsstoffeinkauf gegen Zahlung per Banküberweisung	52 800,00	
b) Lohnzahlungen an Facharbeiter	204 000,00	256 800,00
4. **AR, KB:** Verkauf einer gebrauchten Maschine bar		7 000,00

Abschlussangaben:

Endbestände lt. Inventur:

Rohstoffe	48 000,00
Hilfsstoffe	18 000,00

a) Buchen Sie die Geschäftsfälle und führen Sie den Abschluss durch.

b) Berechnen Sie für eine produzierte Menge von 6 800 Einheiten

ba) den Herstellungsaufwand und den Verkaufspreis für ein Erzeugnis,

bb) den Erfolg je Einheit in Euro und in Prozent vom Herstellungsaufwand.

2 **Konten eines Industrieunternehmens:** *0700 Maschinen, 2000 Rohstoffe, 2020 Hilfsstoffe, 2400 Forderungen a. LL., 2800 Bankguthaben, 2880 Kasse, 3000 Eigenkapital, 4400 Verbindlichkeiten a. LL., 5000 Umsatzerlöse, 6000 Aufwendungen für Rohstoffe, 6020 Aufwendungen für Hilfsstoffe, 6050 Aufwendungen für Energie, 6160 Fremdinstandsetzung, 6200 Löhne, 6300 Gehälter, 6700 Mieten, 6870 Werbung, 7700 Gewerbesteuer, 8010 SBK, 8020 GuV.*

Anfangsbestände	€		€
0700 Maschinen	270 000,00	2800 Bankguthaben	148 200,00
2000 Rohstoffe	12 000,00	2880 Kasse	2 000,00
2020 Hilfsstoffe	8 000,00	3000 Eigenkapital	468 700,00
2400 Forderungen a. LL.	79 800,00	4400 Verbindlichkeiten a. LL.	51 300,00

Geschäftsfälle:	€	€
1. **ER:** Materialeinkäufe auf Ziel		
a) Rohstoffe	205 000,00	
b) Hilfsstoffe	64 600,00	269 600,00
2. **BA:** Banküberweisungen an		
a) Vermieter für gemietete Betriebsanlagen	120 000,00	
b) Stadtkasse für fällige Gewerbesteuer	8 400,00	128 400,00
3. **BA, KB:** Kunden bezahlen fällige Rechnungen		
a) durch Banküberweisungen	70 680,00	
b) bar	5 700,00	76 380,00
4. **ER, BA:** Kauf von Rohstoffen gegen Banküberweisung		11 200,00

5. **AR, BA:** Verkäufe von fertigen Erzeugnissen		
a) auf Ziel	545 000,00	
b) gegen Banküberweisung	350 000,00	895 000,00
6. **BA:** Banküberweisungen für		
a) Lohnzahlung an Facharbeiter	252 000,00	
b) Strom- und Gasverbrauch	16 800,00	
c) fällige Liefererrechnung	21 300,00	290 100,00
7. **BA:** Banküberweisung von Kunden		456 000,00
8. **BA:** Banküberweisung an Werbeagentur für Werbeaktion		30 000,00
9. **BA:** Banklastschriften		
a) Gehaltszahlung an Angestellte	160 000,00	
b) Banküberweisung wegen Reparatur an Lkw	2 000,00	162 000,00
10. **AR, BA, KB:** Verkäufe von fertigen Erzeugnissen		
a) gegen Banküberweisung	40 000,00	
b) bar	10 000,00	50 000,00

Abschlussangaben: Endbestände lt. Inventur:

Rohstoffe	20 000,00
Hilfsstoffe	10 000,00

a) Buchen Sie die Geschäftsfälle und führen Sie den Abschluss durch.

b) Berechnen Sie für eine Produktionsmenge von 7 000 Einheiten

ba) den Herstellungsaufwand und den Verkaufspreis für ein Erzeugnis,

bb) den Erfolg je Einheit in Euro und in Prozent vom Herstellungsaufwand.

3 Konten eines Industrieunternehmens: 0700 Maschinen, 2000 Rohstoffe, 2020 Hilfsstoffe, 2030 Betriebsstoffe, 2400 Forderungen a. LL., 2800 Bankguthaben, 2880 Kasse, 3000 Eigenkapital, 4250 Darlehensschulden, 4400 Verbindlichkeiten a. LL., 5000 Umsatzerlöse, 6000 Aufwendungen für Rohstoffe, 6020 Aufwendungen für Hilfsstoffe, 6030 Aufwendungen für Betriebsstoffe, 6050 Aufwendungen für Energie, 6200 Löhne, 6300 Gehälter, 6700 Mieten, 7700 Gewerbesteuer, 8010 SBK, 8020 GuV.

Anfangsbestände	€		€
0700 Maschinen	450 000,00	2800 Bankguthaben	282 400,00
2000 Rohstoffe	27 000,00	2880 Kasse	2 000,00
2020 Hilfsstoffe	10 000,00	3000 Eigenkapital	551 800,00
2030 Betriebsstoffe	6 000,00	4250 Darlehensschulden	180 000,00
2400 Forderungen a. LL.	45 600,00	4400 Verbindlichkeiten a. LL.	91 200,00

Geschäftsfälle:	€	€
1. **BA:** Banküberweisungen für		
a) Miete einer gemieteten Betriebsanlage	70 000,00	
b) Strom- und Gasverbrauch	15 000,00	
c) Gewerbesteuer	5 000,00	90 000,00
2. **ER:** Materialeinkauf auf Ziel		
a) Rohstoffe	383 600,00	
b) Hilfsstoffe	69 400,00	
c) Betriebsstoffe	30 000,00	483 000,00
3. **AR, BA:** Verkäufe von fertigen Erzeugnissen		
a) gegen Banküberweisung	343 200,00	
b) auf Ziel	490 000,00	833 200,00
4. **BA:** Banküberweisung von Kunden für fällige Rechnung		450 000,00
5. **BA:** Banküberweisungen:		
a) Lohnzahlung an Facharbeiter	120 000,00	
b) Gehaltszahlung an Angestellte	30 000,00	150 000,00

6.	***AR, KB:*** *Verkauf von fertigen Erzeugnissen bar*		*10000,00*
7.	***BA:*** *Banklastschriften*		
	a) Abbuchung der Tilgungsrate der Darlehensschuld	*20000,00*	
	b) Einkauf einer Maschine gegen Abbuchung vom Bankkonto	*115600,00*	*135600,00*

Abschlussangaben: *€*

Endbestände lt. Inventur:	
Rohstoffe	*34000,00*
Hilfsstoffe	*7000,00*
Betriebsstoffe	*2000,00*

a) Buchen Sie die Geschäftsfälle und führen Sie den Abschluss durch.
b) Berechnen Sie für eine produzierte Menge von 8500 Einheiten
ba) den Herstellungsaufwand und den Verkaufspreis für ein Erzeugnis,
bb) den Erfolg je Einheit in Euro und in Prozent vom Herstellungsaufwand.

1.7.2 Bestandsveränderungen an unfertigen und fertigen Erzeugnissen berechnen und buchen

Wie im Vorjahr werden auch im Abrechnungsjahr 2000 Bürotische Xama 2000 produziert, obwohl noch ein Lagerbestand von 100 Bürotischen aus dem Vorjahr vorhanden ist. Am Ende des Abrechnungsjahres wurde durch Inventur ein Bestand von 300 Bürotischen festgestellt.

Arbeitsaufträge
- ***Überprüfen Sie die Auswirkungen der Bestandsmehrung auf den Erfolg und leiten Sie buchhalterische Konsequenzen ab.***
- ***Stellen Sie fest, welche Auswirkung eine Bestandsminderung der fertigen Erzeugnisse auf den Erfolg hat.***

■ Bestandsmehrung

Wurden alle im Geschäftsjahr produzierten Erzeugnisse verkauft, dann stehen im GuV-Konto den Aufwendungen der Produktion die Umsatzerlöse aus dem Verkauf der gesamten Produktion gegenüber.

Beispiel *(Fortsetzung des Beispiels von S. 151 ff.)*

	S	8020 Gewinn und Verlust		H	
Produktion	6000 Aufw. f. Rohstoffe	140000,00	5000 Umsatzerlöse	600000,00	Absatz 2000 St.
	6020 Aufw. f. Hilfsstoffe	15000,00			
	6200 Löhne	325000,00			
	6700 Mieten	20000,00			
Gewinn	3000 Eigenkapital	100000,00			
		600000,00		600000,00	

Wurden jedoch **nicht alle produzierten Erzeugnisse verkauft**, sondern teilweise auf Lager genommen, dann stehen auf dem Gewinn- und Verlustkonto den Aufwendungen der gesamten Produktion nur die Erträge der umgesetzten Erzeugnisse (Umsatzerlöse) gegenüber. Es sind jedoch auch **Erträge durch die auf Lager genommenen Erzeugnisse** entstanden, deren Wert durch die dafür verursachten Aufwendungen bestimmt wird. Dieser Wert wird aus dem Vergleich des Anfangs- und Endbestandes der Erzeugnisse lt. Inventur dann ersichtlich, wenn am Ende des Geschäftsjahres der **Bestand an Erzeugnissen größer** ist **als am Anfang des Geschäftsjahres**. Es liegt eine Bestandsmehrung vor, durch die eine Vermögens- und Eigenkapitalmehrung eingetreten ist, die als Ertrag bei der Erfolgsermittlung zu erfassen ist.

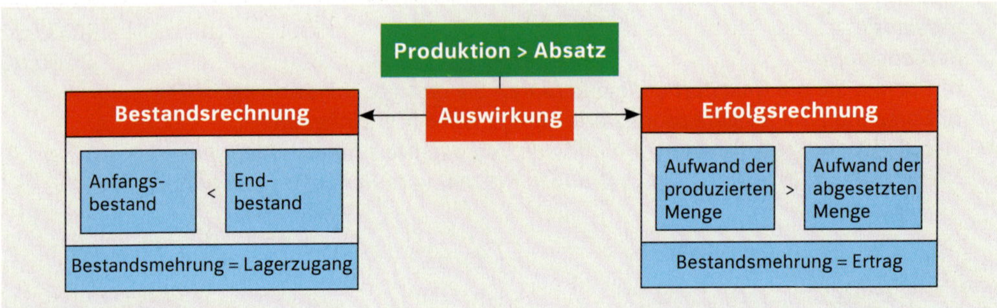

Die **Bestandsmehrung** wird in einer Nebenrechnung ermittelt und dann als **Zugang auf dem Konto „Unfertige Erzeugnisse"** bzw. **„Fertige Erzeugnisse"** erfasst. Damit wird die **Lagerleistung aktiviert**.

Die **Gegenbuchung** (Ertrag durch den **Vermögenszuwachs** in Form von Erzeugnissen) wird **auf** einem Erfolgskonto, dem Konto **„5200 Bestandsveränderungen"**, durchgeführt.

Buchung bei Bestandsmehrung:
2100 Unfertige Erzeugnisse an 5200 Bestandsveränderungen
2200 Fertige Erzeugnisse an 5200 Bestandsveränderungen

Beispiel *Die Bürodesign GmbH hatte zu Beginn des Geschäftsjahres einen Lagerbestand von 100 Bürotischen Xama 2000 à 250,00 €. Im Laufe des Geschäftsjahres wurden weitere 2000 Bürotische produziert. Dabei entstanden folgende Aufwendungen:*

	€
6000 Aufwendungen für Rohstoffe	*140000,00*
6020 Aufwendungen für Hilfsstoffe	*15000,00*
6200 Löhne	*325000,00*
6700 Mieten	*20000,00*

Im selben Zeitraum wurden 1800 Bürotische Xama 2000 zum Preis von 300,00 € verkauft. Der Lagerbestand wuchs auf 300 Bürotische, wie durch Inventur ermittelt wurde.

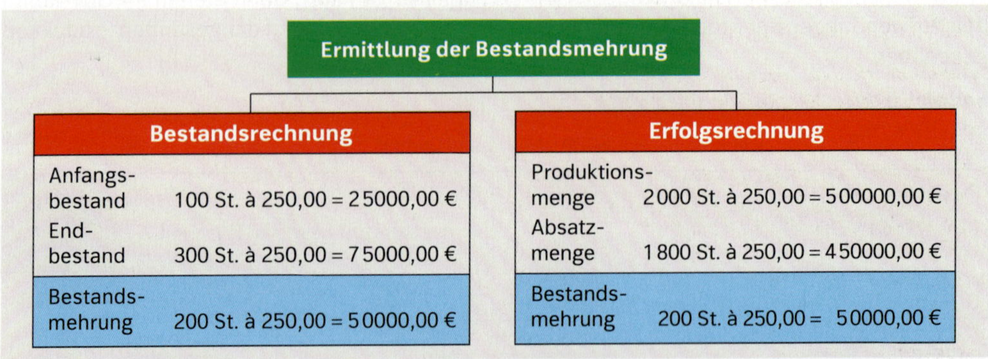

Umbuchung:
2200 Fertige Erzeugnisse 50000,00 an 5200 Bestandsveränderungen 50000,00

S	2200 Fertige Erzeugnisse		H
8000	25000,00	8010	75000,00
5200	50000,00		
	75000,00		75000,00

S	8010 SBK		H
2200	75000,00		

S	5200 Bestandsveränderungen		H
8020	50000,00	2200	50000,00

S	5000 Umsatzerlöse		H
8020	540000,00	2400, 2800	540000,00

S	8020 Gewinn und Verlust		H
6000	140000,00	5000	540000,00
6020	15000,00		
6200	325000,00		
6700	20000,00		
3000	90000,00	5200	50000,00
	590000,00		590000,00

Aufwand für die Produktion von 2000 Bürotischen

Gewinn aus dem Absatz von 1800 Bürotischen

Ertrag aus dem Absatz von 1800 Bürotischen

Ertrag durch 200 Bürotische Bestandsmehrung

Aufwand der umgesetzten Erzeugnisse = Aufwand der Rechnungsperiode – Bestandsminderung

Bestandsminderung

Der Endbestand ist kleiner als der Anfangsbestand. Der Betrieb hat also **nicht nur alle** im Abrechnungszeitraum **hergestellten Erzeugnisse verkauft**, sondern darüber hinaus noch einen Teil des Lagerbestandes. Den Erlösen für die verkauften Erzeugnisse stehen in diesem Falle nur die Aufwendungen der hergestellten Erzeugnisse gegenüber, nicht aber die in der vergangenen Abrechnungsperiode angefallenen **Aufwendungen für die vom Lager verkauften Erzeugnisse**, die den **Minderbestand** ausmachen.

Um den Erfolg zu ermitteln, muss den Umsatzerlösen neben dem Produktionsaufwand zusätzlich der Minderbestand als Aufwand gegenübergestellt werden.

Buchung bei Bestandsminderungen:
5200 Bestandsveränderungen an 2100 Unfertige Erzeugnisse
5200 Bestandsveränderungen an 2200 Fertige Erzeugnisse

Beispiel *(Fortsetzung des Beispiels von S. 164 f.)*

Anfangsbestand: 300 Bürotische à 250,00 €	*75000,00 €*
Produktion im Abrechnungsjahr:	*2000 Bürotische*
Aufwand der Rechnungsperiode:	
6000 Aufwendungen für Rohstoffe	*140000,00 €*
6020 Aufwendungen für Hilfsstoffe	*15000,00 €*
6200 Löhne	*325000,00 €*
6700 Mieten	*20000,00 €*
Absatz: 2240 Bürotische à 300,00 €	
Endbestand lt. Inventur	*60 Bürotische*

Ermittlung der Bestandsminderung

Bestandsrechnung	
Anfangsbestand	300 St. à 250,00 = 75000,00 €
Endbestand	60 St. à 250,00 = 15000,00 €
Bestandsminderung	240 St. à 250,00 = 60000,00 €

Erfolgsrechnung	
Produktionsmenge	2000 St. à 250,00 = 500000,00 €
Absatzmenge	2240 St. à 250,00 = 560000,00 €
Bestandsminderung	240 St. à 250,00 = 60000,00 €

Umbuchung:
5200 Bestandsveränderungen 60000,00 an 2200 Fertige Erzeugnisse 60000,00

S	2200 Fertige Erzeugnisse		H
8000	75000,00	5200	60000,00
		8010	15000,00
	75000,00		75000,00

S	8010 SBK		H
2200	15000,00		

S	5200 Bestandsveränderungen		H
2200	60000,00	8020	60000,00

S	5000 Umsatzerlöse		H
8020	672000,00	2400, 2800	672000,00

S	8020 Gewinn und Verlust		H
6000	140000,00	5000	672000,00
6020	15000,00		
6200	325000,00		
6700	20000,00		
5200	60000,00		
3000	112000,00		
	672000,00		672000,00

Aufwand für die Produktion von 2000 Bürotischen

Bestandsminderung von 240 Bürotischen

Gewinn aus dem Absatz von 2240 Bürotischen

Ertrag aus dem Absatz von 2240 Bürotischen

Aufwand der umgesetzten Erzeugnisse = Aufwand der Rechnungsperiode + Bestandsminderung

Zusammenfassung: Bestandsveränderungen an unfertigen und fertigen Erzeugnissen berechnen und buchen

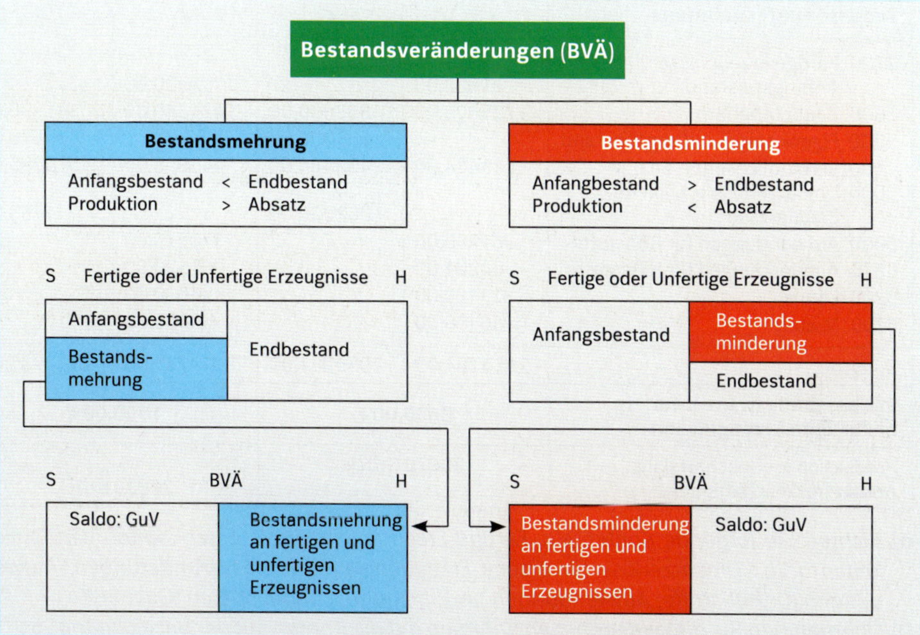

- Zur Feststellung des wirklichen Umsatzerfolges dürfen den **Erlösen** eines Rechnungsabschnittes nur die **Aufwendungen der verkauften Erzeugnisse** gegenübergestellt werden.
- Der **Herstellungsaufwand der Erzeugnisse**, die **zusätzlich zum Anfangsbestand auf Lager** genommen werden, muss als **Bestandsmehrung** auf einem Erzeugniskonto und als Ertrag auf dem Bestandsveränderungskonto erfasst werden.
- Der **Herstellungsaufwand der aus dem Lagervorrat früherer Geschäftsjahre stammenden Erzeugnisse**, die zusätzlich in der laufenden Periode verkauft werden (**Bestandsminderung**), muss dem Gesamtaufwand des Geschäftsjahres zugezählt werden.
- Die als zusätzlicher Aufwand zu erfassenden **Bestandsminderungen** und die als zusätzlicher Ertrag zu berücksichtigenden **Bestandsmehrungen** werden auf dem Konto **„Bestandsveränderungen"** erfasst.

Aufgaben

1 *Die Aufwendungen eines Industriebetriebes betrugen im abgelaufenen Jahr 850000,00 €, die Umsatzerlöse 1200000,00 €. Die Bestände lt. Inventur haben sich wie folgt verändert:*

	Anfangsbestand	Endbestand
Unfertige Erzeugnisse	80000,00 €	20000,00 €
Fertige Erzeugnisse	40000,00 €	50000,00 €

Berechnen Sie, welcher Erfolg erzielt wurde.

2
3

Zusammenstellung der Summen auf den Sachkonten eines Industrieunternehmens	Aufgabe 2		Aufgabe 3	
	Soll €	Haben €	Soll €	Haben €
2200 Fertige Erzeugnisse: Anfangsbestand	1600,00		900,00	
2800 Bankguthaben	1725400,00	802800,00	1424340,00	841500,00
3000 Eigenkapital: Anfangsbestand		668000,00		630675,00
4400 Verbindlichkeiten a. LL.	425484,00	482484,00	445995,00	525795,00
5000 Umsatzerlöse für eigene Erzeugnisse		1002000,00		714765,00
6000 Aufwendungen für Rohstoffe	361260,00		378675,00	
6020 Aufwendungen für Hilfsstoffe	64224,00		67320,00	
6200 Löhne	321120,00		336600,00	
6700 Mieten	56196,00		58905,00	
Summe	2955284,00	2955284,00	2712735,00	2712735,00
Endbestände lt. Inventur an fertigen Erzeugnissen	**2800,00 €**		**1500,00 €**	
Produktion im Geschäftsjahr	**20070 Stück**			
Absatz im Geschäftsjahr			**28030 Stück**	

a) Richten Sie folgende Konten ein: Fertige Erzeugnisse, Bank, Eigenkapital, Verbindlichkeiten a. LL., Umsatzerlöse für eigene Erzeugnisse, Bestandsveränderungen, Aufwendungen für Rohstoffe, Aufwendungen für Hilfsstoffe, Löhne, Mieten, GuV, SBK.

b) Übernehmen Sie die angegebenen Summen auf die Konten mit der Bezeichnung „SU“ für Summe.

c) Schließen Sie die Konten ordnungsmäßig ab und ermitteln Sie den Erfolg des Geschäftsjahres.

d) Berechnen Sie

da) die Eigenkapitalrentabilität bei Aufgabe 2 bzw. die prozentuale Auswirkung des Erfolgs auf den Anfangsbestand des Eigenkapitals bei Aufgabe 3,

db) den Herstellungsaufwand je Einheit,

dc) die abgesetzte Menge des Geschäftsjahres bei Aufgabe 2 bzw. die produzierte Menge bei Aufgabe 3,

dd) den Verkaufspreis je Einheit,

de) den durchschnittlichen prozentualen Gewinn im Verhältnis zu den Herstellungsaufwendungen des Umsatzes bzw. zum Herstellungsaufwand je Erzeugnis bei Aufgabe 2.

4 ***Konten:** 0700 Maschinen, 2000 Rohstoffe, 2020 Hilfsstoffe, 2030 Betriebsstoffe, 2200 Fertige Erzeugnisse, 2400 Forderungen a. LL., 2800 Bankguthaben, 2880 Kasse, 3000 Eigenkapital, 4400 Verbindlichkeiten a. LL., 5000 Umsatzerlöse, 5200 Bestandsveränderungen, 6000 Aufwendungen für Rohstoffe, 6020 Aufwendungen für Hilfsstoffe, 6030 Aufwendungen für Betriebsstoffe, 6050 Aufwendungen für Energie, 6200 Löhne, 8010 SBK, 8020 GuV*

Anfangsbestände	*€*		*€*
0700 Maschinen	*270000,00*	*2400 Forderungen a. LL. ....*	*51300,00*
2000 Rohstoffe	*48000,00*	*2800 Bankguthaben ....*	*567700,00*
2020 Hilfsstoffe	*17000,00*	*2880 Kasse ....*	*2000,00*
2030 Betriebsstoffe	*7800,00*	*3000 Eigenkapital ....*	*831800,00*
2200 Fertige Erzeugnisse ...	*16200,00*	*4400 Verbindlichkeiten a. LL.*	*148200,00*

Das Industrieunternehmen fertigte im Geschäftsjahr 262000 Einheiten eines Erzeugnisses.

Geschäftsfälle:	€	€
1. ***ER, KB:*** *Kauf von Heizungsmaterial gegen Banküberweisung*		1880,00
2. ***BA KB:*** *Kunden bezahlen Rechnungen*		
a) per Banküberweisung	45600,00	
b) bar	3420,00	49020,00
3. ***ER:*** *Einkauf von Rohstoffen auf Ziel*		401720,00
4. ***AR:*** *Zielverkauf von fertigen Erzeugnissen*		912000,00
5. ***BA:*** *Banküberweisungen für*		
a) Lohnzahlung an Facharbeiter	314400,00	
b) Liefererrechnung	108300,00	422700,00
6. ***BA, KB, AR:*** *Verkäufe von fertigen Erzeugnissen*		
a) gegen Abbuchung vom Bankkonto	30088,00	
b) bar	8000,00	38088,00
7. ***ER:*** *Einkauf von Hilfsstoffen auf Ziel*		64000,00
8. ***ER:*** *Kauf einer Werkzeugmaschine auf Ziel*		120000,00

Abschlussangaben:

Endbestände lt. Inventur:

Rohstoffe	41000,00
Hilfsstoffe	21000,00
Betriebsstoffe	6800,00

Die Bestandsdifferenz an Betriebsstoffen entstand durch Verbrauch von Schmierstoffen für Maschinen und Verpackungsmaterial für Lieferungen an Kunden.

Fertige Erzeugnisse	36000,00

a) Buchen Sie die Geschäftsfälle und führen Sie den Abschluss durch.

b) Berechnen Sie

ba) den Herstellungsaufwand und den Verkaufspreis für eine Erzeugniseinheit,

bb) den Erfolg je Einheit in Euro und in Prozent vom Herstellungsaufwand.

5 *Eine Bierbrauerei produzierte im Geschäftsjahr 20.. insgesamt 4000 hl Bier. An Materialien sind dazu Gerste und Wasser als Rohstoff sowie Hopfen und Bierhefe als Hilfsstoffe erforderlich. Wasser, das nicht zu Bier verarbeitet wird, ist Betriebsstoff.*

Konten: *2000 Rohstoffe, 2020 Hilfsstoffe, 2200 Fertige Erzeugnisse, 2400 Forderungen a. LL., 2800 Bankguthaben, 2880 Kasse, 3000 Eigenkapital, 4400 Verbindlichkeiten a. LL., 5000 Umsatzerlöse, 5200 Bestandsveränderungen, 6000 Aufwendungen für Rohstoffe, 6020 Aufwendungen für Hilfsstoffe, 6030 Aufwendungen für Betriebsstoffe, 6050 Aufwendungen für Energie, 6200 Löhne, 6300 Gehälter, 6700 Mieten, 8010 SBK, 8020 GuV*

Anfangsbestände	€		€
2000 Rohstoffe	28000,00	*2800 Bankguthaben*	175000,00
2020 Hilfsstoffe	7000,00	*2880 Kasse*	900,00
2200 Fertige Erzeugnisse	2800,00	*3000 Eigenkapital*	161280,00
2400 Forderungen a. LL.	51300,00	*4400 Verbindlichkeiten a. LL.*	103720,00

Geschäftsfälle:	€	€
1. ***ER:*** *Einkauf von Materialien auf Ziel*		
a) Gerste	100280,00	
b) Hopfen	8000,00	108280,00
2. ***BA:*** *Banküberweisungen für*		
a) Miete der gemieteten Betriebsanlagen	50400,00	
b) Strom- und Gasverbrauch	19000,00	
c) Wasserverbrauch	880,00	70280,00
Davon betreffen 280,00 € unmittelbar die Bierproduktion		

	€	€
3. **KB, BA:** *Zahlungen von Kunden für fällige Rechnungen*		
a) bar	*9120,00*	
b) per Banküberweisung	*34200,00*	*43320,00*
4. **KB, ER:** *Kauf von Bierhefe gegen Barzahlung*		*320,00*
5. **BA:** *Banklastschriften für*		
a) Lohnzahlung an Facharbeiter	*75600,00*	
b) Gehälter an Angestellte	*28000,00*	*103600,00*
6. **AR, KB:** *Verkäufe von fertigen Erzeugnissen*		
a) auf Ziel: 2440 hl à 78,40 €	*191296,00*	
b) bar: 100 hl à 78,40 €	*7840,00*	*199136,00*
7. **BA:** *Banküberweisung an Lieferer*		*22800,00*
8. **AR, BA:** *Verkauf von 1300 hl Bier à 78,40 € gegen Abbuchung vom Bankkonto*		*101920,00*

Abschlussangaben:

Endbestände lt. Inventur:

Rohstoffe	*30280,00*
Hilfsstoffe	*7200,00*
Fertige Erzeugnisse: 200 hl Pils im Wert von	*14000,00*

a) Buchen Sie die Geschäftsfälle und führen Sie den Abschluss durch.

b) Berechnen Sie

ba) die Summe der Herstellungsaufwendungen für die Fertigung im abgelaufenen Geschäftsjahr,

bb) die Summe der Herstellungsaufwendungen für die umgesetzten Erzeugnisse,

bc) den Gewinn je hl in Euro und in Prozent vom Herstellungsaufwand,

bd) die im Geschäftsjahr erreichte Eigenkapitalrentabilität.

6 *Die Textilfabrik Otto Klein, Industriepark 11–15, 47803 Krefeld, produzierte im Laufe des Jahres u. a. 40000 Jeans.*

Zur Ermittlung nachfolgender Größen sind folgende Angaben (in Euro) zu verwenden:

Aufwand für Rohstoffe	*1320000,00*	
Aufwand für Hilfsstoffe	*160000,00*	
Löhne	*840000,00*	
Gehälter	*400000,00*	
Fremdinstandsetzung	*80000,00*	
Gewerbesteuern, Gebühren	*40000,00*	
Verschiedene Aufwendungen	*160000,00*	*3000000,00*
Umsatzerlöse		*5400000,00*
Fertige Erzeugnisse: Anfangsbestand		*2000000,00*
Endbestand lt. Inventur		*500000,00*

Ermitteln Sie folgende Größen:

a) die Herstellungskosten der Fertigung insgesamt,

b) die Herstellungskosten pro Stück,

c) die Bestandsveränderungen in Euro,

d) die Herstellungskosten der umgesetzten Jeans,

e) die Anzahl der verkauften Jeans,

f) den Verkaufspreis je Stück,

g) den Gewinnzuschlag in Euro je Stück und insgesamt.

Web

2 Die Führung eines Unternehmens nachvollziehen

2.1 Den Weg vom Unternehmensleitbild zu den Unternehmenszielen nachvollziehen

Sabine und Bülent haben den letzten Tag ihres Praktikums in der Bürodesign GmbH absolviert. Frau Friedrich, die Geschäftsführerin, verabschiedet die beiden bei einer Tasse Kaffee. *„So, nun haben Sie einen Einblick in ein Unternehmen gehabt. Ich hoffe, es war für Sie interessant. Bestimmt können Sie in der Höheren Handelsschule davon profitieren. Im nächsten Praktikumsblock sehen wir uns ja wieder. Bis dahin habe ich einen mit Ihrem Klassenlehrer Herrn Frank abgestimmten Auftrag für Sie. Schreiben Sie einen Bericht zum Thema: ‚Die Unternehmensphilosophie der Bürodesign GmbH – Möglichkeiten und Grenzen auf dem Weg zu einer verstärkten Kundenbindung'. Als Grundlage habe ich Ihnen einen Auszug aus unserer Unternehmensphilosophie mitgebracht."*

→LS

> Wie stark ein Produkt die Umwelt belastet und welcher Nutzen durch das Produkt entsteht, wird bereits in der Designphase festgelegt. Dabei spielen der Materialeinsatz, die Energie- und Rohstoffaufwendungen, die Produktionsemissionen und die Rückführung der Materialien in den Stoffkreislauf eine entscheidende Rolle. Wir leisten einen Beitrag zum Schutz der Umwelt, indem wir in der Fertigung ausschließlich mit umweltfreundlichen Roh-, Hilfs- und Betriebsstoffen arbeiten, Müll trennen, energiesparend arbeiten, und auch die Wahl der Lieferanten entsprechend ausrichten. Im Verwaltungsbereich liegt das Augenmerk auf einem umweltbewussten Umgang mit Büromaterial und Papier. [...]

Arbeitsaufträge

- ***Schreiben Sie den Bericht für Sabine und Bülent. Erstellen Sie zunächst eine Stichwortliste und eine Gliederung.***
- ***Stellen sie den Weg von der Unternehmensphilosophie zum Unternehmensziel an einen Beispiel dar.***
- ***Stellen Sie dar, wie die Zielerreichung der Unternehmensziele sichergestellt werden kann und welche Instrumente hierfür zur Verfügung stehen.***
- ***Machen Sie Vorschläge, wie die Bürodesign GmbH den Aspekt der Nachhaltigkeit weiter ausbauen kann.***

In Zeiten schärfer werdenden Wettbewerbs gleichen sich die Produktionsprogramme der Industriebetriebe und die Sortimente des Groß- und Einzelhandels immer mehr. Eine Folge ist der immer härter werdende **Preiswettbewerb**.

Um Kunden jenseits des Preiswettbewerbs zu binden, versuchen Industrie und Handel zunehmend, mehr als nur preiswerte Produkte anzubieten, d. h., verkauft wird nicht mehr nur das Produkt oder der Artikel, sondern eine bestimmte Philosophie, die durch das Unternehmen als Ganzes vermittelt wird. Die Summe der Überzeugungen, Regeln und Werte, die das Einmalige eines Unternehmens ausmachen, ist die **Unternehmensphilosophie**. Sie wird auch als **Corporate Identity** bezeichnet. Nach außen sichtbar wird die Unternehmensphilosophie durch das Erscheinungsbild des Unternehmens, das Verhalten den Mitarbeitern gegenüber und der schriftlichen und mündlichen Ausdrucksform gegenüber Kunden und Lieferanten.

- **Corporate Design**, d. h. das einheitliche Erscheinungsbild des Unternehmens
  Beispiel *Die Bürodesign GmbH hat sich als einheitliche Hausfarbe auf Grün festgelegt.*

- **Corporate Behavior**, d.h. das Verhalten des Unternehmens gegenüber seinen Mitarbeitern und seiner Umwelt
  Beispiel *Die Bürodesign GmbH gibt eine eigene Mitarbeiterzeitschrift heraus. Hier werden neue Produkte vorgestellt und erfolgreiche Mitarbeiter porträtiert.*
- **Corporate Communications**, d.h. die schriftliche und mündliche Ausdrucksform des Unternehmens gegenüber Kunden und Lieferanten
  Beispiel *Die gesamte Korrespondenz der Bürodesign GmbH wird in einer einheitlichen Formatvorlage in der Schriftart Arial geschrieben. Alle Mitarbeiter mit Kundenkontakt erhalten ein Telefontraining.*

Die Unternehmensphilosophie kann dabei unterschiedliche Themen in den Vordergrund stellen, z. B. das Unternehmen selbst (**Unternehmensorientierung**), die Mitarbeiter (**Mitarbeiterorientierung**), die Leistung (**Leistungsorientierung**), die Kosten (**Kostenorientierung**), die Umwelt oder den Aspekt der Nachhaltigkeit (**Umweltorientierung**) oder die Technik (**Technologieorientierung**).

Konkretisiert wird die Unternehmensphilosophie durch die **Ziele der Unternehmung**, die die Unternehmensleitung vorgibt.

→POL

■ Unternehmensziele, betriebliche Ziele

Alle Wirtschaftsbetriebe verfolgen Ziele (vgl. S. 13f.), die sie mit unterschiedlichen Methoden und Maßnahmen erreichen wollen.

Sachziele

Unter einem Sachziel versteht man den sachlichen Inhalt bzw. den sachlichen Zweck eines Unternehmens, der bei der Gründung eines Unternehmens im **Handelsregister** (= Verzeichnis aller Unternehmen in einem Bezirk, vgl. S. 49ff.) angegeben werden muss.

Beispiele
- *Die Bürodesign GmbH hat das Sachziel, Büromöbel herzustellen und zu verkaufen.*
- *Die Vereinigte Spanplatten AG ist wichtiger Lieferer der Bürodesign GmbH. Ihr Sachziel ist die Herstellung und der Vertrieb von Spanplatten, Sperr- und Furnierholz.*

Wirtschaftliche Ziele

Das Sachziel eines Unternehmens ist letztlich nur ein Mittel zur Erreichung anderer, nämlich wirtschaftlicher Ziele, wie angemessener Gewinn und Verzinsung des eingesetzten Kapitals.

Beispiele
- *Die Bürodesign GmbH möchte Gewinne erwirtschaften, Kosten senken, rentabel arbeiten, Marktanteile sichern und ausweiten.*
- *Die Stadtwerke Köln sind ein öffentlich-rechtliches Unternehmen, sie dürfen somit keinen Gewinn erzielen. Ihr wirtschaftliches Ziel ist nicht auf Gewinnerzielung, sondern auf Kostendeckung ausgerichtet.*

Soziale Ziele

Unternehmen verfolgen auch soziale Ziele, die sich vorwiegend auf ihre Mitarbeiter beziehen.

Beispiele
- *Die Arbeitsplätze der Mitarbeiter sollen gesichert werden.*
- *Die im Unternehmen ausgebildeten Nachwuchskräfte werden auf deren Wunsch in ein festes Arbeitsverhältnis übernommen.*

Unternehmen, die soziale Ziele in den Vordergrund stellen, orientieren sich am Grundsatz der **Inklusion**. Inklusion schätzt die Vielfalt und wendet sich gegen Diskriminierung. Sie strebt eine **uneingeschränkte Teilhabe aller Menschen in allen Bereichen der Gesellschaft** an. Dies gilt für Schulen, Kommunen und Vereine genauso wie für Betriebe.

Inklusion verlangt, dass alle Menschen gleichbehandelt werden, die gleichen Rechte haben, es keine Hindernisse und Barrieren gibt und alle gleichberechtigt an allen Bereichen der Gesellschaft teilhaben können. Dies gilt unabhängig von individuellen Fähigkeiten, der Hautfarbe, der Herkunft, dem Geschlecht, dem Alter, dem sozialen Status, der sexuellen Orientierung oder einer Behinderung.

Ökologische Ziele und der Aspekt der Nachhaltigkeit

Sie werden im Zielsystem eines Unternehmens zunehmend wichtiger. Das Anstreben ökologischer Ziele und das Ziel der Nachhaltigkeit drücken die **Verantwortung von Unternehmen gegenüber ihrer Umwelt** aus.

Beispiele
- *Die Bürodesign GmbH setzt bei der Produktion nur umweltverträgliche Werkstoffe ein.*
- *Bei der Produktion wird auf umweltschonende Verfahren geachtet.*

Zielbündel bzw. Zielsystem

Jedes Unternehmen verfolgt gleichzeitig mehrere Ziele. So hat jedes Unternehmen ein ganzes Zielbündel bzw. Zielsystem, das erreicht werden soll.

Beispiele

Zielbündel der Bürodesign GmbH

Sachziele
- Herstellen und Vertreiben von Büromöbeln
- Beraten von Abnehmern
- Bereitstellen von Ersatzteilen
- Kundendienst und Service

Wirtschaftliche Ziele
- Erwirtschaften von Gewinn
- Rentabilität des eingesetzten Kapitals
- Sicherung und Ausweitung von Marktanteilen

Soziale Ziele
- Schaffen und Sichern von Arbeitsplätzen
- menschengerechte Gestaltung von Arbeitsplätzen
- Inklusion

Ökologische Ziele
- Vermeiden von Umweltbelastungen
- Benutzen von umweltfreundlichen Werkstoffen
- recycelbare Produkte
- Einsparen von Rohstoffen

Das Zielsystem eines Unternehmens verändert sich mit den sich wandelnden Einflussfaktoren auf das Unternehmen aus Politik, Gesellschaft, Konkurrenz, Kunden. Neue Ziele werden erkannt oder die Bedeutung einiger Ziele kann sich ändern.

Beispiel *Zur Jahrtausendwende hatten ökologische Ziele bei vielen Unternehmen keinen hohen Stellenwert.*

Zielharmonie, Zielkonflikte

Das Erreichen von wirtschaftlichen Zielen ist nur in Verbindung mit sozialen und ökologischen Zielen denkbar. Betriebliche Ziele können sich gegenseitig ergänzen (**Zielharmonie**).

Beispiel *Die Bürodesign GmbH beschließt, nur noch kostengünstiges und wiederverwertbares Verpackungsmaterial einzusetzen. Hierdurch wird das wirtschaftliche Ziel der Kostensenkung durch das ökologische Ziel der Wiederverwendbarkeit von Material ergänzt.*

Wenn gleichzeitig verschiedene Ziele angestrebt werden, kann es zu **Zielkonflikten** kommen. Ein Zielkonflikt entsteht, wenn sich zwei oder mehrere Ziele gegenseitig behindern oder ausschließen.

Beispiel *Die Bürodesign GmbH möchte in der Lackiererei zugunsten der Gesundheit ihrer Mitarbeiter nur noch Farben verwenden, die frei von gefährlichen Lösungsmitteln sind **(soziales Ziel)**. Gleichzeitig soll damit ein Beitrag zur Verringerung der Umweltbelastung erbracht werden **(ökologisches Ziel)**. Bis hierhin besteht Zielharmonie. Die gewünschten Farben sind aber teurer und erfordern eine längere Trockenzeit der lackierten Möbel. Dadurch entstehen höhere Kosten, die den Gewinn des Unternehmens schmälern **(wirtschaftliches Ziel)**. Hierdurch entsteht ein Zielkonflikt.*

■ Zielerreichung

Die Ziele eines Unternehmens zu formulieren und deren Erreichung sicherzustellen, ist die Aufgabe des **Managements** eines Unternehmens (vgl. S. 18f.). Ihm obliegt die Planung, die Umsetzung und die Kontrolle der Zielerreichung. Das Management eines Unternehmens besteht meist aus einer Gruppe von Personen mit unterschiedlichen Aufgaben und Befugnissen. Es kann grob in drei Ebenen unterteilt werden, man spricht hier von einer **Managementpyramide**.

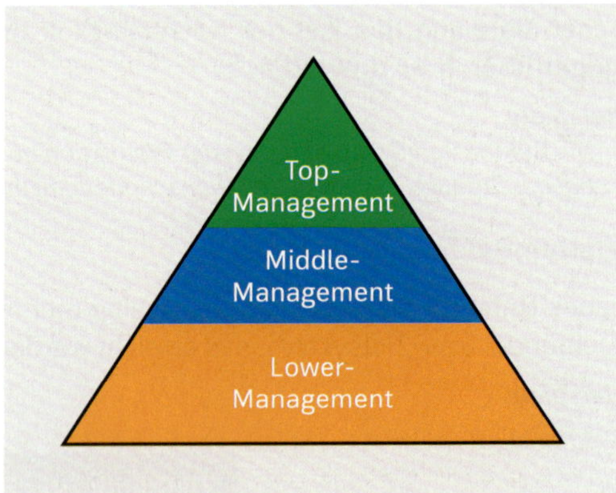

Beispiel *Bei der Bürodesign GmbH besteht das Top-Management aus den beiden Geschäftsführern, Frau Friedrich und Herrn Stein. Das Middle-Management bilden die Abteilungs- und Bereichsleiter. Zum Lower-Management gehören die Gruppenleiter.*

Alle Entscheidungen und Maßnahmen des Managements in einem Unternehmen sind mit **Risiken** behaftet. Der geplante Erfolg einer Entscheidung ist meist nicht sicher. Deshalb ist die Gefahr einer falschen Entscheidung groß. Falsche Entscheidungen des Managements können im schlimmsten Fall dazu führen, dass das Unternehmen zahlungsunfähig wird und vom Markt verschwindet. Die wirtschaftlichen Ziele werden nicht erreicht, und in der Folge sind die Arbeitsplätze der Mitarbeiter gefährdet. Unternehmensführung ist somit immer auch **Risikomanagement**.

Beispiele
- *Bei der Einführung eines neuen Produktes auf dem Markt geht ein Unternehmen das Risiko ein, dass das Produkt von den Kunden nicht gekauft wird. Alle Maßnahmen, insbesondere Forschungs- und Entwicklungsarbeit, Einkauf von Material, Werbung usw. wären dann umsonst gewesen. Die entstandenen Kosten führen zu Verlusten.*
- *Die Leitung eines Unternehmens für Wohnmöbel ging das Risiko ein, Holz ausschließlich von einem Lieferer zu beziehen, da dieser besonders preisgünstig war. Nach einem Unwetter wurden die Lieferungen eingestellt. Ersatzlieferungen bei anderen Unternehmen waren kurzfristig nicht möglich. Die Produktion wurde eingestellt und das Unternehmen musste das Insolvenzverfahren anmelden.*

Neben den Risiken, die vom Management eingeschätzt werden müssen, sind auf dem Markt auch eine Vielzahl von Chancen gegeben, die vom Management erkannt und genutzt werden müssen. Gerade das Erkennen und rechtzeitige Nutzen von Marktchancen und die Einschätzung der damit verbundenen Risiken führen zu einer optimalen Zielerreichung. Insofern ist Unternehmensführung auch **Chancenmanagement**.

Beispiel *Ein Unternehmen der Büromöbelindustrie beschließt, spezielle Tische für Computerarbeitsplätze herzustellen, da bei den Kunden eine entsprechende Nachfrage besteht. Es nutzt diese Chance, seine wirtschaftlichen Ziele, nämlich Gewinne, Arbeitsplätze der Mitarbeiter zu sichern usw., zu verwirklichen.*

Wenn die zu erreichenden Ziele festgelegt sind, muss das Management mit geeigneten Maßnahmen die Ziele in messbare Erfolge umsetzen. Hierzu bedient es sich der Grundsätze des
→Bd. 2 **Marketing** (vgl. S. 402ff.).

Unter Marketing versteht man die Konzeption einer Unternehmensführung, bei der alle Aktivitäten (Planen, Entscheiden und Handeln) konsequent auf die gegenwärtigen und künftigen Erfordernisse der Märkte ausgerichtet werden. Dabei sind systematisch gewonnene Informationen über die Märkte die Grundlage aller Entscheidungen. Dies beinhaltet eine Orientierung an den Bedürfnissen der Kunden und an dem Verhalten der Konkurrenz.

Marketing ist also ein Prinzip der Unternehmensführung, das sich an **Marktdaten** (insbesondere Kunden- und Konkurrenzverhalten) orientiert. Jedes Unternehmen ist dabei Teilnehmer auf mehreren Märkten. Unter **Markt** versteht man den Ort, an dem sich Angebot und Nachfrage treffen und regulieren.

Beispiel *Die Bürodesign GmbH ist u. a. Teilnehmer auf folgenden Märkten:*
- ***Absatzmarkt:*** *Die Bürodesign GmbH bietet Büromöbel und Beratung bei Büroeinrichtungen an (Anbieter von Gütern und Leistungen).*
- ***Beschaffungsmarkt:*** *Die Bürodesign GmbH kauft Hölzer als Rohstoffe ein, muss Werkstoffe, wie Spanplatten, Stahlrohre, Textilien usw., beschaffen. Sie benötigt Maschinen, Werkzeuge usw., braucht Hilfsstoffe, wie Leim, Schrauben, Energie (Nachfrager nach Gütern und Leistungen).*
- ***Arbeitsmarkt:*** *Die Bürodesign GmbH benötigt qualifizierte Mitarbeiter (Nachfrager nach Arbeitskräften).*
- ***Kapitalmarkt:*** *Die Bürodesign GmbH benötigt Kapital zur Finanzierung von Investitionen in Maschinen, Gebäude, Fuhrpark usw. (Nachfrager für Kapital). Sie sucht nach Anlagemöglichkeiten für kurz- und mittelfristiges Barvermögen (Anbieter von Kapital).*

Marketing bezieht sich nicht nur auf den Absatzmarkt, sondern umfasst Maßnahmen auf allen Märkten, in denen ein Unternehmen aktiv ist.

- **Beschaffungsmarketing:** Aktivitäten, um Rohstoffe, Werkstoffe, Maschinen usw. zu beschaffen bzw. einzukaufen
- **Personalmarketing:** Aktivitäten, um geeignete Mitarbeiter für ein Unternehmen zu gewinnen und zu halten
- **Absatzmarketing:** Aktivitäten, um Produkte, Waren und Dienstleistungen abzusetzen bzw. zu verkaufen
- **Finanzmarketing:** Aktivitäten, um Finanzmittel günstig zu erhalten (Kredite) und Kapital außerhalb des Unternehmens sinnvoll anzulegen

Beispiele
- *Die Bürodesign GmbH als marketingorientiertes Unternehmen folgt in allen Abteilungen den Grundsätzen des Marketings. Vor zehn Jahren erkannten die Mitarbeiter im Verkauf und die Marketingabteilung, dass die Kunden verstärkt hochwertige Büromöbel, die miteinander kombinierbar sind, nachfragten. Dies setzte eine Normung von Büromöbeln voraus. Sofort wurde die Beschaffungsabteilung beauftragt, nach geeigneten Verbindungselementen für Tische zu suchen.*
- *Voriges Jahr hatten Mitarbeiter der Lackiererei einen Verbesserungsvorschlag. Statt Hochglanzlack sollte bei Möbeln nur noch Mattglanz-Lack verwendet werden. Dadurch würde die Trocknungszeit für lackierte Tische und Schränke um 30 % gesenkt, wodurch Kosten eingespart werden könnten. Vor Realisierung der Maßnahme wurde untersucht, inwieweit damit den Wünschen der Kunden entsprochen wird.*

Instrumente zur Zielerreichung

Um die vielfältigen Maßnahmen zur Erreichung der Unternehmensziele zu realisieren, erstellt das Management **kurz-, mittel- und langfristige Pläne**. Ein wichtiges Instrument zur Zielerreichung ist somit eine flexible **Unternehmensplanung**. Nur wenn eine Unternehmensleitung weiß, was sie will, kann sie Maßnahmen ergreifen, um die gesetzten Ziele zu erreichen. Grundlage jeder Planungsarbeit sind aber Informationen und Daten, bei marketingorientierten Unternehmen sind das die Daten des jeweiligen Marktes.

Beispiele
- ***Marktdaten des Absatzmarktes:*** *Anzahl der möglichen Kunden (Abnehmer), Verhalten der Abnehmer (Modetrends), Bereitschaft zu Investitionen, Kaufkraft der Abnehmer usw.*
- ***Marktdaten des Beschaffungsmarktes:*** *Anzahl der Lieferer für bestimmte Produkte, Lieferungs- und Zahlungsbedingungen, Einkaufspreise usw.*
- ***Marktdaten des Personalmarktes:*** *Anzahl und Qualifikation der benötigten Mitarbeiter je Abteilung oder Gruppe, Gehaltstarife, Arbeitszeiten usw.*
- ***Marktdaten des Finanzmarktes:*** *Zinssätze der Banken für Kredite und Einlagen usw.*

Die Mitarbeiter der einzelnen Unternehmensbereiche, Abteilungen, Filialen usw., tragen durch ihre Arbeit dazu bei, die Pläne zu erfüllen. Aufgabe des Managements ist dabei, Abweichungen zu erkennen und nach einer Ursachenforschung Maßnahmen zur Korrektur einzuleiten, damit die angestrebten Ziele erreicht werden und das Unternehmen weiter erfolgreich auf dem Markt bestehen kann.

Die Ziele eines Unternehmens werden für die einzelnen Abteilungen konkretisiert. Hierzu werden **Abteilungspläne** erarbeitet. Die Abteilungsleiter sind dann verantwortlich für die Erreichung ihrer Abteilungsziele. Sie erhalten entsprechende Geldbeträge (Etats, Budgets) zur Erfüllung ihrer Aufgaben.

Beispiele

Abteilung/Budget	Produktionsabteilung	Absatz
	• Herstellung von 800 Regaleinheiten „Wikinger" pro Jahr • Herstellung von 500 Schreibtischen „Chef 2000" usw.	• Umsatz von 2,5 Mio. € bei der Produktgruppe „Arbeiten am Schreibtisch" • Umsatz von 1,8 Mio. € bei der Produktgruppe „Konferenzen und Schulung" usw.
Materialkosten	1,4 Mio. €	–
Gehaltskosten	1,0 Mio. €	0,8 Mio. €
Energiekosten	0,4 Mio. €	0,05 Mio. €
usw.	usw.	usw.

Das **Controlling** (vgl. S. 187) untersucht die Abweichung von Plan- und Ist-Daten, analysiert die Gründe für Abweichungen und empfiehlt Maßnahmen, um die Ziele zu erreichen.

Zusammenfassung: Den Weg vom Unternehmensleitbild zu den Unternehmenszielen nachvollziehen

- **Unternehmensphilosophie/Unternehmensleitbild**
  Die Summe der Überzeugungen, Regeln und Werte, die das Einmalige eines Unternehmens ausmachen, wird als Unternehmensphilosophie oder als Corporate Identity bezeichnet.
- **Zielsystem eines Unternehmens**

Sachziele	Wirtschaftliche Ziele	Soziale Ziele	Ökologische Ziele
• Herstellung und Vertrieb von Produkten	• Gewinn • Rentabilität	• Sicherung von Arbeitsplätzen • gerechte Entlohnung	• umweltverträgliche Produktion

- **Zielharmonie/Zielkonflikt**
  Betriebliche Ziele können sich ergänzen (Zielharmonie) oder gegenseitig behindern oder ausschließen (Zielkonflikt).

- **Management**
  Das Management eines Unternehmens formuliert die Ziele, ist für die Zielerreichung verantwortlich und löst Zielkonflikte.
- **Marketing**
  Marketing ist ein Prinzip der Unternehmensführung, das alle Entscheidungen auf Marktdaten stützt. Insbesondere erfolgt eine Orientierung an den Bedürfnissen der Kunden und am Verhalten der Konkurrenz.
- **Instrumente der Zielerreichung**
  Um die Maßnahmen der Unternehmensziele zu realisieren, erstellt das Management kurz-, mittel- und langfristige Pläne.
- **Controlling**
  Das Controlling untersucht die Abweichungen von Plan- und Ist-Daten und empfiehlt Maßnahmen um die Ziele zu erreichen.

Aufgaben

1 Sabine und Bülent haben bei der Materialsammlung für ihren Aufsatz in einer Fachzeitschrift die Begriffe „Risikomanagement" und „Chancenmanagement" gelesen.
a) „Risikomanagement" umschreibt, dass bei allen Führungsaufgaben ein Risiko vorhanden ist. Erstellen Sie eine Liste von Risiken, die von einer Unternehmensleitung bewältigt werden müssen, und geben Sie an, welche Maßnahmen hierzu ergriffen werden können.
b) Beschreiben Sie, was der Begriff „Chancenmanagement" umschreibt.

2 Überlegen Sie, welche Sachziele folgende Unternehmen haben: Versicherungsgesellschaft, Automobilwerk, Bank, Reisebüro, Einzelhandelsgeschäft.

3 In einem Fernsehinterview hören Sie, wie in einer Diskussionsrunde ein Teilnehmer sagt: „Unternehmen haben überhaupt keine sozialen Ziele, denen geht es doch nur um Profit!" Nehmen Sie kritisch Stellung zu dieser Aussage. Führen Sie in der Klasse eine Podiumsdiskussion zum Thema durch.

4 Erstellen Sie eine Liste von ökologischen Zielen für die Bürodesign GmbH.

5 a) Überlegen Sie, welche Zielkonflikte in der Bürodesign GmbH auftreten können.
b) Machen Sie Vorschläge, wie diese Konflikte gelöst werden können.

6 Erstellen Sie eine Übersicht über alle Instrumente, deren sich das Management eines Unternehmens bedienen kann, um die gesetzten Ziele zu erreichen.

7 Oft hört man die Meinung, Marketing sei nur auf den Absatzmarkt bezogen. Erläutern Sie, weshalb Marketing auch in anderen Funktionsbereichen verwirklicht werden muss.

2.2 Konzepte der Unternehmensführung vergleichen

Krisensitzung bei der Bürodesign GmbH. Bei der Produktgruppe „Konferenz und Schulung" ist es zu einem Umsatzrückgang von 15 % gekommen. Dabei weisen alle Branchendaten deutliche Zuwächse aus und die Konkurrenz macht blendende Geschäfte. Nach einer ersten Analyse berichtet Herr Stam, der Abteilungsleiter Absatz, in einer Sitzung der Abteilungsleiter. *„Ich habe eine Vielzahl von Gesprächen mit unseren Außendienstmitarbeitern geführt und bei allen standen die Themen Arbeitsmotivation und Aufstiegschancen im Vordergrund"*, führt er sorgenvoll aus. *„Die Mitarbeiter sind unzufrieden mit den Aufstiegs- und Weiterbildungsmöglichkeiten und auch der Führungsstil der Geschäftsleitung wird kritisch gesehen." „Im Unternehmensleitbild stehe die Mitarbeiterorientierung im Vordergrund und in der Praxis würden Anordnungen nicht einmal begründet"*, ergänzt Herr Dohm, der Gruppenleiter für den Außendienst.

Frau Friedrich bittet die Gruppenleiterin im Personalwesen Frau Geissler, um Vorschläge, inwieweit diese Missstände durch eine Veränderung des Führungsstils oder durch gezielte Personalentwicklung abgebaut werden können.

Arbeitsaufträge
- ***Erläutern Sie die unterschiedlichen Führungsstile und stellen Sie Vor- und Nachteile gegenüber.***
- ***Stellen Sie fest, welches Führungsverhalten Anlass für die Probleme der Bürodesign GmbH sein könnte.***
- ***Diskutieren Sie, welche Maßnahmen Frau Geissler der Geschäftsführerin vorschlagen könnte.***

■ Die Führung des Unternehmens

Der Bereich der Führung des Unternehmens erstreckt sich auf das Unternehmen als Ganzes (**Unternehmensführung**) und auf die Mitarbeiterinnen und Mitarbeiter (**Personalführung**).

Unternehmensführung

Die Unternehmensführung erstreckt sich auf die Gestaltung des Aufbaus eines Unternehmens und den Arbeitsablauf. Sie drückt sich in der gewählten **Aufbau- und Ablauforganisation** (vgl. S. 68 ff.) aus.

Personalführung

Die Personalführung beschäftigt sich mit der Führung der Mitarbeiterinnen und Mitarbeiter. Das **Führungsverhalten** der Führenden zur Durchsetzung der Ziele der Unternehmung und die **Motivation der Mitarbeiter** kann in zwei Grundmuster eingeteilt werden:

- Der **autoritative Führungsstil** (auch als **Direktoralsystem** bezeichnet) ist durch Abstand und Höherstellung des Vorgesetzten gekennzeichnet. Der Vorgesetzte entscheidet und ordnet an, er schätzt den disziplinierten und willigen Mitarbeiter.
- Der **kooperative Führungsstil** (auch als **Kollegialsystem** bezeichnet) ist durch Nähe und Gleichstellung von Vorgesetzten und Mitarbeitern gekennzeichnet. Der Vorgesetzte formuliert das Problem, delegiert die Entscheidung innerhalb bestimmter Grenzen und fungiert als Koordinator nach innen und außen. Als Mitarbeiter wird die selbstständige Persönlichkeit geschätzt, deren Handeln durch Einsicht und Verantwortung gegenüber dem Unternehmen gekennzeichnet ist.

Die Wahl des Führungsstils hängt vom grundsätzlichen Verhältnis der Unternehmensleitung zu den Mitarbeiterinnen und Mitarbeitern ab. Die Unternehmensleitung kann sich dabei folgender grundsätzlicher **Führungstechniken** bedienen:

- **Management by Exception:** Hier greift der Vorgesetzte nur in Ausnahmefällen (Führen nach dem Ausnahmeprinzip) in das Betriebsgeschehen ein. Er beschränkt sich auf eine Abweichungskontrolle von den gesetzten Zielen.

  Beispiel *Jeder Einkaufssachbearbeiter der Bürodesign GmbH darf Einzelbestellungen bis 15 000,00 € ohne Rücksprache tätigen.*

- **Management by Delegation:** Kompetenzen und Verantwortlichkeiten werden auf die Mitarbeiter übertragen (Führen durch Übertragung von Verantwortung). Entscheidungen werden innerhalb des gesteckten Rahmens durch die Mitarbeiter getroffen.

  Beispiel *Die Gruppenleiter Verkauf/Marketing dürfen Rabatte bis zu 15 % mit dem Kunden frei vereinbaren.*

- **Management by Objectives** (Führung erfolgt hier durch Zielvereinbarung): Der Weg zur Erreichung der vereinbarten Ziele wird gemeinsam mit den Mitarbeitern festgelegt.

  Beispiel *Jeder Handelsvertreter, der für die Bürodesign GmbH tätig ist, muss einen vorgegebenen Jahresumsatz von 150 000,00 € erreichen.*

Personalentwicklung

Die Verbesserung der Leistungsfähigkeit und der Leistungsbereitschaft der Mitarbeiter ist Aufgabe der **Personalentwicklung**. Hierbei spielt die Weiterqualifizierung der Mitarbeiter und die Befähigung zum **lebenslangen Lernen** eine wesentliche Rolle. →Bd. 2

Zusammenfassung: Konzepte der Unternehmensführung vergleichen

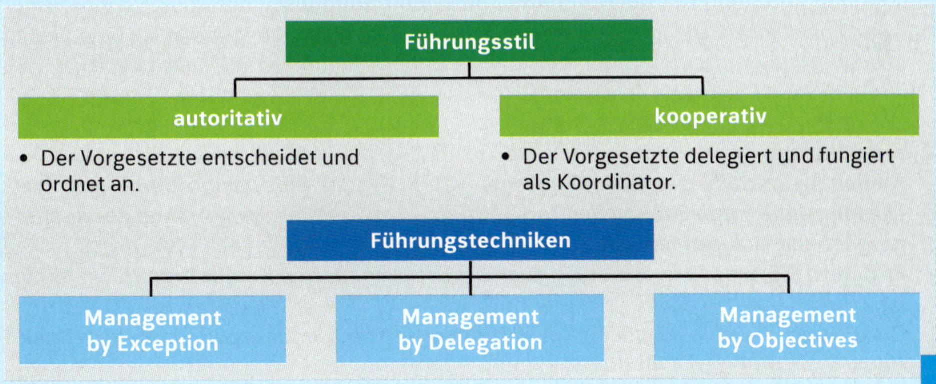

Aufgaben

1 *Erläutern Sie die Bereiche der Personalführung.*

2 *Sehen Sie sich das Organigramm der Bürodesign GmbH auf S. 27 noch einmal an und erläutern Sie, welche Schlüsse Sie aus dem Organigramm für das Konzept der Unternehmensführung von Frau Sommer und Herrn Stein ziehen können.*

3 *Stellen Sie die Vor- und Nachteile des autoritativen und des kooperativen Führungsstils gegenüber.*

4 *Erläutern Sie die Führungstechniken anhand je eines Beispiels.*

5 *Diskutieren Sie in der Klasse mögliche Maßnahmen der Personalentwicklung. Gehen Sie dabei von der Auszubildenden Renate Becker aus. Sie wird Industriekauffrau und ist im zweiten Jahr der Ausbildung.*

6 *Bülent Özdemir ist sauer! Schon wieder hat ihm der Klassenlehrer eine Hausaufgabe gegeben und das Wochenende ist gestrichen. „Wenn ich mit der Höheren Handelsschule fertig bin, ist Schluss mit Lernen!" ruft Bülent erregt. „Wenn du dich da mal nicht irrst", erwidert Sabine Sommer, „ich glaube, im Fach ‚Lernen' hast du lebenslänglich!" Erläutern Sie Sabines Aussage.*

2.3 Aufgabenbereiche der Mitarbeiter und Maßnahmen zur Lösung von Konflikten kennenlernen

Die Geschäftsführer der Bürodesign GmbH, Frau Friedrich und Herr Stein haben sich zu einer weiteren Sitzung mit den Abteilungsleitern zusammengesetzt. Frau Geissler legt das von ihr erarbeitete Konzept einer stärkeren Einbeziehung der Mitarbeiter in Entscheidungen der Geschäftsleitung vor. *„Wir müssen die Ausführungsebene stärker in die Entscheidungen des Top- und Middle-Managements einbinden"*, führt sie aus. *„Das wird ja immer schöner"*, poltert Herr Müller, Abteilungsleiter Produktion, *„seit 15 Jahren leite ich die Fertigung mit harter Hand und nur dadurch stehen wir heute so gut da: Solch ein Quatsch ist mit mir nicht zu machen! Aber ich gehöre ja wohl sowieso zum alten Eisen. Schon bei der letzten Sitzung, als die Anschaffung meiner neuen CNC-Maschine abgelehnt wurde, habe ich das gemerkt."*

„Ich glaube wir haben hier einen Konflikt", stellt Herr Stein fest, *„den sollten wir auf einer anderen Ebene lösen. Die Ideen von Frau Geissler gefallen mir sehr gut und ich bitte Sie um Erarbeitung eines Konzeptes für die Umsetzung. Und mit Ihnen, Herrn Müller, würde ich nach Ende der Sitzung gern allein sprechen."*

Arbeitsaufträge
- ***Stellen Sie mithilfe des Organigramms (vgl. S. 27) der Bürodesign GmbH fest, welche Mitarbeiter den Ebenen des Top-, Middle-, Lower-Management und der Ausführungsebene zuzuordnen sind.***
- ***Erläutern Sie, was Ihrer Meinung nach die Ursache für den Konflikt von Herrn Müller ist.***
- ***Diskutieren Sie eine mögliche Konfliktlösungsstrategie für das Gespräch zwischen Herrn Stein und Herrn Müller.***
- ***Führen Sie das Gespräch als Rollenspiel durch.***

→P/G

Die Anspruchsgruppen (Stakeholder) und ihre Interessen

Unternehmerische Ziele und die damit verbundene Entscheidungen treffen auf Ansprüche und Erwartungen von Gruppen, Institutionen oder Einzelpersonen, die von dem jeweiligen unternehmerischen Handeln betroffen sind. Diese Anspruchsgruppen werden als **Stakeholder** („stake" = Anspruch) eines Unternehmens bezeichnet. Eine Möglichkeit, unternehmerisches Handeln an den Ansprüchen der Stakeholder zu orientieren, ist der **„Stakeholder-Ansatz"**.

Dem gegenüber steht ein Führungsansatz von Unternehmen, der vorrangig auf die Ziele und Interessen der Anteilseigner (**Shareholder**) ausgerichtet ist. Diese Art der Unternehmensführung wird als **„Shareholder-Ansatz"** bezeichnet.

Der Grundgedanke des **Stakeholder-Ansatzes** ist es, dass Unternehmen sich am Markt und gegenüber Mitbewerbern nur dann langfristig behaupten können, wenn sie ihre Anspruchsgruppen und deren Interessen kennen. Die Stakeholder eines Unternehmens haben dabei unterschiedlichste Interessen und Erwartungen. Das Unternehmen muss diese teilweise gegenläufigen und vernetzten Ansprüche identifizieren und in seine Unternehmensstrategie integrieren.

Beispiel *Die Bürodesign GmbH führt alle drei Jahre gemeinsam mit einer Unternehmensberatung einen Workshop durch. Dabei werden Personen oder Personengruppen mit ihren jeweiligen Ansprüchen an die Bürodesign GmbH identifiziert und bewertet. Die Geschäftsführer nutzen die Erkenntnisse für die Fortschreibung der Unternehmensstrategie.*

Anspruchsgruppen, ihr Beitrag zum Unternehmen und mögliche Interessen sind:

Ansprechgruppen/ Stakeholder	Beitrag	Interessen
Unternehmer	Eigenkapital Geschäftsführung	Erhalt und Verzinsung des Kapitals, geringes Risiko Einkommen, Macht, Einfluss, Prestige
Fremdkapitalgeber	Fremdkapital	Verzinsung, Tilgung, Sicherheit
Mitarbeiter	Arbeit	Leistungsgerechte Entlohnung, sicherer Arbeitsplatz, Anerkennung
Lieferanten	Bereitstellung von Leistung	fristgerechte Bezahlung, langfristige Lieferbeziehungen
Kunden	Abnahme der bestellten Leistung	qualitative Leistung, günstiger Preis, Konditionen, Service
Mitbewerber	Gestaltung der Marktsituation	fairer Wettbewerb, ggf. Kooperation
Staat/Behörden	Steuern, Subventionen, Umweltschutz	sichere Arbeitsplätze, Umweltschutz, Sozialleistungen, Beachtung rechtlicher Vorgaben

■ Die Führungsebenen

Oberste Führungsebene (Top-Management): Träger unternehmerischer Entscheidungen sind die Eigentümer oder von diesen angestellte Manager. Sie stellen die oberste Führungsebene (Top-Management) dar. Das Top-Management trifft Grundsatzentscheidungen, ist selbst an keine Weisungen gebunden und kann allen Mitarbeitern Anweisungen erteilen.

Beispiele *Unternehmer, Geschäftsführer der Bürodesign GmbH, Vorstand einer AG*

Mittlere Führungsebene (Middle-Management): Sie ist der Unternehmensspitze direkt unterstellt. Sie nimmt Weisungen des obersten Managements entgegen und ist in ihrem jeweiligen Tätigkeitsbereich weisungsbefugt. Das Middle-Management setzt getroffene Grundsatzentscheidungen in seinem jeweiligen Zuständigkeitsbereich durch.

Beispiele *Prokurist, Abteilungsleiter der Bürodesign GmbH*

Untere Führungsebene (Lower-Management): Ihr sind keine Stellen mit Anordnungsbefugnis unterstellt. Sie ist für die Durchführung der von Top- und Middle-Management getroffenen Entscheidungen der Ausführungsebene verantwortlich.

Beispiele *Handlungsbevollmächtigter, Gruppenleiter der Bürodesign GmbH*

Ausführungsebene: Sie umfasst Stellen, die keine Anordnungsbefugnis besitzen. Sie führt Arbeiten nach Anweisung durch.

Beispiele *Sachbearbeiter der Bürodesign GmbH, gewerbliche Mitarbeiter*

Der Unternehmer

Der Unternehmer ist der Leiter des Unternehmens. Bei **Einzelunternehmen** und **Personengesellschaften** (vgl. S. 51 ff.) bringt er das gesamte Kapital auf und trägt das Risiko allein. Der Unternehmer führt die Geschäfte (Geschäftsführung) und vertritt das Unternehmen nach außen (Vertretung).

Beispiel *Klaus Oswald ist alleiniger Inhaber des Büromöbelgroßhandels Klaus Oswald e. K.*

Bei **Kapitalgesellschaften** (vgl. S. 61 ff.) nehmen Angestellte als sog. Organe die Aufgaben des Unternehmers wahr (Geschäftsführung und Vertretung). Kapital und Risiko werden hier von den Gesellschaftern und Anteilseignern (Aktionären) getragen.

Beispiel *Vorstandsmitglieder der Vereinigte Spanplatten AG sind Dr. Gruber, Karl Schmidt und Franke Böse. Sie werden vom Aufsichtsrat kontrolliert und von der Hauptversammlung entlastet.*

Der Handlungsbevollmächtigte

§ 54 HGB
(1) Ist jemand [...] zum Betrieb eines Handelsgewerbes oder zur Vornahme einer bestimmten zu einem Handelsgewerbe gehörigen Art von Geschäften oder zur Vornahme einzelner zu einem Handelsgewerbe gehöriger Geschäfte ermächtigt, so erstreckt sich die Vollmacht (Handlungsvollmacht) auf alle Geschäfte und Rechtshandlungen, die der Betrieb eines derartigen Handelsgewerbes oder die Vornahme derartiger Geschäfte gewöhnlich mit sich bringt.

Umfang der Handlungsvollmacht

Sie erstreckt sich demnach lediglich auf **gewöhnliche Rechtsgeschäfte des Betriebes**.
Der Handlungsbevollmächtigte ist **nicht befugt**,
- Grundstücke zu veräußern oder zu belasten,
- Grundstücke zu kaufen,
- Darlehen aufzunehmen,
- Prozesse im Namen des Unternehmens zu führen.

Arten der Handlungsvollmacht

- **Allgemeine Handlungsvollmacht:** Sie berechtigt zur Ausführung aller gewöhnlichen Geschäfte, die im Geschäftszweig des Handelsgewerbes vorkommen.

  Beispiel *Frau Berg, Abteilungsleiterin der Verwaltung, weist ihre Gruppenleiterinnen und Gruppenleiter an, ihr einen Tätigkeitsbericht für das vergangene Quartal vorzulegen.*

- **Artvollmacht:** Sie berechtigt zur Ausführung einer bestimmten Art von Geschäften.

  Beispiel *Frau Schorn, Gruppenleiterin für die Beschaffung von Zubehör, bestellt bei der Abels, Wirtz & Co. KG regelmäßig Schlösser.*

- **Einzelvollmacht:** Sie berechtigt zur Ausführung einzelner Rechtsgeschäfte.

  Beispiel *Herr Schumacher, Auslieferungsfahrer der Bürodesign GmbH, legt bei einem Kunden eine Rechnung vor und kassiert den Betrag.*

Erteilung der Handlungsvollmacht

Die Handlungsvollmacht kann **formlos**, d. h. schriftlich, mündlich oder stillschweigend, erteilt werden. Sie wird nicht in das Handelsregister (vgl. S. 49 ff.) eingetragen. Jeder Bevollmächtigte kann innerhalb seiner Vollmacht **Untervollmachten** erteilen. So kann z. B. der Angestellte mit allgemeiner Handlungsvollmacht Artvollmacht erteilen.

Unterschrift

Der Handlungsbevollmächtigte unterschreibt mit dem das Vollmachtsverhältnis ausdrückenden Zusatz **i. A.** (im Auftrag) oder **i. V.** (in Vertretung).

■ Der Prokurist

Umfang der Prokura

> § 49 HGB
> (1) Die Prokura ermächtigt zu allen Arten von gerichtlichen und außergerichtlichen Geschäften und Rechtshandlungen, die der Betrieb eines Handelsgewerbes mit sich bringt.

Die Prokura ist die weitreichendste handelsrechtliche Vollmacht. Sie ermächtigt den Prokuristen als „zweites Ich" des Kaufmanns zu allen gerichtlichen und außergerichtlichen Rechtsgeschäften, die der Betrieb **irgendeines** Handelsgewerbes mit sich bringt.

Beispiel *Prokurist Pauli nutzt den Urlaub seines Chefs und wandelt die seit 150 Jahren bestehende Druckerei in einen Copyshop um. Als der Chef aus dem Urlaub zurückkommt, traut er seinen Augen nicht. Trotzdem sind alle in diesem Zusammenhang geschlossenen Verträge für das Unternehmen bindend.*

Besondere Vollmachten benötigt der Prokurist lediglich zum Verkauf und zur Belastung von Grundstücken.

Gesetzlich **verboten** ist ihm z. B.

- die Bilanz und die Steuererklärung zu unterschreiben,
- Handelsregister-Eintragungen vornehmen zu lassen,
- Gesellschafter aufzunehmen,
- Prokura zu erteilen,
- das Geschäft zu verkaufen oder
- das Insolvenzverfahren zu beantragen.

Eine darüber hinausgehende Beschränkung der Prokura ist Dritten gegenüber **unwirksam** (§ 50 HGB).

Arten der Prokura

- **Einzelprokura:** Hier darf der Prokurist alle genannten Rechtsgeschäfte allein abschließen.
- **Filialprokura:** Hier ist die Vollmacht auf eine Filiale beschränkt.
- **Gesamtprokura:** Hier dürfen nur zwei oder mehrere Prokuristen die Vollmacht gemeinsam ausüben.

Erteilung der Prokura

- Nur der **Kaufmann** kann Prokura erteilen. Diese Erklärung sollte schriftlich abgefasst werden, da die Prokura in das Handelsregister eingetragen und die Unterschrift dort hinterlegt wird.
- Im **Innenverhältnis** beginnt die Prokura mit der Erteilung. Im **Außenverhältnis** beginnt die Prokura, wenn ein Dritter Kenntnis davon hat oder wenn sie in das Handelsregister eingetragen und bekannt gemacht ist.

Unterschrift

Damit man im geschäftlichen Verkehr die Prokura erkennt, unterschreibt der Prokurist mit einem die Prokura andeutenden Zusatz. Als üblich hat sich hier die Abkürzung **ppa.**, d. h. „per procura", durchgesetzt.

■ Der Umgang mit Konflikten

Entstehung von Konflikten

Konflikte entstehen, wenn bei Mitgliedern von Gruppen unterschiedliche Bedürfnisse und Interessen vorliegen. Bei Konflikten handelt es sich um Abweichungen im Wahrnehmen, Denken, Fühlen und Wollen, die zu Beeinträchtigungen im Zusammenleben führen. Solche Beeinträchtigungen liegen vor, wenn sich Mitglieder von Gruppen behindert, blockiert, verletzt oder bedroht fühlen.

Im Rahmen des Konfliktmanagements sind zunächst die **Konfliktursachen** zu klären, es sind die **Konfliktparteien** zu benennen und im Anschluss daran Maßnahmen zur **Konfliktbehandlung** zu ergreifen.

Ursachen von Konflikten

Konflikte können auf vier grundsätzlichen **Ursachen** beruhen:

- Die Konflikte entstehen aus den **Unter- und Überordnungsbeziehungen** im Unternehmen (**Hierarchiekonflikt** zwischen Vorgesetzten und Unterstellten) oder aus den im Unternehmen herrschenden Verteilungskämpfen um Ressourcen (**Verteilungskonflikt**).

  Beispiel *Die Abteilungsleiter der Bürodesign GmbH fordern für ihre jeweiligen Abteilungen Investitionen, die in ihrer Summe den Gesamtetat übersteigen. Es kommt zum Verteilungskonflikt.*

- Aus der Arbeitsteilung im Unternehmen resultieren **Kooperations- und Koordinationskonflikte.**

  Beispiel *In einem Unternehmen geben Abteilungsleiter und Gruppenleiter sich widersprechende Anweisungen.*

- Aus den individuellen Zielen der Mitarbeiterinnen und Mitarbeiter und ihren sozialen Anbindungen entstehen **persönliche oder soziale Konflikte**.

  Beispiel *Ein Abteilungsleiter der Bürodesign GmbH ordnet nach Rücksprache mit dem Betriebsrat Überstunden an. Da einer Mitarbeiterin für ihre Tochter eine Tagesmutter nur für bestimmte Stunden zur Verfügung steht, kommt es zu einem* ***Rollenkonflikt*** *zwischen der Rolle der Mutter und der Arbeitnehmerin.*

- Durch unterschiedliche Wert- und Moralvorstellungen der Mitarbeiterinnen und Mitarbeiter im Unternehmen kommt es zu **Wertekonflikten**.

  Beispiel *Ein Abteilungsleiter der Bürodesign GmbH hat andere Vorstellungen von Ordnung am Arbeitsplatz als ein Mitarbeiter.*

Konfliktparteien

Die **Konfliktparteien** können einzelne Personen, Personengruppen, Abteilungen oder das Unternehmen als Ganzes sein.

Beispiel *In einer Abteilung der Bürodesign GmbH wird eine Beförderungsstelle ausgeschrieben. Da zwischen Abteilungsleitung und einem Mitarbeiter unterschiedliche Auffassungen über die Voraussetzungen der Beförderung bestehen, entsteht ein Konflikt zwischen einer Einzelperson und der Abteilung.*

Konfliktbehandlung

Je nach Konfliktursache und Konfliktparteien **sind Konflikte im Unternehmen unterschiedlich zu behandeln**. Vorteil aller Konflikte ist, dass Unstimmigkeiten deutlich werden, Nachteil, dass Konflikte im Unternehmen in nicht geringem Umfang die Leistungsfähigkeit des Betriebes beeinträchtigen. Bei der Konfliktbehandlung gibt es folgende **Regeln**:

- klare Einhaltung der Führungsgrundsätze
- klare und deutliche Anweisungen erteilen
- Kompromissbereitschaft trainieren und praktizieren
- potenzielle Konfliktursachen bei Personalauswahl, -führung und -entwicklung berücksichtigen
- bei Dauerkonflikten Hilfe außen stehender (externer) Berater erwägen

Konfliktlösungsstrategien

Ziel eines jeden Konfliktgespräches sollte es sein, **Einsichten zu vermitteln** und eine **Verhaltensänderung zu erreichen**. Dies kann z. B. in den folgenden Phasen geschehen:

- In der ersten Stufe geht es um die **Wahrnehmung des Konfliktes** und eine **Definition des Problems**.

  Beispiel *Die Partner akzeptieren, dass sie einen Konflikt haben: „Der Druck der Abteilungsleitung ist für mich unerträglich"; „Der Mitarbeiter ist ständig schlecht gelaunt und bringt die geforderte Leistung nicht".*

- In der zweiten Stufe wird gemeinsam nach den **Ursachen** gesucht.

  Beispiel *Bei nur einem mobilen Datenerfassungsgerät für drei Mitarbeiter des Lagers ist die durch den Vorgesetzten übertragene Inventurarbeit in der vorgegebenen Zeit nicht zu leisten.*

- In der dritten Stufe wird nach **Lösungsmöglichkeiten** gesucht. Wichtig ist es hier, konkrete Zielvereinbarungen zu treffen und diese zeitlich und inhaltlich festzulegen.

  Beispiel *Es wird ein zweites mobiles Datenerfassungsgerät für das Lager angeschafft. In drei Monaten sollen die Arbeitsleistung und das Arbeitsklima Gegenstand eines Gespräches sein.*

Zusammenfassung: Aufgabenbereiche der Mitarbeiter und Maßnahmen zur Lösung von Konflikten kennenlernen

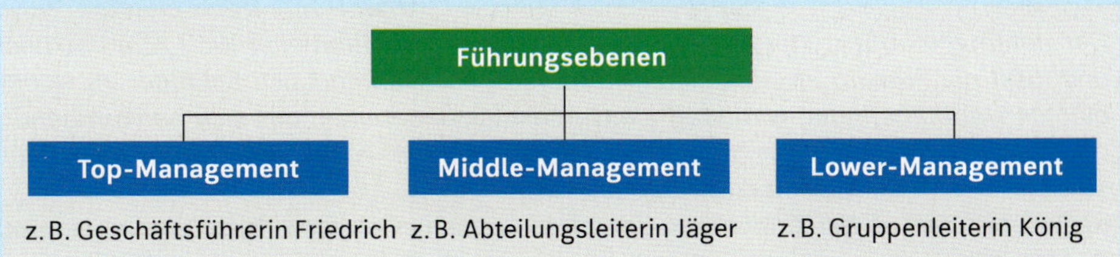

- **Handlungsvollmacht**

Umfang	• ermächtigt zu Rechtsgeschäften, die der Betrieb eines Handelsgewerbes **gewöhnlich** mit sich bringt
Arten	• **allgemeine Handlungsvollmacht:** alle gewöhnlichen Geschäfte des Betriebes • **Artvollmacht:** eine bestimmte Art von Rechtsgeschäften • **Einzelvollmacht:** Ausführung einzelner Rechtsgeschäfte
Erteilung	• schriftlich, mündlich, stillschweigend
Unterschrift	• in Vertretung (i. V.) oder • im Auftrag (i. A.)

- **Prokura**

Umfang	• ermächtigt zu allen Rechtsgeschäften, die der Betrieb **irgendeines** Handelsgewerbes mit sich bringt
Arten	• Eintragung in das Handelsregister • **Einzelprokura:** Der Prokurist ist allein vertretungsbefugt. • **Gesamtprokura:** Mehrere Prokuristen können nur gemeinsam handeln. • **Filialprokura:** Vertretung für eine Filiale
Erteilung	• ausdrücklich schriftlich oder mündlich nur durch Kaufmann
Unterschrift	• per procura (ppa.)

- Beim **Konfliktmanagement** sollten die **Konfliktursachen** geklärt werden, die **Konfliktparteien** benannt und **Maßnahmen zur Konfliktbehandlung** ergriffen werden.

Aufgaben

1 *Als Renate Becker am Morgen in die Abteilung Produktion kommt, hat Frau Jäger einen Auftrag für sie. Das Faxpapier ist ausgegangen und auch Frau Schorn von der Beschaffung hat keines mehr am Lager. Renate Becker soll jetzt schnell von einem nahen Bürofachgeschäft drei Rollen holen. Sie ist sauer und meint, sie sei doch kein Laufbursche. „Aber dafür sind Sie jetzt Handlungsbevollmächtigte der Bürodesign GmbH", sagt Frau Jäger unter dem Gelächter der Kollegen. Renate Becker ist unsicher. Will man sich über sie lustig machen oder hat sie wirklich eine Vollmacht?*

2 *Der Unternehmer Schröder ernennt seinen langjährigen Mitarbeiter Wolf zum Prokuristen und lässt die Prokura im Handelsregister eintragen. Während sich Schröder im wohlverdienten Urlaub befindet, wird Wolf ein Grundstück angeboten, das sich hervorragend zur dringend notwendigen Erweiterung des Betriebsgeländes eignet. Wolf erwirbt das Grundstück für das Unternehmen Karl Schröder.*

a) Erläutern Sie, ob der Kaufvertrag über das Grundstück rechtswirksam zustande gekommen ist.

b) Stellen Sie Handlungsvollmacht und Prokura in einer Übersicht gegenüber.

c) Während des Urlaubs seines Chefs trifft Wolf weitere Entscheidungen. Stellen Sie fest, welche Rechtshandlungen Wolf im Rahmen der Prokura abschließen durfte. Bitte begründen Sie Ihre Entscheidung.

1) Wolf ändert den Gegenstand des Unternehmens. Er wandelt das Sägewerk in ein Beratungsbüro für Holzbauten um.

2) Für das neue Beratungsbüro stellt Wolf fünf Ingenieure ein.

3) Wolf mietet neue Geschäftsräume in der Innenstadt an.

4) Zur Finanzierung der Umwandlung nimmt Wolf einen Kredit über 100 000,00 € auf.

5) Die Bank besteht zur Absicherung des Kredits auf der Eintragung einer Grundschuld. Wolf lässt diese in das Grundbuch eintragen.

6) Nach erfolgter Umwandlung des Unternehmens gewährt sich Wolf einen einwöchigen Urlaub. Er überträgt die Prokura für die Dauer seiner Abwesenheit auf seine Kollegin Schneider.

3 *Erarbeiten Sie mithilfe der Gesetzestexte (Prokura §§ 48–53 HGB, Handlungsvollmacht § 54 HGB) die Unterschiede zwischen der allgemeinen Handlungsvollmacht und der Prokura. Gehen Sie dabei auf die wesentlichen Punkte ein.*

4 *Sie haben sich bei der Bearbeitung der Handlungssituation auf S. 180 Gedanken über die Ursache des Konfliktes zwischen Herrn Müller und den Geschäftsführern der Bürodesign GmbH gemacht und über eine Konfliktlösungsstrategie diskutiert. Bereiten Sie die Führung des Gesprächs als Rollenspiel vor. Eine Gruppe in der Klasse berät über die Situation von Herrn Müller, eine Gruppe erarbeitet die Position von Herrn Stein. Führen Sie das Gespräch und diskutieren Sie im Anschluss das Ergebnis.*

2.4 Controlling als Konzept zur Unterstützung der Unternehmensführung darstellen

Silvia Land, Auszubildende der Bürodesign GmbH, ist im Augenblick in der Abteilung Rechnungswesen. Häufig hört sie den Begriff „Controlling", hat aber keine genaue Vorstellung, was darunter zu verstehen ist. Als sie im Büro ein Wirtschaftslexikon sieht, schaut sie unter dem Begriff „Controlling" nach und findet folgenden Text:

„Die Entwicklung des Controllings [...] in der Bundesrepublik Deutschland nach dem Ende des zweiten Weltkriegs erklärt sich vor dem Hintergrund einzel- und gesamtwirtschaftlicher Veränderungen. Der Nachfrageboom bis in die Siebzigerjahre führte zu einem enormen Unternehmenswachstum, aber auch zu großen und unbeweglichen Betriebseinheiten mit steigendem Kommunikations- und Koordinationsaufwand. Um wieder marktnäher und flexibler agieren zu können, teilten sich in den Sechzigerjahren viele Großunternehmen in selbstständig abrechnungsfähige dezentrale Organisationseinheiten auf, zu deren Koordination zusätzliche Planungs- und Steuerungssysteme eingerichtet werden mussten.

Stagnationserscheinungen infolge zunehmender Marktsättigung, verkürzter Innovationszyklen, wachsender Umweltdynamik und verstärkter Globalisierung ließen Defizite etwa im Bereich der Führungs- und Organisationsstrukturen, der Strategieentwicklung, der Planung und Informationsversorgung erkennen. Die Reaktion vieler Unternehmen auf diese Entwicklungen bestand in der Einrichtung eines Controllings [...]" [1]

Arbeitsaufträge
- ***Erklären Sie, warum viele Unternehmen in Deutschland ab Ende der Siebzigerjahre des 20. Jahrhunderts begannen, ein Controlling einzurichten.***
- ***Beschreiben Sie die Aufgaben des Controllings.***

Die Grundidee des Controllings

„Controlling" ist abgeleitet von dem englischen Verb „to control", was im Deutschen bedeutet: **führen, leiten, steuern, regeln, kontrollieren**. Controlling bedeutet also nicht allein „kontrollieren", wie z. T. irrtümlich angenommen wird.

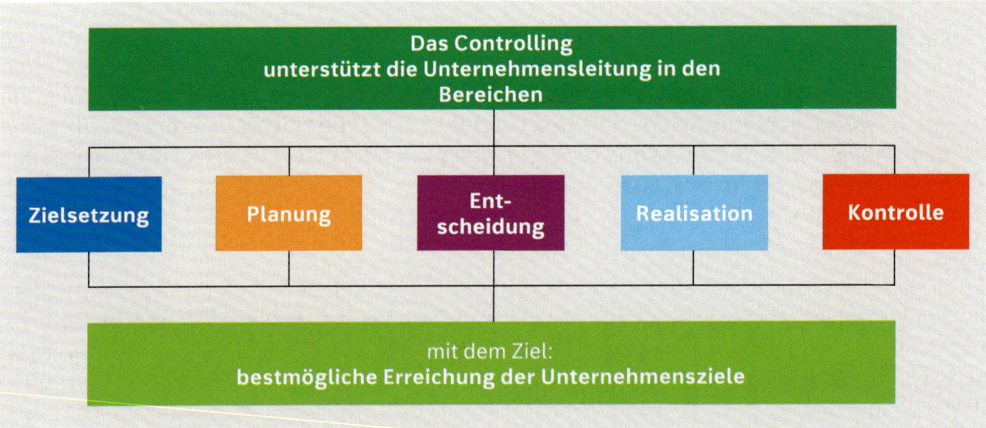

Eine Steuerung des Unternehmens mit dem Ziel der optimalen Erreichung der Unternehmensziele braucht für künftige Planungen und Entscheidungen regelmäßig

- Informationen über die Ergebnisse früherer Prozesse und Entscheidungen,
- Informationen über künftige Vorhaben.

Diese Bereitstellung von Informationen, die für die Planung und Steuerung notwendig sind, übernimmt das Controlling. Es erarbeitet Daten, Methoden und Modelle, untersucht die Ergebnisse kritisch und erarbeitet Veränderungsvorschläge und Planungsvorhaben für künftige Entscheidungen der Unternehmensleitung.

Beispiel *Das Controlling der Bürodesign GmbH lässt sich jeden Monat u. a. die GuV-Rechnung des gesamten Unternehmens und die Absatzzahlen der einzelnen Produkte vorlegen.*
Auf der Grundlage dieser Zahlen macht das Controlling z. B. Vorschläge,
- *wie Aufwendungen verringert werden können,*
- *wie Erträge gesteigert werden können,*
- *ob und wie Produkte gefördert werden können,*
- *ob einzelne Produkte durch neue ersetzt werden sollen.*

[1] *Quelle: Pepels, Werner (Hrsg.): Das neue LEXIKON der BWL. Betriebswirtschaft, Wirtschaftsinformatik, Wirtschaftsrecht, 1. Auflage, Berlin: Cornelsen 2002, S. 63.*

Somit ist der **Controller** der betriebswirtschaftliche Berater der Unternehmensleitung und der führungsverantwortlichen Stellen.

Vielfach wird der **Controller als Steuermann** gesehen, der
- regelmäßig den Standort des Schiffes „Unternehmen" bestimmt,
- seine Abweichung vom Kurs berechnet und Gründe hierfür feststellt,
- der Unternehmensleitung, dem „Kapitän", einen neuen Kursvorschlag vorlegt,
- den von der Unternehmensleitung dann bestimmten Kurs mit den Mitarbeitern, der „Mannschaft", berät, damit diese das Schiff „Unternehmen" zu den geplanten Zielen bringt, den „Häfen".

Aufgaben und Ziele des Controllings

Im Einzelnen hat der Controller die folgenden grundsätzlichen Aufgaben:
- Er formuliert und vereinbart mit der Unternehmensleitung und mit den führungsverantwortlichen Stellen Ziele für die Zukunft,
- er konkretisiert diese Ziele durch Pläne und Soll-Vorgaben,
- er erarbeitet Methoden, Modelle und Daten zur Kontrolle,
- er analysiert die Kontrollergebnisse,
- er berichtet über die Kontrollergebnisse,
- er erarbeitet und vereinbart Veränderungsvorschläge und Planungsvorgaben.

Allerdings gehen die Aufgaben des Controllers über diese Tätigkeiten hinaus, denn er muss mit den einzelnen Fachabteilungen **kooperieren**, die Mitarbeiter **beraten** und mit ihnen Ziele und Möglichkeiten ihrer Umsetzung erarbeiten. Dabei muss er die Mitarbeiter **motivieren** und ihre **Ideen nutzen**, um insgesamt eine Identifikation mit den Problemen zu erreichen. Auf diese Weise kann er **Vertrauen entwickeln** sowie Perspektiven für die Zukunft mit entsprechenden Maßnahmenkatalogen.

Die Ziele werden abgeleitet aus den übergeordneten Unternehmenszielen und der Unternehmensphilosophie (vgl. S. 171 ff.). Diese abgeleiteten Ziele müssen quantifiziert werden, d.h., es müssen konkrete Maßstäbe (Kennzahlen) gefunden werden, mit deren Hilfe festgestellt werden kann, ob bzw. wann das Ziel erreicht ist. Nach Messung der Leistung findet ein Soll-Ist-Vergleich statt, bei dem das Ziel mit der tatsächlichen Leistung verglichen wird. Anschließend werden die Abweichungen korrigiert. Unter Umständen muss das Ziel neu quantifiziert oder sogar neu definiert werden. So entsteht **der Regelkreis des Controllings**:

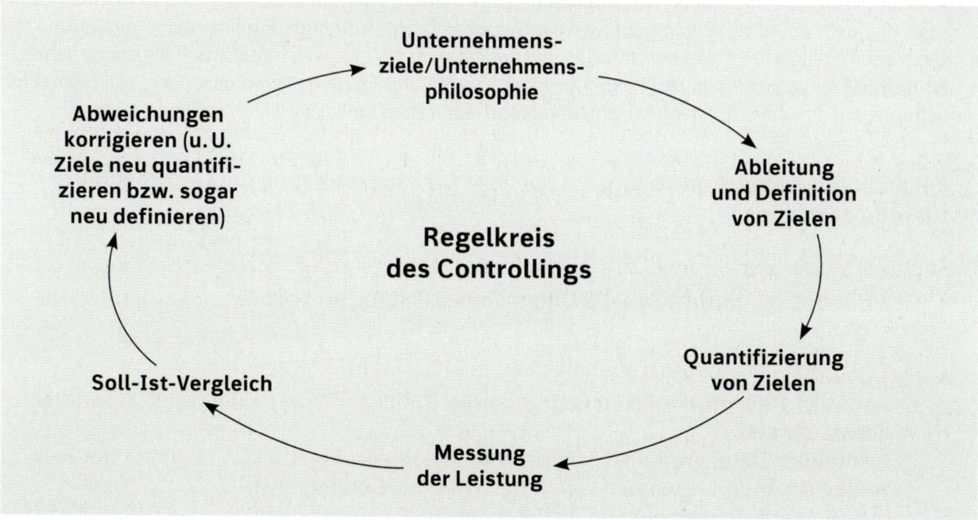

***Beispiel** Ein Unternehmensziel der Bürodesign GmbH ist es, den eigenen Marktanteil auf den Märkten der Nachbarländer Deutschlands zu vergrößern. Daraus wurde das konkrete Ziel abgeleitet, die Position auf dem niederländischen Markt auszubauen, indem der Umsatz dort um jährlich 10 % gesteigert werden soll. Im vergangenen Jahr betrug die tatsächliche Umsatzsteigerung auf dem niederländischen Markt 5 %. Aufgrund des Soll-Ist-Vergleichs (10 %/5 %) ist auf einer gemeinsamen Sitzung des Controllers mit der Unternehmensleitung und den Abteilungsleitern beschlossen worden, das Ziel mit 8 % Umsatzsteigerung neu zu quantifizieren, die Werbung zu verstärken sowie die Produktpalette und die einzelnen Produkte besser auf die niederländischen Bedürfnisse abzustimmen.*

Die **frühzeitige Ermittlung von Abweichungen** ist wichtig für ein erfolgreiches Controlling. Je früher Zielabweichungen erkannt werden, desto eher können Maßnahmen zur Korrektur ergriffen werden. Dazu ist es notwendig, dass ein **kooperativer Führungsstil** (vgl. S. 178) herrscht und die Mitarbeiter mit dem Controlling vertraut sind, damit sie ihre Funktionsbereiche selbstständig steuern können – und auch wollen – nach der Devise:

Abweichungen geben Informationen über die Zielerreichung. Sie sind **keine Fehler, sondern Anlass für Korrekturen.**

■ Operatives und strategisches Controlling

Ein Unternehmen muss sowohl kurzfristig als auch langfristig planen und handeln. Die Festlegung langfristiger Geschäftsstrategien ist dabei Voraussetzung für die kurzfristige Planung.

- **Operatives Controlling** umfasst die gesamte **kurzfristige** Planung (Jahresplanung). Dabei geht es u. a. darum, Absatz und Umsatz zu planen und aus dieser Planung Maßnahmen für die einzelnen Abteilungen des Unternehmens abzuleiten, z. B. bezüglich ihrer Aufwendungen und Erträge. Es sollen der Erfolg sowie die Liquidität und die Finanzlage gesichert und eine angemessene Verzinsung des eingesetzten Kapitals (Eigenkapitalrentabilität) erreicht werden.
- **Strategisches Controlling** ist ausgerichtet auf einen Zeitraum von vier bis sechs Jahren und strebt eine **langfristige** Existenzsicherung des Unternehmens an. Daher müssen Veränderungen des Marktes z. B. aufgrund eines sich wandelnden Konsumverhaltens, einer Marktsättigung oder neuer technischer Entwicklungen möglichst frühzeitig erkannt werden, um im Unternehmen darauf rechtzeitig durch entsprechende Maßnahmen reagieren zu können. Dies gilt auch für mögliche Veränderungen der allgemeinen Rahmenbedingungen z. B. aufgrund neuer Gesetze.

  ***Beispiel** Die Controllerin der Bürodesign GmbH, Frau Langer, hat die Unternehmensleitung und die Abteilungsleiter zu einer Konferenz eingeladen zum Thema „Unser Unternehmen und der demographische Wandel", in der es darum geht, wie die Bürodesign GmbH auf das Problem der Überalterung der Gesellschaft reagiert. Es wird beschlossen, ein Projektteam ins Leben zu rufen, das – als ersten Schritt – für den Sessel „Waiter" aus der Produktgruppe „Warten und Empfang" eine besonders altersgerechte Variante, z. B. mit einer Aufstehhilfe, entwickelt und einen Preis kalkuliert.*

Zusammenfassung: Controlling als Konzept zur Unterstützung der Unternehmensführung darstellen

- **Controlling** bedeutet: „führen, leiten, steuern, regeln, kontrollieren".
- Das Controlling **unterstützt** die Unternehmensleitung und die führungsverantwortlichen Stellen.
- Das Controlling
  - **benötigt Informationen** über Ergebnisse früherer Perioden und über zukünftige Entwicklungen,
  - **formuliert Ziele**, erarbeitet Maßnahmen, analysiert Ergebnisse, berichtet darüber, vereinbart Änderungsvorschläge (Regelkreis des Controllings),
  - legt Wert auf einen kooperativen Führungsstil.

- Der Controller wird häufig gesehen als der **Steuermann** des Schiffes „Unternehmen".
- Es werden unterschieden:
  - **operatives Controlling** (kurzfristig und erfolgsorientiert),
  - **strategisches Controlling** (langfristig, entwicklungs- und existenzorientiert).

Aufgaben

1 *Erläutern Sie die Aussage: „Der Controller ist für ein Unternehmen das, was der Steuermann für ein Schiff ist."*

2 *Erläutern Sie die Aufgaben eines Controllers.*

3 *Begründen Sie, warum ein kooperativer Führungsstil für ein erfolgreiches Controlling notwendig ist.*

4 *Beschreiben Sie den sog. Regelkreis des Controllings.*

5 *Erläutern Sie den Unterschied zwischen strategischem und operativem Controlling.*

6 *Begründen Sie, warum das strategische Controlling die Voraussetzung für operatives Controlling ist.*

7 *Das Controlling der Bürodesign GmbH hat für eine Sitzung mit der Unternehmensleitung und den Abteilungsleitern die folgenden Zahlen zusammengestellt (Zahlen in Tausend €):*

	Vorjahr				Laufendes Jahr	
	1. Quartal	2. Quartal	3. Quartal	4. Quartal	1. Quartal	2. Quartal
Umsatz	360	380	390	405	420	430
Gewinn	42	44	44	45	46	45
Aufw. für Roh-, Hilfs- und Betriebsst.	60	70	90	100	120	145
Personal-aufwendungen	80	82	83	85	86	86
Energie-aufwendungen	40	42	45	60	80	92

Bilden Sie mit drei oder vier Mitschülerinnen/Mitschülern die Gruppe der Controller, die diese Sitzung vorbereiten. Sie haben als Controlling-Gruppe die Aufgabe, die Zahlen der Tabelle auszuwerten, indem Sie
- *die prozentualen Veränderungen berechnen,*
- *die Entwicklung diskutieren und beurteilen,*
- *Verbesserungsvorschläge entwickeln.*

Handlungsfeldübergreifende Aufgaben

1 *Paul Schneider und Rolf Nettekoven wollen eine Lampenfabrik für Designerlampen gründen. Beide wollen aktiv im Unternehmen mitarbeiten. Paul Schneider will in das zu gründende Unternehmen 150000,00 € Bargeld einbringen. Rolf Nettekoven bringt einen Lieferwagen im Wert von 30000,00 € und ein ihm gehörendes Lagerhaus im Wert von 250000,00 € in das Unternehmen ein. Sie sollen bei der Planung des zu gründenden Unternehmens mitwirken.*

a) Nennen Sie die persönlichen Voraussetzungen welche Schneider und Nettekoven erfüllen sollten, damit ihre Existenzgründung Aussicht auf Erfolg hat?

b) Fertigen Sie eine Liste der Sachverhalte an, über die sich die Partner vor Gründung des Unternehmens einigen sollten.

c) Machen Sie einen Vorschlag für eine geeignete Unternehmensform und begründen Sie Ihre Entscheidung.

d) Angenommen, die beiden Partner gründen eine OHG, welche Grundsätze müssen bei der Firmierung beachtet werden?

e) Erstellen Sie eine Liste der Institutionen, bei denen die OHG angemeldet werden muss.

f) Schneider und Nettekoven diskutieren über die Regelung der Gewinnverteilung. Die gesetzliche Regelung kommt für sie nicht infrage, da die Kapitalverzinsung nicht dem Marktzins entspricht. Machen Sie Vorschläge für eine entsprechende Vertragsklausel, die nicht laufend geändert werden muss.

g) Erläutern Sie die Regelung der Haftung bei der OHG.

h) Am Ende des ersten Geschäftsjahres wird ein Reingewinn in Höhe von 124000,00 € ausgewiesen. Verteilen Sie den Gewinn
1. nach der im HGB vorgesehenen Regel,
2. nach der von Ihnen vorgeschlagenen Regel.

i) Bilden Sie den Buchungssatz für den Fall, dass beide den Gewinn ihrem Eigenkapitalkonto gutschreiben lassen.

j) Schneider und Nettekoven planen die Gründung von Verkaufsstellen in verschiedenen Städten. Um das Risiko zu beschränken, wollen sie die OHG in eine GmbH umwandeln. Stellen Sie Vor- und Nachteile der Personen- und Kapitalgesellschaften gegenüber.

k) Formulieren Sie einen Gesellschaftsvertrag. Nehmen Sie den Vertrag der Bürodesign GmbH als Vorlage.

l) Erläutern Sie, ab wann die GmbH als juristische Person besteht.

m) In der Gesellschafterversammlung kommt es zum Streit über die Einstellung eines Prokuristen. Schneider ist dafür, Nettekoven dagegen. Begründen Sie, wie in diesem Fall entschieden wird.

2 *Stellen Sie in einer Matrix Personen- und Kapitalgesellschaften anhand geeigneter Kriterien gegenüber.*

3 *Bilden Sie mehrere Gruppen in der Klasse. Wählen Sie aus dem Kurszettel der Tageszeitung je Gruppe eine Aktiengesellschaft aus, die in Ihrer Region ansässig ist.*

a) Verfolgen Sie den Kurswert der Aktien und stellen Sie diesen grafisch dar.

b) Versuchen Sie eine Begründung für das Steigen bzw. Fallen der Aktien zu finden.

c) Schreiben Sie das Unternehmen an und bitten Sie um einen Geschäftsbericht.

d) Werten Sie den Geschäftsbericht aus und stellen Sie die zentralen Aussagen auf Folien dar. Präsentieren Sie die Ergebnisse der Klasse.

e) Prüfen Sie die Möglichkeit einer Betriebsbesichtigung in „Ihrer" Aktiengesellschaft.

4 *Roland Rothe plant die Gründung einer Großhandlung in der Rechtsform einer KG. Um Chancen und Risiken gegeneinander abzuwägen, bittet Herr Rothe seinen Steuerberater Schmitz um die Beantwortung der nachfolgenden Fragen. Helfen Sie Herrn Schmitz bei der Erledigung dieses Auftrages.*
   a) Geben Sie an, wo die Gesellschaft eingetragen bzw. angemeldet werden muss.
   b) Erläutern Sie, wie die Gesellschafter haften.
   c) Überprüfen Sie, wie die gesetzliche Gewinnverteilung geregelt ist.
   d) Begründen Sie, warum der Gewinn der KG, der die Verzinsung auf das eingesetzte Kapital übersteigt, „angemessen" verteilt wird.
   e) Roland Rothe betreibt die KG zusammen mit seinem Kompagnon Kotte. Rothe ist Komplementär, Kotte Kommanditist. Nennen Sie mögliche Firmen.
   f) Stellen Sie in einer Tabelle die Rechte und Pflichten des Komplementärs gegenüber.

5 *Nach der Eintragung der Rothe KG in das Handelsregister kauft Rothe mehrere Pkws.*
   a) Erläutern Sie, ob Rothe das Geschäft für die KG wirksam abschließen konnte.
   b) Stellen Sie fest, welche Rechtsfolgen es gehabt hätte, wenn Kotte dem Geschäft widersprochen hätte.
   c) Erläutern Sie, ob Kotte sich an einer weiteren KG als Gesellschafter beteiligen kann.
   d) Kotte bekommt einen Lkw günstig angeboten. Er möchte dieses Geschäft auf eigene Rechnung machen. Ist dies zulässig, wenn Rothe dagegen ist?
   e) Aufgrund von Unstimmigkeiten möchte Kotte die Gesellschaft verlassen. Er ist der Meinung, ab dem Tag der Auflösung des Gesellschaftsvertrages habe er mit den Verbindlichkeiten des Unternehmens nichts mehr zu tun. Erläutern Sie die Rechtslage.

6 *Abweichend von der gesetzlichen Regelung vereinbaren die Gesellschafter die folgende Gewinnverteilung: „Die Verzinsung des eingesetzten Kapitals soll jeweils 2 % über dem Repo-Satz der Europäischen Zentralbank vom 1. Dezember des jeweiligen Geschäftsjahres liegen. Der Rest wird nach Köpfen verteilt." Überlegen Sie, welche Gründe für diese Formulierung sprechen könnten.*

7 *Steuerberater Schröder beteiligt sich an der Einzelunternehmung von Steffi Spohr. Man einigt sich, dass Schröder Kommanditist wird. Die Gesellschaft nimmt mit Schröders Zustimmung die Geschäfte auf. Die Eintragung in das Handelsregister unterbleibt zunächst.*
   a) Der Lieferant Ludwig will eine Forderung eintreiben und wendet sich direkt an den gut situierten Schröder. Dieser verweigert die Zahlung mit dem Hinweis, er sei lediglich Kommanditist. Überprüfen Sie, ob der Lieferant im Recht ist.
   b) Die Kommanditgesellschaft wird in das Handelsregister eingetragen. Im ersten Jahr der Tätigkeit macht das Unternehmen 100 000,00 € Verlust. Frau Spohr werden 80 000,00 €, Herrn Schröder 20 000,00 € zugeschrieben. Als im zweiten Jahr 50 000,00 € Gewinn anfallen, verlangt Schröder die Auszahlung seines Anteils. Frau Spohr verweigert dies. Begründen Sie, ob sie im Recht ist.
   c) Frau Spohr kauft für die KG einen großen Posten Taschenrechner. Schröder ist mit dem Kauf nicht einverstanden. Erläutern Sie, ob Schröder dem Geschäft widersprechen kann.
   d) Als Frau Spohr die Geschäftsräume günstig zum Kauf angeboten werden, greift sie im Namen der KG zu. Hätte sie Schröders Zustimmung einholen müssen?
   e) Als Schröder widerspricht, ist Frau Spohr der Meinung, der Kaufvertrag sei nichtig. Der Verkäufer besteht jedoch auf Einhaltung. Wie ist die Rechtslage?
   f) Aufgrund der anhaltenden Spannungen verlangt Schröder, dass ihm monatlich die Bücher vorgelegt werden. Darüber hinaus will er sich durch unangekündigte Besuche im Ladenlokal vom ordnungsgemäßen Ablauf des Geschäftsbetriebes überzeugen. Ist er hierzu berechtigt?

8 *Beschreiben Sie das Sachziel*
a) eines Industriebetriebes,
b) eines Handelsbetriebes,
c) eines Kreditinstitutes.

9 *„Unternehmen haben immer nur ein Ziel, nämlich ihre Gewinnmaximierung." Nehmen Sie kritisch Stellung zu dieser Aussage.*

10 *Ein Unternehmen verfolgt folgende Ziele:*
a) Erhöhung des Umsatzes
b) Verbesserung der Rentabilität
c) Verringerung der Personalkosten
d) Vermeidung von Umweltbelastungen
e) Rationalisierung der Produktion durch Einsatz von Maschinen
f) Bessere Nutzung der vorhandenen Kapazitäten
g) Vermeidung von Überstunden
h) Ausweitung des Marktanteils
i) Geringere Belastung des Verkaufspersonals
Stellen Sie fest, welche der Ziele miteinander in Konkurrenz stehen und welche Ziele sich gegenseitig unterstützen. Begründen Sie Ihre Antworten.

11 *Die innere Organisation des Einkaufs kann funktionsbezogen oder objektbezogen gegliedert sein.*
a) Erläutern Sie die beiden Organisationsformen des Einkaufs.
b) Begründen Sie, warum sich ein Großunternehmen für eine Kombination beider Organisationsformen entscheidet.

12 *Sammeln Sie Artikel aus dem Wirtschaftsteil der Tageszeitung, bei denen es um kontroverse Positionen zu betriebswirtschaftlichen Fragestellungen geht. Ordnen Sie die Positionen den unterschiedlichen Anspruchsgruppen (Stakeholder) zu.*

13 *Ordnen Sie folgende Begriffe 1 bis 6 nebenstehenden Erklärungen a) bis f) zu.*

	Begriffe	**Erklärungen**
1	Hauptbuch	a) Wertbewegung in einem Unternehmen, die buchhalterisch erfasst wird
2	Journal (Grundbuch)	b) kürzeste Anweisung für die Durchführung einer Buchung aufgrund eines Beleges
3	Kontenrahmen	c) Erfassung der Geschäftsfälle in zeitlicher Reihenfolge
4	Kontenplan	d) Teil der Buchhaltung, in dem die Geschäftsfälle sachlich geordnet werden
5	Buchungssatz	e) systematische Gliederung der Konten, die in der Buchhaltung eines bestimmten Unternehmens geführt werden
6	Geschäftsfall	f) systematische Ordnung aller Konten, die in den Betrieben eines bestimmten Wirtschaftszweiges möglich sind

14 ***Buchführung als Spiel***

Die 4. Buchstaben der 21 Wörter, deren Definitionen oder Synonyme unten angegeben sind, ergeben in der Reihenfolge von oben nach unten einen Grundsatz der ordnungsmäßigen Buchführung.

1. *Eintragung des Buchungssatzes im Buchungsstempel*
2. *Verzeichnis aller Vermögensteile und Schulden*
3. *Passiva*
4. *Betriebsvermögen des Unternehmers*
5. *Bestandsaufnahme*
6. *Verpflichtungen aus Zielkäufen*
7. *Vorbereitungsbuchung zum Abschluss*
8. *Bestandsaufnahme an einem bestimmten Tag*
9. *Entwertungsstrich*
10. *Fremdkapital*
11. *Journal*
12. *Beleg für Verkäufe*
13. *Unterkonten des Eigenkapitalkontos*
14. *kürzeste Form einer Buchungsanweisung*
15. *dekadisches System*
16. *Mittelverwendung*
17. *Saldo der Bestandskonten*
18. *Buchungsunterlage*
19. *Differenz zwischen Aufwand und Ertrag*
20. *Gründer und Leiter eines Unternehmens*
21. *Abfluss von Geldmitteln bei Anschaffungen*

15 *Die Konten „2000 Rohstoffe“, „6000 Aufwand für Rohstoffe“ und „5000 Umsatzerlöse für eigene Erzeugnisse“ sind unter Berücksichtigung eines Endbestandes lt. Inventur von 600000,00 € abzuschließen.*

S	2000 Rohstoffe	H
700000,00		

S	5000 Umsatzerlöse für eigene Erzeugnisse	H
		46200000,00

S	6000 Aufwand für Rohstoffe	H
25900000,00		

S	6100–7700 Verschiedene Aufwendungen	H
18000000,00		

a) Ermitteln Sie in Euro
- *aa) den Materialverbrauch,*
- *ab) den Erfolg.*

b) Bilden Sie die Buchungssätze
- *ba) zur Erfassung der Materialbestandsveränderungen,*
- *bb) zum Abschluss des Kontos „Aufwand für Rohstoffe“,*
- *bc) zum Abschluss des Kontos „Umsatzerlöse für eigene Erzeugnisse“,*
- *bd) zum Abschluss des Kontos „GuV“,*
- *bd) zum Abschluss des Kontos „Rohstoffe“.*

16 *Eine Industrieunternehmung legt am Ende des Geschäftsjahres folgende Werte vor:*

Konten	Soll €	Haben €
Anlagevermögen	750000,00	
Eigenkapital		800000,00
Forderungen, liquide Mittel	240000,00	
Verbindlichkeiten, Schuldwechsel		250000,00
Mieterträge		30000,00
Aufwand für Rohstoffe	1560000,00	
Rohstoffbestand	200000,00	
Personalkosten	740000,00	
verschiedene Aufwendungen	260000,00	
Umsatzerlöse für eigene Erzeugnisse		2670000,00

Rohstoffendbestand lt. Inventur: 260 000,00 €
Ermitteln Sie jeweils in T€
a) den Materialeinsatz/Aufwand für Rohstoffe,
b) den Erfolg,
c) das Eigenkapital am Jahresende,
d) die Bilanzsumme.

17 *Kreuzen Sie die Auswirkung folgender drei Geschäftsfälle an:* €
Rohstoffeinkauf auf Ziel 32 000,00
Tilgung einer Hypothekenschuld durch Banküberweisung 25 000,00

1	2	
		Dem Unternehmen wird neues Fremdkapital zugeführt.
		Dem Unternehmen wird Eigenkapital entzogen.
		Es handelt sich um eine Aktiv-Passiv-Minderung.
		Fremdkapital wird zurückgezahlt.
		Die Liquidität wird verschlechtert.
		Das Reinvermögen nimmt ab.
		Der Kapitalaufbau verschlechtert sich.

18 *Ein Industrieunternehmen hat eine Bilanzsumme von 30 000 000,00 €. Das Vermögen besteht zu 50 % aus Anlagevermögen, zu 10 % aus liquiden Mitteln, zu 15 % aus Forderungen a. LL. Den restlichen Teil bilden die Vorräte.*
Das Gesamtvermögen wird zu 40 % mit Eigenkapital, zu 30 % mit langfristigem Fremdkapital und zu 30 % mit kurzfristigem Fremdkapital finanziert.
Ermitteln Sie

das Anlagevermögen	€
das Umlaufvermögen	€
die liquiden Mittel	€
das Eigenkapital	€
die kurzfristigen Verbindlichkeiten	€

19 *Die dritten Buchstaben der zwölf Wörter, deren Definition oder Synonyme unten angegeben sind, ergeben von oben nach unten den Titel eines Romans von Gustav Freytag:*
1. *Abbau des Lagerbestandes*
2. *Rückbuchung*
3. *Mehrung der Bilanzsumme durch einen Geschäftsfall*
4. *Grundlage der Betriebsbereitschaft*
5. *zweiseitige Rechnung in der Buchführung*
6. *Buch der Konten eines Unternehmens*
7. *Saldo der Bestandskonten*
8. *wichtiger Grundsatz einer ordnungsmäßigen Buchführung*
9. *Form des Inventars*
10. *Kundenkonten*
11. *dem Unternehmen befristet überlassenes Kapital*
12. *Kontenzusammenstellung für die Buchhaltung eines Unternehmens*

Handlungsfeld 2:

Beschaffung

1 Entscheidungen zur Planung und Optimierung eines Beschaffungsprozesses vorbereiten

Im Handlungsfeld 2 werden Sie lernen, welche Ziele die Beschaffung verfolgt und wie man geeignete Bezugsquellen für den Beschaffungsprozess ermittelt. Dazu wird zunächst eine Angebotsanalyse des Modellunternehmens Bürodesign GmbH erstellt und unter Berücksichtigung der Aspekte der Nachhaltigkeit und des fairen Handels eine Beschaffungsmarktforschung durchgeführt. Im Anschluss daran werden Sie relevante Verfahren der Beschaffung kennenlernen.

2 Beschaffungskonzepte prüfen und deren Wirtschaftlichkeit beurteilen

Anschließend werden die vorhandenen Beschaffungskonzepte der Bürodesign GmbH auf ihre Wirtschaftlichkeit und ökologische Vertretbarkeit hin überprüft. Danach wird ein konkreter Beschaffungsvorgang für die Bürodesign GmbH beschrieben. Zusätzlich prüfen Sie die Bereitstellungsfähigkeit der Bürodesign GmbH mithilfe von Kennziffern. Abschließend werden Sie die typischen Wertströme in der Buchführung im Rahmen der Beschaffung erfassen und dokumentieren und dabei die Bedeutung von Unterkonten zur Informationsgewinnung kennenlernen.

1 Entscheidungen zur Planung und Optimierung eines Beschaffungsprozesses vorbereiten

1.1 Aufgaben und Ziele der Beschaffung begründen

→LS

In der Bürodesign GmbH findet eine Konferenz aller Abteilungsleiter mit der Geschäftsführung statt. Hierzu sind auch die fünf Auszubildenden zur Industriekauffrau/zum Industriekaufmann, Renate Becker, Elke Grau, Silvia Land, Jutta Meier und Torsten Menne, eingeladen. Thema der Konferenz ist: „Beschaffung und Lagerung von Materialien und Möglichkeiten der Kostenminimierung". Die Geschäftsführerin für den Bereich „Beschaffung", Helma Friedrich, eröffnet die Konferenz mit einem kleinen Vortrag über die Aufgaben und Ziele der Materialwirtschaft. Sie beendet ihren Vortrag mit den Worten: *„Wir müssen es schaffen, damit wir weiterhin konkurrenzfähig bleiben, dass sich unsere Beschaffungs- und Lagerkosten verringern, ohne dass unsere Produktions- und Lieferbereitschaft beeinträchtigt wird. Nur dann werden wir weiterhin auf dem Markt erfolgreich sein."* Klaus Stein, der Geschäftsführer „Absatz und Verwaltung", ergänzt die Ausführungen von Frau Friedrich: *„Wir sollten hierbei auch einmal grundsätzlich darüber diskutieren, ob die Organisationsstruktur unserer Produktions- und Beschaffungsabteilung noch zeitgemäß ist."*

Arbeitsaufträge
- ***Begründen Sie die Aufgaben und Ziele des Beschaffungsprozesses.***
- ***Beschreiben Sie die Schnittstellen der Materialwirtschaft zu anderen Funktionsbereichen in einem Industriebetrieb.***

■ Aufgaben des Beschaffungsprozesses

Industriebetriebe haben die Aufgabe, Produkte herzustellen, die von anderen Unternehmen oder von den Endverbrauchern benötigt werden. Dies geschieht in der Weise, dass betriebliche Produktionsfaktoren (Werkstoffe, Personal, Maschinen, Gebäude usw.) beschafft werden, um mit diesen in einem Produktionsprozess marktfähige Produkte oder Dienstleistungen zu erstellen. Beim Beschaffungsprozess der Produktionsfaktoren werden die Instrumente des Beschaffungsmarketings eingesetzt.

Unter den **Produktionsfaktoren** nehmen die Werkstoffe (Roh-, Hilfs-, Betriebsstoffe, Fremdbauteile, vgl. S. 203) eine wesentliche Rolle ein, deren Beschaffung, Lagerung, Ausgabe einschließlich Verwaltung als **Materialwirtschaft** bezeichnet wird. Auf der einen Seite haben die Materialkosten einen wesentlichen Einfluss auf die gesamten Herstellkosten (im Durchschnitt 50 % der Selbstkosten), auf der anderen Seite ist die ordnungsgemäße Bereitstellung der Werkstoffe eine wesentliche Voraussetzung für die Leistungserstellung und somit auch für die Lieferbereitschaft der Industriebetriebe. Die wesentliche Bedeutung der Materialwirtschaft äußert sich schon darin, dass in der Aufbauorganisation der meisten Industrieunternehmen ein eigener Funktionsbereich Materialwirtschaft existiert.

Beispiel *In der Bürodesign GmbH gibt es für die Materialwirtschaft eine eigene Abteilung „Beschaffung".*

Die **Hauptaufgabe der Materialwirtschaft** besteht also in der Versorgung des Betriebes mit Werkstoffen, fremdbezogenen Fertigteilen, Handelswaren und sonstigem Zubehör

- zum günstigsten Preis,
- in der erforderlichen Art und Qualität,
- bei dem geeignetsten Lieferer,
- in der richtigen Menge,
- am richtigen Ort,
- in der richtigen Zeit.

Neben der Beschaffung der Werkstoffe und sonstigen Materialien (vgl. S. 203f.) spielen deren Lagerung (vgl. S. 268ff.), deren reibungslose Bereitstellung am Arbeitsplatz (Materiallogistik), die Entsorgung der dabei anfallenden Abfälle und die zukünftige Rücknahme verbrauchter Produkte (vgl. S. 259f.) eine immer größere Rolle.

Aus den obigen Forderungen an die Materialwirtschaft ergeben sich folgende **Teilprozesse der Materialwirtschaft**:

Teilprozesse der Materialwirtschaft	Beispiele aus Bürodesign GmbH
Planung der Beschaffung	Planung des Materialbedarfs in Zusammenarbeit mit der Fertigungsplanung und -steuerung; Beschaffungsmarktforschung; Mengen-, Zeit-, Qualitätsplanung der zu beschaffenden Materialien; Lieferanten- und Transportauswahl, Planung der Lagerkapazität usw. (vgl. S. 268f.)
Durchführung der Beschaffung	logistische Abwicklung der Beschaffung von der Bestellung bis zur Materialanlieferung (vgl. S. 210ff.) an die Fertigungsstellen
Kontrollaufgaben	Terminüberwachung; Prüfung, Einlagerung und Pflege des Materials; Bearbeitung von **Reklamationsansprüchen** usw., Erfassung aller Lagerein- und -ausgänge; Überwachung der Lagerbewegungen einschließlich Bestandskontrolle mit dem Ziel, Durchlaufzeiten zu verkürzen und Lagerbestände zu vermindern (Materiallogistik), Inventur usw. (vgl. S. 89ff.)
Sonstige Aufgaben	Bestandsbewertung der Materialien; Sammlung, Entsorgung, Verwertung oder Verkauf von Produktionsrückständen und Verpackungsmaterialien, Erstellung von Statistiken und ABC-Analysen (vgl. S. 255f.)

→Bd. 2

■ Ziele des Beschaffungsprozesses in der Materialwirtschaft

Zur ordnungsgemäßen Erfüllung ihrer Aufgaben verfolgt die Materialwirtschaft folgende allgemeine Ziele:

- **Minimierung der Beschaffungskosten**
  Beispiele *Minimierung der Bestellkosten und Bezugs-/Einstandspreise*
- **Minimierung der Lagerhaltungskosten**
  Beispiele *Minimierung der Zinskosten für das in den Materialbeständen gebundene Kapital, Minimierung der Lagerpersonalkosten, Minimierung der Lagerrisiken und -raumkosten*
- **Minimierung der Fehlmengenkosten**
  Beispiele *Minimierung der Kosten aufgrund mangelnder Lieferbereitschaft oder der Kosten, die dem Unternehmen dadurch entstehen, dass die Produktion wegen fehlenden Materials ruht*

Diese allgemeinen Ziele stehen allerdings zueinander in Konkurrenz.

Beispiel *In der Bürodesign GmbH stehen folgende Ziele der Beschaffung zueinander in Konkurrenz:*

Ziele der Beschaffung	
Minimierung der Anschaffungskosten	**Minimierung der Lagerhaltungskosten**
• geringere Bezugskosten • niedrigere Zieleinkaufspreise	• niedrige Lagerhaltungskosten • niedrige Kapitalbindungskosten

Minimierung der Anschaffungskosten	Minimierung der Lagerhaltungskosten
Erreichbar durch große Bestellmengen Dies führt zu	**Erreichbar durch kleine Bestellmengen** Dies führt zu
• hohen Lagerhaltungskosten • Kapitalbindungskosten • hoher Lieferbereitschaft	• hohen Beschaffungskosten • hohen Preisen wegen Nichtausnutzung von Mengenvorteilen (Mengenrabatte) • geringerer Lieferbereitschaft

Die Materialwirtschaft kann diesen **Zielkonflikt** dadurch lösen, dass die richtigen Bestellmengen gefunden werden, bei denen sowohl die Lieferbereitschaft als auch die Beschaffungskosten so niedrig wie möglich sind.

Besondere Bedeutung gewinnen zunehmend die **speziellen Ziele der Materialwirtschaft**:

Spezielle Ziele der Materialwirtschaft	Beispiele
Qualitätssicherung	Die Qualität der in der Produktion eingesetzten Materialien ist ausschlaggebend für die Güte des herzustellenden Produktes (vgl. S. 361 f.).
Kostensenkung	Beschaffungsalternativen sind auf ihre Kosten zu untersuchen.
Lieferbereitschaft	Die Lagerhaltung muss sich sowohl an Finanzierungsmöglichkeiten als auch an der Versorgungssicherheit für Produktion und Absatz orientieren.
Gesundheitsschutz	Es sollten möglichst ungefährliche und umweltverträgliche Materialien eingesetzt werden (vgl. S. 204 f.).
Umweltschutz	Bei der Beschaffung der Materialien sollten Recyclingfähigkeit und Entsorgung der Abfälle und Energieeinsparmöglichkeiten bei der Lagerung und Verarbeitung in der Fertigung berücksichtigt werden (vgl. S. 259 f.).

■ Schnittstellen der Materialwirtschaft zu anderen Funktionsbereichen

Die Materialwirtschaft in einem Industrieunternehmen hat zahlreiche Verbindungen, d.h. Schnittstellen, zu anderen Funktionsbereichen im Betrieb.

Schnittstelle zur Absatzwirtschaft

Die Absatzwirtschaft erstellt auf der Grundlage des vorhandenen Produkt- und Absatzprogramms und der Marktforschungsergebnisse **Absatzpläne für zukünftige Perioden**. Hieraus leitet sich der langfristige Materialbedarf ab, der wiederum die Basis für die Beschaffungsplanung ist.

Bei Unternehmen mit **Massenfertigung** werden auf der Grundlage der Absatzzahlen vergangener Perioden Absatzpläne erstellt. Zusätzlich werden Marktforschungsergebnisse berücksichtigt, um künftige Entwicklungen zu berücksichtigen. Bei Unternehmen mit **Auftragsfertigung** erhält die Materialwirtschaft von der Absatzwirtschaft immer dann eine Bedarfsmeldung, wenn ein Auftragseingang erfolgt ist und festgestellt wird, dass für die Abwicklung des Kundenauftrags nicht genügend Material vorhanden ist.

Schnittstelle zur Produktionswirtschaft

Die Produktionswirtschaft hat ein großes Interesse daran, dass die **Fertigungsmaterialien immer rechtzeitig und fehlerfrei am Arbeitsplatz zur Verfügung stehen**. Die Materialwirtschaft trägt somit eine hohe Verantwortung für einen reibungslosen Produktionsablauf, da

Qualitätsmängel und Lieferungsverzögerungen zu nachhaltigen Störungen führen können. Computergesteuerte Produktions-Planungs-Systeme (PPS) halten die entsprechenden Informationen bereit, die den termingerechten Materialfluss auslösen. Die Arbeitsvorbereitung in einem Industrieunternehmen muss oft entscheiden, ob Teile selbst gefertigt oder besser fremdbezogen werden. In diesem Fall muss die Materialwirtschaft Daten über Beschaffungsmöglichkeiten und -kosten liefern. Ferner muss die Materialwirtschaft in Zusammenarbeit mit der Forschungs- und Konstruktionsabteilung nach neuen Fremdbauteilen und Rohstoffen suchen.

Beispiel *Die Beschaffungsabteilung der Bürodesign GmbH überprüft in Zusammenarbeit mit der Abteilung Produktentwicklung, ob die Sitzschalen der Bürostühle statt aus Holz auch aus recyceltem Kunststoff herzustellen sind.*

Schnittstellen zur Finanzwirtschaft

Die Finanzierung der Materialbeschaffung und der Lagerhaltung muss zwischen der Materialwirtschaft und der Finanzwirtschaft abgestimmt werden. Dabei ist abzustimmen, **welche finanziellen Mittel insgesamt für die zu beschaffenden Materialien und zur Finanzierung der Lagerbestände bereitzustellen sind**. Die durch die Materialbeschaffung ausgelösten Zahlungsvorgänge werden dabei vom Rechnungswesen abgewickelt. Die Finanzwirtschaft wird auf niedrige Lagerbestände und geringe Kapitalbindung drängen.

Schnittstellen zur Personalwirtschaft

Die Personalplanung, -beschaffung, -betreuung (Aus- und Weiterbildung der Mitarbeiter) und -entlohnung muss zwischen der Materialwirtschaft und der Personalwirtschaft abgestimmt werden. Dabei ist abzustimmen, welcher Personalbedarf insgesamt für die Beschaffungsaufgaben besteht und welche **Personalbeschaffungswege** beschritten werden. Ferner ist abzustimmen, welche Anforderungen an diese Mitarbeiter zu stellen sind und wie Mitarbeiter auf neue Anforderungen und Kenntnisse vorbereitet werden können. Die Personalwirtschaft wird auf einen niedrigen Personalbestand und somit niedrige Personalkosten drängen.

Zusammenfassung: Aufgaben und Ziele der Beschaffung begründen

- Zum **Beschaffungsprozess** zählen alle mit der Beschaffung, Lagerung, Bereitstellung und Entsorgung von Materialien verbundenen Aufgaben.
- **Hauptaufgabe der Materialwirtschaft** ist es, das Unternehmen mit Werkstoffen in der richtigen Art, Qualität, Menge, zum richtigen Preis, am richtigen Ort und zur richtigen Zeit unter Beachtung des Wirtschaftlichkeitsprinzips zu versorgen.
- Die **Teilaufgaben der Materialwirtschaft** gliedern sich in Planung und Durchführung der Beschaffung, Kontrollaufgaben und sonstige Aufgaben.
- Zu den **Zielen des Beschaffungsprozesses** zählt die Minimierung der Beschaffungs-, der Lagerhaltungs- und der Fehlmengenkosten. Diese Ziele stehen in einem permanenten Zielkonflikt zueinander.
- Zunehmende Bedeutung gewinnen die **speziellen Ziele der Materialwirtschaft**: Qualitätssicherung, Kostensenkung, Lieferbereitschaft, Gesundheits- und Umweltschutz, wobei diese Ziele sich ebenfalls in einem Zielkonflikt miteinander befinden.
- Die Materialwirtschaft hat viele **Schnittstellen** zur Absatz-, Produktions-, Finanz- und Personalwirtschaft, wobei sich auch hier zwischen den einzelnen Funktionen **Zielkonflikte** ergeben können.

Aufgaben

1 *Erstellen Sie zum Thema „Aufgaben und Ziele des Beschaffungsprozesses in einem Industrieunternehmen" ein Referat. Benutzen Sie zum Vortrag geeignete digitale Medien, die Ihren Vortrag unterstützen.*

2 *Beschreiben Sie einige Zielkonflikte der Beschaffung.*

3 *Bearbeiten Sie anhand eines Industriebetriebes Ihrer Region folgende Fragen und Aufgaben:*
   a) Erläutern Sie, welche Abteilungen mit materialwirtschaftlichen Aufgaben befasst sind.
   b) Gibt es untergeordnete Abteilungen und welche Aufgaben haben diese?
   c) Führen Sie eine Befragung von leitenden Mitarbeitern in der Beschaffung durch, welche Berührungspunkte es mit anderen Abteilungen gibt und welche Informationen ausgetauscht werden.
   d) Erstellen Sie ein Organigramm, in dem besonders die Beschaffungsabteilung dargestellt wird.

4 *„Dem speziellen Ziel der Materialwirtschaft, Umwelt- und Gesundheitsschutz, kommt eine immer größer werdende Bedeutung zu." Erläutern Sie diese Aussage an selbst gewählten Beispielen aus der Bürodesign GmbH und einem Unternehmen Ihrer Region.*

5 *Erstellen Sie mithilfe einer Präsentationssoftware ein digitales Produkt zum Thema „Möglichkeiten zur Verbesserung der Zusammenarbeit zwischen der Beschaffungsabteilung einer Industrieunternehmung und ihren Lieferern".*

1.2 Materialauswahl, Einsatzmöglichkeiten, Umweltverträglichkeit verschiedener Materialien und nachhaltige Beschaffung berücksichtigen

→LS

In der Bürodesign GmbH findet eine erneute Besprechung der Geschäftsleitung mit den Abteilungsleitern statt, bei der Elke Grau das Protokoll führt. Frau Friedrich erklärt den Anwesenden: *„Ich habe Sie heute zusammengerufen, da ich Ihnen eine sehr erfreuliche Mitteilung zu machen habe. Unser Stapelstuhl ‚Stapler' wurde von der Fachpresse als der ‚Öko-Stuhl' des Jahres 2018 bezeichnet, da er aus wenigen, ökologisch unbedenklichen, sortenreinen und gekennzeichneten Werkstoffen besteht, die zu 95 % recycelt werden können. Zudem haben wir bei diesem Stuhl auf geschweißte oder geklebte Verbindungen gänzlich verzichtet. Seit der Produkteinführung im Jahre 2017 rückte Stapler mit einem Produktionsanteil von 15 % auf Platz zwei im Bürodesign-Programm. Lassen Sie uns auf diesem Wege weitermachen und überprüfen, ob wir auch unsere anderen Produkte durch den Einsatz umweltverträglicherer Materialien verbessern können. Somit tragen wir dem gestiegenen Umweltbewusstsein Rechnung, was uns letztendlich über die erhöhte Akzeptanz bei den Kunden zugutekommt."*

Arbeitsaufträge
- ***Erläutern Sie die Bedeutung und Einsatzmöglichkeiten der verschiedenen Materialien in einem Industriebetrieb.***
- ***Begründen Sie, warum der Einsatz umweltverträglicher Materialien für Industriebetriebe von Vorteil sein kann.***
- ***Untersuchen Sie, welche Bedeutung die Aspekte „Nachhaltigkeit" und „Fairer Handel" für ein Unternehmen bei der Beschaffung haben.***

Materialauswahl und Einsatzmöglichkeiten verschiedener Materialien

Die Materialwirtschaft hat aufgrund des Beschaffungsplans, der anhand des Absatzplans aufgestellt wird, folgende **Beschaffungsobjekte** (Materialien) zu beschaffen und bereitzustellen:

Einsatzfaktoren / Merkmale		Kennzeichnung	Beispiele für einen Schreibtischstuhl der Bürodesign GmbH
WERKSTOFFE	**Rohstoffe**	Sie bilden den Hauptbestandteil des Fertigerzeugnisses.	Holz, Stoffbezüge, Leder
	Hilfsstoffe	Sie gehen als Nebenbestandteil in das Fertigerzeugnis ein und spielen wert- und mengenmäßig nur eine untergeordnete Rolle.	Farbe, Leim, Schrauben
	Betriebsstoffe	Sie sind kein Bestandteil des Fertigerzeugnisses, werden aber für den Fertigungsprozess benötigt.	Energie, Schmierstoffe für Maschinen, Schleifpapier, Verpackungsmaterial
	Zulieferteile/ Fremdbauteile	Sie werden von anderen Herstellern bezogen, werden nicht bearbeitet, sondern gehen durch Montage in das Fertigerzeugnis ein.	Stahlrohre für das Sitzgestell
Handelswaren		Sie werden von fremden Unternehmen bezogen und ohne Veränderung weiterverkauft. Sie ergänzen das Absatzprogramm.	Regalsystem Danebro, Papierkörbe für das Büro

Materialien (vgl. S. 198f.) sind alle naturgegebenen und bereits verarbeiteten Gegenstände, die im Produktionsprozess verarbeitet, bearbeitet oder eingebaut werden. Materialien sollten eine Reihe von Anforderungen erfüllen.

Beispiele *Die Materialien des neuen Bürostuhls „Ergo-design-natur" der Bürodesign GmbH sollten folgende Anforderungen erfüllen:*
- *Sie sollen langlebig sein.*
- *Bauteile sollen leicht austauschbar sein.*
- *Sie sollen umweltfreundlich sein, d. h., sie sollen recycelbar (wiederverwendbar oder wiederverwertbar) sein.*
- *Einzelteile sollen verringert werden, die Gestaltung und Formen der Werkstücke sollen auf Wunsch der Fertigung so einfach wie möglich sein.*

Die Produktionsabteilung hat die Aufgabe, anhand der Unterlagen von Konstruktion und Entwicklung wie Zeichnungen und Stücklisten die Auswahl der Materialien festzulegen, da dies eine technische Aufgabe ist. Die Beschaffungsabteilung hat danach die erforderlichen Materialien zu besorgen, wobei sie wirtschaftlichen Zwängen unterliegt.

Beispiel *Ob z. B. die Sitzschale des Bürostuhls „Ergo-design-natur" bei der Bürodesign GmbH aus Holz, Kunststoff oder Metall gefertigt wird, ist zunächst ein technisches Problem. Aus Kosten- oder auch Umweltschutzgründen kann die technisch bessere Lösung unterbleiben.*

Bei der **Materialauswahl** müssen ferner die **Kosten** (vgl. S. 248 f.), die **Qualität** (vgl. S. 250 f.), Umweltgesichtspunkte (vgl. S. 259 f.) und die **Marktentwicklung** der zu beschaffenden Materialien berücksichtigt werden. Bei der Marktentwicklung müssen neben den saisonalen und konjunkturellen Schwankungen auch andere Veränderungen, wie z. B. die Verknappung von Rohstoffen oder **Wechselkursveränderungen**, beobachtet werden.

→VWL

Umweltverträglichkeit verschiedener Materialien

Gefahrstoffe

Zu den Gefahrstoffen zählen alle Stoffe und Gegenstände, von denen bei Unfällen oder bei unsachgemäßer Behandlung Gefahren für Menschen, Tiere, Sachen und Umwelt ausgehen können, da sie z. B. explosiv, leicht entzündbar, giftig, radioaktiv, ätzend, krebserregend usw. sind.

Beispiele *Farben, Klebstoffe, Reinigungs-, Löse-, Schädlingsbekämpfungsmittel, Asbest, Benzol*

Nach der **GHS-Verordnung (GHS-V)** sind „Gefahrstoffe so aufzubewahren oder zu lagern, dass sie die menschliche Gesundheit und die Umwelt nicht gefährden". Nach **§ 19 Chemikaliengesetz (ChemG)** teilen sich die Gefahrstoffe in

- **gefährliche Stoffe** (alle Stoffe und Zubereitungen, die explosionsgefährdend, brandfördernd, hochentzündlich, leicht entzündlich, entzündlich, giftig, gesundheitsschädlich, ätzend, reizend, sensibilisierend, krebserzeugend, fortpflanzungsgefährdend, erbgutverändernd oder umweltschädlich sind),
- **Stoffe, die Krankheitserreger übertragen können,**
- **bei der Herstellung oder Verwendung gefährliche Stoffe,**
- **explosionsfähige Stoffe**.

Da es durch den unsachgemäßen Umgang mit Gefahrstoffen oder Missachtung der Sicherungsvorschriften bei der Lagerung zu Unfällen, die Menschen, Tiere, Luft, Wasser oder Böden gefährden können, kommen kann, hat der Gesetzgeber die GHS-Verordnung erlassen, nach der geeignete und zumutbare Vorkehrungen zu treffen sind, um den Missbrauch nach Möglichkeit zu verhindern. Der Umgang mit Gefahrstoffen unterliegt strengen nationalen und internationalen Regelungen und behördlicher Überwachung. Verstöße gegen diese Vorschriften werden streng geahndet.

Beispiel *Nach der Gefahrgutverordnung – Straße, Eisenbahn und Binnenschifffahrt (GGVSEB) – müssen Transportfahrzeuge durch Warntafeln gekennzeichnet sein. Der Fahrzeugführer muss für den Fall eines Unfalls schriftliche Weisungen mitführen, wie im Falle eines Unfalls verfahren werden soll.*

Gefahrgüter sind für den Transport in **neun Klassen** eingeteilt und entsprechend besonders zu kennzeichnen:

Gefahrgutklasse	Gefahrgut	Gefahrgutklasse	Gefahrgut
1	Explosive Stoffe	3	Entzündbare Flüssigkeiten
2	Verdichtete, verflüssigte Gase	4	Entzündbare, feste Stoffe

Gefahrgutklasse	Gefahrgut	Gefahrgutklasse	Gefahrgut
5	Oxidierend entzündend wirkende Stoffe	8	Ätzende Stoffe
6	Giftige, ansteckungsgefährdende Stoffe	9	Verschiedene Gefahrstoffe
7	Radioaktive Stoffe		

Die GHS-Verordnung schreibt vor, dass gefährliche Stoffe sicher verpackt und besonders gekennzeichnet werden müssen.

Beispiele *Gefahrenpiktogramme nach der GHS-Verordnung GHS-V*

Angaben zur Bezeichnung des Stoffes, Hinweise auf besondere Gefahren, Gefahrensymbol und Gefahrenbezeichnung, Sicherheitsratschläge und Name und Anschrift des Herstellers, Einführers oder Vertreibers, Hinweise zur schadlosen Beseitigung sind verbindlich vorgeschrieben.

Beispiel *Die Bürodesign GmbH verwendet in der Fertigung Terpentin zur Verdünnung von Farben.*

Ferner muss jedes Unternehmen, das gefährliche Güter versendet, verpackt oder befördert, einen **Gefahrgutbeauftragten** bestellen. Dieser Beauftragte soll den ordnungsgemäßen Umgang mit Gefahrgütern überwachen. Hierzu muss er seine Sachkunde durch eine spezielle Schulung bei der IHK und regelmäßige Fortbildungsmaßnahmen erwerben.

Beispiel *Die Bürodesign GmbH hat Frank Messerschmidt zu ihrem Gefahrgutbeauftragten ernannt.*

Für **arbeitsplatzbezogene Maßnahmen** sind die maximale Arbeitsplatzkonzentration, die ein Gefahrstoff in der Luft haben darf, und der biologische Arbeitsplatztoleranzwert, den ein Stoff im Körper maximal haben darf, zu berücksichtigen. Diese Werte werden durch das Bundesministerium für Arbeit und Soziales festgelegt.

■ Nachhaltige Beschaffung bei der Materialauswahl

Der Umweltschutz wird bei der Beschaffung von Materialien immer mehr als unternehmerisches Ziel zu einem integrierten **Bestandteil der Unternehmensphilosophie**. Die Erde gibt Rohmaterialien nur in beschränkten Mengen her. Werden mehr Materialien verbraucht, als die Erde jährlich wachsen lässt, werden die Ressourcen der Erde bald verbraucht sein. Die Umweltpolitik eines Industrieunternehmens sollte von der Produktentwicklung über Zuliefererunternehmen, Handelspartner, ökologisches Controlling der Produktionsprozesse, Verpackung und Transport bis hin zu Reparaturleistungen, Wiederverwendung, Weiterverwertung und fachgerechter Entsorgung reichen. Somit kommt schon der Beschaffung von Materialien eine entscheidende Bedeutung in der Unternehmensumweltpolitik zu. Unternehmen, die ökologische Ziele bei der Beschaffung in den Vordergrund stellen, orientieren sich am **Prinzip der Nachhaltigkeit**. Dieses Prinzip bedeutet, dass alle unternehmerischen Entscheidungen so ausgerichtet sein müssen, dass sie auch langfristig im Einklang mit der Umwelt stehen.

Nachhaltigkeit

Beispiele *In der Bürodesign GmbH werden folgende ökologische Gesichtspunkte bei der Beschaffung von Materialien angewandt:*

- *Mit der Wollux GmbH Peter Findeisen wurden innovative Materialien entwickelt, die auf Biopolymeren (Pflanzenöle, Stärkederivate) basieren und mit Naturfasern (Flachs, Hanf, Ramie) verstärkt werden, mit dem Ziel, in Teilbereichen erdölbasierende Kunststoffe zu ersetzen.*
- *Die Bürodesign GmbH hat durch Einsatz von Leichtbauplatten mit Plattenkernen aus Sandwich-Pappwaben, die aus recyceltem Papier gefertigt werden, eine 30-%ige Massen- und Gewichtsreduktion erreicht.*
- *Die Bürodesign GmbH setzt Aluminium mit einem 50-%igen Anteil von Recycling-Aluminium für statisch beanspruchte und dennoch leichte Bauteile wie Sitzträger, Tischbeine oder Fußkreuze ein.*
- *Die Bürodesign GmbH ersetzt bei einigen Sitzmöbeln das aus Erdöl hergestellte Polstermaterial Polyurethan durch Gummikokos, ein Material, das auf Fasern basiert, die bei der Kokosnussernte anfallen und mit der Latexmilch des Gummibaums verklebt werden.*

Ressourcenverbrauch und damit die Zerstörung der natürlichen Umwelt nehmen immer schneller zu. Im Jahr 2018 wurden gegenüber 1950 die zwanzigfache Menge an Verbrauchsgütern produziert und die zehnfache Menge an Rohstoffen entzogen. Mit der rasanten Entwicklung der Schwellenländer, insbesondere im Osten und Südosten Asiens (China, Indien),

- wird die Tragfähigkeit der Erde für die schnell wachsende Bevölkerung bezweifelt,
- werden seit den 1970er-Jahren Wege gesucht, dem entgegenzuwirken und das Überleben heutiger und künftiger Generationen auf der Erde zu sichern.

„Dauerhafte (nachhaltige) Entwicklung ist Entwicklung, die die Bedürfnisse der Gegenwart befriedigt, ohne zu riskieren, dass künftige Generationen ihre eigenen Bedürfnisse nicht befriedigen können."

Quelle: Hauff, Volker (Hrsg.): Unsere gemeinsame Zukunft – Der Brundtland-Bericht der Weltkommission für Umwelt und Entwicklung, 1. Auflage, Greven: Eggenkamp Verlag 1987, S. 51.

Es wird aus dieser Annahme weltweit ein Zielsystem mit den Dimensionen Ökonomie, Ökologie und soziale Aspekte entwickelt.

Ökonomie	Ökologie	soziale Aspekte
Produktion von Gütern und Dienstleistungen zur Versorgung und Wohlstandsschaffung in der jetzigen Generation und den nachfolgenden Generationen	Stützung und Bewahrung der natürlichen Umwelt durch Auskommen mit weniger Ressourcen • Entnahme von erneuerbaren Ressourcen, nur soweit sie sich regenerieren • Entnahme nicht erneuerbarer Ressourcen, soweit Alternativen zu ihrer Nutzung bereitstehen	gerechte Verteilung der Güter und Dienstleistungen zur Versorgung und Wohlstandsschaffung auf die jetzige Generation und die nachfolgenden Generationen

Grundsätzlich sollte somit eine **schonende Nutzung der Umweltressourcen** (= **dauerhafte, nachhaltige Entwicklung, Grundsatz der Nachhaltigkeit**) im Vordergrund stehen. Als nachhaltig werden Materialien und Produkte dann bezeichnet, wenn

- erneuerbare Rohstoffe nur in dem Umfang verbraucht werden, wie sie nachwachsen,

  Beispiel *Es wird nur so viel Holz geschlagen, wie gleichzeitig angepflanzt wird.*

- **nicht erneuerbare Rohstoffe** nur abgebaut werden, wenn sichergestellt ist, dass für nachfolgende Generationen kein Mangel entsteht,

  Beispiele *Rohöl, Erze*

- durch konsequentes Recycling und eine umweltgerechte Entsorgung nicht mehr benötigter Produkte und Verpackungen ein Rohstoffkreislauf, eine sog. **Kreislaufwirtschaft**, entsteht,
- sie in ihrer Nutzungsphase möglichst **umweltverträglich** sind.

Öko-Audit und Umweltgesetze

Lange galt, dass Ökologie und Ökonomie sich ausschließen. Dies ist heute nicht mehr der Fall. Nur wer unter Berücksichtigung der Umwelt produziert und anbietet, kann sich auf Dauer am Markt halten.

Wesentliche Einflussgrößen bei der Verbesserung der Umweltverträglichkeit von Produkten, die sowohl von der Industrie als auch vom Handel zu beobachten sind, sind:

EU-Öko-Audit: Seit rund 40 Jahren versucht man in Deutschland, Umweltbelastungen gezielt zu verringern. Nationale Alleingänge sind jedoch im Zeichen des zusammenwachsenden Europa nicht mehr gefragt. Die Europäische Gemeinschaft hat 1993 eine Öko-Audit-Verordnung erlassen, mit der der Wirtschaft ein ökologisches Programm auf freiwilliger Basis verordnet werden soll. Unternehmen, die sich beteiligen wollen, können ein **Öko-Audit-Zertifikat** erwerben und müssen dann permanent ihre Umweltschutz-Auflagen prüfen und verbessern. Die Einhaltung wird von unabhängigen Prüfern, z. B. vom TÜV, kontrolliert.

Umweltgesetze: Neben dem freiwilligen „EU-Öko-Audit" gibt es eine Reihe von Gesetzen, die den betrieblichen Umweltschutz garantieren sollen. Das **Kreislaufwirtschaftsgesetz** (vgl. S. 260) legt hierzu Rahmenbedingungen und Ziele für einen Übergang von der Abfall- bzw. Durchlaufwirtschaft zu einer Kreislaufwirtschaft fest, Ziel ist ein Kreislauf der Stoffe und damit ein sparsamer Verbrauch von Rohstoffen. Aber nicht nur Waren müssen ökologisch vertretbar sein, auch deren Verpackung muss recyclingfähig oder wiederverwendbar sein. Hierzu hat der Gesetzgeber durch das **Verpackungsgesetz (VerpackG)** weitere Rahmenbedingungen geschaffen.

Weitere **Gesetze zur Umweltvorsorge** sind beispielsweise:

- Das **Gesetz über die Umweltverträglichkeitsprüfung (UVPG)**, das sicherzustellen versucht, dass Auswirkungen auf die Umwelt frühzeitig und umfassend ermittelt, bewertet und beschrieben werden können.
- Das **Bundes-Immissionsschutzgesetz (BImSchG)**, das Rechtsgrundlagen über die Vermeidung von Umweltbelastungen durch Abgase, Lärmbelästigung und Abwasserbelastung liefert.
- **Elektro- und Elektronikgerätegesetz (ElektroG)**: Produkte, die durch eine durchgestrichene Abfalltonne auf Rädern gekennzeichnet sind, müssen nach dem Elektro- und Elektronikgerätegesetz getrennt entsorgt werden. Das Symbol befindet sich entweder auf dem Produkt, der Verpackung, dem Handbuch und/oder dem Garantieschein.

Nachfrageverhalten und Verantwortung des Unternehmens: Im Gegensatz zur gängigen Umweltpolitik, die durch Gesetze nur eine nachträgliche Umweltreparatur leisten kann, schließt das Verhalten vieler Nachfrager und das ökologische Verständnis einiger Unternehmungen bereits den Produktionsprozess mit ein. Eine solche Sichtweise umfasst den Ablauf von der Produktion über die Nutzung bis hin zur Entsorgung. **Ökologisches Denken** ist hier die Grundlage für Kauf und Verkauf. Ein derartiges Nachfrageverhalten und eine entsprechende unternehmerische Verantwortung beeinflussen alle Entscheidungen hinsichtlich der Materialien, indem Industrieunternehmen solche Materialien bevorzugen, die umweltverträglich sind.

Fairer Handel

Unter fairem Handel (Fair Trade) versteht man einen kontrollierten Handel, bei dem den Herstellern für die gehandelten Waren ein von einer **Fair-Trade-Organisation** festgelegter Mindestpreis, der über dem jeweiligen Weltmarktpreis liegt, bezahlt wird. Hiermit soll erreicht werden, dass den Herstellern ein höheres Einkommen als im üblichen Handel zukommt. Der faire Handel mit möglichen Lieferern sollte auch bei der Beschaffung von Materialien in Industrieunternehmen berücksichtigt werden.

Das Siegel für Fairen Handel

Hierbei sollten zudem internationale sowie von den Fair-Trade-Organisationen vorgeschriebene Umwelt- und Sozialstandards eingehalten werden.

Beispiele
- *landwirtschaftliche Güter aus Entwicklungsländern wie Kaffee, Tee, Bananen, Kakao, Baumwolle, Nüsse, Gewürze, Wein*
- *Produkte des traditionellen Handwerks wie Teppiche, Kunsthandwerk*
- *industrielle Produkte wie Textilien, Fußbälle*

Bei der Anwendung des fairen Handels werden folgende Grundsätze zugrunde gelegt:

- **Schaffung von Chancen für wirtschaftlich benachteiligte Produzenten:** Hiermit soll eine Verminderung von Armut und eine Förderung einer nachhaltigen Entwicklung erreicht werden.
- **Schaffung von sozialverträglichen Arbeitsbedingungen:** Insbesondere sollten die Arbeitsbedingungen der Mitarbeiter gesundheitsverträglich sein, ferner sollte ausbeuterische Kinder- und Sklavenarbeit verboten und Gewerkschaftsfreiheit gegeben sein.

- **Zahlung eines fairen Preises:** Der faire Preis soll den Herstellern eine sozial gerechte und umweltverträgliche Produktion ermöglichen.
- **Aufbau von Know-how:** Hierdurch sollen die Hersteller unabhängiger gemacht werden, wodurch sie sich zukünftig auf dem Markt behaupten können.
- **Förderung des Umweltschutzes:** Die Hersteller sollten eine ökologische Landwirtschaft betreiben, wobei z. B. besonders der Einsatz umweltschädigender Pestizide untersagt wird.
- **Gleichberechtigung von Frauen:** Die im Herstellungsprozess beteiligten Frauen sollen angemessen bezahlt werden.

Fair gehandelte Produkte werden durch bestimmte Sozialsiegel gekennzeichnet. Die wichtigste Organisation für die Zertifizierung von Produkten und Herstellern ist die internationale Dachorganisation **Fairtrade Labelling Organizations International** (FLO). Das **FLO-Sozialsiegel** ist das normierte **„Fair-Trade-Siegel“**. Der Erfolg des fairen Handels ist weitgehend davon abhängig, dass die Verbraucher bereit sind, für diese Produkte höhere Preise zu zahlen.

Zusammenfassung: Materialauswahl, Einsatzmöglichkeiten, Umweltverträglichkeit verschiedener Materialien und nachhaltige Beschaffung berücksichtigen

- **Materialien** sind Gegenstände, die verarbeitet, bearbeitet, eingebaut werden oder für das Funktionieren der eingesetzten Betriebsmittel erforderlich sind.
- **Rohstoffe** werden Hauptbestandteile des Produkts, **Hilfsstoffe** werden Nebenbestandteil des Produkts.
- **Betriebsstoffe** gehen nicht in das Produkt ein, sind aber für den Produktionsprozess notwendig.
- **Zulieferteile/Fremdbauteile** sind fremdbezogene Fertigteile, weil die eigene Produktion wirtschaftlich nicht sinnvoll ist.
- **Handelswaren** werden eingekauft und ergänzen das Absatzprogramm der selbst hergestellten Produkte.
- Alle Güter, von denen beim Lagern, Verpacken, Verladen und Transportieren Gefahren für Menschen, Tiere, Sachen und Umwelt ausgehen können, bezeichnet man als **Gefahrstoffe**. Der Umgang mit Gefahrstoffen ist in der GHS-Verordnung geregelt.
- **Sparsamer und umweltbewusster Umgang mit Materialien** lässt sich durch Recycling erreichen, d. h. Rückführung stofflicher und energetischer Rückstände in den Produktionsprozess durch Verwendung und Verwertung von Werkstoffen.
- Die **Materialentsorgung** umfasst neben der Entsorgung von Abfällen alle Möglichkeiten des Recyclings, wobei die **Abfallvermeidung und Abfallverminderung** die beiden wesentlichen Ziele der Entsorgung in einem Industriebetrieb sein sollten.
- **Grundsatz der Nachhaltigkeit:** Treffen unternehmerischer Entscheidungen im Einklang mit der Umwelt.
- Wesentliche **Gesetze**, die den Umweltschutz regeln: Kreislaufwirtschaftsgesetz (KrWG), Abfallgesetz (AbfG), Bundes-Immissionsschutzgesetz (BImSchG), Verpackungsgesetz (VerpackG).
- **Fairer Handel** stellt eine Partnerschaft zwischen Unternehmen dar, die auf Dialog, Transparenz und Respekt beruht und nach mehr Gerechtigkeit im internationalen Handel strebt (Sicherung sozialer Rechte für benachteiligte Hersteller und Arbeitnehmer, insbesondere in Schwellenländern und wirtschaftlich schwachen Ländern).

Aufgaben

1 *Erläutern Sie die Bedeutung und Einsatzmöglichkeiten verschiedener Materialien*
a) anhand von Beispielen aus der Bürodesign GmbH,
b) anhand von Beispielen aus einem anderen Industrieunternehmen.

2 *Erklären Sie den Begriff Gefahrstoff und untersuchen Sie, welche Gefahrstoffe in einem Industrieunternehmen eingesetzt werden.*

3 *Beschreiben Sie einige Möglichkeiten, wie ein sparsamer und umweltbewusster Umgang mit Werkstoffen in einem Industriebetrieb erreicht werden kann.*

4 *Unterscheiden Sie die Einzelteile eines Bürostuhls in Roh- und Hilfsstoffe. Untersuchen Sie zudem, welche Betriebsstoffe bei der Produktion eingesetzt werden können.*

5 *Frank Messerschmidt, der Gefahrstoffbeauftragte der Bürodesign GmbH, beobachtet bei einem Rundgang durch die Fertigungshalle, wie ein gewerblicher Mitarbeiter aus einem Terpentinkanister Flüssigkeit in eine leere Limonadenflasche füllt und diese ins Regal stellt.*
a) Erläutern Sie, wie sich Frank Messerschmidt verhalten soll.
b) Nennen Sie Gründe, warum der Gesetzgeber für bestimmte Unternehmen einen Gefahrstoffbeauftragten vorschreibt.
c) Überprüfen Sie, ob es bei einem Industrieunternehmen in Ihrer Region einen Gefahrstoffbeauftragten gibt. Falls ja, befragen Sie ihn nach seinem Tätigkeitsfeld. Stellen Sie Ihre Ergebnisse Ihren Mitschülern vor.

6 *Beschreiben Sie die Aspekte der Nachhaltigkeit und des fairen Handels für ein Unternehmen. Recherchieren Sie hierzu auch im Internet.*

1.3 Beschaffungsobjekte ermitteln und Beschaffungsmarktforschung durchführen

„Für unseren neuen Bürostuhl ‚Ergo-design-natur' dürfen wir nur ausgesuchte Materialien verwenden. Es dürfen keine umweltschädlichen Stoffe vorkommen, sonst wirkt unsere Werbung unglaubwürdig. Herr Kaya, besorgen Sie doch bitte eine Aufstellung geeigneter Lieferer. Stellen Sie fest, was das ganze Material kostet, ich muss wissen, wie hoch die Kosten für unseren neuen ‚Ergo-design-natur' sind." Herr Kaya überlegt kurz und antwortet dann: *„Herr Stein, eine geeignete Liefererliste kann ich innerhalb von 30 Minuten besorgen, ich brauche bloß über meinen Computer eine Marktrecherche zu starten. Nur wird uns das nicht viel nutzen, zuerst brauche ich von der Produktion möglichst genaue Stücklisten mit exakten Beschreibungen des benötigten Materials und dann brauche ich mindestens eine Woche Zeit, um alle Daten auszuwerten. Selbst dann sind die genauen Kosten noch nicht feststellbar, denn wir wissen ja nicht, ob einige Werkstücke nicht sogar günstiger von uns selbst hergestellt werden können." „Ich brauche die Zahlen sofort! Wir müssen endlich den Verkaufspreis für unser neues Produkt festlegen, damit wir unsere Gewinnplanung durchführen können!"*, entgegnet Herr Stein. Herr Kaya lächelt: *„Das kenne ich, aber sauberes Beschaffungsmarketing braucht Zeit und wir wollen doch nichts übers Knie brechen, Sie wissen doch selbst, was eine alte Kaufmannsweisheit sagt: ‚Im Einkauf liegt der halbe Gewinn!'"*

Arbeitsaufträge
- ***Erläutern Sie die Kaufmannsweisheit, die Herr Kaya formuliert.***
- ***Beschreiben Sie, welche Beschaffungsobjekte unterschieden werden können.***
- ***Erläutern Sie die Notwendigkeit und die Quellen der Beschaffungsmarktforschung.***

Beschaffungsobjekte

Zum Beschaffungsmarketing gehören im weitesten Sinne alle Tätigkeiten, die sich auf die Beschaffung und termingerechte Bereitstellung der betrieblichen Produktionsfaktoren beziehen. Hierzu gehört eine genaue Kenntnis der einzelnen Teilmärkte, die durch **Beschaffungsmarktforschung** erreicht werden kann.

Arbeitskräfte

Für alle Abteilungen des Unternehmens müssen entsprechend ausgebildete Mitarbeiter auf dem **Arbeitsmarkt** beschafft werden. Hierzu gehört auch die eigene Ausbildung von Nachwuchskräften. Diese Maßnahmen gehören zum **Personalbeschaffungsmarketing**. →P/G →Bd. 2

Beispiele *Facharbeiter für die Produktion, Fach- und Hilfskräfte für die kaufmännische Verwaltung, Mitarbeiter im Verkauf, Führungskräfte usw.*

Finanzmittel

Zur Beschaffung von Maschinen, Fahrzeugen, Büroausstattung usw. sowie zum Kauf von Grundstücken für Produktions-, Lager- und Verwaltungsgebäude und zu deren Erhaltung werden finanzielle Mittel benötigt, die auf dem Kapitalmarkt beschafft werden müssen. Hiermit beschäftigt sich das **Finanzmittelbeschaffungsmarketing**.

Beispiele *Kredite, Darlehen, Hypothekendarlehen*

Dienstleistungen

Jedes Unternehmen benötigt Dienstleistungen von anderen Betrieben, um seine Ziele zu erreichen. Eine optimale Versorgung mit Dienstleistungen erfüllt das **Dienstleistungsbeschaffungsmarketing**.

Beispiele *Versicherungen, Transportleistungen (Spediteure), Steuerberatung (Steuerberater, Wirtschaftsprüfer), Rechtsberatung (Rechtsanwälte, Notare), Gebäudereinigung, Beratung bei Werbemaßnahmen (Werbeagenturen), Geldanlage (Banken), Unternehmensberater usw.*

Betriebsmittel

Betriebsmittel werden zur Produktion von Erzeugnissen benötigt. Ihre Beschaffung ist Aufgabe des **Güterbeschaffungsmarketings**.

- **Maschinen:** Maschinen und maschinelle Anlagen sind die Basis eines jeden Industriebetriebes. Ohne sie ist das Sachziel des Betriebes (Herstellung von Gütern) nicht erfüllbar. Hierzu gehören auch Computeranlagen, die zur Produktionsvorbereitung und -steuerung sowie für die Abwicklung von kaufmännischen Arbeiten (Rechnungswesen, Lohn- und Gehaltsabrechnung) benötigt werden.

  Beispiele *Universal- und Spezialmaschinen, Werkzeuge, Computersysteme (PCs, Monitore, Drucker)*

- **Fuhrpark:** Der Fuhrpark eines Betriebes umfasst alle Fahrzeuge für den Personen- und Güterverkehr.

  Beispiele *Lkws, Pkws, Gabelstapler und Hubwagen für den innerbetrieblichen Transport*

- **Werkstoffe:** Werkstoffe gehen in das produzierte Erzeugnis ein. Sie werden be- oder verarbeitet.

  Beispiele *Für die Herstellung eines Bürotisches werden benötigt: Rohstoffe (Holz, Stahlrohre), Hilfsstoffe (Schrauben, Nägel, Leim, Lacke), Betriebsstoffe (Schmieröl, Energie).*

- **Fertigteile:** Fertigteile werden ebenfalls Bestandteil eines Erzeugnisses, sie werden jedoch unverändert eingebaut bzw. montiert.

  Beispiele *Schlösser für Schreibtische, Scharniere für Türen, Rollen für Stühle*

Handelswaren

Handelswaren sind für Industriebetriebe Güter, die unverändert weiterveräußert werden und nicht Bestandteile von selbst produzierten Erzeugnissen sind.

Beispiel *Ein Büromöbelhersteller vertreibt neben seinen selbst produzierten Möbeln zusätzlich Schreibtischauflagen, Schreibtischlampen, Kalender, Kugelschreiber usw. Diese Artikel sind für das Unternehmen Handelswaren.*

Informationen

Aktuelle und schnell verfügbare Informationen sind für Unternehmen ein wichtiger Wettbewerbsfaktor. Sie sind Basis für alle Entscheidungen in einem Unternehmen. Informationen, die nicht intern vorliegen, z. B. durch Aufzeichnungen des Rechnungswesens, müssen kostengünstig und kurzfristig beschaffbar sein, um auf Veränderungen der Marktsituationen rechtzeitig reagieren zu können. Das **Informationsbeschaffungsmarketing** nimmt deshalb in Unternehmen eine zunehmend wichtigere Stellung ein.

Güterbeschaffung

Das Beschaffungsmarketing im engeren Sinne bezieht sich auf die **Güterbeschaffung**. Sie ist meist in einer Abteilung (z. B. Beschaffung, Einkauf) zusammengefasst, die nach Beschaffungsobjekten in Arbeitsgruppen untergliedert ist. Der Vorteil besteht darin, dass die Mitarbeiter sich in den einzelnen Arbeitsgruppen auf bestimmte **Beschaffungsobjekte** spezialisieren können. Sie haben einerseits fundierte Kenntnisse in ihrem Materialbereich und andererseits spezialisierte Marktkenntnisse.

Grundlage des Güterbeschaffungsmarketings ist der **Absatzplan** eines Unternehmens. Hierin wird festgelegt, wie viele und welche Produkte in den Planperioden (Monat, Quartal, Jahr) herzustellen sind. Er basiert auf den Entscheidungen des Absatzmarketings.

Beispiel
Absatzplan für das 2. Quartal 20.. der Bürodesign GmbH, Produktgruppe: Arbeiten am Schreibtisch

Produkt	Geplanter Absatz in Stück	Auf Lager (Stück)	Zu produzieren (Stück)
Schreibtisch „Chef 2000“	250	20	230
Schreibtisch „Stardesign“	350	50	300
usw.			

Aus dem Absatzplan lässt sich ableiten, welche Güter (Art und Menge) beschafft werden müssen, um das Absatzziel zu erreichen. Für jedes Produkt ist aus der Stückliste zu entnehmen, aus welchen Einzelteilen es besteht. Die hierzu erforderlichen Roh-, Hilfs-, Betriebsstoffe und Fertigteile sind in einem **Beschaffungsplan** zu erfassen.

Beispiel *Wenn im 2. Quartal 300 Schreibtische des Modells „Stardesign" zu produzieren sind, müssen hierzu die erforderlichen Roh-, Hilfs- und Betriebsstoffe rechtzeitig beschafft werden.*

Beschaffungsplan für das 2. Quartal, Produkt: Schreibtisch „Stardesign"

Beschaffungsgut	Für 1 Produkt	Für 300 Produkte
Stahlrohr	3,20 m	960 m
Tischlerplatte	etwa 1,8 m²	540 m²
Furnier	etwa 1,8 m²	540 m²
Schrauben gemäß Stückliste	36 Stück	10800 Stück
usw.		

Aus den Beschaffungsplänen für einzelne Produkte bzw. Produktgruppen ist der gesamte Bedarf an Gütern abzuleiten, der für die jeweilige Planungsperiode entsteht.

Insgesamt sind folgende Fragen zu klären, damit **wirtschaftlich vertretbare und absatzorientierte** Beschaffungsentscheidungen getroffen werden können, um die betrieblichen Ziele zu erreichen:

Fragen	Entscheidungskriterien
• **Welche Güter** sind zu beschaffen?	Hierbei sind Qualität, Ausführung, Größe, Farbe usw. eines Produktes zu berücksichtigen.
• **Welche Menge** soll von jedem Gut beschafft werden?	Hierzu muss der geplante Absatz bekannt sein. Die verfügbare Lagerkapazität muss berücksichtigt werden. Es wird auch geklärt, wie oft (nach-) bestellt werden soll (Bestellrhythmus).
• **Wann** sollen die zu beschaffenden Güter zur Verfügung stehen?	Entscheidend ist, wann die Güter in der Produktion benötigt werden. Hiervon hängt ab, wann bestellt wird. Zu beachten sind die Lagerfähigkeit der Güter, die Liefer- und Transportzeiten sowie Preisentwicklungen auf dem Beschaffungsmarkt.
• **Zu welchen Konditionen** soll (kann) beschafft werden?	Hier sind die Liefer- und Zahlungsbedingungen zu prüfen und zu vergleichen.
• **Zu welchem Preis** soll (kann) beschafft werden?	Nicht immer ist der Lieferer mit dem niedrigsten Preis auch der günstigste. Alle übrigen Gesichtspunkte (Konditionen, Zuverlässigkeit, Liefertermin usw.) müssen in die Entscheidung einbezogen werden.
• **Bei welchem Lieferer** soll beschafft werden?	Hier sind u. a. Preise, Konditionen und Image der Lieferer zu vergleichen.

Beschaffungsmarktforschung

Alle Entscheidungen des Güterbeschaffungsmarketings stützen sich auf Informationen, die im Rahmen der **Beschaffungsmarktforschung** (vgl. S. 394) gewonnen werden müssen. Hierbei werden Daten des Beschaffungsmarktes erhoben und ausgewertet.

Beispiele *Erfassen von Preisentwicklungen verschiedener Roh- und Hilfsstoffe, Marktbeobachtung, um Produktneuheiten zu erkennen, Erfassen und Bewerten des Marktverhaltens von Lieferern*

Wie im Rahmen der Absatzmarktforschung werden **interne und externe Informationsquellen** genutzt.

Interne Quellen

Informationen über eigene Lieferer werden meist computergestützt gesammelt und ausgewertet. In einer **Liefererdatei** bzw. **Angebotsdatei** werden Name, Anschrift, Liefersortiment, Preise und Konditionen von Lieferern erfasst. Diese Bezugsquelleninformationen können bei Bedarf zur Entscheidungsfindung herangezogen werden.

Beispiel *Bei der Bürodesign GmbH ist der Stammlieferer für Schleifpapier ausgefallen. Kurzfristig muss bei einem anderen Lieferer bestellt werden, damit die Produktion und der Verkauf nicht verzögert werden. Frau Schorn, Gruppenleiterin für Zubehörbeschaffung, tippt in ihren Computer das Suchwort „Schleifpapier" ein und erhält auf ihrem Monitor eine Aufstellung aller entsprechenden Lieferer. Per Telefon, E-Mail oder Fax kann sie nun kurzfristig anfragen, ob und zu welchen Bedingungen geliefert werden kann.*

Beispiel *Auszug aus der Rohstoffdatei der Bürodesign GmbH*

Materialdatei – Hilfsstoffe								
Artikel-Nr./Material-Nr. Artikel-/Materialbezeichnung				22088 Schrauben M8				
Lieferer-Nr.	Firma	Listeneinkaufspreis je 1 000 St. in €	Rabatt in %	Zieleinkaufspreis in €	Skonto in %	Bareinkaufspreis in €	Lieferzeit in Tagen	Beanstandungen
44003	Metallwerke Schuster & Söhne OHG	87,60	5	83,22	2	81,56	4	Keine
44023	Metall AG	79,80	7,5	73,82	2,5	71,97	2	Keine

Externe Quellen

Sie müssen genutzt werden, wenn der Informationsbedarf nicht durch interne Quellen gedeckt werden kann, z. B. bei der Suche nach Bezugsquellen für Produkte, die bisher noch nicht im Produktionsprozess benötigt wurden.

Beispiele
- *Auswerten von Anzeigen in Fachzeitschriften*
- *Besuch von Messen und Ausstellungen*
- *Gespräche mit Handelsvertretern oder Reisenden*
- *Informationen von Banken, Geschäftsfreunden, Fachverbänden, Industrie- und Handelskammern*
- *Bezugsquellennachweise, Branchenadressbücher, Messekataloge*
- *Onlinedatenbanken im Internet*

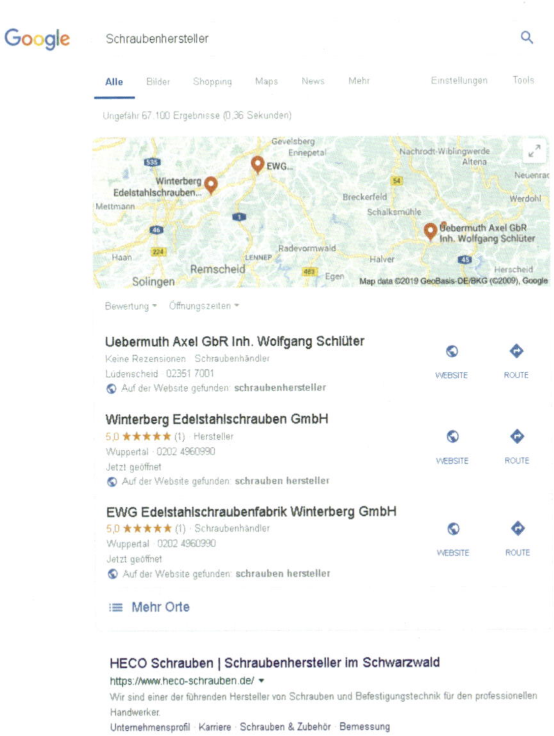

Google und das Google-Logo sind eingetragene Marken von Google Inc., Verwendung mit Genehmigung.

Eine besondere Stellung bei externen Informationsquellen nehmen **Datenbanken** ein. Zunehmend lösen sie herkömmliche Printmedien wie Adressbücher ab. Ein Interessent für bestimmte Lieferer oder Produkte kann am eigenen Computer mit Datenleitungen auf diese Datensammlungen direkt zugreifen (**Onlinerecherche**). Er kann diese Datenrecherche aber auch speziellen Datenbankbetreibern (Informationsbroker) gegen Honorar in Auftrag geben (**Offlinerecherche**).

Zusammenfassung: Beschaffungsobjekte ermitteln und Beschaffungsmarktforschung durchführen

- **Beschaffungsmarketing** im weiteren Sinne umfasst die Versorgung eines Betriebes mit allen erforderlichen **Gütern und Dienstleistungen**:
  - Arbeitskräfte
  - Finanzmittel
  - Dienstleistungen
  - Betriebsmittel (Maschinen, Werkstoffe, Fertigteile)
  - Handelswaren
  - Informationen
- Beschaffungsmarketing im engeren Sinne umfasst die Güterbeschaffung. Sie bezieht sich auf die **Beschaffungsobjekte** Betriebsmittel:
  - Maschinen
  - Werkstoffe (Roh-, Hilfs- und Betriebsstoffe) und Handelswaren
  - Fuhrpark
  - Fertigteile

- **Grundlage** des Beschaffungsmarketings ist der **Absatzplan**. Hieraus ergibt sich der Bedarf an Gütern.
- Bezüglich der **Beschaffungsgüter** sind Entscheidungen zu fällen über:
  - Art und Bezeichnung der Beschaffungsobjekte
  - Bestellzeitpunkt
  - Beschaffungspreis
  - Menge
    Liefer- und Zahlungskonditionen
  - Lieferquelle
- Die Beschaffungsmarktforschung bedient sich **interner** (Liefer-, Angebotsdatei) und **externer Informationsquellen** (Fachzeitschriften, Messen, Datenbanken).

Aufgaben

1 Sie möchten sich eine neue Hi-Fi-Anlage kaufen. Das Geld (1 000,00 €) hierfür haben Sie im Lotto gewonnen. Führen Sie eine Beschaffungsmarktforschung für dieses Produkt durch. Arbeiten Sie in Ihrer Klasse in Gruppen.
a) Erstellen Sie eine Liste aller Bezugsquellen, z. B. Fachgeschäfte, Warenhäuser, Versandhandel, Gebrauchtwarenmarkt usw.
b) Erfassen Sie die Preise aller Lieferer für ein bestimmtes Gerät.
c) Erfassen Sie die Liefer-, Zahlungs- und Garantiekonditionen aller Lieferer.
d) Entscheiden Sie sich für einen Lieferer und begründen Sie Ihre Entscheidung.
e) Präsentieren Sie Ihre Gruppenarbeitsergebnisse mithilfe einer Präsentationssoftware.

2 Erläutern Sie, weshalb der Absatzplan eines Unternehmens Grundlage des Beschaffungsmarketings ist.

3 Ein Unternehmen möchte seine Entscheidungsbasis für das Beschaffungsmarketing verbessern und eine Liefer- und Angebotsdatei aufbauen. Erstellen Sie hierzu eine Liste aller benötigten Datenfelder.

4 Im Rahmen der Absatzmarktforschung werden interne und externe Informationsquellen genutzt. Erläutern Sie einige interne und externe Quellen.

5 a) Die Bürodesign GmbH möchte für ihre Produkte nur noch schadstofffreie bzw. -arme Lacke verwenden. Welche Möglichkeiten gibt es für den Sachbearbeiter in der Beschaffungsabteilung, die Anzahl und die Anschriften der Anbieter für diese Materialien herauszufinden? Bedenken Sie, dass nur eine möglichst vollständige Marktübersicht sinnvoll ist und dass die Informationen so schnell wie möglich bereitstehen sollen.
b) Nehmen Sie an, dass es für die gesuchten Lacke 60 Anbieter gibt. Wie können Sie möglichst schnell die Informationen über Preise, Liefer- und Zahlungsbedingungen, Qualitäten, Farbmuster usw. der Anbieter erhalten?

6 Beschreiben Sie die Vorzüge von externen Datenbanken bei der Beschaffungsmarktforschung.

7 Erläutern Sie an einem Beispiel Ihrer Wahl, welche Fragen bei der Güterbeschaffung für ein herzustellendes Produkt zu klären sind.

1.4 Kriteriengeleitete Angebotsanalyse erstellen

Folgender Auszug aus einem Protokoll der Bürodesign GmbH liegt vor: „Nach der Auszeichnung der Bürodesign GmbH für den Stapelstuhl ‚Stapler' als Öko-Stuhl des Jahres 2018 hat die Geschäftsleitung beschlossen, die Produktgruppe ‚Konferenzen und Schulung' um stapelbare Systemtische zu erweitern, wobei insbesondere auch bei diesen Tischen auf die vollständige Recyclingfähigkeit zu achten ist. Herr Stam, der Abteilungsleiter Absatz, und Herr Kaya, der Abteilungsleiter Beschaffung, werden damit beauftragt, den Bedarf an Materialien für diese Systemtische zu ermitteln."

Arbeitsaufträge
- ***Überprüfen Sie, wie die Abteilungsleiter den Bedarf an Materialien ermitteln können.***
- ***Erläutern Sie die Brutto- und Nettobedarfsrechnung, indem Sie mithilfe einer Präsentationssoftware ein digitales Produkt hinsichtlich der Unterschiede der Bedarfsrechnungen erstellen.***

Informationsbedarf

In Industrieunternehmen spielt die Beschaffung von Materialien insbesondere in materialintensiven Betrieben eine große Rolle. Infolgedessen sollte der Materialbedarf an Werkstoffen und Handelswaren, der für einen bestimmten Termin und eine bestimmte Periode benötigt wird, möglichst genau ermittelt werden, um ein vorgegebenes Fertigungsprogramm oder bestimmte Aufträge erledigen zu können. Hierzu benötigt die Beschaffungsabteilung für ihre Planungen **Informationen über die zu beschaffenden Materialien (Bedarfsinformationen) und über die möglichen Lieferer (Angebotsinformationen)**.

Bedarfsplanung

Die Bedarfsplanung legt die für die Fertigung benötigten Materialien nach Art, Qualität, Menge und Zeitraum fest. Die Menge an Material, die zu einem bestimmten Zeitpunkt oder für eine bestimmte Periode benötigt wird, wird Bedarf genannt. Der **Bedarf** an Materialien hängt vom Fertigungsprogramm des Industriebetriebes ab. Die genaue Bedarfsermittlung ist aus folgenden Gründen erforderlich:

- Wird eine zu **geringe Materialmenge** beschafft, können die Produktion gestört sowie Absatzmöglichkeiten und die Erfüllung der Absatztermine beeinträchtigt werden.
- Wird eine zu **große Materialmenge** beschafft, wäre die Kapitalbindung (Zins- und Lagerkosten) unnötig hoch.

Bedarfsinformationen		
Informationen über die Materialien werden benötigt für ...	**Fragen**	**Erläuterungen**
Bedarfsplanung	**Was** und **wie viel** wird benötigt?	Hierbei sind Qualität, Ausführung, Größe, Farbe, Einsatzmengen der Materialien in einer Periode zu berücksichtigen. Hierzu muss der geplante Absatz bekannt sein.
Mengenplanung	**Welche Menge** soll von jedem Material beschafft werden?	Hierzu muss der geplante Absatz bekannt sein. Die verfügbare Lagerkapazität sowie die optimale Bestellmenge müssen berücksichtigt werden. Es wird auch geklärt, in welcher Abfolge (nach-)bestellt werden soll.

Informationen über die Materialien werden benötigt für ...	Fragen	Erläuterungen
Zeitplanung	**Wann** sollen die zu beschaffenden Materialien zur Verfügung stehen?	Entscheidend ist, wann die Materialien in der Produktion benötigt werden. Hiervon hängt ab, wann bestellt wird. Zu beachten sind die Lagerfähigkeit der Materialien, die Liefer- und Transportzeiten sowie Preisentwicklungen auf dem Beschaffungsmarkt.
Preisplanung	**Zu welchem Preis** soll (kann) beschafft werden?	Nicht immer ist der Lieferer mit dem niedrigsten Preis auch der günstigste. Alle übrigen Gesichtspunkte (Lieferkonditionen, Zuverlässigkeit, Liefertermin usw.) müssen in die Entscheidung einbezogen werden.

Angebotsinformationen		
Informationen über die Lieferer werden benötigt für ...	**Fragen**	**Erläuterungen**
Ermittlung der Bezugsquellen	Bei welchen Lieferern kann beschafft werden?	Im Rahmen der Beschaffungsmarktforschung sind geeignete Lieferer ausfindig zu machen.
Auswahl der Lieferer beschafft werden?	Bei welchem Lieferer soll beschafft werden?	Hier sind u. a. Preise, Konditionen, Zuverlässigkeit der Lieferer zu vergleichen.

■ Verfahren der Materialbedarfsermittlung

In der Praxis werden die Methoden der Materialbedarfsermittlung und -planung in die auftragsorientierte und die verbrauchsorientierte Bedarfsermittlung unterschieden.

Auftragsorientierte Bedarfsermittlung

Bei der **auftragsorientierten (programmorientierten) Bedarfsermittlung** geht man von geplanten und tatsächlichen Aufträgen aus, für die die notwendigen Materialbedarfsmengen ermittelt werden müssen. Typisch für das programmgebundene Verfahren ist die relativ genaue Bestimmung des Materialbedarfs nach den Mengen und Terminen aufgrund konkreter Kundenaufträge oder Produktionspläne. Hierzu müssen folgende Informationen vorliegen:

- das geplante Produktionsprogramm, aus dem der Primärbedarf an Erzeugnissen zu ersehen ist
- Informationen über die mengenmäßige Zusammensetzung der Produkte (Stückliste)
- die Beschaffungszeiten der Materialien und die Durchlaufzeiten für ihre Verarbeitung
- die verfügbaren Lagerbestände

Die programmorientierte Bedarfsermittlung wird für A-Materialien und teilweise auch für B-Materialien (vgl. S. 255f.) verwendet.

Bruttobedarfsrechnung

Um den Bruttobedarf an Materialien zu ermitteln, wird zuerst der Bedarf an Fertigerzeugnissen und Handelswaren aufgrund kurz- oder langfristiger Produktionspläne festgelegt **(Primärbedarf)**. Danach wird von der Fertigungsvorbereitung der Bruttobedarf an Materialien **(Sekundärbedarf)** zur Fertigung des Primärbedarfs ermittelt und anschließend der Bruttobedarf an Hilfs-, Betriebsstoffen und Verschleißwerkzeugen (**Tertiärbedarf**). Als Hilfsmittel hierzu werden die Stücklisten der zu erstellenden Produkte herangezogen. Liegen keine Stücklisten vor, wird der Bedarf aufgrund der zu erwartenden Verbrauchsdaten geschätzt. Die vorhandenen Bestell- und Lagerbestände der Materialien sind bei dieser Vorgehensweise noch nicht berücksichtigt.

Beispiel *Auszug der Stückliste der Bürodesign GmbH für den Konferenzstuhl „Konzentra“*

Pos.	Menge	Einheit	Benennung	Pos.	Menge	Einheit	Benennung
1	1	Stck.	Fußkreuz	5	1	Stck.	Sitzschale
2	1	Stck.	Gasfeder	6	1	Stck.	Lager
3	4	Stck.	Gleiter	7	4	Stck.	Schrauben M8
4	2	Stck.	Schutzrohr				

Primärbedarf: *2000 Konferenzstühle, somit ergibt sich zur Herstellung der 2000 Konferenzstühle folgender* ***Bruttobedarf (Sekundärbedarf):*** *2000 Fußkreuze, 2000 Gasfedern, 8000 Gleiter, 8000 Schrauben M8, 4000 Schutzrohre, 2000 Sitzschalen, 2000 Lager*

Nettobedarfsrechnung

Um den Nettobedarf an Materialien zu ermitteln, werden vom Bruttobedarf die verfügbaren Lagerbestände (tatsächlicher Lagerbestand abzüglich dem Mindestbestand) und Bestellrückstände (= Zugang aus bestehenden offenen Bestellungen) an Materialien abgezogen und die Reservierungen für andere Aufträge und der Zusatzbedarf an Materialien addiert. Als Hilfsmittel hierzu werden die Bestandsdateien der Materialien herangezogen.

Beispiel *Unter Berücksichtigung der verfügbaren Bestände ergibt sich für den Konferenzstuhl „Konzentra“ folgende Nettobedarfsrechnung:*

	Fußkreuz	Gasfeder	Gleiter	Schutzrohr	Sitzschale	Lager	Schrauben M8
Bruttobedarf	2000	2000	8000	4000	2000	2000	8000
– **verfügbare Lagerbestände**	1000	500	6000	3000	2500	300	10000
+ **Reservierung für andere Aufträge**	0	100	100	0	200	0	2000
+ **Zusatzbedarf**	0	10	0	0	0	20	0
– **Bestellrückstände**	0	1000	2000	500	0	1500	0
= **Nettobedarf**	1000	610	100	500	0	220	0

Verbrauchsorientierte Bedarfsermittlung

Bei der **verbrauchsorientierten Bedarfsermittlung** bezieht man sich auf die Verbrauchsmengen der Vergangenheit. Dieses Verfahren ist mit Unsicherheit behaftet, da sich die Vergangenheitswerte nicht immer auf die Zukunft übertragen lassen. Dieses Verfahren eignet sich daher insbesondere für geringwertige C-Materialien (vgl. S. 255f.) sowie für Betriebs- und Hilfsstoffe. Folgende Methoden der verbrauchsorientierten Bedarfsermittlung lassen sich unterscheiden:

Methode	Erläuterung	Beispiele
Methode der Durchschnittswerte	Aus Vergangenheitswerten wird der durchschnittliche Monatsverbrauch ermittelt und für die kommenden Perioden hochgerechnet.	Der Materialbedarf der Bürodesign GmbH für den Rohstoff „Gasfeder" betrug im letzten Jahr je Quartal 2000, 3000, 2400 und 3200 Stück. Der Durchschnittsverbrauch je Quartal betrug somit 2650 Stück. Bei einer geplanten Absatzsteigerung von 4 % wird der Materialbedarf pro Quartal auf 2756 Stück festgelegt.
Trendberechnungen	Bei einem in der Tendenz, von Schwankungen abgesehen, steigenden oder fallenden Bedarf wird ein trendkorrigierter gewogener Durchschnitt errechnet. Die einzelnen Perioden werden in der Form gewichtet, dass entsprechend dem Trend den jüngeren Perioden ein größeres Gewicht beigemessen wird als den älteren Perioden.	Der Materialbedarf der Bürodesign GmbH für das bezogene Fertigteil „Fußkreuz" betrug in den letzten Monaten: Juli 3000 (6 %) August 5000 (9 %) September 4000 (12 %) Oktober 6000 (18 %) November 7000 (25 %) Dezember 8500 (30 %) Nun wird die Summe des gewichteten Materialbedarfs der sechs Monate durch die Summe der Gewichtungen dividiert. Für den Monat Januar ergibt sich folgender Vorhersagewert (V): $V = \frac{(3000 \cdot 6) + (5000 \cdot 9) + (4000 \cdot 12) + (6000 \cdot 18) + (7000 \cdot 25) + (8500 \cdot 30)}{6 + 9 + 12 + 18 + 25 + 30}$ $V = \underline{\underline{6490 \text{ Stück}}}$

Zusammenfassung: Kriteriengeleitete Angebotsanalyse erstellen

- Die Beschaffungsabteilung benötigt für ihre Planungen **Informationen** über die zu beschaffenden Materialien und über mögliche Lieferer.
- Die **Bedarfsplanung** legt die für die Fertigung benötigten Materialien nach Art, Qualität, Menge und Zeitraum fest.
- Die Menge an Material, die zu einem bestimmten Zeitpunkt oder für eine bestimmte Periode benötigt wird, nennt man **Bedarf**.
- Liegen noch keine Aufträge oder Produktionspläne vor, ist die **Bedarfsermittlung Aufgabe der Verkaufsabteilung**.
- **Auftrags(programmorientierte) Bedarfsermittlung:** Liegen bereits konkrete Kundenaufträge oder Produktionspläne vor, kann der Materialbedarf (insbesondere A- und B-Materialien) mithilfe von **Bedarfsrechnungen (Brutto- und Nettobedarfsrechnung)** ermittelt werden. Während bei der Bruttobedarfsrechnung der für die Produktion notwendige Bruttobedarf an Materialien mithilfe von Stücklisten ermittelt wird, werden bei **der Nettobedarfsrechnung** die Lagerbestände, Reservierungen für andere Aufträge und Bestellrückstände an Materialien berücksichtigt, um den Bedarf für die Beschaffung zu ermitteln.
- **Verbrauchsorientierte Bedarfsermittlung:** Der Bedarf an Materialien wird aufgrund der Verbrauchsmengen der Vergangenheit ermittelt. **Methoden:** Methode der Durchschnittswerte, Trendberechnungen.

Aufgaben

1 Erläutern Sie, welche Informationen ein Industriebetrieb zur Ermittlung seines Bedarfes an Materialien benötigt.

2 Nachfolgende Erzeugnisstruktur der Bürodesign GmbH für den Stapelstuhl „Stapler“ liegt vor:

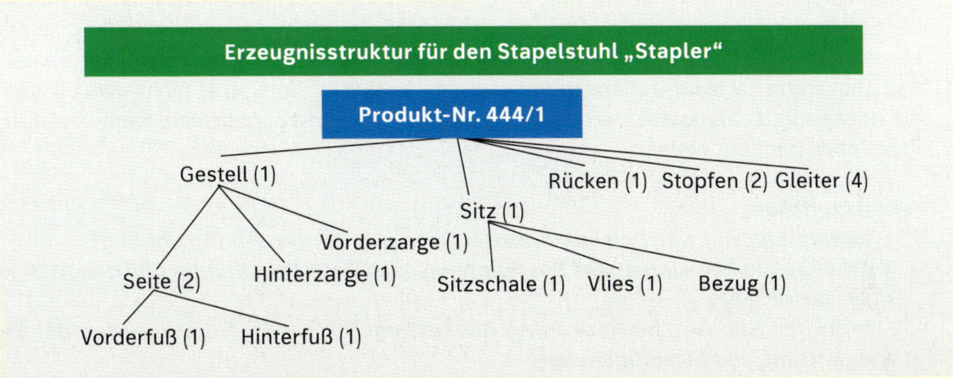

Ermitteln Sie den Bruttobedarf für die Herstellung von 2000 Stapelstühlen.

3 Ermitteln Sie anhand der Stückliste auf S. 219 den Nettobedarf an Materialien für die Herstellung von 5000 Konferenzstühlen „Konzentra“ unter der Bedingung, dass alle Angaben von S. 219 wie angegeben gelten.

4 Unterscheiden Sie im Rahmen der Beschaffung von Materialien Primär-, Sekundär- und Tertiärbedarf.

5 Die Bürodesign GmbH plant den Verbrauch von Schrauben M6. Als Berechnungsgrundlage werden die letzten sechs Monate herangezogen. Folgende Daten liegen vor:

Juli	*6000*	*Oktober*	*6800*
August	*7000*	*November*	*8800*
September	*8000*	*Dezember*	*9000*

a) Berechnen Sie für den Monat Januar den voraussichtlichen Bedarf an Schrauben M6 mithilfe der Methode der Durchschnittswerte.

b) Ermitteln Sie den Materialbedarf an Schrauben M6 für Januar mithilfe des trendkorrigierten gewogenen Durchschnitts, wenn folgende Gewichtung zugrunde gelegt wird: Juli 6 %, August 8 %, September 15 %, Oktober 18 %, November 23 %, Dezember 30 %.

6 Die Bürodesign GmbH hat folgenden Bedarf für eine Baugruppe: 1. Woche 500 Stück, 2. Woche 600 Stück, 3. Woche 800 Stück
Der verfügbare Lagerbestand beträgt am Anfang der 1. Woche 1600 Stück, der reservierte Lagerbestand 400 Stück und der Mindestlagerbestand 200 Stück. Aus Sicherheitsgründen soll ein Zusatzbedarf von 2 % berücksichtigt werden. Aus offenen Bestellungen sind in der 1. Woche 200 Stück zu erwarten. Aus Fertigungsaufträgen ist in der 3. Woche ein Zugang (Rückgabe) von 300 Stück zu berücksichtigen.

a) Berechnen Sie
  aa) den verfügbaren Lagerbestand am Ende der 1. Woche,
  ab) den Nettobedarf für die Baugruppe am Ende der 3. Woche.

b) Erläutern Sie Primär-, Sekundär-, Tertiär- und Zusatzbedarf.

1.5 Verfahren der Beschaffung anwenden

Herr Stam, der Leiter der Absatzabteilung der Bürodesign GmbH, hat seinen Bericht für die Absatzprognose der neu entwickelten stapelbaren Systemtische der Geschäftsleitung vorgelegt. Er schätzt einen Absatz dieser Tische in Höhe von 20000 Stück im nächsten Geschäftsjahr. Herr Kaya, der Leiter der Beschaffungsabteilung, soll die notwendigen Materialien hierfür beschaffen. Seit Tagen grübelt Herr Kaya über die Frage, wann der beste Bestellzeitpunkt für die zu bestellenden Materialien ist. Ferner überlegt er, ob alle Materialien auf einmal bestellt werden sollen, um z. B. Rabatte besser ausnutzen zu können. Herr Stam hatte ihn zudem gebeten, einmal zu überprüfen, ob es nicht sinnvoll wäre, die notwendigen Materialien erst dann vom Lieferer anliefern zu lassen, wenn sie in der Produktion benötigt werden.

Arbeitsaufträge
- ***Erläutern Sie, von welchen Faktoren der Zeitpunkt der Bestellung abhängt.***
- ***Erarbeiten Sie in Gruppen das Bestellpunkt-, das Bestellrhythmus- und das Just-in-time-Verfahren.***
- ***Überprüfen Sie, welche Bedeutung die Festlegung von Preisobergrenzen bei der Beschaffung von Materialien hat.***

Die Planung der Beschaffung von Materialien muss sich am festzustellenden **Bedarf der Fertigungsplanung** orientieren. Hierbei sind drei Leitfragen zu berücksichtigen:

- Welche Menge ist zu beschaffen (**Mengenplanung**)?
- Wann ist diese Menge zu beschaffen (**Zeitplanung**)?
- Zu welchem Preis ist diese Menge zu beschaffen (**Preisplanung**)?

■ Mengenplanung

Die Mengenplanung für die zu beschaffenden Materialien ist vom Produktionsplan und vom Absatzplan abhängig. Aus Produktions- und Absatzplan ist die Menge der zu beschaffenden Materialien ersichtlich. Diese Gesamtmenge eines zu einem bestimmten Zeitpunkt oder innerhalb einer bestimmten Periode zu beschaffenden Materials ist die Bedarfsmenge, die bei einem Lieferer bestellt werden muss (**Bestellmenge**, vgl. S. 252).

Vorteile großer Einkaufsmengen	Nachteile großer Einkaufsmengen
• Ausnutzung von Mengenrabatten • günstigere Fracht- und Verpackungskosten • Weniger Bestellungen verursachen geringere Bestellkosten.	• Große Mengen müssen bis zum Verbrauch gelagert werden und verursachen Lagerkosten.

■ Zeitplanung

Bestellzeitpunkt

Der Zeitpunkt für die Bestellung hängt von vielen Faktoren ab. Grundlage für die Entscheidung über den Bestellzeitpunkt ist der Termin, zu dem das Material in der Fertigung zur Verfügung stehen muss. Von diesem Termin muss rückwärts gerechnet werden. Zu berücksichtigen sind:

- **Bestelldauer innerhalb des Unternehmens** (vom Feststellen des Bedarfs in der Fertigung oder dem Lager bis zur Bedarfsmeldung in der Beschaffungsabteilung, Zeit für Angebotseinholung und -auswertung, Schreiben und Versand der Bestellung)
- **Bearbeitung der Bestellung beim Lieferer** (Zeit für Beförderung der Bestellung, Auftragsprüfung und -planung, ggf. Produktion, Verpacken)
- **Materialannahme und -prüfung** (beim Besteller)
- **Zeit für den innerbetrieblichen Transport des Materials bis zur Fertigung**

Ferner ist bei der Festlegung des Bestellzeitpunktes die Lagerfähigkeit der Materialien zu berücksichtigen. Außerdem muss beim Eintreffen der Materialien genügend freie Lagerkapazität vorhanden sein.

Beschaffungsstrategien

Es lassen sich folgende Beschaffungsstrategien von Materialien unterscheiden:

Beschaffungsstrategien	Merkmale	Vorteile
Einzelbeschaffung nach einem Kundenauftrag	Materialien werden erst zum Zeitpunkt der Verwendung beschafft. Die Notwendigkeit der Beschaffung erfolgt durch die Fertigung oder den Absatz. Die Lagerung hat keine oder nur eine geringe Bedeutung.	• Lagerkosten werden minimiert. • Das Unternehmen hat eine bessere Übersicht sowie Kontrolle über die vorhandenen Materialien. • Die Beschaffung ist flexibel. • Es befinden sich weniger Materialien auf Lager.
Vorratsbeschaffung	Es besteht keine Übereinstimmung zwischen den Beschaffungsmengen und den Verbrauchsmengen. Die beschafften Materialien werden erst einmal auf das Lager genommen.	• Preisvorteile können ausgenutzt werden. • Die Transportkosten verrringern sich. • Für die Fertigung sind immer genügend Materialien vorrätig. • Bestellkosten vermindern sich, da nicht so oft bestellt wird.
Fertigungssynchrone Beschaffung (= Just-in-time)	Die Beschaffung der Materialien erfolgt im gleichen Rhythmus wie die Fertigung. Dies erfordert eine ständige Lieferbereitschaft des Lieferers.	• Lagerkosten verringern sich. • Beschaffung ist flexibel. • Kapitalbindungskosten verringern sich.

Bestellverfahren bei Vorratsbeschaffung

Wenn die Beschaffung der Materialien zeitlich vor dem Bedarf erfolgt, liegt eine **Vorratsbeschaffung** (verbrauchsorientierte Disposition) vor. Für die Festlegung des Bestellzeitpunktes stehen drei Verfahren zur Verfügung:

Einzelbeschaffung nach einem Kundenauftrag: Material wird fallweise für einen bestimmten vorliegenden Auftrag eingekauft, geliefert und bereitgestellt. Das ist typisch für die Einzelanfertigung von Produkten im Kundenauftrag, es fallen i. d. R. keine Lagerkosten an.

Bestellpunktverfahren: Bei diesem Verfahren werden die Materialien aufgrund einer vorgegebenen Meldemenge bestellt, d.h., der Lagerbestand wird automatisch nach jeder Entnahme überprüft und bei Erreichung eines festgelegten **Meldebestandes** gibt das Lager eine Bedarfsmeldung an den Einkauf. Durch den Einsatz der elektronischen Datenverarbeitung (EDV) wird der Bestellvorgang automatisch bei Erreichen des Meldebestandes ausgelöst. Der **Mindestbestand (eiserner Bestand, eiserne Reserve)** wird aus Sicherheitsgründen für die einzelnen Materialien festgelegt und soll möglichst nie angegriffen werden. Er soll die Produktionsbereitschaft sichern, wenn durch unvorhergesehene Ereignisse der Vorrat nicht ausreicht, um die Produktion fortzuführen. Somit gilt für die Ermittlung des Meldebestandes folgende Formel:

Meldebestand = (Tagesverbrauch · Beschaffungs- oder Lieferzeit) + Mindestbestand

Beispiel *Von dem Material Gasfeder werden in der Bürodesign GmbH täglich 200 Stück verbraucht. Die Beschaffungszeit beträgt 8 Tage, der Mindestbestand 1000 Stück. Wie viel Stück beträgt der Meldebestand?*

Lösung:
Meldebestand = (Tagesverbrauch · Beschaffungszeit) + Mindestbestand
Meldebestand = (200 · 8) + 1000 Mindestbestand = ***2600 Stück***

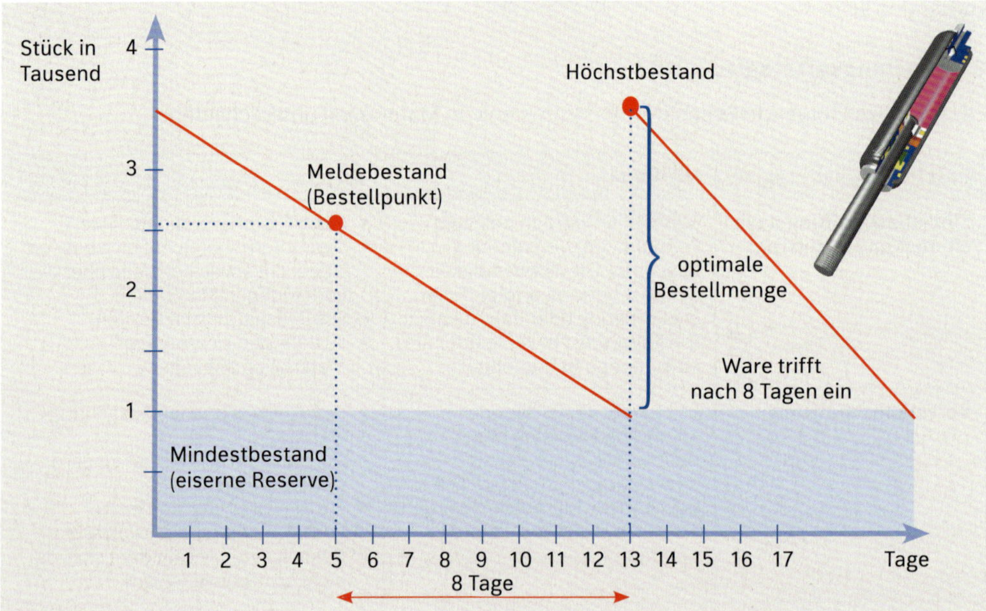

Der Meldebestand setzt sich aus dem Bedarf in der Beschaffungszeit und dem Mindestbestand (eiserne Reserve) zusammen. Wird der Meldebestand von 2600 Stück erreicht, wird das Material bestellt. Das Material trifft nach acht Tagen mit Erreichen des Mindestbestandes ein. An diesem Tag wird durch die Lieferung der Höchstbestand des Materials erreicht.

Der Bestellpunkt	
wird erhöht, wenn	**wird herabgesetzt, wenn**
• der Bedarf steigt, • die Beschaffungszeit sich verlängert.	• der Bedarf sinkt, • die Beschaffungszeit sich verkürzt.

Neben den genannten Gründen können **weitere Gründe für den Zeitpunkt der Bestellung** von Bedeutung sein:

- kurzfristige Preiserhöhungen werden erwartet,
- bestimmte Sondertermine müssen berücksichtigt werden.

Vorteile	**Nachteile**
• Niedrigere Mindestbestände sind aufgrund ständiger Bestandskontrolle möglich. • Somit können niedrigere Lagerkosten erreicht werden.	• Rabatte können unter Umständen wegen zu geringer Bestellung nicht ausgenutzt werden. • Es werden nur die Materialien mit Lagerbewegungen erfasst.

Beispiele *Messetermine, Erntezeitpunkte bei Obst, Gemüse, Wein*

Bestellrhythmusverfahren: Bei diesem Verfahren (Bestellung zu bestimmten, vorher festgelegten Terminen) wiederholen sich die festen Liefertermine periodisch. Die periodische Festlegung der Termine kann mithilfe der vorher zu ermittelnden optimalen Bestellmenge (vgl. S. 252 f.) vorgenommen werden. Dieses Verfahren ist dann besonders geeignet, wenn ein gleichbleibender Bedarf vorliegt.

Beispiel *Für die Schrauben M8 der Bürodesign GmbH beträgt der Jahresbedarf 120000 Stück, der Mindestbestand 5000 Stück und die optimale Bestellmenge 30000 Stück. Somit ergeben sich pro Jahr vier Bestellungen (120000 : 30000 = 4). Damit ist der zeitliche Abstand zwischen den Bestellungen für dieses Material drei Monate.*

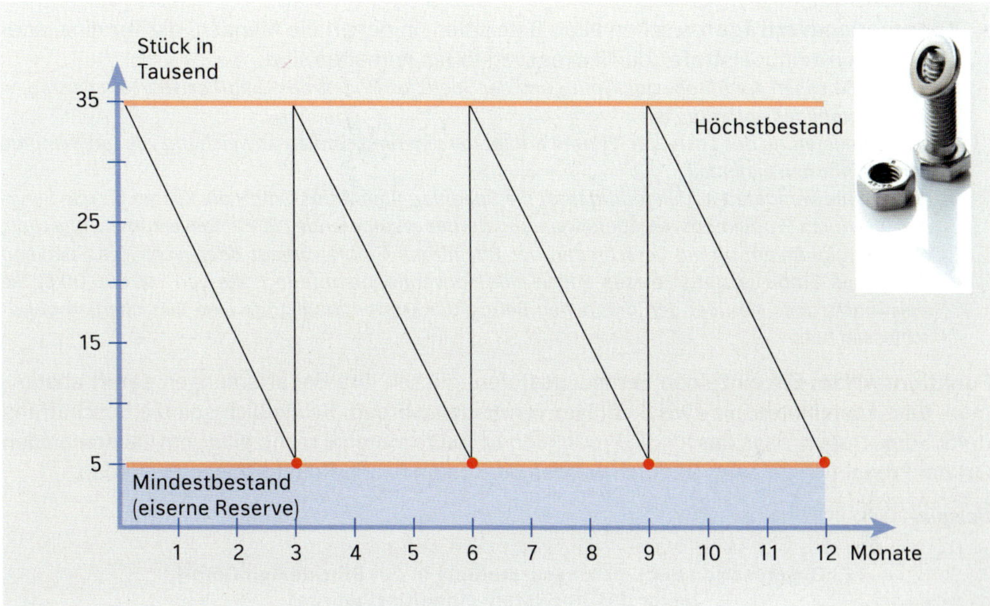

Fertigungssynchrone Beschaffung („Just-in-time-Lieferung", vgl. S. 236)

Just in time (abgekürzt **Jit** = gerade zur rechten Zeit) bedeutet: Alle Güter sollen genau zu dem Zeitpunkt an dem Ort bereitgestellt werden, an dem Bedarf danach besteht. Dieser Zeitpunkt richtet sich nach den Bestellungen der Kunden bzw. dem Absatzplan. Entsprechend teilt die Verkaufsabteilung der Fertigung die benötigten Mengen mit, die wiederum die Lieferanten benachrichtigt, damit sie hergestellt werden können. Alle Bestellungen können dadurch kurzfristig ohne große Verzögerungen ausgeliefert werden. Wenn dies gut funktioniert, so werden eine Produktion „auf Vorrat" und die damit verbundenen Fertigläger vermieden. Dies bedeutet eine geringere Kapitalbindung und somit niedrigere Lagerkosten.

Die **Voraussetzungen** für ein funktionierendes Jit-System sind:

- eine **ständige Produktions- und Lieferbereitschaft** der beteiligten Lieferanten
  Beispiel *Die Vereinigte Spanplatten AG ist Zulieferer der Bürodesign GmbH. Alle Aufträge der Bürodesign GmbH werden sofort nach Eingang erledigt. Dafür werden sogar andere Aufträge verschoben, Aufträge der Bürodesign GmbH haben absolute Priorität.*
- eine genaue **Abstimmung** der Produktions- und Lieferpläne zwischen Lieferer, Spediteur (Frachtführer) und Abnehmer. Hier werden die Kapazitäten und Zeiten genau abgestimmt und festgelegt.

Beispiel *In regelmäßigen Abständen treffen sich die leitenden Mitarbeiter von der Vereinigte Spanplatten AG und der Bürodesign GmbH, um für die folgenden Monate die Rahmendaten abzustimmen. Für die Vereinigte Spanplatten AG ist dies wichtig, denn Jit bedeutet große Abhängigkeit von der Bürodesign GmbH und lohnt sich für beide beteiligten Unternehmen nur, wenn über einen längeren Zeitraum hinweg größere Mengen bestellt werden.*

- Der **Informationsaustausch** (Bestellmengen und Termine usw.) erfolgt über das Internet. Dadurch stehen die benötigten Informationen für alle Beteiligten sofort zur Verfügung.
  Beispiel *Die EDV-Anlagen der Vereinigte Spanplatten AG, der Bürodesign GmbH und der Spedition Rheintrans GmbH sind über das Internet miteinander verbunden. Dadurch sind alle Beteiligten sofort im Besitz der aktuellen Informationen. Wenn also das Dekor, die Größe oder die Beschichtung der Platten kurzfristig geändert werden muss, so kann dies noch bis zehn Minuten vor Produktionsbeginn erfolgen.*

- **Kooperationsverträge** zwischen allen Beteiligten, in denen die Mengen, die Termine, aber auch die Konventionalstrafen bei Vertragsverstößen enthalten sind.
  Beispiele *Zwischen der Bürodesign GmbH und der Spedition Rheintrans GmbH existiert ein Vertrag, in dem u. a. Folgendes enthalten ist:*
  - *„... die Anlieferung der bestellten Platten erfolgt mit einer maximalen Abweichung von fünf Minuten zur vereinbarten Lieferzeit ..."*
  - *„... bei einer verspäteten Anlieferung trägt die Spedition Rheintrans GmbH die Kosten für alle Schäden, die durch Produktionsverzögerungen und daraus resultierende Lieferungsverzügen entstehen, unabhängig davon, ob ein Verschulden der Rheintrans GmbH vorliegt oder nicht. Die Spedition Rheintrans GmbH leistet in diesen Fällen eine Konventionalstrafe in Höhe von 100000,00 €. Sie weist nach, dass sie über den dreifachen Betrag der Konventionalstrafe eine Versicherung abgeschlossen hat."*

Funktionsweise: Die einzelnen Fertigungsstufen müssen ihre Bedarfsmengen derart abstimmen, dass kostenintensive Zwischenläger vermieden werden. Schließlich soll die Beschaffung dafür Sorge tragen, dass das für die Produktion bestellte Material rechtzeitig vom Lieferer an den Ort der Produktion gelangt. Dadurch werden die Kosten für ein Rohstofflager vermieden.

Beispiel

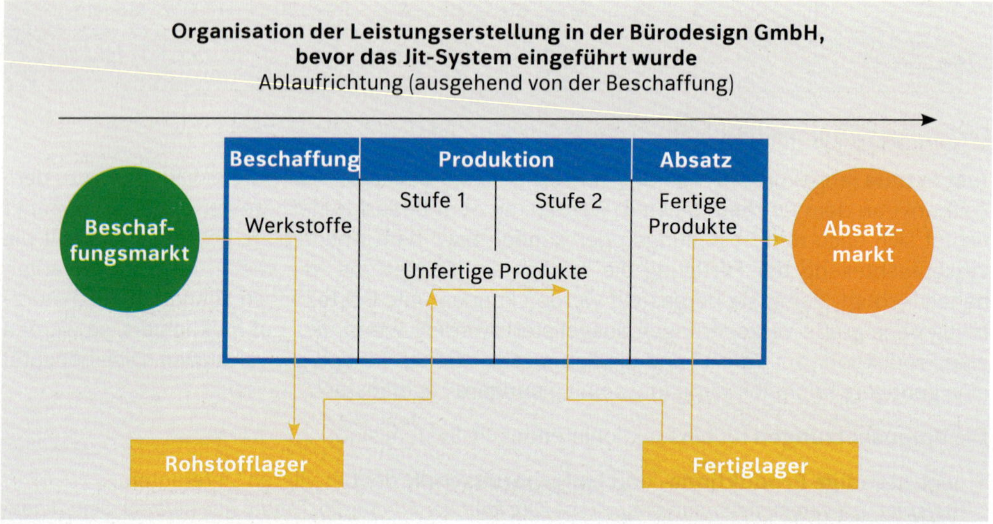

Die Beschaffungsabteilung der Bürodesign GmbH bestellt große Mengen an Materialien (Rohstoffe, Hilfsstoffe usw.) und lagert diese ein. Durch den Einkauf großer Mengen nutzt sie Rabatte aus, beugt eventuellen Beschaffungsengpässen vor und sichert die Produktionsbereitschaft. Die Produktion holt sich die benötigten Materialien aus dem Rohstofflager. Schließlich landen die fertigen Erzeugnisse im Fertiglager und warten dort auf ihre Auslieferung an den Kunden.

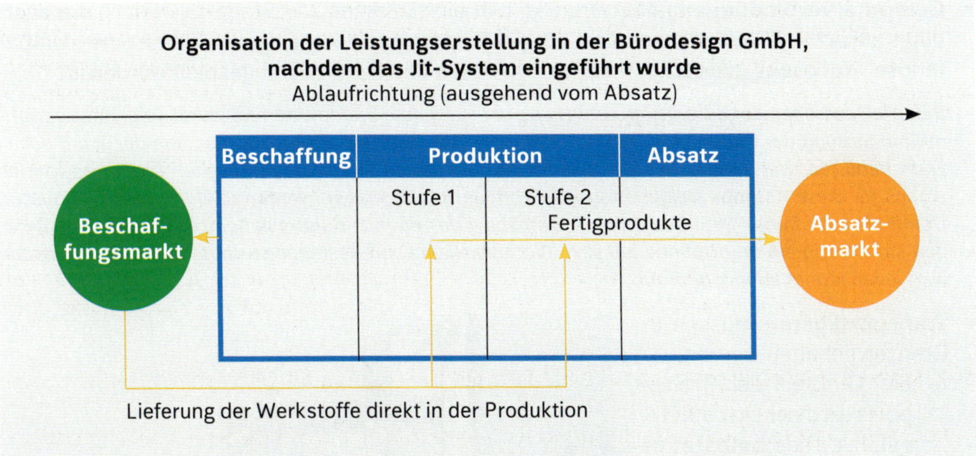

*Die Lagerhaltung ist hier überflüssig, weil die **Anlieferung direkt in die Produktion** erfolgt. Es wird sehr viel Zeit gespart und der Weg des Produktes durch den Betrieb wird erheblich verkürzt.*

Ziel des Jit ist:

- Die **Durchlaufzeit** von der Beschaffung der Roh-, Hilfs- und Betriebsstoffe bis zur Auslieferung der fertigen Erzeugnisse zu **verkürzen** (Verkürzung der Lieferzeit und der Lagerdauer);
- Die **Kosten** für Lagerflächen, Lagerpersonal, Transportmittel, Energie und für in Material gebundenes Kapital zu **senken**.

Bei Jit wird das alte Sprichwort **„Zeit ist Geld"** in die betriebliche Praxis umgesetzt.

Probleme und Lösungsansätze: Durch den Einsatz von JiT-Systemen entstehen für die Zulieferer und Abnehmer **Probleme**:

- **Gegenseitige Abhängigkeiten:**

Zulieferer	Abnehmer
Die **Zulieferer** begeben sich in eine große **Abhängigkeit** vom Abnehmer: • Verschlechtert sich die Auftragslage des Abnehmers, wirkt sich dies sofort auf die Beschäftigung des Zulieferers aus. • Der Abnehmer zwingt dem Zulieferer durch Vernetzung der Computer und durch seine kurzfristige Terminierung ebenfalls ein JiT-System auf. • Der Abnehmer bestimmt bei zunehmender Abhängigkeit des Zulieferers auch dessen Preise.	Die **Abnehmer** sind darauf angewiesen, dass • die Lieferung durch den Zulieferer rechtzeitig erfolgt. Jede Stockung führt zu Unterbrechung der Produktion, wodurch die eigenen Liefertermine nicht eingehalten werden können. • der Zulieferer sich um eine ständige Qualitätskontrolle und Produktpflege bemüht. Qualitätskontrollen während der Produktion sind teuer und zeitraubend. • die Lieferung trotz Staus und Streiks immer pünktlich erfolgt.

Um diese Probleme zu lösen, geht man von Abnehmerseite dazu über, ein **partnerschaftliches Verhältnis** zu den Zulieferern aufzubauen. Dies besteht darin, dass die Zulieferer bereits im Planungsstadium eines neuen Produktes eingebunden werden. Neue Produkte werden gemeinsam entwickelt; der Zulieferer bringt bereits hier seine Ideen und Vorstellungen ein. Er entwickelt die von ihm zu liefernden Erzeugnisse dann selbst oder mithilfe des Abnehmers. Der Zulieferer achtet selbst auf die Qualität seiner Produkte und reduziert durch seine Arbeit die Fertigungstiefe und die Kosten des Abnehmers.

- **Computerverbindungen** fallen aus. Hier hilft ein „Ersatznetz" („Stand-by-Netz"), das allerdings zusätzliche Kosten verursacht. Es gibt für derartige kurzzeitige Probleme eine „computerlose" Notlösung, die vorher mehrfach von allen Beteiligten durchgespielt worden ist.

Beispiel *Zwischen der Bürodesign GmbH und der Vereinigte Spanplatten AG wurde folgendes Verfahren bei Störung der Internetverbindung vereinbart. Alle wichtigen Informationen, die der schriftlichen Form bedürfen, werden per Telefax übermittelt. Die speziell hierfür angeschafften Faxgeräte werden eigens für diese Aufgabe freigehalten. Alle übrigen Informationen werden telefonisch ausgetauscht. Damit die betroffenen Mitarbeiter beider Betriebe jederzeit miteinander in Kontakt treten können, tragen sie ständig ein Smartphone bei sich. Die Abwicklung von Bestellungen mithilfe dieser Notlösung wird jeden Monat einmal geprobt.*

- **Transportkosten** müssen in Grenzen gehalten werden.
  - Ein Großteil der Transporte wird per Lkw durchgeführt. Dies **belastet** in erheblichem Maße die **Umwelt** (vgl. S. 259 ff.) und die **Verkehrswege**. Die damit verbundenen Staus führen zu Störungen im Jit-System. Einige Unternehmen verlegen daher ihre Transporte zunehmend auf die Schiene, benutzen Wasserwege oder befördern flüssige Produkte per Pipeline.
  - Eine andere Möglichkeit besteht darin, Zulieferer aus der näheren Umgebung zu bevorzugen. Dies ist dann auch ein Anreiz für die Zulieferer, sich in unmittelbarer Nähe des Abnehmers anzusiedeln.

    Beispiel *Die Bürodesign GmbH verhandelt zurzeit mit der Vereinigte Spanplatten AG über einen Jit-Vertrag. Im Gegensatz zur dekospan GmbH, die 170 km von der Bürodesign GmbH entfernt ist, beträgt die Entfernung zu einem Zweigwerk der Vereinigte Spanplatten AG lediglich 40 km. Außerdem eröffnet die Vereinigte Spanplatten AG demnächst ein Zweigwerk im Kölner Osten, wodurch sich die Entfernung zur Bürodesign GmbH auf 12 km reduziert. Bei dieser Entfernung kann die Vereinigte Spanplatten AG Lieferzusagen mit hohem Sicherheitsgrad machen, die Störanfälligkeit ist relativ gering, und außerdem wird die Umwelt geschont.*

Beispiel

Die Materialströme von VW

Knapp fünf Millionen Tonnen an Zulieferermaterial passieren jährlich die Werktore der VW-Konzernfabriken. Allein in Wolfsburg sind es 1,2 Millionen Tonnen. Täglich bringen 380 Lkws und 210 Waggons die Kaufteile in das Stammwerk.

Jit-Anlieferungen mit Anlieferzyklen alle zwei Stunden machen etwa 20 Prozent des Volumens aus, tägliche Anlieferungen mit Schichtbedarfen etwa zehn bis zwölf Prozent, wöchentliche Anlieferungen mit Dreitagesbedarfen zwischen 40 und 45 Prozent und monatliche Anlieferungen mit Wochenlosen bei Kleinteilen und Verbrauchsgütern nehmen etwa 18 bis 26 Prozent des Volumens ein.

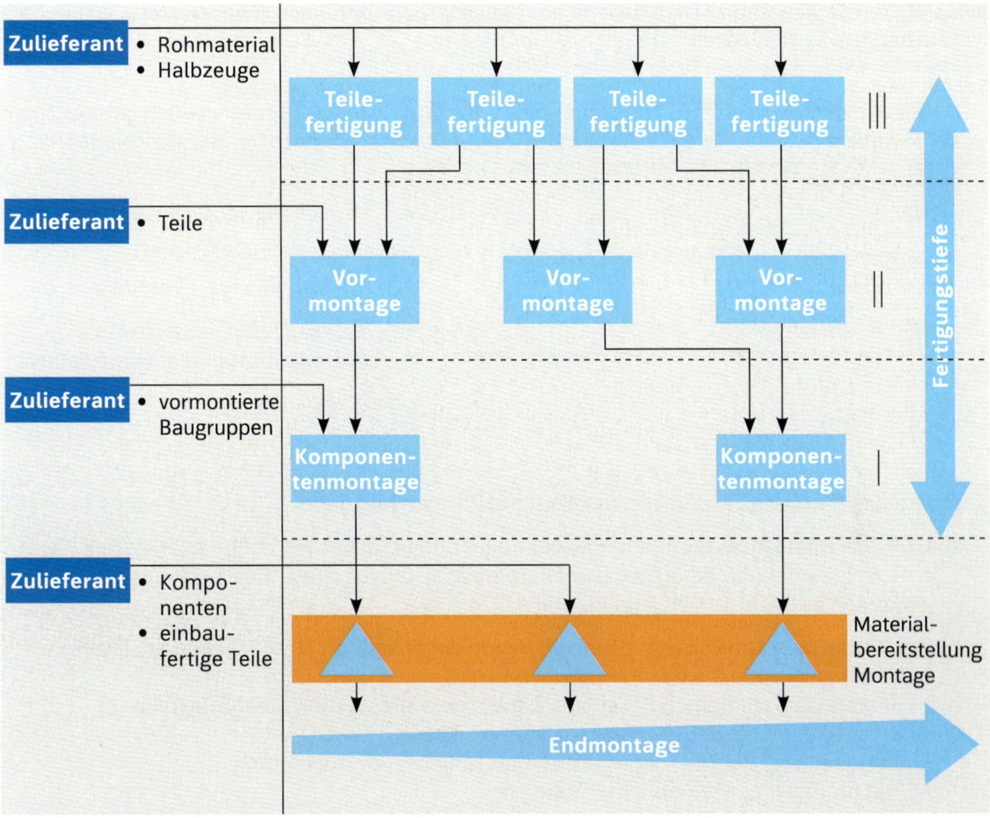

Die Teileanlieferung wird kosten- und zeitsparend eng auf den Produktionsbedarf abgestimmt. Es gibt keine Materialprüfer, die Lagerkosten sind auf ein Mindestmaß herabgesetzt. Die Anpassung an Bedarfsschwankungen wird dem Lieferer überlassen.

■ Preisplanung

Materialien und Handelswaren sollten **so preisgünstig wie möglich** eingekauft werden (**Bezugskalkulation**). Folglich hat die Beschaffungsabteilung die Aufgabe,

- den günstigsten Einkaufszeitpunkt zu ermitteln,
- die optimale Bestellmenge festzulegen,
- Skonto auszunutzen und
- auf günstige Lieferungs- und Zahlungsbedingungen zu achten.

Insbesondere beim Vorliegen von Einkaufsbudgets sind für das Beschaffungsmaterial **Preisobergrenzen** festzulegen. Diese Preisobergrenzen dienen als Orientierungshilfe für den Preiswiderstand in den Verhandlungen mit den Lieferern. Die Einkaufsabteilung ist daran gebunden und versucht, die gewünschten Preise bei den Lieferern durchzusetzen. Der für den Einkauf entscheidende Preis ist der **Bezugs-/Einstandspreis** (vgl. S. 248). Er wird durch die Bezugskalkulation ermittelt.

Beispiel *Die Bürodesign GmbH ermittelt für das Material Fußkreuz für den Konferenzstuhl „Stapler“ folgenden Bezugs-/Einstandspreis:*

Rechenweg:				**Erläuterungen:**
Listeneinkaufspreis		*100 %*	*20,00 €*	*Ausgangspunkt der Bezugskalkulation*
– Liefererrabatt		*20 %*	*– 4,00 €*	*Preisabschlag, z. B. Mengenrabatt*
= Zieleinkaufspreis	*100 %*	*80 %*	*16,00 €*	
– Skonto	*2 %*		*– 0,32 €*	*Nachlass für vorzeitige Zahlung*
= Bareinkaufspreis	*98 %*	*100 %*	*15,68 €*	
+ Bezugskosten			*+ 0,12 €*	*z. B. Verpackungs-, Transportkosten*
= Bezugs-/Einstandspreis			*15,80 €*	*Preis beinhaltet alle Kosten des Materials bis zum Eingang im Betrieb*

Zusammenfassung: Verfahren der Beschaffung anwenden

- **Größere Bestellmengen** binden viel Kapital und verursachen hohe Lagerkosten, kleinere Bestellmengen verursachen höhere Beschaffungskosten. Beschaffungs- und Lagerkosten entwickeln sich gegenläufig.
- Der **Bestellzeitpunkt** hängt davon ab, wann die bestellten Materialien in der Produktion benötigt werden. Zu beachten sind:
  - Bestelldauer im Betrieb (= Zeit von der Bedarfsfeststellung bis zur Bestellung)
  - Bearbeitungs- und Produktionszeit beim Lieferer
  - Lieferzeit und die Zeit für die Materialprüfung bei der Anlieferung
  - Zeit für den innerbetrieblichen Transport
- Der Bestand, bei dessen Erreichen das Lager meldet, dass bestellt werden muss, wird **Meldebestand** genannt.
- **Meldebestand = Mindestbestand + (Beschaffungszeit · Tagesverbrauch)**
- Wird die Bestellung bei Erreichen des Meldebestandes ausgelöst, spricht man vom **Bestellpunktverfahren (Vorratsbeschaffung)**.
- Wird die Bestellung in bestimmten Zeitabständen (d. h. unabhängig vom aktuellen Bestand) ausgelöst, spricht man vom **Bestellrhythmusverfahren (Vorratsbeschaffung)**.
- Bei der **fertigungssynchronen Beschaffung (Just-in-time-Belieferung)** erfolgt der Eingang der Materialien zum Zeitpunkt des Bedarfs.
- Ursache des Ausbaus der Just-in-time-Belieferung ist die Notwendigkeit der Reduzierung der Lagerkosten durch den **zunehmenden Kostendruck** in Industrieunternehmen.
- **Voraussetzungen** der Just-in-time-Belieferung sind:
  ständige Produktions- und Lieferbereitschaft der beteiligten Betriebe, genaue Abstimmung der Produktions- und Lieferpläne, Einsatz moderner Kommunikationstechniken, permanenter Informationsaustausch, DV-gestützte Auftragsbearbeitung und Lagerorganisation, feste Kooperationsverträge zwischen allen Beteiligten, flexibles Transportsystem.
- **Folgen der Just-in-time-Belieferung** sind eine Verlagerung der Lager auf die Straße und die damit verbundenen ökologischen Belastungen.
- Materialien sind unter Beachtung von **Preisobergrenzen** zu einem möglichst preisgünstigen Bezugs-/Einstandspreis einzukaufen.

Aufgaben

1 *Erläutern Sie die Aussage: „Beschaffungskosten und Lagerkosten entwickeln sich gegenläufig."*

2 *Unterscheiden Sie Bestellpunkt-, Bestellrhythmusverfahren und fertigungssynchrone Beschaffung (Just-in-time-Belieferung) und stellen Sie deren Unterschiede in einer Übersicht dar.*

3 *Der Listeneinkaufspreis eines Artikels beträgt 60,00 €. Der Lieferer gewährt bei Abnahme von 200 Stück 20 % Rabatt und 2 % Skonto. Die Bezugskosten betragen je Stück 0,30 €. Ermitteln Sie den Bezugs-/Einstandspreis je Stück und insgesamt, wenn von diesem Artikel 1 000 Stück bestellt werden.*

4 *In der Bürodesign GmbH beträgt der Tagesverbrauch für einen Artikel 140 Stück, die Beschaffungszeit beträgt 14 Werktage und der Mindestbestand 420 Stück.*
- *a) Ermitteln Sie den Meldebestand.*
- *b) Begründen Sie die Notwendigkeit eines Mindestbestandes.*
- *c) Stellen Sie den Zusammenhang mithilfe einer Grafiksoftware oder eines Lernplakates grafisch dar.*
- *d) Erläutern Sie die Vor- und Nachteile des Bestellpunktverfahrens.*
- *e) Begründen Sie die Veränderung des Meldebestandes, wenn*
  - *e1) der Tagesverbrauch sich auf 200 Stück erhöht,*
  - *e2) die Beschaffungszeit sich bei einem Tagesverbrauch von 140 Stück auf 7 Tage verkürzt.*

5 *Nehmen Sie kritisch Stellung zu der Aussage eines Zulieferers der Automobilindustrie: „Unser Lager ist die Autobahn!"*

6 *In der Abbildung auf S. 229 wird der Einsatz von Jit beschrieben.*
- *a) Stellen Sie die Vor- und Nachteile von Jit in Form einer Liste gegenüber.*
- *b) Erläutern Sie den wichtigsten Vorteil und den gravierendsten Nachteil von Jit.*

7 *Untersuchen Sie Möglichkeiten, um die mit Jit verbundenen Umweltbelastungen zu verringern Stimmen Sie Ihre Ergebnisse mit denen Ihrer Mitschüler ab und entwickeln Sie ein Plakat mit den besten Möglichkeiten.*

8 *Die Bürodesign GmbH plant die Einführung eines Jit-Systems. Die wichtigsten Zulieferer lassen sich der Lieferantenliste der Bürodesign GmbH entnehmen.*
- *a) Sie werden mit der Aufgabe betraut, mithilfe eines Stadtplanauszuges herauszufinden, über welche Transportwege die Zulieferung erfolgen kann. Dokumentieren Sie Ihre Ergebnisse. Als Standort wählen Sie einfach die Adresse Ihrer Schule.*
- *b) Entwickeln Sie begründete Vorschläge, welche Zulieferer auf welchen Transportwegen in das Jit-System eingebunden werden sollen und welche Zulieferer nicht teilnehmen sollten.*

9 *Besorgen Sie sich bei Ihren örtlichen Kfz-Händlern die Anschriften einiger Automobilhersteller und schreiben Sie die PR-Abteilungen dieser Unternehmen an. Erkundigen Sie sich, ob sie ein Jit-Konzept haben und ob sie bereit sind, Ihnen Informationen darüber zu übersenden.*

10 *Führen Sie Im Internet eine Recherche zu dem Thema „Just in time" durch. Suchen Sie nach konkreten Beispielen, Checklisten, Übersichten usw. Fassen Sie Ihre Ergebnisse in einem Bericht zusammen.*

1.6 Beschaffungsstrategische Überlegungen begründen

Bertram Klein ist in der Schlosserei der Bürodesign GmbH als Monteur beschäftigt. Sein Bruder arbeitet in einem großen Stahlwerk als Gießer, er hat im letzten Monat für einen Verbesserungsvorschlag 3000,00 € erhalten. Bertram könnte ebenfalls eine kleine Finanzspritze gebrauchen und überlegt, ob er für die Bürodesign GmbH auch einen Verbesserungsvorschlag austüfteln könnte. Dabei fällt ihm ein, dass er vor drei Wochen auf einem Materialzettel gelesen hat, dass ein Schubladengriff für die Schreibtische 3,80 € je Stück kostet. Dieser Betrag kam ihm enorm hoch vor. Er geht zu seinem Chef, Herrn Wilke, und erklärt ihm: *„Hören Sie mal, Herr Wilke, ich glaube, wir könnten eine ganze Menge Geld sparen, wenn wir die Schubladengriffe selbst herstellen würden, wir besorgen uns verchromtes Stahlrohr und biegen es so, wie wir es brauchen."* Herr Wilke meint: *„Das muss erst einmal genau durchgerechnet werden, denn unsere eigene Arbeitszeit muss ja auch berücksichtigt werden. Außerdem ist das eine Frage der Kapazitätsauslastung."* Bertram Klein ist erstaunt, er lässt sich aber nicht von seiner Idee abbringen.

Arbeitsaufträge
- ***Stellen Sie in Gruppenarbeit fest, welche Informationen benötigt werden, um auszurechnen, ob die Herstellung der Schubladengriffe günstiger ist als der Bezug von Fertigteilen.***
- ***Erläutern Sie, warum die Bündelung von Aufträgen für den Auftraggeber von Vorteil sein kann.***

Strategien im Beschaffungsmarketing umfassen mittelfristige Entscheidungen der Güterbereitstellung. Zwar wird durch den Absatzplan vorgegeben, welche Produkte in welcher Menge zu welchem Zeitpunkt benötigt werden, jedoch können grundsätzliche Vorentscheidungen getroffen werden. Diese werden als **beschaffungsstrategische Entscheidungen** bezeichnet.

Eigenfertigung oder Fremdbezug

Reicht die vorhandene Kapazität eines Betriebes für bestimmte Aufträge nicht aus, so kann versucht werden, das Produkt oder Teile davon anderweitig zu beschaffen. Die damit verbundenen Überlegungen zielen auf die Entscheidung, die Produkte bzw. deren Einzelteile entweder in **Eigenfertigung** herzustellen oder sie über den **Fremdbezug** zu beschaffen.

Beispiele
- *Die Automobil AG hat bis vor kurzem alle Motoren selbst gefertigt. Diese Motoren bestanden aus vielen hunderten von Einzelteilen, die alle beschafft werden mussten. Anschließend wurden sie zusammengebaut und getestet. Erst dann konnten sie in das Fahrzeug eingebaut werden. Ab sofort werden die Motoren von der Motorenfabrik „Modemag" fertig bezogen. Dadurch lassen sich Kosten sparen und die Fahrzeugherstellung wird beschleunigt.*
- *Der Bürodesign GmbH liegt ein größerer Auftrag vor, für den u.a. 120 Beistelltische aus Acryl zu liefern sind. Die Bürodesign GmbH hat weder die Kapazitäten noch die notwendigen Maschinen, um diese Tische selbst zu fertigen. Außerdem lohnt es sich nicht, wegen 120 Tischen neue Kapazitäten einzurichten. Daher werden diese Tische von einem auf die Herstellung von Acrylmöbeln spezialisierten Betrieb bezogen.*

Fremdbezugsobjekte

Die Entscheidung zugunsten des Fremdbezuges kann sich auf folgende Produkte beziehen:

- **Fertigprodukte**

  Beispiele
  - *Ein Unternehmen der Computerbranche entschließt sich, seine Geräte komplett in Taiwan bauen zu lassen.*
  - *Die Bürodesign GmbH lässt einen als Sonderwunsch komplett aus Marmorelementen gefertigten Schreibtisch von der Sachsenmarmor GmbH herstellen.*

- **Einbauteile**

  Beispiele
  - *Ein Automobilhersteller bezieht von spezialisierten Zulieferern Achsen, Vergaser, Scheinwerfer, Reifen, Bremssysteme, Sitze usw.*
  - *Die Bürodesign GmbH bezieht von der Secura OHG Safes und komplette Sicherungssysteme für den Einbau in Schreibtische und Regalsysteme. Sie bezieht Türschlösser, Scharniere und Türgriffe von diversen Zulieferern.*

- **Hilfsstoffe und Handelswaren**

  Beispiel *Die Bürodesign GmbH bezieht Verpackungsmaterialien für ihre Büromöbel wie Kartons und Metallbänder, sie bezieht für die Produktion Farben und Lacke sowie Schrauben, Muttern und sonstiges Befestigungsmaterial.*

Entscheidungskriterien

Diesen **Make-or-buy-Entscheidungen** (engl. herstellen oder kaufen) gehen eine ganze Reihe von Überlegungen und Berechnungen voraus. Insbesondere die Bereiche **Beschaffung** und **Produktion** müssen hierbei eng zusammenarbeiten. Ob ein Betrieb bestimmte Teile oder Produkte fremdbezieht, hängt von folgenden Fragen ab:

- Sind **Produktionskapazitäten** für die Eigenfertigung frei?
- Ist das benötigte Teil auf dem Markt in der erforderlichen **Qualität, Zeit, Ausführung, Menge** beschaffbar? Diese Fragestellung gilt ebenfalls für Maschinen und Werkzeuge.

  Beispiel *Bei der Bürostuhlproduktion der Bürodesign GmbH werden Metallplatten benötigt, auf denen die Sitzflächen befestigt werden. Diese Bauteile sind auf dem Markt nicht als Fertigteil lieferbar, sie werden in der eigenen Produktion gefertigt.*

- Ist Eigenfertigung oder Fremdbezug **kostengünstiger**?

  Beispiel *Ein Werkstück kann auf dem Markt für 5,00 € beschafft werden. Wenn das Teil selbst hergestellt wird, sind je Stück 0,80 € Materialkosten, 2,60 € Löhne und je Jahr zusätzliche fixe Maschinenkosten (Abschreibung, Wartung) in Höhe von 8000,00 € aufzuwenden. Wenn mit x die Anzahl der Teile bezeichnet wird, ergeben sich folgende Kostenstrukturen:*

  Gesamtkosten des Fremdbezuges:

  $K_{(Fremdb.)} = \text{Einkaufpreis} \cdot x \quad K_{(Fremdb.)} = \text{variable Kosten} \cdot x \quad K_{(Fremdb.)} = 5 \cdot x$

  Gesamtkosten der Eigenfertigung:

  $K_{(Eigenf.)} = (\text{Materialkosten je Stück} + \text{Lohnkosten je Stück}) \cdot x + \text{fixe Kosten}$

  $K_{(Eigenf.)} = \text{variable Kosten} \cdot x + \text{fixe Kosten}$

  $K_{(Eigenf.)} = 3{,}4 \cdot x + 8000$

  Die jeweiligen Stückkosten ergeben sich, wenn die Gesamtkosten durch die Menge x dividiert wird. Beim Fremdbezug sind sie konstant 5,00 €, bei der Eigenfertigung sinken sie mit zunehmender Menge x.

  Stückkosten des Fremdbezuges: $k_{(Fremdb.)} = K_{(Fremdb.)}/x$

  Stückkosten der Eigenfertigung: $k_{(Eigenf.)} = K_{(Eigenf.)}/x$

  Der Kostenvergleich kann tabellarisch oder grafisch erstellt werden.

→Mathe

Kostenvergleich *Eigenfertigung und Fremdbezug*

Einkaufspreis je Stück: *5,00 €* ***Lohnkosten je Stück:*** *2,60 €* ***variable Kosten*** *3,40 €*
Materialkosten je Stück: *0,80 €* ***Fixe Kosten:*** *8 000,00 €*

Menge in Stück	K (Eig.) in €	k (Eig.) in €	K (Fre.) in €	k (Fre.) in €
0	8000,00	–	0,00	–
1000	11 400,00	11,40	5000,00	5,00
2000	14 800,00	7,40	10 000,00	5,00
3000	18 200,00	6,07	15 000,00	5,00
4000	21 600,00	5,40	20 000,00	5,00
5000	25 000,00	5,00	25 000,00	5,00
6000	28 400,00	4,73	30 000,00	5,00
7000	31 800,00	4,54	35 000,00	5,00
8000	35 200,00	4,40	40 000,00	5,00
9000	38 600,00	4,29	45 000,00	5,00
10000	42 000,00	4,20	50 000,00	5,00

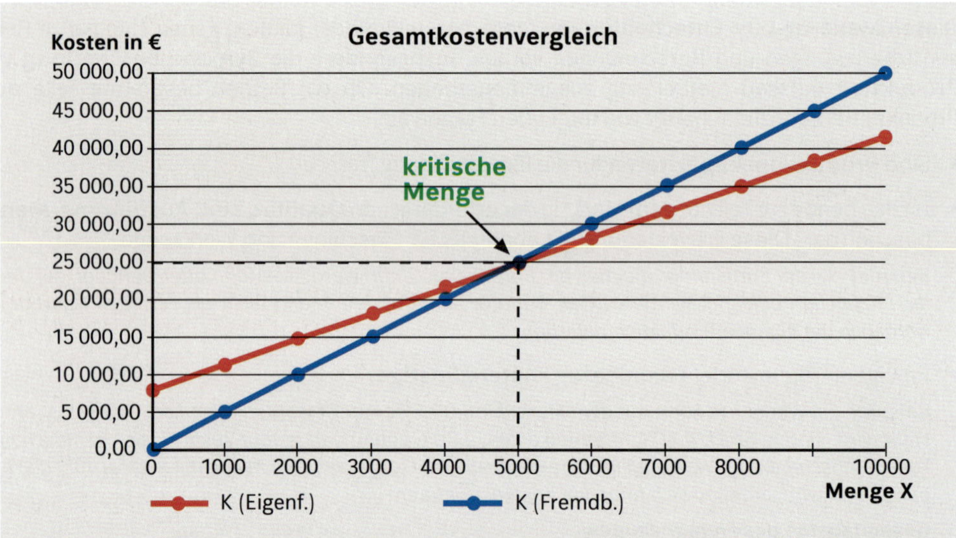

Aus der Tabelle und der Grafik ist ersichtlich, dass bei einer Produktionsmenge von 5000 Stück die Kosten beider Alternativen gleich hoch sind (= kritische Menge). Bei einer geringeren Menge ist die Eigenfertigung teurer, bei einer höheren Menge ist sie kostengünstiger. Die Berechnung der kritischen Menge kann mithilfe einer Tabellenkalkulationssoftware durchgeführt werden.

Vergleichsrechnungen

Vergleichsrechnungen zwischen Eigenfertigung und Fremdbezug geben Aufschluss über den kostenmäßigen Aspekt des Problems. Für diese Vergleichsrechnung sind nur die variablen Kosten zu berücksichtigen, da die fixen Kosten auch bei Fremdbezug bestehen bleiben, sich also nicht verringern. Neben der kostenmäßigen Betrachtung des Problems gibt es eine Reihe weiterer Kriterien, die für oder gegen Fremdbezug sprechen.

Für den Fremdbezug spricht, dass	Gegen den Fremdbezug spricht, dass
• der Fremdbezieher zwischen mehreren konkurrierenden Anbietern den qualitativ und preislich günstigeren auswählen kann, • der Fremdbezieher bei Qualitäts- und Preisänderungen den Zulieferer wechseln kann, • der Fremdbezieher das Produktionsrisiko (Absatz bei rückläufiger Nachfrage) auf den Zulieferer verlagert.	• auf den Beschaffungsmärkten häufig mit schwankenden Preisen gerechnet werden muss, • der Fremdbezieher auf die Qualität der bezogenen Teile weniger Einfluss hat als bei Eigenfertigung, • das bisher eigengefertigte Produkt ein bestimmtes Image und einen Qualitätsstand hatte, den das bezogene Produkt nicht erreicht.

Fertigungstiefe

Je größer der Anteil der selbst produzierten und eingebauten Einzelteile ist, desto größer ist die Fertigungstiefe. Einige Unternehmen ziehen aus ihren Make-or-buy-Überlegungen die Konsequenz, möglichst viele Teile als Fertigteile von spezialisierten Drittfirmen zu beziehen, um Kosten zu senken. Im Extremfall wird das komplette Produkt eingekauft, der Industriebetrieb entwickelt sich zum Handelsbetrieb.

Beispiele

- *Bei VW betrug die Fertigungstiefe 1989 50%, d.h., die Hälfte aller in der gesamten Produktion verwendeten Teile wurde selbst gefertigt. Im Jahre 1992 betrug die Fertigungstiefe 40%, im Jahre 1998 32%, im Jahre 2016 22% und angestrebt werden in den kommenden Jahren weniger als 20%.*
- *Bei der Bürodesign GmbH beträgt die Fertigungstiefe zurzeit 35%. Angestrebt werden in den kommenden Jahren 30%.*
- *Im nebenstehenden Beispiel sind einige Bestandteile eines Motorblocks zu sehen. 35% der nebenstehenden Teile werden von der Automobil AG selbst produziert, 65% werden fremdbezogen.*

Wird das Produkt in Eigenfertigung hergestellt, so stellt sich die Frage, ob **auch alle Einzelteile selbst produziert** werden sollen. Deutschland ist das Land mit der höchsten Fertigungstiefe.

Beispiel *In der Bürodesign GmbH werden aus den Volumen- und Modulo-Elementen für Arztpraxen die beiden Empfangstheken „OfficeCounter" und „INTRO" gefertigt. Für die Theke „OfficeCounter" werden die wesentlichen Elemente fertig von einem Fremdhersteller bezogen. Für den „INTRO" werden fast alle Teile im Betrieb hergestellt. „OfficeCounter" besteht aus drei Unterschränken, vier Fachelementen, zwei Seitenteilen 1,20 × 90 und einer Platte 2,40 × 1,20 m. Hinzu kommen noch zwei Aufbauelemente. Insgesamt umfasst das Produkt zwölf Einzelteile, die fertig bezogen werden. Die eigentliche Fertigung besteht im Zusammenbau der bezogenen Einzelteile.*

„INTRO" wird komplett im Unternehmen gefertigt. Dieses Produkt verfügt über die gleichen zwölf Einzelteile. Sie werden jedoch bei der Bürodesign GmbH gefertigt. Für die Herstellung der Unterschränke müssen folgende Einzelteile gefertigt werden: Pro Schrank zwei Bretter zu 1,20 × 90 m zuschneiden, sechs Bretter je 0,60 × 0,60 m schneiden, Scharniere und Schlösser einbauen, Einzelteile verschrauben und verleimen. Auszug aus den beiden Arbeitsplänen ...

Produkt: `OfficeCounter`

Arbeits-vorgang	Beschreibung des Arbeitsvorgangs
1	`bezogene Einzelteile montieren`

Produkt: `INTRO`

Arbeits-vorgang	Beschreibung des Arbeitsvorgangs
1	`Bretter zuschneiden`
2	`Bretter hobeln`
3	`Bretter abschleifen, 1. Durchgang`
4	`Bretter lackieren, 1. Durchgang`
5	`Bretter abschleifen, 2. Durchgang`
6	`Bretter lackieren, 2. Durchgang`
7	`Scharniere einbauen`
8	`Schlösser einbauen`
9	`Einzelteile verschrauben und verleimen`
10	`Theke aus Einzelelementen montieren`

*Die Anzahl der erforderlichen Fertigungsarbeiten ist bei der Theke „INTRO" höher, die **Fertigungstiefe ist größer**.*

Hoher Eigenfertigungsanteil bedeutet große Fertigungstiefe. Zwischen Fertigungstiefe und Make or Buy besteht also ein Zusammenhang. Im Zeitablauf können durch technische Neuerungen, durch veränderte Marktbedingungen, z. B. Preisveränderungen, die getroffenen Entscheidungen bezüglich Eigenfertigung oder Fremdbezug stark beeinflusst werden. Insofern sind die getroffenen Entscheidungen regelmäßig zu überprüfen.

■ Just-in-time-Belieferung (produktionssynchrone Anlieferung, vgl. S. 225)

Um Lagerkosten zu minimieren, erfolgt eine bedarfsgerechte Anlieferung der Güter durch den Lieferer. Es wird nur die Menge geliefert, die für die jeweilige Produktion benötigt wird. Der Vorteil ist, dass **weder Eingangslager noch Zwischenlager** eingerichtet werden müssen. Die Lieferer werden also verpflichtet, im Rhythmus der Produktion (produktionssynchron) die benötigten Materialien anzuliefern.

Beispiel *Bei der Produktion von Schreibtischen und Büroschränken wird eine bestimmte Menge an Spanplatten benötigt. Um ein Lager zu vermeiden, kommt der Lieferer der Spanplatten mehrmals am Tag und liefert nur die Mengen, die für die jeweilige Produktion erforderlich sind.*

■ Streuen oder Bündeln von Aufträgen

Eine strategische Entscheidung bei der Beschaffung besteht darin, die **Anzahl der Lieferer** für ein bestimmtes Produkt zu bestimmen. Werden Aufträge gestreut, so ist die Anzahl der Lieferer groß.

Beispiele

- *Die Bürodesign GmbH beschränkt sich bei dem Einkauf von Spanplatten auf vier Zulieferer, obwohl auf dem Markt die Wahl zwischen 52 Lieferern besteht (Bündelung), weil dadurch eine gleichbleibende Qualität gewährleistet ist. Dennoch können Lieferschwierigkeiten bei einem Lieferer durch Bestellungen bei einem anderen ausgeglichen werden.*

- *Beim Einkauf von Stoffen für die Bespannung von Stühlen wird bei jeder neuen Produktentwicklung der Markt neu analysiert und dann der gesamte Bedarf bei einem Hersteller geordert und eingelagert (Bündelung). Dadurch ist sichergestellt, dass keine Farb-, Web- oder Qualitätsunterschiede durch Nachbestellungen auftreten.*
- *Bei Beschlägen werden jeweils nur kleine Mengen bei 16 verschiedenen Lieferern geordert (Streuung), weil Beschläge leicht austauschbar sind.*

Bündelung von Aufträgen

Vorteile	Nachteile
• Mengenrabatte durch hohe Abnahmemengen • Sonderkonditionen durch lange Zusammenarbeit mit einem Lieferer • kostengünstige Herstellung durch hohe Stückzahlen	• starke Bindung an Lieferer • Kostendiktat durch Lieferer • Abhängigkeit des Abnehmers vom Lieferer

Eine extreme Form der Auftragsbündelung liegt vor, wenn die benötigten Materialien oder Produkte bei nur einem Lieferer bestellt werden **(Single-Sourcing)**. Bei dieser Konzentration kann es zwar einerseits zu einer enormen gegenseitigen Abhängigkeit von Abnehmer und Lieferer kommen, andererseits kann darin die Chance zu einer fruchtbaren Kooperation von Unternehmen liegen, die sich in geringeren Kosten, verbessertem Qualitätsstandard, geringerem Aufwand bei der Eingangsprüfung usw. niederschlagen können.

Zusammenfassung: Beschaffungsstrategische Überlegungen begründen

- **Eigenfertigung oder Fremdbezug:** Die Entscheidung hierüber hängt von folgenden Faktoren ab:
  - freie eigene Produktionskapazitäten
  - Kostenvorteile beim Vergleich beider Alternativen
  - Beschaffbarkeit der Güter auf dem Markt in erforderlicher Qualität und Menge
- Die **Fertigungstiefe** zeigt im Bereich der Eigenfertigung an, inwieweit die Fertigung des Erzeugnisses auch die Herstellung der Einzelteile mit einschließt.
- Bei der **Just-in-time-Belieferung** werden die Materialien produktionssynchron angeliefert, dadurch entfallen Vorrats- und Zwischenlager.
- **Streuen oder Bündeln von Aufträgen** (Bestimmen der Anzahl der Lieferer)
  - Streuen: Beschaffung bei möglichst vielen Lieferern
  - Bündeln: Beschaffung bei möglichst wenig Lieferern

Aufgaben

1 *Berechnen Sie, ob für folgenden Sachverhalt Eigenfertigung oder Fremdbezug günstiger ist: Bezugs-/Einstandspreis 42,00 €, Materialkosten je Stück 8,50 €, Fertigungskosten je Stück 18,00 €, anteilige fixe Kosten 25000,00 €. Benötigt wird eine Menge von 500 Stück.*
a) Erstellen Sie die Lösung mithilfe einer Tabellenkalkulationssoftware.
b) Erstellen Sie die Lösung mithilfe einer Grafiksoftware.
c) Erstellen Sie die Lösung rechnerisch.

2 *Erläutern Sie, weshalb neben dem Kostenvergleich weitere Faktoren untersucht werden müssen, wenn eine Entscheidung über Eigenfertigung oder Fremdbezug getroffen wird.*

3 *In der Beschaffungsabteilung der Bürodesign GmbH ist ein Grundsatzstreit entstanden. Einige Sachbearbeiter vertreten die Meinung, dass Bestellungen aus Sicherheitsgründen stets bei möglichst vielen Lieferern zu tätigen sind. Andere sind der Meinung, dass es sinnvoller wäre, mit möglichst wenigen, am besten mit nur einem Lieferer zusammenzuarbeiten. Sammeln Sie Argumente für beide Standpunkte und stellen Sie diese der Klasse vor.*

4 *Erstellen Sie mithilfe einer Tabellenkalkulationssoftware eine Entscheidungshilfe für Eigenfertigung oder Fremdbezug. Aus den Werten für variable und fixe Kosten bei der Eigenfertigung und dem Bezugs-/Einstandspreis eines Gutes bei Fremdbestellung ist eine Tabelle und eine Grafik abzuleiten. Aus Tabelle und Grafik muss erkennbar sein, ab welcher Verbrauchsmenge Eigenfertigung oder Fremdbezug kostengünstiger ist.*

5 *„Bei der Just-in-time-Belieferung wird das Lager auf die Autobahn verlegt." Diskutieren Sie diese Aussage und bewerten Sie das Konzept der Just-in-time-Belieferung unter ökologischen Gesichtspunkten.*

6 *Erläutern Sie Fertigungstiefe und stellen Sie den Zusammenhang zwischen Fertigungstiefe und Make-or-buy-Entscheidung dar.*

1.7 Internetgestützte Beschaffungssysteme vergleichen (E-Procurement)

Silvia Land nimmt an einer Besprechung aller Abteilungsleiter mit der Geschäftsleitung teil. Herr Stein teilt zu Beginn der Sitzung einen Artikel aus einer Managementzeitung aus:

Mit Supply-Chain-Management (SCM) die Beschaffungsprozesse optimieren – Lieferketten im Griff

Das Weingartener Großhandelsunternehmen Engel liefert regelmäßig Schrauben an die Büromöbelfabrik Kurt Weller KG. Jetzt beschlossen beide Betriebe, ihre Geschäftsbeziehungen künftig über das Internet zu organisieren – SCM macht's möglich.

Die Idee

Supply-Chain-Management, kurz SCM – nur ein Modewort? Keinesfalls! SCM schafft kreatives Rationalisierungspotenzial, was nichts anderes bedeutet, als dass im Unternehmen jene Zeiten, Tätigkeiten und Prozesse, die an sich nicht wertschöpfend sind, wertschöpfend gemacht werden. Überlegungen wie diese führten dazu, dass Engel und Weller beschlossen, das Pilotprojekt SCM gemeinsam in Angriff zu nehmen.

Die Umsetzung

Zunächst analysierte Weller seinen Lieferantenstamm unter SCM-signifikanten Kriterien. Daraufhin schlug das Unternehmen seinem Schraubenlieferanten Engel ein gemeinsames SCM-Projekt vor. Parallel dazu wurden die Belange der Finanzbuchhaltung, der Logistik und der Informatik beider Unternehmen abgeglichen. Ein gemeinsames Projektteam aus Einkauf, Produktionsplanung, Informatik und Logistik erarbeitete diese Ziele:

- Vertrauen
- Win-win-Situation
- benutzerdefinierter Zugriff des Lieferanten auf den Kundenrechner (forecast)
- belegloser Geschäftsverkehr
- abgestimmtes Qualitätsmanagement
- vereinfachtes Fakturaverfahren
- optimierte Materialstammdaten
- optimierte Anliefertermine

Das Resultat

Nach weniger als einem Jahr wurden diese Zielvorgaben in die Tat umgesetzt. Engel hat nun einen benutzerdefinierten Zugang auf das Produktionsplanungssystem von Weller und somit auch Zugriff auf Daten mit einem langfristigen

Planungshorizont, um die eigene Vormaterialbeschaffung effizient gestalten zu können.

Alle Daten, die mit dem Geschäftsprozess zusammenhängen – Bestelldaten, Auftragserfassung, Faktura usw. –, werden nur noch einmal beim jeweiligen Geschäftspartner erfasst und stehen anschließend elektronisch auf einer gemeinsamen Plattform zur Verfügung.

Rechnungserstellung und -prüfung wurden automatisiert und konzentriert, weil nun alle Wareneingänge elektronisch auf einer Sammelrechnung erfasst werden und die zugehörige Rechnung am Monatsende gegengebucht wird.

Durch gemeinsam abgestimmte Qualitätssicherungsmaßnahmen ist doppelter Prüfungsaufwand jetzt ausgeschlossen. Die Ware wird ausschließlich auf Ident geprüft.

Sämtliche Materialstämme wurden auf Losgrößen, Gebindeeinheiten und Anlieferhäufigkeit geprüft und auf die gemeinsamen Bedürfnisse abgestimmt. Sicherheitsabstände liegen nun bei den meisten Materialien nur noch an einem Ort vor. Gleichzeitig wurde eine Glättung des Transportbedarfs erreicht.

Weitere Vorteile, die SCM für beide Unternehmen gebracht hat, sind etwa die um mehr als 30% reduzierten Lagerbestände ohne Beeinträchtigung der Versorgungssicherheit sowie deutliche Zeitersparnisse bei der Wiederbeschaffung.

Für wen bringt SCM Kostenvorteile?

Zunächst für den Kunden, um ihn durch günstigere Bedingungen an den Lieferanten zu binden. Gleichwohl auch erkennbare Vorteile für die Lieferanten, die ihre Bestände gegen null reduzieren. So wird aus Bestandsmanagement Bewegungsmanagement. Mit den Informationen fließen auch Dinge wie Rohmaterialien, Halb- und Fertigwaren. Neu daran ist, dass der Fluss von Informationen und Materialien keine innerbetrieblichen Grenzen mehr kennt.

- Alle Prozesse der Versorgungskette werden unter Einbeziehung sämtlicher Partner analysiert, einem gemeinsam definierten Ziel untergeordnet und gestaltet.
- Entsprechend der Intensität der Einbindung bedarf es der organisatorischen Neuausrichtung aller an der Supply Chain beteiligten Unternehmen.
- Die Fähigkeiten sämtlicher Mitarbeiter sind zu erweitern, besonders, was die Kooperations- und Kommunikationsfähigkeit anbetrifft.
- Die Leistungsfähigkeit des SCM muss laufend gemessen, analysiert und ggf. korrigiert werden.
- Management und Mitarbeiter müssen sich den neuen Abläufen unterwerfen und wie verschworene Kooperationspartner handeln.

Herr Stein beginnt seinen Vortrag mit den Worten: *„Wir müssen die Zeichen der Zeit erkennen und unsere Beziehungen zu unseren Lieferanten und Kunden neu überdenken. Im Rahmen der zunehmenden Globalisierung sollten wir uns mit der Optimierung der Beschaffungsprozesse auseinandersetzen."*

Arbeitsaufträge

- ***Erläutern Sie die Vorteile einer Partnerschaft mit den Lieferanten.***
- ***Überprüfen Sie, welche Akteure im E-Commerce zu finden sind.***
- ***Beschreiben Sie die verschiedenen Geschäftsmodelle des E-Commerce.***
- ***Bearbeiten Sie den Zeitungsartikel und stellen Sie die wesentlichen Elemente und Ziele des Supply-Chain-Managements in einer geeigneten Form vor.***

Electronic Commerce (E-Commerce, E-Business) ermöglicht es Unternehmen und deren Kunden, viele Geschäftsprozesse umfassend und digital über private und öffentliche Netze (Internet) abzuwickeln. Hierbei beinhaltet der E-Commerce die elektronische Beschaffung von Materialien bis zur elektronischen Bezahlung dieser Materialien. Somit beschleunigt der E-Commerce die Abwicklung von Geschäftsprozessen, er gestaltet die Abwicklung von Geschäftsprozessen effizienter, wodurch sich eine Senkung der Kosten für alle Betieligten ergibt. Ferner können alle Beteiligten auf Marktveränderungen schneller und flexibler reagieren.

Virtuelle Märkte

Die rasante Entwicklung und Verbreitung des Internets hat in den letzten Jahren zu vollkommen neuen Ausprägungen von Märkten geführt. Das Schlagwort **„Die Konkurrenz ist nur einen Mausklick entfernt!"** kennzeichnet die neue Struktur. Unternehmen unterhalten eine Internetpräsenz und sind so mit ihrem Angebot weltweit verfügbar. **E-Commerce** (Electronic-Commerce, E-Business) ist heute für Unternehmen ein entscheidender Wettbewerbsfaktor. Hierunter versteht man den elektronischen Austausch (Kommunikation) und die elektronische Abwicklung von Geschäftstransaktionen.

Internet als Basis von E-Commerce

„Elektronischer Handel, auch Internethandel oder Online-Handel, ist der Einkaufsvorgang via Datenfernübertragung innerhalb der Distributionspolitik des Marketings bzw. des Handelsmarketings, bei welchem das Sortiment an Waren und/oder Dienstleistungen im Internet elektronisch abgebildet, beschrieben und den Konsumenten zur elektronischen Bestellung angeboten wird. Dabei wird über das Internet eine unmittelbare Geschäftsbeziehung zwischen und unter Anbieter und Abnehmer abgewickelt. Im weiteren Sinne umfasst der elektronische Handel jede Art von geschäftlicher Transaktion, bei der Internet-Anbieter – auch solche, die keine Handelsunternehmen sind – und Internet-Nachfrager als Transaktionspartner im Rahmen von Leistungsanbahnung, -vereinbarung oder -erbringung elektronische Kommunikationstechniken einsetzen."

Quelle: Wikimedia Foundation Inc.: Elektronischer Handel. In: https://de.wikipedia.org/wiki/Elektronischer_Handel [16.11.2018].

Die Dienste des **Internets** (E-Mail, File Transfer Protocol, Internet Relay Chat, Newsgroups, Net-Planung, WWW) sind die wesentliche **Kommunikationsplattform** des E-Commerce.

E-Commerce bzw. E-Business kann einerseits sämtliche **Geschäftsprozesse** innerhalb eines Unternehmens und seiner Beziehungen zur Umwelt (Kunden, Lieferer, Banken, Spediteure usw.) tief greifend beeinflussen und andererseits völlig neue **Geschäftsmodelle** hervorbringen.

Akteure im E-Commerce

Die Beteiligten im E-Commerce können Unternehmen (Business), Endverbraucher (Customer) oder staatliche Einrichtungen (Government) sein. Da die Initiative zum E-Commerce von jedem Beteiligten ausgehen kann, können neun Klassen unterschieden werden.

Akteure	Business	Customer	Government
Business	**B to B, B2B** alle Transaktionen zwischen Unternehmen, z. B. Beschaffung, Zahlungsabwicklung, Kooperationen, Marktplätze	**B to C, B2C** alle Vertriebsaktivitäten mit Endverbrauchern als Zielgruppe, z. B. Teleshopping, Tele-Service, Homebanking, Reisen buchen	**B to G, B2G** Aktivitäten zwischen Unternehmen und staatlichen Einrichtungen, z. B. Umsatzsteuer-Voranmeldung, Nachfrage nach Gewerbeflächen
Customer	**C to B, C2B** Aktivitäten, die vom Endverbraucher ausgehen und sich an Unternehmen richten, z. B. Powershopping (Einkaufsgemeinschaften), elektronische Bewerbungen	**C to C, C2C** Transaktionen zwischen Privatleuten, z. B. Gebrauchtwarenbörsen, Kleinanzeigenmärkte, Gelegenheitsarbeiten	**C to G, C2G** Aktivitäten zwischen Privatleuten und staatlichen Einrichtungen, z. B. Anfragen, Steuererklärungen

Akteure	Business	Customer	Government
Government	**G to B, G2B** Aktivitäten staatlicher Einrichtungen, die sich an Unternehmen richten, z. B. Steuerabwicklung, Angebote für Standorte, Vermittlung von Arbeitskräften	**G to C, G2C** Aktivitäten staatlicher Einrichtungen, die sich an Privatleute richten, z. B. Abrechnung von Gebühren, Bürgerinformationen	**G to G, G2G** Abwicklung von Prozessen zwischen staatlichen Einrichtungen, z. B. Kommunikation, gemeinsame Verarbeitung von Daten

***Beispiele** für Einsatzbereiche des E-Commerce:*
- *Informationen über Preise, Lagerbestände, Lieferzeiten, Konditionen*
- *Direktvertrieb (Internet als Distributionsschiene)*
- *Onlinesupport für Kunden und Geschäftspartner*
- *Abwicklung von Bestellungen und Zahlungsvorgängen*

■ E-Commerce-Geschäftsmodelle

Die E-Commerce-Geschäftsmodelle zeigen eine breite Vielfalt auf. Sie entwickeln sich ständig weiter und es entstehen z. T. völlig neue Modelle.

***Beispiele** für Geschäftsmodelle*

E-Shop	elektronischer Handel mit allen Aspekten der Werbung, Produktdemonstration (Onlinekataloge), Bestellung, Auftragsbestätigung, Rechnungsstellung, Versandüberwachung und Bezahlung, B2B oder B2C
E-Mall	virtueller Zusammenschluss unabhängiger E-Shops zu einem elektronischen Marktplatz, B2B oder B2C
E-Procurement	elektronisches Beschaffungssystem für Unternehmen mit elektronischen Ausschreibungen (auch von Behörden) sowie Ausschreibungskooperationen, elektronischen Verhandlungen und Vertragsabschlüssen, B2B, G2B, B2G
E-Auction	virtuelle Auktionen im WWW, bietet Käufern günstige Einkaufsmöglichkeiten und Verkäufern zusätzlichen Vertriebskanal (z. B. für Überbestände), B2B, B2C, C2C
Powershopping	Produkte werden im WWW mit einem Startpreis angeboten, je mehr Interessenten sich finden, desto günstiger wird der Endpreis. Hier können sich auch Einkaufsgemeinschaften bilden, um Rabatte zu erzielen.
Information Broking	qualifizierte Recherchedienste, z. B. für Marktforschungsdaten, Informationen über Branchen, Geschäftspartner usw.
Advertising Models	Sonderwerbeformen im Internet (Banner-, Link-Tausch) sowie Onlinemarktforschung
Virtual Community	Spezielle Interessengruppen werden angesprochen (z. B. Heimwerker, Senioren, Schüler usw.). Sie bilden eine „Onlinegemeinde". Die Community ist gleichzeitig Kommunikations- und Einkaufsplattform.

■ Rechtliche Aspekte des E-Commerce

Grundsätzlich gelten im E-Commerce die gleichen rechtlichen Bestimmungen (z. B. Kaufvertragsrecht) wie im nicht elektronischen Geschäftsleben auch. Probleme treten jedoch auf, wenn ausländische Geschäftspartner miteinander agieren. Hier sind vertragliche Regelungen erforderlich. Speziell für Privatkunden gilt seit dem Jahr 2002 in Deutschland § 312b BGB (Fernabsatzverträge). Dieses Gesetz sichert dem Verbraucher diverse Rechte, z. B. Rückgabe von Waren binnen zwei Wochen, Widerrufsrecht, Informations- und Aufklärungspflicht für Anbieter.

Elektronische Dokumente mit **digitaler Signatur** gelten als rechtlich vollwertige Alternative zu Papier und Briefpost. Damit ist es erlaubt, Dokumente per E-Mail zu verschicken, für die Gesetz oder Vertrag die Schriftform verlangen. Bisher stellte die digitale Signatur nur sicher, dass die elektronische Post vor Gericht als Beweis anerkannt wurde. In bestimmten Streitfällen ging dagegen nichts ohne Papier, Unterschrift und Briefpost. Das **Signaturgesetz** (SigG) regelt die Grundlagen für elektronische Unterschriften. Damit können elektronische Dokumente mit gleicher Rechtswirkung wie solche aus Papier verschickt werden können. Dies erleichtert den Abschluss von Verträgen auf elektronischem Weg und den Handel über das Internet.

■ Elektronische Marktplätze im Beschaffungsprozess

Unter Electronic Procurement **(E-Procurement = elektronischer Einkauf)** versteht man die Beschaffung aller Arten von Materialien über das Internet. Dies kann

- über geschlossene Netze zwischen Lieferanten und Kunden,
- in Form von offenen Versteigerungen (Auktionen) auf Internetmarktplätzen

geschehen.

Geschlossene Netze zwischen Lieferanten und Kunden

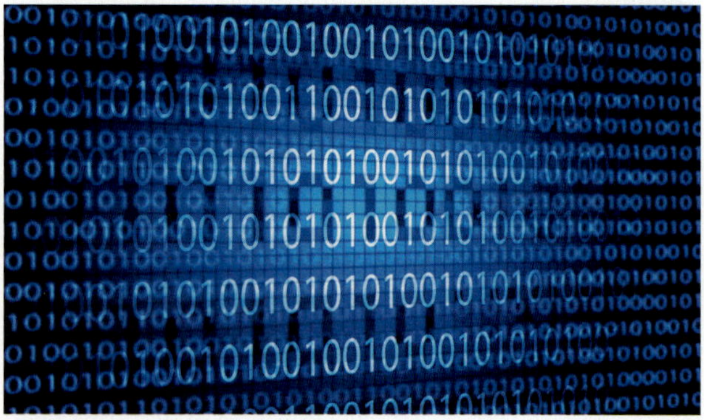

- **Computergestütztes Bestellwesen** Computergestützte Produktionsplanungssysteme (PPS) haben für Nachbestellungen in ihren Programmen **automatische Bestellsysteme** eingearbeitet. Sobald der Meldebestand eines Materials unterschritten wird, veranlasst das Programm aufgrund vorgegebener Dispositionsanweisungen und bestehender Onlineverbindungen automatisch die Bestellung beim entsprechenden Lieferer. Da bestimmte Materialien starken saisonalen Schwankungen unterliegen können, werden automatische Bestellsysteme im Rahmen der computergestützten Produktionsplanungssysteme relativ selten angewandt.

  Beispiel *Die Bürodesign GmbH hat für das Material „Polstervlies“ in ihrem PPS ein automatisches Bestellsystem eingearbeitet. Sobald der Meldebestand für das Material unterschritten ist, wird vom PPS automatisch ein Bestellvorschlag ausgedruckt, der dem entsprechenden Lieferer nach Überprüfung durch den zuständigen Einkäufer per E-Mail oder Fax zugesandt wird.*

- Die meisten Produktionsplanungsprogramme bieten **Bestellvorschlagssysteme** an. Bei diesen Programmen wird bei Unterschreitung des Meldebestandes eines Materials nicht automatisch eine Bestellung ausgelöst, sondern die Bestellung wird in einer **Bestellvorschlagsliste** erfasst, die jeden Tag ausgewertet werden kann. Nach Überprüfung durch den Einkaufssachbearbeiter erfolgt die Bestellung beim entsprechenden Lieferer.

Produktionsplanungssysteme bieten die Möglichkeit, **automatische Bestellvorschläge** unter Angabe des Materials, der Mengen, Lieferer usw. zu erstellen. Das Programm greift dabei auf alle verfügbaren Daten der Material-, Lager- und Liefererdatei zurück.

Beispiel *Automatischer Bestellvorschlag bei der Bürodesign GmbH*

Errechneter Bestellvorschlag			Mindestbestand: 20			Höchstbestand: 500
Bestellvorschlag-Nr. 125						Datum 20.09.20..
Material-Nr. Bestell-Nr.	Material-bezeichnung	Lieferer-Nr. Lieferer	Bestell-menge	Rabatt	Listen-einkaufs-preis	Bestell-wert
159B574 100201	Fußkreuz	0126 Stammes Stahlrohr GmbH	300	20 %	15,80 €	4740,00 €

Elektronischer Einkauf über das Internet

Unternehmen gehen immer mehr dazu über, das Internet zur papierlosen Abwicklung von Geschäftsprozessen zu nutzen. Hierbei gliedert sich der Einkauf und der Verkauf über das Internet in das E-Procurement mit den Bereichen Business to Business (B2B) und E-Commerce (B2C), den Geschäftsverkehr zwischen den Unternehmern und den Verbrauchern.

Beispiel *Möglichkeiten des E-Business bei der Bürodesign GmbH*

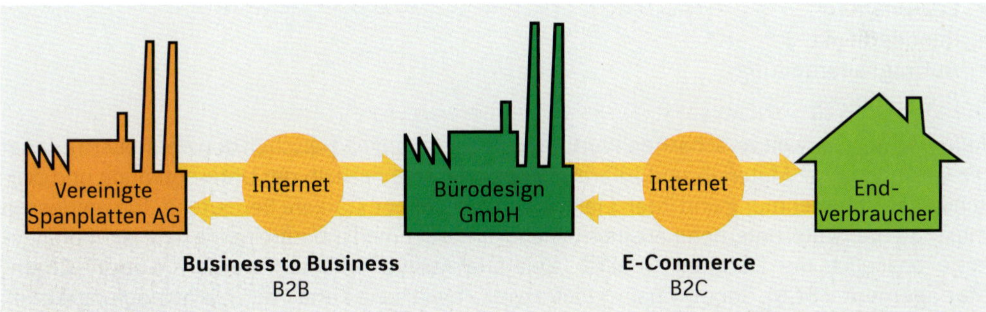

Um eine kostengünstige Beschaffung von Werkstoffen (Roh-, Hilfs-, Betriebsstoffen, Handelswaren) zu erreichen, vereinbaren Unternehmen mit ihren Mitbewerbern, im Internet einen **gemeinsamen Handelsplatz** einzurichten und zu nutzen.

Beispiele
- *In der Automobilindustrie in Deutschland entstand über eine solche Vereinbarung ein elektronischer Megamarktplatz für die Zulieferbetriebe der Automobilhersteller.*
- *Die Bürodesign GmbH hat mit ihren Lieferern für Spanplatten, Sperrholz, Furnierholz eine Vereinbarung getroffen, bei Bedarf über das Internet eine Ausschreibung zu machen, an der alle betroffenen Lieferer teilnehmen können.*

Bestimmte Softwareunternehmen bieten hierzu entsprechende Portale an, die von den Unternehmen genutzt werden können. Diese Marktplätze im Internet **(Onlinemarktplätze)** verschaffen den Unternehmen die Möglichkeit, wegen der schnellen Reaktionsmöglichkeit kurzfristige Bestellungen vorzunehmen, da eine weitgehende Preistransparenz vorliegt. Somit erübrigen sich viele Arbeitsschritte, die beim bisherigen Beschaffungsvorgang erforderlich waren. Die Einkaufsdisponenten werden somit in die Lage versetzt, Angebote unmittelbar miteinander vergleichbar zu machen. Ferner können sich die Einkäufer zusammenschließen **(Powershopping)**, um bessere Konditionen (z. B. Rabatte) zu erlangen. Eine andere Möglichkeit besteht darin, Auktionen durchzuführen, in denen die Lieferbetriebe mit ihren Angeboten in Konkurrenz treten. Hierbei schreiben Unternehmen auf Webseiten ihren Bedarf aus und laden ausgewählte Lieferanten zu **Onlineauktionen** ein. Die Bieter schalten sich dann zu einem festgelegten Zeitpunkt im Netz zusammen und können sich von einem gegebenen Preis aus online abwärts unterbieten. Der günstigste Anbieter bekommt den Zuschlag (**reverse auction** = umgekehrte Versteigerung).

Es ist dabei aber zu beachten, dass eine unmissverständliche Beschreibung der auszuschreibenden Materialien und die genaue Festlegung der Lieferungs- und Zahlungsbedingungen erfolgen, um später keine unangenehmen Überraschungen zu erleben.

Durch die Beschaffung über die Internetplattform kommt es normalerweise zu einer nachhaltigen Kostenminimierung. Die sich daraus ergebenden Bezugspreisvorteile bei der Beschaffung können dazu führen, dass die Produkte und Dienstleistungen preiswerter werden. Dies führt zu einer verstärkten internationalen Wettbewerbsfähigkeit dieser Unternehmen.

Supply-Chain-Management

Lieferkettenmanagement (Supply-Chain-Management) ist der Schlüssel für Wettbewerbsvorteile gegenüber Konkurrenten. Alle am Wertschöpfungsprozess Beteiligten werden in den Geschäftsprozess integriert, die Teilprozesse unternehmensübergreifend miteinander verzahnt. Ausgehend vom eigenen Unternehmen werden Kunden, Lieferanten und andere externe Partner in eine logistische Prozesskette (Supply Chain) einbezogen. Zum Lieferkettenmanagement in der Industrie zählen

- Beschaffung von geeigneten Materialien,
- Vorratsmanagement,
- Lagerhaltung,
- Kundendienst,
- Auftragsbearbeitung,
- Produktion.

Aufgrund der weltweit verschärften Wettbewerbsbedingungen zwischen den Herstellern erlangt die Gestaltung der Material- und Informationseinflüsse innerhalb der Unternehmung und zwischen der Unternehmung und ihren Lieferanten eine immer stärkere Bedeutung. Infolgedessen muss die gesamte unternehmensinterne und unternehmensübergreifende Wertschöpfungskette bezüglich der Faktoren Qualität, Zeit und Kosten optimiert werden (**Supply-Chain-Management = SCM**, Supply Chain = Lieferkette, logistische Kette oder Wertschöpfungskette). Das SCM zielt auf eine langfristige (strategische), mittelfristige (taktische) und kurzfristige (operative) Verbesserung von Effektivität und Effizienz industrieller **Wertschöpfungsketten** ab. Um dieses zu erreichen, wird mithilfe spezieller Software zwischen dem betreffenden Unternehmen und den Lieferanten und Logistikdienstleistern eng zusammengearbeitet. Gerade in Zeiten, in denen ergänzende Wertschöpfungsprozesse zunehmend in andere Unternehmen ausgelagert werden (**Outsourcing**), ist es umso wichtiger, eng mit den Lieferanten zusammenzuarbeiten.

Beispiel *Supply-Chain-Management bei der Bürodesign GmbH*

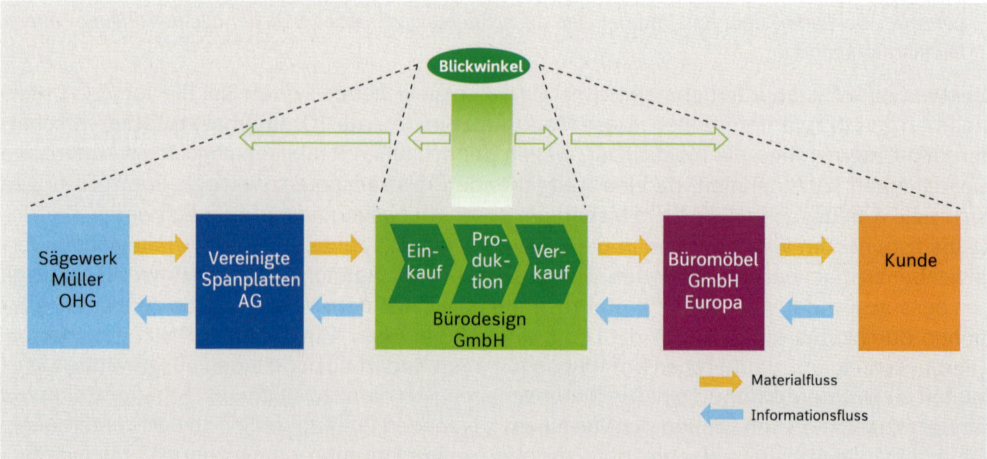

Mithilfe einer speziellen **SCM-Software** sollen folgende Ziele erreicht werden:

Ziele	Werden erreicht durch ...
Kostensenkung im Beschaffungs-, Produktions- und Distributionsbereich	• Verringerung von Lagerbeständen • Beschleunigung von Durchlaufzeiten • schnellere Verfügbarkeit von wichtigen Daten
Zeitersparnis	• flexiblere Reaktionen auf veränderte Rahmenbedingungen
Kundenorientierung	• genauere Prognose von Entwicklungen • Kundenwünsche können direkt an Lieferanten oder Logistikdienstleister weitergegeben werden.
Optimierung von unternehmensübergreifenden Planungs- und Steuerungsprozessen	• enge Kooperation mit Geschäftspartnern

Zusammenfassung: Internetgestützte Beschaffungssysteme vergleichen (E-Procurement)

- **Virtuelle Märkte, E-Commerce, E-Business:** Abwicklung von geschäftlichen Transaktionen über Internetdienste
- **Akteure im E-Commerce:** Business, Customer, Government (B2B, B2C, B2G, C2B, C2C, C2G, G2B, G2C, G2G)
- **E-Commerce-Geschäftsmodelle:** E-Shop, E-Mail, E-Procurement, E-Auction, Power-Shopping, Information Broking, Advertising Models, Virtual Community
- **Rechtliche Aspekte des E-Commerce:** gleiche Rechtslage wie bei konventionellen Geschäften, Probleme der Abstimmung mit Auslandsrecht, Schutzrecht für Verbraucher: § 312b BGB Fernabsatzverträge
  - **E-Procurement (Elektronischer Einkauf):** Beschaffung von Materialien über das Internet
  - **Geschlossene Netze zwischen Lieferanten und Kunden:** In einigen Produktionsplanungsprogrammen sind je nach Branche und Zusammenarbeit mit dem Lieferanten automatische Bestellsysteme, in anderen sind Bestellvorschlagssysteme eingearbeitet.
  - **Elektronischer Einkauf über das Internet:** Unternehmen vereinbaren mit ihren Lieferanten einen gemeinsamen Handelsplatz im Internet (**Onlinemarktplätze**).
  - Einkäufer verschiedener Unternehmen können sich zusammenschließen (**Powershopping**).
  - **Onlineauktionen:** Bieter schalten sich zu einem festgelegten Zeitpunkt zusammen und können von einem gegebenen Preis aus online abwärts bieten.
  - **Supply-Chain-Management:** SCM zielt auf die Optimierung der unternehmensübergreifenden logistischen Wertschöpfungskette. Zur Erschließung von Rationalisierungspotenzialen dieser Wertschöpfungskette bei gleichberechtigten Unternehmen bedarf es Softwarelösungen.
- **Ziele des Einsatzes einer SCM-Software:**
  - Kostensenkung in allen Bereichen
  - Zeitersparnis
  - Kundenorientierung
  - Optimierung aller Prozesse

Aufgaben

1 a) *Führen Sie eine Bestandsaufnahme (Internetrecherche) für die Internetpräsenz von Unternehmen der Büromöbelindustrie durch. Untersuchen Sie dabei insbesondere, welche Zielgruppen (Verbraucher, Unternehmen) in den Webseiten angesprochen werden, welche Interaktionsmöglichkeiten gegeben sind und welche Geschäftsmodelle des E-Commerce praktiziert werden.*
b) *Entwerfen Sie für die Bürodesign GmbH die Struktur einer Internetpräsenz (Homepage mit Unterseiten).*

2 *Erläutern Sie, welche rechtlichen Bestimmungen im Rahmen des E-Commerce zu beachten sind, und beschreiben Sie die grundsätzlichen Intentionen des § 312b BGB zum Fernabsatz.*

3 *Erläutern Sie die Beschaffung von Waren über das Internet, wenn geschlossene Netze zwischen den Lieferanten und Kunden bestehen.*

4 *Beschreiben Sie den elektronischen Einkauf über das Internet.*

5 *Erläutern Sie*
a) *Powershopping,*
b) *Onlineauktionen,*
c) *Supply-Chain-Management,*
d) *Wertschöpfungskette.*

6 *Suchen Sie im Internet nach einer App oder nach Onlinekatalogen eines Herstellers für Tischplatten, die als Rohstoffe beschafft werden sollen.*

7 *Stellen Sie die wesentlichen Aussagen der nachfolgenden Abbildungen mithilfe eines digitalen Produkts in einem Kurzvortrag vor.*

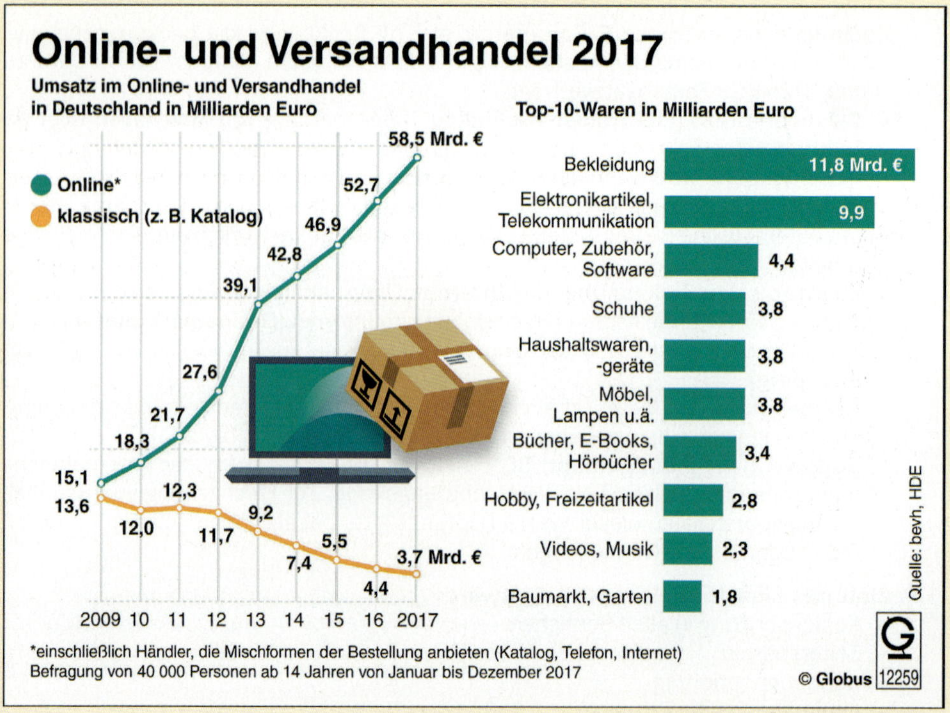

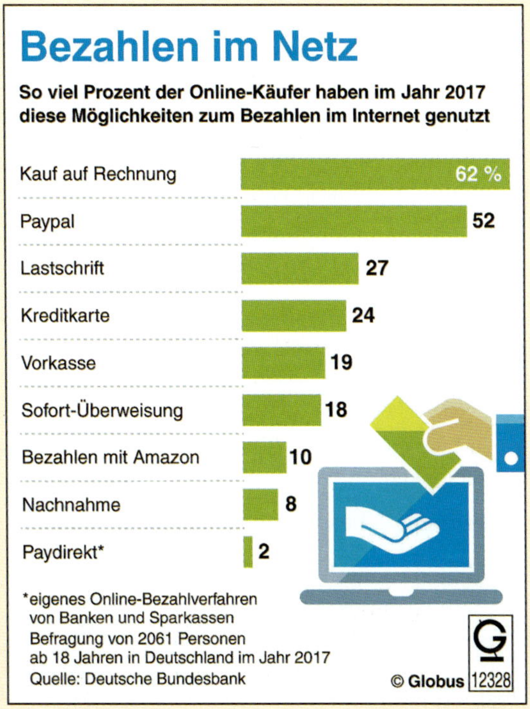

1.8 Angebotsvergleich erstellen

„Wir haben schon seit 25 Jahren bei der Schraubenfabrik Schuster & Söhne OHG eingekauft. Selbst wenn Sie meinen, wir könnten ein paar Cent sparen, wir können doch nicht einfach den Lieferer wechseln!“, sagt Herr Miebach, Gruppenleiter für Beschaffung von Metallprodukten, zu Herrn Bader. *„Okay, Herr Miebach, wegen ein paar Cent würde ich ja auch nicht wechseln wollen, aber die Preise bei der Schuster & Söhne OHG sind in den letzten Jahren enorm gestiegen. Außerdem hatten wir mehrfach Reklamationen und Lieferzeitüberschreitungen bei der Schuster & Söhne OHG.“ „Na gut“*, sagt Herr Miebach, *„dann erstellen Sie mir bitte eine komplette Liste aller Beschaffungskriterien, damit wir die Leistungsfähigkeit von Schuster & Söhne OHG einmal messen.“ „Mist!“*, denkt sich Herr Bader. *„Ich wollte eigentlich nur Geld sparen und jetzt halst der Chef mir gleich wieder Arbeit für eine halbe Woche auf. Was soll eigentlich alles in der Kriterienliste aufgeführt werden und wie sollen diese messbar gemacht werden?“*

→LS

Arbeitsaufträge
- ***Überprüfen Sie, warum der Gruppenleiter Beschaffung, Herr Miebach, Herrn Bader widerspricht.***
- ***Erstellen Sie in einer Gruppenarbeit eine Liste von Entscheidungskriterien für die Auswahl von Lieferern.***
- ***Erläutern Sie, inwiefern ökologische Gesichtspunkte bei der Entscheidung für einen Lieferer von Bedeutung sein können.***

■ Entscheidungskriterien

→VWL Bei der Auswahl der Lieferer **(Angebotsvergleich)** sind Kriterien festzulegen, nach denen die einzelnen Lieferer zu beurteilen sind. Die Informationen hierzu entstammen eigenen Erfahrungen und Recherchen sowie Auskünften der Lieferer selbst. Alle erhobenen Informationen über Lieferer sollten in einer betriebsinternen Liefererdatenbank gespeichert und aktualisiert werden, damit sie für spätere Beschaffungsentscheidungen zur Verfügung stehen.

Listeneinkaufs- bzw. Katalogpreis des Beschaffungsgutes: Er wird meist je Einheit des Gutes angegeben (Stück, Kilogramm, Meter, Dutzend usw.).

Beispiel *Ein Karton Holzschrauben 12 mm, verzinkt (20000 Stück), Listenpreis 845,00 €*

Bezugskosten:

- Kosten des **Transportes vom Lieferer zum Abnehmer**

  Beispiele *Bahn- oder Postfracht, Entgelt für Speditionen, private Beförderungsdienste, Porto*

- **Transportversicherung:** Häufig werden bei Transporten von Gütern Versicherungen gegen Diebstahl, Bruch, Beschädigung usw. abgeschlossen.
- **Verpackung:** Für den Transport der Güter werden z. T. besondere Verpackungen zum Schutz gegen äußere Einwirkungen benötigt.
- **Zölle:** Sie fallen bei Importen an.

→Bd. 2 **Preisnachlässe:**

- **Mengenrabatte:** Bei Bestellungen ab einer bestimmten Menge oder ab einem bestimmten Wert gewähren Lieferer Rabatte.
- **Skonto:** Dies ist ein Nachlass auf den Rechnungsbetrag für vorzeitige Bezahlung.

Die aufgezählten Kriterien fließen in einen Bezugspreisvergleich (Angebotsvergleich) ein. Dieser Bezugspreisvergleich kann mithilfe einer geeigneten Tabellenkalkulationssoftware durchgeführt werden.

Beispiel *Für Schrauben liegen der Bürodesign GmbH Angebote von vier Lieferern vor: Schuster & Söhne OHG, Metall AG, Schraub-GmbH, Tools Ltd. Manchester.*

Kalkulationsschema	Schuster & Söhne OHG		Metall AG		Schraub-GmbH		Tools Ltd.	
	%	€	%	€	%	€	%	€
Listeneinkaufspreis je 20000 Stück		876,00		798,00		845,00		920,00
– **Rabatt**	5	43,80	7,5	59,85	10	84,50	6	55,20
= **Zieleinkaufspreis**		832,20		738,15		760,50		864,80
– **Skonto**	2	16,64	2,5	18,45	2	15,21	0	0,00
= **Bareinkaufspreis**		815,56		719,70		745,29		864,80
+ **Bezugskosten** je 20000 Stück		56,00		110,00		92,00		95,00
= Bezugs-/Einstandspreis		871,56		829,70		837,29		959,80

Den niedrigsten Bezugs-/Einstandspreis für 10000 Schrauben bietet die Metall AG mit 829,70 €.

Mindestbestellmengen: Manche Lieferer fordern die Abnahme von Mindestbestellmengen bzw. Mengen in bestimmten Einheiten.

Beispiele *Abnahme mindestens 2000 Stück, Abnahme nur in Einheiten zu 100 kg*

Zahlungsbedingungen: →Bd. 2

Beispiele *Zielkauf, Ratenkauf, Hilfen bei der Finanzierung*

Lieferfristen, Bestellfristen:

Beispiele *Lieferung sofort, Lieferung drei Monate nach Auftragseingang, Bestellungen nur zum Monatsende möglich*

Qualität und Ausstattung des Produkts: Hierbei geht es um die Beurteilung des Lieferers, bestimmte vorgegebene Qualitätsstandards einzuhalten, bzw. um Möglichkeiten, seine Produkte mit bestimmten Ausstattungsmerkmalen zu liefern.

Beispiel *Die Bürodesign GmbH benötigt Umleimer ohne Lösungsmittel, massives Birkenholz mit einer Mindeststärke von 8 cm usw.*

Zuverlässigkeit des Lieferers: Hier ist die Anzahl und Art der bisherigen Reklamationen beim Lieferer zu berücksichtigen und sein Verhalten beim Abwickeln der Reklamationen zu beurteilen.

Lieferbedingungen: →Bd. 2

Beispiele *Lieferung in Teilmengen, Lieferung auf Abruf*

Service des Lieferers:

Beispiele *Ersatzteilgarantie, Beratungen, Installationen, Handbücher, Rücknahme von Verpackungsmaterial*

Flexibilität des Lieferers: Die Fähigkeit eines Lieferers, flexibel auf die Wünsche seiner Kunden einzugehen, ist ein entscheidendes Auswahlkriterium. Hier ist zu beurteilen, ob er bereit ist, Sonderausstattungen für Produkte zu liefern, Sonderkonditionen zu bieten bzw. auf spezielle Bedürfnisse seiner Kunden einzugehen.

Beispiel *Spanplatten werden in genormten Stärken produziert, z. B. 19 mm. Die Bürodesign GmbH benötigt jedoch Spanplatten, die von der Norm abweichen, nämlich 20 mm. Nur die Vereinigte Spanplatten AG war in der Lage, diese Produkte zu liefern.*

Ökologische Gesichtspunkte: Sie treten in zunehmendem Maße in den Vordergrund. So sollten Transport-, Verpackungsgesichtspunkte und die sich aus der bei der Herstellung oder Verwendung von Produkten ergebenden Umweltbelastungen unter diesem Aspekt beachtet werden.

Beispiel *Die Bürodesign GmbH bezieht einen Großteil ihrer Materialien per Bahntransport, um die umweltschädigenden Belastungen des Güterkraftverkehrs zu vermeiden. Ebenfalls vereinbart sie mit allen Lieferern eine recyclinggerechte Entsorgung der Verpackungen. Bei der Auswahl von Lieferern werden solche bevorzugt, die umweltverträgliche Produktionsverfahren einsetzen und schadstoffarme Materialien liefern.*

■ Gewichtung der Kriterien (Nutzwertanalyse)

Sämtliche Entscheidungskriterien müssen für jeden Lieferer erfasst und in eine Übersicht gebracht werden. Die Nutzwertanalyse kann mithilfe einer Tabellenkalkulationssoftware durchgeführt werden.

Beispiel

Kriterien	Schuster & Söhne OHG	Metall AG	Schraub-GmbH	Tools Ltd.
Bezugs-/Einstandspreis (€)	871,56	829,70	837,29	959,80
Zahlungsbedingungen	30 Tage Ziel	60 Tage Ziel	20 Tage Ziel	12 Tage Ziel
Lieferfristen	20 Tage	10 Tage	3 Tage	30 Tage

Kriterien	Schuster & Söhne OHG	Metall AG	Schraub-GmbH	Tools Ltd.
Qualität	befriedigend	gut	gut	sehr gut
Zuverlässigkeit	befriedigend	sehr gut	gut	befriedigend
Service	gut	befriedigend	gut	gut
Mindestabnahmemenge (Stück)	20000 p. a.	keine	keine	50000
Übernahme Lieferrisiko	Besteller	Lieferer	Lieferer	Besteller
Verpackungsentsorgung	Besteller	Lieferer	Lieferer	Besteller

Aus dieser Aufstellung ist noch keine endgültige Beschaffungsentscheidung ableitbar, da die Kriterien für eine Auswahlentscheidung nicht gleich wichtig sind.

Die einzelnen **Bewertungskriterien** sind gemäß ihrer Bedeutung im Einzelfall zu **gewichten**. So kann es in einigen Fällen sein, dass der Bezugs-/Einstandspreis im Vergleich zu der Qualität weniger wichtig ist, in anderen Fällen kann der Bezugs-/Einstandspreis das wichtigste Kriterium sein. Eine Gewichtung kann dadurch erfolgen, dass jedem Kriterium ein bestimmter prozentualer Anteil an der Gesamtbedeutung zugeordnet wird. Dieser Anteil gibt die Punktzahl an, die je Kriterium auf die einzelnen Lieferer zu verteilen ist. Durch diese Punktvergabe können die Leistungen der Lieferer gemessen und verglichen werden.

Vom Kunden als besonders wichtig betrachtete Kriterien müssen erfüllt werden. Ansonsten scheidet der Lieferer, der diese Kriterien nicht erfüllt, von vornherein aus. Den Zuschlag erhält der Lieferer mit der höchsten gewichteten Notensumme.

Beispiel

Kriterien	Bedeutung in Prozent	Schuster & Söhne OHG	Metall AG	Schraub-GmbH	Tools Ltd.
Bezugs-/Einstandspreis	20	2	10	8	0
Zahlungsbedingungen	10	3	6	1	0
Lieferfristen	10	2	3	5	0
Qualität	25	3	6	6	10
Zuverlässigkeit	10	1	6	2	1
Service	5	1,5	0,5	1,5	1,5
Mindestabnahmemenge	5	1	2	2	0
Übernahme Lieferrisiko	5	0	2,5	2,5	0
Verpackungsentsorgung	10	0	5	5	0
Summe	**100**	**13,5**	**41**	**33**	**12,5**

Die höchste Punktzahl erreicht der Lieferer Metall AG, die niedrigste Tools Ltd. Folglich ist die Metall AG als Lieferer auszuwählen.

Zusammenfassung: Angebotsvergleich erstellen

- Der Beschaffungs- oder **Bezugs-/Einstandspreis** eines Produktes ergibt sich durch folgendes **Schema**:

	Listeneinkaufspreis
–	Rabatt
=	Zieleinkaufspreis
–	Skonto
=	Bareinkaufspreis
+	Bezugskosten
=	Bezugs-/Einstandspreis

- Bei der **Auswahl von Lieferern** sind folgende **Kriterien** zu untersuchen:
  - Listeneinkaufspreis
  - Preisnachlässe
  - Zahlungsbedingungen
  - Lieferbedingungen
  - Flexibilität des Lieferers
  - Bezugskosten
  - Mindestbestellmengen
  - Qualität, Ausstattung des Produkts
  - Zuverlässigkeit des Lieferers
- Eine **Bewertung der Lieferer** erfolgt über ein Schema, in dem alle Beschaffungskriterien aufgelistet und in ihrer Bedeutung gewichtet sind. Bei jedem Lieferer und jedem Kriterium werden entsprechende Punkte vergeben (**Nutzwertanalyse**).

Aufgaben

1 Bestimmen Sie den Bezugs-/Einstandspreis für einen Bohrer aus folgendem Angebot: Listeneinkaufspreis für 10 Bohrer 48,50 €, Rabatt 12 %, Skonto 2 %, Bezugskosten 5 % vom Zieleinkaufspreis.

2 Führen Sie einen Bezugspreisvergleich durch:

Lieferer	A	B	C	D
Listeneinkaufspreis je 100 Stück in €	76,00	98,00	85,00	92,00
– Rabatt in %	15	22	18	25
– Skonto in %	2	2,5	2	0
+ Bezugskosten je 100 Stück in €	10,00	12,00	15,90	8,50

3 a) Diskutieren Sie die Gewichtung der einzelnen Beschaffungskriterien in der Tabelle auf S. 250.

b) Können diese Gewichtungen für allgemein verbindlich erklärt werden? Begründen Sie Ihre Antwort.

c) Finden Sie weitere Kriterien für die Auswahl von Lieferern.

4 Erläutern Sie, weshalb die Frage der Verpackungsentsorgung für die Auswahl von Lieferern bedeutend ist, lesen Sie dazu auch den Abschnitt Kreislaufstrategie auf S. 260 in diesem Lehrbuch.

5 Erstellen Sie mithilfe einer Tabellenkalkulationssoftware ein Berechnungsschema für Bezugs-/Einstandspreise.

6 Erstellen Sie eine Liste aller Daten, die in eine Liefererdatenbank aufzunehmen sind.

2 Beschaffungskonzepte prüfen und deren Wirtschaftlichkeit beurteilen

2.1 Optimale Bestellmenge bestimmen

Herr Miebach grübelt schon seit Tagen über einem Problem. Pro Tag unterschreibt er durchschnittlich 25 Bestellungen. Bei jeder Bestellung muss er kostbare Zeit opfern, um die Bestellmengen und Preise zu kontrollieren. Für jede Prüfung braucht er etwa drei Minuten. Seine Sachbearbeiterin, Frau Michels, arbeitet zwar sehr sorgfältig, doch er weiß: *„Kontrolle ist besser! Ich kann aber auf Dauer nicht jeden Tag 75 Minuten nur mit der Bestellprüfung zubringen!"* Frau Michels kennt sein Problem, sie schlägt ihrem Chef vor: *„Herr Miebach, fast jede Woche bestellen wir Kleinteile, wie Schrauben und Nägel, wir könnten doch einfach mal den Bedarf für ein halbes Jahr bestellen und auf Lager nehmen, dann hätte auch ich mehr Zeit für wichtigere Dinge und Sie brauchen nicht mehr so viel Bestellungen zu unterschreiben. Wenn wir konsequent sind, dann bestellen wir doch gleich unseren gesamten Jahresbedarf auf einmal. Wir müssten dann höchstens noch 200 Bestellungen pro Jahr bearbeiten. Unsere ganze Arbeit hätten wir in einer Woche erledigt, den Rest des Jahres fahren wir zusammen auf Messen und Ausstellungen, am liebsten im Ausland."* Herr Miebach antwortet ein wenig ruppig. Der Gedanke, mit Frau Michels auf Geschäftsreise zu gehen, behagt ihm überhaupt nicht: *„Das geht nicht, da spielen die vom Lager nicht mit! Außerdem würden dadurch die Gesamtkosten enorm steigen."* Frau Michels versteht das nicht, sie denkt sich: *„Ich mache Vorschläge zur Kostensenkung und er muffelt mich an, er gönnt mir wohl keine Geschäftsreise!"*

Arbeitsaufträge
- ***Erläutern Sie den Zusammenhang zwischen Bestellmengen und Lagerkosten.***
- ***Machen Sie mithilfe einer Tabellenkalkulationssoftware Vorschläge zur Ermittlung der optimalen Bestellmenge.***

Bei jeder Bestellung muss entschieden werden, wie viel und wie oft bestellt werden soll. Je **größer die Bestellmengen** sind, desto mehr Kapital wird gebunden und desto höhere Lagerkosten werden verursacht. Andererseits ermöglichen große Bestellungen das Ausnutzen von Preis- und Kostenvorteilen.

Beispiele
- *Bei größeren Bestellmengen sind oft Mengenrabatte zu erhalten.*
- *Größere Bestellmengen verringern Transportkosten, da nicht so häufig eine Anlieferung erforderlich ist (ökonomischer und ökologischer Aspekt).*

Kleinere Bestellmengen binden wenig Kapital und führen zu niedrigen Lagerkosten. Sie verursachen aber höhere Beschaffungskosten.

■ Beschaffungs- und Lagerkosten

Unter Bestellkosten oder Beschaffungskosten werden alle **Sach- und Personalkosten** verstanden, die durch eine Bestellung oder Beschaffung von Gütern verursacht werden. Hierzu zählen Kosten für Anfragen, Angebotsvergleiche, Vertragsverhandlungen usw. Diese Kosten können nicht immer einem einzelnen Produkt zugerechnet werden. Hier sind Erfahrungs- und Schätzwerte die Basis.

Beispiel *Bei der Vereinigte Spanplatten AG, einem Zulieferer der Bürodesign GmbH, sind zwei Einkäufer beschäftigt. Sie bearbeiten in einem Jahr 3000 Bestellungen. Die beiden Mitarbeiter verursachen jährlich 40000,00 € Personalkosten. An Sachkosten (Büromiete, -material usw.) entstehen weitere 12000,00 €. Die 3000 Bestellungen kosten daher in einem Jahr 152000,00 €. Somit verursacht eine Bestellung durchschnittliche Kosten von etwa 50,00 €.*

Diese Berechnung ist sehr grob und kann das Prinzip der **Kostenermittlung für Bestellungen** nur oberflächlich erklären, denn der Arbeitsaufwand bei der Warenprüfung im Lager und in der Produktion muss ebenfalls berücksichtigt werden. Ferner entstehen im Rechnungswesen bei jeder Bestellung Arbeiten (Buchung der Verbindlichkeiten, Veranlassen der Bezahlung usw.), die ebenfalls Kosten verursachen, jedoch nicht von dem Bestellwert abhängig sind (bestellfixe Kosten).

Beispiel *Das Schreiben einer Bestellung, die Buchung einer Verbindlichkeit, die Überweisung des Rechnungsbetrages an den Lieferer kosten im Durchschnitt immer gleich viel, egal ob eine Bestellung über 15000,00 € oder 1,50 € ausgeführt wird.*

Optimale Bestellmenge

Beschaffungskosten und Lagerkosten entwickeln sich gegenläufig. Je häufiger nachbestellt wird, desto geringer sind der Lagerbestand und die Lagerkosten. Je seltener nachbestellt wird, desto geringer sind die Beschaffungskosten. Die Bestellmenge, bei der die Summe beider Kostenarten (Beschaffungskosten und Lagerkosten) am geringsten ist (Minimum der Kosten), heißt **optimale Bestellmenge**. Hieraus lässt sich die **optimale Bestellhäufigkeit** ableiten.

Beispiel *Bei der Bürodesign GmbH werden in der Produktion pro Jahr etwa 120000 Messing-Scharniere verbraucht. Je Scharnier entstehen an Lagerkosten etwa 0,04 €. Jede Bestellung verursacht 75,00 € Kosten. Die Einkäuferin, Frau Michels, könnte einerseits den gesamten Jahresbedarf auf einmal bestellen und auf Lager nehmen. Sie könnte auch kleinere Mengen bestellen (im Extremfall täglich). Um die Summe beider Kosten bei unterschiedlichen Bestellhäufigkeiten zu bestimmen, erstellt sie eine digitale Tabelle. Sie berechnet für jede Anzahl von Bestellungen die Bestellkosten, die Lagerkosten und die Summe der Kosten. Bei den Lagerkosten berücksichtigt sie, dass durchschnittlich nur die Hälfte der Bestellmenge auf Lager liegt. Um Zeit zu sparen, bedient sie sich der Hilfe eines Computers und einer geeigneten* ***Tabellenkalkulationssoftware****.* →Bd. 2

Optimale Bestellmenge und -häufigkeit
Kosten für eine Bestellung in €: *75,00*
Lagerkosten je Stück in €: *0,04*
Jahresbedarf in Stück: *120000*

Anzahl der Bestellungen	Bestellmenge in Stück	Lagerkosten[1] in €	Bestellkosten in €	Gesamtkosten in €
1	120000	2400,00	75,00	2475,00
2	60000	1200,00	150,00	1350,00
3	40000	800,00	225,00	1025,00
4	30000	600,00	300,00	900,00
5	24000	480,00	375,00	855,00
6	**20000**	**400,00**	**450,00**	**850,00**
7	17143	342,86	525,00	867,86
8	15000	300,00	600,00	900,00
9	13333	266,67	675,00	941,67
10	12000	240,00	750,00	990,00
11	10909	218,18	825,00	1043,18
12	10000	200,00	900,00	1100,00

[1] *Bei den Lagerkosten wird unterstellt, dass durchschnittlich nur die Hälfte der Bestellmenge auf Lager liegt.*

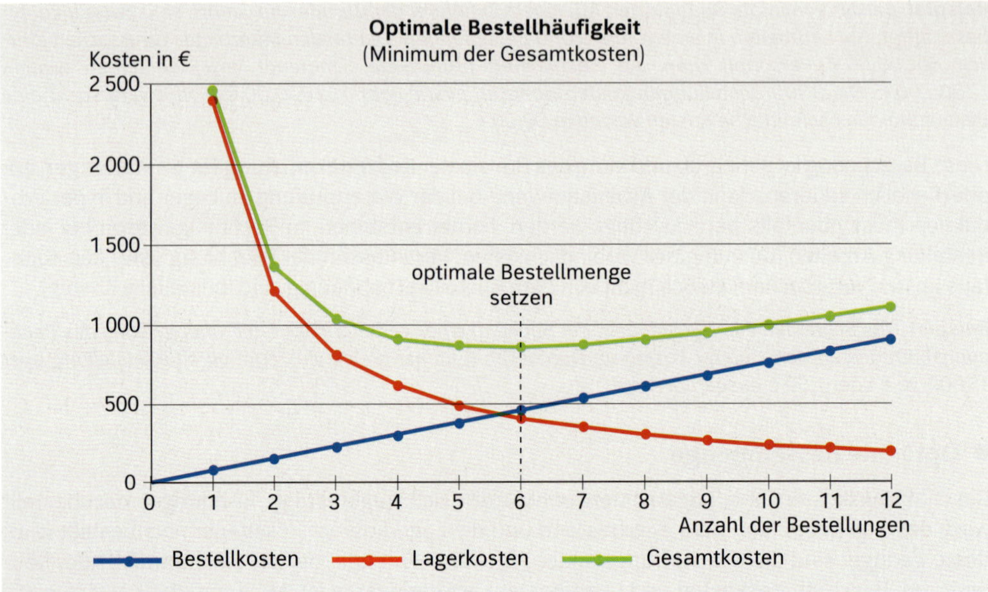

Das Minimum der Gesamtkosten ergibt sich bei sechs Bestellungen pro Jahr, d. h., Frau Michels sollte alle zwei Monate 20000 Schrauben bestellen.

In der Praxis kann die optimale Bestellmenge aus **folgenden Gründen häufig nicht verwirklicht werden:**

- Der Lieferer schreibt Mindestabgabemengen vor.
  Beispiel *Schlösser für Schränke und Schreibtische werden nur bei einer Mindestabnahme von 100 Stück geliefert.*
- Die Güter werden nur in festen Verpackungseinheiten geliefert.
  Beispiel *Leim wird in 30-kg-Fässern geliefert.*
- Die Güter sind nur beschränkt lagerfähig.
  Beispiel *Lebensmittel für die Betriebskantine*
- Die Güter unterliegen starken Preisschwankungen.
  Beispiel *Furnierhölzer werden eingekauft und gelagert, wenn der Marktpreis niedrig ist.*

Häufig ist es nicht wirtschaftlich, für jedes Beschaffungsgut die optimale Bestellmenge zu berechnen, selbst wenn Computerhilfe in Anspruch genommen werden kann. Der Arbeitsaufwand steht oft nicht in einem wirtschaftlichen Verhältnis zur möglichen Kosteneinsparung.

Beispiel *In der Produktion wird bei der Bürodesign GmbH Schleifpapier verwendet. Dieses Verbrauchsmaterial ist preiswert und wird je nach Bedarf unter Ausnutzung von Mengenrabatt eingekauft. Der Aufwand, die optimale Bestellmenge zu ermitteln, würde den Kostenvorteil des Mengenrabattes aufzehren.*

Zusammenfassung: Optimale Bestellmenge bestimmen

- **Größere Bestellmengen** binden viel Kapital und verursachen hohe Lagerkosten, kleinere **Bestellmengen** verursachen höhere Beschaffungskosten. Beschaffungskosten und Lagerkosten entwickeln sich gegenläufig.
- Die **optimale Bestellmenge** liegt dort, wo die Summe aus Beschaffungs- und Lagerkosten (Gesamtkosten) minimal ist.
- Die **optimale Bestellhäufigkeit** liegt beim Minimum der Gesamtkosten.

Aufgaben

1 *Beschreiben Sie, wie die gesamten Kosten einer Bestellung berechnet werden können.*

2 *Erläutern Sie die Aussage „Beschaffungskosten und Lagerkosten entwickeln sich gegenläufig“.*

3 *Von einem Produkt werden jährlich 10 000 Stück benötigt. Je Stück fallen 0,25 € Lagerkosten an, jede Bestellung verursacht 50,00 € Beschaffungskosten.*
Bestimmen Sie die optimale Bestellmenge und die optimale Bestellhäufigkeit. Erstellen Sie hierzu eine Tabelle und berechnen Sie die einzelnen Kosten für 1, 2, 3, ..., 12 Bestellungen.

4 *Erstellen Sie mithilfe einer Tabellenkalkulationssoftware eine Entscheidungshilfe für die Ermittlung der optimalen Bestellmenge.*

5 *Erläutern Sie, aus welchen Gründen die optimale Bestellmenge in der Praxis oft nicht verwirklicht werden kann.*

2.2 ABC-Analyse anwenden

Renate Becker, eine Auszubildende, die zurzeit in der Beschaffungsabteilung eingesetzt ist, überlegt sich: *„So eine Berechnung der Lagerkosten ist ziemlich aufwendig. Wenn für alle Güter, die wir gelagert haben, derartig aufwendige Berechnungen durchzuführen sind, dann hilft auch kein Computer mehr, denn die ganzen Zahlen müssen ja auch noch ausgewertet werden. Ob sich dieser Aufwand lohnt?“*

Arbeitsaufträge
- ***Erläutern Sie, ob es notwendig ist, für alle Güter eine ABC-Analyse durchzuführen.***
- ***Beschreiben Sie, wie eine digitale ABC-Analyse ausgewertet wird.***

→LS

Bei Unternehmen mit einer Vielzahl verschiedener Lagergüter ist eine Bestandskontrolle besonders schwierig. Je größer die Anzahl verschiedener Lagergüter ist, desto höher sind die Kosten für Organisation, Planung und Durchführung der Beschaffung sowie der Kontrolle des Lagerwesens. Deshalb ist es für ein Unternehmen sinnvoll und wirtschaftlich, **Schwerpunkte zu bilden**.

Erstellen einer ABC-Analyse

Ein Verfahren, Schwerpunkte der Kapitalbindung im Lagerbereich zu erkennen, ist die ABC-Analyse. Hier werden die gelagerten Güter hinsichtlich ihres Anteils an den Lagerkosten, der Lagerfläche oder der Kapitalbindungskosten in drei Gruppen (A-, B-, C-Gruppe) eingeteilt.

- Die Güter der **A-Gruppe** haben einen Anteil von etwa 70 % bis 80 % der Bezugsgröße.
- Die Güter der **B-Gruppe** haben einen Anteil von etwa 15 % bis 20 % der Bezugsgröße.
- Die Güter der **C-Gruppe** haben einen Anteil von etwa 5 % bis 10 % der Bezugsgröße.

Hierdurch wird eine Grundlage für eine wirtschaftliche Unterscheidung von Gütern gelegt. Nur diejenigen Güter, die eine hohen Lagerwert haben, hohe Lagerkosten verursachen oder große Teile der Lagerfläche beanspruchen, also die A-Güter, rechtfertigen genaue und aufwendige Planungs- und Organisationsarbeiten. Bei den B-Gütern muss im Einzelfall entschieden werden, ob ein hoher Auswertungsaufwand gerechtfertigt ist. Bei C-Gütern sind einfache und kostengünstige Kontrollen ausreichend.

Beispiel *Ein Unternehmen lagert zehn Güter. Von allen Gütern sind der Bezugs-/Einstandspreis je Stück und die Beschaffungsmenge bekannt. Daraus lässt sich der Lagerwert berechnen. Diese Lagerwerte werden in eine Rangfolge gebracht. Das Gut mit dem höchsten Wert erhält die Rangziffer 1 usw. Danach können die Werte kumuliert werden, d. h., die einzelnen Lagerwerte werden aufaddiert.*

Beschaffungspreis (€)	Beschaffungsmenge (Stück)	Artikel-Nr.	Rang	Lagerwert Absolute Einzelwerte		Lagerwert Kumulierte Werte		Gruppe
				€	%	€	%	
62,50	980	391	1	61 250,00	37,70	61 250,00	37,70	A
87,90	456	523	2	40082,40	24,67	101 332,40	62,37	A
58,80	310	321	3	18228,00	11,22	119560,40	73,59	A
17,50	720	156	4	12600,00	7,75	132160,40	81,34	B
9,80	1235	123	5	12103,00	7,44	144263,40	88,78	B
120,00	60	324	6	7200,00	4,43	151 463,40	93,21	B
12,69	550	127	7	6979,50	4,30	158442,90	97,51	B
15,75	170	567	8	2677,50	1,65	161 120,40	99,16	C
3,50	280	152	9	980,00	0,60	162100,40	99,76	C
0,15	2570	782	10	385,50	0,24	162485,90	100,00	C
				162485,90	100,00			

Aus dieser digitalen Tabelle kann z. B. abgeleitet werden, dass die drei Güter mit dem höchsten Lagerwert bereits 73,85 % des gesamten Lagerwertes ausmachen, dies sind eindeutig A-Güter. Die B-Güter sind die Güter mit den Rängen 4 bis 7, sie vereinigen 23,93 % des Lagerwertes auf sich. Die C-Güter sind lediglich mit 2,49 % vertreten.

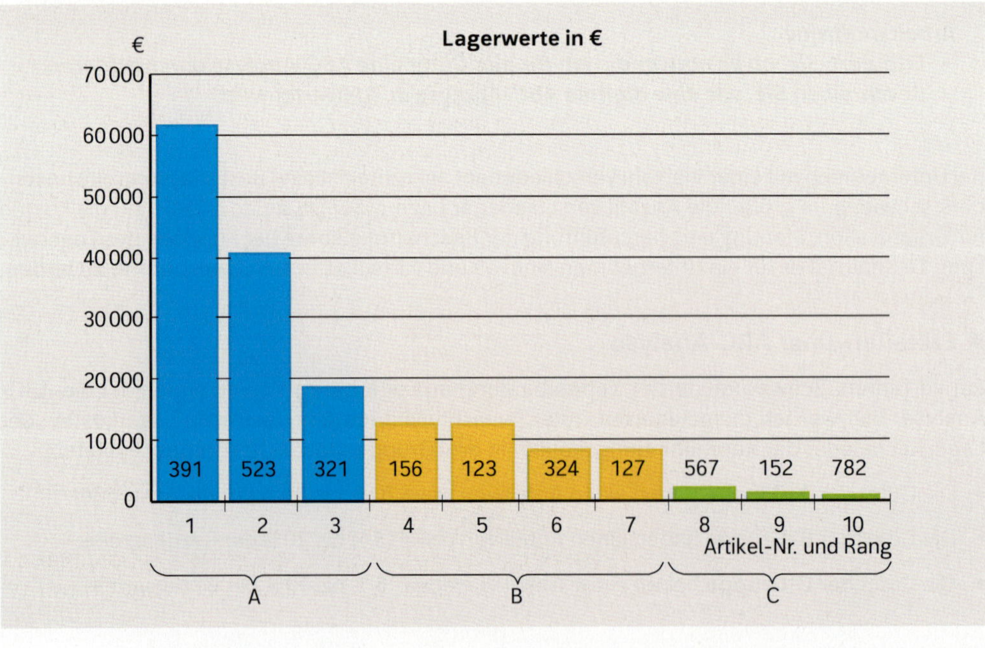

Auswerten einer ABC-Analyse

Wenn bekannt ist, welche Lagergüter den höchsten, zweithöchsten usw. Anteil am gesamten Bestellwert haben, können die Aktivitäten des Beschaffungsmarketings sich hierauf konzentrieren. Hieraus lassen sich folgende Grundsätze ableiten:

A-Güter

- besonders intensive Marktanalysen bei der Beschaffung
- eingehende Untersuchungen von Preisen und Konditionen
- genaue Bestellmengenplanung (optimale Bestellmenge)
- Anstreben geringer Lagerbestände, z. B. Just-in-time-Lieferung
- sorgfältige Lagerkostenkontrolle
- strenge Lagerkontrollen und Reorganisation der Lagerhaltung
- langfristige Verträge mit Lieferern (Jit, Abrufaufträge)

B-Güter

Hier ist im Einzelfall zu entscheiden, welche Maßnahmen im Beschaffungsmarketing und in der Lagerorganisation zu treffen sind. Meist wird ein Mittelweg zwischen A-Gütern und B-Gütern beschritten.

C-Güter

- einfache und kostengünstige Verfahren der Marktanalyse
- höhere Bestände zur Vermeidung von Bestellkosten
- einfache Bestandskontrollen

Eine ABC-Analyse hilft, Schwächen des Beschaffungsmarketings und der Lagerwirtschaft aufzudecken.

Beispiel *Bei der Bürodesign GmbH gehören Spanplatten aufgrund einer ABC-Analyse hinsichtlich des Lagerwertes zu der A-Gruppe. Um Lagerkosten zu sparen, wurden in Gesprächen mit den Lieferern die Lieferbedingungen verändert. Künftig werden nur noch kleinere Mengen, jedoch mit häufigeren Lieferterminen geliefert.*

Weitere Einsatzmöglichkeiten der ABC-Analyse

Der Einsatz der ABC-Analyse ist nicht nur auf den Lagerbereich beschränkt. Sie lässt sich ebenfalls im Rahmen des Beschaffungsmarketings einsetzen, wenn Liefererstrukturen zum Zwecke der Senkung von Beschaffungskosten untersucht werden sollen.

Beispiel *Ein Industrieunternehmen stellt fest, dass 75 % des Auftragsvolumens sich auf fünf Lieferer beziehen, 20 % der Aufträge gehen an 87 Lieferer, der Rest verteilt sich auf weitere 257 Lieferer. Um die Beschaffungskosten zu minimieren, wird untersucht, ob die Anzahl der „Kleinlieferer" reduziert werden kann.*

Ebenso kann in anderen betrieblichen Bereichen die ABC-Analyse eingesetzt werden, um Schwerpunkte zu finden.

Beispiele

- ***Umsatzanalyse im Absatzmarketing:*** *Ein Unternehmen stellt 240 verschiedene Produkte her. Durch eine ABC-Analyse findet es heraus, dass 75 % des Umsatzes bereits durch 25 Produkte erzielt werden, 20 % des Umsatzes erbringen 50 weitere Produkte, der Rest wird durch die übrigen Produkte erwirtschaftet. Hier liegt eine Grundlage zur Bereinigung des Fertigungs- und Absatzprogrammes.*
- ***Kundenstrukturanalyse:*** *Ein Unternehmen klassifiziert seine Kunden der letzten fünf Jahre mit der ABC-Analyse. Es stellt dabei fest, dass 75 % des Umsatzes mit nur 28 Kunden gemacht wurden. Der restliche Umsatz verteilt sich auf 1 560 Kunden. Um Absatzkosten zu senken, können u. a. Mindestbestellmengen festgelegt werden.*

Zusammenfassung: ABC-Analyse anwenden

- Die ABC-Analyse ist ein Verfahren zur wirtschaftlichen Bewertung der zu beschaffenden und zu lagernden Güter und dient damit der **Wirtschaftlichkeitskontrolle**.
- Die ABC-Analyse ist ein **Verfahren, um Schwerpunkte zu bilden**. Analysiert werden z. B. Lagerbestandsmengen, Lagerkosten oder -werte. Hierbei werden die Güter in A-, B- und C-Gruppen eingeteilt.
  Entscheidend für die Eingruppierung ist der Verbrauchswert der Güter:
  - **A-Gruppe,** Anteil = 70–80 %, Güter mit besonders hohem Kontrollbedarf
  - **B-Gruppe,** Anteil = 15–20 %, Güter mit mittlerem Kontrollbedarf
  - **C-Gruppe,** Anteil = 5–10 %, Güter mit geringem Kontrollbedarf
- Um eine ABC-Analyse durchzuführen, werden alle Lagergüter ihrem Wert nach in eine **Rangfolge** gebracht. Das Gut mit dem höchsten Wert erhält den Rang 1 usw.
- Die Anteile der einzelnen Güter am Gesamtwert werden berechnet und kumuliert (addiert). Aus den kumulierten Werten können die A-, B- und C-Gruppen gebildet werden.
- Mit der ABC-Analyse lassen sich Materialien, Produkte, Profit-Center, Kostenbereiche, Lieferanten, Mitarbeiter, Kunden, Werbemedien usw. nach ihrer Bedeutung gruppieren.
- Die ABC-Analyse wird z. B. auch im Absatzmarketing zur **Untersuchung von Abnehmergruppen oder Umsatzanteilen** eingesetzt, um Schwerpunkte für den Marketingmix festzulegen.

Aufgaben

1 Erstellen Sie aus den folgenden Angaben eine digitale ABC-Analyse und werten Sie diese aus.

Produkt	Lagermenge in Stück	Bezugs-/Einstandswert in €
1	2400	9,00
2	1100	12,00
3	1400	18,00
4	150	122,00
5	5200	0,20
6	350	16,00
7	2000	61,00
8	900	90,00
9	550	4,00
10	600	59,00

2 Beschreiben Sie Planungs- und Kontrollarbeiten, die für Güter der A-Gruppe erforderlich sind.

3 Bei welchen Lagergütern sind höhere Bestände sinnvoll, um Bestellkosten zu vermeiden?

4 Erläutern Sie, welche Maßnahmen im Beschaffungsmarketing für Güter der B-Gruppe erforderlich sind.

5 Erläutern Sie, wie bei folgenden betrieblichen Aufgaben die ABC-Analyse eingesetzt werden kann:
a) Untersuchung der Kundenstruktur
b) Untersuchung der Liefererstruktur
c) Untersuchung der Umsatzverteilung

6 Beschreiben Sie, wie mithilfe einer Tabellenkalkulationssoftware beliebige ABC-Analysen durchgeführt werden können.

2.3 Ökologische Aspekte der Beschaffung berücksichtigen

Die Bürodesign GmbH erhält von der Stadtverwaltung Köln einen Brief, in dem eine Erhöhung der Gebühren für die Müll- und Abfallbeseitigung für das kommende Jahr angekündigt wird. Die Geschäftsleitung ist empört: *„Die Stadt will künftig die Gebühren vom Müllaufkommen abhängig machen und die Gebühren zusätzlich um 15 % erhöhen, außerdem sollen wir künftig unseren Müll sortieren und in gesonderten Behältern deponieren. Das führt bei uns zu höheren Kosten!“*, sagt Herr Stein. Frau Friedrich meint: *„So schlimm ist das doch nicht, zu Hause sortieren wir unseren Abfall doch auch. Ich z. B. habe drei Mülltonnen, eine für Kunststoffe, eine für kompostierbare Abfälle und eine für Metall. Papier und Glas sammle ich getrennt und bringe es zu den entsprechenden Containern. In unserem Betrieb müssen wir auch so verfahren. Damit leisten wir einen Beitrag zur Verringerung der Belastung unserer Umwelt.“ „Das verstehe ich ja alles, aber dann sollten wir uns überlegen, wie wir Müll vermeiden können! Das fängt bereits bei der Beschaffung an, denn dort entsteht durch die Verpackung der Güter der größte Müllberg. Wir müssen dafür ein Konzept ausarbeiten!“*

Arbeitsaufträge

- ***Beschreiben Sie Maßnahmen, wie im Rahmen der Beschaffung von Gütern ökologische Aspekte berücksichtigt werden können. Reflektieren Sie Ihre Ergebnisse im Hinblick auf Informationsgehalt, Aktualität und Stichhaltigkeit.***
- ***Erläutern Sie die Durchlauf- und die Kreislaufstrategie bei der Beschaffung von Materialien.***

Durchlaufstrategie

Die traditionelle Beschaffungspolitik eines Unternehmens betrachtete Beschaffungsobjekte ausschließlich als Input für den Produktionsprozess. Dabei wurde nicht daran gedacht, welche ökologischen Folgen die Beschaffung eines Gutes haben kann. Bei der Auswahl von Roh-, Hilfs- und Betriebsstoffen und der Entscheidung für Lieferer wurden allein produktionstechnische und wirtschaftliche Aspekte zugrunde gelegt. Die Auswahl von Betriebsmitteln und von Lieferanten berücksichtigte selten die Umweltverträglichkeit der Güter, ihrer Verpackung und ihrer Transportwege.

Beispiele

- *Vor 30 Jahren bestellte die Bürodesign GmbH Produkte, ohne zu berücksichtigen, wie die Verpackungen zu entsorgen waren. Styropor und Kunststofffolien wurden mit den anderen Abfällen durch die städtische Müllabfuhr auf der Mülldeponie entsorgt. Dort lagern diese z. T. nicht abbaufähigen Materialien noch heute und belasten durch Gifte das Grundwasser und den Boden.*
- *Die Anlieferung der Rohstoffe erfolgt meist mit Lkws. Quer durch Deutschland fahren Lieferer, belasten die Luft durch Abgase und tragen zum Waldsterben bei. Ferner verbrauchen sie große Mengen an Treibstoff. Umweltverträgliche Anlieferungen, z. B. durch Bahnfracht, sind auch bei der Bürodesign GmbH erst seit kurzem ein wichtiges Auswahlkriterium für Lieferer.*

Diese **„Durchlaufstrategie“** ist unter ökologischen Maßstäben nicht vertretbar.

Unternehmen können durch gezielte Maßnahmen im Beschaffungsmarketing dazu beitragen, dass das **Aufkommen von Müll** reduziert wird und dass unvermeidbarer Müll entweder verwertet oder umweltverträglich entsorgt wird. →P/G

Kreislaufstrategie

→P/G Unternehmen, die ökologische Ziele in den Vordergrund stellen, orientieren sich am **Prinzip der Nachhaltigkeit**. Dieses Prinzip besagt, dass alle unternehmerischen Entscheidungen so ausgerichtet sein müssen, dass sie auch langfristig im Einklang mit der Umwelt stehen.

Bei produzierenden Unternehmen bedeutet dies z. B., dass an die verwendeten Materialien folgende **Anforderungen** zu stellen sind:

- Die bei der Fertigung von Gütern anfallenden **Rückstände sollten recycelbar** sein.
  Beispiel *Die Bürodesign GmbH saugt alle bei der Holzverarbeitung anfallenden Sägespäne ab. Das Sägemehl wird für die Herstellung von Spanplatten verwendet.*
- Für Fertigung und Verpackung sollten Rohstoffe eingesetzt werden, die **durch Recycling gewonnen** wurden.
  Beispiel *Für die Verpackung der Büromöbel der Bürodesign GmbH wird Recyclingpapier verwendet.*
- Für die Fertigung sollten **erneuerbare Primärrohstoffe** eingesetzt werden.
  Beispiel *Bei der Fertigung von Schreibtischen der Bürodesign GmbH werden nur Echtholzfurniere verwendet.*
- Nicht erneuerbare Rohstoffe sollten **sparsam** verwendet werden.

Bereits bei der Beschaffung von Gütern muss über deren **ökologische Bedeutung** nachgedacht werden. Statt einer „Durchlaufstrategie“ muss eine „Kreislaufstrategie“ verfolgt werden. Dies bedeutet, dass Produkte nach ihrem Gebrauch wieder verwertbar sind und ggf. nach einer Aufbereitung einem weiteren Produktionsprozess zugeführt werden können. Dadurch ensteht ein Kreislauf.

Beispiel *Die Bürodesign GmbH verpflichtet sich, gebrauchte Büromöbel von ihren Kunden zurückzunehmen. Bei der Produktion wurde bereits darauf geachtet, dass ausschließlich recyclingfähiges Material verwendet wurde. Das Holz wird weiterverarbeitet, indem es als Rohstoff für die Herstellung von Spanplatten verwendet wird. Hierüber hat die Bürodesign GmbH mit ihrem Hauptlieferer für Spanplatten einen entsprechenden Vertrag abgeschlossen. Metall, wie Schlösser, Beschläge, Schrauben und Scharniere, wird demontiert, sortiert und an Metallverwertungsbetriebe verkauft, die es einschmelzen und so eine Weiterverwendung ermöglichen.*

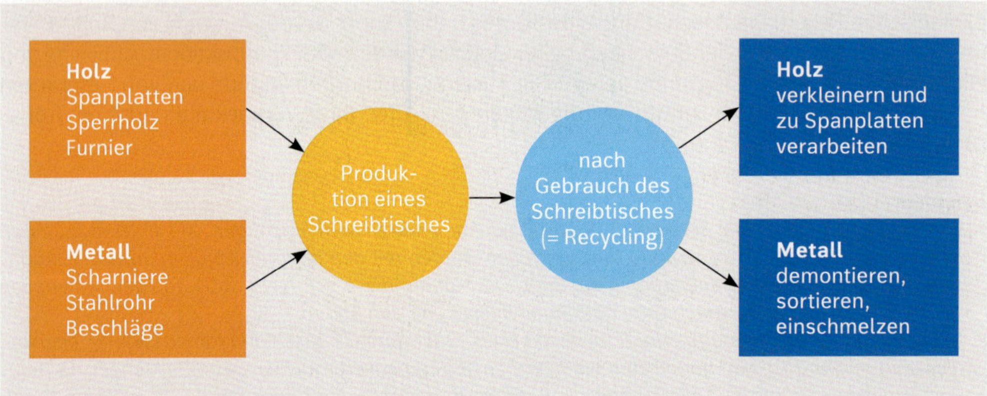

Die **Wiederverwendung von Produkten** nach ihrer **Entsorgung** muss also gewährleistet sein. Es muss bereits bei der Beschaffung nach recyclingfähigen Produkten gesucht werden, da hierdurch der Kreislauf der Stoffe ermöglicht wird.

Nicht nur die Roh-, Hilfs- und Betriebsstoffe müssen ökologisch vertretbar sein, auch deren Verpackung bei der Anlieferung muss bei konsequenter Anwendung der Kreislaufstrategie recyclingfähig oder wiederverwendbar sein.

Beispiel *Die Bürodesign GmbH hat als Bewertungskriterium für Lieferer den Aspekt der Verpackung in die Bewertungsliste aufgenommen. Bevorzugt werden Lieferer, die mehrfach verwendbare Verpackungen einsetzen, z. B. kleine Container. Verpackungsmaterial wie Holzwolle, Pappe usw. erhält den Vorzug gegenüber Kunststofffolien und Styropor. Auch die Entsorgung von Verpackungsmaterial wird berücksichtigt.*

■ Verträglichkeit von Ökologie und Ökonomie

→VWL

Ökologische Aspekte im Beschaffungsmarketing umfassen auch die Bewertung der Transportmittel für die Anlieferung der Materialien. Die umweltverträgliche Bahnfracht ist bei langen Anfahrtswegen dem Transport mit Lkws vorzuziehen. Häufig werden hierdurch auch Transportkosten eingespart.

Ferner ist bei der Beschaffung von Gütern darauf zu achten, welche **Abfallstoffe** bei der Produktion anfallen und wie diese zu entsorgen sind.

Beispiel *Bei der Bürodesign GmbH werden die Abfälle beim Zuschnitt von Spanplatten und Brettern gesammelt und dem Hauptlieferer, der Vereinigte Spanplatten AG, zur Aufbereitung und Wiederverwertung zurückgegeben. Hierüber wurde zwischen beiden Unternehmen ein Kooperationsvertrag geschlossen, in dem die Kostenverteilung geregelt wird.*

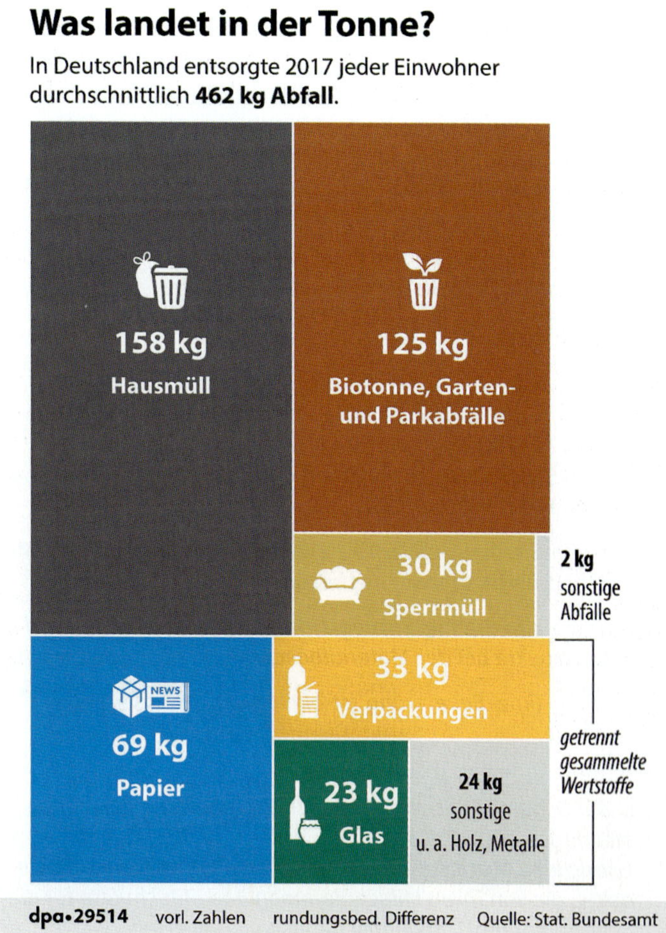

Bei der Beschaffung von **Maschinen und Fahrzeugen** sind ebenfalls ökologische Aspekte zu berücksichtigen. Maschinen in der Produktion benötigen zum Betrieb meist elektrischen Strom, Fahrzeuge benötigen Treibstoff. Durch gezielte Beschaffung energiesparender und abgasarmer Maschinen und Fahrzeuge kann ein wesentlicher Beitrag zum Umweltschutz erbracht werden. Hierzu gehört auch die Nutzung alternativer Energiequellen.

Beispiele *Sonne (Solartechnik), Wind (Windräder zur Erzeugung von Strom)*

Die Beachtung von ökologischen Aspekten kann in Industriebetrieben auch wirtschaftliche Ziele unterstützen. Es können **Kosten eingespart werden**, insbesondere durch

- den Einsatz von wiederverwendbaren Verpackungen bei Anlieferung,
- das Recycling von Abfallstoffen,
- die Rückführung von Materialien in den Produktionsprozess,
- die konsequente Vermeidung von Müll sowie
- den Einsatz von energiesparenden Maschinen und Fahrzeugen.

Dies führt zur Einsparung von Kosten. Dieser Kostenvorteil kann in der Kalkulation der Verkaufspreise berücksichtigt werden. Dadurch entsteht ein zusätzlicher Wettbewerbsvorteil. Im Rahmen des **Totalen Qualitätsmanagements (TQM, Total Quality Management)** unterziehen sich Unternehmen zunehmend auf freiwilliger Basis einer **Umweltbetriebsprüfung (Ökoaudit)**. Wird diese EU-Umwelt-Audit-Verordnung erfüllt, erhält das Unternehmen ein Zertifikat über die erfolgreiche Teilnahme.

Zusammenfassung: Ökologische Aspekte der Beschaffung berücksichtigen

- Statt einer Strategie des Materialdurchlaufs sollte die **Strategie des Materialkreislaufs** beschritten werden. Hierbei ist zu beachten:
  - Recyclingfähigkeit (Wiederverwertbarkeit) von Material
  - Vermeidung umweltschädlicher Abfallstoffe
  - umweltgerechte Entsorgung von Verpackung und Materialresten
  - Einsatz umweltschonender Transportmittel bei der Beschaffung
  - Beschaffung von energiesparenden und abgasarmen Maschinen und Fahrzeugen
- **Ökologische Ziele** können wirtschaftliche Ziele unterstützen, z. B. Kosteneinsparung.

Aufgaben

1 *Finden Sie heraus, was mit dem Begriff „Ökologie" beschrieben wird. Verwenden Sie hierzu Lexika, Wörterbücher usw.*

2 *Erörtern Sie die traditionelle Beschaffungsstrategie des Materialdurchlaufs. Erläutern Sie, welche Gesichtspunkte hierbei besonders betont werden.*

3 *Beschreiben Sie die Strategie des Materialkreislaufs und erläutern Sie, weshalb ökologische Aspekte bei der Materialbeschaffung besonders wichtig sind.*

4 *„Just-in-time-Belieferung ist ökologisch nicht vertretbar." Nehmen Sie Stellung zu dieser Aussage.*

5 *Bearbeiten Sie in Ihrer Klasse gruppenweise als **Projekt** das Thema „Ökologische Aspekte in der Schule". Präsentieren Sie Ihre Ergebnisse als digitales Produkt und/oder in einer Ausstellung in der Schule.*
Gruppe 1 „Materialien und Produkte": *Erstellen Sie eine Liste aller Materialien und Produkte, die von Ihren Mitschülerinnen und Mitschülern für die Schule benötigt werden (Hefte, Schreibmaterial, Schultasche usw.). Bewerten Sie alle Materialien nach ökologischen Gesichtspunkten (Recyclingfähigkeit, Verpackung, Möglichkeiten zur Einsparung und Entsorgung usw.). Geben Sie zu allen Produkten Alternativen an, die umweltverträglicher als die bisher verwendeten sind.*
Gruppe 2 „Anfahrtswege": *Untersuchen Sie die Anfahrtswege Ihrer Mitschüler/-innen und Lehrer/-innen zur Schule. Bewerten Sie sie unter ökologischen Aspekten. Überlegen Sie sich Alternativen, wie Anfahrten zur Schule durch Veränderung der Gewohnheiten unter ökologischen Gesichtspunkten verbessert werden können.*
Gruppe 3 „Müll": *Untersuchen Sie das Müllaufkommen in Ihrer Schule unter folgenden Leitfragen: Wer verursacht Müll (Schüler, Lehrer, Verwaltung, Reinigungskräfte)? Welche Arten und Mengen an Müll „produziert" Ihre Schule in einem Jahr? Welche Möglichkeiten der Müllvermeidung und -verwertung können genutzt werden?*
Gruppe 4: „Energie": *Untersuchen Sie, welche Energie Ihre Schule pro Jahr verbraucht. Berücksichtigen Sie Heizung, Licht, Wasserverbrauch usw. und führen Sie Möglichkeiten an, Energie einzusparen.*

6 *Das Kreislaufwirtschafts- und Abfallgesetz schreibt vor:*
1. *Abfälle sind in erster Linie zu vermeiden.*
2. *Nicht vermeidbare Abfälle sind vorrangig wieder zu verwerten.*
3. *Nur die verbleibenden Restabfälle sind ordnungsgemäß auf Deponien zu lagern, ggf. in Müllverbrennungsanlagen zu verbrennen. Für die Lagerung/Verbrennung sind Entgelte zu zahlen.*

a) Erläutern Sie, welche Umweltschutzprinzipien/-ziele in diesen Vorschriften zum Ausdruck kommen.
b) Nennen Sie entsprechende Beispiele der Abfallbehandlung aus Ihrem privaten Umfeld.
c) Zählen Sie einige Maßnahmen auf, die die Bürodesign GmbH ergreifen könnte.

7 *Beschreiben Sie einige Möglichkeiten, wie ein sparsamer und umweltbewußter Umgang mit Werkstoffen in einem Industriebetrieb erreicht werden kann.*

8 *Führen Sie Gründe für die Notwendigkeit der Grundsätze „Vermeiden geht vor Verwerten" und „Verwerten geht vor Entsorgung" auf.*

9 *Erläutern Sie die wesentlichen Aussagen der Abbildung von S. 261 zum Thema „Was landet in der Tonne?". Beschaffen Sie sich hierzu weitere Unterlagen in einer Internetrecherche.*

2.4 Beschaffungsvorgang beschreiben

Die Bürodesign GmbH bestellt aufgrund eines Angebotes vom 1. April mit nachfolgender E-Mail bei der Hanckel & Cie. GmbH Lacke und Beize:

Silvia Land

Von:	Silvia Land [land@buerodesign-online.de]
Gesendet:	6. April 20.., 15:32 Uhr
An:	info@hanckel.de
Betreff:	Bestellung von Lacken und Beize

Sehr geehrte Damen und Herren,

aufgrund Ihres Angebotes vom 1. April 20.. bestellen wir hiermit

600 l DDS-Lack, matt zu 4,50 €/l 500 l APK-Beize zu 6,00 €/l

einschließlich Verpackung abzüglich 20 % Rabatt. Die Lieferung soll bis zum 20. Mai 20.. unfrei erfolgen.

Wir erwarten Ihre termingerechte Lieferung.

Mit freundlichem Gruß

i. A. Silvia Land

Nach drei Tagen geht eine E-Mail von der Hanckel & Cie. GmbH ein, in der diese erklärt, sie könnte die bestellten Materialien nur noch zu einem 10 % höheren Preis liefern, da die Zulieferer die Preise erhöht hätten. Außerdem hätte die Bürodesign GmbH zu spät bestellt.

Silvia Land, die die E-Mail bearbeiten soll, geht jetzt empört zu Herrn Kaya.

Arbeitsaufträge
- ***Begründen Sie, ob die Bürodesign GmbH auf einer Lieferung zu den alten Preisen bestehen kann.***
- ***Geben Sie an, wie offene Bestellungen überwacht werden können.***
- ***Erläutern Sie mithilfe geeigneter Präsentationsmittel die Bestellabwicklung in der Bürodesign GmbH.***

■ Vertragsabschluss

Der **Kaufvertrag** des Verkäufers mit dem Kunden kommt durch **zwei inhaltlich übereinstimmende Willenserklärungen** zustande. Dabei kann die Initiative zum Abschluss des Kaufvertrages sowohl vom Verkäufer als auch vom Käufer ausgehen **(Antrag)**. Die Zustimmung zum Kaufvertrag erfolgt durch die Annahme des Käufers oder des Verkäufers.

Neben dem üblichen Kaufvertrag werden zwischen dem Käufer und seinem Lieferer häufig auch sog. **Rahmenverträge** abgeschlossen. Hierbei werden für einen bestimmten Zeitraum Vereinbarungen über die Produktqualität, Lieferungs- und Zahlungsbedingungen sowie über den Preis getroffen, um zeitraubende Verhandlungen über diese Vertragsinhalte zu vermeiden. Nicht festgelegt werden im Rahmenvertrag die Liefertermine und die genauen Absatzmengen.

■ Bestellung

Die Bestellung ist eine **Willenserklärung des Käufers an den Anbieter, bestimmte Materialien zu den im Angebot angegebenen Bedingungen zu kaufen**. Die Bestellung kann durch den Käufer schriftlich, fernschriftlich, mündlich oder telefonisch abgegeben werden, sie ist an keine Formvorschriften gebunden und für den Besteller immer verbindlich. Damit das Angebot eines Lieferers nicht seine Verbindlichkeit verliert, muss der Besteller auf dem gleich schnell Weg seine Bestellung abgeben wie er das Angebot erhalten hat.

Beispiel *Ein Angebot wurde per E-Mail versandt, dann muss der Besteller auch unverzüglich per E-Mail oder auf einem gleich schnellen Weg seine Bestellung abgeben.*

Die Bestellung soll folgende Angaben enthalten:

- Art und Güte (Qualität und Beschaffenheit) der Materialien,
- Menge,
- Preis und Preisnachlässe,
- Lieferungs- und Zahlungsbedingungen,
- Lieferzeit.

Wird in der Bestellung auf ein ausführliches Angebot Bezug genommen, ist die Wiederholung aller Angaben nicht erforderlich, es reicht dann die genaue Angabe der Materialien (z. B. Artikelnummer), der Bestellmenge und des Preises der Materialien.

Ein Besteller kann eine **Bestellung widerrufen**, wenn er dem Lieferer eine entsprechende Nachricht vor oder spätestens gleichzeitig mit der Bestellung zukommen lässt.

Beispiel *Die Bürodesign GmbH hat irrtümlich in ihrer brieflichen Bestellung 300 Stück statt 30 Stück angegeben. Nach einem Tag bemerkt der Abteilungsleiter Herr Kaya den Irrtum und ruft den Lieferer sofort an, um die Bestellung zu widerrufen. In der Regel dauert die Zustellung eines Briefes etwa zwei bis drei Tage, somit hat die Bürodesign GmbH rechtzeitig vor Eintreffen der Bestellung widerrufen.*

Ein Lieferer kann die Bestellung des Käufers mündlich, fernmündlich, schriftlich oder fernschriftlich bestätigen. Die **Auftragsbestätigung (Bestellungsannahme)** ist eine Willenserklärung des Lieferers, mit der er sich bereit erklärt, die bestellten Materialien zu den angegebenen Bedingungen zu liefern.

Die Auftragsbestätigung kann für das Zustandekommen eines Kaufvertrages in folgenden Fällen erforderlich sein:

- **Der Bestellung ist kein Angebot vorausgegangen.**

  Beispiel *Die Bürodesign GmbH bestellt beim Lieferer Hanckel & Cie. GmbH Bezugs- und Polstermaterialien, ohne dass der Bürodesign GmbH ein Angebot vorlag. Der Kaufvertrag kommt mit der Bestellungsannahme zustande.*

  Bei sofortiger Lieferung kann auf eine Bestellungsannahme verzichtet werden, in diesem Fall gilt die Lieferung als Annahme der Bestellung.

- **Die Bestellung weicht vom Angebot ab.**

  Beispiel *Die Bürodesign GmbH bestellt 30000 Scharniere zu 1,10 €/6 Stück, das Angebot des Lieferers lautete über 1,15 €/6 Stück. Erst durch eine Bestellungsannahme über 1,10 €/6 Stück kommt der Kaufvertrag zustande.*

- **Das Angebot des Lieferers ist freibleibend.**

  Beispiel *Die Bürodesign GmbH bestellt aufgrund eines Angebotes der Stammes Stahlrohr GmbH, in dem die Klausel „Preise freibleibend" vermerkt war. Erst durch die Bestellungsannahme kommt der Kaufvertrag zustande.*

- **Die Bindungsfrist an das Angebot ist abgelaufen.**

  Beispiel *Die Bürodesign GmbH bestellt schriftlich bei der Hanckel & Cie. GmbH aufgrund eines E-Mail-Angebotes nach einer Woche Kunststoffteile für Bürostühle. Erst durch die Bestellungsannahme kommt der Kaufvertrag zustande.*

Bestellabwicklung

Bei einer Bestellung muss unterschieden werden zwischen
- der Nachbestellung (Material wird bereits geführt) und
- der erstmaligen Beschaffung von Material, das bisher noch nicht beschafft wurde.

Digitales Bestellwesen

Computergestützte digitale Produktionsplanungssysteme (PPS) haben für Nachbestellungen in ihren Programmen **automatische Bestellsysteme** eingearbeitet. Sobald der Meldebestand eines Materials unterschritten wird, veranlasst das Programm aufgrund vorgegebener Dispositionsanweisungen automatisch die Bestellung beim entsprechenden Lieferer. Da bestimmte Materialien in vielen Fällen starken saisonalen Schwankungen unterliegen können, werden in diesen Bereichen automatische Bestellsysteme im Rahmen der digitalen Produktionsplanungssysteme relativ selten angewandt.

Beispiel *Die Bürodesign GmbH hat für die Materialgruppe „Gasfedern für Bürostühle" in ihrem Produktionsplanungssystem ein automatisches Bestellsystem eingearbeitet. Sobald der Meldebestand für diesen Artikel unterschritten ist, wird vom PPS automatisch eine Bestellung ausgedruckt, die dem entsprechenden Lieferer per E-Mail oder Fax zugesandt wird.*

Bestellvorschlagssysteme

Die meisten Produktionsplanungsprogramme bieten digitale **Bestellvorschlagssysteme** an. Bei diesen Programmen wird bei Unterschreitung des Meldebestandes eines Materials nicht automatisch eine Bestellung ausgelöst, sondern die Bestellung wird in einer **Bestellvorschlagsliste** erfasst, die jeden Tag ausgewertet werden kann. Nach Überprüfung durch den entsprechenden Einkaufssachbearbeiter erfolgt die Bestellung beim entsprechenden Lieferer.

Beispiel *Automatischer Bestellvorschlag bei der Bürodesign GmbH*

Errechneter Bestellvorschlag			**Mindestbestand: 200**		**Höchstbestand: 4000**	
Bestellvorschlags-Nr 125					**Datum: 20.09.20..**	
Material-Nr. Bestell-Nr.	**Materialbe- zeichnung**	**Lieferer-Nr. Lieferer**	**Bestell- menge**	**Rabatt**	**Listenein- kaufspreis**	**Bestell- wert**
159B574 100201	Gasfeder	70050 Hanckel & Cie. GmbH	3800	20%	9,00 €	34200,00 €

Produktionsplanungssysteme bieten die Möglichkeit, **automatische Bestellvorschläge** unter Angabe des Materials, der Mengen, der Lieferer usw. zu erstellen. Das Programm greift dabei auf alle verfügbaren Daten der Artikel-, Lager- und Lieferantendatei zurück.

■ Bestellüberwachung

Es kommt häufiger vor, dass zum vereinbarten Liefertermin noch keine Materiallieferung erfolgt ist. Daher muss der in der Bestellung angegebene oder der bei Vertragsabschluss vereinbarte Liefertermin überwacht werden. Hierbei können digitale Bestellsysteme eingesetzt werden.

Bestellrückstandsliste

Eine laufende Terminüberwachung der **offenen Bestellungen** sichert einen geordneten Betriebsablauf beim Materialeingang. Die Bestellungen werden in der Beschaffungsabteilung mit laufenden Nummern versehen, sofern das digitale Bestellprogramm dieses nicht automatisch vornimmt, und in der Datei für offene Bestellungen gespeichert. Eine Durchschrift der Bestellung wird in einer Ablage **„Offene Bestellungen"** zur Terminüberwachung hinterlegt. Das digitale Bestellsystem überwacht hierbei mithilfe der Bestellrückstandsliste die erteilten Bestellungen terminlich, wobei diese Liste eine nach Lieferanten geordnete Übersicht aller Bestellungen sowie alle wichtigen Bestelldaten enthält. In bestimmten Abständen werden Listen ausgedruckt, die alle überfälligen Lieferungen ausweisen. Der zuständige Sachbearbeiter kann sofort veranlassen, dass an die entsprechenden Lieferanten Rückstandsmeldungen zur Erinnerung versandt werden.

Beispiel *In der Bürodesign GmbH wird zweimal pro Woche eine Liste aller überfälligen Lieferungen ausgedruckt. Per E-Mail oder Fax werden anschließend die Lieferer durch den Abteilungsleiter Herrn Kaya oder den zuständigen Sachbearbeiter auf die ausstehenden Lieferungen hingewiesen.*

Bestellrückstandsliste Bürodesign GmbH				**Datum: 13.09.20..**		**Seite 9**
Lieferung	**Lieferer-Nr. Bestell-Nr. Bestell-Dat.**	**Artikel Nr.**	**Artikelbe- zeichnung**	**Bestell- menge**	**Liefer- termin**	**Zuständiger Sachbearbeiter**
1	K70050 289908 30.08.20..	1765543	Beize 50 l Kanister	20	10.09.20..	Frau Zolling
2	70099 289507 30.08.20..	119B263	Primus Ordner A4	50	12.09.20..	Herr Paneck

Liste aller offenen Bestellungen

Sie zeigt nach Materialien oder Lieferern geordnet die Bestellmenge und die noch offene Liefermenge mit ihrem Lieferwert an.

Zusammenfassung: Beschaffungsvorgang beschreiben

- Die Bestellung ist die **Willenserklärung des Käufers bestimmte Materialien zu bestimmten Bedingungen zu kaufen.**
- Die Bestellung ist an keine Formvorschrift gebunden und kann **schriftlich, fernschriftlich, mündlich oder telefonisch** erteilt werden.
- Die Bestellung sollte möglichst alle Bedingungen eines Angebotes enthalten, **mindestens jedoch Materialart, Menge, Preis**.
- Der **Widerruf der Bestellung** muss **spätestens gleichzeitig mit der Bestellung** beim Lieferer eintreffen.
- Die **Bestellungsannahme (Auftragsbestätigung) ist in folgenden Fällen erforderlich**, damit **ein Kaufvertrag zustande kommt**: vom Angebot abweichende Bestellung, Bestellung ohne vorliegendes Angebot oder aufgrund eines freibleibenden Angebots, abgelaufene Bindungsfrist an das Angebot.
- **Computergestützte digitale Produktionsplanungssysteme** haben für Nachbestellungen **automatisierte Bestellsysteme** (Einkäufer muss nicht mehr eingreifen) und **automatische Bestellvorschläge** eingearbeitet (Bestellvorschlagsliste, die endgültige Bestellentscheidung bleibt beim Einkäufer).
- Die **Terminüberwachung** ausstehender Bestellungen erfolgt mithilfe der im digitalen Bestellsystem vorhandenen **Bestellrückstandsliste**, in der alle überfälligen Lieferungen ausgewiesen sind, oder der **Liste aller offenen Bestellungen**.

Aufgaben

1 *Geben Sie an, in welchen der nachfolgenden Fälle eine Bestellungsannahme (Auftragsbestätigung) für das Zustandekommen des Kaufvertrages erforderlich ist.*
   a) Der Lieferer macht dem Großhändler ein telefonisches Angebot. Der Großhändler bestellt einen Tag später schriftlich zu den telefonisch vereinbarten Bedingungen.
   b) Der Lieferer macht dem Großhändler ein freibleibendes Angebot per Brief. Der Großhändler bestellt zu den angegebenen Bedingungen per Telefax.
   c) Der Lieferer bietet dem Großhändler einen Artikel zu 6,80 €/Stück an. Der Großhändler bestellt termingerecht zu 6,60 €/Stück.
   d) Ein Großhändler bestellt aufgrund eines brieflichen Angebots des Lieferers sofort nach Erhalt des Briefes telefonisch zu den angegebenen Bedingungen.

2 *Die Bürodesign GmbH hat irrtümlich eine falsche Bestellung per Brief aufgegeben. Erläutern Sie, wie die Bürodesign GmbH sich verhalten soll, um die falsche Bestellung zu widerrufen.*

3 *Welche Angaben sollte eine Bestellung beinhalten, wenn*
   a) der Besteller aufgrund eines ausführlichen Angebots,
   b) ohne Vorliegen eines Angebots
   bestellt?

4 *Erläutern Sie, welche rechtliche Bedeutung eine Bestellung hat und in welcher Form ein Kaufmann eine Bestellung abgeben kann.*

5 Erläutern Sie die Bestellabwicklung und die Bestellüberwachung in einem Unternehmen.

6 Schreiben Sie eine Bestellung für mehrere Materialien für ein Produkt aus der Produktliste der Bürodesign GmbH und stellen Sie diese Ihren Mitschülern vor.

7 Beschreiben Sie anhand von Beispielen, wenn eine Auftragsbestätigung für das Zustandekommen eines Kaufvertrages erforderlich ist.

8 Erläutern Sie, inwiefern das digitale Bestellwesen in einem Unternehmen durch den Einsatz von computergesteuerten Produktionsplanungssystemen erleichtert werden kann.

2.5 Bereitstellungsfähigkeit von Materialien mithilfe von Kennziffern prüfen

Die Auszubildende Silvia Land liest einen Ausdruck des digitalen Lagerbestandsführungsprogramms der Bürodesign GmbH, den Herr Holtermüller, der Gruppenleiter Lager, über die Lagerbestände der Produktgruppe „Konferenzen und Schulung“ abgerufen hat. Hierin ist u. a. folgende Aufstellung enthalten:

Produktgruppe 2: Konferenzen und Schulungen				
Produkt-nummer	**Produktbezeichnung**	**Mindestbestand in Stück**	**Meldebestand in Stück**	**Prozentualer Anteil an der Lagerfläche**
444/4	Logo Konferenztisch	5	50	3
444/1	Stapler Stapelstuhl	10	50	2
442/1	Konzentra Konferenzstuhl	5	30	1
......	......	...	...	...
443/1	Regalsystem Wikinger	8	50	2

Silvia Land überlegt, warum die Bürodesign GmbH Höchstbestände für jedes einzelne Produkt festlegt und warum der prozentuale Anteils eines Produktes an der Lagerfläche ausgewiesen wird.

Arbeitsaufträge

- ***Erläutern Sie die Bedeutung der materialbezogenen Festlegung von Melde- und Höchstbestand in einem Industrieunternehmen.***
- ***Begründen Sie, warum eine laufende materialbezogene Kontrolle der Lagerbestände erforderlich ist.***
- ***Erläutern Sie Lagerbestands- und Lagerbewegungsdaten und zeigen Sie die Konsequenzen auf, wenn die Umschlagshäufigkeit eines Materials sinkt.***

Bei der Steuerung der Lagerhaltung besteht ein permanenter **Zielkonflikt** zwischen der von den Kunden erwarteten hohen Lieferbereitschaft von Fertigerzeugnissen und der von der Fertigung erwarteten Vorratshaltung benötigter Werkstoffe einerseits und den vom Unternehmen angestrebten niedrigen Lagerkosten andererseits. Je größer die zu lagernde Materialmenge ist, desto höher sind die Lagerkosten und umgekehrt. Folglich versucht jedes Unternehmen die Menge der zu lagernden Materialien (Werkstoffe, Fertigerzeugnisse) zu minimieren. Durch die möglichst optimale Nutzung des vorhandenen Lagerraums (z. B. Hochregallager) und den

Einsatz einer modernen Lagertechnik (Belüftung, Heizung, Kühlanlagen), die auf das jeweilige Lagergut exakt abgestimmt ist, können die Lagerkosten minimiert werden. Ebenso können die Transportwege innerhalb des Lagers durch eine durchdachte Lagerorganisation vermindert werden. Die Zugriffszeiten auf die Materialien können durch geeignete Förderhilfsmittel (z. B. Paletten, Körbe, Hubwagen) erhöht werden.

Lagerkosten und Lagerrisiken

Jedes Lager verursacht Kosten. Einige Kosten, z. B. Miete für den Lagerraum, sind bezogen auf einen bestimmten Zeitraum von der Menge und dem Wert der gelagerten Materialien unabhängig. Man bezeichnet sie als **fixe Kosten**, sie sind über einen bestimmten Zeitraum unveränderlich. Die Kosten der Lagervorräte sind vom Industrieunternehmen beeinflussbar, denn es kann entscheiden, wie viele Materialien es auf Lager hält. Solche Kosten heißen **variable Kosten**. Fixe und variable Lagerkosten müssen in die Preiskalkulation des Industrieunternehmens einfließen. Über den Verkaufspreis der einzelnen Produkte, d. h. über den Umsatz, müssen diese Kosten erwirtschaftet werden.

Sachkosten des Lagers

- **Reparaturen, Instandhaltung** der Lagereinrichtung (Regale, Ständer usw.), der Hilfsmittel (Hubwagen, Gabelstapler, Lagersteuerungsanlage usw.)
- **Wartung** (Transportmittel, Heizung, Klimaanlage, Sprinkleranlage, Kühltruhen usw.)
- **Energiekosten** (Heizung, Beleuchtung, Kühlung usw.)
- **Versicherungsprämien** (für das Lagergebäude, die Lagereinrichtung und den Materialbestand)
- **Reinigungskosten**
- **Miete** (für Räume und Geräte)
- **Kosten der Materialpflege** (Abdeckhüllen, Staubsicherungen usw.)
- **Kosten der Lagerverwaltung** und **-organisation** (Lagerdatei, Kommissionierscheine usw.)

Personalkosten

Alle Mitarbeiter des Lagers, anteilig die Mitarbeiter des Verkaufs oder der Fertigung, die nur zeitweise mit Lagerarbeiten beschäftigt sind, verursachen Personalkosten. Es müssen hierbei sämtliche Arbeiten berücksichtigt werden, angefangen von der Materialannahme, Materialprüfung usw. bis zur Bereitstellung der Materialien für die Fertigung und der Fertigerzeugnisse für den Kunden.

Kosten des Lagerrisikos

Jede Lagerhaltung birgt auch Risiken, die durch keine Versicherung abzudecken sind. Das Industrieunternehmen muss darauf achten, diese Risiken möglichst gering zu halten. Risiken wie **Schwund, Diebstahl, Verderb** können auch bei sorgfältigster Arbeit nicht immer vermieden werden. Die so entstandenen Kosten sind meist nicht exakt planbar, hier können aber Erfahrungswerte und Schätzungen helfen, um diese Kosten bei der Kalkulation zu berücksichtigen. **Allgemeine Risiken** wie z. B. **Modeänderungen, Modellwechsel, technische Veränderungen sind allgemeines Unternehmerwagnis**, das nicht über die Handlungskosten kalkuliert wird, sondern über den Gewinn abgegolten wird.

Kosten der Kapitalbindung

Die Lagerausstattung und die gelagerten Materialien binden Kapital, d. h., die finanziellen Mittel, die hierfür aufgewendet werden, stehen für andere betriebliche Zwecke nicht zur Verfügung. Die Kosten der Kapitalbindung sind die Zinsen für das Kapital.

- **Kosten der gelagerten Materialien:** Verzinsung des eingesetzten Kapitals
  Beispiel *Die Bürodesign GmbH lagert im Durchschnitt im Rohstofflager pro Jahr für 230000,00 € Materialien. Würde die Bürodesign GmbH die dadurch gebundenen Mittel für 6 % Zinsen pro Jahr bei einer Bank anlegen, so erhielte sie hierfür 13800,00 € Zinsen.*

- **Kosten der Lagereinrichtung:** Verzinsung des eingesetzten Kapitals, Abschreibung
  Beispiel *Die Bürodesign GmbH kauft einen Gabelstapler für 18000,00 € für ihr Lager. Bei einem Zinssatz von 6 % entstehen jährlich 1080,00 € Kapitalbindungskosten. Der Gabelstapler hat eine geschätzte Lebensdauer von sechs Jahren, über diesen Zeitraum sind die Anschaffungskosten zu verteilen, es entstehen somit jährlich Abschreibungen in Höhe von 3000,00 € bei linearer Abschreibung.*

- **Kosten der Lagerräume:** Baukosten für ein neues Lager, Erweiterungsbauten usw.
  Die exakte Ermittlung der Lagerkosten ist nur mit einem gut funktionierenden betrieblichen Rechnungswesen möglich. Die Verkaufspreise der einzelnen Produkte müssen so kalkuliert werden, dass diese Kosten langfristig gedeckt sind.

■ Lagerbestandskennzahlen

Die Lagervorräte in einem Industrieunternehmen müssen systematisch kontrolliert werden. Um die Lagerkosten zu senken, ist es notwendig,

- die **Lagerbestände so klein wie möglich zu halten**, das führt zu geringeren Kapital-, Sach- und Personalkosten und zu einem geringeren Lagerrisiko,
- die **Lagerbestände der Werkstoffe möglichst schnell zu Fertigerzeugnissen zu verarbeiten und zu verkaufen**, damit gebundenes Kapital freigesetzt wird.

Die Kontrolle des Lagerbestandes kann durch **Stichtagsinventur** oder durch **permanente Inventur** mit **Fortschreibung in Listen**, **Büchern** usw. erfolgen. Sehr häufig werden auch Computerprogramme eingesetzt, um die Lagerbestände zu überwachen.

Die Lagerkontrolle hat die Aufgabe, für jeden einzelnen Artikel laufend den aktuellen Bestand festzustellen, um Nachbestellungen rechtzeitig durchzuführen, die Verkaufsbereitschaft zu gewährleisten und Überbestände zu erkennen. Für Materialien, die zu hohe Bestände aufweisen, müssen Maßnahmen ergriffen werden, um die Vorräte zu senken. Zur Bestandsüberwachung werden im Lagerwesen sog. **Lagerkennziffern(-zahlen)** verwendet. Diese Zahlen ermöglichen für alle Materialien genaue Aussagen über eine wirtschaftliche Vorratshaltung.

In einem Industrieunternehmen sollte für jeden einzelnen Artikel und für jede Produktgruppe mithilfe der Daten des Lagerbestandsführungsprogramms die Wirtschaftlichkeit der Vorratshaltung laufend kontrolliert werden. Mithilfe der Lagerkennzahlen können **material- oder produktgruppenbezogene Aussagen zur Wirtschaftlichkeit** eines Materials oder einer Produktgruppe gemacht werden.

- **Höchstbestand:** Jedes Lager hat eine begrenzte Lagerkapazität, die nicht beliebig veränderbar ist. Somit kann in einem Lager nur eine begrenzte Anzahl von Materialien gelagert werden (**technischer Höchstbestand**). Ebenso beschränkt das Kapital, das zur Vorratshaltung zur Verfügung steht, die Menge der Lagergüter (wirtschaftlicher Höchstbestand).
- **Mindestbestand** (vgl. S. 224)
- **Meldebestand** (vgl. S. 224)

- **Durchschnittlicher Lagerbestand:** Während eines Jahres ergeben sich für die Materialien meist täglich oder stündlich verschiedene Lagerbestände durch Verkauf, Verbrauch und Einkauf (Lagerab- und -zugänge). Zur Übersicht und zur leichteren Kontrolle werden deshalb Mittelwerte (Durchschnittswerte) berechnet. Der durchschnittliche Lagerbestand (DLB) eines Materials gibt an, wie hoch im Durchschnitt der Vorratsbestand in Stück oder in Euro in einem bestimmten Zeitraum ist. Die Kenntnis des durchschnittlichen Lagerbestandes kann z. B. beim Abschluss einer Versicherung der Materialien gegen Feuer, Diebstahl usw. von Bedeutung sein. Da die Lagerbestände aufgrund ständiger Ein- und Auslagerungen schwanken, ist es sinnvoll, beim Abschluss einer Versicherung den durchschnittlichen Lagerwert anzusetzen.

Beispiel *In der Produktgruppe „Konferenzen und Schulung“ soll der DLB für den Stapelstuhl „Stapler“ ermittelt werden. Elke Grau ist mit dieser Aufgabe betraut. Der Jahresanfangsbestand an Stapelstühlen beträgt 38 Stück, der Jahresendbestand (lt. Inventur) beträgt 60 Stück.*

$$DLB = \frac{38 + 60}{2} = \frac{98}{2} = \underline{\underline{49 \text{ Stück}}}$$

Durchschnittlicher Lagerbestand bei Jahresinventur $= \dfrac{\text{Anfangsbestand} + \text{Endbestand}}{2}$

Der durchschnittliche Lagerbestand kann auch als Wertkennziffer in Euro ausgerechnet werden, indem die Mengen mit ihren Bezugs-/Einstandspreisen oder Herstellungskosten multipliziert werden. Die Genauigkeit der Kennziffer „DLB“ hängt davon ab, wie viele Bestände in die Berechnung eingehen. Einen genaueren DLB erhält man, wenn zusätzlich zu den Jahresbeständen die Quartalsendbestände berücksichtigt werden.

Beispiel *Elke Grau möchte den DLB genauer berechnen. Sie nimmt zusätzlich zu dem Jahresanfangsbestand noch vier Quartalsbestände (Vierteljahreswerte) in ihre Berechnung auf.*

Jahresanfangsbestand:	*38 Stück*	*Bestand am Ende des 3. Quartals:*	*220 Stück*
Bestand am Ende des 1. Quartals:	*146 Stück*	*Bestand am Ende des 4. Quartals:*	*60 Stück*
Bestand am Ende des 2. Quartals:	*190 Stück*	*(Jahresendbestand)*	

$$DLB = \frac{38 + 146 + 190 + 220 + 60}{5} = \frac{654}{5} = \underline{\underline{130{,}8 \sim 131 \text{ Stück}}}$$

Durchschnittlicher Lagerbestand mit Quartalsendbeständen $= \dfrac{\text{Jahresanfangsbestand} + 4 \text{ Quartalsendbestände}}{5}$

Die gleiche Berechnung kann ebenfalls mit Euro-Beträgen gemacht werden. Einen noch genaueren DLB erhält man, wenn zusätzlich zu dem Jahresanfangsbestand noch die zwölf Monatsendbestände hinzugenommen werden. So stehen 13 Werte zur Verfügung.

Beispiel *Elke Grau ermittelt den DLB aufgrund der Monatsbestände. Jahresanfangsbestand: 38 Stück*

Monatsendbestände:

Januar:	*50*	*April:*	*80*	*Juli:*	*140*	*Oktober:*	*160*
Februar:	*162*	*Mai:*	*250*	*August:*	*20*	*November:*	*109*
März:	*146*	*Juni:*	*190*	*September:*	*220*	*Dezember:*	*60*

$$DLB = \frac{38 + 50 + 162 + 146 + 80 + 250 + 190 + 140 + 20 + 220 + 160 + 109 + 60}{13} = \frac{1\,625}{13} = \underline{\underline{125 \text{ Stück}}}$$

Durchschnittlich befanden sich also 125 Stapelstühle auf Lager. Wenn jeder Stapelstuhl durchschnittlich Herstellkosten von 130,00 € hat, so waren durchschnittlich 16 250,00 € Kapital gebunden.

$$\textbf{Durchschnittlicher Lagerbestand mit Monatsendbeständen} = \frac{\text{Jahresanfangsbestand + 12 Monatsbestände}}{13}$$

Durch den Einsatz moderner digitaler Lagerbestandsführungsprogramme ist es möglich, zu jedem beliebigen Zeitpunkt den aktuellen Lagerbestand zu ermitteln. Diese genauen Zahlenwerte ermöglichen ein gezieltes Steuern der Bestände, um Lagerkosten zu senken.

■ Lagerbewegungskennzahlen

Es ist wichtig, den Lagerbestand so gering wie möglich zu halten, damit nicht zu viel Kapital durch lagernde Materialien gebunden wird und die Lagerkosten möglichst gering gehalten werden. Lagerbewegungen und Lagerkosten werden mit verschiedenen Kennziffern kontrolliert.

Umschlagshäufigkeit

Die Umschlagshäufigkeit gibt an, wie oft der durchschnittliche Lagerbestand während eines Geschäftsjahres verkauft oder verbraucht wurde.

Beispiel *Die Finanzbuchhaltung der Bürodesign GmbH meldet für das vergangene Geschäftsjahr einen Materialverbrauch von 18 900 000,00 €. Der durchschnittliche Lagerbestand betrug 1 050 000,00 €. Hieraus kann abgeleitet werden, dass in einem Jahr der Lagerbestand 18-mal umgeschlagen wurde.*

$$\textit{Umschlagshäufigkeit (UH)} = \frac{18\,900\,000}{1\,050\,000} = \underline{\underline{18}}$$

In einem vergleichbaren Industrieunternehmen betrug der Materialverbrauch ebenfalls 18 900 000,00 €. Der durchschnittliche Lagerbestand betrug aber 1 150 000,00 €, er wurde nur 16,4-mal umgeschlagen.

$$\textit{Umschlagshäufigkeit (UH)} = \frac{18\,900\,000}{1\,150\,000} = \underline{\underline{16{,}4}}$$

Bei der Bürodesign GmbH waren im Durchschnitt nur 1 050 000,00 € Kapital gebunden, beim zweiten Industrieunternehmen 1 150 000,00 €, obwohl beide wertmäßig gleich viel verbraucht haben. Der Bürodesign GmbH standen also regelmäßig 100 000,00 € mehr zur Verfügung. Die Kennziffern „18" bzw. „16,4" geben also an, wie häufig ein durchschnittlicher Lagerbestand (DLB) umgeschlagen wurde.

Hieraus lässt sich folgende Formel ableiten:

$$\textbf{Umschlagshäufigkeit (Umsatz)} = \frac{\text{Materialverbrauch}}{\text{DLB zu Bezugs-/Einstandspreisen}}$$

Durchschnittliche Lagerdauer

Wenn die Umschlagshäufigkeit eines Materials bekannt ist, so kann daraus seine durchschnittliche Lagerdauer berechnet werden. Hieraus erkennt man den Zeitraum vom Eintreffen der Materialien im Lager bis zur Weiterverarbeitung, also wie lange die Ware durchschnittlich gelagert wurde.

Beispiel *Der Lagerbestand hat bei der Bürodesign GmbH eine Umschlagshäufigkeit von 18. Das kaufmännische Jahr zählt 360 Tage, 360 : 18 = 20. Das bedeutet, dass die Materialien durchschnittlich 20 Tage auf Lager waren.*

Hieraus lässt sich folgende Formel ableiten:

$$\textbf{Durchschnittliche Lagerdauer} = \frac{\text{360 (Tage)}}{\text{Umschlagshäufigkeit}}$$

Lagerzinssatz

In Lagervorräte investiertes Kapital verursacht Kosten. In der Kalkulation des Verkaufspreises eines Produkts sind diese Kapitalkosten zu berücksichtigen. Es ist sinnvoll, diese Kosten mit einem Prozentsatz in die Preiskalkulation einzubeziehen. Die Zinskosten sind abhängig von der durchschnittlichen Lagerdauer und von dem Zinssatz, der für ein angelegtes Kapital von einer Bank gezahlt würde. Somit ergibt sich:

$$\textbf{Lagerzinssatz} = \frac{\text{Jahreszinssatz} \cdot \text{durchschnittliche Lagerdauer}}{360} \quad \text{oder} \quad \frac{\text{Jahreszinssatz}}{\text{Umschlagshäufigkeit}}$$

Beispiel *Die Bürodesign GmbH hat für ihren Lagerbestand eine durchschnittliche Lagerdauer von 20 Tagen errechnet. Für Geldanlagen wird der Bürodesign GmbH von der Deutschen Bank in Köln ein Zinssatz von 5 % geboten.*

$$\textit{Lagerzinssatz} = \frac{5 \cdot 20 \text{ Tage}}{360 \text{ Tage}} = \underline{\underline{0{,}28}}$$

Der Lagerzinssatz beträgt somit 0,28 %.

Lagerzinsen

Der Wert des durchschnittlichen Lagerbestandes ist als Kapital gebunden. Für diesen Betrag müssen somit Zinsen (Kapitalbindungskosten) berechnet werden. Hierzu wird der Lagerzinssatz verwendet.

$$\textbf{Lagerzinsen} = \frac{\text{Lagerzinssatz} \cdot \text{durchschnittlicher Lagerbestand}}{100}$$

Beispiel *Die Bürodesign GmbH hat einen durchschnittlichen Lagerbestand von 1 050 000,00 €. In der Bürodesign GmbH wird ein Lagerzinssatz von 0,28 % ermittelt.*

$$\textit{Lagerzinsen} = \frac{0{,}28 \cdot 1\,050\,000{,}00\ €}{100} = \underline{\underline{2\,940{,}00\ €}}$$

Für diesen Lagerbestand fallen 2 940,00 € Lagerzinsen an.

■ Auswertung der Lagerkennzahlen

Die Erhöhung der Umschlagshäufigkeit hat eine Verkürzung der Lagerdauer zur Folge. Dadurch vermindern sich die Kosten für die Materialpflege sowie das Risiko der Veralterung und des Verderbs. Die Lagerkosten werden aber wesentlich vom Lagerumschlag beeinflusst. Je höher die Umschlagshäufigkeit für einen Artikel, für Material oder für eine Produktgruppe ist, desto niedriger ist der Kostenanteil, der auf den einzelnen Artikel, das Material oder die Produktgruppe entfällt. Durch eine Erhöhung der Umschlagshäufigkeit werden Lagerzinsen gespart, der Kapitalbedarf wird verringert, die Wirtschaftlichkeit wird erhöht. Die Lagerumschlagshäufigkeit kann durch folgende **Maßnahmen** erhöht werden:

- Durch die Verringerung der Bestellmengen und des Mindestbestandes, durch Just-in-time-Lieferungen (vgl. S. 225) oder durch den **Kauf auf Abruf** kann im **Beschaffungsbereich** die Voraussetzung für eine Erhöhung der Umschlagshäufigkeit erreicht werden. →Bd. 2
- Durch verstärkte Werbung zur Absatzsteigerung oder Sonderverkaufsaktionen für Produkte mit geringer Umschlagshäufigkeit kann der Produktumschlag im **Absatzbereich** erhöht werden.

Die Lagerkennzahlen sind für jeden Industriebetrieb von besonderer Bedeutung, da sie im Zeitvergleich die Entwicklungstendenzen eines Artikels, einer Material- oder Produktgruppe und des gesamten Betriebes aufzeigen. Zudem können im Betriebsvergleich interessante Erkenntnisse gewonnen werden, wenn die betrieblichen Lagerkennzahlen mit denen der Branche verglichen werden.

Zusammenfassung: Bereitstellungsfähigkeit von Materialien mithilfe von Kennziffern prüfen

- Jede **Lagerhaltung birgt Risiken**, wie Modeänderungen, technischer Fortschritt, Modelländerungen oder Verderb in sich.

- **Lagerkosten**
  - **Sachkosten:** alle Kosten zum Betrieb des Lagers, insbesondere Mieten, Energie, Reparaturen usw.
  - **Personalkosten:** Kosten der Mitarbeiter, die Lagerarbeiten erledigen
  - **Kosten des Lagerrisikos:** Kosten durch Verderb, Diebstahl, Schwund
  - **Kosten der Kapitalbindung:** Zinsen für das eingesetzte Kapital
    - gelagerte Materialien
    - Anschaffung der Lagereinrichtung
    - Anschaffung oder Herstellung (Bau) der Lagerräume

- **Lagerbestandskennzahlen**
  - Lagerbestandsdaten werden benötigt, um eine wirtschaftliche Lagerführung zu sichern.
  - **Mindestbestand:** Reserve, um Verkaufs- und Produktionsbereitschaft zu sichern
  - **Höchstbestand:** technischer HB = absolute Obergrenze, Lager ist vollständig gefüllt; wirtschaftlicher HB = Bestand, bis zu dem ein Material unter wirtschaftlichen Gesichtspunkten höchstens gelagert wird
  - **Meldebestand:** Bestand, bei dem die Materialien nachbestellt werden müssen, um die Lieferzeit zu überbrücken, MB = (Tagesverbrauch · Lieferzeit) + Mindestbestand
  - **Durchschnittlicher Lagerbestand**:
  - **DLB bei Jahresinventur** $= \frac{\text{Jahresanfangsbestand} + \text{Jahresendbestand}}{2}$
  - **DLB mit Quartalsendbeständen** $= \frac{\text{Jahresanfangsbestand} + \text{4 Quartalsendbestände}}{5}$
  - **DLB mit Monatsendbeständen** $= \frac{\text{Jahresanfangsbestand} + \text{12 Monatsendbestände}}{13}$

- **Lagerbewegungskennzahlen:** Im Lagerwesen werden folgende Kennziffern zur Kontrolle der Lagerbestände eingesetzt:
  - **Umschlagshäufigkeit** $= \frac{\text{Materialverbrauch}}{\text{DLB zu Bezugs-/Einstandspreisen}}$ oder $\frac{\text{Jahresabsatz (Stück)}}{\text{DLB in Stück}}$
  - **Durchschnittliche Lagerdauer** $= \frac{\text{360 (Tage)}}{\text{Umschlagshäufigkeit}}$
  - **Lagerzinssatz** $= \frac{\text{Jahreszinssatz} \cdot \text{durchschnittl. Lagerdauer}}{360}$ oder $\frac{\text{Jahreszinssatz}}{\text{Umschlagshäufigkeit}}$
  - **Lagerzinsen** $= \frac{\text{Jahreszinssatz} \cdot \text{durchschnittl. Lagerbestand}}{100}$

- **Auswertung der Lagerkennzahlen**
  - Mithilfe der Lagerkennzahlen wird die **Beurteilung der Wirtschaftlichkeit des Lagers** ermöglicht. Zudem sind die Lagerkennzahlen die Grundlage für Betriebsvergleiche mit Durchschnittszahlen der Branche.

- **Je höher die Umschlagshäufigkeit** oder je geringer die durchschnittliche Lagerdauer eines Artikels, einer Werkstoff- oder einer Produktguppe, desto niedriger ist der Kapitaleinsatz im Lager.
- **Je höher die Umschlagshäufigkeit** oder je geringer die durchschnittliche Lagerdauer eines Artikels, einer Werkstoff- oder einer Produktgruppe, desto niedriger ist der Kostenanteil je Artikel, je Werkstoff- oder je Produktgruppe.

Aufgaben

1 Erläutern Sie, welchen Zweck ein Mindestbestand (eiserne Reserve) in einem Industriebetrieb hat.

2 Von einem Material werden im Durchschnitt täglich 15 Stück verbraucht. Die Lieferzeit beträgt sechs Tage, der Mindestbestand beträgt 85 Stück. Wie hoch ist der Meldebestand?

3 Die Lagerdatei für einen Artikel enthält u. a. folgende Eintragungen:

Bestand am 31.12. des Vorjahres	*96 Stück*	*Bestand am 30.09. des Jahres*	*344 Stück*
Bestand am 31.03. des Jahres	*272 Stück*	*Bestand am 31.12. des Jahres*	*6 Stück*
Bestand am 30.06. des Jahres	*248 Stück*	*Bezugs-/Einstandspreis pro Stück*	*45,00 €*

Welche Kennzahl können Sie aus den oben stehenden Angaben ermitteln?

1. die durchschnittliche Lagerdauer
2. die durchschnittlichen Lagerkosten
3. den durchschnittlichen Lagerbestand
4. die durchschnittlichen Verkaufserlöse
5. den durchschnittlichen Bruttoumsatz pro Quartal

4 In einem Industriebetrieb werden für ein Produkt folgende Bestände aufgrund permanenter Inventur ausgewiesen:

Anfangsbestand 1. Januar:	*200*		
Endbestand 31. Januar:	*185*	*Endbestand 31. Juli:*	*275*
Endbestand 28. Februar:	*270*	*Endbestand 31. August:*	*281*
Endbestand 31. März:	*315*	*Endbestand 30. September:*	*265*
Endbestand 30. April:	*295*	*Endbestand 31. Oktober:*	*295*
Endbestand 31. Mai:	*290*	*Endbestand 30. November:*	*310*
Endbestand 30. Juni:	*315*	*Endbestand 31. Dezember:*	*240*

a) Berechnen Sie den durchschnittlichen Lagerbestand nur mit dem Anfangs- und Endbestand.
b) Berechnen Sie den durchschnittlichen Lagerbestand mit den Quartals- und Monatsbeständen.
c) Weshalb ergeben sich je nach Berechnung Unterschiede für den durchschnittlichen Lagerbestand?

5 In einem Industrieunternehmen liegen folgende Angaben vor: Materialeinsatz: 600 000,00 €, durchschnittlicher Lagerbestand 50 000,00 €. Berechnen Sie die Umschlagshäufigkeit und die durchschnittliche Lagerdauer.

6 Ein Rohstoff hat bei einem Stoßdämpferhersteller eine Umschlagshäufigkeit von 6. Berechnen Sie die durchschnittliche Lagerdauer und erläutern Sie ihre Bedeutung.

7 Das Rohstoffkonto eines Industriebetriebes weist folgende Werte aus: Anfangsbestand 200 000,00 €, Endbestand 280 000,00 €. Auf dem Konto „Rohstoffaufwendungen" wurden Zugänge in Höhe von 1 280 000,00 € gebucht. Berechnen Sie

a) den Rohstoffeinsatz,
b) den durchschnittlichen Lagerbestand,
c) die Umschlagshäufigkeit,
d) die durchschnittliche Lagerdauer.

8 Ein Material liegt durchschnittlich 40 Tage auf Lager. Ermitteln Sie die Umschlagshäufigkeit.

9 Die Bürodesign GmbH erhält von der Hanckel & Cie. GmbH ein Sonderangebot des Materials Holzkaltleim, wobei allerdings eine Mindestmenge abzunehmen ist, die den Bedarf der Bürodesign GmbH für ca. zehn Monate decken würde. Entscheiden und begründen Sie, ob es sinnvoll ist, dieses Angebot anzunehmen.

10 Die Bürodesign GmbH hat sich in der Branche den Ruf erworben, stets auch bei unerwartet hohen Aufträgen lieferbereit zu sein. Als Folge für die Bürodesign GmbH ergibt sich bei vielen Produkten ein hoher Mindestbestand.
a) Erläutern Sie, welcher Zielkonflikt sich daraus für die Bürodesign GmbH ergibt.
b) Beschreiben Sie die Konsequenzen, die sich für die Bürodesign GmbH aus einer Verringerung des Mindestbestandes ergeben können.
c) Machen Sie begründete Vorschläge anhand der Produktliste der Bürodesign GmbH, für welche Produkte ein hoher oder ein geringer Mindestbestand erforderlich sein könnte.

11 In der Furnierwerk GmbH betrug der Rohstoffeinsatz 3 200 000,00 €, der durchschnittliche Lagerbestand 310 000,00 €, es wird mit einem Marktzins von 5 % gerechnet.
a) Berechnen Sie den Lagerzinssatz.
b) Berechnen Sie die Lagerzinsen.
c) Erläutern Sie, welche Auswirkungen eine Erhöhung der Umschlagshäufigkeit hätte.

12 Wie hoch sind die Lagerzinsen, wenn für ein Material, dessen durchschnittlicher Lagerbestand 200 000,00 € beträgt, ein Lagerzinssatz von 1,14 % besteht?

13 Berechnen Sie den Lagerzinssatz, wenn mit einem Jahreszinssatz von 5 % gearbeitet wird und die durchschnittliche Lagerdauer eines Produktes 45 Tage beträgt.

14 Eine Produktgruppe verursachte in einem Jahr 12 000,00 € Lagerzinsen, der Lagerzinssatz beträgt 1,2 %. Wie hoch war der durchschnittliche Lagerbestand?

15 Die Lagerdatei der Vereinigte Spanplatten AG enthält folgende Angaben:
- *Sicherheitsbestand (eiserne Reserve) 200 Stück*
- *täglicher Materialverbrauch 50 Stück*
- *jeweilige Bestellmenge (Anlieferung erfolgt jeweils bei Erreichen des Sicherheitsbestandes) 800 Stück*
- *Anfangsbestand 1 000 Stück*

a) Stellen Sie den Lagerbestandsverlauf in einem Koordinatensystem mithilfe einer Grafiksoftware grafisch dar.
b) Ermitteln Sie den Meldebestand bei einer Wiederbeschaffungszeit von sechs Tagen.
c) Ermitteln Sie den durchschnittlichen Lagerbestand.
d) Erläutern Sie die Folgen, wenn der tägliche Materialverbrauch auf 70 Stück steigt.

16 Die Vereinigte Spanplatten AG hat in der Rechnungsperiode II (April – Juni) folgende Lagerdaten in T€ ausgewiesen:

Anfangsbestand Rohstoffe	*1 500*
Rohstoffzugänge	*3 500*
Endbestand Rohstoffe 30.04.:	*2 300*
Endbestand Rohstoffe 31.05.:	*1 800*
Endbestand Rohstoffe 30.06.:	*2 400*

Ermitteln Sie nachfolgende Lagerkennzahlen und erläutern Sie Ihre Ergebnisse für die II. Rechnungsperiode
a) den durchschnittlichen Lagerbestand,
b) den Rohstoffeinsatz,
c) die Umschlagshäufigkeit,
d) die durchschnittliche Lagerdauer.

2.6 Werteströme im Beschaffungsbereich begründen und unter Berücksichtigung der Umsatzsteuer erfassen

2.6.1 Das Umsatzsteuersystem beschreiben

Die Auszubildende Silvia Land soll folgende Rechnungen buchen:

BÜRODESIGN GMBH

Ein ökologisch orientiertes Unternehmen mit Zukunft

BÜRODESIGN GMBH · Stolberger Straße 188 · 50933 Köln

Klaus Oswald e. K.
Büromöbelgroßhandel
Magazinstraße 98
01099 Dresden

E-Mail: kontakt@buerodesign-online.de
Internet: www.buerodesign-online.de
Anschrift: Stolberger Straße 188, 50933 Köln

Telefon: 0221 668-3550
Telefax: 0221 668-357

Rechnung

Ihre Bestellung vom:
Lieferdatum:

Kunden-Nr. 24009
Rechnungs-Nr. 3202
Rechnungstag 02.06.20..
Bei Zahlung bitte angeben

Pos.	Artikel-Nr.	Artikelbezeichnung	Menge Stk.	Einzelpreis	Gesamtpreis
1	010	Schreibtisch „Chef 2000"	16	625,00	10 000,00

Warenwert netto	Verpackung	Fracht	Entgelt netto	USt. in %	USt. in €	Gesamtbetrag
10 000,00			10 000,00	19	1 900,00	11 900,00

Bei Rücksendung der Verpackung schreiben wir Ihnen 80 % des Wertes gut.

Zahlbar innerhalb 30 Tagen netto, innerhalb 14 Tagen abzügl. 3 % Skonto

BÜRODESIGN GMBH
Stolberger Straße 188
50933 Köln

Sparkasse KölnBonn
IBAN: DE11 3705 0198 0085 3139 48 BIC: COLSDE33XXX
Postbank Köln
IBAN: DE13 3701 0050 0324 0665 06 BIC: PBNKDEFF370

Amtsgericht Köln, HRB 9842
Steuernummer: 223/8459/8844
USt-IdNr.: DE135795835

Geschäftsführer:
Dipl.-Ingenieurin Helma Friedrich
Dipl.-Kfm. Klaus Stein

Vereinigte Spanplatten AG

Spanplatten · Umleimer

Vereinigte Spanplatten AG, Ulmer Str. 12, 86154 Augsburg

Bürodesign GmbH
Stolberger Straße 188
50933 Köln

Ulmer Straße 12
86154 Augsburg

Tel.: 08 21 347 85
Fax: 08 21 346 79
E-Mail: info@vereinigte-spanplatten.de
Internet: www.vereinigte-spanplatten.de

RECHNUNG

Ihre Bestellung	vom	Kunden-Nr.	Rechnungs-Nr.	Rechnungsdatum
020578	16.06.20..	53427	1742	19.06.20..

Pos.	Artikel-Nr.	Artikelbezeichnung	Menge	Einzelpreis €	Gesamtpreis €
1	25	Spanplatten, roh 2 000 × 1 000	200	30,00	6 000,00

Warenwert, netto	Verpackung	Fracht	Entgelt, netto	19 % USt. €	Gesamtbetrag €
6 000,00			6 000,00	1 140,00	7 140,00

Lieferung: Ab Werk — Zahlung: 30 Tage Ziel, netto

Bankverbindung: Commerzbank Augsburg
IBAN: DE15 7204 0046 0000 1278 90 BIC: COBADEFF720

Steuer-Nr.: 103/101/22192 — USt-IdNr.: DE478263916

„Das ist aber komisch", brummt sie vor sich hin, *„das Finanzamt verlangt sowohl auf Ein- als auch auf Verkäufe Umsatzsteuer. Das wird den Gewinn der Bürodesign GmbH ganz schön schmälern."*

Arbeitsaufträge

- ***Überprüfen Sie die Aussage von Silvia Land auf ihre Richtigkeit.***
- ***Bilden Sie die Buchungssätze für beide Rechnungen.***

Umsatz und Umsatzsteuer

Der Gesetzgeber erhebt auf die **Umsätze der Unternehmungen** Umsatzsteuer. **Umsätze im Sinne des Umsatzsteuergesetzes (UStG) sind Lieferungen und sonstige Leistungen im Inland gegen Entgelt.** →P/G →VWL

Beispiele *Verkauf von Büromöbeln, Verkauf von gebrauchten Maschinen, Verkauf von Plänen zur Bürogestaltung, Reparaturen an verkauften Büromöbeln, Vermittlung von Vertragsabschlüssen*

Die Höhe des Umsatzes bemisst sich nach dem **vereinbarten Entgelt (= Bemessungsgrundlage)**. Entgelt ist alles, was der Unternehmer als Gegenleistung für seine Lieferungen oder sonstigen Leistungen mit seinem Vertragspartner lt. Vertrag vereinbart hat.

Der Regelsteuersatz beträgt zurzeit 19 % des Umsatzes, also der Bemessungsgrundlage. Für verschiedene Umsätze, z. B. Grundnahrungsmittel (wie Milch, Milcherzeugnisse, Mehl, Brot u. a.), Bücher, Zeitungen, Blumen und Kunstgegenstände gilt der ermäßigte Satz von 7 %.

Beispiel *Die Bürodesign GmbH schuldet dem Finanzamt aufgrund der ausgeführten Lieferung an den Kunden Klaus Oswald e. K., Büromöbelgroßhandel, Dresden, lt. AR 3202 1 900,00 € Umsatzsteuer.*

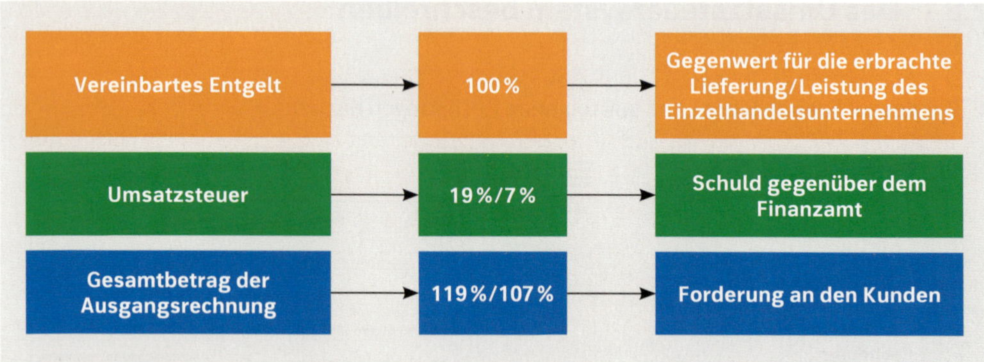

Die **Umsatzsteuer lt. Ausgangsrechnung** ist somit eine **Verbindlichkeit gegenüber dem Finanzamt**. Jeder Unternehmer wälzt die abzuführende Umsatzsteuer auf den Kunden ab. Daher schreibt der Gesetzgeber vor, dass die **Umsatzsteuer** offen in der **Ausgangsrechnung** ausgewiesen werden muss.

■ Vorumsatz und Vorsteuer

Um den Umsatz erbringen zu können, muss eine Industrieunternehmung Lieferungen und Leistungen anderer Unternehmungen in Anspruch nehmen, die für den Lieferer Umsatz sind.

Beispiel *Neben Holzplatten kauft die Bürodesign GmbH Leim, Lack, Profilleisten, Anlagegüter (Sägen, Hobel- und Fräsanlagen) ein oder nimmt Dienstleistungen anderer Unternehmungen in Anspruch (Fremdinstandsetzung, Strom, Transport durch Spediteure und Frachtführer, Geschäftsvermittlung durch Handelsvertreter).*

Die Eingangsrechnungen weisen daher neben dem vereinbarten Entgelt für die Waren oder Dienstleistungen die Umsatzsteuer aus. Aus der Sicht der beschaffenden Unternehmung wird die **Umsatzsteuer auf Eingangsbelegen** als **Vorsteuer** bezeichnet.

Die Vorsteuer ist **eine Forderung gegenüber dem Finanzamt**, weil sie eine Vorleistung auf die zu zahlende Umsatzsteuer darstellt. Sie kann deshalb bei der Umsatzsteuer-Voranmeldung mit der geschuldeten Umsatzsteuer verrechnet werden.

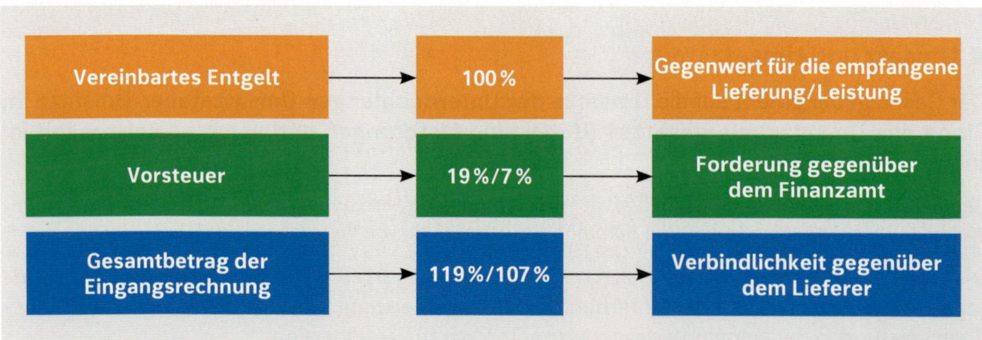

Die **Erstattung der Vorsteuer** ist an **zwei Voraussetzungen** gebunden:

Die Unternehmung muss
- eine Lieferung oder sonstige Leistung empfangen,
- eine Rechnung mit gesondertem Ausweis der Umsatzsteuer erhalten haben.

Mehrwert und Mehrwertsteuer

Der wertmäßige Unterschied zwischen dem Umsatz mit den Kunden und der Summe der Vorumsätze mit den Lieferern stellt den **Mehrwert** oder die **Wertschöpfung** dar, die die Industrieunternehmung zum Wert der verkauften Erzeugnisse oder Dienstleistungen selbst beigetragen hat.

Beispiel *Mehrwert oder Wertschöpfung aufgrund der Belege von S. 277*

Umsatz	Ausgangsrechnung Nr. 3202: Büromöbel	10000,00 €	Lieferung an einen Kunden
Vorumsatz	Eingangsrechnung Nr. 1742: Spanplatten	6000,00 €	Lieferung von einem Lieferer
Mehrwert		4000,00 €	Wertschöpfung der Unternehmung

Die Unternehmungen der einzelnen Wirtschaftsstufen erzeugen einen Mehrwert, der mit 19 % besteuert wird. Dies wird dadurch erreicht, dass die einzelnen Unternehmen von der geschuldeten Umsatzsteuer die zu fordernde Vorsteuer abziehen.

Die zu zahlende Restschuld wird als **Umsatzsteuer-Zahllast** bezeichnet.

Wirtschaftsstufen	**Umsatz (Entgelt)**	**Vorumsatz**	**Mehrwert**	**Umsatzsteuer = Verbindlichkeit geg. Finanzamt**	**Vorsteuer = Forderung an Finanzamt**	**Zahllast**
I. Säge- und Spanplattenwerk	6000,00	–	6000,00	1140,00	–	1140,00
II. Möbelfabrik	10000,00	6000,00	4000,00	1900,00	1140,00	760,00
III. Möbelgroßhandel	14500,00	10000,00	4500,00	2755,00	1900,00	855,00
IV. Möbeleinzelhandel	20000,00	14500,00	5500,00	3800,00	2755,00	1045,00
Private Haushalte (Konsumenten)	20000,00	←→	20000,00	19 % des privaten Verbrauchs ←→		3800,00

Wie die Tabelle zeigt, bekommt der Verbraucher vom letzten Unternehmen der Handelskette die Summe aller Mehrwerte und die gesamte Umsatzsteuer aller Wirtschaftsstufen in Rechnung gestellt. Er trägt also die gesamte Umsatzsteuer. Dies ist vom Gesetzgeber so gewollt, weil die Umsatzsteuer eine Verbrauchsteuer ist.

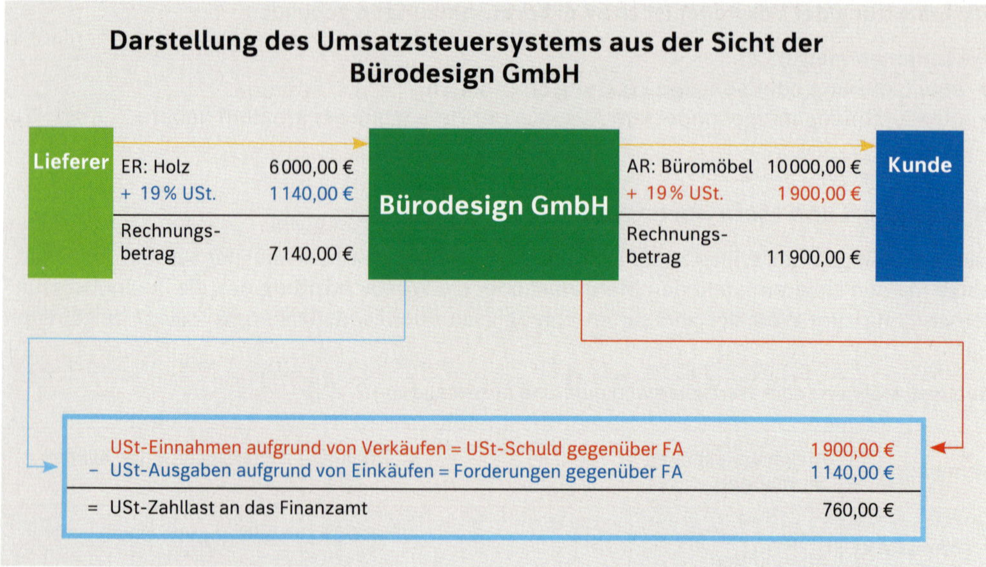

Diese Rechnung und die obige Darstellung zeigen, dass die Umsatzsteuer keine Kosten darstellt und deshalb keinen Einfluss auf den Erfolg der Unternehmung hat. Vorsteuer und Umsatzsteuer sind **durchlaufende Posten**.

■ Buchungen

Buchung der Umsatzsteuer

Die Umsatzsteuer lt. Ausgangsrechnung stellt eine Verbindlichkeit gegenüber dem Finanzamt dar. Sie wird deshalb auf dem **passiven Bestandskonto „4800 Umsatzsteuer“** gebucht.

Buchung der Ausgangsrechnung vgl. S. 277:

2400	Forderungen a. LL.	11900,00	an 5000 Umsatzerlöse	10000,00
			an 4800 Umsatzsteuer	1900,00

Buchung der Vorsteuer

Die bei Beschaffungsvorgängen zu zahlende Vorsteuer lt. Eingangsrechnung ist eine Forderung an das Finanzamt. Sie wird auf dem **aktiven Bestandskonto „2600 Vorsteuer“** gebucht.

Buchung der Eingangsrechnung vgl. S. 277:

6000	Aufwendungen für Rohstoffe	6000,00		
2600	Vorsteuer	1140,00	an 4400 Verbindlichkeiten a. LL.	7140,00

■ Ermittlung und Zahlung der Umsatzsteuer-Zahllast

Um die **Umsatzsteuer-Zahllast** zu ermitteln, muss der Saldo des Kontos „2600 Vorsteuer“ mit der Umsatzsteuer verrechnet werden. Buchungstechnisch wird diese Verrechnung durch Übertragung **oder Umbuchung** der Vorsteuer auf das Konto **„4800 Umsatzsteuer“** durchgeführt. Die für den vergangenen Monat ermittelte Umsatzsteuer-Zahllast ist jeweils bis zum 10. eines Monats an das Finanzamt zu überweisen.

Umbuchung der Vorsteuer zum Monatsende:

4800 Umsatzsteuer	1 140,00	an 2600 Vorsteuer	1 140,00

Buchung der Banküberweisung der USt-Zahllast am 10. d.f. Monats:

4800 Umsatzsteuer	760,00	an 2800 Bank	760,00

Darstellung auf Konten:

S	6000 Aufwendungen für Rohstoffe		H
4400	6000,00		

S	5000 Umsatzerlöse für Erzeugnisse		H
		2400	10000,00

S	2600 Vorsteuer		H
4400	1 140,00	4800	1 140,00

S	4800 Umsatzsteuer		H
2600	1 140,00	2400	1 900,00
2800	760,00		

S	4400 Verbindlichkeiten a. LL.		H
		6000, 2600	7 140,00

S	2400 Forderungen a. LL.		H
5000, 4800	11 900,00		

Passivierung der Umsatzsteuer-Zahllast

Wird die Umsatzsteuer-Zahllast für den letzten Monat des Geschäftsjahres ermittelt, dann ist die ermittelte Zahllast über das „8010 Schlussbilanzkonto" abzuschließen (**Passivierung der Zahllast**).

Darstellung auf Konten:

S	2600 Vorsteuer		H
4400	1 140,00	4800	1 140,00

S	4800 Umsatzsteuer		H
2600	1 140,00	2400	1 900,00
8010	760,00		

S	8010 SBK		H
		4800	760,00

Umbuchung zur Ermittlung der USt-Zahllast:

4800 Umsatzsteuer	1 140,00	an 2600 Vorsteuer	1 140,00

Abschlussbuchung: Passivierung der USt-Zahllast

4800 Umsatzsteuer	760,00	an 8010 SBK	760,00

Vorsteuerüberhang

Ein Vorsteuerüberhang entsteht, wenn die Vorsteuer eines Monats größer ist als die Umsatzsteuer. Ursachen für einen Vorsteuerüberhang können sein:

- große Vorratskäufe aufgrund von Sonderangeboten oder wegen erwarteter Preissteigerungen
- Geschäftseröffnung
- Investitionskäufe
- umsatzsteuerfreie Exporte

Im Falle eines Vorsteuerüberhanges besteht ein **Erstattungsanspruch** gegenüber dem Finanzamt. Dieser wird im Rahmen der Umsatzsteuererklärung geltend gemacht. Ergibt sich im letzten Monat des Geschäftsjahres der Vorsteuerüberhang, ist dieser über „8010 SBK" abzuschließen (**Aktivierung des Vorsteuerüberhangs**).

Beispiel *Stand der Konten 2600 und 4800 zum 31.12.:*

S	2600 Vorsteuer		H
Su	290000,00	Su	250000,00
		4800	18000,00
		8010	22000,00
	290000,00		290000,00

S	4800 Umsatzsteuer		H
Su	462000,00	Su	480000,00
2600	18000,00		
	480000,00		480000,00

Umbuchung: Ermittlung des Vorsteuerüberhangs

4800 Umsatzsteuer	18000,00	an 2600 Vorsteuer	18000,00

Abschlussbuchung: Aktivierung des Vorsteuerüberhangs

8010 SBK	22000,00	an 2600 Vorsteuer	22000,00

Eröffnung des Kontos „Vorsteuer" im folgenden Jahr:
Der Anfangsbestand der Vorsteuer (auf der Soll-Seite) beträgt 22000,00 €.

Buchung der Banküberweisung des Vorsteuerüberhangs durch das Finanzamt:

2800 Bank	22000,00	an 2600 Vorsteuer	22000,00

■ Umsatzsteuer-Voranmeldung

Nach dem Umsatzsteuergesetz müssen Unternehmungen grundsätzlich während des Geschäftsjahres monatlich Umsatzsteuer-Voranmeldungen online abgeben, und zwar jeweils bis zum 10. eines Monats für den Vormonat (**Voranmeldungszeitraum**). Die Umsatzsteuer-Voranmeldung ist eine Steuererklärung beim Finanzamt auf amtlich vorgeschriebenem Format. In dieser Steuererklärung hat jedes Unternehmen die zu zahlende Umsatzsteuer für den vorangegangenen Monat zu berechnen. Dabei sind die **Nettoumsätze** und **die hierauf entfallende Umsatzsteuerschuld** darzustellen. Der Umsatzsteuerschuld sind die auf den Voranmeldungszeitraum entfallenden **Vorsteuerbeträge** gegenüberzustellen. Die Differenz von Umsatzsteuerschuld und Vorsteuer ergibt die **Zahllast** oder den **Vorsteuerüberhang**. Die Zahllast ist an das Finanzamt als **Vorauszahlung auf die Umsatzsteuer des Kalenderjahres** zu entrichten.

Der notwendige Vordruck wird von der Finanzverwaltung unter der Internetadresse www.elster.de angeboten. Der ausgefüllte Vordruck wird dem Finanzamt online gesendet. Der Absender erhält dann ein „Übertragungsprotokoll", das die gesendeten Daten enthält. Der Vordruck selbst kann nicht ausgedruckt werden.

■ Besonderheiten des Umsatzsteuerrechts

Steuerfreie Umsätze

Der Gesetzgeber hat verschiedene steuerbare Umsätze aus **sozialen, kulturellen** oder **wirtschaftlichen Gründen** von der **Umsatzsteuer befreit**.

Beispiele für steuerfreie Umsätze

- *Vermietung und Verpachtung von Grundstücken*
- *bestimmte Umsätze im Geld- und Kreditverkehr (z. B. Zinsen für Kredite)*
- *Gewährung von Versicherungsschutz*
- *Umsätze der Ärzte, Zahnärzte, Heilpraktiker, Krankengymnasten*
- *Umsätze amtlicher Wertzeichen (Gebührenmarken der Justizverwaltung)*
- *Postwertzeichen*
- *Umsätze einiger Einrichtungen des Bundes, der Länder, Gemeinden, wie Theater, Orchester, Museen, zoologische Gärten, Archive, Büchereien sowie Denkmäler der Bau- und Gartenbaukunst*

Kleinbetragsrechnungen

Bei Rechnungen, deren Gesamtbetrag **150,00 € nicht übersteigt**, dürfen das Entgelt und der Umsatzsteuerbetrag in **einer Summe** angegeben sein. Es muss nur der **Umsatzsteuersatz** angegeben werden.

Beispiel

Zum goldenen Hirsch

Zum goldenen Hirsch, Grunaer Str. 18, 01069 Dresden

Bürodesign GmbH
Herrn Klaus Stein
Stolberger Straße 188
50933 Köln

HOTEL RESTAURANT

Eigentümer: M. und H. A. Porschke

Grunaer Str. 18
01069 Dresden
Telefon 0351 290211
info@hotel-goldener-hirsch.de
www.hotel-goldener-hirsch.de

Rechnung

Rg-Nr.	Tisch-Nr.	Kellner	Personen	Datum
3001	TW020	07	1	15.06.20..

Beherbergungsleistung einschl. 7 % USt.	**Einzelpreis**	**Gesamtpreis**
Doppelzimmer mit Dusche, WC		
1 Einzelzimmer mit Dusche, WC	75,00 €	75,00 €
weitere Leistungen einschl. 19 % USt.		
1 Frühstücksbüfett	7,00 €	7,00 €
1 Abendessen	14,90 €	14,90 €
Garage		
Telefon		
weitere Leistungen ohne Umsatzsteuer		
Kurtaxe		
Im Gesamtpreis sind Bedienung und Kurtaxe enthalten. **Total:**		96,90 €

Nettobetrag:	70,09 €		Nettobetrag:	18,40 €	
USt. 7 %:	4,91 €	75,00 €	USt. 19 %:	3,50 €	21,90 €

Steuernummer: 202/645/64502 **USt-IdNr.:** DE948554024
Bankverbindung: Commerzbank Dresden
IBAN: DE90 8504 0000 0321 3201 11 BIC: COBADEFF850

Zum Zwecke der Buchung muss die Umsatzsteuer aus dem Bruttorechnungsbetrag herausgerechnet werden.

$$\textbf{Umsatzsteuerbetrag} = \frac{\text{Bruttorechnungsbetrag} \cdot \text{Umsatzsteuersatz}}{100 + \text{Umsatzsteuersatz}}$$

7 % USt-Anteil: $\frac{75 \cdot 7}{107} = \underline{\underline{4{,}91\ €}}$	19 % USt-Anteil: $\frac{21{,}90 \cdot 19}{119} = \underline{\underline{3{,}50\ €}}$

Zusammenfassung: Das Umsatzsteuersystem beschreiben

Umsatzsteuer	–	Vorsteuer	=	Umsatzsteuer-Zahllast
• Steuer vom Umsatz lt. Ausgangsrechnungen • **Verbindlichkeiten** gegenüber dem Finanzamt • Buchung auf dem **passiven Bestandskonto** „4800 Umsatzsteuer“		• Steuer vom Umsatz lt. Eingangsrechnungen • **Forderung** an das Finanzamt • Buchung auf dem **aktiven Bestandskonto** „2600 Vorsteuer“		• Steuer vom Mehrwert • **Restschuld** gegenüber dem Finanzamt • **Ermittlung:** Umsatzsteuer – Vorsteuer • **Passivierung der USt-Zahllast**

- Ist die **Vorsteuer größer** als die **Umsatzsteuer**, entsteht ein **Vorsteuerüberhang**, der zu aktivieren ist.
- Bei **Kleinbetragsrechnungen bis zu 150,00 €** wird in der Praxis der Rechnungsbetrag brutto ausgewiesen. In diesen Fällen muss der Umsatzsteuersatz angegeben sein, damit der Umsatzsteueranteil herausgerechnet werden kann.
- Die Unternehmungen müssen **bis zum 10. eines Monats für den Vormonat** (Voranmeldungszeitraum) in dem amtlich vorgeschriebenen Format eine Umsatzsteuer-Voranmeldung online abgeben.
- Wurde eine **Zahllast** ermittelt, ist diese gleichzeitig an das Finanzamt zu entrichten (Vorauszahlung auf die Umsatzsteuer des Kalenderjahres).

Aufgaben

1 Entscheiden Sie bei den folgenden Geschäftsfällen einer Möbelfabrik, ob es sich um Vorumsätze, Umsätze oder Elemente des Mehrwertes handelt.

1. ***ER, KB:*** *Bareinkauf von Holzschrauben aus Stahl*
2. ***AR, KB:*** *Barverkauf von Rolltischen aus Massivkiefer*
3. ***BA:*** *Zahlung der Gehälter an die Angestellten*
4. ***ER:*** *Honorarforderung des Steuerberaters wegen der Anfertigung der Gewerbesteuererklärung*
5. ***AR:*** *Rechnung über Arbeitsleistungen für die Ausstellung einer Verkaufstheke*
6. ***BA:*** *Überweisung der Gewerbesteuer an die Stadt*
7. ***ER:*** *Zieleinkauf einer Tischfräsemaschine für die Fertigung*
8. ***BA, ER:*** *Abrechnung des Handelsvertreters über Provisionsansprüche für abgeschlossene Kaufverträge*
9. ***BA:*** *Zahlung der Ausbildungsvergütung an die gewerblichen Auszubildenden*
10. ***ER, KB:*** *Barzahlung der Fracht an den Frachtführer für die Anlieferung von Holz*

2 Bilden Sie zu den folgenden Geschäftsfällen eines Industrieunternehmens die Buchungssätze.

Kontenplan: *0800, 2400, 2600, 2800, 2880, 4400, 4800, 5000, 6000, 6050, 6160, 6800*

Geschäftsfälle:	€	€
*1. **ER, BA:** Einkauf von Rohstoffen gegen Banküberweisung*		
Materialwert, netto	*8000,00*	
+ 19 % Umsatzsteuer	*1520,00*	*9520,00*
*2. **ER, KB:** Bareinkauf von Büromaterial*		
Rechnungsbetrag einschl. 19 % Umsatzsteuer		*216,58*
*3. **AR:** Zielverkauf von fertigen Erzeugnissen, netto*	*24000,00*	
+ 19 % Umsatzsteuer	*4560,00*	*28560,00*
*4. **ER, KB:** Ausgaben bar*		
a) Diesel für Lkw, brutto einschl. 19 % Umsatzsteuer	*190,40*	
b) Bezahlung einer fälligen Rechnung an Hilfsstofflieferer	*952,00*	
c) Kauf eines Schreibtisches, netto	*1300,00*	
+ 19 % Umsatzsteuer	*247,00*	*2689,40*
*5. **ER, BA:** Lkw-Inspektion wird mit Banküberweisung bezahlt,*		
Wartungskosten, netto	*1500,00*	
+ 19 % Umsatzsteuer	*285,00*	*1785,00*
*6. **AR, BA:** Eine verkaufte Maschine wurde beim Kunden installiert. Der Kunde bezahlte die Anschlusskosten per*		
Banküberweisung, netto	*1200,00*	
+ 19 % Umsatzsteuer	*228,00*	*1428,00*

3 *Bilden Sie zu folgenden Geschäftsfällen eines Metall verarbeitenden Industriebetriebes, der Werkzeuge produziert, die Buchungssätze und ermitteln Sie*
a) die Umsatzsteuer,
b) die Vorsteuer,
c) die Umsatzsteuerzahllast.

Geschäftsfälle:	*€*	*€*
*1. **ER:** Zieleinkauf von Werkzeugstahl zur Herstellung von Bohrern und Sägen. Materialwert, netto*	*65 000,00*	
+ 19 % Umsatzsteuer	*12 350,00*	*77 350,00*
*2. **ER, BA:** Banküberweisung an eine Werbeagentur für die Durchführung einer Werbeaktion, netto*	*4 000,00*	
+ 19 % Umsatzsteuer	*760,00*	*4 760,00*
*3. **AR, KB:** Barverkauf von Werkzeugen, netto*	*520,00*	
+ 19 % Umsatzsteuer	*98,80*	*618,80*
*4. **ER, KB:** Kauf von Diesel für den Lkw einschl. 19 % USt.*		*202,30*
*5. **AR:** Zielverkauf von Werkzeugen, netto*	*130 000,00*	
+ 19 % Umsatzsteuer	*24 700,00*	*154 700,00*
*6. **ER:** Einkauf einer Standbohrmaschine für die Fertigung, netto*	*25 600,00*	
+ 19 % Umsatzsteuer	*4 864,00*	*30 464,00*

4 *Auf den Konten „2600 Vorsteuer“ und „4800 Umsatzsteuer“ wurden bis zum Jahresabschluss folgende Werte erfasst:*

S	2600 Vorsteuer		H
Summe	240 000,00	Summe	200 000,00

S	4800 Umsatzsteuer		H
Summe	350 000,00	Summe	420 000,00

a) Erläutern Sie die betrieblichen Hintergründe für die Werte auf den beiden Konten.
b) Erläutern Sie, wie Sie einen Vorsteuerüberhang oder eine Zahllast vor Abschluss der Konten feststellen können.
c) Schließen Sie die Konten unter Angabe der erforderlichen Buchungssätze ab.

5 *Auf den Konten „2600 Vorsteuer“ und „4800 Umsatzsteuer“ wurden bis einschließlich Dezember folgende Werte erfasst:*

S	2600 Vorsteuer		H
Summe	320 000,00	Summe	220 000,00

S	4800 Umsatzsteuer		H
Summe	560 000,00	Summe	600 000,00

a) Schließen Sie die Konten unter Angabe der erforderlichen Buchungssätze ab.
b) Erläutern Sie zwei betriebliche Gründe, die den Saldo im Dezember verursacht haben.

6 ***Kontenplan der Bürodesign GmbH:*** *0700, 2000, 2020, 2100, 2200, 2400, 2600, 2800, 2880, 3000, 4400, 4800, 5000, 5200, 6000, 6020, 6050, 6200, 6300, 6700, 6800, 7700, 8010, 8020*

Anfangsbestände:	*€*		*€*
0700 Maschinen	*400 000,00*	*2800 Bank*	*449 480,00*
2000 Rohstoffe	*69 451,00*	*2880 Kasse*	*2 731,00*
2020 Hilfsstoffe	*10 418,00*	*3000 Eigenkapital*	*918 400,00*
2100 Unfertige Erzeugnisse	*3 920,00*	*4400 Verbindlichkeiten a. LL.*	*56 120,00*
2200 Fertige Erzeugnisse	*4 200,00*	*4800 Umsatzsteuer*	*25 480,00*
2400 Forderungen a. LL.	*59 800,00*		

Geschäftsfälle:	€	€
*1. **ER** vom 01.12.: Zieleinkäufe von Rohstoffen, netto*	*208000,00*	
+ 19 % Umsatzsteuer	*39520,00*	*247520,00*
*2. **BA** vom 10.12.: Banküberweisungen für*		
a) Umsatzsteuer an das Finanzamt	*25480,00*	
b) Miete für gemietete Gebäude	*25354,00*	
c) Liefererrechnung für Rohstoffe	*56120,00*	*106954,00*
*3. **AR, KB** vom 12.12.: Barverkauf von fertigen Erzeugnissen, netto*	*3600,00*	
+ 19 % Umsatzsteuer	*684,00*	*4284,00*
*4. **ER, KB** vom 15.12.: Bareinkauf von Hilfsstoffen, netto*	*800,00*	
+ 19 % Umsatzsteuer	*152,00*	*952,00*
*5. **AR, BA** vom 17.12.: Verkauf von fertigen Erzeugnissen gegen Banküberweisung, netto*	*300000,00*	
+ 19 % Umsatzsteuer	*57000,00*	*357000,00*
*6. **BA** vom 21.12.: Banklastschriften*		
a) Lohnzahlung an die Facharbeiter	*138900,00*	
b) Gehaltszahlung an die Angestellten	*86947,00*	
c) Gewerbesteuer an die Stadt	*23000,00*	*248847,00*
*7. **ER, KB** vom 22.12.: Barkauf von Büromaterial, netto*	*900,00*	
+ 19 % Umsatzsteuer	*171,00*	*1071,00*
*8. **AR** vom 23.12.: Zielverkauf von fertigen Erzeugnissen, netto*	*500000,00*	
+ 19 % Umsatzsteuer	*95000,00*	*595000,00*
*9. **ER** vom 24.12.: Zieleinkauf von Hilfsstoffen, netto*	*46000,00*	
+ 19 % Umsatzsteuer	*8740,00*	*54740,00*
*10. **BA** vom 29.12.:*		
Lastschriften		
a) Abbuchung für den betrieblichen Stromverbrauch durch das Energiewerk, netto	*20500,00*	
+ 19 % Umsatzsteuer	*3895,00*	
b) Kauf einer Werkzeugmaschine gegen Banküberweisung netto	*72000,00*	
+ 19 % Umsatzsteuer	*13680,00*	*110075,00*
Gutschriften		
a) Banküberweisungen von Kunden	*402500,00*	
b) Bareinzahlung aus der Betriebskasse	*2916,00*	*405416,00*
Abschlussangaben zum 31.12.:		
Endbestände lt. Inventur		
a) Rohstoffe	*46301,00*	
b) Hilfsstoffe	*5209,00*	
c) Unfertige Erzeugnisse	*1680,00*	
d) Fertige Erzeugnisse	*11200,00*	

Führen Sie die Finanzbuchhaltung zur Ermittlung des Jahresabschlusses durch.

7 *Auf den Konten „2600 Vorsteuer" und „4800 Umsatzsteuer" wurden folgende Werte erfasst:*

S	2600 Vorsteuer		H
Summe	275000,00	Summe	232000,00

S	4800 Umsatzsteuer		H
Summe	437000,00	Summe	560000,00

Führen Sie die Buchungen durch

a) bei Ermittlung der Umsatzsteuerzahllast,

b) bei der Banküberweisung der Umsatzsteuerzahllast an das Finanzamt.

8 *Stellen Sie in einem Schaubild eine Kette von Unternehmungen zusammen und erläutern Sie an den Beziehungen der Unternehmungen*
a) Umsatz und Umsatzsteuer, *b) Vorumsatz und Vorsteuer,*
c) Mehrwert und Mehrwertsteuer.

9 *Weisen Sie nach, dass die Umsatzsteuer ein durchlaufender Posten ist.*

10

BÜRODESIGN GMBH
Ein ökologisch orientiertes Unternehmen mit Zukunft

BÜRODESIGN GMBH · Stolberger Straße 188 · 50933 Köln

Büromöbel GmbH Europa
Lahnstraße 168
28199 Bremen

E-Mail: kontakt@buerodesign-online.de
Internet: www.buerodesign-online.de
Anschrift: Stolberger Straße 188
50933 Köln

Telefon: 0221 668-3550
Telefax: 0221 668-357

Rechnung

Kunden-Nr. 24008
Rechnungs-Nr. 1577
Ihre Bestellung vom: 15.06.20.. Rechnungstag 19.06.20..
Lieferdatum: 18.06.20.. **Bei Zahlung bitte angeben**

Pos.	Artikel-Nr.	Artikelbezeichnung	Menge	Einzelpreis	Gesamtpreis
1	444/1 763/62	Stapelstuhl, klappbar „Stapler“ „Waiter“-Sessel	32 20	175,00 942,50	5600,00 18850,00

Warenwert netto	Verpackung	Fracht	Entgelt netto	USt. in %	USt. in €	Gesamtbetrag
24450,00	–	–	24450,00	19	4645,50	29095,50

Bei Rücksendung der Verpackung schreiben wir Ihnen 80% des Wertes gut.
Zahlbar innerhalb von 30 Tagen netto, innerhalb von 14 Tagen abzügl. 3% Skonto

BÜRODESIGN GMBH
Stolberger Straße 188
50933 Köln

Sparkasse KölnBonn
IBAN: DE11 3705 0198 0085 3139 48 BIC: COLSDE33XXX
Postbank Köln
IBAN: DE13 3701 0050 0324 0665 06 BIC: PBNKDEFF370

Amtsgericht Köln, HRB 9842
Steuernummer: 223/8459/8844
USt-IdNr.: DE135795835

Geschäftsführer:
Dipl.-Ingenieurin Helma Friedrich
Dipl.-Kfm. Klaus Stein

Vereinigte Spanplatten AG

Spanplatten · Umleimer

Vereinigte Spanplatten AG, Ulmer Str. 12, 86154 Augsburg

Bürodesign GmbH
Stolberger Straße 188
50933 Köln

Ulmer Straße 12
86154 Augsburg

Tel.: 08 21 3 47 85
Fax: 08 21 3 46 79
E-Mail:
info@vereinigte-spanplatten.de
Internet:
www.vereinigte-spanplatten.de

RECHNUNG

Ihre Bestellung	vom	Kunden-Nr.	Rechnungs-Nr.	Rechnungsdatum
020578	16.06.20..	53427	1742	20.06.20..

Pos.	Artikel-Nr.	Artikelbezeichnung	Menge	Einzelpreis €	Gesamtpreis €
1	1476	Tischbein Massivholz	4000	3,10	12400,00
2	1822	Spanplatten, 2000 × 4000 × 20	2000	21,40	42800,00

Warenwert, netto	Verpackung	Fracht	Entgelt, netto	19% USt. €	Gesamtbetrag €
55200,00			55200,00	10488,00	65688,00

Lieferung: ab Werk Zahlung: 30 Tage Ziel, netto

Bankverbindung: Commerzbank Augsburg
IBAN: DE15 7204 0046 0000 1278 90 BIC: COBADEFF720

Steuer-Nr.: 103/101/22192 USt-IdNr.: DE478263916

BÜRODESIGN GMBH
Ein ökologisch orientiertes Unternehmen mit Zukunft

BÜRODESIGN GMBH · Stolberger Straße 188 · 50933 Köln

Büromöbel GmbH Europa
Lahnstraße 168
28199 Bremen

E-Mail: kontakt@buerodesign-online.de
Internet: www.buerodesign-online.de
Anschrift: Stolberger Straße 188
50933 Köln

Telefon: 0221 668-3550
Telefax: 0221 668-357

Rechnung

Kunden-Nr. 24001
Rechnungs-Nr. 1596
Ihre Bestellung vom: 15.06.20.. Rechnungstag 21.06.20..
Lieferdatum: 20.06.20.. **Bei Zahlung bitte angeben**

Artikel-Nr.	Artikelbezeichnung	Menge	Einzelpreis	Gesamtpreis
442/1 443/1	Konferenzstuhl „Konzentra“ Regalsystem „Wikinger“	300 150	505,00 545,50	151500,00 81825,00

Warenwert netto	Verpackung	Fracht	Entgelt netto	19% USt. in €	Gesamtbetrag
233325,00	–	–	233325,00	44331,75	277656,75

Bei Rücksendung der Verpackung schreiben wir Ihnen 80% des Wertes gut.
Zahlbar innerhalb von 30 Tagen netto, innerhalb von 14 Tagen abzügl. 3% Skonto

BÜRODESIGN GMBH
Stolberger Straße 188
50933 Köln

Sparkasse KölnBonn
IBAN: DE11 3705 0198 0085 3139 48 BIC: COLSDE33XXX
Postbank Köln
IBAN: DE13 3701 0050 0324 0665 06 BIC: PBNKDEFF370

Amtsgericht Köln, HRB 9842
Steuernummer: 223/8459/8844
USt-IdNr.: DE135795835

Geschäftsführer:
Dipl.-Ingenieurin Helma Friedrich
Dipl.-Kfm. Klaus Stein

MOTOR RABECK GMBH

Motor Rabeck GmbH, Falderstr. 17, 50999 Köln

Bürodesign GmbH
Stolberger Straße 188
50933 Köln

Geschäftsräume:
Falderstraße 17
50999 Köln
Tel.: 0221 685943
Fax: 0221 685922
info@rabeck.de
www.rabeck.de

Ihre Nachricht vom	Unser Zeichen	KD-NR.	Datum
	rb/insp	3872	22.06.20..

Rechnung Nr. 0901

	€
Kfz-Inspektion Inklusivpreis, netto	875,00
+ 19% Umsatzsteuer	166,25
	1041,25

Wir wünschen Ihnen eine gute Fahrt und hoffen, dass Sie mit unserer Arbeit zufrieden sind!

Zahlbar sofort ohne Abzug

Bankverbindung:
Kreissparkasse Köln
IBAN: DE22 3705 0299 0010 0767 65 BIC: COKSDE33XXX

Steuernummer: 219/6452/9933 **USt-IdNr.:** DE987345633

a) Die vier Belege sind vorzukontieren.
b) Errechnen Sie aus den vier Belegen
ba) die Umsatzsteuerschuld,
bb) die absetzbare Vorsteuer,
bc) die Umsatzsteuerzahllast/den Vorsteuerüberhang.

11 *a) Berechnen Sie den Umsatzsteueranteil aus dem Beleg der City-Tankstelle.*
b) Kontieren Sie mithilfe des Kontenrahmens die beiden Belege.

Zum Anker

Zum Anker, Deichtorstr. 24, 20095 Hamburg

HOTEL-RESTAURANT
Eigentümer: Friedrich Himmelreich

Bürodesign GmbH
Stolberger Straße 188
50933 Köln

Deichtorstr. 24
20095 Hamburg
Telefon 040 248594
info@hotel-zum-anker.de
www.hotel-zum-anker.de

Rechnung

Reg-Nr.	Tisch-Nr.	Kellner	Personen	Datum
4823	21	02	1	07.03.20..

	Einzelpreis €	USt-Anteil %	Bruttopreis €
1 Einzelzimmer	100,00	7	100,00
1 Abendessen	30,00	19	30,00
1 Frühstück	10,00	19	10,00
Gesamtbetrag			**140,00**

Betrag per Girocard
dankend erhalten
Hamburg, den 07.03.20..
F. Himmelreich

Vielen Dank für Ihren Besuch.

Bankverbindung:
Hanseatic Bank Hamburg
IBAN DE84 2012 0701 0087 2654 33 BIC: HSTBDEHHXXX

Steuernummer: 02/241/21994 USt-IdNr.: DE278163806

CITY-TANKSTELLE
Brigitte Huber e. K.
Bahnhofstr. 34
50667 KÖLN
Tel.: 0221 543463

Steuernr.: 215/1918/2431
USt-IdNr.: DE241328951

SUPER BLEIFREI 73,83 €
ZP 5 69,00 LTR
TOTAL 73,83 €

69022 01.07.20.. 13:53
Im Betrag sind
19 % USt. enthalten.
Vielen Dank und gute Fahrt!

12 *Entscheiden Sie, ob folgende Aussagen zutreffen auf*
(1) die Vorsteuer,
(2) die Umsatzsteuer,
(3) die Zahllast.

Aussagen
a) Sie wird auf Eingangsrechnungen ausgewiesen.
b) Sie erhöht die Zahllast.
c) Sie vermindert die Zahllast.
d) Sie stellt eine Forderung gegenüber dem Finanzamt dar.
e) Sie wird auf Ausgangsrechnungen ausgewiesen und ist eine Verbindlichkeit gegenüber dem Finanzamt.
f) Sie ist bis zum 10. des folgenden Monats an das Finanzamt abzuführen.
g) Bei einem Überhang ist sie zu aktivieren.

13 *Prüfen Sie die Richtigkeit folgender Aussagen zur Umsatzsteuer. Begründen Sie Ihre Antwort.*
a) Die Umsatzsteuer für den Monat April 20.. muss der Betrieb bis zum 10.05.20.. zahlen.
b) Die Buchung der Geschäftsfälle „Verkauf von Erzeugnissen auf Ziel einschl. USt." führt zu einer Erhöhung der Umsatzsteuerzahllast.
c) Das Konto „Umsatzsteuer" ist beim Jahresabschluss mit der Buchung „Umsatzsteuer an SBK" abzuschließen.
d) Die Leistungen vorgelagerter Unternehmen werden als Umsätze bezeichnet.
e) Der Gesetzgeber erreicht durch die Erstattung der Vorsteuer an Unternehmen eine ausschließliche Belastung des Konsumenten mit der Umsatzsteuer.
f) Das Konto „Vorsteuer" ist ein aktives Bestandskonto.
g) Die Überweisung der Umsatzsteuerzahllast an das Finanzamt führt zu einer Minderung des Unternehmungsgewinns.
h) Die Differenz zwischen Umsatz und Vorumsatz wird als Mehrwert bezeichnet.

2.6.2 Behandlung von Sofortrabatten und Anschaffungsnebenkosten begründen

Für eine Furnierlieferung erhielt die Bürodesign GmbH folgende Rechnung von der Furnierwerk GmbH, Grevenbroich. Frau König gibt den Beleg an Frau Land weiter.

FURNIERWERK GMBH

Furnierwerk GmbH, Grenzstraße 16, 41515 Grevenbroich

Bürodesign GmbH
Stolberger Straße 188
50933 Köln

Steuernummer: 114/6543/1011
USt-IdNr.: DE148886610

Rechnung

Kunden-Nr.	Rg-Nr.	Datum	Blatt
840443	20471	30.06.20..	1

Pos.	Art.-Nr.	Artikelbezeichnung	Menge	Einzelpreis in €	Gesamtbetrag in €
1	039	Furnier Buche Bogen 200 × 50 – 8 % Mengenrabatt	320	62,50	20 000,00 1 600,00

Warenwert, netto	Verpackung	Fracht	Entgelt, netto	USt. in %	USt. in €	Gesamtbetrag
18 400,00		600,00	19 000,00	19	3 610,00	22 610,00

Furnierwerk GmbH
Grenzstraße 16
41515 Grevenbroich

Tel: 02181 56781
Fax: 02181 56788
info@furnierwerk.de
www.furnierwerk.de

Raiffeisenbank Grevenbroich
IBAN: DE72 3706 9306 0047 1628 96
BIC: GENODED1GRB

Erfüllungsort und Gerichtsstand: Grevenbroich

Lieferung ab Werk Grevenbroich per Lkw

„Das ist fast wie in der Schule", sagt Silvia Land lächelnd und macht sich an die Arbeit. Doch kaum hat sie begonnen, fragt sie Frau König: *„Wie buche ich denn den Rabatt und die Fracht?"*

Arbeitsaufträge

- ***Erläutern Sie die Auswirkung von Rabatt und Fracht auf die Anschaffungskosten und machen Sie Vorschläge für die Buchung der Fracht.***
- ***Erläutern Sie die Lieferungsbedingung.***

Roh-, Hilfs- und Betriebsstoffe werden beim Einkauf mit ihren Anschaffungskosten (Bezugs-/Einstandspreisen) erfasst (vgl. S. 290).

> **§ 255 Abs. 1 HGB**
> Anschaffungskosten sind die Aufwendungen, die geleistet werden, um einen Vermögensgegenstand zu erwerben und ihn in einen betriebsbereiten Zustand zu versetzen, soweit sie dem Vermögensgegenstand einzeln zugeordnet werden können. Zu den Anschaffungskosten gehören auch die Nebenkosten sowie die nachträglichen Anschaffungskosten. Anschaffungspreisminderungen [...] sind abzusetzen.

Es ist also zu beachten, dass

- **Sofortrabatte**, die bereits auf der Eingangsrechnung ausgewiesen sind, nicht gesondert gebucht werden,
- **Bezugskosten** als Anschaffungsnebenkosten zu den Anschaffungskosten zählen,
- **Vorsteuer** lt. Eingangsrechnung kein Bestandteil der Anschaffungskosten ist, weil sie vom Finanzamt durch Verrechnung mit der eigenen Umsatzsteuerschuld erstattet wird.

Beispiel *(siehe Beleg)*

	Eingangsrechnung: Zieleinkauf von Rohstoffen	
Listenpreis	Gesamtpreis, netto	20000,00
– Sofortrabatt	– Mengenrabatt 8 %	1600,00
		18400,00
+ Anschaffungsnebenkosten	+ Fracht	600,00
= **Anschaffungskosten**		**19000,00**
	+ 19 % Umsatzsteuer	3610,00
	Rechnungsbetrag, brutto	22610,00

Buchung der Anschaffungsnebenkosten

Damit der Unternehmer genaue Informationen über die Zusammensetzung der Bezugspreise (Preis der Stoffe, Bezugskosten) bekommt, empfiehlt sich eine getrennte **Erfassung der Anschaffungsnebenkosten** auf besonderen **Bezugskostenkonten**. Diese sind **Unterkonten** der jeweiligen Aufwandskonten.

Beispiel
Buchung *(siehe Beleg):*

6000	*Aufwendungen für Rohstoffe*	*18400,00*
6001	*Bezugskosten*	*600,00*
2600	*Vorsteuer*	*3610,00*
	an 4400 Verbindlichkeiten a. LL.	*22610,00*

S	6000 Aufw. für Rohstoffe		H
4400 Vb	18400,00		
6001	600,00		

S	6001 Bezugskosten		H
4400 Vb	600,00	6000	600,00

Zum Abschluss des Geschäftsjahres wird das Konto „6001 Bezugskosten“ über das übergeordnete Konto „6000 Aufwendungen für Rohstoffe“ abgeschlossen.

Buchungssatz:
6000 Aufwendungen für Rohstoffe an 6001 Bezugskosten 600,00

Diese Informationen benötigt die Unternehmensleitung, um beispielsweise die Frachtkosten zu mindern, z. B. durch Abholung der Werkstoffe beim Lieferer.

Beispiel *Der Bürodesign GmbH werden von der Vereinigte Spanplatten AG, Augsburg, Spanplatten 200 × 200 × 2 cm zu folgenden Bedingungen angeboten:*
1 000 Stück zu je 28,00 €, ab Werk, Frachtkosten bei Zustellung mit werkseigenem Lkw 2,00 € je Stück.
Im Rahmen ihrer Beschaffungspolitik kann die Bürodesign GmbH versuchen, die Frachtkosten zu senken, beispielsweise durch Auswahl eines Spediteurs, durch Selbstabholung u. a.

Hochwertige **Spezial- oder Mehrwegverpackung** werden häufig vom Lieferer zur Verfügung gestellt und dem Kunden mit den Selbstkosten belastet.

Beispiele *Für Kühlsteigen, Kisten, Container, Gas- und Säurebehälter, Paletten u. a. wird vom Lieferer Pfand berechnet. Dieses wird bei Rückgabe ganz oder größtenteils gutgeschrieben.*

Solche **Verpackungskosten** werden als **Anschaffungsnebenkosten** ebenfalls auf dem Unterkonto „Bezugskosten“ gebucht.

Abschluss der Bezugskostenkonten

Da die **Bezugskosten Bestandteil der Anschaffungskosten** der beschafften Materialien sind, **müssen** die **Bezugskostenkonten** beim Abschluss der Finanzbuchhaltung im Rahmen der vorbereitenden Abschlussbuchungen **über die entsprechenden Materialaufwandskonten abgeschlossen werden**.

Vorbereitende Abschlussbuchungen:

6000 Aufwendungen für Rohstoffe	**an**	**6001 Bezugskosten für Rohstoffe**
6020 Aufwendungen für Hilfsstoffe	**an**	**6021 Bezugskosten für Hilfsstoffe**
6030 Aufwendungen für Betriebsstoffe	**an**	**6031 Bezugskosten für Betriebsstoffe**

Zusammenfassung: Behandlung von Sofortrabatten und Anschaffungsnebenkosten begründen

- Alle Vermögensgegenstände sind bei ihrer Beschaffung mit den **Anschaffungskosten** (Bezugs-/Einstandspreis) zu erfassen.
- **Anschaffungskosten** sind alle Aufwendungen, die beim Erwerb und beim Versetzen in einen betriebsbereiten Zustand entstehen.

Anschaffungskosten

Anschaffungspreisminderungen	**Anschaffungsnebenkosten**	**keine Anschaffungskosten**
• **Sofortrabatte**, die bei Rechnungserteilung abgezogen werden: – Mengenrabatt – Wiederverkäuferrabatt – Sonderrabatte • Sofortrabatte werden nicht gesondert gebucht.	• **Bezugskosten** bei der Beschaffung von Waren: – Verpackungskosten – Rollgeld – Fracht – Versicherungskosten • Bestandteile der Anschaffungskosten	• **absetzbare Vorsteuer**, die als Forderung gegenüber dem Finanzamt mit der Umsatzsteuer (Verbindlichkeit) verrechnet wird

- Die **Anschaffungsnebenkosten** werden zur besseren Übersicht über die Bezugskosten auf besonderen Unterkonten der Materialaufwandskonten erfasst.

Aufgaben

1 ***ER 507:***

		€
	Rohstoffe, Listenpreis	*165 000,00*
–	*33 1/3 % Wiederverkäuferrabatt*	*55 000,00*
		110 000,00
–	*4 % Sonderrabatt*	*4 400,00*
		105 600,00
+	*19 % Umsatzsteuer*	*20 064,00*
		125 664,00

Buchen Sie diese Eingangsrechnung.

2 *Geben Sie die Buchungssätze für folgende Geschäftsfälle eines Herstellers von Damenoberbekleidung an.*

		€	€
1.	***ER:*** *Zieleinkauf von Mantelstoffen, netto*	*40 000,00*	
	– Mengenrabatt 6 %	*2 400,00*	*37 600,00*
	+ 19 % Umsatzsteuer		*7 144,00*
			44 744,00
2.	***ER, BA:*** *Kauf von Nähseide, netto*	*8 000,00*	
	– Mengenrabatt 4 %	*320,00*	*7 680,00*
	+ 19 % Umsatzsteuer		*1 459,20*
			9 139,20
3.	***ER, KB:*** *Barkauf von Reinigungsmaterial für die Lagerräume, netto*	*700,00*	
	– Sonderrabatt (Treuerabatt) 5 %	*35,00*	*665,00*
	+ 19 % Umsatzsteuer		*126,35*
			791,35
4.	***ER:*** *Zieleinkauf von Kleiderstoffen, netto*	*28 000,00*	
	– Messerabatt 5 %	*1 400,00*	*26 600,00*
	+ 19 % Umsatzsteuer		*5 054,00*
			31 654,00

3 *Geben Sie die Buchungssätze für folgende Geschäftsfälle eines Herstellers von Teigwaren und Fertiggerichten an (Rohstoff: Hartweizengrieß, Fleisch; Hilfsstoffe: Hühnereier, Salz, Pflanzenöl).*

		€	€
1.	***ER:*** *Zieleinkauf von Hartweizengrieß, netto*	*48 000,00*	
	– 4 % Mengenrabatt	*1 920,00*	*46 080,00*
	+ Fracht		*373,92*
	+ Transportversicherung		*46,08*
			46 500,00
	+ 7 % Umsatzsteuer		*3 255,00*
			49 755,00
2.	***ER, KB:*** *Rollgeld für die Anlieferung (Fall 1) wurde bar bezahlt Rollgeld, brutto einschließlich 19 % USt*		*204,68*
3.	***ER, BA:*** *Kauf von Hühnereiern der Gewichtsklasse A gegen Zahlung mit Banküberweisung, netto*	*2 500,00*	
	+ 7 % Umsatzsteuer	*175,00*	*2 675,00*
4.	***KB:*** *Barzahlung der Fracht für die Anlieferung der Eier (Fall 3), netto*	*70,00*	
	+ 19 % Umsatzsteuer	*13,30*	*83,30*

5. **ER, BA:** *Kauf von Öl für Heizungsanlagen des Betriebes*		
Listenpreis, netto	*4000,00*	
– 5 % Mengenrabatt	*200,00*	*3800,00*
+ Fracht		*100,00*
		3900,00
+ 19 % Umsatzsteuer		*741,00*
		4641,00
6. **ER:** *Zieleinkauf von Pflanzenöl für die*		
Fertiggerichtproduktion, netto	*5000,00*	
– 8 % Mengenrabatt	*400,00*	*4600,00*
+ Fracht		*300,00*
		4900,00
+ 7 % Umsatzsteuer		*343,00*
		5243,00
7. **Brief des Lieferers** *(Fall 6): Lastschrift für Verpackung*		
(Fässer), netto	*700,00*	
+ 19 % Umsatzsteuer	*133,00*	*833,00*
8. **KB:** *Rollgeld für den Zusteller (Fall 6), netto*		*140,00*
+ 19 % Umsatzsteuer		*26,60*
		166,60

4 *Die Textilfabrik Georg Klein e. K. erhält eine Ab-Werk-Lieferung von 12000 m Kleiderstoff zum Listenpreis von 32,00 € je m. Der Stofffabrikant Franz Berg gewährt 25 % Wiederverkäuferrabatt. Für die Zustellung berechnet er 480,00 € Fracht.*
a) Ermitteln Sie den Rechnungsbetrag unter Berücksichtigung von 19 % Umsatzsteuer.
b) Ermitteln Sie die Anschaffungskosten je m des Stoffes.
c) Bilden Sie den Buchungssatz zur Erfassung dieser Sendung.

5 *Im Zusammenhang mit dem Einkauf von 2000 Motorblöcken sind die Belege 510 und 511 eines Lkw-Herstellers zu buchen:*

1. **ER 510:**	€	€
2000 Motorblöcke zum Listenpreis von je 240,00 €		*480000,00*
– 10 % Rabatt		*48000,00*
		432000,00
+ Transportverpackung		*12000,00*
		444000,00
+ 19 % Umsatzsteuer		*84360,00*
		528360,00
2. **ER 511** *des Spediteurs Rolf Klein für Anlieferung der 2000 Motorblöcke (Fall 1)*		
Fracht	*18600,00*	
Transportversicherung	*260,00*	*18860,00*
+ 19 % Umsatzsteuer		*3583,40*
		22443,40

a) Bilden Sie die Buchungssätze.
b) Ermitteln Sie die Anschaffungskosten der Motorblöcke insgesamt und je Motorblock.

6 *Erläutern Sie die Bedeutung des Kontos „6001 Bezugskosten" im Rahmen des Informations-, Kontroll- und Steuerungssystems der Finanzbuchhaltung.*

7 *In der Bürodesign GmbH sind folgende Belege zu buchen und auszuwerten:*
a) Bilden Sie die Buchungssätze zur Erfassung der beiden Belege.
b) Ermitteln Sie die Anschaffungskosten der Warensendung.

Hanckel & Cie. GmbH

Hanckel & Cie. GmbH, Augustastr. 8, 40477 Düsseldorf

Bürodesign GmbH
Stolberger Straße 188
50933 Köln

Augustastr. 8
40477 Düsseldorf

Tel.: 0211 345234
Fax: 0211 345100
info@hanckel.de
www.hanckel.de

Ihre Bestellung	Unser Zeichen	Kunden-nummer	Rechnungs-nummer	Rechnungs-datum
		7362	1011	10.03.20..

Rechnung Nr. 1011

Artikel-Nr.	Artikelbezeichnung	Menge in m	Einzelpreis €	Rabatt in %	Gesamtpreis €
505494	Polsterstoff, Velours	1 600	32,00	25	38 400,00
2910	Polstertresse	500	3,45	20	1 380,00

Warenwert, netto	Ver-packung	Fracht	Entgelt, netto	19 % USt. €	Gesamtbetrag €
39 780,00	520,00		40 300,00	7 657,00	47 957,00

Zahlung: Ziel: 30 Tage Skonto: 10 Tage/3 %

Bankverbindung: Commerzbank Düsseldorf
IBAN: DE91 3004 0000 0001 3400 00 BIC: COBADEDDXXX

Steuer-Nr.: 133/8085/2134 **USt-IdNr.:** DE178432989

Walter Brumm e. K.
Spedition seit 1897

Walter Brumm e. K. · Marienstr. 20 · 50767 Köln

Bürodesign GmbH
Stolberger Straße 188
50933 Köln

Tel.: 0221 205113
Fax: 0221 205114
info@brumm-spedition.de
www.brumm-spedition.de

Ihr Auftrag vom	Kunden-Nr.	Rg-Nr.	Datum
	38754	15809	16.03.20..

RECHNUNG

Leistung	**Betrag**
Transport von Erzeugnissen der Hanckel & Cie. GmbH, Düsseldorf, nach Köln, netto	250,00 €
+ 19 % USt.	47,50 €
	297,50 €

Zahlbar innerhalb von 30 Tagen netto

Bankverbindung:
Kreissparkasse Köln
IBAN: DE64 3705 0299 0003 0405 99 BIC: COKSDE33XX

Steuernummer: 217/3803/0586 **USt-IdNr.:** DE342351724

8 *a) In der Einkaufsabteilung der Bürodesign GmbH soll folgende Rechnung des Lieferers Abels, Wirtz & Co. KG, Solingen, unter Berücksichtigung von Rabatt und Bezugskosten (6 % vom Zieleinkaufspreis) zur Ermittlung des Anschaffungswertes (Bezugs-/Einstandspreis)*
aa) eines Schlosses,
ab) eines Beschlages
ausgewertet werden.
b) Anschließend wird die Eingangsrechnung in die Buchhaltung gegeben. Dort ist der Beleg aufwandsorientiert vorzukontieren.

Abels, Wirtz & Co. KG

Abels, Wirtz & Co. KG, Industriestr. 124, 42653 Solingen

Bürodesign GmbH
Stolberger Straße 188
50933 Köln

Schlösser und Schlüssel für Möbel
Industriestraße 124
42653 Solingen

Tel.: 0212 72114
Fax: 0212 72119
E-Mail: info@abels-wirtz.de
Internet: www.abels-wirtz.de

RECHNUNG/AUFTRAGSBESTÄTIGUNG
Bei Zahlung/Rücksendung/Gutschrift unbedingt angeben

Kunden-Nr.	Rechnungs-Nr.	Datum
928454	01833	20.02.20..

Artikel-Nr.	Artikelbezeichnung	Menge Stück	Einzelpreis €	Rabatt %	Gesamtpreis €
1110	TKX-Schlösser	1 700	15,00	20	20 400,00
2910	Beschläge „Favorit“	500	10,00	15	4 250,00

Warenwert, netto	Ver-packung	Fracht (6 %)	Entgelt, netto	19 % USt. €	Gesamtbetrag €
24 650,00		1 479,00	26 129,00	4 964,51	31 093,51

Zahlbar innerhalb von 30 Tagen netto

Bankverbindung: Stadtsparkasse Solingen
IBAN: DE80 3425 0000 0123 4522 34 BIC: SOLSDE33XXX

Steuer-Nr.: 128/1121/1987 **USt-IdNr.:** DE184655343

9 *Erläutern Sie*
a) die aufwandsorientierte buchhalterische Erfassung einer Eingangsrechnung über den Kauf von Polsterstoffen,
b) die Erfassung von Bezugskosten für Polsterstoffe auf einem Unterkonto für betriebswirtschaftliche Entscheidungen.

2.6.3 Gutschriften von Lieferern für Rücksendungen und Nachlässe buchen

15. September 20..: Ein Lkw der Spedition Müller GmbH, Köln-Porz, liefert am 4. Juli 20.. Schlösser und Schließanlagen der Firma Abels, Wirtz & Co. KG an. Die in Gitterboxen (Collicos) und in Kartons verpackten Werkstoffe werden von einem Lageristen der Bürodesign GmbH noch in Anwesenheit des Lkw-Fahrers auf äußere Beschädigung überprüft und dann angenommen.

Am selben Tag geht die Rechnung der Firma Abels, Wirtz & Co. KG ein.

Bei näherer Prüfung der Sendung und der Eingangsrechnung wird festgestellt, dass 224 Schlösser zu viel geliefert wurden (Pos. 1 der ER). Nach telefonischer Vereinbarung mit Herrn Lüngen, dem zuständigen Ansprechpartner in der Abels, Wirtz & Co. KG, werden die falsch gelieferten Schlösser und die Collicos zurückgesandt. Nach der Rücksendung erhält die Bürodesign GmbH folgende Gutschrift:

Abels, Wirtz & Co. KG

Abels, Wirtz & Co. KG, Industriestr. 124, 42653 Solingen

Bürodesign GmbH
Stolberger Straße 188
50933 Köln

Schlösser und Schlüssel für Möbel
Industriestraße 124
42653 Solingen

Tel.: 0212 72114
Fax: 0212 72119
E-Mail: info@abels-wirtz.de
Internet: www.abels-wirtz.de

RECHNUNG/AUFTRAGSBESTÄTIGUNG		
Bei Zahlung/Rücksendung/Gutschrift unbedingt angeben		
Kunden-Nr.	**Rechnungs-Nr.**	**Datum**
928454	240095	03.07.20..

Pos.	Artikel-Nr.	Artikelbezeichnung	Menge Stück	Einzelpreis €	Gesamtpreis €
1	S 4704	Schlösser mit Schlüsseln	3200	12,50	40000,00
2	A 5421	Schließanlagen	300	120,00	36000,00
3	F 0210	Ersatzschlüssel	264	2,50	660,00
					76660,00
		+ Verpackung (16 Collicos)			640,00
		+ Fracht			560,00
		Warenwert einschl. Verpackung und Fracht			77860,00
		19 % Umsatzsteuer			14793,40
		Rechnungsbetrag			92653,40

Zahlbar innerhalb von 30 Tagen netto

Bankverbindung: Stadtsparkasse Solingen
IBAN: DE80 3425 0000 0123 4522 34 BIC: SOLSDE33XXX

Steuer-Nr.: 128/1121/1987 **USt-IdNr.:** DE184655343

Abels, Wirtz & Co. KG

Abels, Wirtz & Co. KG, Industriestr. 124, 42653 Solingen

Bürodesign GmbH
Stolberger Straße 188
50933 Köln

Schlösser und Schlüssel für Möbel
Industriestraße 124
42653 Solingen

Tel.: 0212 72114
Fax: 0212 72119
E-Mail: info@abels-wirtz.de
Internet: www.abels-wirtz.de

GUTSCHRIFT 185	
Ihre Beanstandung vom:	05.07.20..
Unsere Lieferung vom:	01.07.20..
Unsere Rechnung vom:	03.07.20..
Nr.:	240095

Begründung der Gutschrift	Menge Stück	Einzelpreis €	Gesamtpreis €
Rücksendung			
Schlösser mit Schlüsseln	224	12,50	2800,00
Collicos	16	40,00	640,00
	Wert der Gutschrift		3440,00
	19 % Umsatzsteuer		653,60
	Wert der Gutschrift		4093,60

Steuer-Nr.: 128/1121/1987 **USt-IdNr.:** DE184655343

Um gleichlautende Buchung wird gebeten.

Solingen, den 09.07.20..

Arbeitsaufträge

- ***Erläutern Sie die buchhalterische Auswirkung der Rücksendungen von Werkstoffen und Gitterboxen.***
- ***Bilden Sie zu beiden Belegen die erforderlichen Buchungssätze.***

Rücksendungen von Materialien und Leihverpackungen

Rücksendungen von Materialien

→Bd. 2 **Die Rücksendung von Materialien** wegen Falschlieferung oder **mangelhafter Lieferung** bewirkt eine **Gutschriftanzeige des Lieferers**, die mit eventuellen Zahlungsansprüchen des Lieferers (Verbindlichkeiten a. LL.) verrechnet werden kann. Die zurückgesandten falschen oder mangelhaften Materialien werden unmittelbar auf dem Materialaufwandskonto gutgeschrieben, da sich der lt. Eingangsrechnung ursprünglich erfasste Aufwand für Materialien verringert. Es handelt sich um eine **Korrektur- oder Stornobuchung**. Sie führt **umsatzsteuerrechtlich** gleichzeitig zu einer **Minderung des Vorsteueranspruchs** gegenüber dem Finanzamt. Die **Vorsteuer** ist entsprechend zu **berichtigen**.

Rücksendung von Verpackung

Der Lieferer belastet im Allgemeinen den Käufer mit dem Verpackungsmaterial für die gelieferten Materialien. Die **Rücksendung von Verpackung**, die der Lieferer in Rechnung gestellt hat, führt ebenfalls zu einer **Korrektur-** oder **Stornobuchung**. Die Gutschrift für das zurückgesandte Verpackungsmaterial erfolgt **unmittelbar auf dem Materialaufwandskonto bzw. auf dem speziellen Unterkonto „Bezugskosten"**. Die ursprünglich gebuchte Vorsteuer ist entsprechend zu korrigieren.

Beispiel

ER: *Zieleinkauf von Schlössern mit Schlüsseln, Schließanlagen und Ersatzschlüsseln,*

netto,	*76 660,00*
Verpackung	*640,00*
Fracht	*560,00*
	77 860,00
+ 19 % Umsatzsteuer	*14 793,40*
	92 653,40

Buchung der Eingangsrechnung:

6000 Aufwendungen für Rohstoffe/Fertigteile	*76 660,00*
6001 Bezugskosten	*1 200,00*
2600 Vorsteuer	*14 793,40*
an 4400 Verbindlichkeiten a. LL.	*92 653,40*

Gutschrift der Abels, Wirtz & Co. KG:

Schlösser mit Schlüsseln,

netto	*2 800,00*
16 Gitterboxen, netto	*640,00*
	3 440,00
+ 19 % Umsatzsteuer	*653,60*
	4 093,60

Buchung der Rücksendung:

4400 Verbindlichkeiten a. LL.	*4 093,60*
an 6000 Aufwendungen für Rohstoffe/Fertigteile	*2 800,00*
an 6001 Bezugskosten	*640,00*
an 2600 Vorsteuer	*653,60*

S	6000 Aufwendungen für Rohstoffe/Fertigteile		H
4400	76 660,00	4400	2 800,00

S	4400 Verbindlichkeiten a. LL.		H
6000, 6001 2600	4 093,60	6000, 6001 2600	92 653,40

S	6001 Bezugskosten		H
4400	1 200,00	4400	640,00

S	2600 Vorsteuer		H
4400	14 793,40	4400	653,60

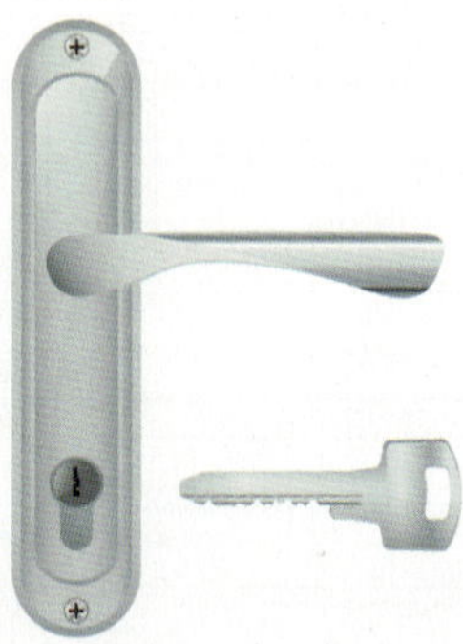

■ Gutschriften durch Lieferer

Minderungen

Wegen eines **Mangels** an den **Materialien**, den der Lieferer zu vertreten hat, kann das Unternehmen als Kunde nach erfolgloser Nacherfüllung das **Recht auf Minderung** (Preisnachlass) oder Herabsetzung des Kaufpreises verlangen. Dieser Rechtsanspruch ist dann sinnvoll, wenn die Materialien trotz des Mangels noch verarbeitet werden können. →Bd. 2

Beispiel

Schreiben des Rohstofflieferers:

Minderung:	
20 % vom Warenwert...........	*209,60*
+ 19 %	*39,82*
	249,42

Buchung der Minderung:

4400 Verbindlichkeiten a. LL.	*249,42*
an 6002 Nachlässe	*209,60*
an 2600 Vorsteuer	*39,82*

Boni

Der **nachträglich gewährte Preisnachlass**, auch **Bonus** oder **Umsatzrückvergütung** genannt, soll den Kunden stärker an den Lieferer binden und ihn zu höheren Einkäufen innerhalb eines Zeitraums veranlassen.

Beispiel *Die Vereinigte Spanplatten AG, die ihren Kunden bei Umsätzen über 150 000,00 € 5 % Bonus gewährt, erteilt der Bürodesign GmbH folgende Gutschrift:*

Bonus: Lieferungen 2008

5 % netto 171 000,00	*8 550,00*
+ 19 % Umsatzsteuer	*1 624,50*
	10 174,50

Buchung:

4400 Verbindlichkeiten a. LL.	*10 174,50*
an 6002 Nachlässe	*8 550,00*
an 2600 Vorsteuer	*1 624,50*

Buchung der Nachlässe

Beide Vorgänge führen zu **Lierergutschriften**, die

- die **Verbindlichkeiten a. LL.** gegenüber dem Lieferer **vermindern**,
- die **Anschaffungskosten** der eingekauften Materialien **nachträglich mindern** und
- folglich eine **Korrektur der Vorsteuer** notwendig machen.

Die **Anschaffungskostenminderungen** durch nachträgliche **Preisnachlässe und Boni** (Wertkorrekturen) werden im Unterschied zu Rücksendungen (Mengen- und Wertkorrekturen) auf den Unterkonten **„6002, 6022, 6032 Nachlässe"** gebucht.

Abschluss des Unterkontos „Nachlässe"

Zum **Jahresabschluss** ist das **Unterkonto „6002, 6022, 6032 Nachlässe"** im Rahmen der vorbereitenden Abschlussbuchungen **über die Materialaufwandskonten (6000, 6020, 6030) abzuschließen**.

S 6000 Aufwendungen für Rohstoffe/Fertigteile H

S		H	
4400	180 000,00	6002	8 759,60

S 4400 Verbindlichkeiten a. LL. H

S		H	
6002 / 2600	249,42	6000 / 2600	214 200,00
6002 / 2600	10 174,50		

S 6002 Nachlässe H

S		H	
6000	8 759,60	4400	209,60
		4400	8 550,00
	8 759,60		8 759,60

S 2600 Vorsteuer H

S		H	
4400	34 200,00	4400	39,82
		4400	1 624,50

Zusammenfassung: Gutschriften von Lieferern für Rücksendungen und Nachlässe buchen

Rücksendungen	Nachlässe/Gutschriften
Wert- und Mengenkorrekturen: • **Materialien** Minderung der ursprünglich gebuchten – Materialieneingänge, – Vorsteuer, – Verbindlichkeiten • **Leihverpackungen** Minderung der ursprünglich gebuchten – Bezugskosten, – Vorsteuer, – Verbindlichkeiten	**Wertkorrekturen:** • **Minderungen** – nachträgliche Herabsetzung des Kaufpreises wegen festgestellter Mängel – getrennte Erfassung auf dem Unterkonto „6002 (6022, 6032) Nachlässe“ • **Boni** – nachträglich gewährter Rabatt aufgrund bestimmter Umsätze – getrennte Erfassung der Wertkorrektur auf dem Unterkonto „6002 (6022, 6032) Nachlässe“

Aufgaben

1 *Geben Sie die Buchungssätze für die folgenden Geschäftsfälle eines Industrieunternehmens an.*

	€	€
1. **ER:** *Zieleinkauf von Rohstoffen, netto*	53 000,00	
– *Mengenrabatt*	4 240,00	48 760,00
+ *Fracht*		1 291,24
+ *Transportversicherung*		48,76
+ *Verpackungsmaterial (Leihemballagen)*		900,00
		51 000,00
+ *19 % Umsatzsteuer*		9 690,00
		60 690,00
2. **ER, BA:** *Einkauf von Betriebsstoffen (Heizöl) gegen sofortige Zahlung mit Banküberweisung, netto*	18 000,00	
– *Sonderrabatt (Treuerabatt) 5 %*	900,00	17 100,00
+ *19 % Umsatzsteuer*		3 249,00
		20 349,00
3. ***Schreiben des Rohstofflieferers*** *(Fall 1)*		
Gutschrift für zurückgesandte Rohstoffe, netto	2 400,00	
+ *19 % Umsatzsteuer*	456,00	2 856,00
4. **KB:** *Barzahlung der Fracht für die Rücksendung von Verpackungsmaterial an den Rohstofflieferer (vgl. Fall 1)*		
Fracht einschließlich 19 % Umsatzsteuer		64,26
5. **ER:** *Zieleinkauf von Betriebsstoffen, netto*	3 700,00	
+ *19 % Umsatzsteuer*	703,00	4 403,00
6. ***Schreiben des Rohstofflieferers*** *(vgl. Fälle 1 und 4)*		
Gutschrift für die zurückgesandte Verpackung, netto	765,00	
+ *19 % Umsatzsteuer*	145,35	910,35
7. ***Schreiben des Betriebsstofflieferers*** *(Fall 5): Rechnung*		
Fracht	70,00	
Transportversicherung	10,50	80,50
+ *19 % Umsatzsteuer*		15,30
		95,80

8. ***Schreiben des Betriebsstofflieferers*** *(Fall 5) Gutschrift für fehlerhafte Betriebsstoffe (Preisnachlass)*	*880,60*
Umsatzsteueranteil	*140,60*
9. ***Schreiben des Rohstofflieferers:*** *Bonusgutschrift von 6 ‰ vom Halbjahresumsatz von brutto 404 600,00 €*	*2 427,60*
Umsatzsteueranteil	*387,60*

10. a) *Erläutern Sie, warum Gutschriftanzeigen der Materiallieferer für Materialrücksendungen anders gebucht werden als Gutschriftanzeigen für Preisherabsetzungen wegen mangelhafter Lieferung.*
    b) *Erläutern Sie, warum in den Gutschriftanzeigen auch die Umsatzsteuer ausgewiesen ist.*
    c) *Erläutern Sie, was man unter den Anschaffungsnebenkosten und den Anschaffungskostenminderungen versteht.*
    d) *Erläutern Sie, warum die Umsatzsteuer nicht zu den Anschaffungskosten eines Wirtschaftsgutes zählt.*
    e) *Erläutern Sie, warum eine Bestandsminderung der Rohstoffe in der Kontenklasse 6 zu erfassen ist.*

2 *Ein Industrieunternehmen addierte gegen Ende des Geschäftsjahres (1. Januar–31. Dezember) alle Werte auf den Konten. Dadurch ergab sich folgende Summenbilanz der Konten der Finanzbuchhaltung:*

		Soll €	Haben €
2000	Rohstoffe	30 000,00	
2020	Hilfsstoffe	12 000,00	
2600	Vorsteuer/Einfuhrumsatzsteuer	30 445,50	14 800,00
2800	Bank	1 102 000,00	597 615,00
2880	Kasse	62 169,50	56 200,00
3000	Eigenkapital		83 000,00
4400	Verbindlichkeiten a. LL.	230 000,00	345 000,00
4800	Umsatzsteuer	74 800,00	179 000,00
5000	Umsatzerlöse für eigene Erzeugnisse		850 000,00
6000	Aufwendungen für Rohstoffe	180 000,00	
6001	Bezugskosten für Rohstoffe		
6020	Aufwendungen für Hilfsstoffe	40 000,00	
6021	Bezugskosten für Hilfsstoffe		
6300	Gehälter	304 200,00	
6700	Mieten	60 000,00	
		2 125 615,00	2 125 615,00

Geschäftsfälle:	€	€
1. ***ER vom 12.12.:*** *Zieleinkauf von Rohstoffen, netto*	50 000,00	
– 6 % Mengenrabatt	3 000,00	47 000,00
+ 19 % Umsatzsteuer		8 930,00
		55 930,00
2. ***ER, KB vom 16.12.:*** *Bareinkauf von Hilfsstoffen, netto*	3 000,00	
– 4 % Mengenrabatt	120,00	2 880,00
+ Fracht		20,00
		2 900,00
+ 19 % Umsatzsteuer		551,00
		3 451,00

3. ***Brief des Rohstofflieferers vom 18.12.:***		
Lastschrift: Fracht für gelieferte Rohstoffe (Fall 1)	*400,00*	
Verpackung der Rohstoffe (Fall 1)	*800,00*	*1200,00*
+ 19 % Umsatzsteuer		*228,00*
		1428,00
4. ***ER, BA vom 19.12.:*** *Einkauf von Rohstoffen gegen Banküberweisung, netto*	*20000,00*	
+ Fracht	*500,00*	
+ Transportversicherung	*20,00*	*20520,00*
+ 19 % Umsatzsteuer		*3898,80*
		24418,80
5. ***Brief des Rohstofflieferers vom 20.12.:*** *Gutschrift für zurückgesandte Verpackung (Fall 3)*	*560,00*	
+ 19 % Umsatzsteuer	*106,40*	*666,40*
6. ***ER, KB vom 23.12.:*** *Barzahlung der Fracht für die Rücksendung der Verpackung an den Rohstofflieferer einschließlich 19 % Umsatzsteuer*		*35,70*
7. ***ER vom 24.12.:*** *Zieleinkauf von Hilfsstoffen, netto*	*7000,00*	
– 8 % Mengenrabatt	*560,00*	*6440,00*
+ Fracht		*160,00*
		6600,00
+ 19 % Umsatzsteuer		*1254,00*
		7854,00
8. ***ER vom 27.12.:*** *Zieleinkauf von Rohstoffen netto*	*140000,00*	
– 6 % Mengenrabatt	*8400,00*	*131600,00*
+ Fracht und Transportversicherung		*19740,00*
		151340,00
+ 19 % Umsatzsteuer		*28754,60*
		180094,60

Abschlussangaben zum 31.12.:

Endbestände lt. Inventur

Rohstoffe	*22000,00*
Hilfsstoffe	*13230,00*

a) Richten Sie die oben genannten Konten mit den entsprechenden Werten ein. Sie können in die Spalte für die Gegenkonteneintragung den Text „SU" für „Summenbilanz" eintragen. Bei computerunterstützter Buchhaltung können Sie die Summen mit dem Datum 11. Dezember 20.. auf die eingegebenen Konten übertragen.

b) Buchen Sie die Geschäftsfälle und führen Sie alle erforderlichen vorbereitenden Abschlussbuchungen durch.

c) Führen Sie den Abschluss der Finanzbuchhaltung durch.

3 *Ein Industrieunternehmen ermittelt gegen Ende des Geschäftsjahres (01.01.–31.12.) auf den Konten der Finanzbuchhaltung folgende Summen:*

	Soll €	Haben €
2000 Rohstoffe	*160000,00*	
2600 Vorsteuer	*89876,00*	*24800,00*
2800 Bank	*958000,00*	*570576,00*
2880 Kasse	*65000,00*	*57200,00*
3000 Eigenkapital		*334700,00*
4400 Verbindlichkeiten a. LL.	*238000,00*	*308680,00*

4800 Umsatzsteuer	75 700,00	148 220,00
5000 Umsatzerlöse für Erzeugnisse		1 280 000,00
6000 Aufwendungen für Rohstoffe	460 000,00	
6001 Bezugskosten	25 500,00	
6002 Nachlässe		21 200,00
6300 Gehälter	519 300,00	
6700 Mieten	154 000,00	
	2 745 376,00	2 745 376,00

Geschäftsfälle:

	€	€
1. ER vom 14.12.: Zieleinkauf von Rohstoffen, netto	25 000,00	
– 4 % Mengenrabatt	1 000,00	24 000,00
+ Leihverpackung		800,00
		24 800,00
+ 19 % Umsatzsteuer		4 712,00
		29 512,00
2. ER, KB vom 15.12.: Barzahlung der Fracht (Fall 1), einschließlich 19 % Umsatzsteuer		297,50
3. Brief eines Rohstofflieferers vom 17.12.: Gutschrift für anerkannte Mängelrüge, netto	2 000,00	
+ 19 % Umsatzsteuer	380,00	2 380,00
4. KB vom 19.12.: Barzahlung der Fracht für Rücksendung des Verpackungsmaterials (Fall 1), einschließlich 19 % Umsatzsteuer		29,75
5. Brief eines Rohstofflieferers vom 31.12.: Gutschrift für Rücksendung des Verpackungsmaterials (Fall 1), netto	800,00	
+ 19 % Umsatzsteuer	152,00	952,00
6. Brief eines Rohstofflieferers vom 31.12.: Gutschrift des Bonus für bezogene Rohstoffe: 4 % von Jahresumsatz von netto 180 000,00 €	7 200,00	
+ 19 % Umsatzsteuer	1 368,00	8 568,00

Abschlussangabe zum 31.12.:

Rohstoffbestand lt. Inventur 166 200,00

a) Buchen Sie die Geschäftsfälle auf den Konten lt. Summenbilanz.
b) Führen Sie die Umbuchungen zum Geschäftsjahresende durch.
c) Führen Sie den Abschluss der Finanzbuchhaltung durch.

4 Die Konten 2000, 2600, 2880, 6000, 6001, 6002 weisen folgende Beträge aus:

	Soll €	Haben €
2000 Rohstoffe	180 000,00	
2600 Vorsteuer	186 850,00	147 500,00
2880 Kasse	127 725,00	120 000,00
4400 Verbindlichkeiten a. LL.	1 414 500,00	1 437 500,00
6000 Aufwendungen für Rohstoffe	1 250 000,00	
6001 Bezugskosten	2 600,00	
6002 Nachlässe		1 200,00

Vor dem Abschluss sind noch folgende Geschäftsfälle zu berücksichtigen:

1. Rohstoffeinkauf auf Ziel, ER 164, netto	80 000,00	
– 25 % Rabatt	20 000,00	60 000,00
+ 19 % Umsatzsteuer		11 400,00
		71 400,00

2. Barzahlung der Eingangsfracht (Fall 1), netto	1 500,00	
+ 19 % Umsatzsteuer	285,00	1 785,00
3. Rücksendung von Rohstoffen an einen Rohstofflieferer wegen Falschlieferung, netto	8 000,00	
+ 19 % Umsatzsteuer	1 520,00	9 520,00
4. Rücksendung von Leihemballagen an einen Rohstofflieferer, netto	1 000,00	
+ 19 % Umsatzsteuer	190,00	1 190,00
5. Gutschrift des Rohstofflieferers (Fall 1) wegen Minderung brutto		1 785,00

Ermitteln Sie

a) die Aufwendungen für Rohstoffe: Rohstoffendbestand lt. Inventur, 200 000,00

b) die abzugsfähige Vorsteuer.

5 *Geben Sie an, ob mit folgenden Buchungen*

(1) ein Geschäftsfall,
(2) eine vorbereitende Abschlussbuchung (Umbuchung),
(3) eine Abschlussbuchung,
(4) eine falsche Buchung erfasst wird.

Buchungssätze

a) 8020 an 5000	e) 6001	h) 8010 an 2400	l) 2400 an 5000
b) 8010 an 6001	2600 an 2880	i) 8020 an 6900	an 4800
c) 5400 an 8020	f) 4800 an 2600	j) 6002 an 6000	m) 8020 an 6001
d) 8010 an 2600	g) 8020 an 6300	k) 6001 an 6000	n) 3000 an 8020

6 *In der Bürodesign GmbH sind folgende Belege zu buchen und auszuwerten:*

Hanckel & Cie. GmbH

Hanckel & Cie. GmbH, Augustastr. 8, 40477 Düsseldorf

Bürodesign GmbH
Stolberger Straße 188
50933 Köln

Augustastr. 8
40477 Düsseldorf

Tel.: 0211 345234
Fax: 0211 345100
info@hanckel.de
www.hanckel.de

Ihre Bestellung	Unser Zeichen	Kundennummer	Rechnungsnummer	Rechnungsdatum
		7362	1596	30.04.20..

Rechnung

Artikel-Nr.	Artikelbezeichnung	Menge in m	Einzelpreis €	Rabatt in %	Gesamtpreis €
505283	Polsterstoff, „Maiwiese" 20 Ballen à 30 m	600	18,00	5	10 260,00
293325	Polstergarn	500	6,80	5	3 230,00

Warenwert, netto	Verpackung	Fracht	Entgelt, netto	19 % USt. €	Gesamtbetrag €
13 490,00	510,00	140,00	14 140,00	2 686,60	16 826,60

Zahlung: Ziel: 30 Tage Skonto: 10 Tage/3 %

Bei Rücksendung der Verpackung schreiben wir Ihnen 80 % des Wertes gut.

Bankverbindung: Commerzbank Düsseldorf
IBAN: DE91 3004 0000 0001 3400 00
BIC: COBADEDDXXX

Steuer-Nr.: 133/8085/2134 **USt-IdNr.:** DE178432989

Hanckel & Cie. GmbH

Hanckel & Cie. GmbH, Augustastr. 8, 40477 Düsseldorf

Bürodesign GmbH
Stolberger Straße 188
50933 Köln

Augustastr. 8
40477 Düsseldorf

Tel.: 0211 345234
Fax: 0211 345100
info@hanckel.de
www.hanckel.de

GUTSCHRIFT 073	
Ihre Beanstandung vom:	02.05.20..
Unsere Lieferung vom:	29.04.20..
Unsere Rechnung-Nr.:	1596
vom:	30.04.20..

Begründung der Gutschrift	Menge Stück	Einzelpreis €	Gesamtpreis €
Webfehler an 1 Ballen Polsterstoff „Maiwiese" 50 % vom Warenwert (18,00 € je m abzügl. 5 % Rabatt), netto	30	18,00	513,00
Rückgabe von 3 Gitterboxen	3	136,00	408,00
		Wert der Gutschrift	921,00
		19 % Umsatzsteuer	174,99
		Wert der Gutschrift	1 095,99

Steuer-Nr.: 133/8085/2134 **USt-IdNr.:** DE178432989

Um gleichlautende Buchung wird gebeten.

Düsseldorf, den 03.05.20..

a) Bilden Sie die Buchungssätze zur Erfassung der beiden Belege.

b) Ermitteln Sie aus beiden Belegen die abziehbare Vorsteuer.

2.6.4 Liefererskonti berechnen und buchen

23. August 20..: Frau König nimmt die Rechnung der Stammes Stahlrohr GmbH vom 14. August 20.. aus der Terminmappe:

_Stammes Stahlrohr GmbH

Stammes Stahlrohr GmbH, Neptunstr. 46, 45277 Essen

Bürodesign GmbH
Stolberger Straße 188
50933 Köln

Neptunstraße 46
45277 Essen

Telefon: 0201 89451
Telefax: 0201 75689

E-Mail: info@stammes-stahlrohr.de
Internet: www.stammes-stahlrohr.de

RECHNUNG/AUFTRAGSBESTÄTIGUNG		
Bei Zahlung/Rücksendung/Gutschrift unbedingt angeben		
Kunden-Nr. 736521	**Rechnungs-Nr.** 03853	**Datum** 14.08.20..

Pos.	Artikel-Nr.	Artikelbezeichnung	Menge	Einzelpreis €	Gesamtpreis €
1	R 805	Stahlrohr, grundiert 30 × 30 × 1000 mm	1200	36,00	43200,00
2	R 838	Stahlrohr, verchromt 35 × 35 × 1000 mm	80	85,00	6800,00
			Steuerpflichtiges Entgelt		50000,00
			19 % Umsatzsteuer		9500,00
			Rechnungsbetrag		59500,00

Zahlbar: innerhalb von 10 Tagen abzüglich 3 % Skonto
binnen 30 Tagen, netto

Bankverbindung: Volksbank Ruhr-Mitte
IBAN: DE41 4226 0001 0000 7584 93 BIC: GENODEM1GBU

Steuernummer: 112/7654/1921 **USt-IdNr.:** DE284563429

Sie überlegt, ob die Rechnung heute beglichen werden soll. Auch Frau Land wird in dieses Problem einbezogen. Nach kurzem Nachdenken meint diese: *„Wir haben doch bis zum 14. September 20.. Zeit."*

Arbeitsaufträge

- ***Überprüfen Sie, ob Frau Land mit ihrer Aussage recht hat.***
- ***Bilden Sie den Buchungssatz für obige Rechnung.***

■ Vorzeitige Zahlung mit Skontoabzug

Der Lieferer kann sofortige Zahlung verlangen, falls über den Zahlungszeitpunkt keine vertragliche Vereinbarung vorliegt. Wird für die Zahlung ein **bestimmtes Ziel** – z. B. zahlbar innerhalb von 60 Tagen ab Rechnungsdatum – vereinbart, dann **gewährt** der **Lieferer einen Kredit,** den er sich **verzinsen** lässt und in seiner Kalkulation berücksichtigt hat.

Will der Lieferer **vorzeitige Zahlung** erreichen, gewährt er als **Verzicht auf den Kredit** einen **Nachlass auf den Rechnungsbetrag,** der als **Skonto** bezeichnet wird – z. B. 3 % Skonto bei Zahlung innerhalb von 10 Tagen (vgl. S. 430).

Um wirtschaftlich begründet zwischen den Möglichkeiten der **Skontoausnutzung** und der **Kreditinanspruchnahme** entscheiden zu können, wird der Skontosatz unter Verwendung der Zinsformel in einen **Zinssatz** umgerechnet.

Beispiel

ER vom 14.08. d. J.:	*€*	***Buchungssatz:***	
Rohstoffe, netto	*50 000,00*	*6000 Aufwendungen für Rohstoffe*	*50 000,00*
+ 19 % Umsatzsteuer	*9 500,00*	*2600 Vorsteuer*	*9 500,00*
	59 500,00	*an 4400 Verbindlichkeiten a. LL.*	*59 500,00*
vereinbarte Zahlungsbedingung:		*„Zahlbar innerhalb von 10 Tagen mit 3 % Skonto"*	
	oder	*„Zahlung innerhalb von 30 Tagen netto Kasse"*	

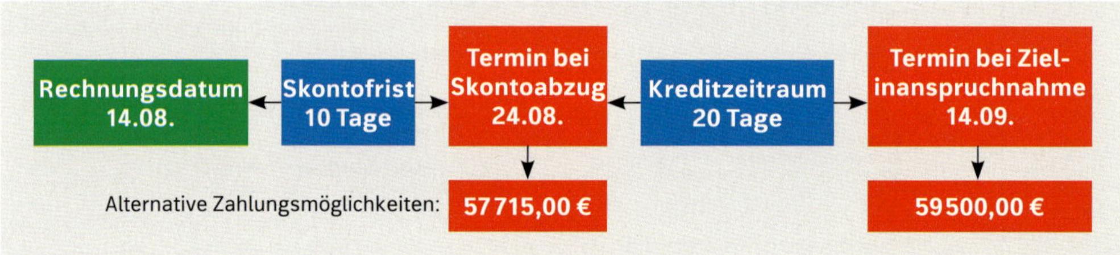

Umrechnung des Skontosatzes in einen Zinssatz für den gewährten Kredit

Beispiel

K = 57 715,00 € oder 97 % des Rechnungsbetrages
Z = 1 785,00 € oder 3 % des Rechnungsbetrages
t = 20 Tage Der Skonto von 3 % wird für die vorzeitige Zahlung gewährt, also dafür, dass der Zeitraum von 20 Tagen nicht in Anspruch genommen wird.
P = x p = Zinssatz p. a., der dem Skontosatz, auf 20 Tage bezogen, entspricht.

Umstellung der Zinsformel	Berechnung von p mit absoluten Werten	Berechnung von p mit relativen Werten
$p = \frac{Z \cdot 100 \cdot 360}{K \cdot t}$	$p = \frac{1785 \cdot 100 \cdot 360}{57715 \cdot 20}$ $p = \underline{\underline{55{,}67\,\%}}$	$p = \frac{3 \cdot 100 \cdot 360}{97 \cdot 20}$ $p = \underline{\underline{55{,}67\,\%}}$

Buchungen beim Ausgleich von Liefererrechnungen mit Skontoabzug

Der Skontoabzug war bei vorzeitiger Zahlung vereinbart. Daher wird mit der Überweisung des Bareinkaufspreises (Überweisungsbetrag) die gesamte Schuld auf dem Konto „44 Verbindlichkeiten a. LL." (Rechnungsbetrag, brutto) getilgt.

Die Anschaffungskosten der Rohstoffe werden durch den Skontoabzug gemindert.

> § 255 Abs. 1 HGB
> Anschaffungskosten sind die Aufwendungen, die geleistet werden, um einen Vermögensgegenstand zu erwerben [...] Anschaffungspreisminderungen [...] sind abzusetzen.

Die nachträglichen Minderungen der Anschaffungskosten eingekaufter Rohstoffe **beim Skontoabzug auf Eingangsrechnungen** werden auf dem Unterkonto **„6002 Nachlässe"** gebucht.

Durch die getrennte Erfassung der Anschaffungsnebenkosten und Nachlässe auf Unterkonten des Kontos „Aufwendungen für Rohstoffe" hat der Unternehmer einen Einblick in die Zusammensetzung des Aufwands für Rohstoffe und damit deutliche Hinweise auf die Einflussfaktoren seines Rohstoffeinsatzes.

Beispiel

SEPA-Girokonto	IBAN: DE11 3705 0198 0085 3139 48	**Kontoauszug**	**152**
	BIC: COLSDE33XXX	**Blatt**	**1**
Sparkasse KölnBonn	UST-ID DE110260423		
Datum Erläuterungen			Betrag
Kontostand in € am 23.08.20.., Auszug Nr. 151			189 904,00 +
24.08. Überweisung STAMMES STAHLROHR GMBH, ESSEN KD-NR 736521	Wert: 24.08.20.. RG-NR. 03853, V. 14.08.20..		57 715,00 –
Kontostand in € am 25.08.20.., 10:30 Uhr			132 189,00 +
Ihr Dispositionskredit 200 000,00 €			
			Bürodesign GmbH

	Bankauszug: Überweisung an Rohstofflieferer	**€**
Zieleinkaufspreis, brutto	***Rechnungsbetrag, brutto***	***59 500,00***
– Liefererskonto	***– 3 % Skonto***	***1 785,00***
Bareinkaufspreis, brutto	***Überweisungsbetrag***	***57 715,00***

Umsatzsteuerrechtlich bewirkt der Skontoabzug eine Änderung der ursprünglich gebuchten Vorsteuer; denn das Finanzamt erstattet letztlich nur die tatsächlich bezahlte Vorsteuer. Die Herausrechnung des Vorsteuerbetrages aus dem Skontobetrag kann wie folgt durchgeführt werden:

$$\frac{\text{Liefererskonto} \cdot \text{USt-Satz}}{100 + \text{Umsatzsteuersatz}} = \textbf{VSt-Anteil} \qquad \frac{1\,785 \cdot 19}{119} = 285{,}00\ €$$

Durch Skontoabzug werden Anschaffungskosten und Vorsteuer korrigiert.

Auswirkung des Lieferkontos	**auf die Anschaffungskosten**	**auf die Vorsteuer**	**insgesamt**
Rechnungsbetrag lt. ER – 3 % Skonto	50 000,00 € 1 500,00 €	9 500,00 € 285,00 €	59 500,00 € 1 785,00 €
= Überweisungsbetrag	48 500,00 €	9 215,00 €	57 715,00 €

Beispiel *(Fortsetzung des Beispiels von S. 304 und oben)*

ER: *Rohstoffe netto*	*50 000,00*	***Buchungssätze:***	
+ 19 % Umsatzsteuer	*9 500,00*	*6000 Aufwendungen für Rohstoffe*	*50 000,00*
	59 500,00	*2600 Vorsteuer*	*9 500,00*
		an 4400 Verbindl. a. LL.	*59 500,00*

BA: *Banküberweisung an Rohstofflieferer nach Abzug von 3 % Skonto*	*57 715,00*	***Buchungssätze:***	
		4400 Verbindlichkeiten a. LL.	*59 500,00*
		an 6002 Nachlässe	*1 500,00*
		an 2600 Vorsteuer	*285,00*
		an 2800 Bank	*57 715,00*

Vorbereitende Abschlussbuchung:

Das Konto „Nachlässe" ist zum Jahresabschluss über das Konto „Aufwendungen für Rohstoffe" abzuschließen.

6002 Nachlässe		*1 500,00*
	an 6000 Aufw. für Rohstoffe	*1 500,00*

S	6000 Aufwendungen für Rohstoffe		H
4400 Vb	50 000,00	6002 Nachl.	1 500,00

S	4400 Verbindlichkeiten a. LL.		H
6002 Nachl., 2600 VSt, 2800 Ba	59 500,00	6000 AfR, 2600 VSt	59 500,00

S	6002 Nachlässe		H
6000 AfR	1 500,00	4400 Vb	1 500,00

S	2600 Vorsteuer		H
4400 Vb	9 500,00	4400 Vb	285,00

S	2800 Bank		H
8000 EBK	90 000,00	4400 Vb	57 715,00

Zusammenfassung: Liefererskonti berechnen und buchen

Begriff	Auswirkungen	Buchung
• Skonto = vorzeitiger Ausgleich von Eingangsrechnungen • Verzicht auf den Liefererkredit	• **Minderung der Anschaffungskosten** nachträgliche Minderung des Entgelts lt. ER • Korrektur der Vorsteuer im Haben	• **Rechnungsausgleich** 4400 Verbindl. a. LL. an 6002 (6022, 6032) Nachlässe an 2600 Vorsteuer an 2800 Bank • **Abschluss des Unterkontos** 6002 (6022, 6032) Nachlässe an 6000 Aufwendungen für Rohstoffe

Aufgaben

1 *Folgende Eingangsrechnungen verschiedener Rohstofflieferer sollen unter Abzug von Skonto durch Banküberweisung ausgeglichen werden:*

	Rechnungsbeträge einschließlich 19 % USt. in €	Skontosatz
1.	38 080,00	1 %
2.	54 740,00	3 %
3.	103 530,00	2 %
4.	64 260,00	1,5 %

a) Ermitteln Sie jeweils den Skonto- und Überweisungsbetrag und bilden Sie den Buchungssatz zur Erfassung des Rechnungsausgleichs.

b) Ermitteln Sie den Zinssatz der jeweiligen Liefererkredite, wenn die Zahlungsbedingung lautet: Binnen 8 Tagen abzüglich Skonto, binnen 30 Tagen netto Kasse.

2 *In der Industrieunternehmung Thomas Linde e. K. werden verschiedene Eingangsrechnungen von Rohstofflieferern nach Abzug von Skonto durch Banküberweisung beglichen. Diese Zahlungen sind aufgrund der Information aus den Bankkontenauszügen und der Lastschriftzettel zu buchen:*

	Überweisungsbeträge lt. Bankkontenauszügen	Skontosatz lt. Lastschriftzettel
1.	30321,20	2%
2.	39447,06	3%
3.	98157,15	2,5%
4.	52307,64	1%

Zu den Fällen 1 bis 4 sind Rechnungs- und Skontobeträge zu ermitteln und die Buchungssätze zu bilden.

3 *Die Möbelfabrik Karl Krämer e. K. hat folgende Eingangsrechnung für Holz vorliegen:*

ER vom 01.10.: *Zieleinkauf von Rohstoffen, netto ......*	*30000,00 €*	
+ 19% USt	*5700,00 €*	*35700,00 €*

Die Zahlungsbedingung des Lieferers lautet:
„Zahlbar innerhalb von 14 Tagen mit 2% Skonto oder 30 Tagen Ziel"

a) Geben Sie den Buchungssatz für die Eingangsrechnung vom 1. Oktober 20.. an.

b) Berechnen Sie den Skonto- und Überweisungsbetrag, falls bis zum 15. Oktober 20.. mit Skontoabzug gezahlt würde.

c) Buchen Sie den Ausgleich der Eingangsrechnung durch Banküberweisung nach Abzug von Skonto.

4 *Ein Industrieunternehmen hat folgende Eingangsrechnung einer Hilfsstoffsendung vorliegen:*
ER vom 05.07. *über 89250,00 € einschl. 19% USt.*
Die Zahlungsbedingung des Lieferers lautet:
„Zahlbar innerhalb von 14 Tagen mit 3% Skonto oder 30 Tagen Ziel"

a) Berechnen Sie den Skonto- und Überweisungsbetrag, falls bis zum 19. Juli 20.. mit Skontoabzug gezahlt würde.

b) Buchen Sie die Banküberweisung an den Lieferer nach Abzug von Skonto.

5 *Ein Industrieunternehmen hat folgende Eingangsrechnung nach einer Betriebsstofflieferung erhalten:*
ER vom 10.08. *über 73780,00 € einschl. 19% USt.*
Die Zahlungsbedingung des Lieferers lautet:
„Zahlbar innerhalb von 10 Tagen mit 2% Skonto oder 30 Tagen Ziel."

a) Bilden Sie die Buchungssätze
  aa) zur Erfassung der Eingangsrechnung,
  ab) zur Erfassung der Banküberweisung an den Lieferer nach Abzug von Skonto.

b) Berechnen Sie, welchem Zinssatz der angegebene Skontosatz entspricht.

6 *Die Impex GmbH ermittelte gegen Ende des Geschäftsjahres (1. Januar–31. Dezember) alle Salden auf den Sach- und Personenkonten. Dadurch ergab sich folgende Saldenbilanz der Konten der Finanzbuchhaltung.*

Saldenbilanz		**Soll** €	**Haben** €
2000 Rohstoffe		85000,00	
2020 Hilfsstoffe		34000,00	
2100 Unfertige Erzeugnisse		40000,00	
2200 Fertige Erzeugnisse		70000,00	
2600 Vorsteuer		69262,40	
2800 Bank		587737,60	
2880 Kasse		4000,00	
3000 Eigenkapital			444400,00
4400 Verbindlichkeiten a. LL.			83300,00
44001 Lieferer Exakta GmbH, Ulm, ER 100	35700,00		
44002 Lieferer Udo Ulf OHG, Koblenz, ER 90	47600,00		
4800 Umsatzsteuer			140000,00
5000 Umsatzerlöse für eigene Erzeugnisse			1150000,00
5200 Bestandsveränderungen			
6000 Aufwendungen für Rohstoffe		134000,00	
6001 Bezugskosten für Rohstoffe		4200,00	
6002 Nachlässe für Rohstoffe			
6020 Aufwendungen für Hilfsstoffe		73000,00	
6021 Bezugskosten für Hilfsstoffe		3500,00	
6022 Nachlässe für Hilfsstoffe			
6200 Löhne		350000,00	
6300 Gehälter		280000,00	
6700 Mieten		83000,00	
		1817700,00	1817700,00

Geschäftsfälle:	€	€
1. **ER 108 vom 16.12.:** Zieleinkauf von Rohstoffen beim Lieferer Exakta GmbH, netto	38000,00	
– 6 % Mengenrabatt	2280,00	35720,00
+ 19 % Umsatzsteuer		6786,80
		42506,80
2. **Gutschrift zu ER 90 vom 17.12.:** Gutschrift des Lieferers Fa. Ulf OHG wegen anerkannter Mängel bei Hilfsstoffen, netto	3200,00	
+ 19 % Umsatzsteuer	608,00	3808,00
3. **BA vom 20.12.:** Banküberweisung für ER 100 an die Exakta GmbH nach Abzug von 3 % Skonto (Rohstoffe) Überweisungsbetrag		34629,00
4. **Gutschrift ER 108 vom 23.12.:** Gutschrift des Lieferers Exakta GmbH wegen der Rücksendung von Rohstoffen (Fall 1), netto	4000,00	
+ 19 % Umsatzsteuer	760,00	4760,00
5. **ER 91 vom 24.12.:** Zieleinkauf beim Lieferer Fa. Ulf OHG Hilfsstoffe, Listenpreis	6000,00	
– 5 % Rabatt	300,00	5700,00
+ Fracht		200,00
		5900,00
+ 19 % Umsatzsteuer		1121,00
		7021,00

*6. **BA vom 27.12.:** Banküberweisung für ER 90 an Fa. Ulf OHG*

Rechnungsbetrag brutto	*47600,00*	
– Gutschrift vom 17.12. (Fall 2)	*3808,00*	*43792,00*
– 2% Skonto		*875,84*
		42916,16

7. Gutschrift des Lieferers Exakta GmbH vom 30.12.:

Bonus für bezogene Rohstoffe, netto	*1200,00*	
+ 19% Umsatzsteuer	*228,00*	*1428,00*

Abschlussangaben zum 31.12.:

Endbestände lt. Inventur	*€*
a) Rohstoffe	*50284,00*
b) Hilfsstoffe	*41000,00*
c) Unfertige Erzeugnisse	*22000,00*
d) Fertige Erzeugnisse	*75000,00*

a) Richten Sie die oben genannten Konten mit den entsprechenden Salden ein. Sie können in die Spalte für die Gegenkonteneintragung den Text „SA“ für „Saldenbilanz“ eintragen. Bei manueller Buchhaltung sind die Personenkonten nicht einzurichten. Bei computerunterstützter Buchführung könnten die Saldenvorträge mit dem Datum 14. Dezember 20.. auf die Sachkonten und die beiden Kreditorenkonten übernommen werden.

b) Buchen Sie die Geschäftsfälle und führen Sie alle erforderlichen vorbereitenden Abschlussbuchungen durch.

c) Führen Sie den Abschluss der Finanzbuchhaltung durch.

7 *a) Richten Sie folgende Konten mit den angegebenen Werten ein:*

	€	*€*
2000 Rohstoffe	*95000,00*	
2600 Vorsteuer	*61000,00*	*31600,00*
2800 Bank	*992000,00*	*861442,50*
4400 Verbindlichkeiten a. LL.	*632500,00*	*839500,00*
4800 Umsatzsteuer	*71000,00*	*125307,50*
6000 Aufwendungen für Rohstoffe	*670530,00*	
6002 Nachlässe		*11000,00*

b) Buchen Sie folgende Geschäftsfälle auf den Konten.

1. Mitteilung des Rohstofflieferers: Gutschrift wegen fehlerhafter Materialien: Minderung, netto	*15000,00*	
+ 19% Umsatzsteuer	*2850,00*	*17850,00*
2. BA: Banküberweisung an Rohstofflieferer für fällige ER, brutto	*49980,00*	
– 2,5% Skonto	*1249,50*	*48730,50*
3. Mitteilung des Rohstofflieferers: Gutschrift für Bonus: 2% vom Halbjahresumsatz von brutto 595000,00 €		*11900,00*
Umsatzsteueranteil		*1900,00*
4. BA: Banküberweisung an Rohstofflieferer nach Abzug von 3% Skonto		*34629,00*
c) Endbestand an Rohstoffen lt. Inventur	*82000,00*	

d) Schließen Sie die Konten unter Angabe der Gegenkonten ab und ermitteln Sie die Salden.

8 *Erstellen Sie eine allgemeine Übersicht über das Konto „6000 Aufw. für Rohstoffe“ und seine Unterkonten. Die beste Übersicht findet einen Platz im Klassenraum.*

9 *Folgende Belege der Bürodesign GmbH sind vorzukontieren und auszuwerten:*

Hanckel & Cie. GmbH

Hanckel & Cie. GmbH, Augustastr. 8, 40477 Düsseldorf

Bürodesign GmbH
Stolberger Straße 188
50933 Köln

Augustastr. 8
40477 Düsseldorf
Tel.: 0211 345234
Fax: 0211 345100
E-Mail: info@hanckel.de
Internet: www.hanckel.de

Ihre Bestellung	Unser Zeichen	Kunden-nummer	Liefer-datum	Rechnungs-datum
14.09.20..	ke-lb	7362	15.09.20..	17.09.20..

Rechnung-Nr. 3311

Artikel-Nr.	Artikelbezeichnung	Menge in St.	Einzelpreis €/m	Gesamtpreis €
4070	Polsterstoff Velours anthrazit 180 cm Breite, Ballen à 30 m	40	38,00	45 600,00
	– 5 % Rabatt			2 280,00
	Rollcontainer	2	240,00	480,00

Warenwert, netto	Ver-packung	Fracht	Entgelt, netto	19 % USt. €	Gesamtbetrag €
43 320,00	480,00		43 800,00	8 322,00	52 122,00

Lieferung: frei Haus
Bei Rücksendung der Rollcontainer schreiben wir Ihnen den berechneten Wert gut

Zahlung: innerhalb von 30 Tagen netto oder innerhalb von 10 Tagen 3 % Skonto

Bankverbindung: Commerzbank Düsseldorf
IBAN: DE91 3004 0000 0001 3400 00 BIC: COBADEDDXXX

Steuer-Nr.: 133/8085/2134 **USt-IdNr.:** DE178432989

Hanckel & Cie. GmbH

Hanckel & Cie. GmbH, Augustastr. 8, 40477 Düsseldorf

Bürodesign GmbH
Stolberger Straße 188
50933 Köln

Augustastr. 8
40477 Düsseldorf
Tel.: 0211 345234
Fax: 0211 345100
E-Mail: info@hanckel.de
Internet: www.hanckel.de

GUTSCHRIFT 306	
Ihre Beanstandung vom:	
Unsere Lieferung vom:	15.09.20..
Unsere Rechnung vom:	17.09.20..
Nr.:	3311

Begründung der Gutschrift	Menge	Einzelpreis €	Gesamtpreis €
Rücksendung			
Rollcontainer lt. Rechnung Nummer 3311, netto	2	240,00	480,00
+ 19 % Umsatzsteuer			91,20
			571,20

Um gleichlautende Buchung wird gebeten.

Düsseldorf, den 21.09.20..

Bankverbindung: Commerzbank Düsseldorf
IBAN: DE91 3004 0000 0001 3400 00 BIC: COBADEDDXXX

Steuer-Nr.: 133/8085/2134 **USt-IdNr.:** DE178432989

SEPA-Girokonto IBAN: DE11 3705 0198 0085 3139 48 **Kontoauszug 135**
BIC: COLSDE33XXX **Blatt 1**
Sparkasse KölnBonn UST-ID DE110260423

Datum	Erläuterungen		Betrag
Kontostand in € am 27.09.20.., Auszug Nr. 134			333 838,90 +
27.09.	Überweisung HANCKEL & CIE. GMBH, DUESSELDORF KD-NR 7362	Wert: 27.09.20.. RG-NR. 3311, V. 17.09.20.. ABZGL. GUTSCHRIFT 306 UND 3 % SKONTO	50 004,28 –
Kontostand in € am 28.09.20.., 10:30 Uhr			283 834,62 +

Ihr Dispositionskredit 200 000,00 €

Bürodesign GmbH

a) Bilden Sie die Buchungssätze zur Erfassung der einzelnen Belege:
aa) ER 3311
ab) Gutschrift 306
ac) Bankauszug 135

b) Berechnen Sie
ba) den Bezugs-/Einstandspreis je Meter Polsterstoff Velours,
bb) die absetzbare Vorsteuer aufgrund der drei Belege,
bc) den Effektivzinssatz, der dem Skontosatz entspricht.

c) Erläutern Sie die Lieferungs- und Zahlungsbedingungen der Hanckel & Cie. GmbH.

d) Erläutern Sie die Eingaben, die die drei Belege da) in die Lagerdatei, db) in die Kreditorendatei hervorrufen.

10 *a) Buchen Sie*

aa) die Rechnung der Hanckel & Cie. GmbH,

ab) den Kontoauszug der Bürodesign GmbH.

b) Ermitteln Sie aus beiden Belegen

ba) den Anschaffungswert für 1 kg Klarsichtlack,

bb) die absetzbare Vorsteuer,

bc) den Effektivzinssatz, der dem Skontosatz entspricht.

Hanckel & Cie. GmbH

Hanckel & Cie. GmbH, Augustastr. 8, 40477 Düsseldorf

Bürodesign GmbH
Stolberger Straße 188
50933 Köln

Augustastr. 8
40477 Düsseldorf

Tel.: 0211 345234
Fax: 0211 345100
E-Mail: info@hanckel.de
Internet: www.hanckel.de

Ihre Bestellung	Unser Zeichen	Kunden-nummer	Liefer-datum	Rechnungs-datum
14.08.20..	ke-lb	7362	16.08.20..	18.08.20..

Rechnung-Nr. 2918

Artikel-Nr.	Artikelbezeichnung	Menge in St.	Einzel preis €	Gesamtpreis €
8040	Klarsichtlack 10-kg-Eimer	40	142,50	5 700,00

Warenwert, netto	Verpackung	Fracht	Entgelt, netto	19 % USt. €	Gesamtbetrag €
5 700,00		72,00	5 772,00	1 096,68	6 868,68

Zahlung: innerhalb von 30 Tagen netto oder innerhalb von 10 Tagen 3 % Skonto

Bankverbindung: Commerzbank Düsseldorf
IBAN: DE91 3004 0000 0001 3400 00 BIC: COBADEDDXXX

Steuer-Nr.: 133/8085/2134 **USt-IdNr.:** DE178432989

SEPA-Girokonto IBAN: DE11 3705 0198 0085 3139 48 **Kontoauszug 131**
BIC: COLSDE33XXX **Blatt 1**
Sparkasse KölnBonn UST-ID DE110260423

Datum	Erläuterungen		Betrag
Kontostand in € am 26.08.20.., Auszug Nr. 130			421 833,00 +
27.08.	Überweisung HANCKEL & CIE. GMBH, DUESSELDORF KD-NR 7362	Wert: 27.08.20.. RG-NR. 2918, V. 18.08.20.. ABZGL. 3 % SKONTO	6 662,62 –
Kontostand in € am 28.08.20.., 10:30 Uhr			415 170,38 +

Ihr Dispositionskredit 200 000,00 €

Bürodesign GmbH

Handlungsfeldübergreifende Aufgaben

1 *Die Bürodesign GmbH möchte ihr Angebot an Produkten erweitern, ohne selbst diese Produkte herzustellen. Sie entschließt sich, zusätzlich Handelswaren anzubieten.*
   a) *Erstellen Sie eine Liste von Handelswaren, die das Erzeugnisprogramm der Bürodesign GmbH ergänzen.*
   b) *Wählen Sie ein Produkt aus und nennen Sie Möglichkeiten, hierfür Bezugsquellen zu ermitteln.*

2 *In Ihrer Schule soll ein mobiles Computersystem angeschafft werden, das vorwiegend im BWL/REWE-Unterricht eingesetzt wird. Benötigt werden ein PC und ein Beamer zur Projektion des Bildschirminhalts, ein Tintenstrahldrucker und die entsprechenden Kabel. Zusätzlich wird ein fahrbares Gestell gebraucht, auf dem der Computer mit seinen Zusatzgeräten in verschiedene Klassenräume gefahren werden kann. Führen Sie hierfür eine Beschaffungsmarktforschung durch.*
   a) *Erstellen Sie eine Liste aller Bezugsquellen (Fachgeschäfte am Ort, Versandhandel usw.).*
   b) *Entscheiden Sie sich, ob Sie das gesamte System bei einem Lieferer oder bei verschiedenen Lieferern bestellen möchten. Führen Sie die jeweiligen Vor- und Nachteile beider Alternativen auf.*
   c) *Ermitteln Sie Preise, Liefer- und Zahlungsbedingungen, Garantie- und Serviceleistungen aller Lieferer (gezielte Anfragen, Untersuchen der Kataloge, Prospekte usw.).*
   d) *Wählen Sie geeignete Angebote aus.*
   e) *Formulieren Sie Bewertungskriterien für den Vergleich von Angeboten und gewichten Sie diese nach ihrer Wichtigkeit.*
   f) *Teilen Sie jedem Angebot eine entsprechende Anzahl von Bewertungspunkten zu.*
   g) *Ermitteln Sie das Angebot mit der höchsten Punktzahl.*
   h) *Dokumentieren Sie Ihre Arbeitsergebnisse und präsentieren Sie diese mithilfe einer Präsentationssoftware.*

3 *Erläutern Sie Kriterien, von denen die Entscheidung über Eigenfertigung oder Fremdbezug eines Gutes abhängt.*

4 *Ein Bauteil kann auf dem Markt für 10,00 € je Stück beschafft werden. Wenn es in Eigenfertigung produziert wird, fallen folgende Stückkosten an: Materialkosten 4,60 €, Lohnkosten 2,80 €. Es entstehen bei der Eigenfertigung zusätzliche fixe Kosten in Höhe von 12 000,00 €.*
   a) *Bestimmen Sie die Menge, ab der eine Eigenfertigung kostengünstiger ist. Stellen Sie hierzu ein Gleichungssystem auf und lösen Sie es.*
   b) *Bestimmen Sie die Lösung mit einer Grafiksoftware.*
   c) *Berechnen Sie die Kosteneinsparung bei einer Eigenfertigung, wenn 10 000 Stück produziert werden müssen.*
   d) *Berechnen Sie die Kosteneinsparung, wenn nur 1 000 Stück benötigt und fremdbezogen werden müssen.*

5 *Frau Friedrich behauptet: „Die Bündelung von Aufträgen führt dazu, dass wir auf Dauer von einem Lieferer abhängig werden." Herr Stein erwidert: „Wenn wir die Anzahl der Lieferer gering halten, sparen wir Beschaffungskosten." Nehmen Sie Stellung zu beiden Aussagen.*

6 *Im Absatzplan der Bürodesign GmbH ist für das kommende Jahr vorgesehen, von der Container-Serie „Volumen“ 4500 Einheiten zu verkaufen. Jede Einheit ist mit vier Schubladen ausgestattet. Hierzu werden entsprechende Schubladengriffe benötigt. Jede Bestellung verursacht 75,00 € Kosten. Je Griff entstehen 0,05 € Lagerkosten. Bestimmen Sie die optimale Bestellmenge und -häufigkeit.*

7 *Die Produktion des Bürostuhls „Ergo-design-natur“ soll am 1. September (Montag) des Jahres starten. Die dazu benötigten Rollen müssen rechtzeitig bestellt werden. Bestimmen Sie kalendermäßig den spätesten Bestelltermin. Gehen Sie dabei von fünf Arbeitstagen je Woche aus. Berücksichtigen Sie folgende Daten:*

a) Zeit für Angebotseinholung:	*3 Wochen*
b) Zeit für Auswertung der Angebote:	*1 Woche*
c) Postweg für Versand der Bestellung:	*3 Tage*
d) Bearbeiten der Bestellung beim Lieferer:	*2 Tage*
e) Produktionszeit für die bestellten Rollen:	*12 Tage*
d) Lieferzeit der Rollen (Bahnfracht und Spediteur):	*3 Tage*
e) Warenannahme und Warenprüfung bei der Bürodesign GmbH:	*1 Tag*
f) Einlagerung und innerbetrieblicher Transport zur Produktion:	*1 Tag*
g) Sicherheitszuschlag:	*2 Wochen*

8 *Die ABC-Analyse ist eine Methode zur Bestimmung von Maßnahmenschwerpunkten. Beschreiben Sie die Vorgehensweise zur Durchführung einer ABC-Analyse und erläutern Sie ihre Einsatzmöglichkeiten in unterschiedlichen betrieblichen Funktionsbereichen.*

9 *Innerhalb des Beschaffungsmarketings gehört es zu den Zielen von Unternehmen, ökologische Aspekte zu berücksichtigen. Beschreiben Sie Möglichkeiten, ökologische Gesichtspunkte auch im Absatzmarketing zu verwirklichen.*

10 *Beschreiben Sie das Modell des „Materialkreislaufs“ und dessen wirtschaftliche Bedeutung für Unternehmen.*

11 *Ein Drittel des Müllberges in der Bundesrepublik Deutschland entsteht durch Verpackungsmüll. Erstellen Sie eine Liste von Maßnahmen, wie das Verpackungsaufkommen reduziert werden kann,*
a) aus der Sicht eines Industrieunternehmens wie der Bürodesign GmbH,
b) aus der Sicht eines privaten Haushalts.

12 *Von einem Bauteil werden täglich 120 Stück verbraucht. Die Lieferzeit beträgt 28 Tage. Berechnen Sie den Meldebestand bei einem Mindestbestand von 960 Stück.*

13 *Für ein Fertigteil werden folgende Inventurbestände ermittelt: Jahresanfangsbestand 300 Stück*

Endbestand 31.01.	*185*	*Endbestand 31.05.*	*290*	*Endbestand 30.09.*	*265*
Endbestand 28.02.	*270*	*Endbestand 30.06.*	*315*	*Endbestand 31.10.*	*295*
Endbestand 31.03.	*315*	*Endbestand 31.07.*	*275*	*Endbestand 30.11.*	*310*
Endbestand 30.04.	*295*	*Endbestand 31.08.*	*280*	*Endbestand 31.12.*	*220*

a) Berechnen Sie den durchschnittlichen Lagerbestand.
b) Erläutern Sie, weshalb es zu Schwankungen bei den Beständen kommen kann.

14 *Die Umschlagshäufigkeit für ein Bauteil wurde mit 26 berechnet.*
a) Berechnen Sie den durchschnittlichen Lagerbestand, wenn der Jahresverbrauch 18000 Stück beträgt.
b) Berechnen Sie die durchschnittliche Lagerdauer.

15 *Die Bürodesign GmbH steht vor der Überlegung, ob sie den neu in das Produktprogramm aufzunehmenden Gleitcontainer „designer" in eigener Regie herstellen oder sich für eines der zwei vorliegenden Angebote entscheiden soll.*

	Bürodesign GmbH		Angebot 1		Angebot 2	
Kosten	Blech 2 mtr. 17,50	35,00 €	Container		Container	
	Kleinteile	16,00 €	Lieferung ab Werk		Lieferung frei Haus	
	Arbeitszeit 3 · 30,00	90,00 €	Listenpreis	142,00 €	Listenpreis	150,00 €
	Rollen	14,00 €	+ Bezugskosten	12,00 €		
	Kosten (insgesamt)	155,00 €	Bezugs-/Einstandspreis	154,00 €	Bezugs-/Einstandspreis	150,00 €

Die absetzbare Menge beläuft sich derzeit pro Monat auf 500 Container. Für die Monate Februar und März liegen allerdings Aufträge in folgenden Größenordnungen vor: Februar 600 Stück, März 751 Stück. Verhandlungen mit dem Blechlieferanten führten zu folgender Rabattstaffelung: Abnahme von Blech bis 1 000 m 17,50 € je m frei Haus; ab 1 001 bis 1 499 m 14,00 € frei Haus und darüber 12,00 € frei Haus.

Bei Verhandlungen mit den beiden Fremdanbietern ergaben sich folgende Ergebnisse: Anbieter 1 sichert bei Abnahmen über 750 Stück eine Lieferung frei Haus zu; Anbieter 2 reduziert seinen Preis bei Abnahmemengen, die 750 Stück übersteigen, auf 148,00 €; Lieferung ebenfalls frei Haus.

Die fixen Kosten der Bürodesign GmbH betragen pro Monat 200 000,00 €.

a) Ermitteln Sie jeweils die günstigste Alternative für die Monate Januar, Februar und März mit einer Tabellenkalkulationssoftware.

b) Führen Sie Gründe an, die – unabhängig von der Kostensituation – für eine Aufrechterhaltung der Eigenfertigung sprechen.

c) Welche Rolle spielen die fixen Kosten bei der Make-or-buy-Entscheidung?

d) Stellen Sie die Vorteile dar, die sich für die Bürodesign GmbH mit dem Fremdbezug verbinden.

16 *Eine Büromöbelfabrik überlegt, ob sie eine Archivwand weiterhin selbst fertigen oder bestimmte Einzelteile bzw. gleich die Archivwand komplett beziehen soll. Pro Monat werden durchschnittlich 100 Archivwände zu einem Preis von 1 198,00 € verkauft. Folgende Zahlen sollen bei der Entscheidungsfindung helfen:*

Komplette Eigenfertigung	Bezug fremder Einzelteile oder der kompletten Archivwand
Bei **kompletter Eigenfertigung** wird die Archivwand in drei Arbeitsgängen gefertigt; zuerst werden Rückwand und Seitenteile gefertigt; Kosten (Material 80,00 €, Arbeitskosten 175,00 €, für Kleinteile 25,00 €), dann werden die Türen hergestellt (Material 120,00 €, Fertigungskosten 90,00 €, Kleinteile 10,00 €) und schließlich das „Innenleben", wie Schubladen, Fächer usw. (Material 140,00 €, Fertigungskosten 240,00 €, Kleinteile 20,00 €). Am Ende wird die Schrankwand zusammengebaut (Fertigungskosten 45,00 €, Kleinteile 5,00 €).	Im Falle, dass **bestimmte** Teile **fremdbezogen** werden, entstehen für Rückwände und Seitenteile Kosten in Höhe von 250,00 €, für Türen 280,00 € und für das Innenleben 360,00 €. Die **komplette** Archivwand kann für 975,00 € zuzüglich Transportkosten in Höhe von 30,00 € bezogen werden.

a) Ermitteln Sie mit einer Tabellenkalkulationssoftware für alle drei Alternativen die Gesamtkosten und den Gewinn pro Monat.
b) Erläutern Sie anhand der drei Make-or-buy-Alternativen das Problem der Fertigungstiefe.
c) Welche Gründe können für die Beibehaltung der Eigenfertigung, welche für den kompletten Fremdbezug angeführt werden?

17 *Im Zusammenhang mit dem Einkauf von 70 Stahlrohren sind in der Bürodesign GmbH folgende Belege vorzukontieren und auszuwerten:*
a) Bilden Sie für die Bürodesign GmbH die Buchungssätze zur Erfassung der beiden Belege.
b) Ermitteln Sie aus den Belegen
ba) den Anschaffungswert für 1 Stück Stahlrohr,
bb) die absetzbare Vorsteuer,
bc) den Effektivzinssatz, der dem Skontosatz entspricht.

Stammes Stahlrohr GmbH

Stammes Stahlrohr GmbH, Neptunstr. 46, 45277 Essen

Bürodesign GmbH
Stolberger Straße 188
50933 Köln

Neptunstraße 46
45277 Essen
Telefon: 0201 89451
Telefax: 0201 75689
E-Mail: info@stammes-stahlrohr.de
Internet: www.stammes-stahlrohr.de

RECHNUNG/AUFTRAGSBESTÄTIGUNG
Bei Zahlung/Rücksendung/Gutschrift unbedingt angeben

Kundennummer	Rechnungs-Nr.	Datum
736521	10253	07.10.20..

Artikel-Nr.	Artikelbezeichnung	Menge	Einzelpreis	Gesamtpreis
R 838	Stahlrohr, verchromt 35 × 35 × 1 000 mm	70	85,00	5 950,00
	Warenwert einschl. Verpackung und Fracht			5 950,00
	19 % Umsatzsteuer			1 130,50
	Rechnungsbetrag			7 080,50

Zahlbar: innerhalb von 10 Tagen abzüglich 3 % Skonto
binnen 30 Tagen, netto

Bankverbindung: Volksbank Ruhr-Mitte
IBAN: DE41 4226 0001 0000 7584 93 BIC: GENODEM1GBU

Steuernummer: 112/7654/1921 **USt-IdNr.:** DE284563429

SEPA-Girokonto IBAN: DE11 3705 0198 0085 3139 48 **Kontoauszug 211**
BIC: COLSDE33XXX **Blatt 1**
Sparkasse KölnBonn UST-ID DE110260423

Datum	Erläuterungen		Betrag
Kontostand in € am 13.05.20.., Auszug Nr. 210			154 930,00 +
17.10.	Überweisung STAMMES STAHLROHR GMBH, ESSEN KD-NR 736521	Wert: 17.10.20.. RG-NR. 10253, V. 07.10.20.. ABZGL. 3 % SKONTO	6 868,09 –
Kontostand in € am 17.10.20.., 12:30 Uhr			148 061,91 +

Ihr Dispositionskredit 200 000,00 €

Bürodesign GmbH

18 *Bei der Lieferung des Artikels Taschenrechner BTX 1 (siehe nebenstehenden Lieferschein) wurde versehentlich eine Menge von 35 Stück in das Warenwirtschaftssystem eingegeben. Stellen Sie fest, welche der folgenden Aussagen die Wirkung dieses Fehlers richtig beschreibt.*

1. *Der Ist-Bestand für diesen Artikel entspricht dem Soll-Bestand.*
2. *Der Soll-Bestand für diesen Artikel ist höher als der Ist-Bestand.*
3. *Der Ist-Bestand für diesen Artikel ist höher als der Soll-Bestand.*
4. *Die Differenz zwischen Ist- und Soll-Bestand beträgt 35 Taschenrechner.*
5. *Im Soll-Bestand sind 5 Taschenrechner zu viel registriert.*

BÜRODESIGN GMBH
Ein ökologisch orientiertes Unternehmen mit Zukunft

BÜRODESIGN GMBH • Stolberger Straße 188 • 50933 Köln

Elektrofachgeschäft
Werner Wiehlpütz
Bonner Str. 204
53757 St. Augustin

E-Mail: kontakt@buerodesign-online.de
Internet: www.buerodesign-online.de
Anschrift: Stolberger Straße 188, 50933 Köln
Telefon: 0221 688-3550
Telefax: 0221 668-357

Lieferschein

Kunden-Nr.

Ihre Bestellung vom:
Lieferdatum: 17.September 20..

Pos.	Anz.	Bezeichnung
1	40	Taschenrechner BTX 1
2	35	Mobiltelefon SUT 2

Versand: ☒ Post ☐ UPS ☐ Anlieferung ☐ Versandkosten

19 *Folgende Rechnungen sind in der Bürodesign GmbH zu bearbeiten:*

BÜRODESIGN GMBH
Ein ökologisch orientiertes Unternehmen mit Zukunft

BÜRODESIGN GMBH • Stolberger Straße 188 • 50933 Köln

Büromöbel GmbH Europa
Lahnstraße 168
28199 Bremen

E-Mail: kontakt@buerodesign-online.de
Internet: www.buerodesign-online.de
Anschrift: Stolberger Straße 188, 50933 Köln
Telefon: 0221 688-3550
Telefax: 0221 668-357

Rechnung

Kunden-Nr. 24008
Rechnungs-Nr. 1549
Rechnungstag 21.05.20..
Bei Zahlung bitte angeben

Ihre Bestellung vom: 18.05.20..
Lieferdatum:

Kopie

Pos.	Artikel-Nr.	Artikelbezeichnung	Menge	Einzelpreis	Gesamtpreis
1	846/1	Programm 840 Verbindungsplatte Esche furniert	20	175,00	3500,00
2	277/7	Modus Freischwinger	20	375,00	7500,00

Warenwert netto	Verpackung	Fracht	Entgelt netto	USt. in %	USt. in €	Gesamtbetrag
11 000,00			11 000,00	19	2090,00	13090,00

Bei Rücksendung der Verpackung schreiben wir Ihnen 80 % des Wertes gut.
Zahlbar innerhalb von 30 Tagen netto, innerhalb von 14 Tagen abzügl. 3% Skonto

BÜRODESIGN GMBH
Stolberger Straße 188
50933 Köln

Sparkasse KölnBonn
IBAN: DE11 3705 0198 0085 3139 48 BIC: COLSDE33XXX
Postbank Köln
IBAN: DE13 3701 0050 0324 0665 06 BIC: PBNKDEFF370

Amtsgericht Köln, HRB 9842
Steuernummer: 223/8459/8844
USt-IdNr.: DE135795835

Geschäftsführer:
Dipl.-Ingenieurin Helma Friedrich
Dipl.-Kfm. Klaus Stein

Hanckel & Cie. GmbH

Hanckel & Cie. GmbH, Augustastr. 8, 40477 Düsseldorf

Bürodesign GmbH
Stolberger Straße 188
50933 Köln

Augustastr. 8
40477 Düsseldorf
Tel.: 0211 345234
Fax: 0211 345100
info@hanckel.de
www.hanckel.de

Ihre Bestellung	Unser Zeichen	Kundennummer	Lieferdatum	Rechnungsdatum
	ke-lb	7362	16.06.20..	18.06.20..

Rechnung Nr. 1915

Artikel-Nr.	Artikelbezeichnung	Menge in St.	Einzelpreis je m	Gesamtpreis €
2846	Ballen à 30 m Velours-Polsterstoff anthrazit	4	40,00	4 800,00
2853	Ballen à 30 m Sythex-Polsterstoff schwarz	5	30,00	4 500,00

Warenwert	Verpackung	Fracht	Nettoentgelt	19 % USt.	Bruttoentgelt
9 300,00			9 300,00	1 767,00	11 067,00

Zahlung: Ziel: 30 Tage Skonto: 10 Tage/3 %

Bankverbindung:
Commerzbank Düsseldorf
IBAN: DE91 3004 0000 0001 3400 00 BIC: COBADEDDXXX

Steuer-Nr.: 133/8085/0586 **USt-IdNr.:** DE178432989

a) *Ermitteln Sie aus beiden Belegen*
   aa) *den Umsatz,*
   ab) *den Vorumsatz,*
   ac) *den Mehrwert,*
   ad) *die USt-Zahllast.*

b) *Kontieren Sie vor:*
   ba) *Rg.-Nr. 1549,*
   bb) *Rg.-Nr. 1915.*

Handlungsfeld 3:

Leistungserstellung

1 Schritte von der Ideenfindung bis zur Herstellungsreife aufzeigen und ein Leistungskonzept entwerfen

Im Handlungsfeld 3 werden Sie die Möglichkeiten der Ideenfindung für ein neues Produkt untersuchen und notwendige Kriterien für die Realisierung einer Produktidee aufstellen. Im Anschluss erarbeiten Sie unter Berücksichtigung verschiedener Alternativen die Anforderungen an ein Produktkonzept. Insbesondere überprüfen Sie, inwieweit man dem Anspruch auf Nachhaltigkeit gerecht werden kann. Sie vergleichen verschiedene Darstellungsweisen für die Erzeugnisplanung und beurteilen deren Zweckmäßigkeit. Wurden Produkt und Fertigung einer erfolgreichen Erprobung unterzogen, ist über die Herstellungsreife zu entscheiden.

2 Fertigungstechnische Rahmenbedingungen in unterschiedlichen Situationen bewerten und alternative Fertigungsverfahren beurteilen

Als Rahmen für die Fertigung wägen Sie Vor- und Nachteile eines breiten und tiefen Fertigungsprogramms gegeneinander ab und planen anschließend die für die Herstellung des Fertigungsprogramms benötigte Kapazität. Aus der Art des Fertigungsprogramms leiten Sie Folgen für die Wahl eines Fertigungsverfahrens ab. Sie vergleichen alternative Fertigungsverfahren und beurteilen diese anhand von Kriterien wie Lagerkosten, Rüstkosten, Arbeitsbedingungen sowie Umweltschutz.

3 Leistungserstellungsprozesse unter den Gesichtspunkten der Qualitätssicherung und der Wirtschaftlichkeit beurteilen

Nachdem die fertigungstechnischen Rahmenbedingungen aufgezeigt wurden, betonen Sie die Notwendigkeit der Qualitätssicherung und erklären den Einsatz zweckmäßiger Kontrollverfahren. Es folgt die Beurteilung von Wertschöpfungsprozessen mithilfe allgemeingültiger Kennziffern, vor allem hinsichtlich ihrer Wirtschaftlichkeit. Gleichzeitig zeigen Sie Wege auf, die kurz- und mittelfristig zu einer ständigen Verbesserung von Leistungsprozessen und ihrer Wirtschaftlichkeit beitragen können.

1 Schritte von der Ideenfindung bis zur Herstellungsreife aufzeigen und ein Leistungskonzept entwerfen

1.1 Produktideen finden, bewerten und ihre Machbarkeit beurteilen

→LS

Auf der Suche nach einer neuen Marktlücke schlägt Herr Kempf, der als Gruppenleiter für die Bereiche Konstruktion und Design zuständig ist, im Rahmen einer Mitarbeiterbesprechung die Herstellung eines speziellen Chefsessels vor, der mit integrierten Elektronikelementen ausgestattet sein soll, z. B. mit einer Freisprechanlage, einem elektronischen Terminplaner und einem komfortablen Rückenmassagegerät.

Die Kolleginnen und Kollegen sind von dieser Idee zunächst nicht begeistert, vor allem Herr Stam vom Vertrieb und Frau König, Gruppenleiterin für den Bereich Rechnungswesen, äußern ihre Bedenken.

Arbeitsaufträge

- ***Suchen Sie nach Möglichkeiten für die Findung von Produktideen.***
- ***Beschreiben Sie unverzichtbare Überlegungen bei der Bewertung und Auswahl einer Produktidee.***
- ***Erläutern Sie mögliche Risiken, die mit der Entwicklung und Einführung eines neuen Produktes verbunden sind.***

■ Ideenfindung

Erfolgt die Suche nach einem komplett neuen Produkt, so bieten sich **Kreativitätstechniken** als Hilfe für die Ideenfindung an.

Zu den bekanntesten Kreativitätstechniken zählen **Brainstorming** und **Mindmapping**.

Beim **Brainstorming** schreibt einer allein – dies ist jedoch selten – oder jeder in einer Gruppe alle Gedanken auf, die ihm zu einem bestimmten Thema durch den Kopf gehen. Meist bildet man einen Ideenzirkel mit Mitarbeitern aus den verschiedensten Bereichen des Betriebes wie Beschaffung, Fertigung, Absatz und Controlling. Durch die unterschiedliche Sichtweise der Beteiligten, ein andersartiges Umfeld, kurzfristige und langfristige Erfahrungen ergeben sich unterschiedliche Vorstellungen zu dem gestellten Thema. Hierbei gilt: Alle Gedanken sind frei, jegliche Kritik ist zunächst unerwünscht. Jede Meinung ist wichtig. Dies bedeutet aber auch, dass jeder Teilnehmer sich äußern sollte und muss.

Mindmapping besteht darin, dass man einen Gedankenbaum erstellt. Ausgehend von einem bestimmten Thema oder Wort werden Verknüpfungen gebildet. Eng verwandte Begriffe werden näher zum Ausgangswort gezeichnet als weniger relevante Begriffe. So erhält man ein Netz von Themen, wodurch sich eventuell neue Zusammenhänge und Ideen ergeben.

In zunehmenden Maße erforscht man die Natur, lässt sich von ihr inspirieren, um technische Probleme zu lösen. Dies ist das Feld der **Bionik**.

Beispiele *Architekten lernen von Termiten für den Bau von Hochhäusern, wie diese Temperatur, Feuchtigkeit und Belüftung in ihren Hügeln regulieren. In Japan reduzieren Mediziner den Schmerz bei Injektionen, indem sie Nadeln verwenden, die einem Moskitorüssel nachempfunden sind. Oder man kopiert Glühwürmchen, die ein derart kühles Licht produzieren, dass nahezu keine Energie als Wärme verschwendet wird. Das Bauprinzip des Kofferfisches übertrugen die Mercedes-Ingenieure auf die Karosserie des Bionic Concept Car. Die sechseckigen Knochenplättchen, aus denen die Haut des Fisches besteht, bieten bei einem geringen Gewicht ein Höchstmaß an Festigkeit. Der Luftwiderstand ($c_w = 0{,}19$) liegt weit unter jedem Serienwagen (c_w-Werte um 0,25).*

Nimmt man die schöpferische Qualität der Produktidee als Maßstab oder den **Innovationsgrad**, den ein neues Produkt aufweist, so kann man folgende Unterscheidungen machen:

Me-too-Produkte: Dies sind reine Nachahmungen. Das Produkt unterscheidet sich von bisherigen Produkten nicht in der Produktsubstanz, sondern nur im Produktäußeren und ggf. im Preis. Das Produkt ist **nur ein neues Produkt für das Unternehmen**, jedoch nicht für den Markt. Anlass für die Produkteinführung sind häufig abgelaufene Patente der Konkurrenz, sodass das Produkt ohne Rücksicht auf hohe Entwicklungskosten hergestellt werden kann und deshalb auch sehr preiswert angeboten wird. Gleichzeitig geht man davon aus, dass der Markt noch nicht ausgeschöpft ist.

Beispiele *Das x-te Grippepräparat, die x-te Zahnbürste, der x-te Drehstuhl mit einer Gasfedertechnik*

Adaptive (intelligente) Nachahmungen: Das Produkt knüpft an Trendbewegungen in anderen Produktbereichen an und soll vorherrschende Kaufmotive ansprechen. Solche vorherrschenden Kaufmotive können das Streben nach Schlankheit, Gesundheit, Natürlichkeit, Energieeinsparung oder Sicherheit sein.

Beispiele *Biokost, Biohäuser, Biomöbel, Cola-Light, Schoko light, Konfitüre light*

Quasi-neue Produkte: Dies sind neuartige Produkte, die aber an bestehende Produkte anknüpfen und häufig neue Verwendungsmöglichkeiten erschließen. Im Unterschied zu Me-too-Produkten bieten sie zusätzliche oder andersartige Leistungsvorteile im Vergleich zu den bestehenden Produkten. Manchmal werden die Unternehmen auch zu solchen Innovationen gezwungen, wenn der Gesetzgeber bestimmte Materialien verbietet oder bestimmte Konstruktionen vorschreibt.

Beispiele *Energiesparlampen, HD-Taschenlampen, Solarduschen*

Echte Innovationen: Hier handelt es sich um originäre Produkte, die es bisher so nicht gab. Anlass für die Produktentwicklung sind neue Ideen, der technische Fortschritt oder **Forschungsergebnisse**, die gewonnen wurden.

Beispiele *iPad von Apple, Lasermessgeräte, elektronische Sterilisatoren für Babyartikel*

Ideenbewertung

Stehen mehrere Ideen für ein gänzlich neues Produkt oder für Material- und Konstruktionsveränderungen zur Auswahl, so bieten sich verschiedene Möglichkeiten der Ideenbewertung an, z. B. Checklisten, ein Paarvergleich oder eine Nutzwertanalyse. Durch eine **Checkliste** können z. B. alle Beurteilungspunkte aufgenommen werden, deren positive Beantwortung unerlässlich ist. Die Beurteilung beschränkt sich auf „ja" oder „nein".

Beispiel *Kann das neue Erzeugnis mit den bestehenden Maschinen gefertigt werden?*
Kann das neue Erzeugnis über die vorhandenen Vertriebswege abgesetzt werden?

Bieten sich mehrere Alternativen an, so kann man durch einen **Paarvergleich** eine Rangfolge aufstellen. Sie ermöglicht ein Urteil über verschiedene Alternativen.

Beispiel *Als Ergebnis einer Ideenfindung ergibt sich die Möglichkeit, die Sitzmulde eines Stuhles aus einer neuartigen Stahllegierung herzustellen, die im Automobilbau zu einer erheblichen Gewichtsreduzierung und einer besseren Korrosionsbeständigkeit beigetragen hat. Man vergleicht nun die möglichen Materialarten* ***paarweise*** *miteinander bezogen auf ihre Fertigungseignung. Ist die Materialart besser, erhält sie ein Plus; ist sie schlechter, erhält sie ein Minus. Das Ergebnis führt zu einer Rangfolge bei der Auswahl der einzelnen Materialarten. Hierbei erreicht z. B. der Kunststoff (Polypropylen) einen höheren Rang als die Stahllegierung.*

Materialarten für die Herstellung einer Sitzmulde	Holz	Polypropylen	Klassisches Blech	Neuartige Stahllegierung	Rang
Holz	0	–	–	–	1
Polypropylen	+	0	+	+	4
Blech	+	–	0	–	2
Stahllegierung	+	–	+	0	3

Zur Entscheidungsfindung können auch sog. **Nutzwertanalysen** vorgenommen werden. Hierbei vergleicht man den Grad der Funktionserfüllung von mehreren Faktoren, die für die Entscheidungsfindung von Bedeutung sind.

Beispiel für eine einfache Nutzwertanalyse ohne Gewichtung einzelner Faktoren

Teilnutzwerte von Rang 1 bis 4						Gesamtnutzwert
Materialarten für die Herstellung einer Sitzmulde	Materialkosten Rang	Haltbarkeit Rang	Gewicht Rang	Fertigungseignung Rang	Kundenakzeptanz Rang	
Holz	2	1	1	1	3	8
Polypropylen	3	2	2	4	2	13
Blech	4	3	4	2	1	14
Stahllegierung	1	4	3	3	4	15

Marktdaten als Entscheidungsgrundlage

Findet eine bestimmte Produktidee Zustimmung, so muss die **Marktfähigkeit** hinterfragt werden. Unter anderem müssen die folgenden Fragen beantwortet werden: Besteht die Chance für einen Marktzutritt? Können vorhandene Kaufwiderstände überwunden werden? Existiert ein ausreichender Kundenkreis?

Um das Risiko von Fehlentscheidungen zu verringern, muss der Einführung eines neuen Produktes eine intensive **Marktforschung** vorangehen. Hier ist zunächst zu klären, ob überhaupt ein Bedarf für ein neues Produkt besteht. Viele Märkte weisen einen hohen Sättigungsgrad auf. Der Bedarf nimmt hier sogar ab. Ausgangspunkt ist das geschätzte **Marktpotenzial**. Dies ist der maximal mögliche Absatz auf einem Markt für eine bestimmte Absatzperiode. Das Marktpotenzial lässt sich häufig aufgrund demografischer Entwicklungen oder durch einen Trend auf vor- oder nachgelagerten Märkten bestimmen.

Beispiele *Die sinkende Geburtenrate reduziert das Marktpotenzial, d. h. die möglichen Absatzmengen im Bereich von Spielwaren, Kinderbekleidung oder Kindermöbeln. Die steigende Anzahl von Rentnern erhöht den Bedarf an Seniorenreisen oder Seniorenwohnungen.*

Mit dem Marktpotenzial muss das **Marktvolumen** verglichen werden. Unter dem Marktvolumen versteht man die gesamte Absatzmenge der Branche in einer Absatzperiode. Stimmen Marktpotenzial und Marktvolumen überein, so besteht eine **Marktsättigung** oder ein **Marktdurchdringungsgrad** von 100%. Ein neues Produkt hat nur dann eine Chance, wenn es alte Produkte verdrängen kann.

Soll durch eine **Produktidee** ein neuer Markt erschlossen werden, so muss dieser Markt fassbar sein, damit man die Bedürfnisse der Käufer klar festlegen kann, voraussichtliche Absatzmengen einschätzen kann und zweckmäßige Marketinginstrumente wie eine zielgerichtete Werbung einsetzbar sind. Häufig benutzt man **demografische** Merkmale wie Alter, Geschlechtszugehörigkeit, Bildung, Beruf oder Einkommen für die Festlegung der potenziellen Käufer. In zunehmendem Maße wird jedoch das Kaufverhalten als Kriterium für die Abgrenzung von Märkten benutzt. Man spricht hier von sog. **psychografischen** Kriterien wie konservativ oder progressiv, korrekt oder sportlich, funktionell oder verspielt. Hier ist es sehr schwer, den Bedarf für ein neues Produkt einzuschätzen.

Beispiel *Zunehmend werden Unternehmen auch von Frauen gegründet. Deshalb soll ein Schreibtisch für die junge, sportlich-modische Unternehmerin entworfen und eingeführt werden. Jung und Unternehmerin sind Kriterien, die man zunächst demografisch, d. h. in Zahlen, eingrenzen kann. Sportliche und modische Aspekte beim Kaufverhalten kann man jedoch zahlenmäßig nicht berechnen. Zudem können sich auch ältere Unternehmerinnen jung fühlen und ein entsprechendes Kaufverhalten zeigen.*

Manche Unternehmen suchen bei der Produktgestaltung nach einer **Marktnische**, d.h. nach einem Markt, der zwar klein ist, aber augenscheinlich Wachstumspotenzial aufweist. Hier muss die Frage geklärt werden, ob ausreichende Absatzzahlen realisiert werden können, damit die fixen Kosten für Produktentwicklung und Markteinführung gedeckt werden können. Allerdings ergibt sich meist der Vorteil einer **monopolistischen Konkurrenzsituation**. Dies bedeutet, dass man weitgehend Alleinanbieter ist und eine relativ autonome Preispolitik betreiben kann.

Beispiel *Entwicklung eines speziellen Büroschreibtisches für Körperbehinderte, z. B. blinde Arbeitnehmer*

Bisweilen bieten konkrete Anlässe einen Beweggrund für einen „Schnellschuss" bei der Produktinnovation. Der Bedarf ist erkennbar, die Kaufargumente sind vermittelbar und damit die Marktchancen offensichtlich. Die Marktbeständigkeit ist jedoch kurz oder ungewiss, d.h., die Produktlebensdauer kann nicht eingeschätzt werden. Dies erschwert den Einsatz einer geeigneten Preisstrategie. Ist der Preis zu hoch, so findet das Produkt nur wenige Abnehmer, ist der Preis zu niedrig, so werden durch eine eventuelle kurze Produktlebensdauer die fixen Kosten nicht gedeckt.

Beispiel *Spezielle Brillen für die Betrachtung einer Sonnenfinsternis*

Häufig haben gerade junge Unternehmer hervorragende Produktideen, die jedoch nicht verwirklicht werden können, weil ihnen der Markteintritt nicht möglich ist. Dies kann durch eigene Unzulänglichkeiten bedingt sein, weil das notwendige Kapital fehlt, Risikokapital nicht beschaffbar ist oder ein Vertriebsnetz für das Produkt nicht vorhanden ist. Vielfach ist der Markt aber schon geschlossen, indem bestimmte Unternehmen sich den Markt teilen und Außenseitern keine Chance lassen. Dies ist erst recht der Fall, wenn **gesetzliche** Monopole den Markt beherrschen.

Manchmal sind neuen Produktideen bei der Verwirklichung keine funktionellen Grenzen gesetzt, d. h., die technische Machbarkeit ist gegeben. Die Realisierung scheitert jedoch an dem ungünstigen Verhältnis zwischen den Kosten und dem erzielbaren Preis. Dies gilt vor allem für solche Fälle, bei denen ein altes Produkt durch ein neues Erzeugnis ersetzt werden soll. Für diese alten Produkte besitzen die Käufer bestimmte Preisvorstellungen. Wenn nun die neuen Produkte erheblich über dem Preis der alten Produkte liegen und die zusätzlichen Produktvorteile nicht ins Auge stechen, dann sind die vorhandenen Kaufhemmnisse nur sehr schwer zu überwinden.

Zusammenfassung: Produktideen finden, bewerten und ihre Machbarkeit beurteilen

Quellen für Produktideen

- abgelaufene Patente
- Lizenzrechte
- Beteiligungen
- Tendenz in anderen Produktbereichen

- Verbesserungsvorschläge von Kunden
- Forschungsergebnisse
- eigene Ideensuche und -versuche
- Erkenntnisse aus der Bionik

Wirtschaftliche Voraussetzungen für die Realisierung einer Produktidee

- ausreichender Bedarf
- Chance für einen Markteintritt
- Möglichkeiten zur Markterfassung

- eine gewisse Marktbeständigkeit
- kostendeckende und gewinnbringende Preise
- geeignete und sichere Beschaffungsquellen

Aufgaben

1 Erstellen Sie eine Checkliste mit acht Fragen, deren Beantwortung für eine Entscheidungsfindung unerlässlich sein kann, zu einer Produktidee, z. B. einer neuen Pflegecreme.

2 Sie sollen der Geschäftsleitung für den Bereich Sitzgelegenheit konkrete Vorschläge für ein neues Produkt unterbreiten. Beschriften Sie zu diesem Zweck in der nachstehenden Mindmap die vier vorgesehenen Hauptzweige mit ihren je zwei Verästelungen. Erweitern Sie den Gedankenbaum, indem Sie vier Gruppen bilden, wobei sich jeweils eine Gruppe mit einem Hauptzweig beschäftigt.

3 *Für die Einführung eines neuen Produktes sind Neuinvestitionen notwendig. Die Unternehmensleitung stimmt der notwendigen Investition nur zu, wenn eine Amortisationszeit von vier Jahren für die zusätzlichen Investitionen eingehalten werden kann.*

Zusätzliche Anlageinvestition:	*2200000,00 €*
Geplante Nutzungsdauer:	*8 Jahre*
Abschreibung:	*linear*
Erwarteter Zusatzgewinn pro Jahr:	*300000,00 €*

Berechnen Sie anhand der vorangegangenen Daten die Amortisationszeit und stellen Sie fest, ob die von der Unternehmensleitung vorgegebene Bedingung erfüllt ist.

4 *Nach einem Bericht der Tagesschau sind auf der Erfindermesse in Nürnberg u. a. drei Erfindungen als sehr originell aufgefallen:*
- *antibakterielle WC-Bürsten*
- *ein Einkaufswagen mit Laderampe (erlaubt, den Kasten Bier in den Kofferraum zu schieben)*
- *ein Autoradschlüssel mit einem integrierten Trittbrett (zur Lösung von schwergängigen Radmuttern)*

Originell bedeutet noch nicht, dass die Erfindungen vom Markt angenommen werden. Suchen Sie hierfür nach entsprechenden Gründen.

5 *Die Produktpiraterie ist eine der häufigsten Formen der Wirtschaftskriminalität. Den Unternehmen entstehen Schäden in Milliardenhöhe.*
a) Listen Sie mögliche Schäden im Einzelnen auf.
b) Diskutieren Sie in Gruppen „Für“ und „Wider“ bezogen auf das Urheberrecht.

1.2 Produktkonzepte entwerfen und miteinander vergleichen

Die Idee von Herrn Kempf fand aus mehreren Gründen keine Zustimmung. Vor allem zählte der Einwand, dass der Markt für einen „Hightech-Chefsessel“ zu klein sei.

Vielfach geäußerte Kundenwünsche lassen jedoch darauf schließen, dass ein größerer Bedarf für platzsparende Staplerstühle besteht, die schnell für die Durchführung von Konferenzen oder sogar von Betriebsversammlungen eingesetzt werden können.

Deshalb wurde einstimmig beschlossen, alle Überlegungen und Schritte für die Herstellung eines einfachen und kostengünstigen Staplers einzuleiten. Hierbei soll dem Anspruch auf „Nachhaltigkeit“ besonders Rechnung getragen werden.

Arbeitsaufträge
- ***Bewerten Sie unterschiedliche Konstruktionsmöglichkeiten, vor allem aus ökologischer Sicht.***
- ***Beschreiben Sie mögliche Alternativen bei der Materialauswahl.***
- ***Untersuchen Sie den Einfluss des Werkstoffes auf die Wahl des Herstellverfahrens.***

Zunächst ist es notwendig, alle Anforderungen, die das neue Produkt erfüllen soll, zu sammeln. Hierzu zählen Kundenanforderungen, Vorgaben der Geschäftsleitung und einzelner Unternehmensbereiche, vornehmlich erwünschte Material- und Produktionsanforderungen an das neue Produkt. Die Ergebnisse werden in einem **Lastenheft** als Soll-Profil dokumentiert. Häufig enthalten sie Widersprüche, die eine Entscheidung für A oder B erfordern. In einem **Pflichtenheft** wird dann ein Ist-Profil erstellt. Es umfasst die Kundenanforderungen, die auch aus Sicht des eigenen Unternehmens umgesetzt werden sollen und auch technisch machbar sind.

■ Auswahl der Werkstoffe

In der Regel bestehen mehrere Möglichkeiten für die Gestaltung eines neuen Produktes. Bereits die Materialauswahl entscheidet nicht nur über die späteren Eigenschaften des Produktes, sondern auch über Art und Umfang der notwendigen Fertigungsverfahren sowie die Kosten einer späteren Entsorgung. Bei der Entwicklung und Konstruktion von Produkten ergibt sich hier häufig ein Optimierungsproblem. Benutzt man natürliche Werkstoffe wie Holz, Leder oder Stahl, so sinken die Kosten der Entsorgung, der Aufwand an notwendigen Bearbeitungsabläufen ist jedoch sehr hoch. Umgekehrt bieten Kunststoffe erhebliche Möglichkeiten, Verfahren abzukürzen und zu automatisieren. Der Entsorgungsaufwand ist jedoch erheblich, besonders dann, wenn mehrere Kunststoffe miteinander verbunden sind und bei der Entsorgung getrennt werden müssen.

Beispiele *Die Sitzfläche eines Stuhles kann eine Sitzschale aus Sperrholz oder aus Polyurethan (PUR) aufweisen. Sperrholz muss in mehreren Arbeitsgängen geformt, dann lackiert und der Lack muss UV-gehärtet werden. Eine Sitzschale aus PUR kann in einem Arbeitsgang geschäumt werden.*

Zu den Werkstoffen zählen alle Rohstoffe, Einzelteile und Baugruppen, die für die Herstellung eines bestimmten Erzeugnisses notwendig sind.

Durch einen Umformungsprozess oder lediglich den Einbau werden Werkstoffe Bestandteil eines neuen Produktes. **Grundstoffe** sind Werkstoffe, die noch weitgehend unbearbeitet sind und im Unterschied zu Bauteilen und Baugruppen einen geringeren Reifegrad aufweisen.

Beispiele *Aus Bauxit gewinnt man Aluminium, aus Aluminium formt man Alu-Profile, aus Alu-Profilen biegt man Stuhlgestelle. Aus Quarzsand gewinnt man Silizium, Silizium dient als Wafer (Träger) für die Transistoren auf dem Chip, der Chip dient als Prozessor im Rechner.*

Hilfsstoffe gehen ebenfalls in das Produkt ein. Sie werden jedoch nur mittelbar für die Fertigung oder Funktion des Produktes benötigt. Entscheidend für die Frage, ob es sich um einen Rohstoff oder einen Hilfsstoff handelt, ist daher nicht immer das Gewicht oder das Volumen des Werkstoffes, sondern der Beitrag für die Grundfunktion des Endproduktes.

Beispiele *Für die Herstellung einer Tischplatte benötigt man eine Spanplatte, Kleber und Furnier. Spanplatte und Furnier zählen zu den Rohstoffen, der Kleber ist lediglich ein Hilfsstoff. Bei der Herstellung einer Tablette ist der Wirkstoff der eigentliche Rohstoff, auch wenn er nur 0,1 % vom Gewicht und Volumen ausmacht. Die anderen Stoffe wie Stärke und Gleitmittel unterstützen lediglich die Funktion des Wirkstoffes.*

Unter ökologischen Aspekten unterscheidet man zwischen Primärrohstoffen und Sekundärrohstoffen.

Primärrohstoffe haben vorher noch keine Stoffumwandlung erfahren. Sie werden zum ersten Mal für die Fertigung eines Erzeugnisses eingesetzt. Hierbei wird zwischen knappen, nicht reproduzierbaren Rohstoffen und reproduzierbaren Rohstoffen unterschieden. Die **nicht reproduzierbaren Rohstoffe** sind vornehmlich gewonnene Bodenschätze, die durch die weltweite Zunahme der Nachfrage immer knapper und somit auch ständig teurer werden.

Beispiele *für nicht reproduzierbare Rohstoffe sind Erdgas, Erdöl, Eisenerze, Steinkohle, Bauxit und Kupfer, für reproduzierbare Primärrohstoffe Holz, Leder, Garne aus Baum- oder Schafwolle.*

Sekundärrohstoffe sind recycelte Rohstoffe, d. h. Stoffe, die in den Materialkreislauf zurückgeführt wurden. Hierbei unterscheidet man zwischen Verwendung und Verwertung. Erfolgt der Einsatz ohne eine weitere Bearbeitung für den gleichen oder einen ähnlichen Verwendungszweck, so spricht man von Wiederverwendung bzw. Weiterverwendung. Wird der Werkstoff zunächst in seine Ausgangsrohstoffe zerlegt und dann wieder neu gewonnen, so handelt es sich um Wiederverwertung oder Weiterverwertung.

Beispiele für Wiederverwendung und Weiterverwendung
Paletten, Kartons, Fässer, Flaschen werden zurückgegeben und wieder verwendet.
Lederreste werden für die Herstellung von Geldbörsen weiterverwendet.

Beispiele für Wiederverwertung und Weiterverwertung
Altglas wird eingeschmolzen und zur Herstellung neuer Flaschen wiederverwertet.
Zerkleinerte Holzreste werden zur Herstellung von Sperrholz weiterverwertet.
Zerfaserte Lederreste werden zu Lederfaserpappen gepresst.

Qualität des Produktes: Werkstoffe haben i. d. R. eine große Bedeutung für die Qualität eines Produktes. Hierbei unterscheidet man zwischen der statischen und der dynamischen Qualität eines Erzeugnisses. Bei der **statischen Qualität** besitzt das Produkt die notwendigen Qualitätsmerkmale bei Übergabe an den Kunden. Die **dynamische Qualität** bezieht sich auf die gesamte Lebensdauer bzw. Verwendung des Produktes. Durch die Verlängerung der gesetzlichen Gewährleistungsfristen und darüber hinausgehende freiwillige Garantiezusagen gewinnt die Erhaltung der dynamischen Qualität zunehmend an Stellenwert.

Beispiele *Schrauben aus Stahl haben eine längere Lebensdauer als Schrauben aus Kunststoff. Im Vergleich zu unbehandeltem Stahlblech bietet eine Karosserie aus verzinktem Stahlblech oder aus Aluminium eine größere Korrosionsbeständigkeit. Bereits die Verwendung einer Unterlegscheibe erhöht die Lebensdauer einer Blechverschraubung.*

■ Die Wahl des Herstellverfahrens

Werkstoffe unterliegen physikalischen und chemischen Grundgesetzen. Bei manchen Werkstoffen kann man den Aggregatzustand verändern, bei manchen nicht. Moleküle lassen sich zu Großmolekülen verketten oder nicht. Somit bestimmen die Werkstoffe wesentlich das Herstellverfahren.

Beispiel *Soll bei der Bürodesign GmbH ein preiswerter Polsterbezug für einen Bürodrehstuhl eingesetzt werden und die Herstellung kostengünstig erfolgen, so fällt die Wahl auf Synthetics. Man kann sie vernähen, verkleben oder ohne großen Aufwand verschweißen. Leder scheidet als Material aus, weil eine dauerhafte Verbindung einzelner Teile durch Verschweißen nicht möglich ist.*

Qualitätsmängel entstehen nicht selten dadurch, dass der Prozessablauf in der Fertigung nicht hundertprozentig lenkbar ist. Dies betrifft vor allem die Anwendung manueller und biologischer Verfahren. Hier findet man eine Erklärung dafür, dass ein Kuchen manchmal gelingt und beim nächsten Mal nicht.

Beispiele *Rohhäute können vor der Gerbung mithilfe von Hitze und der Entstehung von Bakterien aufgelockert werden. Hierdurch wird den Eiweißfasern Eiweiß entzogen und sie quellen auf. Es gibt jedoch keine Steuerungshilfe, die es ermöglicht, die Bakterien augenblicklich zu stoppen, sodass die Auflockerung beendet wird und somit das spätere Nappaleder noch eine ausreichende Einreißfestigkeit besitzt. Der Prozess kann nur nach den Erfahrungswerten des Gerbers gesteuert werden. Ähnliche Probleme hat ein Kellermeister, wenn er den Gärungsprozess bei einem Eiswein unterbrechen möchte, damit der Alkoholgehalt des Weines nicht zu hoch wird.*

Biologische Verfahren sind meist schonender für das Material, bergen weniger Gefahren für die Umwelt und die Gesundheit des Menschen. Betrachtet man sie jedoch rein rechnerisch von der Kostenseite, so bedingen sie meist eine längere Durchlaufzeit, einen höheren Ausschuss und Nacharbeit.

■ Möglichkeiten für den Konstruktionsaufbau

Die Art der Ausführung und die räumliche Anordnung von Teilen und Baugruppen zu einem Produkt nennt man **Konstruktion**. Konstruktiv kann man Produkte so gestalten, dass sie lange halten und Reparaturen möglich sind. Man nennt solche Konstruktionen Langzeitkonstruktionen. Das Gegenteil sind Wegwerfkonstruktionen. Verliert das Produkt durch den Gebrauch oder einen Mangel seine Leistungsfähigkeit, so muss man es wegwerfen.

Argumente für die Wahl der Konstruktionsart

Wegwerfkonstruktionen	Langzeitkonstruktionen
• kostengünstig in der Herstellung • hygienisch bezogen auf Verwendung und Pflege • größere Nachfrage und Wiederholkäufe durch die kurze Produktlebensdauer	• längere Produktlebensdauer durch Reparaturen • umweltfreundlich durch Müllvermeidung • größeres Produktimage für den Käufer • Zusatzgewinne durch Ersatzteilgeschäfte

Neben der geplanten Lebensdauer eines Produktes spielt bei der Konstruktion die Bauweise eine wichtige Rolle: Hier unterscheidet man zwischen Komplettbauweise und Baugruppenweise.

Bei der **Komplettbauweise** besteht das Erzeugnis aus einem zusammenhängenden Baukörper.

Beispiel *Man kann das Fußgestell eines Sessels in einem Arbeitsgang mithilfe einer Rohrbiegemaschine formen. Das Fußgestell kann aber auch aus Einzelteilen hergestellt werden, die miteinander verzapft, verschweißt, verlötet, verschraubt oder vernietet werden.*

Bei Einweg- oder Wegwerfkonstruktionen wird häufig das gesamte Produkt in Komplettbauweise hergestellt.

Beispiele *Einweggeschirr, Einwegspritzen oder Gartenstühle*

Bei der **Baugruppenbauweise** lassen sich die Teile austauschen.

Beispiele *Die Sitzschale eines Stuhles oder die Gleiter bei einem Drehstuhl*

Die Austauschbarkeit von Teilen oder Baugruppen ist dann besonders sinnvoll, wenn sie verschleißgefährdet und damit reparaturanfällig sind. Dies erhöht die Nachhaltigkeit von Produkten.

CAD = Computer-Aided Design

Die Anwendung des Computers bei der Entwicklung und Konstruktion von Erzeugnissen ist in unserer Zeit unentbehrlich. Konstruieren beinhaltet eine vorwiegend schöpferische Tätigkeit, die jedoch ohne ein umfangreiches Wissen über Normen, physikalische Zusammenhänge und bisher gemachte technische Erfahrungen nicht geleistet werden kann. Am Rechner können die Grundelemente des zu konstruierenden Produktes gespeichert werden. Erfolgt nun aufgrund eines bestimmten Kundenwunsches oder einer Programmänderung die Veränderung eines Grundelementes, gradiert der Rechner automatisch die übrigen Grundelemente, d.h., er passt sie der Veränderung an. Handelt es sich um Neukonstruktionen, so bildet der Rechner einen hilfreichen Dialogpartner bei der Suche nach Lösungen, z.B. nach dem Motto „Geht oder geht nicht“ oder „wenn, dann“. Im betrieblichen Alltag ist ein Verzicht auf CAD kaum noch möglich.

Der Einsatz von CAD

- erlaubt eine erhebliche Verkürzung der Konstruktionszeiten und des Konstruktionsaufwandes,
- verringert die Gefahr von Konstruktionsfehlern,
- trägt zu einer erheblichen Senkung des Lagerbestandes an Ersatzteilen und Werkzeugen bei, weil bei veralteten, nicht mehr produzierten Produkten schnell auf vorhandene Konstruktionsmerkmale zurückgegriffen werden kann, die eine Nachfertigung ermöglichen.

Zusammenfassung: Produktkonzepte entwerfen und miteinander vergleichen

Anforderungen an ein Produktkonzept

Technische Anforderungen

- optimale Eignung für den vorgesehenen Verwendungszweck
  - Materialeignung
  - Konstruktionseignung
  - bestmöglicher Sicherheitsstandard
- Möglichkeit der Einbeziehung vorhandener Anlagen in die Fertigung

Ökologische Anforderungen

- Verzicht auf knappe und nicht reproduzierbare Rohstoffe
- Vermeidung einer Gesundheits- und Umweltbelastung
- energiesparende Herstellung und Verwendung
- Langlebigkeit
- Recyclingfähigkeit

Aufgaben

1 Erstellen Sie in Gruppenarbeit ein Pflichtenheft für die Gestaltung eines neuen Produktes, z.B. einer neuen Grapefruit-Konfitüre.
a) Berücksichtigen Sie bei Ihren Überlegungen
aa) technische, ab) wirtschaftliche,
ac) ökologische Gesichtspunkte.
b) Beschreiben Sie hierbei die Bedeutung der Verkaufsverpackung.

2 *Der Bürodesign GmbH wurde von einem Importeur sehr preisgünstig ein Klavier angeboten, das bei festlichen Anlässen im Konferenzraum eingesetzt werden könnte. Das Gehäuse besteht aus Palisander, die Tastatur wurde aus echtem Elfenbein gearbeitet. Frau Friedrich, die Geschäftsführerin, hat das Angebot jedoch aus ökologischen Gründen strikt abgelehnt. Suchen Sie nach einer Begründung für die Haltung der Geschäftsführerin.*

3 *Das Streben nach einer ökologischen Modernisierung von Produkten ist groß: Man verzichtet auf wenig effiziente Bauteile, verringert das Gewicht, entwickelt Langzeitkonstruktionen, bietet die Möglichkeit der Nachrüstung, erleichtert Reparaturen. Kritiker sehen jedoch einen „Rebound-Effekt", der die erreichten Erfolge wieder kompensiert. Entwerfen Sie hierzu mithilfe des Internets einen Report.*

4 *Die Bürodesign GmbH plant eine jährliche Absatzmenge von 6500 Staplern in Serienfertigung. Sie gehören zu einem Projektteam, das die Vorarbeiten für die Aufnahme der Produktion des neuen Produktes durchführen soll. Es stehen die beiden folgenden Fertigungsvarianten zur Wahl:*

Variante I		**Variante II**	
Investition in eine neue Fertigungsstraße Fließbandfertigung		**Umrüstung der bestehenden Maschinen Werkstättenfertigung**	
Nutzungsdauer	10 Jahre	Restnutzungsdauer	5 Jahre
Anschaffungskosten	248000,00 €	Restbuchwert	60000,00 €
		Modernisierungskosten	50000,00 €
Sonstige fixe Kosten pro Jahr	11400,00 €	Sonstige fixe Kosten pro Jahr	7500,00 €
Variable Fertigungskosten je Stück	57,35 €	Variable Fertigungskosten je Stück	63,60 €
Abschreibungsverfahren	linear	Abschreibungsverfahren	linear

a) Ermitteln Sie die Kosten pro Jahr bei Variante I und bei Variante II für die geplante Stückzahl.
b) Ermitteln Sie die kritische Menge.
c) Führen Sie mögliche Risiken an, die für die Bürodesign GmbH mit der Investition in ein neues Montageband verbunden sind.

5 *Zur Gestaltung eines Produktkonzeptes zählt auch die Preisfindung. Erläutern Sie hierzu drei mögliche Orientierungspunkte.*

6 *„Fine feathers make fine birds" oder „Clothes make the man".*
a) Erläutern Sie an einem Beispiel verschiedene ästhetische Gesichtspunkte, die bei der Anmutung eines Produktes eine Rolle spielen können und als Kaufanreize dienen.
b) Suchen Sie nach einer Begründung für die zunehmende Bedeutung ästhetischer Aspekte im Rahmen der Produktgestaltung und unterziehen Sie diese Tendenz einer kritischen Bewertung.

1.3 Zweckmäßige Verfahren der Produktdokumentation beschreiben und auswählen

Frau König, zuständig für das Rechnungswesen, und Frau Freund, verantwortlich für Marketing, möchten wissen, welche Kosten der geplante Staplerstuhl verursacht. Schließlich soll ein günstiger Wettbewerbspreis kalkuliert werden, der es erlaubt, den Stapler im Niedrigpreissegment abzusetzen. *„Dazu kann ich noch gar nichts sagen“*, meint Herr Kempf, *„hierzu brauchen wir zumindest schon einmal die Stückliste, auch die Kenntnis der Arbeitspläne wäre sehr hilfreich.“*

Arbeitsaufträge
- ***Beschreiben Sie mögliche Inhalte einer Stückliste und ihre Verwendungsmöglichkeiten.***
- ***Suchen Sie nach Gründen für die Notwendigkeit von Arbeitsplänen.***

■ Stücklisten und Konstruktionszeichnungen

Unter einer **Stückliste** versteht man die Aufzeichnung der Rohstoffe, Teile und Baugruppen eines bestimmten Erzeugnisses. Sie enthält Angaben über die Art oder Beschaffenheit und die notwendige Menge des Einsatzmaterials. Stücklisten werden aus der Struktur, d.h. dem Aufbau eines Erzeugnisses, abgeleitet.

Stücklisten sind für die Materialbereitstellung und die Kalkulation der Materialkosten unentbehrlich.

Beispiel

Mögliche Erzeugnisstruktur für einen neuen Stapelstuhl der Bürodesign GmbH, bei dem der Rücken aus einer Polypropylen-Schale und der Sitz textilgepolstert ist

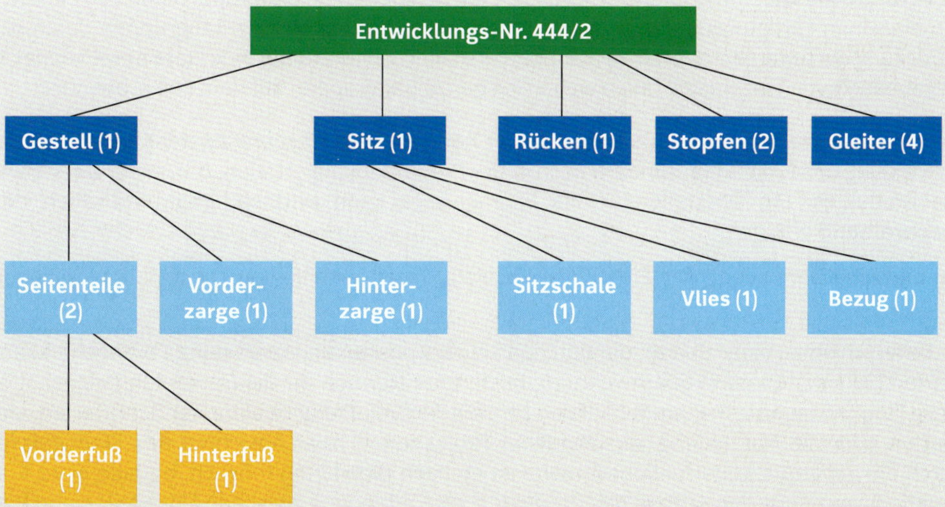

Mengenübersichtsstückliste: Die Mengenübersichtsstückliste enthält nur die Teile und Baugruppen des Erzeugnisses mit den entsprechenden Mengenangaben. Sie zeigt nicht die Zusammensetzung der Baugruppen. So können die Einzelteile der auf Lager befindlichen Baugruppen bei der **Nettobedarfsplanung** nicht berücksichtigt werden. Die Mengenübersichtsstückliste eignet sich jedoch für einfache Erzeugnisse, die aus Einzelteilen bestehen. In der Regel wird diese Stückliste für die Kalkulation der Materialkosten ausreichen.

Mengenübersichtsstückliste für Produkt Nr. 444/2	
Bezeichnung	**Anzahl**
Gestell	1
Sitz	1
Seitenteile	2
Rücken	1
Stopfen	2
Gleiter	4
Vorderzarge	1
Hinterzarge	1
Sitzschale	1
Vlies	1
Bezug	1
Vorderfuß	2
Hinterfuß	2

Strukturstückliste: Die Strukturstückliste enthält den Bedarf an Baugruppen und Einzelteilen in den einzelnen Fertigungsstufen. Hier wird die Zusammensetzung der Baugruppen durch eine Einrückung der untergeordneten Baugruppen ersichtlich; dies erlaubt eine klare Berechnung des Nettobedarfs von Einzelteilen, auch wenn sich ganze Baugruppen auf dem Lager befinden.

Konstruktionszeichnungen: Die Aufgabe der Konstruktionsabteilung besteht nicht nur in der Entwicklung des Produktes, sondern auch in der Produktdokumentation, d. h. in der Darstellung des Produktes. Die Darstellung eines Erzeugnisses kann **bildlich**, **gegenständlich** oder **beschreibend** erfolgen.

Die **bildliche** Darstellung des Erzeugnisses erfolgt meist mithilfe von Konstruktionszeichnungen.

Im Unterschied zu einer Skizze, die durchaus einer Konstruktionszeichnung vorangehen kann, werden bei einer Konstruktionszeichnung bestimmte Normen für die Darstellung eingehalten. Diese Normen legen z. B. klare Richtlinien fest für die Benutzung bestimmter Schriftarten, Linienarten oder die Darstellung verschiedener Projektionen bzw. Ansichten des Erzeugnisses. Durch die genormte Konstruktionssprache ist es allen Beteiligten möglich, mithilfe einer Konstruktionszeichnung den Aufbau des Produktes, die Verbindung zwischen Einzelteilen und Baugruppen, die Abmessungen der einzelnen Elemente und die notwendigen Funktionsanforderungen zu erkennen.

Beispiel *So enthält die Konstruktionszeichnung für einen Bürodrehstuhl nicht nur die Außenmaße der einzelnen Teile wie Sitzfläche und Rückenlehne, die Art der Gleiter- oder Rollenausführung, sondern auch die Verstellbereiche für die Höheneinstellung des Sitzes und der Rückenlehne. Der Konstruktionszeichnung sind auch Aussagen über die Belastbarkeit des Stuhles zu entnehmen.*

Konstruktionszeichnungen sind von Bedeutung für

- die **Angebotserstellung**, vor allem bei einer Einzelanfertigung,
- die **Durchführung** der Fertigung,
- statische **Berechnungen**,
- die Anwendung von **Prüfverfahren**,
- die **Patent- und Gebrauchsmusteranmeldung**.

Muster: Unter einem Muster versteht man die **gegenständliche** Darstellung eines Erzeugnisses. Häufig sind Skizzen oder Zeichnungen nicht aussagefähig genug, vor allem, wenn die Anmutung, d. h. die ästhetischen Eigenschaften eines Erzeugnisses, beurteilt werden sollen.

Beispiele *Besteck, Textilien, Schuhe, Porzellan*

Arbeitsanweisungen und Arbeitspläne

Arbeitsanweisungen: Bei manchen Produkten lässt sich die Zusammensetzung des Erzeugnisses weder bildlich nach gegenständlich darstellen. Dies ist vor allem in der chemischen Industrie der Fall. Hier bilden Arbeitsanweisungen eine **beschreibende** Ergänzung zu den Rezepturen, die die Zusammensetzung des Erzeugnisses angeben. Diese Arbeitsanweisungen beschreiben, in welcher Reihenfolge die einzelnen Rohstoffe zugegeben werden müssen und welche Einwirkgrößen bei den einzelnen Prozessen einzuhalten sind wie Temperaturen oder Rührgeschwindigkeiten. Die Dokumentation von Arbeitsanweisungen ist unerlässlich, wenn das Unternehmen eine Zertifizierung nach ISO EN 2000ff. anstrebt.

Beispiele *Herstellung von Farben, Kunststoffen oder Arzneimitteln*

Arbeitspläne: Die Aufgabe der Arbeitsplanung besteht darin, die zur Fertigung eines Teiles, einer Baugruppe oder eines Enderzeugnisses notwendigen Arbeitsvorgänge zu ermitteln. Gleichfalls stellt die Arbeitsplanung fest, welche Vorgänge schrittweise hintereinander erfolgen müssen und welche Arbeitsvorgänge parallel geschaltet werden können. Die Ergebnisse der Arbeitsplanung werden in Arbeitsplänen festgehalten. Die Arbeitsplanung beschränkt sich nicht auf die Auflistung der für ein Erzeugnis notwendigen Arbeitsvorgänge, sie legt auch fest, welche Fertigungsverfahren für eine bestimmte Fertigungsmenge zu wählen sind, welche Alternativen bei einem Maschinenengpass einen technischen und wirtschaftlichen Ausweg bieten und mit welchen Zeiten bei den einzelnen Vorgängen zu rechnen ist.

Arbeitspläne beschreiben den einzelnen Arbeitsschritt, das notwendige Material, das zweckmäßige Betriebsmittel, die geeigneten Werkzeuge und die Soll-Zeit für die Durchführung des Arbeitsvorganges.

Arbeitspläne müssen **Outputdaten** enthalten, d. h. Angaben über die zu fertigende Menge oder Stückzahl, **Inputdaten**, d. h. Angaben über das verwendende Material, den Materialverbrauch, und eventuell über die Arbeitswerte, d. h. Angaben über den notwendigen Eignungsgrad des Arbeitnehmers und damit die zu vertretenden Lohnkosten für den Arbeitsschritt. Gleichzeitig enthalten die Arbeitspläne **Ablaufdaten**, d. h. Informationen darüber, welcher Arbeitsgang an welchem Maschinenplatz mit welchen Werkzeugen und in welcher Zeit durchzuführen ist. Für die Kalkulation der Maschinen- und Lohnkosten bilden Arbeitspläne somit eine wichtige Grundlage.

Beispiel *Für den Konferenzstuhl „Konzentra" sind 100 Polsterbezüge aus Textil auszustanzen.*

Outputdaten

Artikelnummer / Teilenummer	205/3//055
Artikelbezeichnung	Sitzbezug M5
Fertigungsgrößen/Einheiten	100 Stück

Inputdaten

Materialnummer	750
Materialbezeichnung	Stoff Alina
Materialbedarf/-verbrauch	0,389 m²

Ablaufdaten

Tätigkeitsnummer	8220
Arbeitsgangbezeichnung	Zuschnitt
Kostenstelle/Maschinenplatz	045 01
Werkzeuge	Stanzmesser -SM 153
Rüstzeit und Ausführungszeit	24/100 Min
Varianten bzw. Alternativen für den Ablauf	mit MS-Schere ausschneiden

CAP = Computer-Aided Planning: Wurden mithlfe von CAD die Konstruktionsmerkmale für ein verändertes oder neues Produkt festgelegt, dann können über CAP optimale Bearbeitungsverfahren und mögliche Alternativen für diese Verfahren ermittelt werden. Das Ergebnis sind konkrete Arbeitspläne für den speziellen Fertigungsauftrag. Hierbei greift das System auf vorhandene Standardarbeitspläne zurück. Einzelne Abläufe oder Ablaufstufen aus den gespeicherten Standardarbeitsplänen werden zu einem neuen Arbeitsplan zusammengesetzt, der dann um die spezifischen andersartigen Abläufe des Auftrages ergänzt wird. Über CAP erfolgt nicht nur die Bereitstellung der notwendigen Zeichnungen, Stücklisten und Arbeitspläne, sondern auch häufig die Ermittlung der erforderlichen Steuerungsfunktionen für die NC-Programmierung der Maschinen. Zudem wird durch CAP der Änderungsaufwand bei der Belegwesenerstellung erheblich verringert.

Zusammenfassung: Zweckmäßige Verfahren der Produktdokumentation beschreiben und auswählen

Der Erzeugnisdarstellung und seiner Fertigung dienen:

- **Konstruktionszeichnungen, Stücklisten**
- **Muster, Modelle**
- **Beschreibungen, Formeln**
- **Arbeitsanweisungen, Arbeitspläne**

Aufgaben

1 a) *Für Erzeugnisse und ihre Bestandteile ist es i. d. R. nicht empfehlenswert, sie nur mit einem Namen zu versehen. Belegen Sie diese Aussage mit zwei Argumenten.*

b) *Durch eine einfache Nummerung lassen sich Erzeugnisse identifizieren, klassifizieren und beschreiben. Veranschaulichen Sie diese Aussage mit zwei Beispielen.*

c) *Entwerfen Sie eine Nummerung zur Klassifizierung und Beschreibung Ihrer Mitschüler/-innen.*

2 *Beschreiben Sie vier Bereiche, die auf die Bereitstellung von Stücklisten angewiesen sind.*

3 *Üben Sie Kritik an der Aussagekraft der nebenstehenden Zeichnung.*

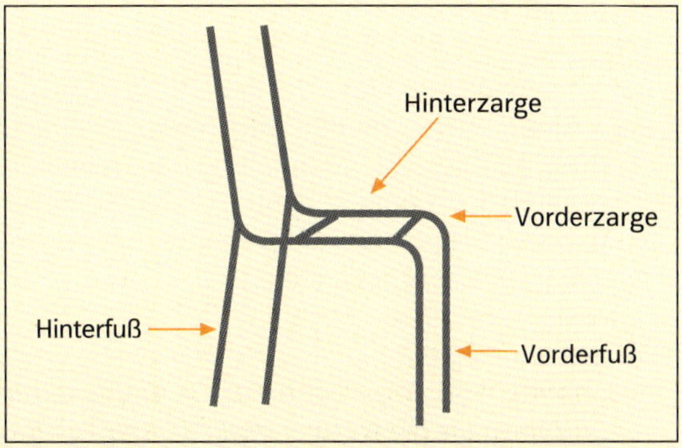

4 *Sie sind Mitarbeiter/-in in der Planungsabteilung der Bürodesign GmbH. Zur Fertigung des neuen Staplers wurde der folgende Arbeitsplan erstellt, der Ihnen als Auszug für die Fertigung der Gestelle vorliegt. Der Arbeitsplan gilt zunächst für die Fertigung einer Nullserie.*
a) Berechnen Sie den Zeitbedarf für die Fertigung der Gestelle.
b) Suchen Sie nach einer Begründung für die Einordnung in unterschiedliche Lohngruppen.

Arbeitsplan Nr.: 500-20.0102-08			**Auftragsmenge: 20 Stück**	**Datum: 05.01.20..**		**Blatt 1 von 1**	
Benennung: Fußgestell für Stapler 444/2				**Zeichnungs-Nr.: 20.01.02-08.3**			
Werkstoff: Rundrohr Alu				**Losgröße: 20 Stück**			
Kostenstelle	**Arb.-Folge**	**Arbeitsgang**	**Arbeitsplatz**	**Zeitvorgabe tr**	**te**	**Lohngruppe**	**Bemerkungen**
105	1	Vorder- und Hinterfuß auf Länge schneiden	Sägemaschine	10	1,2	3	
105	2	Vorder- und Hinterzarge auf Länge schneiden	Sägemaschine	8	1,1	3	
273	3	Vorder- und Hinterfuß biegen	Biegeautomat	8	1,0	3	
312	4	Füße und Zargen zum Schweißen vorrichten	Montage	5	3,0	3	
155	5	Schweißen	Schweißplatz	6	4,3	4	
322	6	Haltebohrungen für Sitz und Rückenlehne anbringen	Bohrmaschine	12	1,1	3	
312	7	Schweißnähte säubern und Schweißnasen abschleifen	Montage	4	2,0	3	
704	8	Festigkeit und Schweißnasen überprüfen	Prüfplatz	7	1,3	4	
800	9	Abliefern an Zwischenlager					

tr = Rüstzeit te = Zeit je Einheit in Normalminuten

1.4 Die Herstellungsreife durch eine Erprobung von Produkt und Fertigung feststellen

Herr Stam möchte, dass der neue Stapler unverzüglich in die Angebotsliste der Bürodesign GmbH aufgenommen wird. Mehrere Mitarbeiter im Vertrieb stellten bereits größere Aufträge in Aussicht. Zunehmend bauen und planen Städte und Gemeinden sog. Mehrzweckhallen, die einer robusten und preiswerten Bestuhlung bedürfen. *„Nein“*, lautet die Antwort von Herrn Kempf, *„bevor wir unser Produkt nicht auf Herz und Nieren überprüft haben, geht nichts nach draußen!“*

Arbeitsaufträge
- ***Sammeln Sie Argumente für die umfassende Erprobung eines neuen Produktes.***
- ***Erläutern Sie die Notwendigkeit einer Fertigungserprobung zur Beurteilung der Herstellungsreife.***

■ Produkterprobung

Notwendigkeit einer Produkterprobung

Bereits die Haftung des Herstellers zwingt i. d. R. zu einer Produkterprobung. Die Produkthaftung ist im Produkthaftungsgesetz (ProdHaftG) geregelt. Haften muss der Hersteller, wenn eine Rechtsgutsverletzung durch einen Fehler des Produktes verursacht worden ist. Ein Produktfehler liegt vor, wenn das Produkt zum Zeitpunkt seines Inverkehrbringens nicht den berechtigten Sicherheitserwartungen der Allgemeinheit entspricht. Damit sind vornehmlich Fabrikationsfehler, Instruktionsfehler und Konstruktionsfehler vom Fehlerbegriff des ProdHaftG umfasst.

Manche Erzeugnisse erfordern eine sehr aufwendige Produkterprobung, bevor ihre Herstellung und Markteinführung erfolgen kann. Dies sind vornehmlich solche Erzeugnisse, von deren Verwendung erhebliche Gefahren für den Verbraucher und die Umwelt ausgehen können.

Beispiele *Medikamente, Kosmetika, Pestizide*

Vielfach ergibt erst die Produkterprobung ein klares Bild von bestimmten, für den Verbraucher wichtigen Eigenschaften eines Produktes. Diese Eigenschaften erleichtern den Vergleich mit Konkurrenzprodukten und informieren über die Folgekosten bei der Verwendung.

Beispiel *Geschwindigkeit, Verbrauch, CO_2-Ausstoß eines Fahrzeuges*

Durch eine umfassende Produkterprobung können erhebliche Fehlerkosten wie Rückrufaktionen oder eine Nachrüstung ausgelieferter Produkte vermieden werden. Nicht selten schaden solche Aktionen dem Image des Unternehmens und der Produkte.

Beispiel *Noch heute kennt man den Begriff Elchtest. 1997 prüfte in Schweden ein Autotester die neue A-Klasse, den ersten Kompaktwagen mit Frontantrieb der Marke Mercedes. Die Probefahrt machte als Elchtest Geschichte: In einem Ausweichmanöver, das man auch doppelter Spurwechsel nennt, kippte das Auto um. Der Vorfall führte zu der Erkenntnis, dass die Höhe des Schwerpunktes maximal die Hälfte der Spurbreite ausmachen darf. Vgl. Internet: Elchtest-Debakel.*

Verfahren der Produkterprobung

Prototypenüberprüfung: Unter einem Prototyp versteht man im engeren Sinne die erste **physische** Ausführung eines Produktes vor der Serien- und Massenfertigung. Sie dient zur Erprobung von Eigenschaften des zukünftigen Produktes. Durch die Überprüfung eines Prototyps soll die Eignung des Erzeugnisses bezogen auf den vorgesehenen Verwendungszweck sichergestellt werden. Gezielte Material- und Funktionsprüfungen führen hierbei zu Aussagen über die Gebrauchstauglichkeit des Produktes. Zeit- und Kostengründe zwingen häufig zu einer Simulation von Alltagsbedingungen, die künstlich verdichtet werden, aber nicht unbedingt die Realität widerspiegeln.

Mock-up-Verfahren: Handelt es sich bei einem Auftrag um eine aufwendige Einzelanfertigung, so ist vielfach eine Produkterprobung mit möglichen Veränderungen nach der Fertigstellung nicht mehr möglich. In diesen Fällen fertigt man ein Voraberzeugnis aus minderwertigen Materialien an, z. B. aus Pappe, Styropor, Sperrholz oder sonstigen Materialien, um den Bedingungen für das eigentliche Erzeugnis gerecht zu werden. Designer verwenden Mock-ups (= Attrappen), um von den späteren Anwendern ein Feedback über ihre Entwürfe zu erhalten. Man kann sie bereits in einer sehr frühen Phase des Entwicklungsprozesses einsetzen und je nach Ergebnis kostengünstig verändern.

Beispiel *Bevor die endgültige Zahnprothese gefertigt wird, erfolgt zur Erprobung der Einsatz einer kostengünstigen Vorabprothese, um je nach Ergebnis notwendige Veränderungen vornehmen zu können.*

Digital Prototyping: Über 2-D oder 3-D kann man digital exakte Simulationen bezogen auf die Erprobung des Endproduktes durchführen. Dies erspart den Bau physischer Prototypen für die Produkterprobung. Die Kosten werden gesenkt, die Lieferzeiten werden verkürzt und eine schnelle Markteinführung neuer Produkte ist möglich. Nicht selten wird hierbei der Kunde als zusätzlicher Produkttester missbraucht.

■ Fertigungserprobung

Im Anschluss an die Produkterprobung erfolgen die ablauforganisatorische Gestaltung und Optimierung des Produktionsprozesses. In der Serien- und Massenfertigung fertigt man hierzu eine **Nullserie**. Mit einem Los aus N-Einheiten überprüft und entscheidet man über die Zweckmäßigkeit von Belegen, eingesetzten Maschinen und Werkzeugen, ausreichende Auftragszeiten, Form und Höhe der Entlohnung für einzelne Abläufe. Die Einheiten der Nullserie gehen i. d. R. nicht in Absatz, sie dienen aber als Vorzeigemodelle auf Messen und Ausstellungen.

Zu den wichtigsten Belegen zählen Zeichnungen, Arbeitsanweisungen, Materialentnahmescheine, Lohnscheine, Prüf- und Rückmeldekarten. Unverständliche Zeichnungen können den Arbeitsablauf behindern und zu Bearbeitungsfehlern führen. Zu späte Rückmeldungen, z. B. weil der Arbeitnehmer den Lohnschein als Rückmeldung hortet und der Fertigungssteuerung vorenthält, können die weitere Maschinenbelegung beeinträchtigen.

Nach der Verwendungsmöglichkeit wird zwischen Universalmaschinen und Spezialmaschinen unterschieden.

Universalmaschinen können für unterschiedliche Arbeitsabläufe eingesetzt werden. Sie reduzieren den Kapitalbedarf für die maschinelle Ausrüstung einer Fertigung.

Beispiele *Die Bohrmaschine eines Heimwerkers kann durch Umrüstung von Bohren auf Fräsen oder Sägen eingestellt werden. Eine Küchenmaschine kann mithilfe unterschiedlicher Werkzeuge schlagen (z. B. Sahne), kneten (z. B. Kuchenteig), reiben (z. B. Nüsse), schnitzeln (z. B. Pommes frites) und vieles mehr.*

Spezialmaschinen eignen sich nur für einen ganz bestimmten Arbeitsvorgang. Im Vergleich zu Universalmaschinen ist der Rüstaufwand weitaus geringer. Häufig sind sie direkt einsatzbereit. Meist arbeiten sie auch schneller und präziser als Universalmaschinen, weil sie für den speziellen Arbeitsablauf entwickelt und konstruiert wurden.

Beispiele *Je nach Oberfläche werden bei der Bürodesign GmbH für den Arbeitsablauf „Schleifen" unterschiedliche Maschinen eingesetzt. Für eine ebene Oberfläche benutzt man eine andere Schleifmaschine als für runde oder eckige Flächen. Das Gleiche gilt für das Planschleifen von Holz und das Abschleifen von Schweißnasen.*

Werkzeuge sind Fertigungsmittel, die den Menschen oder die Maschine bei einem **ganz bestimmten Arbeitsablauf** unterstützen oder diesen Arbeitsablauf erst ermöglichen.

Somit kann man zwischen Handwerkzeugen und Maschinenwerkzeugen unterscheiden.

Beispiel *Textilteile können in Handarbeit mithilfe einer Schere ausgeschnitten werden. Man kann aber auch eine Stanzmaschine benutzen, in der ein Stanzmesser fixiert ist. Je nach Stoff und gewünschter Form müssen unterschiedliche Stanzmesser in die Stanzmaschine eingesetzt werden. Die Entscheidung wird i. d. R. von der Losgröße abhängen.*

Die Ermittlung von Vorgabezeiten erfolgt in vielen Fällen durch die Methode des **Messens**. Ein Zeitnehmer misst den Zeitbedarf für einen Arbeitsvorgang bei verschiedenen Arbeitnehmern und zu verschiedenen Tageszeiten. Gleichzeitig schätzt er den Leistungsgrad des jeweiligen Arbeitnehmers. Der gemessene Ist-Wert wird je nach Leistungsgrad des Arbeitnehmers nach oben oder unten korrigiert. Der Mittelwert aus den korrigierten Ist-Zeiten ergibt dann die Normalleistung. Vielfach lassen sich die Auftragszeiten auch **berechnen**, und zwar dann, wenn die beeinflussbaren Zeiten bei einem Arbeitsvorgang gering sind und die Maschine weitgehend das Arbeitstempo bestimmt.

Beispiel *In der Schreinerei der Bürodesign GmbH sollen 25 Bretter, je 250 cm lang, beidseitig gehobelt werden, wobei immer nur ein Brett durch die Maschine laufen kann.*

$$\textbf{\textit{Ausführungsgrundzeit}} = \frac{m \cdot L \cdot I}{100 \cdot u} \qquad \textbf{\textit{Ausführungsgrundzeit}} = \frac{25 \cdot 250 \cdot 2}{100 \cdot 10} = \underline{\underline{12{,}5\ \text{min}}}$$

Hierbei bedeutet:

m	*die Anzahl der Bretter (z. B. 25)*
L in cm	*die Länge eines Brettes (z. B. 250 cm)*
I	*die Anzahl der Durchläufe je Brett (z. B. 2)*
u in m/min	*die Vorschubgeschwindigkeit der Maschine (z. B. 10 m/min)*

Die Auswertung der Nullserie kann ergeben:

- Fehler bei der Berechnung einzelner Zeiten,
- fehlende oder unverständliche Belege,
- mangelnde Eignung oder Betriebsbereitschaft von Maschinen,
- keine optimale Einstellung einzelner Maschinen,
- unzweckmäßige Werkzeuge,
- lückenhafte Einweisung der Mitarbeiter.

Arbeitspläne enthalten nicht nur Auftragszeiten, sondern manchmal auch Hinweise auf die Art und Höhe der Entlohnung bezogen auf die einzelnen Abläufe. Hierbei unterscheidet man zwischen Akkordlohn, Zeitlohn und Prämienlohn. Gleichzeitig ist dem Ablauf ein Arbeitswert zuzuordnen. Dies geschieht i. d. R. über eine bestimmte Lohngruppe.

Zusammenfassung: Die Herstellungsreife durch eine Erprobung von Produkt und Fertigung feststellen

Die Erprobung von Produkt und Fertigung führt zur Herstellungsreife, wenn

bezogen auf das Produkt

- die Gebrauchstauglichkeit,
- erwünschte Eigenschaften,
- Vermeidung von Fehlerkosten,
- keine Gefährdung von Mensch und Umwelt

sichergestellt sind.

bezogen auf die Fertigung

- zweckmäßige Belege,
- geeignete Maschinen und Werkzeuge,
- ausreichende Vorgabezeiten,
- das notwendige Material

bereitstehen.

Aufgaben

1 *Man unterscheidet physische und virtuelle Prototypen. Klären Sie den Unterschied und die Zweckmäßigkeit.*

2 *Die Anmeldung von Patenten und Gebrauchsmustern ist zeitraubend und mit hohen Kosten verbunden. Beschreiben Sie die Vorteile des Patentschutzes.*

3 *Erläutern Sie sechs Schritte von der Findung bis zur Herstellungsreife eines neuen Produktes.*

4 *Pressemitteilung der DROGERIEMARKT GmbH:*

Die DROGERIEMARKT GmbH ruft Queen's Herb Kräutertee „Kamille" zurück

Aufgrund von Alkaloid-Spuren hat die DROGERIEMARKT GmbH sämtliche Vorsichtsmaßnahmen ergriffen und die betroffene Ware aus dem Verkauf genommen.

Die Gesundheit unserer Kunden hat für uns höchste Priorität. Wir bitten deshalb darum, alle Packungen des Queen's Herb Kräutertees „Kamille" mit den **Chargen 1318.1617.8945** sowie **4536.2435.9865** nicht mehr zu verwenden und in unsere Filialen zurückzubringen. Die Chargennummer ist auf der Rückseite der Verpackung vermerkt.

a) Informieren Sie sich über die typischen Merkmale einer Chargenfertigung.
b) Unterbreiten Sie Vorschläge für die Vermeidung einer solchen Rückrufaktion.
c) Stellen Sie fest, mit welchen Kosten und sonstigen Folgen zu rechnen ist.

5 *Verzichtet man auf die Fertigung einer Nullserie und damit auf die Überprüfung eines Neuanlaufs, so sind ähnliche Symptome wie bei sog. Montagsautos zu befürchten. Informieren Sie sich mithilfe des Internets umfangreich über die Begriffe „Nullserie" sowie „Montagsauto". Sichten Sie dabei auch Bilder zur Nullserie, die deren Stellung zwischen Produktentwicklung und Produktionsanlauf veranschaulichen.*

6 *Suchen Sie nach Argumenten für die Wahl eines Maschinensystems, die neben den Anschaffungskosten eine Rolle spielen können.*

2 Fertigungstechnische Rahmenbedingungen in unterschiedlichen Situationen bewerten und alternative Fertigungsverfahren beurteilen

2.1 Fertigungstechnische Rahmenbedingungen vergleichen

2.1.1 Das Fertigungsprogramm planen

→LS

Herr Müller, der für die Produktion bei der Bürodesign GmbH zuständig ist, übte bei der letzten Abteilungsleiterbesprechung erhebliche Kritik an dem aktuellen Fertigungsprogramm. Nach seiner Ansicht ist das derzeitige Programm zu breit und zu tief. Gleichzeitig müsse der Anteil der konkreten Kundenaufträge zugunsten von Lageraufträgen reduziert werden, weil die Kundenaufträge nur 20% des Umsatzes ausmachen, jedoch 80% des Arbeitsaufwandes der Fertigung verursachen.

Arbeitsaufträge
- ***Erläutern Sie den Begriff Fertigungsprogramm.***
- ***Ermitteln Sie Orientierungspunkte für die Planung des Fertigungsprogramms.***
- ***Beschreiben Sie die Vor- und Nachteile eines breiten Fertigungsprogramms und einer großen Fertigungstiefe.***

Für die Planung der Fertigung sowie für die Wahl des Fertigungsverfahrens (vgl. S. 347 ff.) haben Breite und Tiefe des Fertigungsprogramms eine große Bedeutung. Die Breite des Fertigungsprogramms sowie die Vorhersehbarkeit des Fertigungsprogramms hängen stark davon ab, ob ein Unternehmen vorwiegend auf Lager produziert oder erst nach dem Vorliegen von Aufträgen und nach speziellen Kundenwünschen.

■ Zusammensetzung des Fertigungsprogramms

Unter dem **Fertigungsprogramm** versteht man die zu produzierenden Erzeugnisse nach Art und Menge für bestimmte Fertigungsperioden.

Beispiel *Fertigungsprogramm der Bürodesign GmbH*

Produktgruppe „Arbeiten am Schreibtisch“	April Einheiten	Mai Einheiten	Juni Einheiten
Xama 2000 Stardesign Chef 2000	30 25 16	40 30 18	38 32 23

Produktion auf Lager

Handelt es sich um Produkte, an die keine differenzierten Kundenwünsche gestellt werden und die keinen kurzfristigen Veränderungen unterworfen sind, so kann eine Produktion auf Lager zweckmäßig sein. Auf diese Weise können Zeiten ausgefüllt werden, in denen eine Auftragslücke besteht. Gleichzeitig senkt man durch eine größere Fertigungsmenge die Herstellkosten.

Beispiel *Klappbare Stapelstühle der Bürodesign GmbH*

In manchen Fällen ist man gezwungen, auf Lager, d.h. für den anonymen Markt, zu produzieren, und zwar dann, wenn die Rohstoffe nur zu einem bestimmten Zeitpunkt beschaffbar oder nicht lagerfähig sind.

Beispiel *Eine Zuckerfabrik stellt aus den von September bis November angelieferten Zuckerrüben Zucker her. Der ernteabhängige Beschaffungsschwerpunkt erfordert eine Produktion auf Lager.*

Auch Absatzschwerpunkte können zu einer Produktion auf Lager zwingen.

Beispiel *Ein Unternehmen, das Feuerwerkskörper herstellt und dessen Absatz zu 80 % im Dezember liegt, muss einen großen Teil der Produktion vorverlegen, damit es im Dezember die große Nachfrage unverzüglich erfüllen kann.*

Erfolgt eine Produktion für den anonymen Markt, d.h. auf Lager, so bilden **Absatzprognosen** →Bd. 2 die Grundlage für die Einschätzung der Absatz- bzw. Fertigungsmenge.

Auftragsbezogene Fertigung

Insbesondere bei sehr teuren komplexen technischen Erzeugnissen, z.B. Werkzeugmaschinen, ist eine Produktion für den anonymen Markt nicht möglich. Die Kunden erwarten, dass ihre Wünsche und technischen Vorgaben exakt umgesetzt werden.

In der Regel steht die Absatz- bzw. Fertigungsmenge für eine bestimmte Fertigungsperiode fest. Selbst bei Großserienfertigung hat das einzelne Produkt meist schon einen Käufer.

Gründe für eine auftragsbezogene Fertigung sind
- individuelle Kundenwünsche,
- mangelnde Lagerfähigkeit der Produkte,
- eine hohe Kapitalbindung im Produkt,
- schnelle technische oder modische Veränderungen
- und damit eine Verkürzung des Produktlebensalters.

Eine auftragsbezogene Fertigung erfordert
- einen schnellen Rückgriff auf die notwendigen Werkstoffe,
- kurze Durchlaufzeiten oder
- die Einwilligung in längere Lieferzeiten durch den Kunden,
- flexible Arbeitszeiten bei der Belegschaft sowie
- flexibel einsetzbare Maschinen.

Die Probleme der Auftragsfertigung bestehen vor allen Dingen in einer optimalen Maschinenbelegung bzw. Kapazitätsauslastung und in der Auftragsterminierung.

■ Einflussgrößen auf das Fertigungsprogramm

Was ein Unternehmen in welchen Mengen in einer bestimmten Fertigungsperiode, z.B. in der 22. bis 25. Kalenderwoche herstellt, darüber entscheiden **konkret**:

Kunden	Kapazitätsauslastung	Kosten/Erlöse/Gewinn
• vorhandene Kundenaufträge • Größe des Auftrages • Bonität des Kunden • Dringlichkeit von Aufträgen	• Ähnlichkeit von Aufträgen • Materialengpässe • Maschinenengpässe • Umstellaufwand	• Durchlaufzeit angelaufener Aufträge • Deckungsbeitrag

Fertigungsprogrammbreite

Unter der Fertigungsprogrammbreite versteht man die Anzahl der verschiedenen Produkte und Ausführungen, die ein Unternehmen herstellt.

Beispiele aus der Bürodesign GmbH

Produkte	Regale	Stühle	Tische
Ausführungen	• Container-Serie Volumen • Regalsystem Wikinger • Regalsystem Danebro	• Drehstuhl • Drehsessel • Stapelstuhl	• Büro-/Schreibtische • Konferenztische • Ablagetische

Unter dem Gesichtspunkt der Fertigungsprogrammbreite kann man die folgenden Unternehmungen unterscheiden:

- Einproduktunternehmungen ohne Produktdifferenzierung
  Beispiel *Kraftwerke*
- Einproduktunternehmungen mit Produktdifferenzierung
  Beispiel *Zuckerfabrik*
- Mehrproduktunternehmungen mit Produktdifferenzierung
  Beispiel *Büromöbelfabrik, z. B. Bürodesign GmbH*

↓ zunehmende Fertigungsprogrammbreite

Die Unternehmungen können somit ein enges oder breites Fertigungsprogramm aufweisen.

- **Ein enges Fertigungsprogramm**
  - bietet Spezialisierungsvorteile, z. B. sinnvolle Möglichkeiten der Automatisierung,
  - verringert den Rüstaufwand bzw. die Loswechselkosten,
  - vermeidet Konkurrenz im eigenen Hause zwischen eigenen Produkten,
  - vereinfacht die Arbeitsvorbereitung,
  - erleichtert die Kostenerfassung und -zuordnung,
  - reduziert die notwendigen Materialbestände.
- **Ein breites Fertigungsprogramm**
  - bietet die Möglichkeit, unterschiedlichen Kundenbedürfnissen gerecht zu werden,
  - streut das Risiko bei einem Nachfrageausfall,
  - erleichtert Kapazitätsanpassungen bei saisonalen Nachfrageschwankungen,
    Beispiele *Präparate gegen Kopfschmerzen im Sommer und Grippepräparate im Winter*
  - führt unter Umständen zu erheblichen Zusatzgewinnen durch einen lukrativen Nachmarkt,
    Beispiel *Druckerpatronen für die gefertigten Drucker*
  - senkt die anteiligen Vertriebskosten, wenn das Programm die gleiche Zielgruppe anspricht,
    Beispiele *Waschmaschinen, Trockner, Staubsauger u. a. von einer Marke über den Handel für die Hausfrau/den Hausmann*
  - fördert die bessere Ausnutzung des auf dem Markt geschaffenen Imagepotenzials.
    Beispiel *Neben Bekleidung von Boss auch Parfum von Boss*

Fertigungstiefe

Die **Fertigungstiefe** beinhaltet die Anzahl der Fertigungsstufen, die ein Produkt im eigenen Unternehmen durchläuft. Sie hängt zusammen mit dem Verhältnis zwischen **Eigenfertigung und Fremdbezug** (vgl. S. 232) von Teilen und Baugruppen. Werden Letztere größtenteils selbst hergestellt, bedeutet dies eine hohe Fertigungstiefe.

Beispiel *Eigenfertigung gepolsterter Armlehnen aus Holz in mehreren Fertigungsstufen (hohe Fertigungstiefe). Die Armlehnen könnten auch komplett von einem Hersteller bezogen und in der Bürodesign GmbH nur noch montiert werden.*

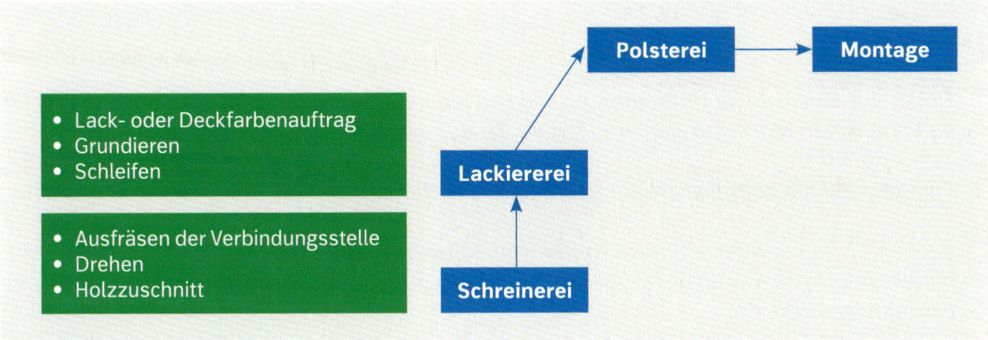

Die Wahl der Fertigungstiefe und damit von Eigenfertigung oder Fremdbezug ist eine **strategische Grundentscheidung**. Sie kann lauten:

Was wir selbst machen können, machen wir auch selbst.

Diese Entscheidung beinhaltet ein Streben nach Unabhängigkeit, Sicherheit und Qualitätsautonomie.

oder

Wir machen nur das, was wir am besten können.

Durch eine „schlanke“ Produktion möchte man mit einem geringen Investitionsaufwand eine hohe Produktivität und Flexibilität erreichen.

Je breiter und tiefer das Fertigungsprogramm und je höher der Anteil der Auftragsfertigung, umso anspruchsvoller ist die Planung der Fertigung, z. B. die Ermittlung von Durchlaufzeiten und damit Fertigungsterminen. Es werden flexible Arbeitskräfte und Maschinen benötigt, die sehr viele unterschiedliche Bearbeitungen vornehmen können. Die Anordnung der Maschinen muss so erfolgen, dass die Reihenfolge im Fertigungsdurchlauf verändert werden kann.

Zusammenfassung: Das Fertigungsprogramm planen

Fertigungsprogramm

Erzeugnisse, die das Unternehmen in einer bestimmten Zeiteinheit für sich und für den Absatz fertigen möchte

Fertigungsprogrammbreite

Je größer die Anzahl der verschiedenen Produkte und ihrer Ausführungen, die ein Unternehmen im eigenen Hause herstellt, umso breiter ist das Fertigungsprogramm.

Fertigungstiefe

Anzahl der Fertigungsstufen, die ein Produkt im eigenen Unternehmen durchläuft; je höher der Anteil der Eigenfertigung, umso tiefer ist das Fertigungsprogramm.

Eigenfertigung

- verringert die Abhängigkeit
- garantiert die gewünschte Qualität

Fremdbezug

- erleichtert die Spezialisierung
- verringert den Investitionsbedarf

Aufgaben

1 *Finden Sie Beispiele für Unternehmen, die entweder überwiegend auftragsbezogen oder für den anonymen Markt fertigen, und gehen Sie auf mögliche Gründe hierfür ein.*

2 *Erläutern Sie die Begriffe Fertigungsbreite und Fertigungstiefe.*

3 *Suchen Sie je ein Beispiel für bekannte Hersteller oder Unternehmen in Ihrer Umgebung, die ein breites bzw. enges Fertigungsprogramm aufweisen sowie ein tiefes bzw. flaches Fertigungsprogramm.*

4 *Informieren Sie sich mithilfe einer Suchmaschine und den Suchbegriffen „Fertigungstiefe Automobilindustrie" im Internet über aktuelle Entwicklungen und Zahlen bei der Fertigungstiefe und fassen Sie zwei unterschiedliche Quellen kurz schriftlich zusammen.*

5 *Diskutieren Sie in Kleingruppen Folgen einer sinkenden Fertigungstiefe für Unternehmen und Gesamtwirtschaft und fassen Sie die Diskussion anschließend für die Klasse zusammen.*

2.1.2 Die Kapazität planen

„Tja, Renate", sagt Herr Stam zur Auszubildenden Renate Becker, *„das war wohl ein wenig voreilig."* Renate hatte einen Auftrag für die Bürodesign GmbH telefonisch angenommen. *„5000 Stück in drei Wochen, das können wir nicht schaffen, da reicht unsere Kapazität nicht aus!" „Wenn wir den Arbeitern Zulagen zahlen, die Maschinen auf Volldampf laufen lassen und alles ein bisschen beschleunigen, dann müsste das doch klappen. Stellen Sie sich doch mal vor, was wir verdienen." „Aber Mädchen"*, ruft Herr Stam aus, *„Sie sind doch Kauffrau! Denken Sie doch mal an die zusätzlichen Kosten. Das rechnet sich doch nicht! Und was die Schnelligkeit betrifft: Irgendwann ist die Grenze erreicht. Also rufen Sie den Kunden an und sagen Sie ihm, dass wir in den drei Wochen nur 2000 Stück liefern können!" „Was der nur hat"*, denkt Renate.

Arbeitsaufträge
- ***Sammeln Sie betriebswirtschaftliche Gründe, warum ein Unternehmen nicht immer unvorhersehbare Aufträge annehmen kann.***
- ***Erläutern Sie Maximal- und Optimalkapazität.***

Die Leistungsfähigkeit eines Betriebes hängt davon ab, inwieweit es ihm gelingt, die betrieblichen Produktionsfaktoren optimal zu kombinieren. Um die Leistungsfähigkeit zu ermitteln, muss die maximale Produktionsmenge herausgefunden werden, die der Betrieb in einem bestimmten Zeitabschnitt herstellen kann. Die so ermittelte Zahl wird als **Kapazität** bezeichnet. Sie wird üblicherweise in Produktionseinheiten wie Stück, Gewicht, Länge usw. angegeben.

Beispiel *Pressenotiz der Automobil AG: Die Kapazität unserer neuen Fertigungsstätte beträgt jetzt 10000 Fahrzeuge pro Monat, pro Woche sind dies 2500 Stück. Tag für Tag können 500 Fahrzeuge unser neues Werk verlassen!*

Die Kapazität kann sowohl für den Gesamtbetrieb als auch für einen einzelnen Funktionsbereich, für einzelne Abteilungen, Maschinen oder Mitarbeiter angegeben werden.

Vor Fertigungsbeginn muss sichergestellt werden, dass die für das geplante Fertigungsprogramm benötigten Arbeitskräfte in ausreichender Zahl und Qualifikation bereitstehen. Auch die Betriebsmittel müssen die erforderlichen Kapazitäten aufweisen. Für die Berechnung des Materialbedarfs sorgt der Einkauf.

■ Arbeitskräftebedarf

Der **Absatz** gibt die geplante Absatzmenge für einen bestimmten Zeitraum vor. Die für die Herstellung benötigten Arbeitszeiten lassen sich dem jeweiligen **Arbeitsplan** entnehmen. Aus beiden Werten wird die insgesamt benötigte Arbeitszeit ermittelt. Aus der Summe der ermittelten Arbeitsstunden stellt die **Personalabteilung** mithilfe der **Personalplanung** den Personalbedarf fest.

Beispiel *Die Absatzabteilung hält aufgrund intensiver Marktforschung im Bereich orthopädische Bürostühle für den Stuhl „Convenience“ eine Absatzzahl von 5000 Stühlen pro Jahr für realistisch. Für einen Stuhl muss lt. Arbeitsplan eine Herstellungszeit von 1,5 Stunden gerechnet werden. Für die Herstellung der 5000 Stühle sind also 7500 Arbeitsstunden pro Jahr anzusetzen. Nach den Erfahrungen der Personalabteilung leistet ein Arbeiter pro Jahr (Urlaub, Krankheit und Feiertage abgerechnet) durchschnittlich 1 500 Stunden. Es werden fünf Arbeiter benötigt.*

■ Betriebsmittelbedarf

Die Planung des Maschinenparks ist meist langfristiger Natur. Sie muss mit verschiedenen Abteilungen abgestimmt werden.

Beispiel *Wird zur Produktion eine neue Maschine benötigt, so muss im Rechnungswesen nachgefragt werden, ob die Mittel hierfür vorhanden sind. Im Rechnungswesen wird man wissen wollen, ob sich die Anschaffung lohnt. Hierzu wird die Abteilung Produktion nachweisen müssen, dass die Maschine notwendig ist, um die vom Absatz gewünschte Menge herzustellen. Von der Abteilung Absatz wird das Rechnungswesen wissen wollen, ob sich die gewünschte Menge überhaupt verkaufen lässt. Erst wenn dies geklärt ist, werden konkretere Beschaffungsaktivitäten eingeleitet.*

Das Ergebnis dieser Abstimmungsaktivitäten steht im **Investitionsplan** (vgl. S. 19). Hier wird festgeschrieben, wie viele Maschinen beschafft werden müssen. Im Rahmen der Fertigungsplanung wird festgestellt, ob sich die gewünschten Mengen mit den vorhandenen Maschinen herstellen lassen, anders ausgedrückt, ob die **Maschinenkapazität** ausreicht. →Bd. 2

■ Maximalkapazität

Natürlich lassen sich diese Kapazitäten nur erreichen, wenn alle Beteiligten sich ausschließlich über die gesamte Zeit hinweg (also zu 100 %) auf ihre Arbeit konzentrieren und ohne Stillstand und Pausen die maximale Leistung bringen. Deshalb heißt diese Kapazität auch **(technische) Maximalkapazität.** Sie wird gleich 100 % gesetzt.

Diese Maximalkapazität lässt sich allerdings in der Praxis nicht realisieren. Jeder Mitarbeiter benötigt eine Pause und Maschinen werden nicht dauernd auf Hochtouren gefahren. Ganz abgesehen davon, dass die maximale Nutzung von Maschinen viel Energie verbraucht, also teuer und umweltschädlich ist, und den Verschleiß erhöht, entstehen immer wieder Zeitverluste durch Reparatur- und Wartungszeiten, beim Personal durch Krankheit und Urlaub.

Beispiele *Pressenotiz der Automobil AG: In den letzten beiden Monaten konnten wir die Kapazität unseres neuen Werkes zu 80 % auslasten. Die Zahl der produzierten Autos betrug jeweils 8000 Stück pro Monat.*

Optimalkapazität (Normalkapazität)

In der Praxis wird die Kapazität über einen längeren Zeitraum hinweg nicht mehr als 70% bis 80% der Maximalkapazität erreichen. Dies ist die **wirtschaftliche (optimale) Kapazität.** Sie entspricht dem Punkt, an dem die Kosten je Leistungseinheit oder der Verbrauch an Energie und Rohstoffen am geringsten sind. Daher heißt sie auch **Optimalkapazität (Normalkapazität).**

Bei der Optimalkapazität sind die Betriebsmittel und die Mitarbeiter in einem ausgewogenen Maße belastet. So sind die Ausschussmengen und Fehler durch Überbelastung der Arbeitskräfte gering. Ferner werden die Maschinen nicht überstrapaziert, sodass mit einer relativ geringen Abnutzung gerechnet werden kann.

Beispiel *Die neu beschaffte Lackiermaschine der Bürodesign GmbH kann monatlich maximal 10000 Stück Regalsysteme lackieren, dies entspricht einer Kapazität von 100%. Bei dieser Maximalbelastung beträgt die anteilige Abschreibung 8000,00 € und die Wartungs- und Reparaturkosten betragen 4900,00 €. Bis zu einer Auslastung von 50%, also bei 5000 Stück, beträgt die anteilige Abschreibung lediglich 5000,00 €. Die Wartung wird mit pauschal 1000,00 € angesetzt. Für die einzelnen Auslastungen hat die Bürodesign GmbH die folgende digitale Aufstellung erstellt:*

Anzahl der lackierten Regale pro Monat in Stück	Kapazitäts-auslastung in %	Kosten pro Monat für Abschreibung und Reparaturen in €	Stückkosten in €
1000	10	6000,00	6,00
2000	20	6000,00	3,00
3000	30	6000,00	2,00
4000	40	6000,00	1,50
5000	50	6000,00	1,20
6000	60	6500,00	1,08
7000	70	7200,00	1,03
8000	**80**	**8000,00**	**1,00**
9000	90	10500,00	1,17
10000	100	12900,00	1,29

Die Auswertung dieser Zahlen zeigt, dass die Stückkosten ab einem Kapazitätsgrad von 80% ansteigen. Dies liegt daran, dass durch die stärkere Beanspruchung der Maschine die Abschreibungs- sowie die Wartungs- und Reparaturkosten höher sind als bei einer geringeren Auslastung. Die geringsten Stückkosten werden bei einer Kapazität von 80% erreicht. Die Bürodesign GmbH wird versuchen, diese Auslastung der Anlage zu erreichen. Dies ist die wirtschaftliche Kapazität (Optimalkapazität).

Kapazitätsauslastung

Beispiel *Ein Zulieferer der Bürodesign GmbH, die Abels, Wirtz & Co. KG, kann in einem Monat 120000 Scharniere herstellen. Im abgelaufenen Monat konnten nur 90000 Scharniere abgesetzt werden und für den kommenden Monat liegen Aufträge über lediglich 60000 Scharniere vor.*
Die Maximalkapazität beträgt 120000 Scharniere = 100% (Maximalkapazität).
Die Kapazitätsauslastung des abgelaufenen Monats betrug 90000 Scharniere = 75%.
Die Kapazitätsauslastung des kommenden Monats beträgt 60000 Scharniere = 50%.

Die **Kapazitätsauslastung** gibt an, in welchem Ausmaß die im Betrieb verfügbare Kapazität in Anspruch genommen wird. Sie errechnet sich nach folgender Formel:

$$\textbf{Kapazitätsauslastungsgrad} = \frac{\text{Ist-Leistung}}{\text{Maximalkapazität}} \qquad \textbf{\textit{Beispiel}} \quad \frac{\textit{90000 Scharniere}}{\textit{120000 Scharniere}} = \textit{75\%}$$

Das Ergebnis wird auch als **Beschäftigungsgrad** bezeichnet, weil es darüber informiert, in welchem Ausmaß die einzelnen Produktionsfaktoren beansprucht werden. Der Beschäftigungsgrad sollte sich an der wirtschaftlichen Kapazität orientieren.

Zusammenfassung: Die Kapazität planen

- **Kapazität** bezeichnet die **Leistungsfähigkeit** eines Betriebes.
- **Maximalkapazität** heißt die höchstmögliche Leistung eines Betriebes, sie wird bei allen Berechnungen mit 100 % angesetzt.
- **Optimale oder wirtschaftliche Kapazität** heißt die Leistung eines Betriebes, bei der die Produktionsfaktoren am kostengünstigsten kombiniert werden können. Daher muss die Unternehmensleitung versuchen, die Optimalkapazität zu erreichen.
- **Kapazitätsauslastung / Beschäftigungsgrad** gibt an, welche Leistung in einem Zeitraum erreicht wurde. Sie gibt das Verhältnis von Ist-Leistung zur Maximalleistung an.

Aufgaben

1 *Unterscheiden Sie maximale und normale Kapazität.*

2 *Erläutern Sie, welche Probleme sich für einen Betrieb ergeben, wenn er ständig bei allen Produktionsfaktoren maximale Kapazitätsauslastung fordert.*

3 *Erläutern Sie, inwieweit Entscheidungen im Marketing die Kapazitätsauslastung eines Betriebes beeinflussen.*

4 *Die Bürodesign GmbH kann pro Monat höchstens 12000 Regale „Volumen“ herstellen. Dazu müssen die Maschinen 320 Stunden laufen, die Arbeiter ebenso lange arbeiten. Die durchschnittliche Auslastung beträgt 75 %. Im abgelaufenen Monat ging der Beschäftigungsgrad auf 60 % zurück.*
Die Kosten- und Ertragssituation ist wie folgt: Die Material- und Arbeitskosten (variable Kosten) je Stück betragen 15,00 €, die restlichen (fixen) Kosten 60000,00 €. Der Verkaufspreis muss aus Konkurrenzgründen 25,00 € betragen.
a) Ermitteln Sie die Gesamtkosten für beide Kapazitätsauslastungsgrade.
b) Errechnen Sie jeweils die Stückkosten für beide Beschäftigungsgrade.
c) Welcher Stückgewinn errechnet sich bei Maximalkapazität?
d) Finden Sie durch entsprechende Berechnungen heraus, welche Auswirkungen der Kapazitätsrückgang auf den Gewinn hat.
e) Erklären Sie die Ursachen der Erfolgsentwicklung.

2.2 Fertigungsverfahren strukturieren und beurteilen

„Eine Produktionsstätte hatte ich mir ganz anders vorgestellt“, sagt Renate Becker zum Produktionsleiter Müller. *„Und wie?“*, fragt er. *„Tja, wenn Sie mich so fragen; hier steht ja alles herum. Die Stühle hier, die Bretter, die Schrauben, die Schreibtische, die Maschinen, die Werkzeuge, die vielen Leute. Wo sind denn die Roboter und wo ist das Fließband?“ „Nein“*, belehrt sie Herr Müller, *„so geht das hier nicht. Es gibt auch noch andere Möglichkeiten, um den Ablauf der Fertigung zu gestalten.“ „Da bin ich aber gespannt“*, meint Renate.

Arbeitsaufträge
- ***Skizzieren Sie verschiedene Möglichkeiten der Organisation der Fertigung.***
- ***Unterscheiden Sie die Fertigungsverfahren nach der Produktionstechnik.***

Fertigungsverfahren nach der Menge gleichartiger Erzeugnisse

Bei diesen Fertigungsverfahren wird unterschieden, wie viele gleichartige Erzeugnisse produziert werden, bevor die Maschinen für die Produktion eines anderen Erzeugnisses umgerüstet werden. Die beiden grundsätzlichen Möglichkeiten sind hier die Einzel- und die Mehrfachfertigung.

Einzelfertigung

Hier wird nur ein Erzeugnis in **einer** Ausführung hergestellt.

Beispiel *Die Bürodesign GmbH stellt auf Wunsch eines Kunden eine Konferenzgruppe (Tisch und zwölf Stühle) im Stil einer mittelalterlichen Rittertafel her.*

Da immer nur ein Erzeugnis hergestellt wird, muss der komplette Fertigungsprozess jedes Mal von Neuem geplant werden. Weil es sich hierbei um komplizierte und kostenintensive Erzeugnisse handelt, erfolgt die Fertigung meist auf Bestellung. Sie ist i. d. R. eine **Auftragsfertigung** und richtet sich streng nach den Wünschen des Kunden.

Mehrfachfertigung

Mehrfachfertigung wird nicht auf Bestellung, sondern auf Vorrat durchgeführt und erfolgt auf Lager. Nach Menge und Gleichartigkeit der Produkte werden Serien-, Sorten- und Massenfertigung unterschieden.

- **Serienfertigung:** Hier werden **gleichartige** Erzeugnisse in **begrenzter** Stückzahl hergestellt. Wie groß die jeweilige Stückzahl ist, hängt von den Absatzmöglichkeiten, den Kosten der Produktion und von den Kosten der Lagerhaltung ab. Da nur in begrenzten Stückzahlen produziert wird, ist es möglich, auf individuelle Kundenwünsche einzugehen.

  Beispiel *Die Bürodesign GmbH stellt die Empfangstheke „Counter 2000" nur in einer Stückzahl von 250 Stück pro Jahr her. Im Rahmen dieser Ausbringungsmenge kann mit drei Ausstattungsvarianten auf die diversen Kundenwünsche eingegangen werden.*

- **Sortenfertigung:** Hier werden aus dem **gleichen Grundstoff verschiedene Ausführungen des gleichen Erzeugnisses** hergestellt. Dabei unterscheiden sich die Erzeugnisse lediglich in der Güte, in der Farbe, der Form oder Größe.

  Beispiel *Die Bürodesign GmbH liefert den Konferenztisch „Logo" mit Tischplatten unterschiedlicher Stärken aus. Auf Wunsch werden die Platten mit Eschen-, Birken- oder Eichenfurnier belegt.*

Wenn von einer Sorte zur anderen gewechselt wird, sind nur kleinere Umrüstarbeiten an den Maschinen erforderlich. Es fallen keine größeren Rüstkosten und Rüstzeiten an.

- **Massenfertigung:** Hiervon spricht man, wenn **gleiche Erzeugnisse** in **großen Mengen** auf Lager hergestellt werden. Massenfertigung ist ausschließlich **Marktfertigung.** Durch Marketingmaßnahmen versucht der Betrieb, diese Produktionsmengen auf dem Markt abzusetzen. Um diese großen Mengen zu produzieren, sind hohe Investitionen notwendig. Dafür können die Lohnkosten durch den Einsatz ungelernter und angelernter Arbeiter niedrig gehalten werden. Wird diese Art der Fertigung bei großer Stückzahl z. B. mit der Fließbandfertigung kombiniert, so lässt sich der Fertigungsablauf optimieren. Gelingt es, durch Steigerung der Ausbringungsmenge die Anlagen weitgehend auszulasten, so lassen sich die Kosten je Erzeugniseinheit durch die Verteilung der fixen Kosten auf die Menge minimieren. Deshalb spricht man in diesem Zusammenhang auch vom **Gesetz der Massenproduktion** oder von der **Fixkostendegression.**

  Beispiel *Ein Zulieferer der Bürodesign GmbH fertigt Stapelstühle. Hierfür hat er Spezialmaschinen für 20000000,00 € angeschafft. Eine derartige Maschine lässt sich erfahrungsgemäß fünf Jahre lang nutzen; danach ist sie abgenutzt und kann nicht mehr in der Produktion eingesetzt werden. Pro Jahr kann der Zulieferer 1000000 Stühle fertigen. Für jeden Stuhl entstehen Materialkosten von 16,00 €; die*

Lohnkosten betragen bei 18 Arbeitsminuten 20,00 €. Wird jetzt kein einziger Stuhl hergestellt, so entstehen keine Material- und Lohnkosten; die Abschreibungen in Höhe von 4000000,00 € pro Jahr laufen – unabhängig von der Beschäftigung – weiter. Die Stückkosten entwickeln sich bei steigender Ausbringungsmenge wie folgt:

Ausbringungsmenge insgesamt in Stück	Variable Kosten je Stück (Material- und Lohnkosten) in €	Fixe Kosten pro Stück (Abschreibungen) in €	Stückkosten insgesamt in €
1	36,00	4000000,00	4000036,00
10	36,00	400000,00	400036,00
100	36,00	40000,00	40036,00
1000	36,00	4000,00	4036,00
10000	36,00	400,00	436,00
100000	36,00	40,00	76,00
1000000	36,00	4,00	40,00

***Je größer die Ausbringungsmenge ist, desto niedriger sind die Stückkosten je Stuhl.** Die variablen Kosten je Stuhl bleiben dabei unverändert. Dahingegen sinken die fixen Kosten je Stuhl. Dies liegt daran, dass die fixen Kosten (Abschreibungen) durch eine immer größer werdende Ausbringungsmenge dividiert werden müssen. Um diesen Effekt zu erzielen, ist jeder Betrieb bestrebt, möglichst große Mengen zu produzieren.*

Fertigungsverfahren nach der Anordnung der Betriebsmittel

Bei Entscheidungen im Produktionsbereich muss darauf geachtet werden, die **Transportwege** vom Fertigungsbeginn bis zum Fertigungsende so kurz wie möglich zu halten sowie die **Transportzeiten** zu minimieren. So lassen sich auch die **Durchlaufzeit** der Werkstoffe durch die Fertigung und damit die **Kosten** minimieren. Je länger und komplizierter der Weg ist, den ein Produkt bis zur Fertigstellung durchlaufen muss, umso schwieriger ist auch die Fertigungssteuerung.

Anordnung nach dem Verrichtungsprinzip

Werkstättenfertigung

Die einzelnen Werkstücke **durchlaufen mehrere** Werkstätten. In jeder Werkstatt sind die Maschinen zusammengefasst, die zur Erledigung gleichartiger Arbeitsvorgänge benötigt werden. Das Werkstück durchläuft entsprechend dem Arbeitsplan verschiedene Werkstätten.

***Beispiel** Hier ist ein Ausschnitt der Herstellung des Regals „Wikinger" dargestellt. Es existieren vier Werkstätten. Die Herstellung der Regalbretter nach Arbeitsplan umfasst folgende Arbeitsschritte:*

Arbeitsplan
① *Bretter **sägen***
② ***Bohren** von je vier Schraublöchern je Brett*
③ *1. **Lackierung***
④ ***Schleifen** der Bretter*
⑤ *2. **Lackierung***
⑥ *Ecken rund**sägen***
⑦ ***Lackieren** der Schnittstellen*

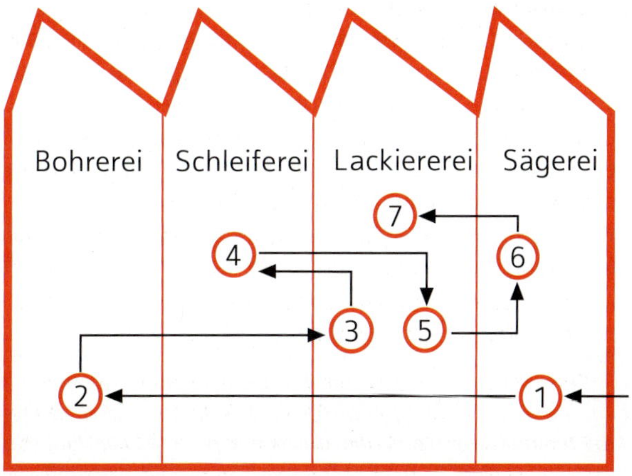

Diese Form der Anordnung ermöglicht die Fertigung unterschiedlicher Produkte. Der Betrieb kann sich also schnell auf die unterschiedlichen Wünsche der Kunden einstellen.

Beispiel *Wünscht der Kunde unbehandelte, also nicht lackierte Hölzer, so lässt die Bürodesign GmbH einfach die Lackiervorgänge Nr. ③, ⑤ und ⑦ weg. Wenn der Kunde Wert auf eckige Holzkanten legt, so wird auf den Bearbeitungsgang Nr. ⑥ (rundsägen) verzichtet. Es wird lediglich der **Arbeitsplan** verändert.*

Die Werkstättenfertigung bringt dem Betrieb eine Reihe von Vor- und Nachteilen:

Vorteile (Beispiele)	Nachteile (Beispiele)
• Er kann vielseitig zu verwendende **Universalmaschinen** einsetzen. • Er kann bei **Ausfall einer Maschine auf andere ausweichen**, ohne dass der Ablauf nennenswert gestört wird. • Er kann **verschiedene Produkte** mit völlig **unterschiedlichen Arbeitsfolgen** (verschiedenen Arbeitsplänen) fertigen. • Er kann sich mit seinem Fertigungsprogramm **schnell den Marktveränderungen anpassen.**	• Die **Anordnung der Maschinen** in unterschiedlichen Werkstätten **führt zu langen Transportzeiten**, ggf. zu Warte- oder Lagerzeiten. • Dies und der Einsatz von Universalmaschinen bedingt **lange Durchlaufzeiten**. • Durch das **Umbauen der Maschinen** kommt es zu weiteren Verzögerungen. • Die Arbeitskräfte müssen gut ausgebildet sein. In der Regel werden **Facharbeiter** beschäftigt, die hohe Personalkosten verursachen.

Bei der Werkstättenfertigung hat die **Fertigungsplanung** einen hohen Stellenwert. Jeder Auftrag ist sowohl räumlich als auch zeitlich in die bestehende Planung einzuarbeiten. Zusätzlich muss die Maschinenbelegung überwacht und gesteuert werden, damit eine möglichst optimale Auslastung der Kapazität (vgl. S. 344) erreicht wird.

Anordnung nach dem Flussprinzip in der Fließfertigung

Hier sind die Arbeitsplätze in der **Reihenfolge der anfallenden Arbeitsgänge entsprechend dem Arbeitsplan** angeordnet. Demnach gibt es also **mehrere Arbeitsplätze**, an denen die **gleichen Arbeiten** erledigt werden.

Reihenfertigung

Die Betriebsmittel sind in einer Reihe angeordnet, die dem im Arbeitsplan festgelegten Fertigungsablauf entspricht. Im Gegensatz zur Fließbandfertigung kann hier noch relativ **flexibel auf spezielle Kundenwünsche** eingegangen und durch Änderung des Arbeitsplans können Arbeitsschritte weggelassen oder hinzugefügt werden. Dadurch kommt es zu Zwischenlagerungen und Wartezeiten im Fertigungsablauf. Die im Arbeitsplan festgelegten Arbeitsschritte werden, wie in der Werkstättenfertigung, nicht weiter untergliedert. Deshalb müssen in der Reihenfertigung höher qualifizierte Arbeitskräfte als in der Fließbandfertigung eingesetzt werden. Die Reihenfertigung gelangt zur Anwendung, wenn eine große Stückzahl produziert werden soll und eine exakte zeitliche Abstimmung der einzelnen Arbeitsschritte wegen der unterschiedlichen Erzeugnisse nicht möglich ist.

Beispiel *Die Bürodesign GmbH registriert in letzter Zeit eine zunehmende Nachfrage nach unbehandelten Büromöbeln. So wollen immer mehr Kunden das Regal „Wikinger“ aus unbehandeltem Holz erwerben. Daher entschließt sich die Bürodesign GmbH, diesem Kundenwunsch durch Änderungen des Arbeitsplans zu entsprechen, und fertigt jetzt zwei Varianten des Regals „Wikinger“ nach zwei Arbeitsplänen.*

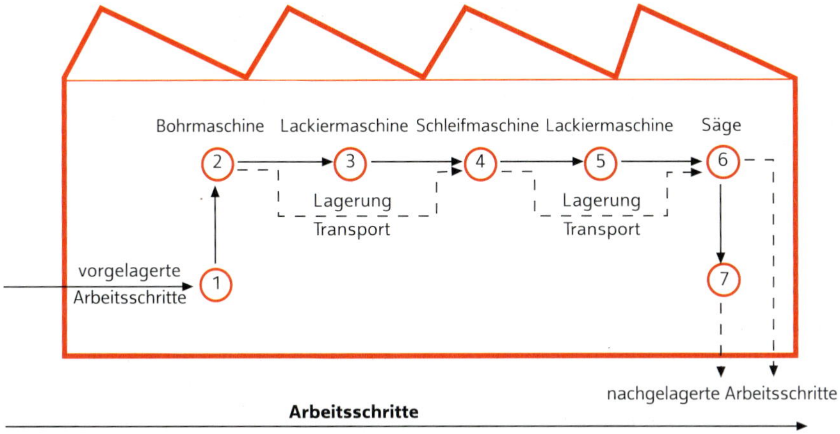

Die Reihenfertigung versucht, die Vorteile der Fließfertigung mit einer Anpassung der Produkte an Kundenwünsche zu kombinieren. Für den Betrieb bedeutet dies:

Vorteile	Nachteile
Gegenüber Fließbandfertigung: • Er kann begrenzt **verschiedene Produkte mit unterschiedlichen Arbeitsfolgen** (Änderung der Arbeitspläne) fertigen. • Er kann sich mit seinem Fertigungsprogramm **stärker** den **Marktveränderungen anpassen**. **Gegenüber Werkstättenfertigung:** • Es liegt eine **gleichbleibende Tätigkeit** auf allen Arbeitsplätzen mit kurzen Anlernzeiten vor. • Hierdurch niedrige Lohntarife und geringer Ausschuss (**niedrige Stückkosten**) • Es werden die **Transportwege und -zeiten verkürzt**. • Der Arbeitsaufwand der Fertigungsplanung wird reduziert. • Der Fertigungsablauf ist **überschaubar** und **einfach zu steuern und zu kontrollieren**.	**Gegenüber Werkstättenfertigung:** • Er muss **teure Spezialmaschinen** anschaffen (**hoher Kapitalbedarf**). • Anpassung an Mehrbedarf oder Marktveränderungen **nur mit großem Aufwand**. • Die Arbeitskräfte müssen **eintönige Arbeiten** erledigen. **Gegenüber Fließbandfertigung:** • Durch die **Einrichtung von Zwischenlägern** wird die Durchlaufzeit verlängert und die Fertigung verteuert. • Eine **Massenproduktion** zu günstigen Kosten ist **nicht möglich**.

Anmerkung: Die Vor- und Nachteile dieser sowie der folgenden Fertigungsverfahren hängen stark davon ab, mit welchem Verfahren jeweils verglichen wird.

Fließbandfertigung

Die Fließbandfertigung ist eine rationelle Art der Fertigung. Es handelt sich hierbei um eine erweiterte Fließfertigung. Die zu bearbeitenden Werkstücke werden auf festen Fördereinrichtungen, den **Fließbändern**, transportiert und bewegen sich von Arbeitsplatz zu Arbeitsplatz.

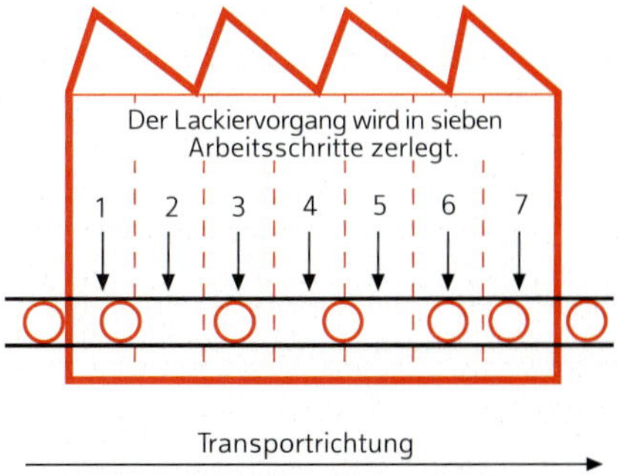

Bezeichnend für die Fließbandfertigung ist, dass die einzelnen Arbeiten bis **in kleinste Handgriffe zerlegt** und auf **mehrere Arbeitskräfte aufgeteilt** werden. Dadurch bleiben für die einzelnen Arbeitskräfte nur wenige Handgriffe übrig, die immer wiederholt werden müssen.

Beispiel *Der Arbeitsvorgang **Lackieren** wird in sieben Teilschritte zerlegt. Das Regalbrett bewegt sich auf dem Fließband von Arbeitsplatz zu Arbeitsplatz. Am Arbeitsplatz 1 wird die Vorderseite des Regalbrettes gespritzt, am Platz 2 die Rückseite, an den Plätzen 3 und 4 die jeweiligen Längs- und an den Plätzen 5 und 6 die Ober- und Unterkanten.*

Das Regalbrett wird am Arbeitsplatz 7 durch ein Gebläse getrocknet. Zur Erledigung dieser sieben Arbeitsschritte werden auch sieben gewerbliche Mitarbeiter benötigt.

Die Fließbandfertigung verlängert die Liste der Vor- und Nachteile gegenüber der Reihenfertigung.

Vorteile	Nachteile
• Arbeitskräfte erreichen einen sehr **hohen Spezialisierungsgrad** für diese Tätigkeiten. • **kein Facharbeitereinsatz notwendig**, dadurch Kosteneinsparungen • **Verkürzung der Transportwege und -zeiten** • keine Zwischenlager (gegenüber Reihenfertigung)	• Für die Arbeitskräfte bedeutet Fließbandarbeit sehr **monotone Arbeit**. • Verlust von Know-how, da der Bedarf an Facharbeitern zurückgeht • Zunahme von Fehlzeiten und Krankenstand durch **mangelnde Motivation**

Taktfertigung

Eine **weitere Verkürzung der Durchlaufzeit und der Transportwege** lässt sich erreichen, wenn für alle Stationen der Fertigung die Bearbeitungszeit fest vorgeplant und abgestimmt wird. Dies ist die **Taktzeit.** Das Problem besteht in der Zerlegung der Arbeitsschritte in zeitgleiche Einheiten, die nacheinander durchgeführt werden können. Bei diesen Arbeitsschritten handelt es sich um einfachste Verrichtungen, die in kürzester Zeit erlernt werden können und in festen zeitlichen Abständen immer wieder wiederholt werden müssen.

Beispiel *Beim Lackieren der Regale beträgt die Taktzeit pro Arbeitsschritt 10 Sekunden. Die einzelnen Lackiervorgänge müssen in zeitgleiche Arbeitsschritte zerlegt werden. Zur Erledigung des gesamten* ***Lackiervorgangs*** *wird eine Zeit von 70 Sekunden benötigt. Alle 10 Sekunden bewegt sich das Regalbrett auf dem Fließband zum nächsten Arbeitsplatz.*

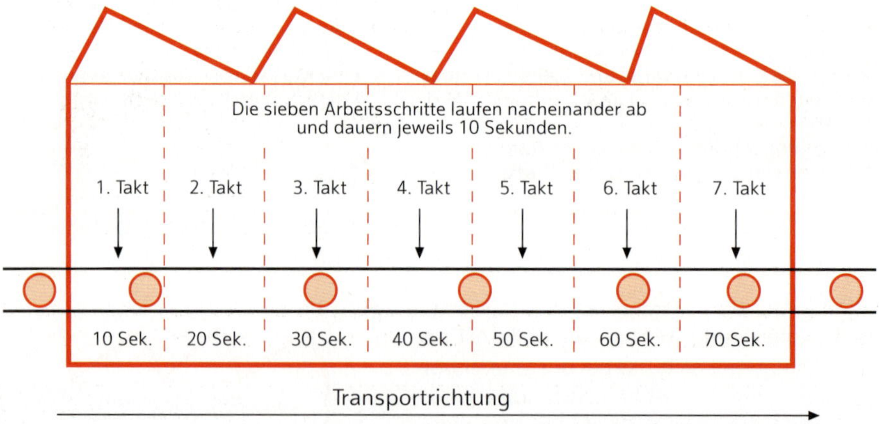

Die Taktfertigung setzt eine genaue Berechnung der Bearbeitungszeit und der Durchlaufgeschwindigkeit voraus. Sie stellt die unflexibelste Form der Fließfertigung dar. Sie ergänzt die Liste der Vor- und Nachteile der Fließfertigung um folgende Punkte:

Vorteile	Nachteile
• Es gibt **keine Zeitpuffer** mehr. • Die Arbeiter lassen sich **mit minimalem Zeitaufwand** anlernen und sind austauschbar. • Die **Durchlaufgeschwindigkeit** ist am höchsten. • Die **zeitabhängigen Kosten** sinken.	• Die Umstellung auf andere Arbeitsschritte ist **extrem umständlich und aufwendig**. • Lohnt sich aufgrund der hohen Investitionen **nur bei großen Produktionsmengen**. • Die **Mitarbeitermotivation** ist am geringsten.

Gruppenfertigung

Sie ist eine **Kombination aus Fließ- und Werkstättenfertigung.** Die Arbeitsplätze und Maschinen sind z. B. in Werkstätten zusammengefasst (entspricht der Werkstättenfertigung) und diese sind entsprechend dem Arbeitsfluss (entspricht der Fließfertigung) geordnet. In diesem Zusammenhang wird auch von **Fließinseln** gesprochen. Hier übernimmt eine **Gruppe** von Mitarbeitern **genau so viele Funktionen** und **benötigt genau so viele Maschinen**, wie notwendig sind, um ein bestimmtes Werkstück oder Erzeugnis herzustellen.

Beispiel *In der Bürodesign GmbH werden die Schreibtische des Typs „Stardesign" in Gruppenfertigung hergestellt. Hierbei arbeiten zwei Gruppen in zwei Werkstätten. Die Gruppe 1 ist für die Unterkonstruktion der Schreibtische zuständig, die Gruppe 2 ist für die Herstellung der unterschiedlichen Tischplatten verantwortlich.*

In der Werkstatt 1 wird entsprechend dem Arbeitsplan der komplette Unterbau hergestellt. Alle notwendigen Maschinen und Facharbeiter hierzu sind vorhanden. Die fertig gestellten Unterkonstruktionen werden in die Werkstatt 2 transportiert, wo die Platte produziert und mit der Unterkonstruktion verbunden wird. Auch hier stehen die entsprechenden Maschinen und Facharbeiter bereit. In beiden Werkstätten kann sofort auf Kundenwünsche reagiert werden. So ist es möglich, unterschiedliche Schubladen- und Schranksysteme in die Unterkonstruktionen einzubauen. Ebenso können in der Werkstatt mehrere Tischplatten aus diversen Materialien in verschiedenartigen Formen hergestellt werden.

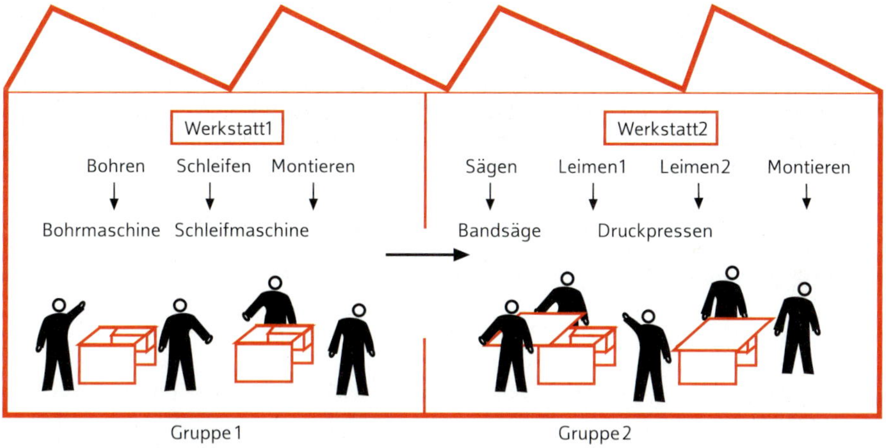

Im Vergleich zu den anderen Formen der Fließfertigung ist die Gruppenfertigung flexibler, im Vergleich zur Werkstättenfertigung zeitsparender. Daneben gibt es weitere Vorteile:

Vorteile gegenüber der Werkstättenfertigung	Vorteile gegenüber anderen Formen der Fließfertigung
• Der Nachteil der Werkstättenfertigung, nämlich **lange Transportwege**, wird hier durch Zusammenstellen verschiedener Maschinen **vermieden**. • Die kostspieligen **Zwischenlager fallen** größtenteils **fort**. • Die Anordnung der Arbeitsplätze und Maschinen orientiert sich am Arbeitsfluss gemäß dem Arbeitsplan, dadurch ist ein **schnellerer Fertigungsdurchlauf** gewährleistet.	• **Teamfähigkeit** und **Kooperationsbereitschaft** werden gefördert. • **hohe Motivation der Arbeitskräfte**, weil ein komplettes Werkstück hergestellt wird • **Anpassung** an veränderte Marktnachfrage **ohne große zeitliche Verzögerung** • Mitarbeiter lernen, **verschiedenartige Arbeiten** in ihrer Gruppe **zu übernehmen**, und sind flexibel einsetzbar.

Fertigungsverfahren nach der Produktionstechnik

Hier werden die Verfahren nach dem Grad der Beteiligung menschlicher Arbeitskraft unterschieden.

- **Manuelle Fertigung:** Bei diesem Fertigungsverfahren werden die Arbeiten ausnahmslos von Hand durchgeführt. Die menschliche Arbeitsleistung wird durch Werkzeuge und Handmaschinen (Bohrmaschine usw.) erleichtert. Handarbeit ist dort zu finden, wo hoch qualifizierte Tätigkeiten mit hoher Geschicklichkeit bzw. Kunstfertigkeit erforderlich sind.
  Beispiel *In der Bürodesign GmbH führt ein Schreiner Intarsienarbeiten an einem Schreibtisch aus.*

- **Maschinelle Fertigung:** Hier wird die eigentliche Arbeit von der Maschine übernommen, die der Mensch bedient. Der körperliche Arbeitsaufwand im Fertigungsprozess nimmt ab.
  Beispiel *Der gewerbliche Mitarbeiter in der Fertigung bedient eine Langlochbohrmaschine. Er legt lediglich die Kanthölzer in die Maschine, schaltet diese ein und entnimmt nach dem Bohrvorgang die Hölzer. Das Einspannen der Hölzer und das Bohren übernimmt die Maschine.*

- Die **automatisierte digitale Fertigung** regelt und steuert sich über Computerprogramme selbst, ohne dass der Mensch hier noch eingreifen muss.
  Beispiel *Lackierstraße der Bürodesign GmbH*

Zusammenfassung: Fertigungsverfahren strukturieren und beurteilen

Produktionsverfahren nach der Menge gleichartiger Erzeugnisse:

- **Einzelfertigung**: Nur ein Erzeugnis wird in einer Ausführung für einen Kunden hergestellt. Sie ist eine **Auftragsfertigung**.
- **Mehrfachfertigung**: Größere Mengen eines Erzeugnisses werden für einen anonymen Markt hergestellt. Es handelt sich um **Marktfertigung**.
  - **Serienfertigung**: Gleichartige Erzeugnisse werden in begrenzter Stückzahl hergestellt.
  - **Sortenfertigung**: Aus dem gleichen Grundstoff werden verschiedene Ausführungen des gleichen Erzeugnisses hergestellt.
  - **Massenfertigung**: Gleiche Erzeugnisse werden für einen unbestimmten Bedarf auf Lager produziert.

Produktionsverfahren nach der räumlichen Anordnung der Betriebsmittel:

- **Werkstättenfertigung**: Die Erzeugnisse durchlaufen mehrere Werkstätten, in denen jeweils gleichartige Arbeitsvorgänge erledigt werden.
- **Fließfertigung**: Arbeitsplätze und Betriebsmittel sind in der Reihenfolge der anfallenden Arbeitsgänge angeordnet.
- **Reihenfertigung**: Die Betriebsmittel sind in einer dem Fertigungsablauf entsprechenden Reihe hintereinander angeordnet, jedoch ohne zeitliche Abstimmung.
- **Fließbandfertigung**: Es handelt sich um eine erweiterte Fließfertigung. Die zu bearbeitenden Werkstücke werden auf Fließbändern von Arbeitsplatz zu Arbeitsplatz transportiert.
- **Taktgebundene Fließbandfertigung**: Für jeden Arbeitsvorgang wird die jeweilige Bearbeitungszeit fest eingeplant.
- **Gruppenfertigung**: Sie ist eine Kombination aus Fließ- und Werkstättenfertigung.

Produktionsverfahren nach der Produktionstechnik:

- **Manuelle Fertigung**: Alle Arbeiten werden ausnahmslos von Hand durchgeführt.
- **Maschinelle Fertigung**: Die Maschine leistet die eigentliche Arbeit; der Mensch bedient sie lediglich.
- **Automatisierte Fertigung**: Die Maschinen regeln und steuern sich weitgehend ohne Eingriffe des Menschen.

Aufgaben

1 Ordnen Sie folgende Erzeugnisse der Einzel-, Serien-, Sorten- und Massenfertigung zu:
a) Brücken d) Bier g) Schokolade k) Sonderanfertigung eines Schreibtisches
b) Zigaretten e) Flugzeuge h) Spanplatten
c) Anzüge f) Automobile i) Schreibtischunterlagen

2 Begründen Sie in jedem Einzelfall, ob eines der nachfolgenden Erzeugnisse in Reihenfertigung hergestellt werden kann:
a) Fernseher d) Atomkraftwerke
b) Kugelschreiber e) Einbauküchen
c) Zigaretten f) Aktenkoffer

3 Ein holzverarbeitender Betrieb will Spanplatten produzieren. Welches Fertigungsverfahren schlagen Sie vor? Begründen Sie Ihre Entscheidung.

4 Die Bürodesign GmbH möchte die Herstellung des Regalsystems „Wikinger" in Form der taktgesteuerten Fließbandfertigung durchführen. Stellen Sie die Vor- und Nachteile dieses Verfahrens gegenüber.

5 Bei der Herstellung des Konferenzstuhls „Konzentra" hat die Bürodesign GmbH folgenden Fertigungsablauf:

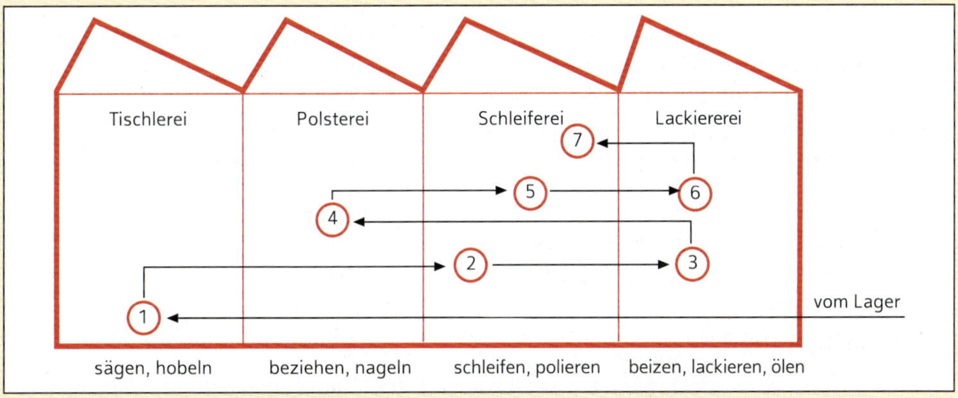

a) Geben Sie an, um welches Fertigungsverfahren es sich handelt.
b) Stellen Sie den gleichen Arbeitsablauf bei Reihenfertigung dar.
c) Erstellen Sie eine Liste, in der Sie die Vor- und Nachteile der Fertigungsverfahren aus a) und b) auflisten. Als Unterscheidungsmerkmale können gelten: Transportwege, Fertigungszeit, Qualifikation der Arbeitskräfte, Motivation usw.

6 *Ein Konkurrent der Bürodesign GmbH fertigt Tische in Massenproduktion und hat hierzu eine vollautomatische Maschine angeschafft. Diese kostete 12000000,00 € und lässt sich erfahrungsgemäß vier Jahre lang nutzen; danach ist sie abgenutzt und kann nicht mehr in der Produktion eingesetzt werden. Pro Jahr können 100000 Tische gefertigt werden. An Materialkosten entstehen je Tisch 17,00 €, die Lohnkosten betragen je Tisch 10,00 €. Wird jetzt kein einziger Tisch hergestellt, so entstehen keine Material- und Lohnkosten; die Abschreibungskosten in Höhe von 3000000,00 € pro Jahr laufen – unabhängig von der Beschäftigung – weiter.*
Stellen Sie mithilfe eines Tabellenkalkulationsprogramms dar, wie sich die Stückkosten bei steigender Ausbringungsmenge (in 10000er-Schritten) entwickeln.

2.3 Fertigungsverfahren anhand ausgewählter Kriterien beurteilen

2.3.1 Die optimale Losgröße: Rüst- und Lagerkosten minimieren

Die Auszubildende Silvia Land verbringt ihren ersten Tag in der Fertigungsplanung. *„Besonders interessiert mich, wann die 20 Bürostühle für die Klassik 2000 GmbH hergestellt werden. Diesen Auftrag habe ich vorige Woche bearbeitet!"*

„Tja", meint Herr Müller, *„da muss ich Sie enttäuschen. Wir können nicht einfach 20 einzelne Stühle produzieren. Bürodrehstühle werden nur dann gefertigt, wenn sich die Stückzahl lohnt."*

Arbeitsaufträge
- ***Beschreiben Sie, wie die optimale Losgröße ermittelt wird.***
- ***Erläutern Sie, warum sich die Frage nach der Losgröße vor allem bei der Werkstätten- und der Reihenfertigung stellt.***

Im Falle der Eigenfertigung muss vor allem bei Werkstätten- und Reihenfertigung überlegt werden, welche Mengen eines Produktes ein Betrieb ohne Unterbrechung produzieren will. Diese Überlegung ist deshalb so wichtig, weil von dieser Entscheidung die Höhe der Produktions- und Lagerkosten abhängen. Wird der gesamte Jahresbedarf auf einmal hintereinander produziert, entfallen die Kosten des Umrüstens. Dafür steigen aber die Kapitalbindungs- und Lagerkosten.

Die in einem zusammenhängenden Fertigungsgang ohne Umrüstung der Fertigungsanlagen erstellte Menge bezeichnet man als **Losgröße.** Die Frage nach der Losgröße stellt sich vor allem bei der Werkstätten- und der Reihenfertigung.

■ Kostenbestandteile

Durch die Wahl der Losgröße kann ein Betrieb auf die Rüst- und Lagerkosten einwirken.

- **Rüstkosten** entstehen durch Umbauarbeiten an Maschinen. Sie dienen dazu, die Maschinen auf die Erfordernisse des neuen Loses einzurichten. Da sie **unabhängig von der Losgröße** sind, werden sie auch als **losgrößen- oder auflagenfixe Kosten** bezeichnet.
  Beispiele *Arbeits-, Werkzeug- und Energiekosten für die Umrüstung, Stillstandszeiten, Mietkosten und Abschreibungen für Maschinen während des Umrüstens*

- **Lagerkosten** entstehen dadurch, dass die Erzeugnisse zwischen Fertigung und Absatz gelagert werden müssen. Dadurch steigt der durchschnittliche Lagerbestand. Lagerkosten sind **abhängig von der Losgröße** und werden daher auch als **auflagenvariable Kosten** bezeichnet.
  Beispiele *Durch die Lagerung wird eine Reihe von Kosten verursacht. Hierzu gehören Miete für die Lagerräume, Energiekosten, Abschreibungen für Transportgeräte, die Personalkosten und schließlich die Zinsen für das in den Erzeugnissen investierte Kapital.*

Die eigentlichen Produktionskosten (Material- und Lohnkosten) werden bei der Ermittlung der optimalen Losgröße nicht berücksichtigt.

Ermittlung der optimalen Losgröße

Umrüstkosten und Lagerkosten entwickeln sich gegenläufig. Je häufiger umgerüstet wird, desto geringer sind die Lagerkosten, je seltener umgerüstet wird, desto geringer sind die Umrüstkosten je Rechnungsperiode.

Die Produktionsmenge, bei der die Summe beider Kostenarten (Rüstkosten und Lagerkosten) so klein wie möglich ist **(Minimum der Kosten),** heißt **optimale Losgröße**. Von der Berechnung her lassen sich Gemeinsamkeiten mit der Ermittlung der optimalen Bestellmenge herstellen.

Beispiel *Die Bürodesign GmbH ermittelt für das Los Regal „Wikinger" die optimale Losgröße. Jahresbedarf 6000 Stück, Rüstkosten pro Umrüstvorgang 3000,00 €. Die Lagerkosten betragen 36,00 € je Stück.*

Mögliche Losgröße (Stück)	Anzahl der Loswechsel	Rüstkosten als auflagenfixe Kosten (€)	Durchschnittlicher Lagerbestand (Losgröße/2) (Stück)	Lagerkosten als auflagenvariable Kosten (€)	Gesamtkosten der Rechnungsperiode (€)
600	10	30000,00	300	10800,00	40800,00
750	8	24000,00	375	13500,00	37500,00
1000	**6**	**18000,00**	**500**	**18000,00**	**36000,00**
1500	4	12000,00	750	27000,00	39000,00
3000	2	6000,00	1500	54000,00	60000,00
6000	1	3000,00	3000	108000,00	111000,00

Optimale Losgröße

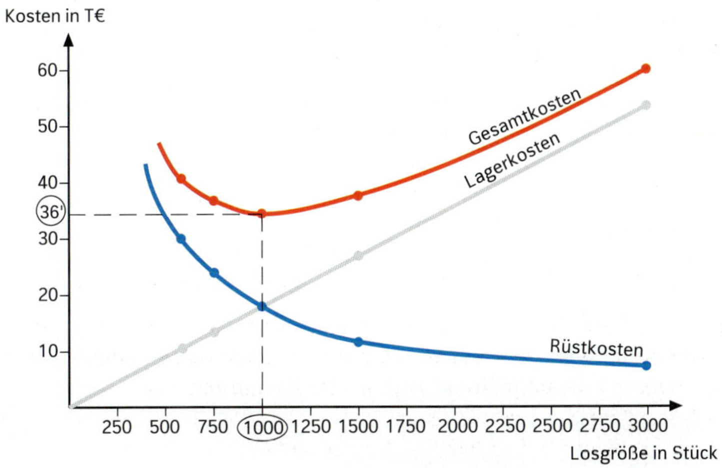

Die optimale Losgröße liegt bei einer Menge von 1000 Stück. Hier ergeben sich Gesamtkosten von 36000,00 €. Es ist ein sechsmaliger Loswechsel erforderlich. Diese Losgröße wird in Stückliste und Arbeitsplan (vgl. S. 331 f.) eingetragen.
Die optimale Losgröße kann in der betrieblichen Praxis immer nur als eine Orientierungskennzahl betrachtet werden. Sie ist das Ergebnis einer Modellbetrachtung. Ihre Aussagekraft ist immer auch abhängig von der Qualität (Aktualität,Genauigkeit) der Berechnungsgrundlagen.

Zusammenfassung: Die optimale Losgröße: Rüst- und Lagerkosten minimieren

Die **optimale Losgröße** gibt die Produktionsmenge an, die in einem Produktionsdurchgang hergestellt wird, wobei die Summe aus Rüst- und Lagerkosten gegenüber anderen Losgrößen ein Minimum erreicht.

Aufgaben

1 *Unterscheiden Sie zwischen auflagenfixen und auflagenvariablen Kosten.*

2 *Die Bürodesign GmbH ermittelt für das Los Schreibtische „Chef 2000" die optimale Losgröße. Jahresbedarf 3000 Stück, Rüstkosten pro Umrüstvorgang 1500,00 €. Der durchschnittliche Lagerbestand berechnet sich nach der Formel: Losgröße/2. Die Lagerkosten betragen 16,00 € je Stück.*
Folgende Losgrößen sind denkbar:

Mögliche Losgröße (Stück)	Anzahl der Loswechsel	Rüstkosten auflagenfixe Kosten (€)	Durchschnittlicher Lagerbestand (Losgröße/2) (Stück)	Lagerkosten auflagenvariable Kosten (€)	Gesamtkosten der Periode (€)
300	?	?	?	?	?
500	?	?	?	?	?
600	?	?	?	?	?
750	?	?	?	?	?
1000	?	?	?	?	?
1500	?	?	?	?	?

Benutzen Sie zur Lösung der Aufgaben eine geeignete Tabellenkalkulationssoftware.
- a) *Ermitteln Sie mithilfe der Tabelle alle notwendigen Werte.*
- b) *Bestimmen Sie die optimale Losgröße.*
- c) *Begründen Sie, wie oft Sie einen Loswechsel durchführen würden.*
- d) *Erläutern Sie die Problematik bei der Bestimmung der optimalen Losgröße.*
- e) *Stellen Sie fest, welche Stückzahl sich als optimale Losgröße ergibt, wenn der Jahresbedarf für den Schreibtisch „Chef 2000" durch einen zusätzlichen Kundenauftrag um 600 Stück steigt. Legen Sie hierfür eine Tabelle für die möglichen Losgrößen 300, 600, 900, 1200 und 1800 Stück an.*
- f) *Erläutern Sie die Auswirkungen einer Tariferhöhung auf die optimale Losgröße, die bei den Lagerkosten zu einem Anstieg um 2,00 € auf 18,00 € führt.*
- g) *Testen Sie mithilfe der Tabellenkalkulationssoftware, ob Ihre Prognosen von e) und f) richtig waren, und testen Sie ebenfalls die Auswirkungen weiterer Kostenveränderungen auf die optimale Bestellmenge.*

3 *Stellen Sie Unterschiede und Gemeinsamkeiten der beiden Problemkreise „optimale Losgröße" und „optimale Bestellmenge" (vgl. S. 252 ff.) heraus.*

4 *Erläutern Sie Gründe, die dazu führen können, in der betrieblichen Praxis kurzfristig von der grundsätzlich errechneten Losgröße abzuweichen.*

2.3.2 Verbesserung der Arbeitsbedingungen und den Umweltschutz berücksichtigen

„*Aua*“, ruft Frau Duman und fasst sich an den Rücken, „*mein Rücken!*“ „*Schon wieder*“, entgegnet ihre Kollegin, Frau Zahl, „*das scheint ja bei dir ein echtes Problem zu sein.*“

„*Ja sicher*“, sagt Frau Duman, „*immer dieselben Handbewegungen, immerzu Polsternähte steppen. Da wundere ich mich nicht. Im letzten Jahr habe ich wegen meines Rückens insgesamt zwei Monate gefehlt.*“

„*Dein Rücken kostet den Betrieb aber ein ganz hübsches Sümmchen*“, sagt Frau Zahl, „*ebenso wie mein Asthma von den Lösungsmitteln hier.*“ „*Die sind ja auch daran schuld!*“, erwidert Frau Duman.

Arbeitsaufträge
- ***Stellen Sie den Zusammenhang zwischen den Beschwerden von Frau Duman und Frau Zahl und der damit verbundenen Kostenbelastung des Betriebes her.***
- ***Erläutern Sie die Verfahren zur Verbesserung der Arbeitsbedingungen und wählen Sie ein geeignetes Verfahren zur Lösung der Probleme der Mitarbeiterinnen aus.***

Bereits in den 20er-Jahren des letzten Jahrhunderts versuchte man, die **Arbeit in möglichst kleine Handgriffe** zu zerlegen, damit sie in der **schnellstmöglichen Zeit** erledigt werden konnte. Die Arbeitskräfte wurden durch taktgebundene Fließbandfertigung zu einer **Maximalleistung** gebracht, wodurch sich wiederum die **Stückkosten minimieren** ließen. Dabei wurden die **Interessen und Belange des einzelnen Mitarbeiters sowie der Umweltschutz völlig außer Acht gelassen**.

■ Humanisierung

Natürlich versucht jeder Kaufmann, die Kosten möglichst niedrig zu halten. Jedoch geht man davon aus, dass die Bedürfnisse der Mitarbeiter berücksichtigt werden müssen.

Humanisierung der Arbeit bedeutet, die Arbeit und den Arbeitsablauf stärker an die Fähigkeiten (Qualifikationen) und Bedürfnisse der Mitarbeiter anzupassen. →P/G

Bei der Lösung dieser Probleme werden die Erkenntnisse der Arbeitsmedizin (Arbeitsphysiologie und Arbeitspsychologie) herangezogen.

■ Verfahren zur Verbesserung der Arbeitsbedingungen

Durch die Zerlegung der Arbeit in kleinste Handgriffe wurden zwar die Ausbringungsmenge erhöht und die Stückkosten gesenkt, aber es wuchs auch der Krankenstand, die Fehlzeiten stiegen, die Ausschussquote nahm zu und die Mitarbeiter waren wegen der monotonen Arbeit immer weniger motiviert. Deshalb versuchte man, die Aufgaben der Mitarbeiter interessanter und abwechslungsreicher zu gestalten:

Arbeitsplatzwechsel (Jobrotation)

Die Beschäftigten tauschen innerhalb eines festgelegten Arbeitsabschnittes in bestimmten Abständen ihre Arbeitsplätze. Die Arbeit wird dadurch **abwechslungsreicher**.

Beispiel *Bestimmte Mitarbeiter der Bürodesign GmbH wechseln alle zwei Monate die Werkstatt. So arbeitet die Polsterin Duman derzeit in der Bohrerei. Sie hat sich immer schon über die ihrer Meinung nach falsch platzierten Bohrungen und unsauberen Bohrlöcher geärgert, die sie durch Bezugsstoffe kaschieren musste. In der Bohrerei kann sie nun endlich diese Mängel selbst abstellen und dies an die dort Beschäftigten weitergeben.*

Aufgabenerweiterung (Jobenlargement)

Mehrere hintereinander geschaltete Arbeitsgänge des gleichen Schwierigkeitsgrads werden zu einer Aufgabe zusammengefasst.

Beispiel *Herr Müller vereinbart mit den entsprechenden Abteilungen, dass die Arbeitsgänge Bohren, Schleifen und Polstern zu einer Arbeitsaufgabe zusammengefasst und in der Polsterei erledigt werden.*

Aufgabenbereicherung (Jobenrichment)

Es wird versucht, die Arbeit des Mitarbeiters **qualitativ** aufzuwerten. Er soll z. B. zusätzlich die Qualität seiner Werkstücke selbst überwachen.

Beispiel *Frau Duman hat bisher die von ihr produzierten Werkstücke zur Qualitätskontrolle an die Qualitätssicherung weitergegeben. Nun soll sie selbst die vorgesehenen Messungen vornehmen und diese dokumentieren.*

(Teil-)autonome Arbeitsgruppen

Ihre Mitglieder planen und organisieren ihre Arbeit selbstständig und im Team; sie führen (fast) alle Arbeitsgänge, -entscheidungen und -kontrollen in eigener Verantwortung aus.

Beispiel *Diese Entwicklungen führten in der Bürodesign GmbH dazu, dass zur Herstellung von Konferenzeinrichtungen statt der Werkstättenfertigung jetzt die Gruppenfertigung (vgl. S. 351 f.) eingesetzt wird.*

Die vorgestellten Verfahren zur Verbesserung der Arbeitsbedingungen sind vor allem bei der Fließfertigung sinnvoll, bei der die Arbeitnehmer besonders unter der Monotonie leiden, insbesondere bei der Fließband- und Taktfertigung. Jedoch hängen die Arbeitsbedingungen nicht nur von der Anordnung der Betriebsmittel ab, sondern auch von anderen Einflussfaktoren wie der Führung durch Vorgesetzte, der Arbeitsatmosphäre unter den Mitarbeitern und dem sonstigen Arbeitsumfeld in der Produktion wie Beleuchtung, Raumtemperatur, dem Vorhandensein von ansprechenden Pausenräumen usw.

■ Umweltschutz in der Fertigung

In der **Produktionsplanung** und der **Produktion** muss konsequent nach Möglichkeiten gesucht werden, um die Umweltbelastungen zu minimieren.

Beispiele

- *Die Bürodesign GmbH hat die Produktion des Bürostuhls „Ergo-design-natur" so gestaltet, dass er sich in wenigen Arbeitsgängen herstellen lässt. Dadurch wird Energie gespart.*
- *In der Bürodesign GmbH wird die Container-Serie Volumen seit drei Monaten nicht mehr aus Spanplatten hergestellt. Jetzt verwendet man in Kunstharz getränkte Holzspäne mit Kunststoffbeschichtung. Die Holzspäne sind ein Abfallprodukt der betriebseigenen Sägerei. Die Platten werden selbst hergestellt. Durch das Recycling der Holzabfälle konnten bislang bereits Kosten in Höhe von insgesamt 90 000,00 € eingespart werden.*
- *In der Lackiererei der Bürodesign GmbH werden seit einem Jahr nur noch wasserlösliche Lacke eingesetzt. Dadurch fallen keine umweltschädigenden Gase und Lackrückstände mehr an, die entsorgt werden müssen.*

Weitere **typische Umweltschutzziele und -maßnahmen in der Produktion** sind:

- die **Vermeidung von Lärmemissionen**, z.B. durch Schallschutzmaßnahmen,
- die **Reduzierung von Schadstoffemissionen**, z.B. durch entsprechende Schadstofffilter,
- die **Senkung des CO_2-Ausstoßes**, z.B. durch sparsameren Energieverbrauch, als Beitrag zum Klimaschutz,
- die Wahl **umweltschonender technischer Bearbeitungsverfahren**,
- der **ordnungsgemäße Umgang mit Gefahrstoffen**,
- die **Verwendung alternativer Betriebsstoffe**, z.B. der Einsatz von Maschinenschmiermitteln, die aus Tierabfällen gewonnen wurden, anstatt solcher auf Rohölbasis,
- die **Einrichtung geschlossener Wasserkreisläufe**, z.B. für Kühlwasser, durch Brauchwasserrückführungsanlagen und werkseigene Kläranlagen,
- die **Erhöhung der Energieeffizienz**, d.h., das gleiche Produktionsergebnis wird mit weniger Energie (Strom, Gas, Öl usw.) erzeugt, z.B. durch Betriebsmittel mit besseren Wirkungsgraden,
- die **Vermeidung von Abfällen** oder zumindest Recycling, z.B. durch das Mahlen von Kunststoffabfällen und deren Wiedereinsatz als Rohstoff.

Diese Maßnahmen eignen sich für verschiedene Fertigungsverfahren. Daher lässt sich bei den Fertigungsverfahren (vgl. S. 346ff.) nicht ein besonders umweltschonendes Verfahren ausmachen. Vielmehr gilt es bei jedem gewählten Fertigungsverfahren, entsprechende Umweltschutzmaßnahmen auszuwählen und zu einem sinnvollen Gesamtkonzept zu verbinden. Da mit der Umsetzung der Umweltschutzmaßnahmen z.T. erhebliche Investitionen verbunden sind, wird der Betrieb zunächst die relativ kostengünstigen Maßnahmen umsetzen und diese dann schrittweise in Abstimmung mit dem vorhandenen Budget erweitern.

Nicht immer sind Umweltschutzmaßnahmen jedoch mit einer Erhöhung der Kosten verbunden. Bevorzugt wird das Unternehmen dort aktiv werden, wo es sogar Kosten einsparen kann, z.B. beim Verzicht auf überflüssige Verpackungen oder bei der Erhöhung der Energieeffizienz, wo sich die Investitionen nach einigen Jahren amortisieren.

Zusammenfassung: Verbesserung der Arbeitsbedingungen und den Umweltschutz berücksichtigen

- Humanisierung der Arbeit bedeutet, die **Arbeit und den Arbeitsablauf stärker an die Fähigkeiten, Qualifikationen und Bedürfnisse der Mitarbeiter anzupassen**.
  - **Arbeitsphysiologie (Arbeitsmedizin)** untersucht die körperliche Belastbarkeit.
  - **Arbeitspsychologie** untersucht die seelischen und geistigen Auswirkungen der Arbeitsbedingungen auf den Menschen.
- Verfahren zur Verbesserung der Arbeitsbedingungen:
  - **Aufgabenerweiterung (Jobenlargement)**
  - **Arbeitsplatzwechsel (Jobrotation)**
  - **Aufgabenbereicherung (Jobenrichment)**
  - **(Teil-)autonome Arbeitsgruppen**

Aufgaben

1 *Erklären Sie den Begriff „Humanisierung der Arbeit".*

2 *Beurteilen Sie folgende Maßnahmen zur Humanisierung der Arbeit:*
a) Aufgabenwechsel, b) Aufgabenerweiterung.

3 *Insbesondere die Gewerkschaften fordern immer wieder eine Humanisierung der Arbeit.*
a) Beschaffen Sie sich von der nächstgelegenen Zweigstelle einer Gewerkschaft Informationsmaterial und informieren Sie sich über die Forderungen der Gewerkschaften.
b) Die Bürodesign GmbH möchte die individuellen Belastungen der Mitarbeiter in der Produktion ermitteln. Entwerfen Sie hierzu einen (Online-)Fragebogen.
c) Beurteilen Sie, inwiefern der Krankenstand in einzelnen Abteilungen Auskunft über die Belastungen der Mitarbeiter am Arbeitsplatz geben kann.
d) Erstellen Sie in Gruppenarbeit analog zu b) mithilfe einer geeigneten Software einen Onlinefragebogen zu den individuellen Belastungen Ihrer Mitschüler in der Schule. Lassen Sie Ihre Mitschüler den Bogen online ausfüllen und reflektieren Sie anschließend Ihre Ergebnisse. Beziehen Sie auch die Vor- und Nachteile von Onlinefragebögen ein.

4 *Stellen Sie dar, inwieweit zwischen den Verfahren zur Verbesserung der Arbeitsbedingungen, den Fertigungsverfahren und Schlüsselqualifikationen ein Zusammenhang besteht.*

5 *Informieren Sie sich unter www.daimler.com unter den Stichworten „Nachhaltigkeit" bzw. „betrieblicher Umweltschutz" über Umweltschutzmaßnahmen in der Fertigung des Automobilherstellers.*

6 *Entwerfen Sie ein Umweltschutzkonzept für den „Lernort Schule". Sammeln Sie hierfür zunächst allein in einem Brainstorming möglichst viele Einzelmaßnahmen. Vergleichen und ordnen Sie diese anschließend in Gruppenarbeit und überlegen Sie, wie Sie zu einem gemeinsamen Konzept gelangen können. Veranschaulichen Sie eventuell Ihr Konzept als Lernplakat oder digitales Produkt.*

7 *Sammeln Sie im Rahmen einer Internetrecherche Stichpunkte zu organisatorischen Ansätzen des Umweltschutzes wie „Umweltmanagement", „Zertifizierung" sowie „Umweltbeauftragter" und fassen Sie diese in einem Kurzvortrag vor der Klasse zusammen.*

8 *Bernd Kempf, Leiter der Produktentwicklung bei der Bürodesign GmbH, hat eine neue Verordnung der EU-Kommission auf seinem Schreibtisch. Nach dieser Verordnung ist der Zusatz von Blei in Zukunft beim Verlöten in allen EU-Staaten verboten. Nach einer weiteren Recherche stellt Herr Kempf fest, dass dieses Verbot außerhalb der EU nur noch für Kalifornien gilt. Zwar ist ein Ersatz von Blei durch einen vermehrten Anteil von Zink und Kupfer möglich, dennoch bringt die Umstellung einen erheblichen Arbeitsaufwand. Zur Problemlösung soll eine Projektgruppe gebildet werden, der Sie als Mitarbeiter/Mitarbeiterin angehören. Entwerfen Sie in Gruppenarbeit eine Skizze für einen Report, der fünf notwendige Überlegungen/Veränderungen aufzeigt.*

3 Leistungserstellungsprozesse unter dem Gesichtspunkt der Qualitätssicherung und Wirtschaftlichkeit beurteilen

3.1 Grundlegende Verfahren der Qualitätskontrolle und Qualitätssicherung vergleichen

Im Rahmen einer Neugestaltung der Konferenzräume bei der Allfinanz AG in Leipzig erhielt die Bürodesign GmbH einen Großauftrag für die Lieferung von „Logo-Kombinationen". Bereits nach einigen Wochen wiesen einige Stapelstühle erhebliche Verschleißerscheinungen auf. Die Lackierung der Schweißstellen begann abzublättern und bei einigen Stühlen bildeten sich Risse an den Schweißnähten. Bei einer Konferenz zerbrach sogar der Stahlrahmen eines Konferenztisches. Die Geschäftsführung der Allfinanz AG ist sehr verärgert und droht der Bürodesign GmbH entsprechende Konsequenzen an.

Arbeitsaufträge

- ***Suchen Sie nach den möglichen Ursachen der aufgezeigten Qualitätsprobleme.***
- ***Erstellen Sie einen Katalog von möglichen Maßnahmen zur Qualitätssicherung.***
- ***Erläutern Sie den Einsatz und die Zweckmäßigkeit verschiedener Kontrollverfahren.***

Qualitätsprobleme lassen sich durch Maßnahmen der Qualitätskontrolle und Qualitätssicherung in den Griff bekommen oder von vornherein vermeiden. Hierdurch entstehen dem Unternehmen Kosten der Qualitätssicherung. Diese gilt es durch die Wahl entsprechender Prüfverfahren zu senken und zu vergleichen mit den Einsparungen, die durch eine bessere Qualität erreicht werden.

Bedeutung von Qualität

„Qualität ist, wenn der Kunde zurückkommt und nicht das Produkt." Dieses Zitat aus unbekannter Quelle zeigt, dass gute Qualität in erster Linie etwas mit Kundenorientierung zu tun hat. Durch zufriedene Kunden lassen sich die Kundenbindung und das Ansehen des Unternehmens bei Kunden und Öffentlichkeit verbessern. Anschlussaufträge können erzielt und damit langfristig die Umsätze mit den einzelnen Kunden gesichert werden. Dabei muss nicht die maximal erreichbare Produktqualität das Ziel sein, sondern die Qualität, die der Kunde im Rahmen seiner Vorstellungen vom Preis-Leistungs-Verhältnis bereit ist zu zahlen.

In Zeiten von Käufermärkten bietet die Qualität eine Chance zur Erzielung von Wettbewerbsvorteilen gegenüber der Konkurrenz. Möglicherweise lassen sich zusätzlich höhere Verkaufspreise für die eigenen Erzeugnisse am Markt durchsetzen.

Eine gute Qualität erhöht die Identifikation der Mitarbeiter mit den Produkten und dem Unternehmen. Häufig zeigt sie sich auch in besseren Arbeitsbedingungen, z. B. der geringeren Belastung des Arbeitsplatzes mit Schadstoffen, und im Schutz der Umwelt.

Umgekehrt wird die Bedeutung der Erzeugnisqualität deutlich, wenn wir uns die Folgen mangelnder Qualität vorstellen: Störungen in den Produktionsabläufen führen zu einem Rückgang der Kapazitätsauslastung, mehr Ressourcenverbrauch und Ausschuss sowie Nachbesserungen und somit höheren Herstellkosten für das Unternehmen. Höhere Verwaltungskosten, Garantieleistungen, Schadenersatz gegenüber Kunden bis hin zu Konventionalstrafen sind Kosten, die durch Reklamationen des Kunden entstehen können.

Qualitätsmerkmale

Unter dem Begriff Qualität versteht man den Grad der Beschaffenheit bzw. Eignung eines Erzeugnisses bezogen auf den vorgesehenen Verwendungszweck. Die Anforderungen, die hierbei an das Produkt gestellt werden, nennt man Qualitätsmerkmale.

- Qualitätsmerkmale ergeben sich zunächst aus der **Produktbezeichnung**.
  Beispiel *Bezeichnet man ein Produkt als Stuhl, so muss dieses Produkt ein Fußgestell, eine Sitzfläche und Rückenlehne aufweisen.*
- Die Produktmerkmale werden meist durch eine Fülle von **DIN-Normen** ergänzt.
  Beispiel *Handelt es sich z. B. um einen Bürodrehstuhl, so muss die Sitzfläche nicht nur drehbar sein, sondern nach DIN 4551 mindestens eine verstellbare Sitzhöhe zwischen 42 und 50 cm aufweisen.*
- Zu den DIN-Normen kommen noch **Sicherheitsvorschriften** des Staates.
  Beispiel *So muss das Fußgestell bei einem Bürodrehstuhl fünf Beine bzw. Rollen aufweisen, während bei einem normalen Stuhl vier Beine genügen.*
- In vielen Fällen ergänzen zusätzliche **eigene Werksnormen** und **Kundenvorgaben** den vorgegebenen Qualitätsrahmen.
  Beispiele *So können die Werksnormen engere Toleranzen für eine Fehlerklassifizierung vorsehen, als sie allgemein üblich sind, z. B. ob die Größe einer Schweißnase bei einem Fußgestell noch toleriert werden kann oder nicht. Die Kundenvorgaben können z. B. Anforderungen an die Pflegeleichtigkeit oder Abriebfestigkeit des Stoffbezuges beinhalten.*

Mängel und Fehler

Der Begriff Mangel ist ein juristischer Begriff. Ein Mangel beinhaltet die Nichterfüllung einer vertraglich vereinbarten Forderung im Hinblick auf den beabsichtigten Gebrauch eines Erzeugnisses.

Beispiele *So beinhalten Risse im Holz keinen Mangel, wenn dadurch seine Festigkeit nicht beeinträchtigt wird. Ähnlich verhält es sich, wenn die Patina bei einem Leder zu unterschiedlichen Farbwirkungen führt.*

Der Begriff Fehler ist nach DIN EN ISO 9000:2015 weiter zu fassen. Ein Fehler liegt dann vor, wenn eine festgelegte Forderung nicht erfüllt wird, unabhängig davon, ob diese Forderung für den Verwendungszweck wichtig ist oder nicht.

Beispiel *So müssen Schlieren oder Kratzer im Lack keinen Mangel darstellen, weil sie die Gebrauchsfähigkeit des Erzeugnisses nicht beeinträchtigen, wohl aber einen Fehler, wenn sie die Optik des Produktes schmälern.*

Nach dem japanischen Qualitätswissenschaftler **Kaoru Ishikawa** sind bei Problemlösungen immer vier Aspekte zu untersuchen, die von ihm in dem sog. **Fischgrätenmodell** dargestellt wurden. Danach können Qualitätsprobleme ihren Ursprung bei den eingesetzten Maschinen oder Anlagen, dem verwendeten Material, dem verantwortlichen Arbeitnehmer oder bei der Auswahl des Verfahrens haben.

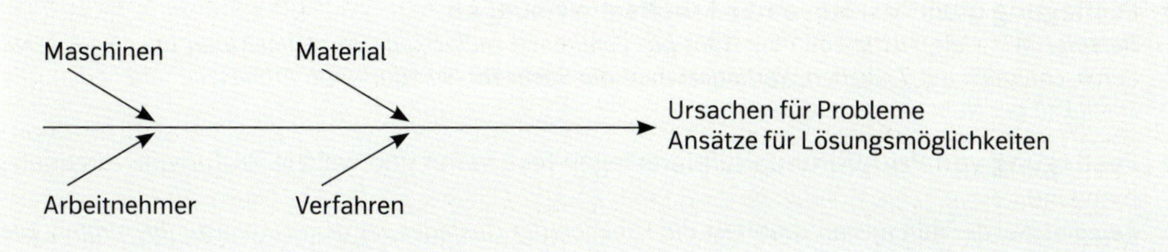

Beispiel *Probleme bei einem Lackauftrag können entstehen durch einen zu geringen Druck in der Spritzpistole, zu große oder ungereinigte Düsen, eine zu geringe Fließfähigkeit der Farbe, falsche Handbewegungen des Arbeitnehmers sowie zu kurze Wartezeiten bis zum zweiten Spritzvorgang.*

■ Bereiche im Rahmen der Qualitätssicherung

Das Ziel der Qualitätssicherung besteht vornehmlich darin, potenzielle Fehlerquellen so früh wie möglich zu erkennen, damit sie gar nicht erst wirksam werden können (vgl. S. 325 und 334 ff.). Die Qualitätssicherung umfasst mehrere Bereiche.

Qualitätsplanung

Die Qualitätsplanung bestimmt die konkreten Qualitätsziele, die bei der Fertigung der einzelnen Produkte erreicht werden sollen. Sie legt den Vollkommenheitsgrad für einen Auftrag oder ein einzelnes Produkt fest.

Qualitätsmerkmale, bei denen man nur unterscheiden kann, ob sie vorhanden sind oder nicht, nennt man **Attributsmerkmale**.

Beispiel *Eine Glühbirne brennt oder brennt nicht.*

Merkmale, die mehr als nur Ja-Nein-Antworten bei ihrer Beurteilung zulassen, bezeichnet man als **Variable**. Zur Beurteilung von variablen Merkmalen müssen Soll-Werte vorgegeben werden.

Beispiel *Damit ein Polsterstoff bei einer größeren und längeren Beanspruchung nicht reißt, sollte er eine gewisse Höchstzugkraft aufweisen, die je nach verwendeter Garnart zwischen 15 und 28 CN (Centinewton) liegen muss.*

Durch die Angabe von Grenzwerten wird häufig festgelegt, in welchem Maße Abweichungen nach unten oder oben von dem Soll-Wert noch akzeptabel sind. Den Bereich zwischen dem oberen und unteren Grenzwert nennt man dann **Toleranz**.

Beispiele *Werden Holz- oder Spanplatten gestapelt, so weisen die einzelnen Einheiten durch ihren unterschiedlichen Kontakt mit dem Raumklima auch einen unterschiedlichen Feuchtigkeitsgehalt auf. Hier wird man dann Toleranzen für den Feuchtigkeitsgehalt festlegen, z. B. einen Grenzbereich zwischen 8 % und 9 %.*

Qualitätssteuerung

Das Ziel der Qualitätssteuerung besteht darin, Fehler zu verhüten, z. B. durch die folgenden Maßnahmen:

- **Ermittlung kritischer Materialien oder Teile bei der Konstruktion eines Produktes und ggf. Austausch**
  Beispiel *Wird ein Polsterbezug aus Synthetik gewählt, so erreicht man eine gewisse Pflegeleichtigkeit der Sitzfläche, die Einreißgefahr ist jedoch größer als bei Leder.*
- **Feststellung der Eignung des eingesetzten Fertigungsverfahrens und ggf. Anpassung**
  Beispiel *Werden Polsterteile miteinander vernäht, so muss die Stärke der Nähnadel optimal auf die Stärke des Polstermaterials und die Stärke des Fadens abgestimmt sein, damit es beim Vernähen nicht zu einem Fadenreißen kommt oder später die Naht aufreißt.*

- **Festlegung qualitätsrelevanter Arbeitsanweisungen**
  Beispiel *Wie viele Stiche soll eine Naht pro Zentimeter aufweisen? So rechnet man bei einem Textil durchschnittlich mit 7 Stichen. Verringert man die Stichzahl, so spart man Arbeitszeit und Faden. Die Festigkeit der Naht nimmt allerdings ab.*

- **Festlegung von Prüfplänen:** Prüfpläne legen fest, wann und welche Prüfungen vorzunehmen sind.
  Beispiel *Bei der Bürodesign GmbH ist die Funktion der Gasfeder vor dem Einbau zu überprüfen. Die Gängigkeit der Doppel-Lenkrollen ist jedoch erst nach Fertigstellung des Drehstuhles zu kontrollieren, weil sie nach der Montage schnell ausgewechselt werden können.*

- **Festlegung von Prüfanweisungen:** Prüfanweisungen legen fest, wie zu prüfen ist, z.B. Sichtkontrolle oder eine messende Prüfung mithilfe eines bestimmten Prüfgerätes.
  Beispiele *Dehnungsvermögen und Elastizität der Zugfeder werden bei der Bürodesign GmbH maschinell überprüft und gemessen. Die Überprüfung des Polsterbezuges erfolgt durch eine Augenscheinkontrolle, um eventuelle Webfehler festzustellen.*

- **Festlegung der Prüfmittel und Prüfmittelüberwachung:** Prüfmittel sind Vorrichtungen oder Hilfsmittel, mit denen man ein Qualitätsmerkmal überprüfen kann.
  Beispiel *Sollen die Schutzrohre für die Gasfeder einen Durchmesser von 40 mm und eine Länge von 120 mm aufweisen, so kann man das Vorhandensein dieser Anforderungen durch ein Metermaß exakt messen.*

Kontrollverfahren

100-Prozent-Kontrolle

Bei dieser Prüfung werden alle Einheiten oder Stücke eines Fertigungsloses überprüft. Die Überprüfung kann sich auf ein kritisches Merkmal beziehen oder auf mehrere wesentliche Qualitätsmerkmale.

Beispiel *Ähnlich ist die Situation bei der Bürodesign GmbH bezüglich der Überprüfung der Gasfeder eines Drehstuhls. Die Prüfung kann sich darauf beschränken, ob sie funktioniert oder nicht funktioniert. Sie kann aber auch weitere Merkmale wie die Geschwindigkeit beim Hoch- und Tieferfahren des Drehstuhls oder das Geräuschverhalten umfassen.*

In der Regel sind die Kosten einer solchen umfangreichen Kontrolle sehr hoch, sodass ihr Einsatz nur bei technisch hochwertigen Produkten gerechtfertigt ist.

Beispiele *Fahrzeugbau, optische Geräte wie Kameras, ein Behandlungsstuhl für eine Zahnarztpraxis*

Eine **100-Prozent-Prüfung** ist jedoch **notwendig**, wenn es sich um Sicherheitsteile handelt oder Qualitätsmerkmale über Menschenleben entscheiden können.

Beispiel *Autoräder, die keine Haarrisse aufweisen dürfen*

Stichprobenkontrolle

Häufig entspricht der Aufwand im Rahmen einer 100-Prozent-Kontrolle nicht den hierdurch eingesparten Fehlerkosten. Deshalb prüft man nur eine beschränkte Anzahl von Erzeugnissen aus einem Fertigungslos. Diese Menge nennt man auch **Prüflos**. Damit die gewonnenen Informationen Rückschlüsse auf die Beschaffenheit der gesamten Fertigungsmenge zulassen, ist es notwendig, dass eine ausreichende Zahl von Prüfeinheiten der Fertigungsmenge entnommen wurde und diese möglichst die Eigenschaften der gesamten Fertigungsmenge widerspiegeln.

Eine Vollprüfung ist häufig völlig unwirtschaftlich. Manchmal werden die Prüfstücke bei der Überprüfung im Labor zerstört und sind daher für den Absatz unbrauchbar. Dies gilt für fast alle Erzeugnisse in der Lebensmittelindustrie (zerstörende Prüfung).

■ Qualitätskosten

Aufwendungen, die durch das Qualitätswesen verursacht werden, nennt man Qualitätskosten. Hierbei unterscheidet man drei Kostenaspekte.

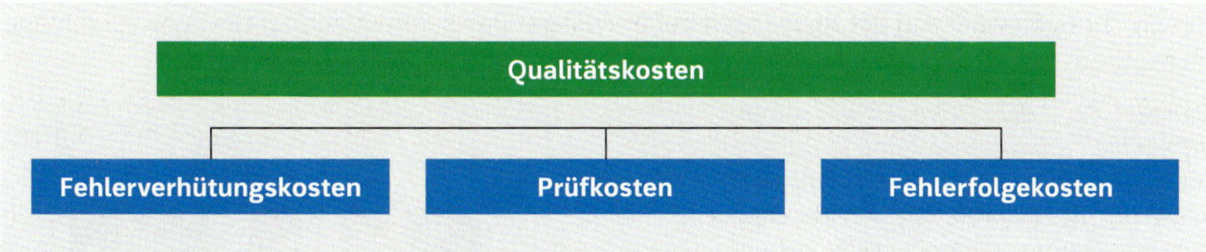

Fehlerverhütungskosten

Dies sind alle Aufwendungen für Maßnahmen, die das Entstehen von Fehlern vermeiden sollen und das Beseitigen von Fehlerquellen zum Ziel haben.

Beispiele *Lieferantenüberwachung und -beurteilung, Qualitätsschulung und -motivation der Mitarbeiter, Optimierung der angewendeten Fertigungsverfahren, Entwicklung zweckmäßiger Prüfgeräte*

Je größer der Aufwand ist, der für die Fehlerverhütung eingesetzt wird, umso geringer sind voraussichtlich die Fehlerkosten bzw. die Möglichkeit, dass ein fehlerhaftes Produkt den Betrieb verlässt.

Prüfkosten

Dazu gehören Aufwendungen, die zur Feststellung von Fehlern entstehen.

Beispiele *Personalkosten der Prüfer, Anschaffung und Instandhaltung von Prüfgeräten, Betriebskosten der Prüfstellen, Produktionsunterbrechungen bedingt durch Prüfungen, Unbrauchbarkeit der bei der Prüfung zerstörten Erzeugnisse*

Die Höhe der Prüfkosten wird von den folgenden Faktoren beeinflusst:
- **Prüfungsumfang:** Vollprüfung oder Stichprobenprüfung?
- **Prüfungsort:** Prüfung direkt am Arbeitsplatz oder an eigener Prüfstelle?
- **Prüfungsart**: Attributskontrolle oder Variablenprüfung? Sichtkontrolle oder messende Verfahren?
- **Prüfer**: Eigenprüfung (Mitarbeiter prüft sich selbst) oder Fremdprüfung?

Fehler(-folge-)kosten

Dies sind Kosten, die durch Fehler an einem Teil, an einer Baugruppe oder am Enderzeugnis verursacht werden.

Beispiele *Ausschuss, Nacharbeit, Preisminderungen, Entsorgungskosten, Garantieleistungen bei Kundenreklamationen, Schadenersatz im Rahmen einer Produkthaftung, Rückrufaktionen*

Zwischen den Fehlerverhütungskosten und den Fehlerkosten besteht eine erhebliche Wechselwirkung. Wird ein hoher Aufwand für die Fehlerverhütung angesetzt, so sinken die Fehlerkosten. Andererseits ist mit hohen Fehlerkosten zu rechnen, wenn die Fehlerverhütung vernachlässigt wird.

Beispiel *Bei der Bürodesign GmbH verhalten sich die Fehlerkosten bei der Produktgruppe „Arbeiten am Schreibtisch" weitgehend umgekehrt proportional zur Fehlerquote. Die Fehlerverhütungskosten steigen jedoch in dem Bereich zwischen einem Vollkommenheitsgrad von 80 % und 100 % überproportional an, sodass eine Null-Fehler-Quote nur bei den kritischen Teilen angestrebt wird, wie bei der Funktion von Gasfedern und der Festigkeit von Schweißnähten. Kleine Lackschäden wie Kratzer im Lack oder Schweißnasen an nicht direkt sichtbaren Stellen werden jedoch toleriert.*

■ Möglichkeiten zur Qualitätssteigerung

Qualitätszirkel

Eine Arbeitsgruppe mit Mitarbeitern aus den betroffenen Bereichen trifft sich in regelmäßigen Besprechungen während der Arbeitszeit auf freiwilliger Basis, um qualitätsrelevante Vorschläge zu machen.

Beispiel *Bei der Bürodesign GmbH erfolgt die Produktentwicklung in Projektarbeit. Die Projektgruppen sind zumindest zeitweise aus Mitarbeitern der verschiedensten Verantwortungsbereiche zusammengesetzt. So fließen von Anfang an die Kompetenzen aus Beschaffung, Vorrichtungsbau, Logistik und Produktion in den Entwicklungsprozess ein.*

Qualitätsprämien

Die Mitarbeiter erhalten eine zusätzliche Vergütung, wenn die Fehlerkosten, wie Ausschuss oder Nacharbeit, bisherige Erfahrungswerte unterschreiten.

Beispiel *Die Mitarbeiter der Bürodesign GmbH erhalten neben ihrem Grundlohn eine Prämie von bis zu 50 % des normalen Stundenlohnes. Sinken die Fehlerkosten wie der Rückruf von Produkten oder die Nachbesserungen beim Kunden unter den Normalwert, erhält die Gruppe eine Qualitätsprämie.*

Qualität im Kopf

Hinweisschilder an den einzelnen Arbeitsplätzen weisen die Arbeitnehmer auf die Bedeutung der Qualitätssicherung für die Sicherung ihrer Arbeitsplätze hin.

Beispiele
- *„Die Kunden vergessen den Preis, die Qualität jedoch nicht!"*
- *„Wir waren gestern gut, morgen sind wir noch besser!"*

Automatisierte Prüfverfahren

Sie unterliegen nicht der Ermüdung bzw. dem Konzentrationsverlust, mit dem bei manuellen Verfahren gerechnet werden muss.

Beispiel *So können Einschüsse – dies sind sehr kleine Blasen im Stahl – durch Ultraschall festgestellt werden.*

Vorbeugende Instandhaltung

Durch Inspektion und Wartung der eingesetzten Maschinen nach festen Wartungsplänen können häufig Bearbeitungsfehler vermieden werden. Ähnliches gilt für den vorzeitigen Austausch von Werkzeugen, die einer mechanischen Beanspruchung unterliegen.

Qualitätsmanagementsystem

Durch den Aufbau professioneller Strukturen werden Einzelmaßnahmen zur Förderung der Qualität in ein Gesamtkonzept eingebettet, das umfassend schriftlich festgehalten wird (Dokumentation). Es besteht die Möglichkeit, sich dieses nach einem Qualitätsaudit zertifizieren zu lassen.

Zusammenfassung: Grundlegende Verfahren der Qualitätskontrolle und Qualitätssicherung vergleichen

Kundenvorgaben | **DIN-Normen** | **Werksnormen** | **Sicherheitsvorschriften**

→ **bestimmen die Anforderungen an ein Produkt**

Material | **Arbeitnehmer** | **Betriebsmittel** | **Verfahren**

→ **führen zu Fehlern und sind Ansatzpunkte für Problemlösungen**

Prüfumfang
- 100-Prozent-Kontrolle
- Stichprobenkontrolle

Prüfer
- Eigenprüfung
- Fremdprüfung

Prüfort
- Arbeitsplatz
- Prüfstelle

Prüfgenauigkeit
- Sichtkontrolle
- Variablenprüfung

Prüfmittel
- manuelle Prüfung
- automatisierte Prüfung

→ **bestimmen die Höhe der Prüfkosten**

zweckmäßiges Material
- Lieferantenbewertung
- Materialanalysen

motivierte Arbeitnehmer
- „Qualität im Kopf“
- Qualitätszirkel
- Qualitätsprämien

gewartete Betriebsmittel
- vorbeugende Instandhaltung

geeignete Verfahren und Organisationsstrukturen
- automatisierte Prozess- und Prüfverfahren
- Qualitätsmanagementsystem
- Qualitätsbeauftragter
- Qualitätsaudit

→ **vermeiden Fehler und sichern die Qualität**

Aufgaben

1 Geben Sie bei einer Suchmaschine im Internet die Begriffe „Rückrufaktionen Toyota“ oder „Abgasskandal Autoindustrie“ ein und machen Sie sich Stichpunkte für einen mündlichen Bericht vor der Klasse.

2 Sammeln und erläutern Sie möglichst viele Argumente, warum eine gute Qualität und damit auch die Qualitätssicherung für ein Unternehmen so wichtig sind.

3 Produktherstellung ist in Industrieunternehmungen stets mit einer Qualitätskontrolle verbunden.
a) Nennen Sie
aa) Ziele der Qualitätskontrolle,
ab) Möglichkeiten, die durch die Qualitätskontrolle entstehenden Kosten zu senken.
b) Erläutern Sie die wechselseitige Beziehung zwischen den Fehlerverhütungskosten und den Fehler(-folge-)kosten.

4 Die Fertigungskontrolle stellt im Laufe eines Vierteljahres folgende Fertigungsfehler fest. Der Produktionsbereich arbeitet in einem vollkontinuierlichen „Fünf-Schicht-Betrieb“.

Lfd. Nr.	Fehlerarten	Schicht 1	Schicht 2	Schicht 3	Schicht 4	Schicht 5	Σ
1	Zugfeder zu schwach	/	//	////	/	/	9
2	Polsterbezug eingerissen	////	/////	///// ///	//	///	22
3	Laufrad klemmt	/////	///// ///// /	///// ///	//	///// /	32
4	Abdeckkappen nicht angebracht	///// /	///// ///// /	///// ///	////	///// //	36
5	Gasfeder nicht funktionsfähig	/	///	////	/	//	11
6	Doppel-Lenkrollen drehen sich nicht	/	////	///	/	/	10
7	Schutzrohr nicht gängig	///// /	///// ///// //	///// /////	/////	/////	38
8	Spiel im Schalthebel	/	/	//	/	/	6
		25	49	47	17	26	164

→IW

a) Erstellen Sie zunächst ein ***Säulendiagramm****, mit dem ein Gesamtüberblick über die Fehler je Schicht gewonnen werden soll. Experimentieren Sie mit der digitalen grafischen Darstellung, z. B. der Diagrammfunktion (Einfügen: Diagramm) eines Textverarbeitungsprogrammes.*
b) Erläutern Sie drei Maßnahmen, die man aus der unterschiedlichen Fehlerhäufigkeit für die einzelnen Schichten ableiten kann.

5 *Bei der Bürodesign GmbH soll eine Entscheidung über die Intensität der Qualitätssicherung bei den eingesetzten Gasfedern getroffen werden. Folgende Daten stehen zur Verfügung:*

Fehlerquote in %	Kosten für Nachbearbeitung und Ausschuss in €	Kosten der Fehlerverhütung in €
0	0,00	20000,00
2	4500,00	14000,00
4	9000,00	9000,00
6	13500,00	5000,00
8	18000,00	2000,00
10	22500,00	0,00

a) Zeichnen Sie den Kurvenverlauf für die Fehlerverhütungskosten und die Fehler(-folge-)kosten.
b) Ermitteln Sie die Fehlerquote mit den niedrigsten Gesamtkosten.

6 *Informieren Sie sich mithilfe einer Suchmaschine im Internet über die Begriffe „Qualitätsmanagementsystem", „Qualitätsbeauftragter" sowie „Qualitätsaudit" und fassen Sie die Erläuterungen jeweils kurz schriftlich zusammen.*

3.2 Allgemeine Kennziffern für wirtschaftliches Handeln aufzeigen und anwenden

Herr Messerschmidt, zuständig für die Produktionssteuerung und Logistik, besuchte zum vergangenen Wochenende die Maschinenbaumesse in Mannheim. Besonders erstaunte ihn eine vollautomatische Lackieranlage. Ausgestattet mit einer Software zur linearen Programmierung aller gängigen Verfahrensabläufe wie Grundieren, Lackieren oder Appretieren berechnet diese Anlage selbsttätig Düsendruck, Düsenabstand oder Fließgeschwindigkeit und berücksichtigt hierbei unterschiedliche Werkstoffvorgaben wie Feuchtigkeitsgehalt oder Fixierfähigkeit der eingesetzten Materialien. Hierbei können bestimmte Zielvorgaben wie ein Höchstmaß an Abriebfestigkeit des Lackauftrages oder ein Minimum an Farbverbrauch realisiert werden. Kommentar von Frau Friedrich: *„Eine solche Maschine können wir uns nicht leisten!"* Herr Messerschmidt ist da optimistischer. Seine Meinung: *„Eine Anlage dieser Art wird die Produktivität und Wirtschaftlichkeit unserer Fertigung stärken. Sie erspart uns im Alltag die Lösung vieler Probleme und wird sich bestimmt sehr schnell rentieren."*

Arbeitsaufträge
- ***Beschreiben und vergleichen Sie die von Herrn Messerschmidt genannten Kennziffern.***
- ***Beurteilen Sie kritisch ihre Aussagekraft.***

Produktivität

Wird die erstellte Leistung (der Output) ins Verhältnis zu den eingesetzten Produktionsfaktoren (dem Input) gesetzt, so erhält man die Gesamtproduktivität.

$$\textbf{Gesamtproduktivität} = \frac{\text{Ausbringungsmenge (Output)}}{\text{Faktoreinsatzmenge (Input)}}$$

Gesamtproduktivität: Sie gibt Auskunft über den mengenmäßigen Erfolg (Ergiebigkeit) der eingesetzten Kombination aller Produktionsfaktoren. Diese Formel berücksichtigt lediglich mengenmäßige Größen. Da der Input sich aus unterschiedlichen, nicht addierbaren Faktoren (Betriebsmittel, Arbeit, Materialien) zusammensetzt, ist die Gesamtproduktivität nicht aussagefähig.

Beispiel *Die Vereinigte Spanplatten AG stellte im letzten Geschäftsjahr 1,6 Mio. m² Spanplatten her (Output). Dazu wurden folgende Faktoren eingesetzt (= Input): Arbeitsstunden 16000, Maschinenstunden 50000, Material 32000 t. Da sich die Faktoreneinsatzmengen wegen der unterschiedlichen Maßeinheiten (Stunden, Tonnen) nicht addieren lassen, wäre das Ergebnis nicht aussagefähig. Um den Input aller Faktoren zu bestimmen, können die Einsatzmengen in Euro bewertet und somit gleichnamig gemacht werden.*

Arbeitsproduktivität: Aussagefähigere Kennziffern erhält man, wenn man den Output in Beziehung zu nur einem Produktionsfaktor setzt und die Produktivität z. B. je Arbeitsstunde, pro Arbeitskraft, je Quadratmeter Nutzfläche, je Materialeinheit oder je Maschinenstunde ermittelt.

Wichtigste Produktivitätskennzahl im internationalen Vergleich ist die **Arbeitsproduktivität**.

$$\textbf{Arbeitsproduktivität} = \frac{\text{Ausbringungsmenge (Output)}}{\text{Menge des Arbeitseinsatzes}}$$

Beispiel *Ein Zulieferer der Bürodesign GmbH, die Abels, Wirtz & Co. KG, hat vor Kurzem durch erfolgreiche Rationalisierungsmaßnahmen seine Produktivität verbessern können. Vor der Rationalisierung wurden von den 50 gewerblichen Mitarbeitern monatlich in 8000 Arbeitsstunden 160000 Schrankschlösser produziert. Jetzt, nach der Rationalisierung, werden in der gleichen Zeit 240000 Schlösser hergestellt.*

	Vorher	**Nachher**
Produktivität je Mitarbeiter	160000 Schlösser : 50 Mitarbeiter = 3200 St./Mitarbeiter	240000 Schlösser : 50 Mitarbeiter = 4800 St./Mitarbeiter
Produktivität je Arbeitsstunde	160000 Schlösser : 8000 Stunden = 20 Schlösser	240000 Schlösser : 8000 Stunden = 30 Schlösser

Nach Durchführung der Rationalisierungsmaßnahme werden jetzt pro Stunde zehn Schlösser zusätzlich erstellt. Der mengenmäßige Erfolg, also die Produktivität, ist gestiegen.

Die Produktivitätskennzahlen gewinnen erst durch die Beobachtung über einen bestimmten Zeitraum und den Vergleich mit Industriebetrieben derselben Branche an Aussagekraft. Nur so lassen sich verwertbare Informationen über die technische Ergiebigkeit des Betriebes oder einzelner Produktionsverfahren gewinnen. Auch der Vergleich mit Produktivitätskennzahlen vergleichbarer Industrienationen führt unter Umständen zu Überlegungen, wie die eigene Produktivität gesteigert werden kann. Die Produktivitätskennzahlen zeigen lediglich ein Mengen-Mengen-Verhältnis oder ein Mengen-Wert-Verhältnis auf. Deshalb können sie allein kein Maßstab für wirtschaftliches Handeln sein.

■ Wirtschaftlichkeit

Die Wirtschaftlichkeit ergibt sich aus dem Verhältnis zwischen Ertrag und Aufwand. Erfasst wird z. B. die wertmäßige Ergiebigkeit einer Kosteneinheit (1,00 €) der Produktion.

$$\textbf{Wirtschaftlichkeit} = \frac{\text{Ertrag}}{\text{Aufwand}}$$

Beispiel *In der Bürodesign GmbH werden für die drei Produktgruppen folgende Umsatzerlöse und Kosten ermittelt:*

Produktgruppen / Umsatzerlöse Kosten	Arbeiten am Schreibtisch	Konferenz, Besprechung Schulung	Warten und Empfang
Umsatzerlöse in € **Kosten in €**	2146046,50 2008264,80	2973540,00 2769306,00	1277183,50 1360136,70
Wirtschaftlichkeit	$\frac{2146046{,}50}{2008264{,}80} = \underline{1{,}07}$	$\frac{2973540{,}00}{2769306{,}00} = \underline{1{,}07}$	$\frac{1277183{,}50}{1360136{,}70} = \underline{0{,}94}$

Für eine eingesetzte Kosteneinheit (1,00 €) erzielten die Produktgruppen „Arbeiten am Schreibtisch“ und „Konferenz, Besprechung, Schulung“ jeweils 1,07 € Umsatzerlöse. Die Produktgruppe „Warten und Empfang“ erwirtschaftete pro Kosteneinheit 0,06 € weniger als der Einsatz von 1,00 €. Somit ist diese Produktgruppe unwirtschaftlich.

■ Wirtschaftlichkeit und Produktivität

Produktivität und Wirtschaftlichkeit hängen zusammen. Jedoch kann von der Produktivität eines Produktionsprozesses nicht ohne Weiteres auf dessen Wirtschaftlichkeit geschlossen werden. Höhere Produktivität bedeutet dann auch höhere Wirtschaftlichkeit, wenn die Produktionskosten nicht so stark steigen wie die Ausbringungsmenge.

Beispiel *Die Abels, Wirtz & Co. KG stellte vor der Rationalisierung ihrer Arbeitsabläufe 160 000 Stück Schrankschlösser pro Rechnungsperiode her. Hierfür entstanden ihr 3200000,00 € an Kosten. Nach erfolgreicher Rationalisierung stieg die Ausbringungsmenge auf 240000 Stück. Um diese Steigerung zu erreichen, musste sie 200000,00 € an zusätzlichen Kosten für die Rationalisierung aufbringen. Die Schlösser werden zum Stückpreis von 30,00 € verkauft.*

Vorher	Nachher
Wirtschaftlichkeit $= \frac{4800000{,}00\ €}{3200000{,}00\ €} = \underline{1{,}5}$	**Wirtschaftlichkeit** $= \frac{7200000{,}00\ €}{3400000{,}00\ €} = \underline{2{,}12}$

Im Unterschied zu den Leistungen (Ausbringungsmenge · Preis), die um 2400000,00 € gestiegen sind, erhöhten sich die Kosten lediglich um 200000,00 €. In diesem Fall bedeutet eine Produktionssteigerung auch eine Steigerung der Wirtschaftlichkeit.

Wirtschaftlichkeitsbetrachtungen sind für viele Entscheidungen im Betrieb notwendig. Deshalb wird man nicht nur eine Wirtschaftlichkeitskennzahl für den gesamten Betrieb errechnen, sondern gezielt die Wirtschaftlichkeit einzelner Produkte oder Produktionsverfahren ermitteln.

Beispiel *In der Bürodesign GmbH soll eine Schrankwand für eine Anwaltskanzlei gefertigt werden. Diese Schrankwand verursacht Herstellungskosten im Wert von 12 000,00 €. Für die Produktion bieten sich zwei Alternativen an:*

A Die Schrankwand wird von sechs angelernten Hilfsschreinern weitgehend in Handarbeit gefertigt. Sie benötigen hierfür 100 Arbeitsstunden und verursachen 4 000,00 € Kosten.

B Bei der Produktion werden zwei hochqualifizierte Schreiner und eine Spezialmaschine eingesetzt. Die beiden Arbeitskräfte verursachen ebenfalls 4 000,00 € Kosten. Für den ebenfalls 100-stündigen Maschineneinsatz entstehen 2 000,00 € Kosten. Dies sind insgesamt 6 000,00 € Kosten.

Aus der Sicht der Arbeitsproduktivität ist die Alternative B günstiger, da hier lediglich zwei Personen, im anderen Fall sechs Personen benötigt werden. Ermittelt man jedoch für beide Alternativen die Wirtschaftlichkeit, so zeigt sich folgendes Ergebnis:

Wirtschaftlichkeit der Alternative A $= \frac{12\,000{,}00\ €}{4\,000{,}00\ €} = 3$

Wirtschaftlichkeit der Alternative B $= \frac{12\,000{,}00\ €}{6\,000{,}00\ €} = 2$

Die Alternative A ist wirtschaftlicher, weil bei gleicher Leistung die Kosten geringer sind.

Allerdings bietet die Alternative B einen großen Vorteil: Durch eine Verringerung des Personalbedarfs sinken die Personalwagnisse, die sich durch Krankheit, Unfälle, Streik und gesetzliche Auflagen wie Ansprüche auf Kündigungsschutz, Erziehungsurlaub oder Teilzeitarbeit ergeben.

Beispiel *Durch die Anschaffung einer vollautomatischen Biegemaschine wird der Personalbestand in der Schlosserei von 20 auf 19 Arbeitnehmer reduziert, dies entspricht einer Personaleinsparung von 5 %.*
Da pro 20 Arbeitsplätze (5 von 100) ein Schwerbehinderter eingestellt werden muss oder eine Ausgleichsabgabe zu zahlen ist, entfällt hier jetzt diese Verpflichtung. Gleichzeitig werden erhebliche Personalkosten eingespart.

Die Wirtschaftlichkeit ist zwar Grundprinzip des wirtschaftlichen Handelns, sagt jedoch nichts darüber aus, ob sich der Kapitaleinsatz (Eigenkapital und Fremdkapital) im Betrieb wirklich gelohnt hat.

■ Rentabilität

→Bd. 2 Die **Rentabilität** informiert über die Ertragskraft einer Unternehmung und über die Verzinsung des eingesetzten Kapitals.

Die wichtigsten Rentabilitätskennziffern sind:

Eigenkapitalrentabilität (Unternehmerrentabilität) $= \frac{\text{Gewinn} \cdot 100}{\text{Eigenkapital}}$

Gesamtkapitalrentabilität (Unternehmensrentabilität) $= \frac{(\text{Gewinn} + \text{Fremdkapitalzinsen}) \cdot 100}{\text{Gesamtkapital}}$

Umsatzrentabilität $= \frac{\text{Gewinn} \cdot 100}{\text{Umsatz}}$

Just in case (gerüstet sein für alle Fälle)

Betriebliche Entscheidungen können nicht nur unter den Gesichtspunkten der Produktivität, der Wirtschaftlichkeit und der Rentabilität betrachtet werden, sondern müssen auch stets das Augenmerk auf die notwendige Flexibilität legen. Das Leistungsniveau in der Steuerungs-, Maschinen- und Transporttechnik hat inzwischen einen solchen Stand erreicht, dass Fertigungsstraßen sehr schnell auf neue Produkte umgestellt werden können. Allerdings sind der Umstellung auch Grenzen gesetzt und dieses Wagnis lässt sich kaum in Zahlen ausdrücken.

Beispiel *Stühle aus Polyurethan können mithilfe einer Extrusionsanlage vollautomatisch hergestellt werden. Durch den Einsatz unterschiedlicher Werkzeuge (Formen) ist die Fertigung einer Vielzahl von Varianten möglich. Für die Fertigung von Holzstühlen sind dagegen völlig andere Maschinen notwendig.*

Zusammenfassung: Allgemeine Kennziffern für wirtschaftliches Handeln aufzeigen und anwenden

- Die **Produktivität** gibt Auskunft über die mengenmäßige Ergiebigkeit der Produktionsfaktoren. Sie ist eine wichtige Kennzahl zur Messung von Rationalisierungsergebnissen.
- Die **Wirtschaftlichkeit** informiert über das wertmäßige Verhältnis zwischen Ertrag und Aufwand. Sie ist Grundlage für viele betriebliche Entscheidungen.
- Aus der **Rentabilität** ergibt sich die Verzinsung des eingesetzten Kapitals.
- Durch die Einbeziehung von Fremdkapital kann die Rentabilität steigen, aber auch sinken.

Aufgaben

1 *Suchen Sie nach einer Erklärung dafür, dass die Wirtschaftlichkeit einer Produktion sinkt, obwohl die Produktivität zugenommen hat.*

2 *Durch Vergleiche können Verbesserungen der Wirtschaftlichkeit erkannt und bewertet werden. Belegen Sie diese Aussage mit Beispielen.*

3 *In der Polsterwerkstatt der Bürodesign GmbH sind drei Mitarbeiter beschäftigt. Die wöchentliche Arbeitszeit beträgt jeweils 40 Stunden und wird gleichmäßig von Montag bis Freitag abgeleistet. Die Auswertung der Stundenzettel aus den vergangenen vier Wochen führte zu den folgenden durchschnittlichen Ausbringungsmengen für die Auspolsterung der Konferenzstühle „Konzentra“.*

Wochentag	Ausbringungsmenge pro Tag in Stück	Arbeitszeit der Gruppe in Stunden	Arbeitsproduktivität in Stück/ je Mitarbeiter	Arbeitsproduktivität in Stück /Stunde
Montag	48	24		
Dienstag	51	24		
Mittwoch	57	24		
Donnerstag	54	24		
Freitag	45	24		

a) Berechnen Sie Arbeitsproduktivität bezogen auf den einzelnen Mitarbeiter und auf die geleisteten Arbeitsstunden.
b) Suchen Sie nach Gründen für die Schwankungen bei der Arbeitsproduktivität.

4 *Die folgenden Maschinensysteme stehen zur Auswahl:*

Maschinensystem	System A	System B	System C
Stückzahl der möglichen Tagesproduktion	7 500	6 400	3 000
Anzahl der Maschinen	3	2	1
Arbeitstage pro Jahr	220	220	220
Jahresproduktivität in Stück			
Produktivität pro Maschine in Stück			

a) Berechnen Sie die jährliche Maschinenproduktivität der möglichen Systeme.
b) Stellen Sie fest, welche Gesichtspunkte neben der Produktivität die Auswahl zusätzlich beeinflussen könnten.

5 *Bei der Bürodesign GmbH wurde die Trocknung im Heißluftkanal durch eine UV-Trocknung und Härtung der aufgetragenen Lackschicht ersetzt. Hierdurch ist es möglich, die Lackstärke von 50 auf 40µ zu senken. Bisher betrug der Verbrauch an Lack bei dem Schreibtisch Stardesign 300 Gramm.*
a) Ermitteln Sie die Materialersparnis in Gramm und Prozent bei dem Schreibtisch „Stardesign“.
b) Weniger Lack führt auch zu einer Steigerung der Materialproduktivität. Stellen Sie fest, um wie viel Prozent ein Farbeimer von 20 kg bei der Lackierung zusätzlich ausreicht.

6 *Für einen Auftrag ermittelt ein Spediteur der Bürodesign GmbH die folgenden Erträge und Aufwendungen: Ertrag = 1 206,00 € Aufwand = 1 340,00 €.*
a) Berechnen Sie die Kennziffer für die Wirtschaftlichkeit.
b) Suchen Sie nach zwei Gründen dafür, dass der Spediteur unter Umständen einen Auftrag annimmt, obwohl er rein rechnerisch unwirtschaftlich ist.

7 *Frau Friedrich, Geschäftsführerin der Bürodesign GmbH, hat ein beträchtliches Vermögen geerbt und sieht sich nach potenziellen Anlageformen um. Unter anderem erwägt sie, ihr Kapital in ein fremdes Unternehmen zu investieren. Sie hat bereits zwei Unternehmen in die engere Wahl gezogen:*
Unternehmen A: zu erwartender Gewinn: 150 000,00 €, erforderliches Kapital: 3 Mio. €
Unternehmen B: zu erwartender Gewinn: 200 000,00 €, erforderliches Kapital: 5 Mio. €
Stellen Sie fest, für welches Unternehmen sie sich entscheiden sollte, wenn sie eine möglichst hohe Rendite für ihr investiertes Kapital erzielen möchte.

8 *Die Unternehmen A, B und C wiesen im letzten Geschäftsjahr die folgenden Werte auf:*

	Unternehmen A	Unternehmen B	Unternehmen C
Gesamtkapital	3 000 000,00 €	3 000 000,00 €	3 000 000,00 €
Eigenkapital	3 000 000,00 €	900 000,00 €	300 000,00 €
Fremdkapital	0 €	2 100 000,00 €	2 700 000,00 €
Betriebsergebnis	300 000,00 €	300 000,00 €	300 000,00 €
Fremdkapitalzinsen	0 €	105 000,00 €	135 000,00 €
Gewinn	300 000,00 €	195 000,00 €	165 000,00 €
Eigenkapitalrentabilität			
Gesamtkapitalrentabilität			

a) Berechnen Sie Eigenkapital- und Gesamtkapitalrentabilität dieser Unternehmen.
b) Ziehen Sie bestimmte Schlüsse aus diesen Zahlen.

3.3 Wege auf der Suche nach einer kontinuierlichen Verbesserung von Leistungsprozessen finden und bewerten

Die beiden Auszubildenden Renate Becker und Silvia Land wurden gebeten, bei der Betreuung des Ausstellungsstandes der Bürodesign GmbH während der Büromöbelfachmesse in Köln mitzuwirken. Hier mussten sie manche Frage der interessierten Händler und der übrigen Besucher beantworten. Viele Gesprächspartner waren von der Funktionalität und dem Design der Ausstellungserzeugnisse angenehm überrascht, andere wiederum empfanden eine gewisse Eintönigkeit in der Formgebung und Farbgestaltung.

Die beiden Auszubildenden machte diese Kritik betroffen. Von Herrn Stam, dem Vertriebsleiter, hörten sie nur die Antwort: *„Auch wir müssen rationalisieren."*

Arbeitsaufträge
- ***Sammeln Sie Argumente für die Notwendigkeit einer ständigen Suche nach Rationalisierungsreserven.***
- ***Erstellen Sie einen Katalog möglicher Rationalisierungsmaßnahmen, die sich auf die Produkte beziehen.***
- ***Suchen Sie nach Möglichkeiten der Kosteneinsparung bei der Durchführung von Fertigungsprozessen.***
- ***Beschreiben Supply-Chain-Management als logische Folge von Lean Production.***

■ Die Notwendigkeit zur Rationalisierung

Eine Rationalisierung liegt dann vor, wenn aufgrund einer bestimmten Maßnahme mit der vorhandenen Fertigungskapazität ein **Mengeneffekt** erzielt wird oder aber die bisherige betriebliche Leistung mit einem geringeren Aufwand erreicht wird, d. h. sich ein positiver **Kosteneffekt** einstellt.

Beispiel *Die Geschäftsleitung der Bürodesign GmbH erwägt die Anschaffung einer Etikettieranlage zur Beschleunigung der Versandabwicklung. Der Arbeitsablauf wurde bisher von zwei Arbeitnehmern vorgenommen, die insgesamt 6 200,00 € an monatlichen Personalkosten verursachen und monatlich etwa 4 960 Etikettierungen einschließlich der Datenerfassung vornehmen. Die Lohnkosten pro Etikettierung betragen demnach 1,25 €. Die neue Etikettieranlage ersetzt einen Arbeitnehmer und erlaubt ferner eine Kapazitätsausweitung auf 9 300 Vorgänge; bedingt allerdings einen monatlichen Kostenaufwand von 4 340,00 €. Bei der bisherigen Beschäftigungslage lohnt sich die Anschaffung der Etikettieranlage nicht, weil die gesamten Kosten pro Ablauf auf 1,50 € steigen. Zu berücksichtigen ist jedoch der Mengeneffekt. Sind mehr als 5 952 Etikettierungen im Monat vorzunehmen, dann lohnt sich der Einsatz der Etikettieranlage.*

Der Kosteneffekt einer Maßnahme kann nicht immer rein rechnerisch belegt werden. Neben den offenen Kosten sind auch versteckte bzw. nicht kalkulierbare Kosten bei einem Maßnahmenvergleich zu berücksichtigen. Selbst wenn die Kosten bei zwei Verfahren rechnerisch gleich sind, kann die Wahl eines der Verfahren eine Rationalisierung bedeuten, wenn hierdurch eine größere Flexibilität erreicht wird. Im weiteren Sinne kann man deshalb von einer Rationalisierung sprechen, wenn eine Maßnahme eine Verbesserung auf dem Weg zu den Unternehmenszielen beinhaltet.

Beispiel *Für die Anschaffung der Etikettieranlage spricht nicht nur die Erhöhung der verfügbaren Kapazität, sondern auch die Ausschaltung erheblicher Risiken, die mit dem Einsatz eines Mitarbeiters verbunden sind, wie die Lohnfortzahlung im Krankheitsfalle oder ein besonderer Kündigungsschutz bedingt durch soziale Gegebenheiten in der Person des Arbeitnehmers.*

Durch die **Globalisierung** der Märkte besteht heute für viele Unternehmen die Notwendigkeit, weltweit mit anderen Unternehmen zu konkurrieren. Dies ist nicht nur eine Folge der fortschreitenden Informationstechnologie, sondern auch der zunehmenden Marktöffnung, die im vergangenen Jahrhundert durch den Zerfall der Planwirtschaften eingeleitet wurde. Diese Länder haben häufig einen erheblichen Rückstand im Lohnniveau und können deshalb preisgünstiger anbieten als die herkömmlichen Industrieländer.

Beispiel *Die Bürodesign GmbH muss seit einigen Jahren nicht nur mit Anbietern aus Italien konkurrieren, sondern auch mit jungen Unternehmen aus der Tschechischen Republik, Polen und Estland. Diese Unternehmen haben durch das weitaus geringere Lohnniveau einen erheblichen Kostenvorsprung, den die Bürodesign GmbH nur durch einen höheren Qualitätsstandard ausgleichen kann. Die Arbeitslöhne im Daccia-Werk in Tanger sind so niedrig, dass über eine komplette Verlagerung des Unternehmens nachgedacht wird.*

Neben den räumlichen Veränderungen verstärkt ein **Beschleunigungseffekt**, der bei der Produktgestaltung und Marktsättigung zu beobachten ist, den Wettbewerbsdruck. Viele Märkte sind durch eine Großserienfertigung sehr schnell gesättigt. Gleichzeitig verdoppeln sich der technische Fortschritt und das Wissen in einem Zeitraum von drei Jahren. Nur Unternehmen, die flexibel reagieren, ständig an Innovationen arbeiten und mit kurzen Entwicklungszeiten aufwarten können, haben auf Dauer eine Überlebenschance.

Der Wettbewerbsdruck schafft einen **Käufermarkt**, d.h., die Kunden können höhere Ansprüche an das Produkt und die Lieferbedingungen stellen. Erfolgt der Vertrieb über den Handel, so sind zwei Tendenzen festzustellen: Der Umfang der Einzelaufträge nimmt ab, weil der Handel nicht mehr bereit ist, das volle Absatzrisiko zu tragen, und die Kosten der Lagerhaltung scheut. Für ein Industrieunternehmen bedeutet dies, dass flexibel in kleineren Losen produziert werden muss. Einen zweiten Aspekt bildet der steigende Preisdruck. Die Konzentration im Handel hat in vielen Branchen so stark zugenommen, dass nur noch wenige Filialisten den gesamten Markt beherrschen. Erfolgt der Vertrieb direkt an den Endkunden, so steigt der logistische Aufwand. Die Beratungs- und Servicefunktionen des Handels entfallen. Diese Nachteile müssen durch montage- und servicefreundliche Produkte ausgeglichen werden, die eine möglichst hohe statische und dynamische Qualität aufweisen. Das heißt, die Einhaltung von Qualitätsanforderungen muss nicht nur zum Zeitpunkt der Auslieferung garantiert sein, sondern möglichst die gesamte Lebensdauer des Produktes umfassen.

Maßnahmen auf dem Weg zur Produktoptimierung

Häufig bieten sich große Rationalisierungsreserven bereits durch eine entsprechende Gestaltung des Produktes an. Große Vorteile ergeben sich dann, wenn es möglich ist, den **Materialverbrauch zu standardisieren,** d.h., wenn der Materialbedarf für ein Produkt klar definiert wird oder werden kann. Dies ermöglicht eine realistische Kostengrundlage und erleichtert ein späteres Controlling bezogen auf die Wirtschaftlichkeit des Materialverbrauchs. Gleichzeitig ergeben sich erhebliche logistische Vorteile bei der innerbetrieblichen Lagerung, dem Transport und der Einrichtung der Maschinen.

Durch eine Harmonisierung von Lagereinheit, Transporteinheit und Verbrauchseinheit werden erhebliche Kosten eingespart.

Beispiel *Die gefertigten Tischplatten haben eine Länge von 140 cm und eine Breite von 70 cm. Dies entspricht einer Fläche von 0,98 m². Wird für den Lackauftrag eine einheitliche Grammatur von 1 kg festgesetzt – unter der Grammatur versteht man den Farbauftrag pro m² in kg –, so kann der Lackverbrauch exakt kalkuliert werden. Besteht ein Los i. d. R. aus 20 Tischplatten, so ist es zweckmäßig, dass auch die Farbeimer nicht mehr als 20 kg aufweisen. Gleichzeitig sollte der Vorratsbehälter der Spritzpistole für diese Füllmenge ausreichen.*

Normung: Unter Normung versteht man die Vereinheitlichung von Einzelteilen durch die Festlegung von Größen, Abmessungen, Form, Farbe oder bestimmten Qualitätseigenschaften. Auch Verfahrensweisen oder Verfahrensgrundsätze können durch eine Normung einheitlich festgelegt werden.

Normung

- beschleunigt die Beschaffung, weil die Kurzbezeichnungen eine schnelle Verständigung ermöglichen und die Lieferung von Normteilen meist aus Lagervorräten erfolgt,
- reduziert die Beschaffungskosten, weil Normteile von den Lieferern meist in hohen Stückzahlen für einen breiten Abnehmerkreis gefertigt werden,
- senkt die Kapitalbindungskosten, indem Lagerbestände abgebaut werden können,
- erlaubt den Einsatz standardisierter Mess- und Prüfeinrichtungen,
- senkt die Rüstkosten, weil viele Maschinen auf genormtes Material abgestimmt sind.

Typung: Unter Typung versteht man die Vereinheitlichung von zusammengesetzten Erzeugnissen bezogen auf Größe, Abmessungen und bestimmte Leistungsmerkmale. Hierbei unterscheidet man innerbetriebliche und überbetriebliche Typung. Bei der innerbetrieblichen Typung sind einzelne Baugruppen bzw. Aggregate und Endprodukte so standardisiert, dass sie miteinander kombiniert werden können. Dies erlaubt eine Beschränkung auf wenige Ausführungen einer Baugruppe oder eines Enderzeugnisses.

Beispiele *Die Schubladen passen sowohl in die gefertigten Aktenschränke als auch in Bürotische.*
Die gefertigten Einzeltische können als Set zu einem Konferenztisch zusammengestellt werden.

Eine überbetriebliche Typung entsteht durch eine Kooperation branchengleicher Unternehmen, deren Produkte sich ergänzen oder aber eine gewisse Passform zu vor- oder nachgelagerten Produkten aufweisen.

Beispiele *Küchenmöbel müssen so konstruiert werden, dass später das notwendige Spülbecken, die Wasserarmatur und die Elektrogeräte ihren Platz finden. Bei der Fertigung von Innentüren müssen die Normen für die gewünschte Türtype, z. B. Höhe 200 cm, Breite 87,5 cm, Stärke 4 cm, eingehalten werden, damit beim Rohbau die notwendigen Außenmaße bestimmt werden können, aber auch später entsprechende Türbeschläge zu finden sind.*

Da die Vereinheitlichung von zusammengesetzten Erzeugnisses weitgehend von Normen bestimmt wird, sind hier die gleichen Vorteile zu finden. Zusätzlich erlaubt die Typung eine Beschränkung auf wenige Produkte und Produktausführungen,

Ein **Baukastensystem** bedeutet, dass ein Erzeugnis aus Baugruppen besteht, die nicht zwangsläufig verwendet werden müssen, sondern gegen andere ausgetauscht werden können.

Durch den Austausch von Baugruppen erhält das Produkt eine andere Form, andere technische Eigenschaften oder es bietet zusätzliche Verwendungsmöglichkeiten. Eine wichtige Voraussetzung für die Anwendung des Baukastensystems ist, dass die einzelnen Baugruppen einheitliche Passflächen aufweisen.

Beispiel *Ein Schreibtisch besteht aus drei Baugruppen und einem Einzelelement: Schubladeneinheit, Gefacheinheit, Monitor-Schiebeaufsatz und Tischplatte. Die Tischplatte kommt als „Gleichteil" in allen gewünschten Varianten vor und kann deshalb auf Lager produziert werden.*

Der Rationalisierungseffekt besteht darin, dass

- gleichbleibende Bausteine in großer Stückzahl auf Lager gefertigt werden können,
- die auf Lager gefertigten Bausteine die Durchlaufzeit bei eingehenden Aufträgen erheblich verkürzen,
- bei der Durchführung von Garantieleistungen der Reparaturdienst erleichtert werden kann, indem bei defekten Teilen der ganze Baustein meist problemlos ausgewechselt wird.

Verfahrensbezogene Möglichkeiten der Rationalisierung

Ähnlichkeitsbildung: Durch die Zusammenfassung von ähnlichen Aufträgen zu einem Los oder zu einer Scheinserie können häufig erhebliche Kosten eingespart werden. Hierbei werden Teile, die sich in der Endform ähneln, zu einer **Teilefamilie** zusammengefasst und gemeinsam gefertigt. Selbst wenn nur eine Ähnlichkeit in bestimmten Einzelheiten der Form besteht, kann die Zusammenfassung zu einem Los bzw. zu einer **Fertigungsfamilie** sinnvoll sein, wenn die einzelnen Erzeugnisse mehrere Arbeitsplätze oder Maschinensysteme im Ablauf gemeinsam haben. Durch eine Ähnlichkeitsbildung, d. h. eine Zusammenfassung unterschiedlicher Aufträge zu einem Los, kann man die anteiligen Rüstkosten senken und die Entscheidung für ein schnelleres Fertigungsverfahren mit einem höheren Technisierungsgrad rechtfertigen.

Bildung von Fertigungsinseln: Eine Fertigungsinsel entsteht durch eine räumliche Zusammenfassung von Arbeitsplätzen und Maschinen mit unterschiedlichen Aufgaben bzw. Vorgängen, die zur Fertigung eines bestimmten Teilablaufes oder sogar einer Erzeugnisfamilie erforderlich sind.

Beispiele *Fertigung der Seitenteile für ein Fußgestell, Montage von Stühlen oder sogar die komplette Fertigung von Pinnwänden*

Die Bildung von Fertigungsinseln bietet einen konsequenten Abschluss von Maßnahmen, die mit der Vereinheitlichung von Einzelteilen und Baugruppen beginnen. Nur wenn sich die Erzeugnisse möglichst ähnlich sind, können sie zu Gruppen zusammengefasst werden und dann weitgehend komplett durch eine Produktionsinsel bearbeitet werden. Fertigungsinseln bieten

- kurze Transportwege und Transportzeiten, weil die meisten Transporte innerhalb der Insel stattfinden,
- eine einfache Fertigungssteuerung aufgrund der hohen Übersichtlichkeit des Ablaufs für die Mitarbeiter,
- eine hohe Anpassungsfähigkeit an kurzfristige Änderungen bei den Produktionsaufgaben,
- Identifizierung der Mitarbeiter mit „ihren" Produkten, weil sie am Gesamtablauf beteiligt sind.

Lean Production

Lean Production ist ein Führungsprinzip, das in der Produktion und Organisation von Unternehmen zunehmend umgesetzt wird. Die Grundideen des Konzeptes beinhalten Folgendes:

Bildung von selbstständigen Arbeitsgruppen mit einem internen Kunden-Lieferer-Verhältnis gegenüber den anderen Arbeitsgruppen im Betrieb. Jede Arbeitsgruppe und jeder Mitarbeiter einer Arbeitsgruppe ist für die Qualität des Produktionsergebnisses unmittelbar verantwortlich. Selbst ein einzelner Mitarbeiter ist berechtigt, die gesamte Produktion zu stoppen, wenn hierdurch Fehler vermieden werden können.

Beispiel *Bei Porsche entscheiden die Mitarbeiter der Arbeitsgruppe selbst über die Gestaltung ihres Arbeitsplatzes und sie haben ein eigenes Budget für die Beschaffung der notwendigen Arbeitsmittel.*

Direkte Steuerung der Produktion durch die aktuelle Nachfrage: Der Kunde wird aktiv in das Unternehmen einbezogen. Eine Service-Organisation steht in unmittelbarem Kontakt zu den Kunden. Über Onlineverbindungen werden Probleme und Wünsche der Kunden rund um die Uhr bearbeitet, an die Produktion weitergegeben und bei der Produktgestaltung berücksichtigt.

Priorität der wertschöpfenden Prozesse: Nur wertschöpfende Prozesse, die für die eigentliche Fertigung des Produktes notwendig sind und für die man eine besondere Kompetenz besitzt, werden als Kernprozesse gefördert. Nicht wertschöpfende Prozesse werden an Tochterunternehmen ausgelagert oder an externe Partner vergeben. Dies führt dazu, dass innerhalb einer Fertigungsstätte manchmal eine Vielzahl von mehr oder weniger selbstständigen Kleinunternehmen tätig ist.

Beispiele *Lagerung, innerbetrieblicher Transport, Wartung und Einstellung von Maschinen, Kommissionierung und Verpackung von Endprodukten werden ausgelagert und von selbstständigen Unternehmen durchgeführt.*

Standardisierung der Erzeugnisse und Prozesse: Für eine Arbeitsaufgabe wird ein optimaler Arbeitsablauf oder die zweckmäßigste Lösung gesucht. Wurde sie gefunden, so wird sie für kommende ähnliche Prozesse konsequent eingesetzt. Durch den Einsatz von CAE (Computer-Aided Engineering) wird erreicht, dass bei der Konstruktion eines neuen Produktes bereits dokumentierte Arbeitsabläufe und vorhandene Werkzeuge berücksichtigt werden.

Flache Hierarchie: Weist eine Aufbauorganisation viele Instanzen auf, so ist eine optimale Kommunikation zwischen den einzelnen Instanzen meist nicht mehr gewährleistet. Die Wege sind lang, was zu einer Verzerrung von Informationen und zu einer Verzögerung von Entscheidungen führt. Dazu kommt, dass Informationen meist von oben nach unten verlaufen und von unten nach oben wenig geschieht. Mittlere Instanzen üben oft nur eine Briefträgerfunktion aus, weil sie Entscheidungen nicht fällen können oder wollen. Eine flache Hierarchie mit wenigen Instanzen ist deshalb eine notwendige Ergänzung zur Verbesserung der Flexibilität des Unternehmens.

■ Supply-Chain-Management (SCM)

Durch ein Outsourcing betrieblicher Funktionen teilt man sich zunehmend die Wertschöpfung mit vielen anderen Unternehmen.

Beispiel *Autositze und Klimaanlage für einen Pkw werden nicht nur vom Lieferer angeliefert, sondern auch am Band eingebaut.*

Erfolg und Misserfolg hängen nunmehr nicht nur von dem einzelnen Unternehmen ab, sondern werden durch den Beitrag aller an einer bestimmten Wertschöpfung Beteiligten bestimmt. Zudem konkurriert auf den einzelnen Märkten nicht mehr nur der Einzelhersteller mit dem Einzelhersteller, sondern alternative Wertschöpfungssysteme stehen miteinander im Wettbewerb.

Beispiele *Der Dieselmotor konkurriert mit dem Ottomotor, der Gasantrieb mit dem Benzinantrieb, die Kunststoffkarosserie mit der Karosserie aus Aluminium oder Leichtmetall.*

Aus dieser Erkenntnis ergibt sich die Notwendigkeit, eine **Lieferkette** (= **Supply Chain**) zu bilden, die sich unternehmensübergreifend als ein einheitliches Organisationsgebilde versteht. Aus einer reinen logistischen Kette wird ein Leistungssystem für ein bestimmtes Gut für einen bestimmten Markt. Im Extremfall kann eine solche Supply Chain von der Rohstoffgewinnung bis zum Recycling der Alt-Produkte bzw. ihrer Entsorgung reichen.

Beispiel *Ein Kosmetikhersteller bietet eine besonders hautsympathische Creme in einem höheren Preissegment an. Um diesem Ziel gerecht zu werden, kontrolliert er die Schaftierhaltung im Erzeugerland, damit von Pestiziden absolut freie Wollfette eingesetzt werden können. Die Haltbarkeit der Wollfette während des*

Transports vom fernen Neuseeland wird nicht durch die Zugabe von Antioxidantien, sondern durch Kühlcontainer gewährleistet. Die Qualitätskontrolle während der Fertigung erfolgt durch Stichproben über ein neutrales Labor. Zur Konfektionierung dienen ausschließlich Glastiegel, weil sie dermatologisch völlig unbedenklich sind. Auf Kunststoff und Weißblech wird bewusst verzichtet. Ausgesuchte und besonders geschulte Fachhändler übernehmen den Verkauf an den Kunden.

Das **Supply-Chain-Management** koordiniert die Aktivitäten der einzelnen Unternehmen bzw. Kettenglieder, auch wenn sie weitgehend autonom sind, und zielt auf eine Verbesserung der Effektivität der gesamten Herstellungskette. Maßnahmen im Rahmen eines Supply-Chain-Managements können langfristig die Effizienz der Wertschöpfungskette wesentlich erhöhen. Kurzfristige Maßnahmen bieten sich häufig durch die Angleichung der Hard- und Software mit externen Partnern in der Logistik an. Sie verkürzen die Bereitstellungszeit und den Bereitstellungsaufwand.

Beispiele *Einheitliche Paletten, Packgrößen, Transportlose, Be- und Entladevorrichtungen, einheitliche Informationssysteme zur Identifizierung und Klassifizierung von Produkten*

Industrie 4.0 und der Einfluss der Digitalisierung

Durch die zunehmende Digitalisierung in fast allen Lebensbereichen unterstellt man, dass eine **vierte industrielle Revolution** begonnen hat. Vielfach findet man hierfür den Begriff **Industrie 4.0,** der jedoch nicht eindeutig definiert ist und von einem Forschungsvorhaben der Bundesregierung stammt.

Der Fortschritt in der Informations- und Kommunikationstechnik verstärkt die Vernetzung zwischen Maschinensystemen, zwischen Produktion und Logistik und allen Beteiligten einer Wertschöpfungskette. Das Ergebnis ist zunächst die intelligente Fabrik, die auch als **Smart Factory** bezeichnet wird. Sie besteht aus Maschinen, die weitgehend autonom agieren, über ihren Zustand reflektieren und die eigenen Prozesse bewerten. Sie versorgen sowohl andere Maschinen als auch die Nutzer mit Informationen zur Produktion, zu äußeren Einwirkgrößen und zur Qualität der gefertigten Produkte. Die gewonnenen Informationen stehen allen Beteiligten in Echtzeit zur Verfügung. Vorwärts- und Rückwärtsinformationen verbinden nicht nur die einzelnen Maschinensysteme, sondern auch die vor- und nachgelagerten Partner der Wertschöpfungskette und alle Institutionen, die eine Berührung zur eigenen Wertschöpfung aufweisen. Das Ergebnis ist eine intelligente und flexible Produktion, die sich durch die folgenden Merkmale auszeichnet:

- Intelligente Maschinen treffen eigene Entscheidungen für den Fertigungsablauf.
- Lagerhaltung wird weitgehend vermieden.
- Engpässe werden vorzeitig erkannt und rechtzeitig gelöst.
- Kundenwünsche begleiten den Lebenszyklus eines Produktes von der Produktidee bis zum Recycling.
- Zahlreiche Assistenzsysteme erlauben die Fertigung individueller und intelligenter Produkte.

Von **intelligenten Produkten** spricht man dann, wenn sie selbstständig Informationen austauschen, Zustände erfassen und Aktionen auslösen.

Beispiele
- *Kühlschränke, die eigenständig Milch und Butter einkaufen*
- *Waschmaschinen, die genau dann waschen, wenn der Strom gerade günstig ist*

Zusammenfassung: Wege auf der Suche nach einer kontinuierlichen Verbesserung von Leistungsprozessen finden und bewerten

Wege zur kontinuierlichen Verbesserung von Leistungsprozessen

taktische Maßnahmen

durch Vereinheitlichung und Zusammenfassung

↓

Materialstandardisierung
Normung und Typung
Baukastenbauweise
Fertigungsinseln
Fertigungsfamilien

strategische Maßnahmen

durch Konzentration, Kooperation und Digitalisierung

↓

Lean Production
Supply-Chain-Management
Industrie 4.0

Aufgaben

1 *Die Bürodesign GmbH erreichte im vergangenen Jahr bei den Materialkosten eine Einsparung von 10 %. Berechnen Sie unter Berücksichtigung der folgenden Kosten- und Gewinnsituation die notwendige Umsatzsteigerung in Prozent, um über den Absatz das gleiche Betriebsergebnis zu erzielen.*

Materialkosten	**40 %**
Fertigungskosten	**35 %**
Verwaltungs- und Vertriebskosten	**15 %**
Gewinn	**10 %**

2 *Der Absatz eines Geschäftsfreundes der Bürodesign GmbH, und zwar der Mira GmbH, die Rollstühle herstellt, ist im letzten Jahr von 10 000 auf 8 000 Stück zurückgegangen.*
Betriebliche Situation:

Durchschnittspreis	*500,00 €/Stück*
Variable Stückkosten	*317,08 €/Stück*
Fixkosten	*1 500 000,00 €/Jahr*

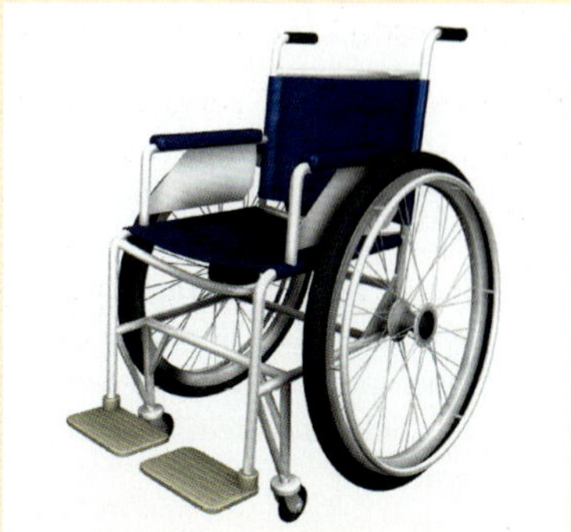

a) Ermitteln Sie den Gewinn/Verlust bei einem Absatz von 8 000 Stück.

Rationalisierungsinvestitionen könnten die Produktivität erhöhen und die variablen Stückkosten um ca. 25 % senken. Eine Erhöhung der Fixkosten und eine Personalfreisetzung wären allerdings nicht zu umgehen. Eine gleichzeitige Preissenkung um 10 % würde nach einer Marktanalyse eine Absatzerhöhung um 2 000 Stück bewirken.

Betriebliche Situation nach eventueller Rationalisierung:

Variable Stückkosten	*234,95 €/Stück*
Erhöhung der Fixkosten um	*500 000,00 €/Jahr*

b) Ermitteln Sie den Gewinn/Verlust bei einem Absatz von 10 000 Stück,

c) Erläutern Sie unabhängig von Ihrer rechnerischen Lösung drei Gesichtspunkte, die eventuell die Entscheidung über die Rationalisierungsinvestition negativ beeinflussen.

3 *Da es in der Lackiererei der Bürodesign GmbH insbesondere durch die Annahme von Zusatzaufträgen öfter zu Engpässen kommt, soll die Anlage LK1 der Lackiererei durch einen neuen, digitalen Lackierautomaten, und zwar die Anlage LK2, ersetzt werden. Durch die neue Anlage würden pro Jahr 30 000 Rahmen lackiert werden können. Die neue Anlage LK2 würde Fixkosten in Höhe von 400 000,00 € verursachen und läge bei voller Kapazitätsauslastung bei einer Gesamtkostenhöhe von 1 150 000,00 €. Für die bisher genutzte Lackieranlage LK1 liegen Ihnen folgende Daten vor:*

Fixkosten:	*150 000,00 €*
variable Stückkosten:	*50,00 €*
Kapazität pro Jahr:	*15 000 Stück*

Entscheiden Sie, ob die neue Anlage angeschafft werden sollte. Begründen Sie Ihre Entscheidung mit mehreren Argumenten, die Sie aus den vorgegebenen Daten ableiten.

4 *Der hohe Konkurrenzdruck zwingt die Bürodesign GmbH zur Rationalisierung. Die Unternehmensleitung plant daher*

a) eine Einengung der bisherigen Fertigungsbreite,

b) die Erhöhung der Losgrößen,

c) weitgehende Automatisierung der Fertigung.

Bilden Sie drei Gruppen, die jeweils zu einer geplanten Maßnahme kritisch Stellung nehmen.

5 *Um den Materialeinsatz zu vereinheitlichen, sollen spezifische Werksnormen langfristig durch DIN-Normen ersetzt werden. Wägen Sie die Vorteile dieser Strategie mit den zu erwartenden Nachteilen ab.*

Handlungsfeldübergreifende Aufgaben

1

Audi verabschiedet sich vom Fließband

[...] Dem Ingolstädter Audi-Konzern sind die Abläufe bei der Fließbandarbeit angesichts von immer mehr Modellen und Ausstattungen zu starr. Deshalb soll sie nun zugunsten von Fertigungsinseln abgeschafft werden. Dies soll nicht nur Geld einsparen, auch die Mitarbeiter sollen profitieren. Ohne Fließband wird derzeit schon bei der E-Motorenfertigung im ungarischen Györ und beim Bau des Sportwagens R8 in Neckarsulm gearbeitet. Und schon bald soll eine Vormontage im Stammwerk Ingolstadt folgen. [...]

Statt am Fließband sollen Autos von Audi künftig an 200 Montageinseln produziert werden. Dabei wird die Karosserie von Robotern auf einen vernetzten Transportwagen verladen, der dann autonom diejenige Station ansteuert, an der die Auslastung niedriger ist. Dauert ein Arbeitsschritt länger als ein anderer, so bleibt der Wagen mit der Karosserie einfach länger an dieser Station. Warteschlange[n] werden dadurch vermieden, da ein Computer errechnet, welche Arbeitsschritte vorgezogen werden können und die Roboterwagen automatisch zur nächsten freien Station leitet. Hiervon erhofft sich Audi-Produktionsvorstand Hubert Waltl eine Produktivitätssteigerung von rund 20 Prozent.

In den letzten Jahren haben die Individualansprüche der Käufer stark zugenommen. Um wettbewerbsfähig zu bleiben bieten die Konzerne deshalb immer mehr Modelle, Motoren, Varianten und Ausstattungen an. In der Oberklasse laufen quasi keine identischen Fahrzeuge mehr vom Band. Die Vielzahl an Ausstattungsvarianten macht aber auch eine flexiblere Produktionsplanung erforderlich. Hier bietet die neue Fertigungsmethode zahlreiche Vorteile: Wurde eine Sonderausstattung nicht bestellt, wird diese Station einfach übersprungen und das Fahrzeug wird schneller fertiggestellt. Zudem muss für eine Änderung der Modellvariante kein Band mehr gestoppt und umgebaut werden. Die Produktion kann weiterlaufen, während eine neue Montageinsel vorbereitet wird, anschließend wird die neue Station angesteuert. [...]

Die Fabrik der Zukunft soll vor allem eines sein: autonom. Und die modulare Montage ist für die Volkswagen-Tochter Audi ein großer Schritt hin zur angestrebten Smart Factory. [...]

Quelle: finanzen.net GmbH: Audi verabschiedet sich vom Fließband, 28.11.2016. In: www.finanzen.net/nachricht/aktien/Smart-Factory-Audi-verabschiedet-sich-vom-Fliessband-5207157 [16.11.2018], gekürzt und verändert.

a) Im Rahmen der Digitalisierung findet man häufig den Begriff „Smart Factory". Verschaffen Sie sich einen Einblick im Internet und skizzieren Sie die zu erwartende Entwicklung.
b) Suchen Sie nach Gründen für die zunehmende Abkehr von der Fließbandfertigung.
c) Die von Audi angewandte Fertigungsorganisation bezeichnet man als modulare Fertigung. Machen Sie sich mithilfe des Internets kundig und erarbeiten Sie wesentliche Merkmale für das neue Fertigungssystem.

2 Ein Geschäftsfreund der Bürodesign GmbH, und zwar die Utopia Fahrrad GmbH in Kassel, fertigt hochwertige Fahrräder in einer gehobenen Preisklasse zwischen 900,00 € und 1 500,00 €. Die Fertigung erfolgt auftragsorientiert, d. h., die Produktion folgt dem Absatz. Die mögliche Jahreskapazität liegt bei 24 000 Einheiten.
Der durchschnittliche Auftragswert pro Einheit erreicht 1 200,00 €. Die jährliche Fixkostenbelastung beträgt 10 080 000,00 €. Der durchschnittliche Absatz betrug im vergangenen Jahr:

	1. Quartal	2. Quartal	3. Quartal	4. Quartal	Jahresabsatz
Herrenfahrräder	2 000	4 000	3 000	1 000	10 000
Damenfahrräder	900	1 800	1 200	500	4 400

a) Erläutern Sie fünf Einflussgrößen auf die Kapazität des Betriebes.
b) Erläutern Sie unter Berücksichtigung ihres Einflusses auf die Stückgesamtkosten die Begriffe maximale und optimale Kapazitätsauslastung.
c) Die Kenntnis der Normalkapazität bildet eine Grundlage für die Fertigungsplanung. Die tatsächliche Kapazität ist Ausgangspunkt für die Fertigungsdurchführung. Suchen Sie nach verschiedenen Ursachen für Abweichungen.
d) Berechnen Sie den durchschnittlichen Beschäftigungsgrad der Utopia GmbH.

3 Die Bürodesign GmbH hat mit einem für das Regalsystem „Wikinger" ausgearbeiteten Fertigungskontrollinstrumentarium gute Erfahrungen gesammelt. Jetzt soll auch für die Schreibtische „Chef 2000" eine derartige Fertigungskontrolle eingerichtet werden.
Pro Monat können maximal 200 Tische hergestellt werden, im Moment werden 120 Tische produziert. Die Tische werden zu einem Preis von 1 000,00 € verkauft, die variablen Stückkosten betragen 600,00 € und die fixen Kosten je Monat werden mit 60 000,00 € ermittelt. Der Break-even-Point wird bei einer Beschäftigung von 75 % erreicht. Beim Zuschneiden der Tischplatten ist in den letzten Wochen ein Anstieg der Ausschussquote um 30 % zu verzeichnen, die vorgegebenen Kosten wurden um 25 % überschritten.

a) Stellen Sie dar, welche Bereiche die Fertigungskontrolle umfasst.
b) Errechnen Sie den derzeitigen Beschäftigungsgrad.
c) Stellen Sie dar, mit welchen Folgen zu rechnen ist, wenn die Ausschussquote und die Kostenüberschreitungen nicht reduziert werden können.
d) Erarbeiten Sie einen Maßnahmenkatalog, um die Auslastung zu erhöhen und wieder in die Gewinnzone zu gelangen.

4 Lesen Sie den folgenden Text:

Von Bäumen und Menschen

von CHRISTIANE OPPERMANN

Es war einmal ein Land mit großen Wäldern, blitzblank geputzten Städten, geschäftigen Fabriken. Die Menschen waren berühmt für ihren Fleiß, ihren sozialen Frieden und ihr Wirtschaftswunder. Ihre Maschinen und Chemikalien waren begehrt in aller Welt und bescherten den Menschen großen Reichtum, jedem von ihnen einen Arbeitsplatz und ein Auto.

Eines Tages aber fiel der große saure Regen über das Land der Glückseligen, und sie erschraken fürchterlich, denn ihre Eichen und die Tannen und die Linden siechten dahin.

Doch da kam ein Mann mit einem großen Hut, der sich Joseph Beuys nannte und von dem sie sagten, dass er ein Verrückter sei. Er zeigte, was zu tun sei, wenn die Bäume sterben: Er pflanzte neue Eichen – erst 1000, dann 10000, bis es ein ganzer Eichenwald war.

Die Menschen erkannten, dass das eine gute Sache war, und erließen ein Gesetz, dass fortan jeder, der einen Baum fällt, wieder einen neuen zu pflanzen habe.

Als sie aber gerade wieder in Frieden und Wohlstand und über ihre Verhältnisse lebten, kam neuerlich großes Unglück über sie. Die Menschen in den fremden Ländern waren der kostbaren Waren aus dem Land der Glückseligen überdrüssig geworden.

Doch die großen Herren der Industrie wussten sich zu helfen. Fortan ließen sie einfach weniger Waren herstellen, und weil sie dafür viel weniger Menschen brauchten, verschwanden tausende und abertausende von Arbeitsplätzen – wie vorher die Eichen, die Tannen und die Linden.

Die Menschen aber, die nun niemand mehr haben wollte, saßen zu Hause und bekamen erst ein bisschen mehr, dann aber immer ein bisschen weniger Geld dafür, dass sie nichts zu tun hatten. Die Glückseligen, die noch an den Autos, an den Maschinen und mit Chemikalien arbeiten durften, wurden sehr zornig. Sie hatten weniger Lohn, weil sie immer mehr für die Nichtstuer zahlen mussten. So brach großer Streit aus unter den Menschen.

Erst als es viel zu spät war, erkannten sie, dass sie Wichtiges versäumt hatten. Was für die Bäume gilt, hätte erst recht für die Arbeitsplätze gelten müssen: Wann immer einer in einer alten Industrie fiel, hätte ein neuer in einer Zukunftsbranche gepflanzt werden müssen.

Quelle: Oppermann, Christiane: Von Bäumen und Menschen. In: Die Woche

a) Erarbeiten Sie die konkreten Forderungen an Arbeitgeber und Arbeitnehmer, die sich aus dem Text ableiten lassen.
b) Stellen Sie die Probleme dar, die sich bei der Realisierung der genannten Forderungen ergeben können.
c) Diskutieren Sie den Zusammenhang der Parabel mit den Themen Globalisierung und Digitalisierung und informieren Sie sich bei Bedarf im Internet über diese Begriffe.
d) Führen Sie in der Klasse ein Streitgespräch zu den unterschiedlichen Positionen.

5 *Vergleichen Sie die einzelnen Fertigungsverfahren (nach Anordnung der Betriebsmittel) unter Berücksichtigung der Gesichtspunkte Flexibilität, Produktivität, Kapitalbedarf und Aufwand an Arbeitsvorbereitung. Stellen Sie Ihre Ergebnisse als digitales Produkt und in Tabellenform dar.*

6 *Suchen Sie nach einer Begründung dafür, dass selbst Großbetriebe, z. B. im Automobilbau, nicht auf die Werkstättenfertigung verzichten.*

7 *Die Bürodesign GmbH produzierte bisher den Schreibtisch „Stardesign" unter den folgenden Bedingungen:*

– *Jahreskapazität*	*9600 Stück*
– *derzeitige Monatsproduktion, die voll abgesetzt wird*	*760 Stück*
– *Fertigungsmaterial*	*950,00 €/Stück*
– *Fertigungslöhne*	*450,00 €/Stück*
– *variable Gemeinkosten*	*375,00 €/Stück*
– *fixe Gesamtkosten*	*130000,00 €*
– *Verkaufspreis*	*2100,00 €*

Die Fertigung des Schreibtisches erfolgt in Werkstättenfertigung, wobei der Einsatz von Universalmaschinen überwiegt. Um wettbewerbsfähig zu bleiben, stellt die Geschäftsführung Überlegungen an, den Fertigungsprozess teilweise oder ganz nach dem Flussprinzip zu organisieren. Bei ihrer Entscheidung steht die Unternehmensleitung vor folgender Kostensituation:

	Variable Stückkosten proportional	**Fixe Gesamtkosten pro Monat**
Entscheidung A Reihenfertigung	1250,00 €	235000,00 €
Entscheidung B Fließbandfertigung	850,00 €	796000,00 €

a) Berechnen Sie den derzeitigen Beschäftigungsgrad des Unternehmens.
b) Ermitteln Sie die Gewinnschwelle unter Berücksichtigung der bisherigen Bedingungen.
c) Stellen Sie fest, ab welcher Menge sich der Übergang vom derzeitigen Verfahren zur Reihenfertigung lohnt.
d) Überprüfen Sie, ob sich unter den vorhandenen Bedingungen – derzeitige Monatsproduktion 760 Stück – der Übergang zur Fließbandfertigung lohnt.
e) Stellen Sie die positiven und negativen Auswirkungen einander gegenüber, mit denen bei einem Übergang von der Werkstättenfertigung zur Fließbandfertigung zu rechnen ist.

8 *Die Geschäftsführung der Bürodesign GmbH prüft im Rahmen von Rationalisierungsmaßnahmen mit Unterstützung des Betriebsrates die Umstellung der Fertigung bei den „Wikinger Regalsystemen“ von der Fließbandfertigung auf die Gruppenfertigung.*
a) Beschreiben Sie die Organisationsformen der
aa) Fließbandfertigung, ab) Gruppenfertigung.
b) Erläutern Sie je zwei Gesichtspunkte für den Wechsel aus der Interessenlage der
ba) Unternehmensleitung, bb) Beschäftigten.
c) Führen Sie zwei Zielkonflikte auf, die sich aus den unterschiedlichen Interessenlagen ergeben können.

9 *Beschreiben Sie jeweils zwei gegensätzliche Organisationsverfahren, um die Qualität der Produkte in der Fertigung zu kontrollieren, und zwar unter den Gesichtspunkten*
a) Prüfumfang,
b) Prüfer,
c) Prüfort,
d) Genauigkeit,
e) Technisierungsgrad.

10 *Die Textilwerke AG in Chemnitz fertigt u. a. Tischwäsche und Bettwäsche in Serienfertigung und Sortenfertigung. Ein Schwerpunkt im Fertigungsablauf ist nach dem Zuschneiden das Vernähen von Saum und Umschlag. Da in der Vergangenheit verbogene und stumpfe Nadeln häufig zu Fadenrissen führten und damit zu Ausschuss, Nacharbeit und Reklamationen von Kunden, wurde von der Qualitätssicherung eine Analyse durchgeführt mit dem Ergebnis, dass ein vorzeitiger Austausch der Steppnadeln die Fehlerquote erheblich sinken lässt. Sie sind Mitarbeiter/-in in der Arbeitsvorbereitung und sollen daher die Qualitätskosten für den folgenden Auftrag optimieren:*
Ein Großhändler hat 10000 Tischdecken zur Auslieferung Ende März bestellt.
Die Herstellkosten betragen 40000,00 €.

Steppnadel-einsatz/ -wechsel	Fehler-verhütungs-kosten	Sonstige Herstellkosten	Fehlerquote	Fehlerkosten	Summe der Qualitäts-kosten
1	0,00 €	40000,00 €	3,20 %	1280,00 €	1280,00 €
2			1,60 %		
3			0,80 %		
4			0,40 %		
5			0,20 %		
6			0,10 %		
7			0,05 %		

a) Der Austausch der Steppnadeln verursacht jeweils 60,00 € an Kosten.
Ergänzen Sie die Tabelle und ermitteln Sie die optimale Fehlerquote.
b) Begründen Sie, warum in dem vorliegenden Fall die Suche nach der optimalen Fehlerquote gerechtfertigt ist.
c) Beschreiben Sie die Ansprüche des Käufers bei Schlechtleistungen eines Lieferers.
d) Die Geschäftsleitung der Textilwerke AG erwägt den Aufbau eines Beschwerdemanagements, das systematisch alle Kundenreklamationen erledigt. Erläutern Sie verschiedene Unternehmensziele, die mit einem gut organisierten Beschwerdemanagement angestrebt werden sollen.

11 *Fallstudie*

Die Bürodesign GmbH ist als Gesellschafter an der Eifel-Frischbrunnen GmbH beteiligt. Das Unternehmen plant die Einführung einer neuen Produktlinie unter dem Motto „Aktiv-Getränke" für Sportler, Autofahrer und Partys im bisherigen Absatzgebiet, und zwar in den Bundesländern Nordrhein-Westfalen, Rheinland-Pfalz, Saarland. Ihnen liegen die folgenden Daten vor und Sie sollen ein Urteil über das Unternehmen und die beabsichtigte Produktinnovation abgeben.

Unternehmen

Eifel-Frischbrunnen GmbH, 200 Mitarbeiter, 80 Mio. € Umsatz im letzten Geschäftsjahr
Produktlinien: Mineralwasser und Fruchtsäfte

Marktsituation

Mitanbieter:	Gollsteiner Mineralbrunnen GmbH	Marktanteil 40 %
	Apollo GmbH	Marktanteil 20 %
	Übrige	Marktanteil 24 %

Ertragssituation (Auszüge aus dem letzten Geschäftsbericht)

Jährliche Arbeitsstunden pro Mitarbeiter	1 600
Jahresausstoß	96,0 Mio. Flaschen/Einheiten
Materialaufwendungen	26,0 Mio. €
Personalaufwendungen	14,0 Mio. €
Zinsaufwendungen	1,7 Mio. €
Abschreibungen	10,4 Mio. €
Sonstige Aufwendungen	24,7 Mio. €
Gewinn	3,2 Mio. €
Umsatzerlöse	80,0 Mio. €
Gesamtkapital	70,0 Mio. €
Fremdkapital	30,0 Mio. €

a) Beschreiben Sie die Unternehmung unter den Aspekten Betriebsgröße, vorherrschender Produktionsfaktor, Rechtsform.

b) Ermitteln Sie für das letzte Geschäftsjahr
ba) die Arbeitsproduktivität und die Wirtschaftlichkeit,
bb) Umsatzrentabilität, Unternehmerrentabilität und Unternehmungsrentabilität.

c) Berechnen Sie den Marktanteil der Eifel-Frischbrunnen GmbH und das Marktvolumen im letzten Geschäftsjahr für Mineralwasser und Fruchtsäfte.

d) Stellen Sie fest, welche Ziele die Unternehmung mit der Einführung einer neuen Produktlinie erreichen könnte und wo unter Umständen Zielkonflikte auftreten können.

e) Beschreiben Sie notwendige Überlegungen bei der Gestaltung des Aktiv-Getränkes im Bezug auf die funktionalen, die ästhetischen und die symbolischen Eigenschaften. Berücksichtigen Sie hierbei Umwelt- und Gesundheitsaspekte.

Handlungsfeld 4:

Absatz

1 Eine Marketingkonzeption entwerfen und beurteilen

Im Handlungsfeld 4 werden Sie lernen, warum ein Unternehmen Informationen über seine Kunden und deren Bedürfnisse benötigt, um erste absatzpolitische Überlegungen für ein Unternehmen anzustellen. Hierzu vergleichen Sie übliche Erhebungsverfahren und Methoden zur Informationsgewinnung. Hieraus leiten Sie die Marketingziele für das Modellunternehmen ab. Danach untersuchen Sie die absatzpolitischen Instrumente und beschreiben aus diesen einen möglichen Marketingmix. Anschließend werden die absatzpolitischen Instrumente anhand von Kennziffern auf ihren Erfolg hin untersucht.

2 Einen Kundenauftrag bearbeiten[1]

Bei der Bearbeitung eines Auftrages untersuchen Sie einen konkreten Kundenauftrag von der Kundenanfrage bis zum Versand. Hierbei verfassen Sie ein kundenorientiertes und rechtsverbindliches Angebot und beschreiben wichtige Inhalte eines zustande gekommenen Kaufvertrages. Im Anschluss daran vergleichen Sie ausgewählte Zahlungssysteme mit ihren Vor- und Nachteilen. Da es bei der Abwicklung des Kaufvertrages zwischen Verkäufer und Käufer zu Störungen kommen kann, werden Sie die diesbezüglichen Rechte und Pflichten der Vertragspartner untersuchen. Dabei beachten Sie die unterschiedlichen Interessenlagen der Vertragspartner. Danach werden Sie die Aufgaben der Lagerhaltung kennenlernen und Lagerkonzepte miteinander vergleichen. Abschließend werden Sie die typischen Werteströme im Absatzbereich erfassen und dokumentieren.

---

[1] *Dieser Gliederungspunkt wird erst in Band 2 behandelt.*

1 Eine Marketingkonzeption entwerfen und beurteilen

1.1 Notwendigkeit von Informationen über Kunden und deren Bedürfnisse erkennen

Herr Degen ist langjähriger Verkaufsberater im Außendienst der Bürodesign GmbH. Seine Aufgabe bestand bisher darin, Unternehmen mit Büromöbeln auszustatten. Dabei waren seine Gesprächspartner meist die Inhaber oder leitenden Angestellten der Unternehmen. Da er aus gesundheitlichen Gründen keine Reisetätigkeiten mehr ausüben kann, möchte er künftig im Verkaufsstudio der Bürodesign GmbH arbeiten. Als er diesen Wunsch der Geschäftsleitung mitteilt, antwortet Herr Stein: *„Lieber Herr Degen, das ist nichts für Sie, in unserem Verkaufsstudio kaufen viele Kunden, die privat einen Schreibtisch oder einen Bürostuhl benötigen. Die haben ganz andere Kaufmotive als Unternehmen, da müssen Sie ganz schön umlernen!"* Herr Degen antwortet: *„Wenn jemand einen Bürostuhl braucht, dann ist es egal, ob er Unternehmer oder Privatmann ist, ich werde ihm schon einen unserer Stühle verkaufen, so unterschiedlich werden sie sich wohl nicht verhalten!"*

Arbeitsaufträge
- ***Stellen Sie Gemeinsamkeiten und Unterschiede im Kaufverhalten bei Privatkunden und gewerblichen Kunden (Unternehmen) heraus.***
- ***Diskutieren Sie in Ihrer Klasse, weshalb ökologische Aspekte in der Absatzwirtschaft zunehmend bedeutend sind.***

Ohne die Kenntnis der Kaufmotive und des Kaufverhaltens seiner Kunden kann kein Unternehmen erfolgreiche Marketingarbeit leisten.

Kaufmotive

Es muss bei den Abnehmergruppen zwischen Unternehmen als Kunden und privaten Kunden unterschieden werden. Zwar haben sowohl Unternehmen als auch private Kunden immer nur einen beschränkten Geldbetrag zur Verfügung, um ihren Bedarf zu decken, jedoch sind die **Kaufmotive** bei beiden Gruppen unterschiedlich.

Unternehmen kaufen Güter ein, um sie als Roh-, Hilfs- oder Betriebsstoffe in ihrem Produktionsprozess einzusetzen oder um mit ihnen andere betriebliche Aufgaben zu erfüllen.

Beispiele
- *Die Bürodesign GmbH beschafft Holz, Lacke, Leim usw., um damit Büromöbel herzustellen.*
- *Sie beschafft Maschinen, um Büromöbel herzustellen, sie kauft Computer, Büromaterial usw., um ihre kaufmännischen Arbeiten zu erledigen.*
- *Unternehmen kaufen Produkte der Bürodesign GmbH, um ihre Geschäftsräume mit Büromöbeln auszustatten.*

Unternehmen beschaffen Güter vorwiegend nach rationalen bzw. wirtschaftlichen (ökonomischen) Gesichtspunkten. Preise, Liefer- und Zahlungsbedingungen sowie betriebliche Notwendigkeiten stehen im Vordergrund, wenn Güter beschafft werden müssen. Dabei streben sie eine größtmögliche Nutzung der Güter an **(Nutzenmaximierung)**. →VWL

Beispiel *Die Bürodesign GmbH benötigt Holz für die Produktion von Büroschränken. Sie will für den ihr zur Verfügung stehenden Kaufbetrag den Nutzen des beschafften Gutes (Holz) maximieren. Sie versucht, die erforderliche Qualität zu den bestmöglichen Bedingungen und dem günstigsten Preis zu beschaffen.*

Die Kaufmotive von Unternehmen sind weitgehend bestimmt durch eine optimale Erreichung der betrieblichen Ziele.

Private Verbraucher kaufen Ge- und Verbrauchsgüter oder Dienstleistungen aus anderen Motiven. Sie benötigen Güter, um ihre persönlichen Bedürfnisse und Interessen zu befriedigen. Verbraucher handeln auch nach wirtschaftlichen Prinzipien (Nutzenmaximierung). Dies ist erkennbar, wenn sie z. B. Preisvergleiche für ein Produkt anstellen, das sie erwerben möchten. Jedoch beeinflussen häufig noch weitere Gesichtspunkte ihre Kaufmotive. Hierzu zählen Motive, die der Persönlichkeit des Käufers, seinen Wertvorstellungen und seinem sozialen Umfeld entstammen.

Kaufmotive	*Beispiele*
Kauf eines Gutes als Statussymbol	• *Sven Braun kauft sich eine Armbanduhr für 2500,00 €. Er hofft, damit bei seinen Kollegen Eindruck zu machen.* • *Frau Friedrich kauft sich ein neues Sport-Cabriolet, weil sie meint, dadurch bei ihren Bekannten als sportlich und dynamisch zu gelten.*
Kauf eines Gutes, um Erwartungen des sozialen Umfeldes zu erfüllen	• *Nach Abschluss der Höheren Handelsschule beginnt Jörg eine Ausbildung als Industriekaufmann. Hierzu kauft er sich einen eleganten Aktenkoffer, da er meint, dies würde von ihm erwartet.* • *Alle Freunde aus der Clique von Jutta tragen in ihrer Freizeit Jeans eines bestimmten Herstellers. Sie kauft sich ebenfalls diese Kleidung, „um dazuzugehören".*
Kauf eines Gutes, um Geltungsdrang zu befriedigen	• *Vier Freunde von Jörg spielen in einer Band. Er selbst beherrscht kein Musikinstrument und fühlt sich deshalb von seinen Freunden häufig nicht akzeptiert. Um ebenfalls als Musiksachverständiger zu gelten, kauft er sich eine besonders teure Hi-Fi-Anlage.* • *Jutta ist sehr unsportlich. Um jedoch als sportlich zu gelten, kauft sie sich ständig moderne Sportkleidung.*
Kauf eines Gutes zur eigenen Bequemlichkeit	• *Herr Meyer kauft für seine Garage ein Tor, das per Fernsteuerung vom Fahrersitz geöffnet werden kann.* • *Frau Friedrich kauft sich einen elektrischen Dosenöffner.*
Impulskauf, Spontankauf	• *Auf dem Flohmarkt sieht Herr Stein zufällig ein altes Schaukelpferd und kauft es, weil es ihn an seine Kindheit erinnert.* • *Frau Dohm hat sich eine Bluse gekauft, an der Kasse sieht sie einen Ständer mit Halstüchern. Spontan kauft sie eines, obwohl sie diesen Kauf nicht geplant hatte.*
Ökologische Beweggründe	• *Frau Friedrich möchte einen alten Gartenstuhl neu streichen. Sie kauft hierzu einen Lack, der weitgehend frei von umweltschädlichen Stoffen ist.* • *Herr Stein kauft sich ein Auto, das einen geringen Energieverbrauch hat.*

■ Kaufverhalten

Unternehmen treffen Beschaffungsentscheidungen von Gütern meist unter rationalen Gesichtspunkten. Wichtiges Kriterium für die Beschaffung eines Gutes ist es, dass es einen Beitrag zur ökonomischen Zielerreichung leistet (vgl. S. 13 f.).

Verbraucher verhalten sich bei ihren Kaufentscheidungen verschieden. Einerseits sind bei vielen Kaufentscheidungen **rationale** (vernunftbetonte) Verhaltensweisen zu erkennen. Hier wird die Entscheidung durch ihre Einschätzung des Preis-Leistungs-Verhältnisses von Produkten bestimmt.

Beispiel *Familie Menne möchte sich ein neues Auto kaufen. Bei gleichen Preisen entscheidet sie sich für dasjenige Auto mit dem größten Innenraum, dem geringsten Verbrauch usw.*

Andererseits spielen auch nichtrationale Gesichtspunkte bei Kaufentscheidungen vieler Verbraucher eine Rolle. Ihr Kaufverhalten ist oft emotional (gefühlsbetont) geprägt. Aktuelle Mode, Trends, persönlicher Geschmack und individuelle Vorlieben fließen in ihre Kaufentscheidungen mit ein.

Beispiel *Trotz der gesundheitlichen Gefahren, die mit dem Genuss von Alkohol und Nikotin verbunden sind, werden entsprechende Produkte nachgefragt.*

Das Kaufverhalten wird ferner durch das **regionale und soziale Umfeld** der Käufer sowie durch Traditionen und regionale Besonderheiten beeinflusst.

Beispiel *In ländlichen Gegenden ist das Angebot an Fachgeschäften und Warenhäusern gering. Deshalb kaufen viele Verbraucher über Kataloge oder das Internet bei Versandhandlungen.*

Das Verbraucherverhalten wird ebenfalls durch konjunkturelle und gesellschaftliche Faktoren beeinflusst.

Beispiele
- *In Zeiten steigender Arbeitslosigkeit verändern die Verbraucher ihre Kaufgewohnheiten, die gesamte Nachfrage geht zurück.*
- *Das ökologische Bewusstsein der Verbraucher nimmt ständig zu. Verstärkt werden Produkte nachgefragt, die umweltschonend produziert wurden und umweltverträglich entsorgt werden können.*

Berücksichtigung der Kaufmotive und -verhaltensweisen in der Marketingarbeit

Die zentrale Aufgabe des Marketings in einem Unternehmen besteht darin,

- das **unterschiedliche Kaufverhalten** und **verschiedene Kaufmotive seiner Abnehmer** zu erforschen (Marktforschung, vgl. S. 393ff.) sowie
- durch Einsatz von marketingpolitischen Instrumenten **Kaufentscheidungen zu beeinflussen** (Marketingmix, vgl. S. 405).

Unternehmen als Anbieter von Gütern müssen je nach Eigenart der Kaufmotive und des Kaufverhaltens ihrer Kunden spezifische Marketingstrategien (vgl. S. 405) erarbeiten.

Ökologische Aspekte in der Marketingarbeit

Im Zielbündel von Unternehmen (vgl. S. 13) nehmen ökologische Ziele eine bedeutende Rolle ein. Unternehmen drücken dadurch ihre Verantwortung für eine umweltschonende Produktion aus. Ökologische Aspekte sind somit von der Produktentwicklung bis hin zum Recycling alter Produkte zu berücksichtigen.

Beispiel *Die Büromöbelindustrie in Deutschland hat hierzu gemeinsame Empfehlungen erarbeitet. Hierin wird erläutert, wie wichtig es ist, umweltgerechte Büromöbel zu produzieren.*

Warum umweltgerechte Büromöbel?

Umweltfreundliche Büromöbel sind langlebige Investitionsgüter mit wichtigen Funktionen im Unternehmen: Sie unterstützen ökonomische Arbeitsprozesse, erhalten Arbeitskraft und Gesundheit und fördern – ganz nebenbei – die Motivation durch ihre gestalterische Ausstrahlung und ihre ergonomischen Werte. Will das Investitionsgut Möbel den Einkauf eines modernen Unternehmens passieren, muss es sich vorher den prüfenden Blick durch die Umweltbrille gefallen lassen.

- Bestehen die eingesetzten Materialien für die Büromöbel aus nachwachsenden Rohstoffen (Holz, Textilien) oder aus leicht recycelbaren und wiederverwendbaren Materialien (Prinzip der Nachhaltigkeit)?

- Ist die Produktion der Büromöbel ressourcenschonend organisiert?
- Sind die Logistik der zugekauften Rohstoffe und Materialien sowie Versand und Transport der Fertigprodukte ökonomisch und ökologisch organisiert?
- Sind die verwendeten Materialien – auch während vieler Nutzungsjahre – frei von Chemieausdünstungen?
- Inwieweit sind die Büromöbelkomponenten nach Wertstoffen leicht trennbar und recycelbar – und mit welchem Aufwand?
- Ist die Verpackung der Büromöbel umweltgerecht bzw. leicht recycelbar?
- Sind die Büromöbel so langlebig, dass der „Entsorgungsfall" in weite Ferne rückt?

Dies sind nur einige Fragen, die sich heute jedes Büromöbelunternehmen stellen muss. Praktisch unterliegt jedes Unternehmen umwelttechnischen Vorschriften, die über den gesamten Verlauf der Wertschöpfungskette einzuhalten sind. Heute existieren im Marktsegment der deutschen Büromöbel fast nur noch umweltgerechte Möbelstücke, die von umweltgerecht produzierenden Herstellern stammen. Der **Ökologie-Kreis für Büromöbel** beginnt bei der Produktentwicklung und endet beim Recycling. Es ist die Aufgabe der Büromöbelhersteller, den Produktzyklus von Anfang bis Ende komplett ökologisch zu durchdenken und die Erfüllung umwelttechnischer Ansprüche von vornherein mit einzuplanen.

Zusammenfassung: Notwendigkeit von Informationen über Kunden und deren Bedürfnisse erkennen

	Unternehmen	Verbraucher
Kaufmotive	Beschaffung von Gütern für betriebliche Zwecke zur Erreichung betrieblicher Ziele	Kauf von Gütern für private Zwecke zur Erfüllung persönlicher Bedürfnisse
Kaufverhalten	vorwiegend rational geprägt	rational, emotional und sozial geprägt

- **Ökologische Aspekte** spielen bei der Analyse des Kaufverhaltens eine bedeutende Rolle, da Unternehmen und Kunden zunehmend umweltverantwortlich handeln.
- Der **Ökologie-Kreis** umfasst die Produktentwicklung, die Konstruktion und Produktion, die Logistik und Verpackung, Einsatz und Nutzungsdauer sowie Demontage und Recycling.

Aufgaben

1 *Das Kaufverhalten von Verbrauchern ist nicht immer rational (vernunftbetont) begründet. Vielfach sind Gefühle (Emotionen) kaufentscheidend. Beschreiben Sie an folgenden Beispielen Ihr eigenes Kaufverhalten:*
a) Kauf von Kleidung,
b) Kauf einer Schultasche,
c) Kauf von Lebensmitteln,
d) Kauf eines Geschenks für den Freund bzw. die Freundin.

2 *Erläutern Sie unterschiedliche Kaufmotive von Unternehmen und Verbrauchern.*

3 *Stellen Sie sich vor, Sie sind im Verkaufsstudio der Bürodesign GmbH als Verkaufsberater tätig. Überprüfen Sie, welche Möglichkeiten Sie haben, die Kaufmotive Ihrer Kunden herauszufinden.*

4 *Geben Sie Beispiele für Kaufverhalten an, das durch*
a) rationale Faktoren,
b) emotionale Faktoren,
c) soziales Umfeld,
d) Traditionen,
e) gesellschaftliche Veränderungen,
f) konjunkturelle Einflüsse
beeinflusst wird.

5 *Erläutern Sie, was man unter Nutzenmaximierung versteht.*

6 *Geben Sie Beispiele aus Ihrem eigenen Erfahrungsbereich an für*
a) Impuls- und Spontankäufe,
b) Kauf eines Gutes aus Geltungsdrang,
c) Kauf eines Gutes unter Berücksichtigung ökologischer Aspekte.

7 *Auf S. 390 f. sind die wichtigsten Eckpunkte einer umweltgerechten Produktzyklus-Planung für Büromöbel aufgeführt. Erstellen Sie auf dieser Grundlage eine Stichwortsammlung für eine Produktzyklus-Planung*
a) in der Automobilindustrie,
b) in der Textilindustrie,
c) in der Lebensmittelindustrie.

1.2 Erhebungsverfahren und Methoden der Informationsgewinnung in der Marktforschung vergleichen

→LS

Die Bürodesign GmbH ist bestrebt, sich ständig an den veränderten Kundenansprüchen zu orientieren. Dabei unterliegt das Angebot an Büromöbeln einem stetigen Wechsel. Im Büromöbelmarkt wird zwischen folgenden Produktgruppen (Teilmärkte) unterschieden:

Arbeiten am Schreibtisch	Konferenz, Besprechung, Schulung	Warten und Empfang
Schreibtische, Arbeitsstühle und -sessel mit Rollen, Aktenschränke, Regale	Kombinationstische, Besprechungstische, Stühle ohne Rollen, Stapelstühle, Funktionstische	Möbel für Empfangs- und Warteräume, Stühle, Sessel, Ablagetische, Sitzgruppen, Empfangstheken

Die Bürodesign GmbH ist zurzeit mit ihren Produkten in allen Teilmärkten aktiv. Über diese Strategie gibt es schon seit Jahren heftige Auseinandersetzungen, sowohl bei der Geschäftsleitung als auch in den nachgeordneten Instanzen (Abteilungsleiter, Gruppenleiter, Sachbearbeiter).

So ist z. B. der Abteilungsleiter der Produktion folgender Ansicht: *„Wir sollten uns auf einen einzigen Teilmarkt, nämlich Schreibtische, beschränken, dadurch könnten wir kostengünstiger produzieren."* Der Abteilungsleiter Absatz jedoch möchte am liebsten noch mehr Teilmärkte erschließen: *„Wir sollten noch weitere Teilmärkte bearbeiten, z. B. Kantinenmöbel, Schulmöbel usw."*

Arbeitsaufträge
- ***Sammeln Sie in einer Liste Argumente für beide Meinungen.***
- ***Erläutern Sie die Erhebungsverfahren der Marktforschung.***
- ***Vergleichen Sie die Methoden zur Informationsgewinnung miteinander und vergleichen Sie Ihre Ergebnisse softwaregestützt.***

Ziele und Aufgaben der Marktforschung

Um die marketingpolitischen Instrumente so einzusetzen, dass die verfolgten Unternehmensziele erreicht werden, ist es erforderlich, dass über den Markt Informationen gewonnen werden. Die Beschaffung und Aufbereitung von Marktinformationen ist Aufgabe der Marktforschung. Sie umfasst die Absatz- und Konkurrenzmarktforschung und soll einem Unternehmen Daten liefern, die aktuell, genau und zuverlässig sind. Ferner soll die Datenbeschaffung schnell und kostengünstig erfolgen. Die Marktforschung lässt sich wie folgt einteilen:

Marktanalyse

Hier werden zu einem bestimmten Zeitpunkt alle Einflussfaktoren eines Marktes ermittelt.

Beispiel *Die Bürodesign GmbH stellt zum Ende des Quartals fest, wie viele Konkurrenten auf den einzelnen Teilmärkten vorhanden sind, welchen Marktanteil sie haben und welche neuen Produkte sie auf den Markt bringen. Ferner untersucht sie ihre Kunden bezüglich Neu- und Ersatzbedarf, Bestell- und Zahlungsgewohnheiten usw.*

Marktbeobachtung

Hier wird die Entwicklung des Marktes über einen Zeitraum untersucht. Dabei sollen Trends festgestellt werden.

Beispiel *Die Bürodesign GmbH befragt regelmäßig ihre Groß- und Einzelhändler sowie ihr Verkaufspersonal über die sich wandelnden Kundenwünsche.*

Marktprognose

Sie baut auf den Ergebnissen der Marktanalyse und der Marktbeobachtung auf. Sie soll Aussagen über künftige Marktsituationen ermöglichen.

Beispiel *Aus der Marktanalyse weiß die Bürodesign GmbH, dass einige Konkurrenten verstärkt im Teilmarkt Bürostühle Neuentwicklungen anbieten. Durch Marktbeobachtung konnte ein Trend zu Bürostühlen festgestellt werden, die aus umweltverträglichen Materialien gefertigt wurden. Es kann prognostiziert (vorausgesagt) werden, dass dieser Trend sich künftig verstärken wird.*

Erhebungsverfahren der Marktforschung

Betriebsinterne Quellen

Das auszuwertende Datenmaterial in der Marktforschung entstammt den Aufzeichnungen der verschiedenen Abteilungen eines Unternehmens, insbesondere dem Rechnungswesen. Hier werden alle betrieblichen Aktivitäten, wie Einkäufe von Material sowie Verkäufe an Kunden, in einer betrieblichen Datenbank erfasst. Sie können dann von der Marketingabteilung abgerufen und aufbereitet werden. Somit sind Marktforschung und letztlich Marketing ohne ein funktionierendes Rechnungswesen, das in ein digitales Informationssystem eingebunden ist, undenkbar. Mit dieser Datenbank arbeiten also die Mitarbeiter des Rechnungswesens ebenso wie die Mitarbeiter in Marketing und Verkauf. Gleichzeitig ist sie Grundlage für Entscheidungen des Managements. Ein **digitales Informationssystem,** das allen Beteiligten Zugriff auf diese Daten ermöglicht, ist somit eine Voraussetzung für die Marktforschung.

Beispiel *Die Geschäftsführer der Bürodesign GmbH benötigen eine Aufstellung über die Kundenstruktur. Sie möchten z. B. wissen, aus welchen Gebieten der Bundesrepublik seine Kunden stammen, wie hoch der durchschnittliche Umsatz je Kunde ist, wie viele Bestellungen die Kunden durchschnittlich in den letzten sechs Jahren bei der Bürodesign GmbH getätigt haben, wie hoch der durchschnittliche Umsatz je Bestellung und Kunde ist, wie viele Kunden bereits seit mehr als 20, 15, 10, 5 Jahren Büromöbel bei der Bürodesign GmbH beziehen usw. Durch entsprechende Abfragen in der Kundendatenbank sind diese Fragen schnell zu beantworten. Ohne dieses digitale Informationssystem müssten die Daten manuell aus Aktenordnern, Listen, Tabellen usw. herausgesucht und aufbereitet werden. Der Zeitaufwand und die anfallenden Kosten wären hierbei kaum zu vertreten.*

Betriebsexterne Quellen

Oft ist es erforderlich, dass in der Marktforschung Daten ausgewertet werden müssen, die nicht betriebsintern angefallen sind. Soll beispielsweise die konjunkturelle Entwicklung eingeschätzt werden, so müssen Berichte der Bundesbank und von Ministerien (Wirtschafts-, Finanz-, Arbeits- und Sozialministerium) sowie Pressemitteilungen ausgewertet werden. Diese Arbeit ist häufig zeitraubend und kostenintensiv. Jedoch sind auch hier moderne Informations- und Kommunikationsmedien, insbesondere das **Internet,** eine große Hilfe.

Beispiel *Die Mitarbeiter in der Marketingabteilung der Bürodesign GmbH haben die Möglichkeit, von einem Computerarbeitsplatz über das Internet externe Datenbanken abzufragen. Es wurden z. B. Verträge mit Betreibern von kommerziellen Datenbanken abgeschlossen. So können in den „elektronischen Archiven“ der führenden Wirtschaftszeitungen (Handelsblatt, Wirtschaftswoche) Recherchen durchgeführt werden. Ferner ist die Bürodesign GmbH registrierter Benutzer der Datenbank „Parlament“ des Deutschen Bundestages. Besonders spezielle Datenwünsche vergibt sie als Auftrag an Datenbankinstitute, die gegen Entgelt recherchieren.*

■ Erhebungsarten der Marktforschung

Marktinformationen können sich im Rahmen der Informationsbeschaffung grundsätzlich durch zwei Erhebungsarten ergeben:

<table>
<tr><th>Erhebungsarten</th><th colspan="2">Erläuterungen</th></tr>
<tr><td rowspan="3">Sekundärerhebung (Schreibtischforschung = indirekte Erhebung von Sekundärdaten)</td><td colspan="2">Aufbereitung und Auswertung von Sekundärdaten, die bereits vorhanden sind und meist für andere Zwecke erhoben bzw. erstellt wurden. Hierzu zählen z. B. Daten des betrieblichen Rechnungswesens wie z. B. Kostenanalyse verschiedener Produktgruppen, Deckungsbeitragsrechnungen, Daten aus Veröffentlichungen von Verbänden, Banken, Messen u. Ä., Fachliteratur und -presse usw.</td></tr>
<tr><td>Vorteile</td><td>Nachteile</td></tr>
<tr><td>• meist kostengünstiger als Primärerhebung
• meist umfangreiches Datenvolumen
• Die Daten stehen sofort zur Verfügung.</td><td>• Die Daten sind ggf. veraltet.
• Die benötigten Daten müssen erst herausgefiltert werden (z. T. aufwendig).
• Die Daten stehen oft auch Mitbewerbern zur Verfügung.</td></tr>
<tr><td>Primärerhebung (direkte Erhebung von Primärdaten)</td><td colspan="2">Diese Primärdaten müssen erst erhoben werden, da sie nicht in anderen Quellen verfügbar sind, hierzu zählen u. a. Befragungen, Beobachtungen usw.</td></tr>
</table>

Bei allen Entscheidungsprozessen sollten zunächst die sekundären Quellen ausgewertet werden. Oft sind die Informationen hinreichend für eine Problemlösung. Selbst wenn das Entscheidungsproblem nicht vollständig gelöst werden kann, bieten Sekundärerhebungen Hilfen für eine präzise Aufgabenstellung für eine Primärerhebung sowie ihrer Planung.

Eine Erhebung von Daten ist mit **Kosten** verbunden. Wenn die Erhebung als Auftrag an Externe (betriebsfremde, spezialisierte Unternehmen) vergeben wird, so sind die Kosten durch Einholung von Angeboten zu ermitteln. Wird die Erhebung durch betriebseigene Mitarbeiter durchgeführt, so setzen sich die Kosten aus Personal- und Sachkosten zusammen. Hierbei empfiehlt sich, die **Erhebung als Projekt** durchzuführen und entsprechende Projektmanagement-Methoden und -Instrumente einzusetzen.

■ Methoden der Informationsgewinnung

Für Primärerhebungen, bei denen neue, bisher nicht ermittelte Marktdaten erzeugt werden, muss hinsichtlich des Umfanges des zu erforschenden Datenbestandes **in Voll- und Teilerhebungen** unterschieden. Da Primärerhebungen sich häufig auf Befragungen und Beobachtungen beziehen, geht es hierbei also um die Anzahl der befragten bzw. beobachteten Personen.

Vollerhebung	Teilerhebung
Alle Erhebungsobjekte (Personen) werden einbezogen.	Nur eine **Auswahl von Erhebungsobjekten** (Personen) wird betrachtet.
• anwendbar, wenn die Anzahl der zu untersuchenden Personen klein ist • Genauigkeit der Ergebnisse • hohe Kosten, hoher Zeitaufwand	• Die Auswahl muss repräsentativ sein. • Ergebnisse müssen mit Genauigkeitsverlust „hochgerechnet" werden. • geringe Kosten, geringer Zeitaufwand
Beispiel *Die Bürodesign GmbH befragt alle Kunden, die im letztem Jahr mehr als eine Reklamation hatten, hinsichtlich ihrer Wünsche über Serviceverbesserungen.*	***Beispiel*** *Aus jeder Verkaufsregion werden nur die fünf umsatzstärksten und jeweils fünf umsatzschwache Kunden bezüglich ihrer Servicewünsche befragt.*

Nachdem die Entscheidung über Voll- oder Teilerhebung getroffen ist, kann festgelegt werden, mit welcher Methode die Erhebung durchgeführt wird.

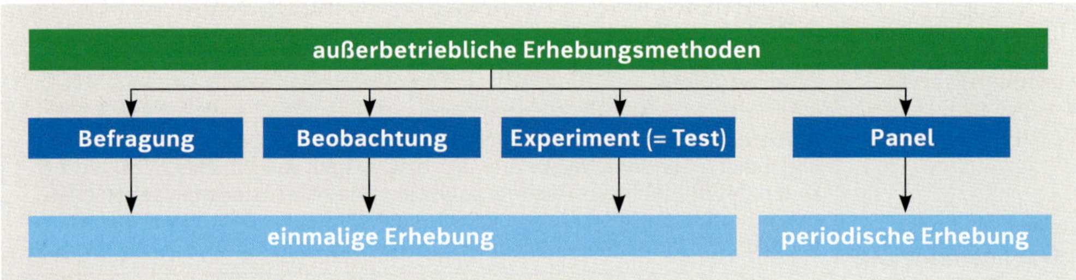

Befragung

Befragungen lassen sich hinsichtlich verschiedener Kriterien einteilen **(Befragungsarten)**:

Kriterium	Erläuterung
Zahl der Themen	• **Ein-Themen-Befragung** (nur ein Aspekt, z. B. Zufriedenheit mit Serviceleistungen, wird erhoben) • **Mehr-Themen-Befragung** (mehrere Aspekte, z. B. Ansprüche von Kunden, Investitionsplanungen von Kunden, Einschätzungen der konjunkturellen Lage usw. werden erhoben; ggf. von verschiedenen Auftraggebern gemeinsam)
Personen	• Unternehmensbefragungen • Verbraucherbefragungen (Endverbraucher) • Expertenbefragungen (Befragung von Spezialisten und Fachleuten)
Kommunikationsart	• **Schriftliche Befragung** (Fragebogen werden über Postweg oder Zeitungsbeilagen verteilt). Das Problem der häufig geringen Rücklaufquote kann durch Anreize (z. B. Preisausschreiben) z. T. gelöst werden. • **Telefonische Befragung** (In der Regel sind nur einfache und knappe Fragestellungen möglich, jedoch kann eine gezielte Eingrenzung von Zielgruppen vorgenommen werden.) • **Mündliche Befragung** (Befragungen „auf der Straße", Interview). Die Fragestellungen und die Fragetaktik können individuell abgestimmt werden. • **Onlinebefragungen im Internet** (Versenden von Fragebogen über E-Mail; Fragebogen auf einer Webseite, wobei die Antworten z. B. über CGI-Scripts gespeichert und ausgewertet werden können; Interviews in Chatrooms, Befragungen über Newsgroups) 

Kriterium	Erläuterung
Häufigkeit	• **Einmalbefragungen** (Für ein bestimmtes Erhebungsziel werden einmalig Personen befragt.) • **Mehrfachbefragungen** (periodisch wiederkehrende Befragungen, um bestimmte Entwicklungen, Trends usw. zu erheben)
Strategie	• **Standardisiertes Interview** (genau festgelegte Fragen mit konstanter Reihenfolge der Fragen) • **Strukturiertes Interview** (Kernfragen sind festgelegt, Reihenfolge beliebig, Zusatzfragen sind zugelassen.) • **Freies Gespräch** (Nur das Gesprächsthema steht fest, der Interviewer kann über Reihenfolge und Art von Fragen frei entscheiden.)
Taktik	• **Direkte Befragungstaktik** (Durch Frage ist das Befragungsziel direkt erkennbar, z. B.: *„Besitzen Sie ein Notebook?"*) • **Indirekte Befragungstaktik** (Die Fragen sind psychologisch so formuliert, dass der Befragte nicht sofort das Ziel der Frage erkennen kann, z. B.: *„Wenn Sie auf Geschäftsreise sind, können Sie dann Ihre Tabellenkalkulation einsetzen?"*)

Bei der Konzeption von **Fragebögen** ist besonders auf das Untersuchungsziel hinzuarbeiten. Die Fragen sind auf die Zielgruppe abzustimmen und müssen eindeutig sowie sprachlich prägnant und verständlich sein. Die Antwortmöglichkeiten bei einer Befragung sind im Voraus abschätzbar. Hinsichtlich der Auswertung der Antworten muss daher im Sinne des Untersuchungsziels entschieden werden, welche Antworten zulässig sind.

Beispiel *Checkliste*

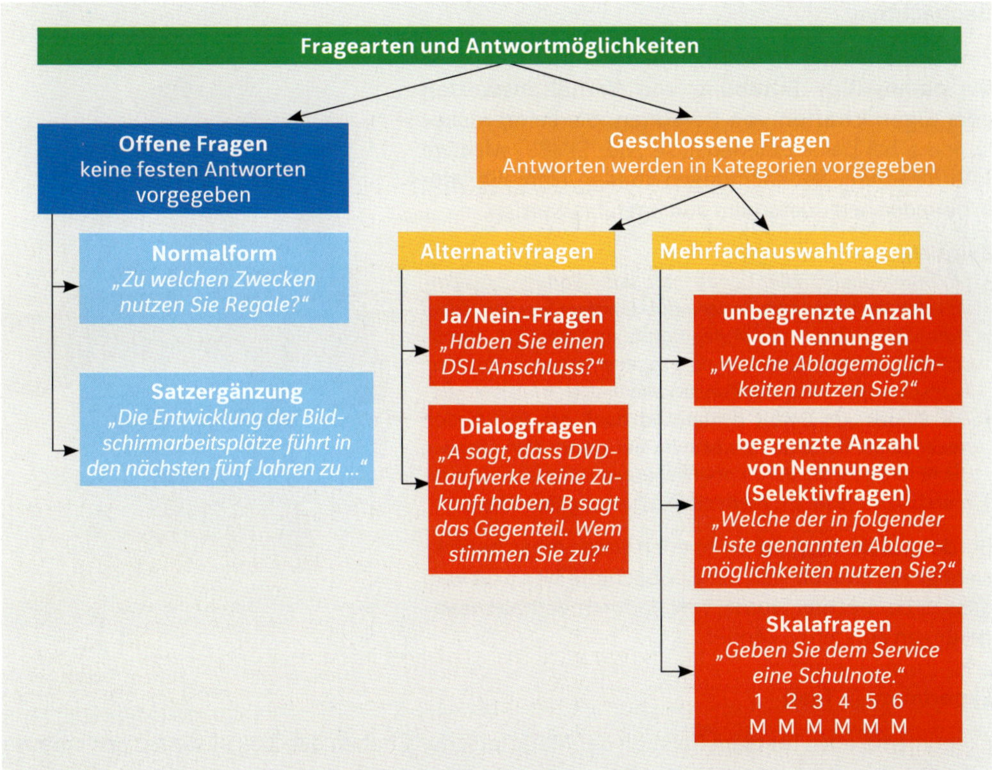

Sehr geehrter Kunde,

zuverlässige Qualität ist in allererster Linie ein Erfahrungsgefühl von Ihnen, unseren Kunden. Diese Erfahrung, Ihre Kritik, Ihre Änderungswünsche helfen uns, unsere Produkte zeitgemäß zu verändern, zu verbessern, zu ergänzen oder neue Wunschprodukte zu entwickeln. Wir brauchen deshalb Ihre Einflussnahme.

Der Einflussfragebogen ist durch einfaches Ankreuzen schnell ausfüllbar. Für eine baldige Rücksendung im beiliegenden Umschlag (Porto zahlen wir) danken wir Ihnen schon jetzt recht herzlich.

Mit freundlichen Grüßen

Bürodesign GmbH

1. Wie sind Sie im Allgemeinen mit den Angeboten zufrieden?

0101 ○ sehr zufrieden 0102 ○ zufrieden 0103 ○ nicht zufrieden

2. Wie zufrieden sind Sie mit dem Service unserer Reklamationsabteilung?

0102 ○ sehr zufrieden 01020 ○ zufrieden 01030 ○ nicht zufrieden

Bevor ein Fragebogen zum eigentlichen Zweck eingesetzt wird, sollten die Befrager hinreichend geschult worden sein und die Fragen in einer **Testbefragung** hinsichtlich Verständnis und Beitrag zum Erreichen des Untersuchungsziels überprüft werden. Ferner sind der Zeitpunkt und der Zeitraum sowie das **Kostenbudget** für die Befragung vorher festzulegen.

Beobachtung

Eine Beobachtung im Rahmen der Marktforschung ist die **planmäßige Erhebung von Verhaltensweisen** oder **Eigenschaften von Personen**. Sie liefert insbesondere bei der Kundenanalyse (vgl. S. 389) wichtige Informationen. Beobachtungen können einmalig oder in periodischen Abständen durchgeführt werden.

Beispiele

- *Ein Büromöbelhändler beobachtet seine Kunden hinsichtlich des Verhaltens im Ladenlokal. Erhoben werden dabei Daten über Dauer des Aufenthaltes im Geschäft, Bereitschaft, Zusatzkäufe zu tätigen, Frageverhalten an das Verkaufspersonal, Alter der Kunden usw.*
- *Die Bürodesign GmbH beobachtet nach der Installation neuer Kombinationsschreibtische bei einem Kunden, wie die Mitarbeiter die Büromöbel benutzen, wie sie sie kombinieren, wie oft sie die Bedienungsanleitung lesen usw.*

Bei der Auswertung der erhobenen Daten muss berücksichtigt werden, ob sich der Beobachtete bewusst war, dass er beobachtet wurde, weil dadurch Verhaltensänderungen entstehen können.

Experiment (= Test)

Experimente oder **Tests** im Rahmen der Marktforschung haben das Ziel, systematisch herauszufinden, wie sich bestimmte Faktoren verändern, wenn bestimmte Einflussgrößen variiert werden.

Beispiele

- ***Verpackungstest:*** *Eine Software wird mit unterschiedlicher Verpackung (Farbe, Design usw.) Kunden angeboten; es soll herausgefunden werden, auf welche Verpackung Kunden positiv reagieren.*
- ***Platzierungstest:*** *Notebooks werden in einem Elektrofachmarkt an unterschiedlichen Plätzen im Verkaufsraum präsentiert; es soll herausgefunden werden, welcher Platz von Kunden besonders frequentiert wird.*
- ***Testmärkte:*** *Ein Distributor von Lernsoftware für Kinder bietet ein neuartiges Produkt in einem Testmarkt zu unterschiedlichen Preisen an; er will herausfinden, welche Preisobergrenze von Kunden akzeptiert wird.*

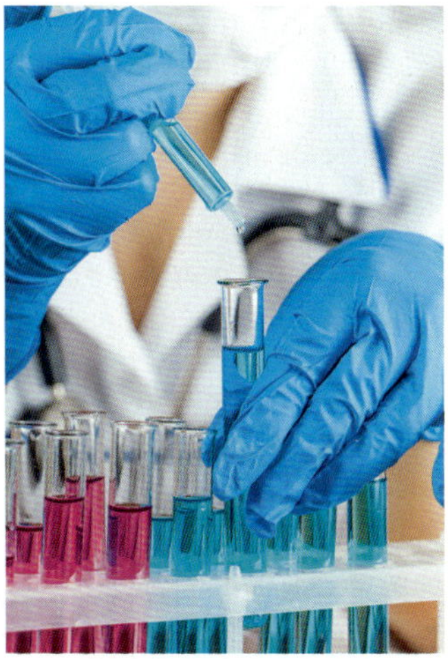

Experimente können als **Pre-Test** (vor einer Marketingaktivität) oder als **Post-Test** (nach einer Marketingaktivität als Kontrollinstrument) durchgeführt werden.

Panel

Ein Panel ist eine dynamische Marktdatenerhebung, bei der ein bestimmter Personenkreis über einen längeren Zeitraum in periodischen Abständen befragt wird. Aus den gewonnenen Daten können Entwicklungen und Trends interpretiert werden. Panels werden wegen ihres Aufwandes häufig von Marktforschungsinstituten durchgeführt. Die Ergebnisse können von interessierten Unternehmen käuflich erworben werden.

■ Marktforschung im Internet

Im Internet lassen sich **drei grundsätzliche Methoden** der Marktforschung einsetzen:

Die Befragung

Es wird eine Stichprobenauswahl getroffen, die zu Befragenden werden per E-Mail direkt aufgefordert, einen Fragebogen auszufüllen und via E-Mail zurückzusenden. Diese Form ist für Befrager und Befragte recht zeitaufwendig, daher ist sie nur in speziellen Fällen anwendbar. Eine Befragung kann auch online erfolgen. Auf einer Webseite wird auf die Befragung hingewiesen, z. B. mit einem Button.

Wird dieser Button angeklickt, öffnet sich ein Fragebogen, der online ausgefüllt und sofort zur Auswertung weitergeleitet wird. In einigen Fällen erhalten die Befragten auf Wunsch auch sofort die bisherigen Auswertungsergebnisse, quasi als Belohnung für ihren Aufwand.

Das Panel

Hier verpflichten sich Webnutzer, regelmäßig Fragen zu beantworten. Als Belohnung für den Arbeitsaufwand gibt es Vergütungen, z. B. Rabatte beim Einkaufen usw.

Das Tracking

Das Tracking-Verfahren ähnelt grundsätzlich der Panel-Methode. Jedoch wird hier keine Befragung durchgeführt, sondern eine Software analysiert und dokumentiert das Internetverhalten eines Nutzers. Zwar erfolgt eine Auswertung permanent und auch preisgünstig, jedoch kann man nicht feststellen, aus welchen Motiven bestimmte Nutzer bestimmte Webseiten aufrufen. Auch soziodemografische Daten über die „Trackies“ können nicht erhoben werden.

Zusammenfassung: Erhebungsverfahren und Methoden der Informationsgewinnung in der Marktforschung vergleichen

- Aufgabe der Marktforschung ist die Beschaffung und **Aufbereitung von Marktdaten**. Sie ist Grundlage der **Marketingplanung** (kurz-, mittel-, langfristig). Sie umfasst
  - **Marktanalyse** (zeitpunktbezogen),
  - **Marktbeobachtung** (zeitraumbezogen),
  - **Marktprognose** (zukunftsbezogen).
- Sie bedient sich betriebsinterner und -externer Quellen und stützt sich auf
  - **Sekundärdaten** (bereits vorhandene Daten) oder gewinnt
  - **Primärdaten** (erstmalige Erhebung).
- Die **Befragung** ist eine zentrale Methode zur Informationsgewinnung. Sie kann **schriftlich, mündlich, telefonisch** oder **online** erfolgen.
- Zumeist werden **Fragebögen** bei Befragungen eingesetzt.
- Eine wichtige Sonderform der Befragung ist das **Panel**, bei dem eine Gruppe von Menschen über einen längeren Zeitraum befragt wird.
- Weitere Methoden der Informationsgewinnung für Daten sind die **Beobachtung** sowie der **Markttest**/das **Experiment**.
- **Marktforschung im Internet:** Befragung, Panel, Tracking

Aufgaben

1 *Analysieren Sie folgende Aufstellung. Die Daten stammen aus dem Rechnungswesen (permanente Inventur zur Feststellung des aktuellen Lagerbestandes) und der Verkaufsabteilung (Auftragserfassung) eines Büromöbelherstellers.*

Produktbereiche	Lagerbestand in Stück	Mittlere Lagerdauer (Tage)	Aufträge für drei Monate (Stück)
• **Arbeiten am Schreibtisch**			
– Schreibtische	300	30	400
– Schränke	250	38	320
– Bürostühle	400	25	480
• **Warten und Empfang**			
– Theken	12	150	4
– Stühle	130	200	75
– Tische	45	225	12
• **Konferenzen und Schulung**			
– Tische	250	60	380
– Stühle	800	55	1200
• **Schulmöbel**			
– Tische	900	210	34
– Stühle	120	230	136

a) Welche Produktgruppe hat die höchsten Lagerbestände?
b) Welche Produktgruppe hat die höchste durchschnittliche (mittlere) Lagerdauer?
c) Woran kann es liegen, dass einige Produkte eine besonders lange Lagerdauer haben?
d) Welche Produktgruppe hat Ihrer Meinung nach die größten Absatzchancen? Begründen Sie Ihre Meinung.
e) Nehmen Sie an, dass bei allen Produkten die Herstellkosten ungefähr gleich hoch sind. Wie beurteilen Sie die Gewinnchancen für die einzelnen Produkte, wenn Sie zusätzlich noch Kosten für die Lagerung der Produkte berücksichtigen müssen?

f) Erläutern Sie, weshalb es nicht erforderlich ist, in den Abteilungen Rechnungswesen und Absatz alle Aktenordner auszuwerten, um an die gewünschten Daten zu gelangen.

2 *Begründen Sie, weshalb es sinnvoll sein kann, die Produktgruppen „Schulmöbel" und „Warten und Empfang" auslaufen zu lassen und mit den beiden anderen Produktgruppen verstärkt den Markt zu bearbeiten.*

3 *Sind die Daten der Tabelle in Aufgabe 1 Primär- oder Sekundärdaten, entstammen sie betriebsinternen oder -externen Quellen? Begründen Sie Ihre Antwort.*

4 *Der Verband der Büromöbelhersteller veröffentlicht jährlich eine Statistik der Absatzzahlen seiner Branche. Erläutern Sie, wie diese Daten für die Zwecke der Marktforschung von der Bürodesign GmbH genutzt werden können. Recherchieren Sie hierzu in Internetforen nach Veröffentlichungen zu diesem Thema und stellen Sie Ihre gefunden Ergebnisse in einem digitalen Produkt vor.*

5 *Erstellen Sie eine Checkliste für die Marktforschungsabteilung der Bürodesign GmbH*
a) für betriebsinterne,
b) für betriebsexterne Quellen.

6 *a) Entwerfen Sie einen Fragebogen für die Untersuchung der Kaufgewohnheiten Ihrer Mitschüler/-innen an einem Kiosk oder Geschäft in der Nähe Ihrer Schule. Stellen Sie fest, wie oft die Schüler/-innen dort einkaufen, welche Produkte sie kaufen, über welche Kaufkraft sie verfügen, welche Produkte sie vermissen usw.*
b) Überlegen Sie sich Maßnahmen, die dazu führen, dass möglichst viele Mitschüler/-innen den Fragebogen ausfüllen (Preisausschreiben o. Ä.).
c) Führen Sie eine Befragung durch, entscheiden Sie sich für eine Voll- oder Teilerhebung.
d) Werten Sie die Fragebögen aus und präsentieren Sie die gewonnenen Ergebnisse. Benutzen Sie dazu eine geeignete Software.
e) Machen Sie Vorschläge, wie die Ergebnisse für den Kiosk-, Geschäftsinhaber nutzbar gemacht werden können, und entwickeln Sie entsprechende Marketingstrategien.

1.3 Marketing als Unternehmenskonzept anwenden

Frau Friedrich ist bei der IHK zu einer Fachtagung eingeladen. Sie soll dort einen Vortrag über die Entwicklung der Büromöbelindustrie halten. Sie bittet Silvia Land, an dieser Tagung teilzunehmen. Vorher erhält diese das Manuskript der Rede von Frau Friedrich, um sich vorzubereiten. Dabei fällt ihr auf, dass sehr häufig der Begriff Marketing auftaucht. Unter anderem liest sie:

„Wir sind froh, dass wir uns seit Beginn der Siebzigerjahre des letzten Jahrhunderts konsequent mit den Grundsätzen des Marketings beschäftigt haben. ***Marketing*** *bedeutet, dass ein Unternehmen ‚vom Markt her' geführt wird, d. h., dass alle Maßnahmen und Entscheidungen des Unternehmens vom Marktgeschehen und von Marktdaten bestimmt werden. Zur Erreichung unserer Ziele bedienen wir uns aller Instrumente im Marketingmix, ohne die betriebswirtschaftliches Arbeiten nicht mehr möglich ist: ..."*

Silvia ist zunächst wegen der vielen neuen Begriffe verwirrt. Frau Friedrich aber sagt: *„Wichtig ist, dass Sie die Bedeutung des Marketings für unser Unternehmen begreifen lernen. Wenn Sie Fragen haben, helfe ich Ihnen gerne."*

Arbeitsaufträge
- ***Finden Sie heraus, was Frau Friedrich unter Marketing versteht, und erarbeiten Sie die Bedeutung des Marketings und seiner Instrumente im Rahmen der Absatzwirtschaft für ein Unternehmen.***
- ***Unterscheiden Sie die Marketingziele.***
- ***Erläutern Sie mögliche Marketingsstrategien.***

Ein Industrieunternehmen befindet sich im Spannungsfeld verschiedener Märkte, die unterschiedliche Merkmale aufweisen können. Ein **Markt ist der Ort der Regulierung von Angebot und Nachfrage** von Gütern und Dienstleistungen, unabhängig von Ort, Zeit und Umständen. Eine genaue Analyse der Marktsituation und -entwicklung ist Voraussetzung für marketingpolitische Entscheidungen.

Verkäufer- und Käufermarkt

Je nach der Marktposition von Anbietern und Nachfragern unterscheidet man Verkäufer- oder Käufermärkte.

Merkmale	
Verkäufermarkt	**Käufermarkt**
• Nachfrage größer als das Angebot • geringe Konkurrenz • wenig Kundenorientierung erforderlich • geringe Werbeaufwendungen • niedrige Lagerbestände	• Nachfrage geringer als das Angebot • große Konkurrenz, Preiskämpfe • hohe Aufwendungen zur Kundengewinnung und -bindung • erhebliche Werbeaufwendungen

Beispiel *In der Nachkriegszeit der 50er-Jahre des 20. Jahrhunderts herrschte bei der Bevölkerung ein großer Nachholbedarf, insofern hatten die Anbieter (Unternehmen) nur geringe Anstrengungen zu unternehmen, ihre Produkte zu vermarkten. Ebenso wurden Investitionsgüter erheblich nachgefragt, um weitere Produktionsstätten errichten zu können. So kam es z. T. zu Versorgungsengpässen (Verkäufermarkt). Heute ist der Markt weitgehend zu einem Käufermarkt geworden, in dem die Nachfrager zwischen vielen alternativen Anbietern wählen können.*

Marketing als Prinzip der Unternehmensführung

Unter **Marketing** versteht man die Konzeption einer Unternehmensführung, bei der alle Aktivitäten konsequent auf die gegenwärtigen und künftigen Erfordernisse der Märkte ausgerichtet werden. Dabei sind systematisch gewonnene Informationen über die Märkte die Grundlage aller Entscheidungen.

Marketing ist also ein **Prinzip der Unternehmensführung**, das sich an **Marktdaten** (insbesondere Kunden- und Konkurrenzverhalten) orientiert. Jedes Unternehmen ist Teilnehmer auf mehreren Märkten. Unter **Markt** versteht man den Ort, an dem sich Angebot und Nachfrage treffen und regulieren. →VWL

Beispiele *Die Bürodesign GmbH ist u. a. Teilnehmer auf folgenden Märkten:*
- ***Absatzmarkt:*** *Die Bürodesign GmbH bietet Büromöbel und Beratung bei Büroeinrichtungen an (Anbieter von Gütern und Leistungen).*
- ***Beschaffungsmarkt:*** *Die Bürodesign GmbH kauft Hölzer als Rohstoffe ein. Sie muss Werkstoffe, wie Spanplatten, Stahlrohre, textile Stoffe usw., beschaffen. Sie benötigt Maschinen, Werkzeuge usw., braucht Hilfsstoffe, wie Leim, Schrauben, Energie (Nachfrager nach Gütern und Leistungen).*

- ***Arbeitsmarkt**: Die Bürodesign GmbH benötigt qualifizierte Mitarbeiter (Nachfrager nach Arbeitskräften).*
- ***Kapitalmarkt**: Die Bürodesign GmbH benötigt Kapital zur Beschaffung von Investitionen in Maschinen, Gebäude, Fuhrpark usw. (Nachfrager für Kapital). Sie sucht nach Anlagemöglichkeiten für kurz- und mittelfristiges Barvermögen (Anbieter von Kapital).*

Die **Marktorientierung** umfasst die Kunden- und die Wettbewerbsorientierung.

Kundenorientierung	Wettbewerbsorientierung
Gezielte Analyse der Wünsche, Bedürfnisse und Ansprüche der Kunden, d. h., das Unternehmen denkt vom Markt her. **Ziel:** optimale Befriedigung der sich wandelnden Kundenansprüche	Analyse der jeweiligen Wettbewerbssituation und Vergleichen eigener Leistungen mit denen der Konkurrenten **Ziel:** eigene Wettbewerbsvorteile pflegen und ausbauen

Marketing bezieht sich nicht nur auf den Absatzmarkt, sondern umfasst Maßnahmen auf allen Märkten, in denen ein Unternehmen aktiv ist. Dazu können Schwerpunkte einiger Unternehmensaktivitäten besonders herausgestellt werden:

- **Absatzmarketing:** Aktivitäten, um Produkte, Waren und Dienstleistungen abzusetzen bzw. zu verkaufen;
- **Beschaffungsmarketing:** Aktivitäten, um Rohstoffe, Werkstoffe, Maschinen und Dienstleistungen usw. zu beschaffen bzw. einzukaufen;
- **Personalmarketing:** Aktivitäten, um geeignete Mitarbeiter für ein Unternehmen zu gewinnen und zu halten; →Bd. 2
- **Finanzmarketing:** Aktivitäten, um Finanzmittel günstig zu erhalten (Kredite) und Kapital außerhalb des Unternehmens sinnvoll anzulegen. →Bd. 2

Marketingkonzept

Ein **Marketingkonzept** beinhaltet immer auch eine Unternehmensvision, das bedeutet eine Idee oder Unternehmensphilosophie, die versucht, die Beziehungen zu den Kunden aktiv zu gestalten. Im Marketingkonzept werden die einzelnen Marketinginstrumente, die zur Erreichung der Marketingziele eingesetzt werden sollen, festgelegt.

Marketingziele werden aus den Unternehmenszielen abgeleitet. Die Einteilung erfolgt nach den Marketinginstrumenten (vgl. S. 405) und nach dem Einfluss, der auf dem Absatzmarkt ausgeübt werden soll.

Marketingziele nach den Marketinginstrumenten

Produkt- und sortimentspolitische Ziele	Preispolitische Ziele	Distributionspolitische Ziele	Kommunikationspolitische Ziele
Anbieten von: • Markenprodukten • Massenprodukten • Standardprodukten • Spezialprodukten • Dienstleistungen	• Preiserhöhung • Preiskontrolle • Preissenkung • Zahlungsbeschleunigung	• Erweiterung der Absatzorganisation • Senkung der Logistikkosten • Versandbeschleunigung	• Wecken von Aufmerksamkeit • Information des Kunden • Förderung der Kaufabsicht des Kunden • Aufbau einer positiven Kundeneinstellung zum Unternehmen • Kundenbindung

Marketingziele nach dem Einfluss, der ausgeübt werden soll

Ökonomische Ziele	Psychologische (außerökonomische) Ziele
Beispiele • *Erreichung eines bestimmten Marktanteils* • *Halten eines bestimmten Marktanteils* • *Erreichung eines bestimmten Umsatzes* • *Kundenbindung* • *Absatzsteigerung*	***Beispiele*** • *Erhöhung des Bekanntheitsgrades des Unternehmens, der Produktpalette oder eines Artikels* • *Verbesserung des Images des Unternehmens, der Produktpalette oder eines Artikels*

Marketingplanung

Ein Marketingplan hat immer das Zielsystem eines Unternehmens als Grundlage. Er legt fest, in welchem Zeitraum die Ziele zu verwirklichen sind und welche Maßnahmen zur Zielerreichung eingesetzt werden sollen.

Beispiele *Die Bürodesign GmbH hat folgenden Marketingplan als bisherige Arbeitsgrundlage:*
- *Kurzfristig (ein Jahr): Festigung des Marktanteils in allen Teilmärkten, Sicherung des Qualitätsstandards der Produkte, Stabilität der Verkaufspreise bis Jahresende*
- *Mittelfristig (fünf Jahre): Bekanntheitsgrad des Unternehmens auf 25 % steigern, Image des Unternehmens verbessern, Marktnischen ergründen und ausbauen*
- *Langfristig (zehn Jahre): Marktanteil steigern, Absatz um 100 % erhöhen, Errichtung einer weiteren Produktionsstätte*

Jedes einzelne Ziel wird möglichst messbar formuliert, sodass Zielabweichungen erkannt und Maßnahmen zur Zielerreichung eingeleitet werden können. Ebenso werden die Maßnahmen so konkret wie möglich festgelegt.

Beispiel *Teilzielkatalog der Bürodesign GmbH (Auszug):*

Ziele	Kurzfristig (etwa ein Jahr)	Mittelfristig (höchstens fünf Jahre)	Langfristig (höchstens zehn Jahre)
Erhöhung des Marktanteils bei allen Teilmärkten	• Teilmarkt „Arbeiten am Schreibtisch": Steigerung um 18 % • Teilmarkt „Warten und Empfang": Steigerung um 25 % • Teilmarkt „Konferenzen und Schulung": Steigerung um 30 % **Maßnahmen:** • Einstellung von zusätzlichen Verkäufern • Erhöhung des Werbeetats um 5 % vom Umsatz • Unterstützung der Groß- und Fachhändler durch Einführungsrabatte bis 12 %	Steigerung der Marktanteile in allen Teilmärkten um durchschnittlich 15 % jährlich **Maßnahmen:** • Verstärkung des Verkaufspersonals um jährlich drei Mitarbeiter • jährliche Steigerung des Werbeetats um höchstens 7 % • stärkere Bindung des Facheinzelhandels an die Bürodesign GmbH durch Rabatte bis höchstens 18 % • Erhöhung des Qualitätsstandards um jährlich 10 %	Steigerung der Marktanteile in allen Teilmärkten um durchschnittlich 10 % **Maßnahmen:** • intensive Marktstudien • stabile Verkaufspreise

Der Marketingplan wird unter Einsatz der Marketinginstrumente realisiert. Dabei darf ein Plan nicht zu starr sein, denn es muss auf unvorhersehbare Marktveränderungen reagiert werden können (**Flexibilität der Planung**).

Instrumente der Absatzpolitik (Marketinginstrumente)

Zur Erreichung der Ziele werden vom Management spezielle absatzpolitische Instrumente eingesetzt. Sie wirken sich nicht nur im Bereich Absatz aus, sondern wirken in alle Unternehmensbereiche (Abteilungen) hinein.

Marketinginstrumente	Entscheidungen (Beispiele)
• **Produkt- und Sortimentspolitik**	Welche Produkte sollen hergestellt und angeboten werden?
• **Preispolitik**	Zu welchem Preis sollen die Produkte angeboten werden?
• **Konditionen- und Servicepolitik**	Zu welchen Liefer- und Zahlungsbedingungen sollen die Produkte angeboten werden? Welcher Service soll den Kunden geboten werden?
• **Distributionspolitik**	Über welche Absatzwege sollen die Produkte angeboten werden?
• **Kommunikationspolitik**	Wie soll geworben werden, damit der Absatz unterstützt wird?

Die optimale Abstimmung der Entscheidungen hinsichtlich bestimmter Marketinginstrumente bezeichnet man als **Marketingmix**.

Diese Entscheidungsbereiche können nicht isoliert voneinander betrachtet werden, da sie z.T. in engen Beziehungen zueinander stehen.

Beispiel *Die Entscheidung in der Produktpolitik, ein neues Produkt einzuführen, zieht direkt Entscheidungen in allen anderen Bereichen nach sich, z.B.: Preisgestaltung, Wahl des Absatzweges, Werbung für das Produkt usw.*

Insofern führt eine Entscheidung innerhalb eines Marketinginstrumentes immer auch zu Simultan- oder Folgeentscheidungen bei den anderen Instrumenten. Diesen Abstimmungsprozess nennt man Marketingmix.

Im Rahmen des Marketingmix kombiniert ein Unternehmen sein absatzpolitisches Instrumentarium unter Berücksichtigung seiner Marketingziele. Die Bedeutung der einzelnen Instrumente hängt im Wesentlichen vom jeweiligen Unternehmen (z.B. Hersteller, Handel) und vom Käufer (z.B. Endverbraucher, Einkäufer eines Unternehmen) ab.

Marketingstrategien

Unter einer Marketingstrategie versteht man zeitlich festgelegte Verhaltensgrundsätze auf dem Markt, mit denen ein Unternehmen erfolgreich sein will.

Strategie der Anpassung

Ein Unternehmen versucht, sich an seine **Konkurrenten anzupassen.**

Beispiel *Die drei größten Büromöbelhersteller in Deutschland bringen Schreibtische auf den Markt, die keine eingebauten Schubladen haben. Die Schubfächer befinden sich in einem Rollcontainer, der unter dem Schreibtisch frei verschoben werden kann. Die Bürodesign GmbH passt sich an und produziert ebenfalls solche Schreibtische.*

Strategie der Differenzierung

Ein Anbieter möchte sich bewusst mit seinen Produkten von seinen **Konkurrenten abheben.**

Beispiel *Die meisten Büromöbelhersteller liefern ihre Aktenschränke und Schreibtische in dezenten Farben. Ein Hersteller möchte sich bewusst von diesem Trend abheben und bietet Schreibtische in modischen Neonfarben an.*

Strategie der Marktdurchdringung

Ein Unternehmen möchte mit seinen vorhandenen Produkten den **bestehenden Markt** möglichst umfassend durchdringen und beherrschen.

Beispiel *Ein Büromöbelhersteller belieferte bisher vorwiegend Behörden. In diesen „Behördenmarkt" möchte das Unternehmen weiter eindringen und noch mehr Produkte absetzen.*

Strategie der Markterschließung

Ein Unternehmen möchte mit seinen vorhandenen Produkten neue Märkte erschließen.

Beispiel *Ein Büromöbelhersteller, der bisher hauptsächlich an Unternehmen geliefert hat, möchte seine Möbel zusätzlich an Behörden, Schulen, an Freiberufler und an Privatpersonen absetzen.*

Strategie der Marktsegmentierung

Ein Unternehmen teilt seinen Markt in Teilmärkte auf. Dadurch können die Bedürfnisse der einzelnen Zielgruppen (Abnehmer) besser erfasst und gezielter bearbeitet werden. **Teilmärkte** oder **Marktsegmente** können nach verschiedenen Kriterien gebildet werden.

Marktsegmente	*Beispiele*
• **Produktgruppen**	*Schreibtische, Stühle, Schränke; Holzmöbel, Stahlmöbel; Büromöbel für den Arbeitsplatz, für den Empfangs- und Wartebereich, für Konferenzen und Schulungsräume; Massenfertigung, Einzel- und Sonderfertigung*
• **Preisgruppen**	*Produkte des unteren, mittleren und gehobenen Preisniveaus*
• **Abnehmergruppen**	*öffentlich-rechtliche Abnehmer (Behörden, Ämter), Abnehmer aus der Privatwirtschaft; Großabnehmer, Kleinabnehmer, Selbstabholer, Abnehmer, die beliefert werden*
• **Regionale Gruppen**	*Segmentierung des Marktes nach Absatzgebieten (Inlandskunden, Auslandskunden)*

Die aufgezählten Strategien werden in der Praxis meist nicht in klarer Form angewandt, es gibt **Mischformen, Kombinationen** und **betriebsindividuelle Strategien.** Ferner ist es möglich, dass für verschiedene Produkte oder Teilmärkte unterschiedliche Strategien beschritten werden.

Beispiel *Die Bürodesign GmbH hat bisher erfolgreich die Marketingstrategie befolgt, den Gesamtmarkt „Büromöbel" zu bedienen. Alle Aktivitäten bezogen sich darauf, den Kunden „aus einer Hand" zu beliefern und möglichst alle Abnehmer des Marktes anzusprechen **(Strategie der Marktdurchdringung)**. Wenn eine neue Produktlinie eingeführt wird (z. B. Öko-Möbel), wird damit die **Strategie der Differenzierung** befolgt. Gleichzeitig kann eine Spezialisierung auf Teilmärkte erfolgen, wenn z. B. Schreibtische für Behinderte produziert werden **(Strategie der Marktsegmentierung)**. Wenn zusätzlich neue Abnehmergruppen (z. B. Privatkunden) angesprochen werden sollen, ist auch die **Strategie der Markterschließung** einbezogen.*

Die Marketingstrategien werden durch Maßnahmen des **Marketingmix**, d. h. durch geeignete Kombination der Marketinginstrumente (vgl. S. 408 ff.), in den realen Märkten eingesetzt. Je genauer und zuverlässiger die Basisinformationen der Marktforschung sind (Entscheidungsdaten) und je flexibler die Marketingplanung aufgelegt ist (Reaktion auf aktuelle Marktbeobachtung und Marktforschung), desto erfolgreicher wird die Zielerreichung.

Nachhaltigkeit von Marketingentscheidungen

Der **Aspekt der Nachhaltigkeit** beeinflusst heutzutage immer mehr die zu treffenden Marketingentscheidungen. Zunehmend gewinnt der **Umweltschutz** immer mehr an Bedeutung, da die Menschen immer bewusster mit den zunehmenden Umweltproblemen konfrontiert werden. Die von Menschen verursachte Klimaerwärmung und die daraus resultierenden Naturkatastrophen schärfen das Umweltbewusstsein der Menschen. Zudem können durch bestimmte Marketingentscheidungen z. B. Arbeitsplätze in das Ausland verlagert werden, wodurch Unternehmen in der Öffentlichkeit einen schlechten Ruf erlangen, was wiederum einen Einfluss auf den Absatz der Produkte dieser Unternehmen hat. Infolgedessen sollten im Rahmen der Nachhaltigkeit auch die Auswirkungen von Marketingentscheidungen auf die Arbeitsplätze einer Region berücksichtigt werden.

Zusammenfassung: Marketing als Unternehmenskonzept anwenden

- **Marketing** umfasst alle auf den Markt gerichteten Tätigkeiten eines Unternehmens: Beschaffungsmarketing, Absatzmarketing, Personalmarketing, Finanzmarketing.
- Marketingarbeit beinhaltet die Schwerpunkte **Kunden-** und **Wettbewerbsorientierung**.
- **Marketinginstrumente:** Produkt-, Sortiments-, Preis-, Konditionen-, Service-, Distributions-, Kommunikationspolitik
- Der **Marketingmix** ist die optimale Kombination der Marketinginstrumente.
- **Marketingziele** können nach den Marketinginstrumenten und nach dem Einfluss, der ausgeübt werden soll, unterschieden werden.
- Ein **Marketingplan** beinhaltet das Zielsystem eines Unternehmens.
- **Marketingstrategien:**
  - Anpassung an die Konkurrenz
  - Differenzierung von der Konkurrenz
  - Marktsegmentierung (Aufteilung in Teilmärkte)
  - Erschließung neuer Märkte
  - Marktdurchdringung
- Im **Marketingkonzept** werden Marketinginstrumente zur Zielerreichung festgelegt.

Aufgaben

1 *Marketing ist die Grundlage der Absatzwirtschaft. Erläutern Sie, weshalb auch in anderen betrieblichen Bereichen (Beschaffung, Personalwirtschaft) Marketingarbeit geleistet werden muss.*

2 *a) Nennen Sie die Märkte, in denen die Bürodesign GmbH tätig ist.*
b) Nennen Sie die Märkte, in denen ein Unternehmen Ihrer Region tätig ist.

3 *Erläutern Sie die einzelnen absatzpolitischen Instrumente anhand von Beispielen.*

4 *Beschreiben Sie die Schwerpunkte der Marketingarbeit und erläutern Sie die Ziele, die damit erreicht werden sollen.*

5 *Beschreiben Sie, wie die Bürodesign GmbH Kundenorientierung und Wettbewerbsorientierung durchführt.*

6 *Beschreiben Sie Beispiele für Marketingstrategien, die Sie als Endverbraucher kennengelernt haben.*

7 *Diskutieren Sie die These: „Im Zeitablauf wird jeder Verkäufermarkt zum Käufermarkt."*

8 Ordnen Sie folgende Märkte entsprechenden Marktformen (Käufer- oder Verkäufermarkt) zu und begründen Sie Ihre Entscheidung:
a) europäischer Markt für Profi-Fußballspieler
b) Mineralölmarkt
c) Markt für Kinderzimmermöbel in einer Großstadt
d) Markt für Internetprovider
e) Markt für Kfz-Ersatzteile

9 Geben Sie konkrete Beispiele an, wie Märkte durch Ersatzprodukte wirtschaftlich bedeutungslos geworden sind.

10 Eine Fahrradfabrik möchte die Strategie der Marktsegmentierung konsequent durchführen. Bilden Sie hierzu vier Beispiele für Marktsegmente.

11 Erläutern Sie, welche Möglichkeiten ein Reisebüro hat, das vorwiegend Gruppenreisen für Sportvereine anbietet, mit seinem vorhandenen Angebot die Strategie der Markterschließung durchzuführen.

1.4 Absatzpolitische Instrumente untersuchen

1.4.1 Im Rahmen der Produkt- und Sortimentspolitik marktgerechte Leistungen anbieten

→LS

Das Management der Bürodesign GmbH hat sich entschlossen, sich in den Produktgruppen „Arbeiten am Schreibtisch" und „Konferenzen und Schulung" stärker zu engagieren. Die bisherigen Produkte dieser Gruppen sollen weiterhin hergestellt werden, jedoch sollen zusätzlich neue Büromöbel entwickelt werden, die ökologischen und ergonomischen[1] Anforderungen besonders entsprechen. Damit soll einerseits dem Bedürfnis der Kunden zur Verbesserung ihrer Arbeitsplätze entgegengekommen werden und andererseits den Entwicklungen der EU-Richtlinien für Bildschirmarbeitsplätze entsprochen werden. Herr Stein sagt dazu: *„Eine neue Produktlinie wird geboren, eine alte stirbt. So ist das Leben!"*

Arbeitsaufträge
- ***Beschreiben Sie die Phasen des Lebenszyklus eines Produktes und erläutern Sie Kriterien, wie vorhandene Produkte bestimmten Phasen zugeordnet werden können.***
- ***Erläutern Sie, welcher Zusammenhang zwischen der Produktentwicklungszeit und der Produktlebenszeit besteht.***
- ***Beschreiben Sie, wie sich Entscheidungen innerhalb der Produktpolitik auf andere Marketinginstrumente auswirken können.***
- ***Erläutern Sie die Sortimentspolitik von Handelsunternehmen und erstellen Sie hierzu ein digitales Produkt oder ein Lernplakat, das Sie in der Klasse Ihren Mitschülern vorstellen.***

[1] ***Ergonomie*** *ist die Lehre von der menschengerechten Gestaltung von Arbeitsplätzen. So müssen z. B. Arbeitsstühle gesundheitlichen Gefahren (Haltungsschäden) am Arbeitsplatz vorbeugen. Sie müssen sich den individuellen Bedürfnissen des einzelnen Mitarbeiters anpassen lassen, d. h., sie müssen in Höhe und Neigung verstellbar sein, sichere Rollen und atmungsaktive Bezüge haben, die Sitz- und Rückenmuskulatur unterstützen usw.*

Produktpolitik

Produktentwicklung

Vor der Markteinführung steht die **Produktentwicklung**. Sie kann beträchtliche Zeit in Anspruch nehmen und erhebliche Kosten verursachen. In den letzten Jahren ist zu beobachten, dass die durchschnittliche Entwicklungszeit von Produkten immer mehr zunimmt, die durchschnittliche Lebensdauer eines Produkts jedoch abnimmt.

Für Unternehmen erwächst aus dieser Tatsache ein **Problem**:
- Einerseits soll die Entwicklungszeit möglichst kurz sein, damit das neue Produkt möglichst schnell auf den Markt gebracht werden kann, um wirtschaftliche Erfolge zu erzielen,
- andererseits soll das Produkt solange wie möglich unverändert produziert werden können, deshalb sind viel Zeit und Arbeit (somit Geld) in die optimale Entwicklung von Produkten zu investieren.

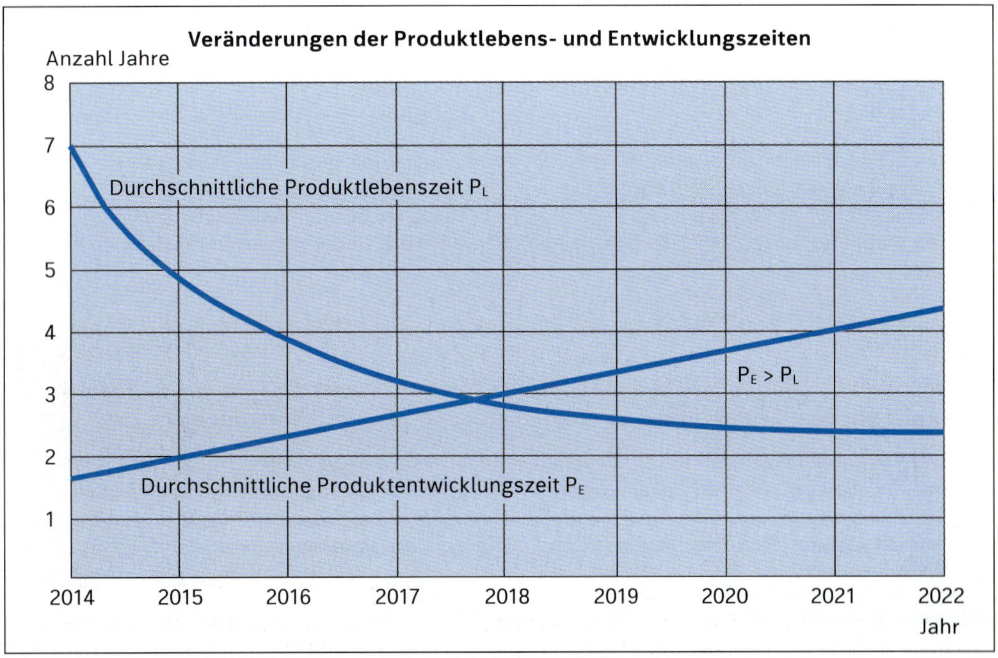

Die Schnelllebigkeit der Märkte erfordert somit eine intensive Auswertung aller vorhandenen Marktdaten (Marktforschung), um auf die Bedürfnisse der Märkte reagieren zu können.

Die Produktentwicklung umfasst zunächst die rein **technische Entwicklung,** das Ergebnis ist meist eine Reihe von **Modellen** oder **Prototypen.** Hier kommt es wesentlich auf die Auswahl des Materials und die kundengerechte Konstruktion des Produktes an.

Darüber hinaus muss die **Marktentwicklung** durchgeführt werden. Die Bestimmung der **Zielgruppe** des Produktes (Teilmarkt) ist hier die zentrale Aufgabe. Hierauf stützen sich alle folgenden Entscheidungen.

- **Design, Form** und **Farbe** des Produkts
  Beispiel *Für bestimmte Produkte hat der Verbraucher bestimmte Vorstellungen, die er verwirklicht sehen möchte. So sollen Trinkgefäße rund sein (dreieckige Tassen wären lediglich ein kurzfristiger Verkaufsgag), Zahncreme muss weiß oder zumindest hell sein (schwarze oder braune Zahnpasta würde vom Markt abgelehnt), eine Hi-Fi-Anlage muss „technisch“, elegant und modern aussehen (Anlagen mit barocken Verzierungen oder im Design von Kuckucksuhren würden nicht gekauft).*

- **Qualität des Produkts:** Fast alle Produkte gibt es in unterschiedlichen Qualitätsstufen, die letztlich auch im Preis des Produktes zum Ausdruck kommen.
  Beispiel *Es gibt Bürostühle mit Kunststoff- oder Lederbezug, mit Naturfaser oder Kunstfaser usw. Hier entscheidet die Bestimmung der Zielgruppe über den Qualitätsstandard.*

- Die **Namensgebung** spielt für die Vermarktung eines Produkts eine große Rolle.
  Beispiel *Zu einem sportlichen Auto passt nicht der Name „PUCKI GTI", er wäre besser geeignet für ein Kinderfahrrad.*

- **Verpackung:** Sie soll das Produkt bei Transport und Lagerung nicht nur schützen, sondern auch zu Werbe- und Informationszwecken verwendet werden können.
  Beispiel *Was hielten Sie davon, wenn edler Wein in Dosen verpackt angeboten würde? Das wäre für Verbraucher ebenso unverständlich, wie Schreibblocks aus Umweltpapier in Plastikfolie einzuschweißen.*

Bei der Produktentwicklung wird häufig die **Gebrauchsdauer** eines Produkts für den Verbraucher eingegrenzt. Bestimmte Produkte unterliegen einem natürlichen Verschleiß durch Abnutzung, Materialermüdung u. Ä. Um sich eine Möglichkeit der Absatzsteigerung offen zu lassen, entwickeln einige Hersteller Produkte, deren Nutzungsdauer bewusst verkürzt wird. Man nennt dieses Vorgehen **„geplante Obsoleszenz"** (geplante Veralterung).

Beispiele
- *Ein Waschmaschinenhersteller baut in seine Produkte Bauteile ein, die höchstens fünf Jahre halten können, damit die Verbraucher sich nach dieser Zeit ein neues Gerät kaufen.*
- *Ein Hersteller von MP3-Playern und Hi-Fi-Geräten verändert in bestimmten Zeitabständen das Design seiner Geräte und nimmt kleine technische Veränderungen vor. Dadurch sollen die bisherigen Produkte veraltet erscheinen.*

Produktnutzen

Verbraucher kaufen Güter, weil sie sich davon einen Nutzen versprechen. Dabei unterscheidet man zwischen dem **Grundnutzen** eines Produktes und seinem **Zusatznutzen.**

Beispiel *Der Grundnutzen eines Autos liegt in der Möglichkeit, Personen oder Gegenstände schnell und bequem zu beliebigen Orten zu transportieren. Diesen Grundnutzen kann jedes beliebige Modell erbringen. Der Zusatznutzen eines Autos liegt u. a. darin, dass der Besitzer damit sein Prestige heben kann, d. h., dass er sein Auto als Statussysmbol betrachtet, ein besonders sparsames Modell fährt, ein besonders sicheres Auto besitzt usw.*

Weil viele Produkte in ihrem Grundnutzen austauschbar sind, wird der Kampf der Unternehmen um Marktanteile heute im Bereich des Zusatznutzens von Produkten ausgefochten, denn nur hier unterscheiden sich die Produkte wesentlich. So versucht man im Rahmen der Produktpolitik, den Zusatznutzen von Produkten herauszustellen bzw. immer neue Zusatznutzen zu erfinden, um sich von der Konkurrenz abzusetzen. Der Zusatznutzen kann sich aber auch in der Befriedigung von speziellen Kundenansprüchen ausdrücken.

Beispiele
- *Die Umweltverträglichkeit eines Produktes als Zusatznutzen ist für umweltbewusste Verbraucher eine wichtige Entscheidungsgröße beim Kauf. So werden von ihnen Strom sparende Haushaltsgeräte, umweltverträgliche Waschmittel usw. gekauft.*
- *Gesundheitliche und medizinische Ansprüche von Kunden haben Lebensmittelhersteller zur Einführung von „Bio-Kost" veranlasst.*

Produktlebenszyklus und Portfolioanalyse

Jedes Produkt unterliegt einem sog. Lebenszyklus. Er umfasst die Zeitdauer zwischen der Einführung des Produktes auf dem Markt und seiner Herausnahme aus dem Markt. Ein Produkt „lebt", solange es einen wirtschaftlichen Umsatz auf dem Markt erzielt.

Um diese Entwicklung zu beschreiben, wurden in der betrieblichen Praxis und in der betriebswirtschaftlichen Forschung **Produktlebenszyklusmodelle** entwickelt. Die verschiedenen Modelle unterscheiden sich hinsichtlich der Auswahl der Beurteilungsparameter.

Idealtypischer (klassischer) Produktlebenszyklus

In diesem Modell werden **Umsatz, Gewinn** und **Zeit** als die entscheidenden Parameter betrachtet. Das **Grundmodell** veranschaulicht in einem Koordinatensystem die Umsatz- und Gewinnentwicklung im Zeitablauf.

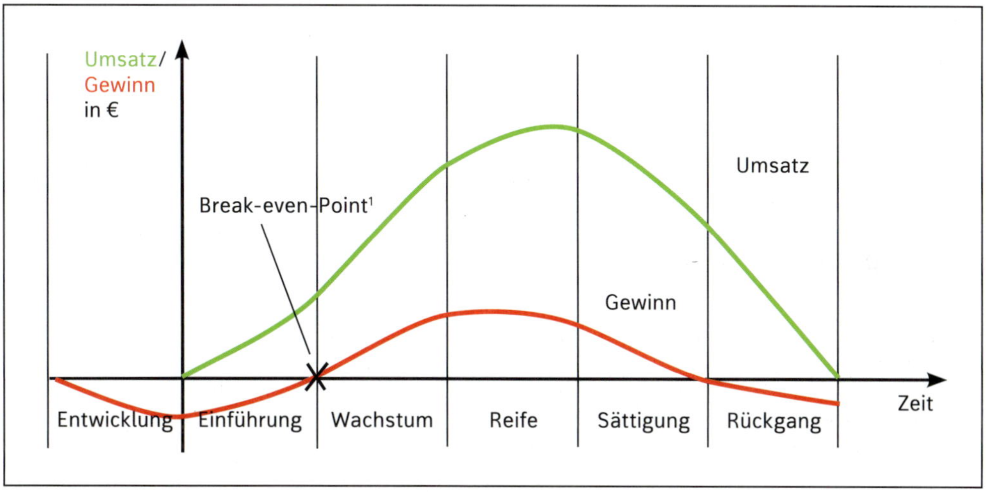

Hierbei wird die Zeitachse in typische **Phasen** eingeteilt, die zeitlich nicht gleich lang sind (in der Abbildung sind sie lediglich aus Gründen der Übersichtlichkeit gleich lang). Diese Phasen weisen unterschiedliche Merkmale auf.

Phasen	Merkmale
Produktentwicklung	In dieser Phase befindet sich das Produkt noch nicht auf dem Markt. Hier wird es unter technischen und gestalterischen (Design) Aspekten auf die Markteinführung vorbereitet und getestet (vgl. S. 398). Bisher hat das Produkt nur Kosten verursacht. Da noch kein Umsatz erzielt wird, kann auch kein Gewinn verzeichnet werden.
Markteinführung	Bereits vor dieser Phase versucht das Unternehmen über Werbung und PR-Maßnahmen (vgl. S. 449ff.), das Produkt auf dem Markt bekannt zu machen. Hierdurch entstehen erhebliche Kosten, die durch die langsam einsetzenden Umsätze nicht aufgefangen werden. Am Ende dieser Phase sollte sich aber der Umsatz so weit gesteigert haben, dass die Kosten aufgefangen werden können und die Gewinnschwelle (Break-even-Point) überschritten wird.
Marktwachstum	Mit Eintritt in diese Phase wird erstmalig Gewinn mit dem Produkt erzielt. Der Umsatz steigt stark. Nach wie vor sind aber die Kosten für Kommunikation und Werbung hoch, da mit Konkurrenzprodukten gerechnet werden muss (Trittbrettfahrer) und der Markt entsprechend umkämpft ist. Das Ende dieser Phase ist gekennzeichnet durch eine allmähliche Abnahme der Steigung der Umsatzkurve.

[1] *Der Break-even-Point ist die Gewinnschwelle.*

Phasen	Merkmale
Reifephase	In dieser Phase steigt die Umsatzkurve zwar weniger stark an, jedoch ist sie häufig die profitabelste Phase, da die Gewinnkurve hier ihr Maximum erreicht. Danach sinkt der Gewinn.
Marktsättigung	In dieser Phase hat das Produkt kein Marktwachstum mehr. Der Gewinn tendiert wegen des Umsatzrückgangs gegen Null. Am Ende dieser Phase wird die Verlustzone erreicht.
Rückgang, Degeneration	Die Verlustzone ist erreicht. Das Produkt wird aus dem Markt genommen.

Während dieser einzelnen Phasen wird permanent versucht, durch aktuelle **absatzpolitische Maßnahmen** die profitablen Phasen zu verlängern und die nicht gewinnbringenden Phasen zu verkürzen. Die beiden Parameter „Umsatz" und „Gewinn" sind dabei die wesentlichen Indikatoren für die Reaktion auf Marktstrukturen. Für ein Unternehmen ist es somit wichtig zu wissen, in welcher Phase des Lebenszyklus sich seine Produkte befinden, um die entsprechenden Maßnahmen einleiten zu können. Je mehr verschiedene Produkte ein Unternehmen in seinem Angebot führt, desto schwieriger wird die produktbezogene Bestimmung dieser Maßnahmen, da sie sich in ein gesamtes langfristiges Unternehmens- und Marketingkonzept einfügen müssen.

Produktlebenszyklus der Boston Consulting Group (Portfolioanalyse)

Die Boston Consulting Group ist eine Unternehmensberatung, die weltweit aktiv ist. Sie hat ein Produktlebenszyklusmodell entwickelt, das auch unter der Bezeichnung BCG-Portfolio bzw. als BCG-Matrix bekannt wurde. Bei diesem Modell sind **Marktwachstum** und **relativer Marktanteil** eines Produktes die entscheidenden Parameter. Beide Parameter werden in einem Koordinatensystem gegenübergestellt, wodurch sich eine Matrix mit vier Feldern ergibt. Diese Felder repräsentieren vier **Produktlebensphasen**.

Portfolioanalyse der Boston Consulting Group

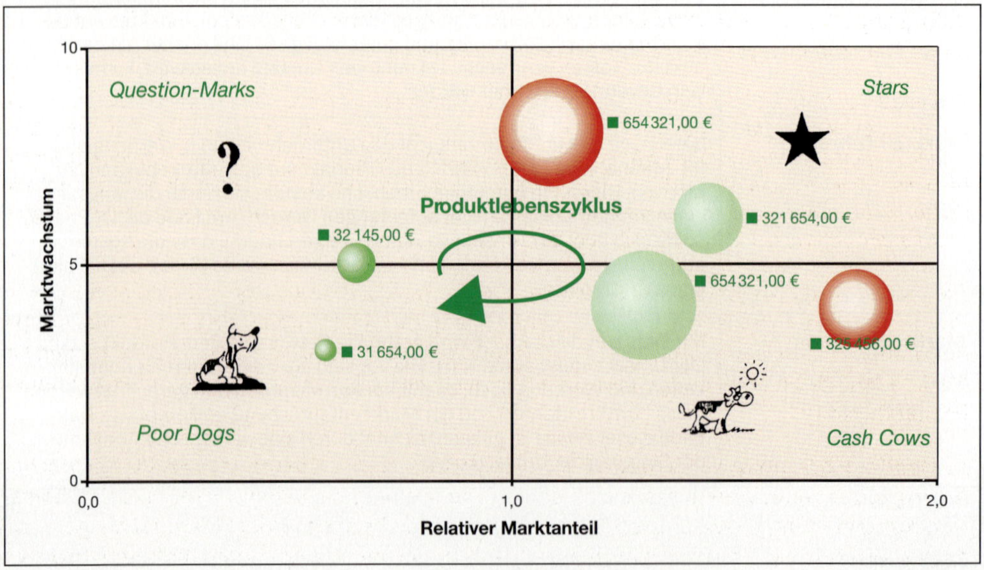

Quelle: Vgl. Nieschlag, Robert; Dichtl, Erwin; Hörschgen, Hans: Marketing, 14. Auflage, Berlin: Duncker & Humblot 1985, S. 851.

Phase	Merkmale
Poor Dogs (Arme Hunde)	Alle neuen Produkte steigen mit der Markteinführung in diese Phase ein. Sie haben als Marktneuheiten zwangsläufig noch einen geringen relativen Marktanteil und (noch) kein sehr großes Marktwachstum. Am Ende des Lebenszyklus eines Produktes findet es sich zum zweiten Mal in dieser Klasse, dann wird es zu einem Auslaufmodell und es wird über die Herausnahme aus dem Markt entschieden.
Question Marks (Fragezeichen)	Hierzu gehören typischerweise sog. Nachwuchsprodukte, sie haben ein starkes Marktwachstum, jedoch noch keinen hohen relativen Marktanteil erreicht. Hier muss entschieden werden, ob das Produkt aufgegeben werden soll oder ob es durch zusätzliche Marketinganstrengungen „gepusht" werden soll.
Stars (Sterne)	Diese Produkte haben sowohl einen hohen relativen Marktanteil als auch ein hohes Marktwachstum. Sie befinden sich in einem prosperierendem Marktsegment und sind meist das Geschäft der Zukunft, wenn mit entsprechenden Marketingmaßnahmen agiert wird.
Cash Cows (Milchkühe)	Diese Produkte haben einen hohen relativen Marktanteil, jedoch geringe Wachstumschancen. Diese Produkte werden mit geringem Aufwand weiter gepflegt und „gemolken".

Dieses Modell eines Produktlebenszyklus wird mittlerweile von sehr vielen Unternehmen weltweit als Basis für unternehmerische Entscheidungen genommen, die die produktpolitische Dimension übersteigen. So werden auf der Basis dieses Konzeptes u.a. auch langfristige Investitionsentscheidungen getroffen.

Produktinnovation, Produktdifferenzierung, Produktvariation, Produktelimination

Die Gesamtheit aller von einem Unternehmen angebotenen Produkte wird als **Produktprogramm, Produktpalette** oder **Produktportfolio** bezeichnet. Bei Handelsunternehmen spricht man von einem Sortiment. Als **Programmbreite** wird die Anzahl der parallel vorhandenen **Produktgruppen** (bzw. **Produktlinien**) bezeichnet. Die **Programmtiefe** gibt an, wie viel Produktvarianten innerhalb einer Produktlinie angeboten werden.

Beispiele *Die Bürodesign GmbH hat folgende Produktgruppen: „Arbeiten am Schreibtisch", „Konferenzen und Schulung", „Warten und Empfang". Wenn die Programmbreite vergrößert werden sollte, dann kämen folgende Produktgruppen infrage: Büromöbel für zu Hause (Homeoffice), Kindermöbel, Küchenmöbel usw. Innerhalb der Produktlinie Arbeiten am Schreibtisch bietet das Unternehmen drei Schreibtischarten an. Wenn die Programmtiefe erhöht werden soll, muss die Auswahl in diesem Segment vergrößert werden und weitere Schreibtischarten müssen angeboten werden.*

Die Produktpolitik umfasst alle Maßnahmen, die sich auf die Entwicklung und Vermarktung eines Produktes, einer Produktgruppe oder des Produktprogramms beziehen. Dieses **Produktmanagement** ist notwendig, weil sich die Anforderungen an Produkte durch Veränderungen von Marktdaten im Zeitablauf verändern und weil technische Innovationen vorhandene Produkte beeinflussen.

In **Handelsunternehmen** wird statt von Produktpolitik von **Sortimentspolitik** gesprochen. Analog gibt es somit Sortimentsinnovation, -differenzierung, -variation und -elimination. Dienstleistungsunternehmen wie Banken, Versicherungen usw. bezeichnen ihre Marktleistungen i.d.R. auch als Produkte (immaterielle Produkte). Insofern sind die Prinzipien und Instrumente der allgemeinen Produktpolitik auch hier gültig.

Folgende **Maßnahmen im Rahmen der Produktpolitik** sind möglich:

<table>
<tr><td rowspan="5">**Produktinnovation (Neueinführung in den Markt bzw. Neuaufnahme eines Produktes in das Produktprogramm)**</td><td colspan="3">**Produktdifferenzierung**
(neue Produkte innerhalb einer Produktgruppe)
Beispiele *Die Produktgruppe „Konferenzen und Schulung“ wird um ein neues Produkt „Flipchart“ erweitert, in der Produktgruppe „Warten und Empfang“ wird ein Garderobenständer als neues Produkt eingeführt.*</td></tr>
<tr><td rowspan="4">**Produktdiversifikation** (neue Produktgruppe)</td><td rowspan="2">**Horizontal** (auf gleicher Wirtschaftsstufe)</td><td>**Medial** (sachlich zusammenhängend)
Beispiel *Es wird eine neue Produktgruppe gebildet, sie umfasst Büromöbel für den privaten Gebrauch. Diese Produktgruppe erhält den Namen „Homeoffice“.*</td></tr>
<tr><td>**Lateral** (sachlich nicht zusammenhängend)
Beispiel *Die Bürodesign GmbH betreibt zusätzlich einen Buchverlag, schwerpunktmäßig werden Bücher herausgegeben, die sich mit Innenarchitektur beschäftigen.*</td></tr>
<tr><td rowspan="2">**Vertikal** (auf verschiedenen Wirtschaftsstufen)</td><td>**Vorstufendiversifikation**
Beispiel *Die Bürodesign GmbH betreibt zusätzlich einen Holzgroßhandel.*</td></tr>
<tr><td>**Nachstufendiversifikation**
Beispiel *Die Bürodesign GmbH betreibt zusätzlich eine Holz-Spedition.*</td></tr>
<tr><td>**Produktvariation (Veränderung)**</td><td colspan="3">• funktionell – ***Beispiel*** *Neue Steckverbindungen bei dem Kombinationsschreibtisch Modulo*
• physisch – ***Beispiel*** *Anderes Bezugsmaterial für Bürostühle*
• ästhetisch – ***Beispiel*** *Neue Farbkombinationen für Stellwand Integra*
• Namensvariation – ***Beispiel*** *Kombinationsschreibtisch Modulo heißt jetzt Corpus*
• Zusatzleistungen – ***Beispiel*** *Rücknahme von Altmöbeln*</td></tr>
<tr><td rowspan="2">**Produktelimination (Herausnahme aus dem Markt bzw. aus dem Produktprogramm)**</td><td colspan="3">Elimination von Produktvarianten
Beispiel *Das Regalsystem Wikinger wird nicht mehr produziert.*</td></tr>
<tr><td colspan="3">Elimination von Produktgruppen
Beispiel *Die gesamte Produktgruppe „Konferenzen und Schulung“ wird gestrichen.*</td></tr>
</table>

■ Sortimentspolitik

Handelsunternehmen (Einzel-, Groß- und Außenhandel) entwickeln i. d. R. keine eigenen Produkte; sie beschaffen Waren, um sie unverändert an ihre Kunden zu verkaufen. Die Gesamtheit der angebotenen Waren wird als **Sortiment** bezeichnet. Ein Sortiment kann aus verschiedenen **Warenbereichen** (Lebensmittel, Kleidung, Bürobedarf, Schmuck usw.) bestehen. Die **Sorte** ist die kleinste Einheit des Sortiments. Sorten, die sich nur nach Farbe, Größe, Gewicht unterscheiden, werden zu **Artikeln** zusammengefasst. Ähnliche Artikel bilden eine **Warengruppe** (Bürotechnik, Büroeinrichtung, Verbrauch, Organisation).

Beispiel *Die Primus GmbH, ein Bürobedarfsgroßhändler und Kunde der Bürodesign GmbH, bietet den Artikel Bandscheiben-Drehstuhl „Super-Star“ in den Sorten anthrazit und braun an. Im Sortiment werden Bandscheiben-Drehstühle der Warengruppe Büroeinrichtung zugeordnet, zu der auch Schreibtische, Rollcontainer, Schränke und Regalelemente zählen.*

Sortimentsaufbau

Ein Handelsunternehmen unterscheidet zwischen Kern-, Rand-, Rahmen-, Probe- und Auslaufsortiment.

Sortimentsaufbau der Primus GmbH

Kernsortiment (Musssortiment)	+ Randsortiment (Soll-Sortiment)	+ Rahmensortiment (Kann-, Füllsortiment)	+ Probesortiment	+ Auslaufsortiment
= typische Artikel für den Hauptumsatz (Artikel des Bürobedarfs)	= Waren fremder Branchen (Bücher, Reinigungsmittel)	= wenig gängige Waren (Saisonartikel wie Schultüten)	= Einführung neuer Artikel (Sitzbälle)	= Restbestände von Artikeln, die nicht mehr verkauft werden (Konzepthalter)

Sortimentsumfang

Der Sortimentsumfang wird danach bemessen, wie viele Artikel und Warengruppen angeboten werden.

Begriffe	Erläuterungen	Beispiele für die Primus GmbH
Sortimentstiefe		
• flaches Sortiment	wenige Artikel einer Warengruppe	Die Primus GmbH bietet in der Warengruppe Verbrauch drei Sorten Papier an.
• tiefes Sortiment	viele Artikel einer Warengruppe	Ein Papiergroßhandel handelt mit über 4000 Papiersorten.
Sortimentsbreite		
• schmales Sortiment	nur eine oder wenige Warengruppen	Die Primus GmbH als Großhandel für Bürobedarf (Fachgroßhandel) bietet vier Warengruppen an: Bürotechnik, Büroeinrichtung, Verbrauch, Organisation.
• breites Sortiment	viele Warengruppen	Eine Sortimentsgroßhandlung mit Textilien, Lebensmitteln, Elektro usw. führt in jedem Bereich verschiedene Warengruppen.

Sortimentskontrolle

Ein Handelsunternehmen muss sein Sortiment so gestalten, dass es für seine Kunden bedarfsgerecht ist. Ein zu umfangreiches Warenangebot **(Übersortiment)** verursacht eine hohe Kapitalbindung, denn die Ware muss bezahlt und gelagert werden. Das Sortiment enthält schwer verkäufliche Waren (Ladenhüter). Im Rahmen der Sortimentspflege werden unrentable Artikel aus dem Sortiment gestrichen **(Sortimentsbereinigung)**, um Platz für neue Artikel zu schaffen.

Beispiel *Die Primus GmbH, ein Kunde der Bürodesign GmbH, bietet in ihrer Warengruppe „Organisation" u. a. Zeitschriftenhalter an. Da dieser Artikel ein halbes Jahr nicht mehr nachgefragt wurde, beschließt die Geschäftsleitung, ihn aus dem Sortiment zu nehmen.*

Ist das Warenangebot dauerhaft zu gering **(Untersortiment)**, wird es zu Umsatzrückgängen kommen. Es werden Waren von Kunden verlangt, die nicht geführt werden. Das Sortiment enthält Lücken und Kundenwünsche können nicht befriedigt werden.

Kontrollmethoden, mit denen ein Handelsunternehmen ein Unter- oder Übersortiment feststellen kann, sind folgende Verfahren:

Fehl- und Nichtverkaufskontrolle

Ein **Fehlverkauf** liegt vor, wenn der gewünschte Artikel normalerweise im Sortiment geführt wird, im Augenblick jedoch nicht vorrätig ist. **Nichtverkauf** bedeutet, dass der gewünschte Artikel überhaupt nicht im Sortiment geführt wird. Die Fehl- und die Nichtverkäufe sollten täglich von den Verkaufssachbearbeitern in einer dafür vorgesehenen Liste erfasst werden (Artikel, Artikel-Nr., Größe, Anzahl usw.). Werden sehr viele Nichtverkäufe ermittelt, ist zu prüfen, ob das Sortiment noch dem Kundenkreis (Zielgruppe) entspricht.

Renner-Penner-Liste

Die Renner-Penner-Liste gibt Auskunft über **„Renner" (gut verkaufbare Ware)** und **„Penner" (schlecht verkaufbare Ware = Langsamdreher, Schleicher)**. Diese Liste, die regelmäßig erstellt werden sollte, gibt Aufschluss über tatsächliche Verkaufszahlen eines Artikels in einem bestimmten Zeitraum.

Beispiele

Primus GmbH					
Rennerliste (Auszug) nach Absatz: 20. Woche					
Artikelnummer	**Bezeichnung**	**Warengruppe**	**Verkaufspreis netto (€)**	**Absatz in Stück**	**Wochenumsatz netto (€)**
125B568	Briefumschlag DIN A5 50 Stück	3	0,38	2100	798,00
125B569	Kugelschreiber Primus	3	1,02	1430	1458,60
125B570	Block Notizzettel	3	0,98	925	906,50
125B571	Tesafilm 3 Stück	3	1,15	83	95,45
125B572	Stempelkissen	3	2,04	7	14,28

Primus GmbH					
Rennerliste (Auszug) nach Umsatz: 20. Woche					
Artikelnummer	**Bezeichnung**	**Warengruppe**	**Verkaufspreis netto (€)**	**Absatz in Stück**	**Wochenumsatz netto (€)**
125B569	Kugelschreiber Primus	3	1,02	1430	1458,60
125B570	Block Notizzettel	3	0,98	925	906,50
125B568	Briefumschlag DIN A5 50 Stück	3	0,38	2100	798,00
125B571	Tesafilm 3 Stück	3	1,15	83	95,45
125B572	Stempelkissen	3	2,04	7	14,28

ABC-Analyse

Die ABC-Analyse (vgl. S. 255) ist u. a. ein Verfahren, die Waren nach Wichtigkeit zu strukturieren. Hier werden die angebotenen Waren hinsichtlich ihres Anteils am Umsatz bezogen auf die Artikelzahl in drei Gruppen (A-, B-, C-Gruppe) eingeteilt.

Güterart	Anteil am Umsatz	Anteil an der Artikelzahl
A-Güter	ca. 75% des Umsatzes	ca. 15% der Artikel
B-Güter	ca. 20% des Umsatzes	ca. 35% der Artikel
C-Güter	ca. 5% des Umsatzes	ca. 50% der Artikel

Durch die ABC-Analyse kann eine Grundlage für eine wirtschaftliche Unterscheidung von Gütern gelegt werden. In der Regel rechtfertigen vor allem die A-Güter aufwendige und genaue Planungs- und Organisationsarbeiten.

Kennzahlenkontrolle

Hier werden mithilfe quantitativer Größen (z. B. Umsatz, Absatz, Umschlagshäufigkeit, Lagerdauer) Sortimentsvergleiche durchgeführt.

Beispiel *Die Primus GmbH erreicht mit ihrem Sortiment einen Jahresumsatz von ca. 3,5 Mio. €. Die durchschnittliche Lagerdauer der Artikel liegt zwischen 4 und 20 Tagen. Der Konkurrenzbetrieb Otto Rompf GmbH Bürobedarf hat bei einer höheren durchschnittlichen Lagerdauer (6 bis 30 Tage) eine geringere Umsatzhöhe (5 Mio. €/Jahr). Im Rahmen der Wettbewerbsorientierung muss die Primus GmbH zurzeit keine Verbesserungen vornehmen.*

Deckungsbeitragsrechnung

Mit der **Deckungsbeitragsrechnung** wird ermittelt, ob und in welcher Höhe eine Warengruppe, ein Artikel oder eine Sorte zur Fixkostendeckung beiträgt (vgl. S. 419 f.). Aufgrund dieses Ergebnisses werden problematische Warengruppen sichtbar und es können gezielte Maßnahmen ergriffen werden. →Bd. 2

Sortimentspolitische Entscheidungen

Um sein Sortiment den veränderten Marktbedingungen (u. a. technische, modische, jahreszeitliche Nachfrageänderung) anzupassen, stehen dem Großhändler folgende Maßnahmen zur Sortimentsgestaltung zur Verfügung:

Sortimentserweiterung

Bisher nicht geführte Warengruppen werden in das Sortiment aufgenommen **(Diversifikation)** bzw. bereits vorhandene Warengruppen werden vertieft **(Differenzierung)**.

Beispiel *Die Primus GmbH ergänzt ihr Sortiment um die Warengruppe „EDV" (Diversifikation) und die Warengruppe „Büroeinrichtung" um die Sorte „Sitzbälle" (Differenzierung).*

Sortimentsvariation

Der Sortimentsumfang bleibt erhalten. Es findet lediglich ein Austausch der Warengruppen, einiger Sorten oder einzelner Artikel statt. Dies gilt vor allem für modeorientierte Sortimente. Bei sich wandelnden Kundenansprüchen erfolgt eine Niveauanpassung. Dieses kann eine **qualitative Hebung (Trading-up)** oder **Senkung (Trading-down)** des Sortiments bedeuten.

Beispiel *Die Primus GmbH hebt im Bereich „Verbrauch" ihr Sortimentsniveau, indem sie in Zukunft neben ihren preiswerten Handelsmarken Markenartikel namhafter Hersteller führt (Trading-up). Gleichzeitig* *lässt sie von einem Hersteller, der den Kunden gegenüber anonym bleibt, einen preiswerten Bürodrehstuhl fertigen, der als „No-Name-Produkt" verkauft wird (Trading-down).*

- **Markenartikel** tragen die Marke des Herstellers und sind von stets gleich bleibender Qualität und einheitlicher Aufmachung. Sie haben einen hohen Bekanntheitsgrad, sprechen große Verbrauchergruppen an, garantieren gleich bleibende überregionale Versorgung und fachkundigen Händlerservice. Der Hersteller übernimmt die Aufgabe der Werbung für das Produkt.
- **Handelsmarken** sind gesondert gefertigte Produkte für nur einen oder wenige Händler. Der Hersteller bleibt für den Kunden anonym. Dem Händler fällt die Aufgabe zu, für Handelsmarken zu werben. Aufgrund einer überwiegend regionalen Marktpräsenz der Handelsmarken wird die Marktbedeutung der Markenartikel selten erreicht.
- **Eigenmarken** werden vom Handelsbetrieb selbst produziert.

Sortimentsbereinigung

Artikel, Sorten oder Warengruppen werden aus dem Sortiment entfernt.

Beispiel *Die Primus GmbH führt ab sofort nicht mehr Karteikästen aus Kunststoff, da diese nicht mehr nachgefragt werden.*

Produktmodifikation (Relaunch)

Wichtigster Ansatzpunkt für eine **Produktmodifikation (Relaunch)** sind die Daten der Produktlebenszyklusanalyse. Hat der Gesamtumsatz seinen Wendepunkt erreicht und wird die Umsatzveränderungsrate negativ, muss das Produkt verändert (modifiziert) werden, um es in den Augen der Verbraucher weiterhin attraktiv erscheinen zu lassen.

Bevor Maßnahmen im Rahmen eines Produktrelaunch ergriffen werden, müssen sorgfältig die **Ursachen** der negativen Umsatzentwicklung erforscht werden. Die Entwicklung des eigenen Produktes ist dabei immer vor dem Hintergrund des Gesamtmarktes zu sehen. Ist die Entwicklung des Marktes insgesamt negativ, ist ein Umsatzrückgang weniger dramatisch, als wenn sich der Gesamtmarkt positiv entwickelt und nur das eigene Produkt einen Umsatzrückgang zu verzeichnen hat.

Zusammenfassung: Im Rahmen der Produkt- und Sortimentspolitik marktgerechte Leistungen anbieten

- Die **technische Produktentwicklung** beschäftigt sich vorwiegend mit der Auswahl des Materials und der Rohstoffe des Produktes.
- Eine planmäßige Veralterung des Produktes heißt **„geplante Obsoleszenz"**.
- Der **Produktnutzen** teilt sich in den **Grundnutzen** (eigentlicher Zweck) und den **Zusatznutzen** (z. B. Image eines Produktes).
- Die **Produktentwicklung** umfasst Design, Form, Farbe, Qualität, Name und Verpackung des Produktes.
- Der **Produktlebenszyklus** durchläuft die Phasen Einführung, Wachstum, Reife, Sättigung des Marktes, Rückgang des Produktes. Er wird gemessen an den Umsätzen, die ein Produkt erzielt.
- In einem **Produktportfolio** werden die einzelnen Produkte hinsichtlich Marktanteil und Wachstumschancen bewertet.
- **Produktpolitische Strategien** sind Produktinnovation (Produktdifferenzierung, Produktdiversifikation), Produktvariation (Veränderung des Produktes) und Produktelimination (Herausnahme des Produktes aus dem Markt).

- Die **Sortimentspolitik** umfasst sämtliche Entscheidungen, die mit der Zusammensetzung und Gestaltung des Warenangebotes und der Dienstleistungen eines Handelsbetriebes verbunden sind.
- **Aufbau des Sortiments:** Das **Sortiment** eines Handelsunternehmens umfasst alle Waren und Dienstleistungen, die auf dem Markt verkauft werden. Die **Sorte** ist die kleinste Einheit eines Sortiments. Mehrere Sorten werden zu **Artikeln** zusammengefasst. Ähnliche Artikel ergeben eine **Warengruppe**. Nach der Anzahl der Artikel und Warengruppen kann der **Sortimentsumfang** beschrieben werden.
- Die **Sortimentsbreite** beschreibt die Anzahl der im Sortiment vertretenen Warengruppen, die **Sortimentstiefe** die Anzahl der Artikel und Sorten innerhalb einer Warengruppe. Während alle für das Unternehmen typischen Waren, die der Kunde erwartet, dem **Kernsortiment** zugerechnet werden, zählen ergänzende Waren fremder Branchen zum **Randsortiment**.

- **Normalsortiment** (Idealsortiment) entspricht in der Zusammenstellung der Waren und Dienstleistungen den Ansprüchen der Zielgruppe: Angebot = Nachfrage = Idealsortiment.

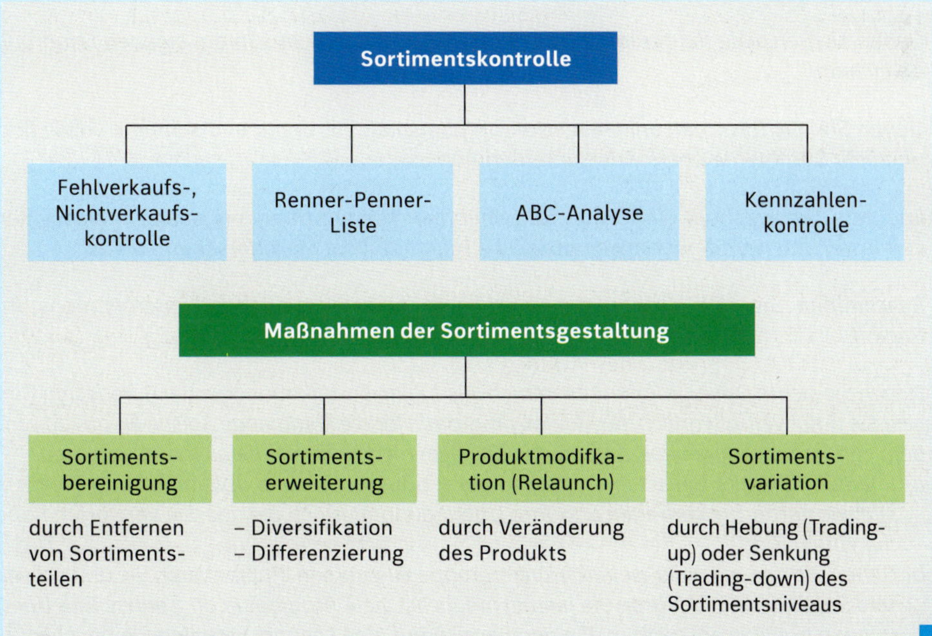

Aufgaben

1 Erläutern Sie die Phasen des Produktlebenszyklus an einem selbst gewählten Beispiel und interpretieren Sie die Kurvenverläufe.

2 Erläutern Sie die Veränderungen der Produktlebens- und Produktentwicklungszeiten (vgl. Abb. auf S. 408) und formulieren Sie die Konsequenzen, die sich für die Unternehmen daraus ergeben.

3 Machen Sie für die Bürodesign GmbH Vorschläge zur Produktentwicklung ihrer neuen Produktlinie für ökologisch und ergonomisch orientierte Büromöbel.
a) Finden Sie fünf schlagkräftige Namen für diese Produktlinie.
b) Machen Sie Vorschläge für die Verpackung dieser Produkte.
c) Machen Sie begründete Vorschläge, welche Materialien für Bürostühle, Schreibtische, Büroschränke verwendet werden sollen.
d) Machen Sie Vorschläge zur Farbgebung der Schreibtische, Schränke und Bürostühle.
e) Beschreiben Sie das Designkonzept für diese Büromöbel, indem Sie Wortgruppen bilden, z. B. „bequem und natürlich sitzen", „Sitzkomfort auf natürliche Weise" u. Ä. Arbeiten Sie in Gruppen. Schreiben Sie die Ergebnisse auf Plakate und hängen Sie sie in Ihrem Klassenraum auf. Vergleichen und diskutieren Sie die Arbeitsergebnisse der Gruppen.

4 Beschreiben Sie, worin der Grund- und der Zusatznutzen bei folgenden Produkten bestehen können: Büromöbel, Hi-Fi-Anlage, Mantel, Kugelschreiber, Smartphone.

5 Sammeln Sie Möglichkeiten, wie die Gedanken des Recyclings von Produkten in der Büromöbelindustrie und deren umweltverträgliche Entsorgung bereits bei der Produktentwicklung berücksichtigt werden können.

6 Geben Sie Beispiele für geplante Obsoleszenz für Produkte aus Ihrem eigenen Erfahrungsbereich an.

7 Geben Sie aus Ihrer persönlichen Erfahrung Beispiele für breite und schmale sowie flache und tiefe Sortimente bei Handelsunternehmen an.

8 Erläutern Sie, weshalb ein Handelsunternehmen sowohl Über- als auch Untersortimente vermeiden muss und geben Sie an, welche Hilfsmittel die Marktforschung bietet.

9 Beschreiben Sie den Aufbau des Sortiments eines Einzelhandelsunternehmens Ihrer Region.

10 Finden Sie sich in Dreiergruppen zusammen. Als Junior-Produktmanager der Bürodesign GmbH sind Sie dafür verantwortlich, das Absatzprogramm für die kommende Saison kreativ zu verändern, um insbesondere neue Zielgruppen aus dem medizinischen Bereich anzusprechen.
a) Erledigen Sie alle typischen Aufgaben der Produktpolitik und dokumentieren Sie hierbei stichwortartig Ihr Vorgehen und Ihre Überlegungen (auch die, die Sie verworfen haben) auf einem Blatt.
b) Gehen Sie nun mit einer weiteren Dreiergruppe zusammen. Präsentieren Sie abwechselnd Ihre Ergebnisse und führen Sie hierbei möglichst viele Argumente an, sodass Ihre Überlegungen transparent werden. Einigen Sie sich auf eine Lösung. Erstellen Sie abschließend für den Vertrieb eine Liste mit wenigstens fünf Vorteilen bzw. Verkaufsargumenten zu dem veränderten Absatzprogramm. Erstellen Sie hierzu mithilfe einer Präsentationssoftware ein digitales Produkt, in dem Sie die Vor- und Nachteile gegenüberstellen.

1.4.2 Preispolitik berücksichtigen

Wenn ein neues Produkt auf den Markt gebracht wird, so stellt sich automatisch die Frage, zu welchem Preis es angeboten werden soll. Diese Überlegung ergibt sich auch bei der Bürodesign GmbH. Im Rahmen der neuen Produktlinie „Ergo-design-natur" ist ein neuer Bürodrehstuhl entwickelt worden. Die Abteilungs- und Gruppenleiter sowie die Geschäftsführer sitzen in einer Besprechung. Frau König, die Gruppenleiterin des Rechnungswesens, sagt: *„Auf alle Fälle muss der Preis so hoch angesetzt werden, dass unsere Kosten gedeckt sind und zusätzlich ein ordentlicher Gewinn erzielt wird."* Der Abteilungsleiter Absatz, Herr Stam, meint: *„Wir müssen vorsichtig sein, am besten orientieren wir uns an der Konkurrenz und unterbieten sie im Preis, dann – ich übertreibe einmal – können wir so viel verkaufen wie wir wollen."* Frau Freund, die Marketingleiterin, gibt zu bedenken: *„Wir müssen erst einmal herausfinden, wie viele unsere Kunden bereit sind, für einen ‚Ergo-design-natur'-Bürostuhl zu bezahlen. Wenn dieser Preis bekannt ist, können wir kalkulieren, ob wir zu diesem Preis produzieren können. Falls nicht, müssen wir preiswertere Produktionsverfahren einführen."* Hier meldet sich sofort Herr Müller, der Produktionschef: *„Unsere Produktionsverfahren sind vorgegeben, da lässt sich nichts ändern, wir können doch nicht einfach alle unsere Maschinen verschrotten und neue kaufen oder sogar Mitarbeiter entlassen!"*

Arbeitsaufträge
- ***Erläutern Sie, welche Gesichtspunkte bei der Preisfestsetzung des neuen Bürostuhls berücksichtigt werden können.***
- ***Beschreiben Sie in einem Referat die kosten-, nachfrage- und konkurrenzorientierte Preisbildung.***

Die Preisbildung eines Produktes ist von folgenden Faktoren abhängig, die alle genau untersucht und berücksichtigt werden müssen: **Kosten, Konkurrenz, Nachfrage**.

■ Kostenorientierte Preisbildung

Es leuchtet ein, dass bei dem Verkauf von Produkten die angefallenen **Kosten** gedeckt werden müssen. Hier ist allerdings eine genaue Untersuchung der Kosten erforderlich. Dies ist Aufgabe der Kostenrechnung. Hier zeigt sich die enge **Verzahnung des Marketings mit dem Rechnungswesen.** Die Kosten eines Unternehmens lassen sich nach verschiedenen Kriterien unterteilen. →Bd. 2

Abhängigkeit von der produzierten Menge

- **Fixe Kosten:** Hier handelt es sich um Kosten, die unabhängig von der produzierten bzw. abgesetzten Menge auftreten, d. h., egal, ob sehr viel oder gar nichts produziert wird, die Kosten bleiben gleich.
  Beispiele *Die Miete für die Betriebsräume (Produktionshallen, Lager, Büros) muss bezahlt werden, auch wenn eine Zeit lang nicht produziert und verkauft wird. Ebenfalls sind die Gehälter der Angestellten unabhängig von der Produktionsmenge.*
- **Variable Kosten:** Diese Kosten sind abhängig von der produzierten Menge.
  Beispiel *Je mehr Schreibtische hergestellt werden, desto mehr Material (Holz, Spanplatten, Leim, Schrauben usw.) wird benötigt. Je mehr produziert und abgesetzt wird, desto mehr Kosten fallen auch im Bereich der Verwaltung und des Vertriebes an. Zum Beispiel erhöhen sich die Vertriebskosten insgesamt, wenn für jedes verkaufte Produkt Verkaufsprovisionen und Verpackungskosten anfallen.*

Gesamtkosten, Stückkosten

- **Gesamtkosten:** Sie setzen sich aus der Summe aus fixen und variablen Kosten zusammen.
  Beispiel *Ein Unternehmen hat fixe Kosten von 0,5 Mio. € pro Jahr, an variablen Kosten sind in der Produktion 1,5 Mio. € angefallen. Die Gesamtkosten des Unternehmens betragen 2 Mio. €.*
- **Stückkosten**: Die Gesamtkosten, d. h. die variablen und fixen Kosten, werden anteilmäßig auf die Menge der hergestellten Produkte verteilt.
  Beispiel

Produkte	Produzierte Menge Stück	Anteilige fixe Kosten €	Variable Kosten €	Gesamtkosten €	Variable Kosten je Stück €	Fixe Kosten je Stück €	Gesamtkosten je Stück €
Tische	3700	125000,00	490000,00	615000,00	132,43	33,79	166,22
Stühle	6500	225000,00	650000,00	875000,00	100,00	34,62	134,62
Schränke	2400	150000,00	360000,00	510000,00	150,00	62,50	212,50
Summe		500000,00	1500000,00	2000000,00			

Zurechenbarkeit zu Produkten

→Bd. 2

- **Einzelkosten:** Diese Kosten lassen sich einem bestimmten Produkt direkt zuordnen.
  Beispiel *Bei einem Schreibtisch ist eindeutig feststellbar, wie viel Holz, Spanplatten, Beschläge, Stahlrohr für Tischbeine usw. verbraucht wurden. Ferner kann bestimmt werden, wie viele Arbeitsstunden die einzelnen Mitarbeiter für das Zuschneiden, Montieren und Lackieren eines Tisches benötigen. Aus diesen Daten lassen sich die Fertigungskosten berechnen.*
- **Gemeinkosten:** Diese Kosten fallen für mehrere Produkte gemeinsam an, sie lassen sich nicht den einzelnen Produkten exakt zurechnen. Sie können sowohl fix als auch variabel sein.
  Beispiel *So kann z. B. nicht exakt berechnet werden, wie viel Kosten ein Schreibtisch in den Abteilungen Lager, Beschaffung oder Personalverwaltung verursacht. Hier hilft man sich mit sog. Kostenumlagen oder Kostenverrechnungen.*

  In einem Jahr hat die Abteilung Beschaffung der Bürodesign GmbH folgende Kosten gehabt:

Personalkosten	*210000,00 €*
Anteilige Raumkosten (Miete, Heizung usw.)	*16000,00 €*
Allgemeine Verwaltungskosten (Telefon, Porto usw.)	*6000,00 €*
Kosten der Sachmittel (Computer, Mobiliar)	*16000,00 €*
Summe	*248000,00 €*

  Im gleichen Jahr wurden Büromöbel im Wert von 4,3 Mio. € hergestellt, davon hatten Schreibtische einen Anteil von 25 %, d. h. 1075000,00 €. Wenn unterstellt wird, dass die Arbeit der Beschaffungsabteilung sich gleichmäßig auf alle Produkte des Unternehmens verteilt, so müssen die Schreibtische 25 % der Kosten dieser Abteilung tragen, also 62000,00 €. Die Bürodesign GmbH hat in diesem Jahr 9800 Schreibtische produziert. Somit sind einem Schreibtisch 62000,00 € : 9800 = 6,33 € an Beschaffungskosten zuzurechnen.

In ähnlicher Form kann mit allen Gemeinkosten verfahren werden. Das Rechnungswesen eines Unternehmens liefert somit Entscheidungsdaten für das Marketing.

→Bd. 2

Break-even-Point-Analyse

Es gilt herauszufinden, ab welcher Absatzmenge sich eine Kostendeckung ergibt. Hierzu müssen fixe und variable Kosten bekannt sein. Für verschiedene Verkaufspreise kann nun festgestellt werden, ab welcher Absatzmenge die Gewinnzone erreicht wird. Der Break-even-Point (BEP) ist der Punkt, bei dem die Gesamtkosten genauso hoch sind wie die Verkaufserlöse.

Beispiel *Break-even-Point-Analyse für einen Bürostuhl, variable Stückkosten 200,00 €, fixe Kosten 250000,00 €, Verkaufspreis 450,00 €*

Produktions-mengen x	Fixe Kosten K_f	Variable Kosten K_v	Gesamt-kosten K_G	Verkaufs-erlöse E	Gewinn/ Verlust $E-K_G$
0	250000,00	0,00	250000,00	0,00	– 250000,00
200	250000,00	40000,00	290000,00	90000,00	– 200000,00
400	250000,00	80000,00	330000,00	180000,00	– 150000,00
600	250000,00	120000,00	370000,00	270000,00	– 100000,00
800	250000,00	160000,00	410000,00	360000,00	– 50000,00
1000	250000,00	200000,00	450000,00	450000,00	+ 0,00
1200	250000,00	240000,00	490000,00	540000,00	+ 50000,00
1400	250000,00	280000,00	530000,00	630000,00	+ 100000,00
1600	250000,00	320000,00	570000,00	720000,00	+ 150000,00
1800	250000,00	360000,00	610000,00	810000,00	+ 200000,00
2000	250000,00	400000,00	650000,00	900000,00	+ 250000,00

Bei einer Produktionsmenge von 1000 Stück sind die Gesamtkosten und die Verkaufserlöse gleich groß, es entsteht weder ein Gewinn noch ein Verlust. Werden mehr als 1000 Stück verkauft, so wird Gewinn gemacht, denn die Verkaufserlöse sind größer als die Gesamtkosten. Diese Berechnung muss für verschiedene Verkaufspreise wiederholt werden, bis der „optimale" Verkaufspreis gefunden wurde. Hierzu werden Computer mit ***Tabellenkalkulationssoftware*** *eingesetzt.*
Die Tabellenform ist zwar sehr übersichtlich, jedoch kann der Break-even-Point auch rechnerisch mit einfachen Gleichungen bestimmt werden.

BEP: Erlöse = Gesamtkosten	BEP: $P \cdot x = k_v \cdot x + K_f$
Die Erlöse ergeben sich aus: Verkaufspreis (P) · Menge (x). Die Gesamtkosten setzen sich zusammen aus: variable Stückkosten (k_v) · Menge (x) + fixe Kosten (K_f).	$450 \cdot x = 200 \cdot x + 250000$ $450 \cdot x - 200 \cdot x = 250000$ $250 \cdot x = 250000$ $x = 250000/250$ Somit ergibt sich: $x = 1000$ Stück

Besonders anschaulich werden die Daten, wenn sie grafisch dargestellt werden. Der Break-even-Point liegt genau bei der Produktionsmenge, bei der sich die Gesamtkosten- und Erlösgerade schneiden. Diese Analyse muss mit mehreren Verkaufspreisen durchgerechnet werden. Per Hand wäre diese Arbeit sicherlich möglich, aber extrem zeitaufwendig. Deshalb bedient man sich eines Computers mit einer Tabellenkalkulationssoftware. Die Kosten-, Erlös- und Gewinntabellen sind schnell erstellt und mit einer Grafiksoftware als Grafik auszugeben.

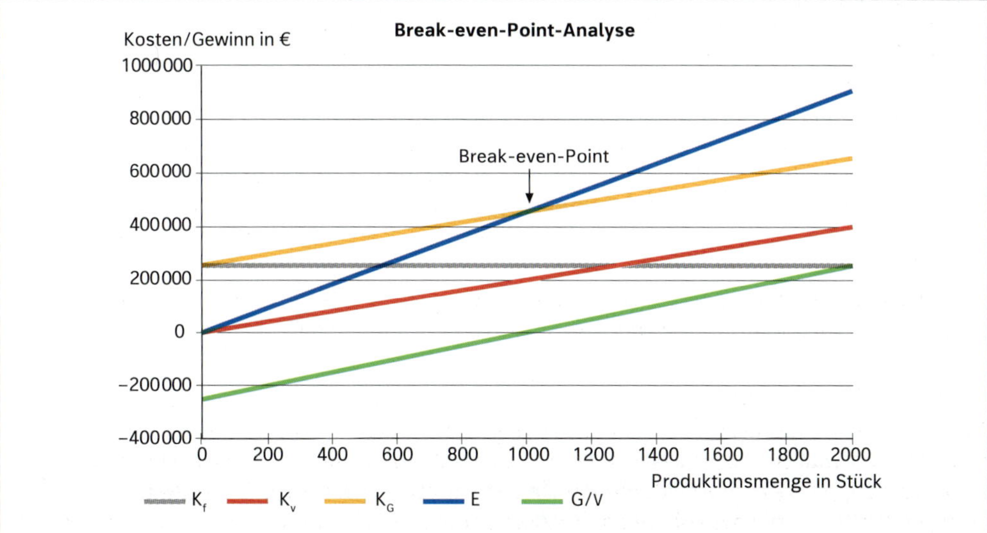

■ Nachfrageorientierte Preisbildung

Die Preisbildung darf nicht auf Kosten- und Gewinnberechnungen verzichten, sie muss sich aber vor allem an der Nachfrage orientieren. Hier sind die **Preisvorstellungen möglicher Kunden** zu berücksichtigen. Informationen hierzu muss die Marktforschung liefern. Man geht in vielen Fällen von der Annahme aus, dass die Kunden eher einen niedrigen als einen hohen Preis akzeptieren. Jedoch sind Kunden auch bereit, einen hohen Preis zu zahlen, wenn sie ein akzeptables Verhältnis zwischen dem Preis eines Produktes und ihrer individuellen Einschätzung des Nutzens (insbesondere des Zusatznutzens) erkennen können. Man sagt: **„Das Preis-Leistungs-Verhältnis muss stimmen“**. Ein hoher Preis ist oft nur durch besondere Betonung des Zusatznutzens eines Produktes durchzusetzen. Jedoch sind hierzu erhebliche Investitionen in die Kommunikationspolitik für Produkte zu leisten. Die hierfür entstandenen Kosten werden in den Verkaufspreis der Produkte einkalkuliert.

Beispiel *Zur Körperpflege benötigt der Mensch eigentlich pro Monat nur ein Stück einfache Kernseife zum Preis von 1,00 € (vielleicht kommen noch die Ausgaben für einen Waschlappen hinzu). Durch Betonung des Zusatznutzens (angenehmer Duft, Prestige, Imagegewinn usw.) konnte die „Seifenindustrie“ in den letzten Jahrzehnten Milliardenumsätze erzielen. So ist es nicht verwunderlich, wenn heute einige Menschen monatlich mehr als 50,00 € für ihre Körperpflege ausgeben, z. B. für Duschgels, Shampoos, Badeöle, Duftwässer, Cremes, Sprays, Parfüms usw. Ausschließlich durch die Fixierung der Kunden auf den Zusatznutzen der Körperpflege ist es möglich, dass für Produkte, deren Materialkosten einige Cent betragen, bis zu dreistellige Preise auf dem Markt realisiert werden können.*

Immer mehr Menschen sind bereit, für umweltverträgliche und „gesunde“ oder „natürliche“ Produkte tiefer in die Tasche zu greifen. Diese Bereitschaft wird von Unternehmen aufgegriffen und bei der Bestimmung der Preise berücksichtigt. Entscheidend ist hier, durch Marktforschung herauszufinden, welche Vorstellungen über Preisobergrenzen die jeweiligen Zielgruppen (Teilmärkte) haben.

Beispiel *Bei der Bürodesign GmbH muss der Preis für den neuen Bürostuhl auch danach bestimmt werden, wie viel die Käufer bereit sind, für ein besonders ergonomisches und ökologisches Büromöbel auszugeben.*

■ Konkurrenzorientierte Preisbildung

Außer an Kosten- und Nachfragegesichtspunkten orientiert man sich bei der Preisbildung an den Preisen der Konkurrenz. Zwei Formen sind üblich:

Orientierung am Branchenpreis (durchschnittlicher Marktpreis)

Diese Preisbildung setzt folgende Marktsituation voraus:

- Die **Produkte** sind weitgehend **homogen** (gleichartig).
- Es gibt **viele Konkurrenten.**

Beispiele
- *So liegt z. B. der Preis einer Schachtel Zigaretten bei etwa 7,00 €, eine Flasche Bier kostet ungefähr 1,00 € und ein Bürostuhl der mittleren Preisklasse etwa 250,00 €. Eine starke Abweichung des Preises nach oben würde vom Markt nicht akzeptiert. Das Produkt wäre auch durch noch so starke Herausstellung von Zusatznutzen nur schwer verkäuflich. Die Nachfrager würden auf Konkurrenzprodukte ausweichen.*
- *Der Branchenpreis für einen Computer mittlerer Ausstattung liegt bei etwa 600,00 €. Wenn ein Hersteller dieser Geräte einen Preis von 4 000,00 € verlangen würde, könnte er wahrscheinlich auch bei Betonung von Design, Garantieleistungen usw. kaum Geräte verkaufen.*

Orientierung am Preisführer

Ein Preisführer ist ein Anbieter, dem sich die übrigen Konkurrenten aufgrund seiner starken Marktposition weitgehend anschließen, wenn er seine Preise variiert. Oft ist der Preisführer derjenige Anbieter mit dem größten Marktanteil. Preisführer können auch mehrere Anbieter gemeinsam sein.

Beispiel *Wenn die großen Mineralölkonzerne den Preis für Benzin erhöhen, schließen sich kleinere Produzenten häufig an und erhöhen ihren Preis ebenfalls.*

■ Preisstrategien

Eine Preisstrategie ist ein Verhalten des Anbieters auf dem Markt, um den Absatz seiner Produkte über den Preis zu beeinflussen.

Preisdifferenzierung

Hierbei wird für ein und dasselbe Produkt von verschiedenen Abnehmern bzw. Abnehmergruppen ein unterschiedlicher Preis verlangt.

Beispiel *Die Geschäftsleitung der Bürodesign GmbH möchte für ihren neuen „Ergo-design-natur" Bürostuhl diese Strategie verfolgen, um möglichst viele Abnehmer individuell ansprechen zu können.*

Arten	*Beispiele*
• **Mengenmäßige Preisdifferenzierung**	*Es wird eine Mengenrabatt-Staffel erstellt. Ein Bürostuhl kostet 450,00 €, ab 100 Stück 410,00 € und ab 500 Stück nur noch 380,00 €.*
• **Zeitliche Preisdifferenzierung**	*Der Listenverkaufs- oder Katalogpreis des neuen Bürostuhls beträgt 450,00 €, während der Einführungsphase (sechs Monate) wird jedoch ein Sonderpreis von 399,00 € festgelegt.*
• **Personelle Preisdifferenzierung**	*Besondere Abnehmergruppen erhalten einen Sonderpreis von 405,00 €. Hierzu zählen z. B. karitative und soziale Einrichtungen (Rotes Kreuz, Behindertenwerkstätten, Jugendeinrichtungen).*
• **Räumliche Preisdifferenzierung**	*Inlandskunden zahlen den Normalpreis, Auslandskunden einen Zu- oder Abschlag, je nach Marktsituation.*
• **Preisdifferenzierung nach Produktvariation**	*Der Bürostuhl wird in einer Standardausfertigung und in einer gehobenen Ausstattung produziert. Mit kleineren Veränderungen der Produktausführung können so unterschiedliche Kundengruppen angesprochen werden. Diese Preisdifferenzierung ist nur im Zusammenhang mit der Produktgestaltung möglich.*

Mischkalkulation (Ausgleichskalkulation)

Um ein Produkt auf dem Markt platzieren zu können, muss aus Konkurrenzgründen manchmal der Preis so niedrig angesetzt werden, dass kaum noch ein Gewinn übrig bleibt. Dann müssen andere Produkte zur Gewinnsicherung des Unternehmens beitragen. Fehlende Gewinne bzw. Verluste bei einigen Produkten (**Ausgleichsnehmer**) werden durch höhere Gewinne anderer Produkte (**Ausgleichsgeber**) ausgeglichen.

Psychologische Preisfestsetzung

Der Preis wird so festgesetzt, dass der Abnehmer den Eindruck einer knappen Preiskalkulation erhält.

Beispiele
- *In Supermärkten findet man sehr häufig Preise wie 0,79 €, 1,98 € usw. Sie erwecken den Eindruck einer besonderen Preiswürdigkeit.*
- *Ein Automobilhersteller bietet seinen neuen Wagen für 29 900,00 € statt 30 000,00 € an.*

Hochpreispolitik (Premiumpolitik)

Das Produktionsprogramm eines Unternehmens zielt auf Abnehmer mit gehobenen Ansprüchen. Die Produkte werden als besonders exklusiv herausgestellt, um einen hohen Marktpreis erzielen zu können. Motto: **„Es war schon immer etwas teurer, einen besonderen Geschmack zu haben!“**

Niedrigpreispolitik (Promotionspolitik)

Das Produktionsprogramm zielt auf preisbewusste Abnehmer. Extrem niedrige Preise (Discountpreise) sollen zu hohen Absatzzahlen führen.

Marktabschöpfungspolitik (Skimmingpolitik)

Es wird versucht, bei der Markteinführung möglichst hohe Preise zu realisieren, damit bereits in der Einführungsphase hohe Umsätze zu erzielen sind. Wenn später die Konkurrenz mit vergleichbaren Produkten auf den Markt kommt, kann das Preisniveau gesenkt werden.

Marktdurchdringungspolitik (Penetrationspolitik)

In der Einführungsphase werden besonders niedrige Preise verlangt, damit das Produkt sich möglichst schnell auf dem Markt festigen kann. Später werden die Preise dann angehoben. Meist ist damit eine Produktvariation verbunden.

Die preispolitischen Maßnahmen müssen immer mit den übrigen Instrumenten des Marketings abgestimmt werden, damit eine optimale Wirkung erzielt wird.

Zusammenfassung: Preispolitik berücksichtigen

- **Kostenorientierte Preisbildung** setzt eine genaue Analyse der Kostenstruktur eines Unternehmens voraus. Die Kosten werden unterteilt in fixe und variable Kosten, in Stück- und Gesamtkosten, in Einzel- und Gemeinkosten.
  - **Break-even-Point-Analyse:** Für verschiedene Verkaufspreise wird ermittelt, ab welcher Absatzmenge die Gewinnzone erreicht wird.
- **Nachfrageorientierte Preisbildung** berücksichtigt zunächst die Preisvorstellungen der Abnehmer. Ein hoher Preis wird durch Betonung des Zusatznutzens des Produktes begründet.
- **Konkurrenzorientierte Preisbildung** richtet sich am Branchenpreis oder am Preisführer aus.
- **Preisstrategien:**
  - **Preisdifferenzierung:** mengenmäßig, zeitlich, räumlich, personell
  - **Mischkalkulation:** Produkte mit hohem Gewinn gleichen niedrige Gewinne bzw. Verluste bei anderen Produkten aus.
  - **Psychologische Preisfestsetzung:** Der Eindruck der knappen Kalkulation wird erweckt.
  - **Hochpreispolitik:** Das Produktionsprogramm zielt auf Abnehmer mit gehobenen Ansprüchen.
  - **Niedrigpreispolitik:** Das Produktionsprogramm zielt auf preisbewusste Abnehmer.
  - **Marktabschöpfungspolitik:** hohe Preise bei Markteinführung
  - **Marktdurchdringungspolitik:** niedrige Preise bei Markteinführung

Aufgaben

1 *Das Rechnungswesen der Bürodesign GmbH liefert Daten für die kostenorientierte Preisbildung. Erläutern Sie mit Beispielen*
a) fixe und variable Kosten,
b) Gesamt- und Stückkosten,
c) Einzel- und Gemeinkosten.

2 *Beschreiben Sie, wie die Kosten der Personalabteilung der Bürodesign GmbH auf die erzeugten Produkte verteilt werden können.*

3 *Es muss festgestellt werden, ab welcher Produktionsmenge der Aktenschrank „archivo" Gewinn erzielt. Dabei soll unterstellt werden, dass alle produzierten Schränke auch verkauft werden können. Folgende Daten liegen aus dem Rechnungswesen vor: variable Stückkosten 400,00 €, fixe Kosten 300000,00 €, Verkaufspreis 1000,00 €.*
a) Erstellen Sie eine Break-even-Point-Analyse (BEP) mithilfe einer geeigneten Tabellenkalkulationssoftware. Beginnen Sie mit der Menge 0 und erhöhen Sie um jeweils 100 Einheiten.
b) Übertragen Sie Ihre Ergebnisse mithilfe einer geeigneten Software in eine Grafik.
c) Berechnen Sie den BEP mithilfe von Gleichungen.
d) Erläutern Sie, was der BEP für die Preisbildung aussagt.

4 *Vervollständigen Sie die folgende Tabelle hinsichtlich der Gesamt- und Stückkosten.*

Produkte	Produzierte Menge Stück	Anteilige fixe Kosten €	Variable Kosten €	Gesamtkosten €	Variable Kosten je Stück €	Fixe Kosten je Stück €	Gesamtkosten je Stück €
Tische Stühle Schränke	3800 6600 2800	300000,00 400000,00 300000,00	980000,00 1300000,00 720000,00				
Summen		1000000,00	3000000,00				

5 *Erläutern Sie die Aussage „Das Preis-Leistungs-Verhältnis muss stimmen" anhand von Beispielen aus Ihrem eigenen Erfahrungsschatz.*

6 *Beschreiben Sie die unterschiedlichen Strategien von Preisdifferenzierung und Mischkalkulation.*

7 *Herr Stein von der Bürodesign GmbH möchte bei der Markteinführung des „Ergo-designnatur"-Bürostuhls die Hochpreispolitik verfolgen. Frau Friedrich ist für die Niedrigpreispolitik.*
a) Erläutern Sie beide Strategien.
b) Finden Sie Argumente für Herrn Stein und für Frau Friedrich.
c) Entscheiden Sie sich für eine der beiden Strategien und begründen Sie Ihre Entscheidung.

8 *Herr Gerhards ist ein erfahrener Außendienstmitarbeiter bei der Bürodesign GmbH. Er sagt: „Wir müssen das Eisen schmieden, solange es heiß ist. Deshalb sollten wir den Markt abschöpfen, solange uns die Konkurrenz noch nicht im Nacken sitzt." Sein Kollege, Herr Haupt, meint hingegen: „Meine Erfahrung sagt mir, dass wir erst mal den Markt durchdringen sollten, danach können wir den Rahm abschöpfen."*

a) Erläutern Sie, welche Preisstrategien die beiden Herren verfolgen möchten.
b) Zu welcher Strategie raten Sie? Begründen Sie Ihre Entscheidung.

9 *Erstellen Sie mithilfe einer Tabellenkalkulationssoftware eine Break-even-Point-Analyse und testen Sie Ihre Tabelle mit verschiedenen Werten für variable Kosten, fixe Kosten und Verkaufspreise. Werten Sie Ihre Ergebnisse mithilfe einer Grafiksoftware aus.*

10 *Die Bürodesign GmbH hat einen neuen Konferenzstuhl auf den Markt gebracht.*
a) Machen Sie im Rahmen des Marketings Vorschläge für eine Preisdifferenzierung.
b) Stellen Sie zwei preispolitische Strategien gegenüber, die die Bürodesign GmbH während der Einführungsphase ergreifen kann.

1.4.3 Konditionen- und Servicepolitik gestalten

„Wenn wir die neue Kollektion von ‚Ergo-design-natur' auf den Markt bringen, müssen wir uns überlegen, ob wir nicht mal ganz neue Wege beschreiten. Insbesondere unsere Zahlungsbedingungen sollten wir neu gestalten. Ich denke da an eine Möglichkeit, für unsere Produkte einen besonderen Kaufanreiz zu bieten, indem wir den Abnehmern die Möglichkeiten bieten, die Büromöbel sofort zu erhalten, aber erst nach fünf Monaten zu bezahlen", sagt Frau Freund, die Gruppenleiterin Marketing. *„Halt, so geht das aber nicht!"*, ruft sofort Frau König dazwischen. *„Wir haben enorme Kosten, und die können wir nur tragen, wenn die Kunden möglichst schnell bezahlen. Sollen die sich doch einen Kredit aufnehmen, wenn sie kein Bargeld haben. Außerdem beklagen wir ohnehin schon die schleppenden Zahlungseingänge unserer Kunden. Wenn wir schon die Zahlungsbedingungen ändern, dann so, dass unsere Kunden schneller bezahlen."*

Arbeitsaufträge
- ***Machen Sie Vorschläge, wie Zahlungsbedingungen von der Bürodesign GmbH gestaltet werden können, sodass sie einerseits für Kunden einen Kaufanreiz bieten, aber andererseits den Wunsch der Bürodesign GmbH auf schnelle Zahlung berücksichtigen.***
- ***Erläutern Sie Garantie, Kulanz, Service und Kundendienst.***

Konditionenpolitik

Beim Absatz von Produkten legt der Produzent Konditionen (Bedingungen) fest, zu denen er seine Produkte verkaufen möchte. Dabei ist entscheidend, dass bei der Gestaltung der Konditionen Kaufanreize gegeben werden. Diese Kaufanreize müssen sich positiv von den Konditionen anderer Anbieter unterscheiden. Häufig liegen die Verkaufspreise für Produkte durch Marktgegebenheiten fest (Konkurrenzpreise), dann bleibt meist nur noch ein Gestaltungsspielraum im Rahmen der Konditionenpolitik für den Anbieter übrig. Sofern durch die Konditionen Kosten für den Anbieter anfallen, müssen sie in der Preiskalkulation berücksichtigt werden.

Lieferbedingungen

→Bd. 2 Die Gestaltung der **Lieferbedingungen** (vgl. S. 249f.) ist ein wichtiges Instrument des Marketings. Oft sind für Abnehmer die Produkte verschiedener Hersteller austauschbar bezüglich Preis, Ausstattung und Qualität. Die Entscheidung für einen bestimmten Lieferer hängt dann z. B. von den Lieferkonditionen ab.

Beförderungskosten

Nach der gesetzlichen Regelung muss sich ein Käufer seine Waren beim Lieferer auf eigene Kosten abholen (§ 448 BGB). Im Rahmen der Konditionenpolitik kann jedoch ein Unternehmen seinen Kunden entgegenkommen, indem es einen Teil oder die gesamten **Beförderungskosten** übernimmt. Dies gilt ebenfalls für die Verpackungskosten und die Kosten für eine Transportversicherung. →Bd. 2

Beispiel *Die Bürodesign GmbH gewährt allen Abnehmern im Umkreis von 100 km die Lieferung frei Haus.*

Lieferzeit

Für Käufer ist häufig entscheidend, dass sie die **Lieferzeit** selbst bestimmen können. So wünschen manche Abnehmer, dass die Lieferung sofort, zu einem festgelegten späteren Zeitpunkt oder in bestimmten Teillieferungen erfolgen soll. Durch eine kundengerechte Gestaltung der Lieferbedingungen können Kaufentscheidungen von Abnehmern günstig beeinflusst werden. →Bd. 2

Beispiel *Die Bürodesign GmbH vereinbart mit ihren Abnehmern flexible Lieferzeiten, bei Bedarf kann ein fester Lieferzeitpunkt gewählt werden.*

Zahlungsbedingungen →Bd. 2

Wenn über den Zahlungszeitpunkt im Kaufvertrag nichts ausgesagt ist, so gilt die gesetzliche Regelung, d.h., der Käufer hat sofort bei Übergabe der Ware zu zahlen (vgl. S. 249). Auch hier kann eine großzügige Erweiterung dieser Regelung Kaufanreize geben.

Zahlungsziel

Ein Zahlungsziel liegt vor, wenn ein Verkäufer Ware liefert und dem Käufer einräumt, erst zu einem bestimmten späteren Zeitpunkt zu zahlen. Dies kann beim Käufer zu erheblichen Kosteneinsparungen führen, insbesondere dann, wenn er den Kaufpreis mit Fremdkapital (Kredite von Banken) finanzieren muss.

Beispiel *Die Bürodesign GmbH liefert der Colonius Versicherungs AG Möbel für einen Schulungsraum im Wert von 85 000,00 €. Sie gewährt ein Zahlungsziel von drei Monaten. Obwohl die Colonius Versicherungs AG das Geld zur Bezahlung zur Verfügung hat, nutzt sie das Zahlungsziel aus, da sie vorübergehend eine gute kurzfristige Anlage für überschüssige liquide Mittel hat (Verzinsung zu 6 %). Hieraus ergibt sich für sie ein Zinsvorteil von 1 275,00 €.*

Berechnung: **Zinsen** $= \frac{\text{Kapital} \cdot \text{Monate} \cdot \text{Zinssatz}}{100 \cdot 12} = \frac{85\,000{,}00 \cdot 3 \cdot 6}{100 \cdot 12} = \underline{\underline{1\,275{,}00\ €}}$

Skonto

Skonto ist ein Nachlass für vorzeitige Zahlung. Zwar wird ein Zahlungsziel vereinbart, jedoch wird dem Kunden erlaubt, z.B. 2 % vom Rechnungspreis abzuziehen, wenn er innerhalb der kürzeren Skontofrist die Rechnung bezahlt. →Bd. 2

Beispiel *Die Bürodesign GmbH liefert an das Ingenieurbüro Hartmann & Co. KG am 30. September Büromöbel über einen Rechnungsbetrag von 13 600,00 €. Als Zahlungsziel ist vermerkt: „Zahlbar in 30 Tagen nach Rechnungserhalt netto Kasse oder innerhalb von 10 Tagen abzüglich 2 % Skonto“. Die Hartmann & Co. KG hat zurzeit kein Barvermögen in dieser Höhe, jedoch wird in sechs Wochen eine größere Ausgangsrechnung fällig. Um den Skontobetrag in Höhe von 272,00 € (2 % von 13 600,00 €) ausnutzen zu können, überlegen sie, ob sie den notwendigen Betrag als Kredit bei ihrer Bank aufnehmen soll. Die Bank verlangt 9 % Zinsen.*
a) Wie hoch ist der effektive Zinssatz für diesen Liefererkredit?
b) Wie hoch ist die Ersparnis aus der Inanspruchnahme von Skonto?

Lösung
Die Hartmann & Co. KG braucht erst am 10. Oktober zu zahlen, um den Skonto auszunutzen. Also nimmt sie erst am 10. Tag den erforderlichen Bankkredit von 13 328,00 € auf.

$$\textbf{Zinssatz} = \frac{\text{Zinsen} \cdot 100 \cdot 360}{\text{Kapital} \cdot \text{Zeit}} = \frac{272 \cdot 100 \cdot 360}{13\,328{,}00 \cdot 20} = \underline{\underline{36{,}73\,\%}}$$

a) Der effektive Zinssatz für den Liefererkredit beträgt 36,73 %.
b) Wenn die Hartmann & Co. KG bei vorzeitiger Zahlung 2 % Skonto von 13 600,00 € abzieht, braucht sie bei ihrer Bank nur noch 13 328,00 € als Kredit aufzunehmen.

$$\textbf{Zinsen} = \frac{\text{Kapital} \cdot \text{Zeit} \cdot \text{Zinssatz}}{100 \cdot 360} = \frac{13\,328 \cdot 20 \cdot 9}{100 \cdot 360} = \underline{\underline{66{,}64\,€}}$$

Die Kosten des Bankkredits betragen 66,64 €.

Somit ergibt sich folgende Ersparnis:

Skonto	*272,00 €*
– Kosten des Bankkredits	*66,64 €*
= Ersparnis	*205,36 €*

→Bd. 2

Finanzierung

Viele Industrieunternehmen bieten ihren Kunden Finanzierungshilfen an. Diese beinhalten insbesondere den Ratenkauf sowie den Kauf auf Kredit. Häufig werden die Kredite über bestimmte Kreditinstitute abgewickelt, mit denen die Unternehmen zusammenarbeiten.

Beispiel *Die Bürodesign GmbH entschließt sich, ihren Abnehmern die Möglichkeit einzuräumen, Büromöbel auf Kredit zu kaufen. Hierbei arbeitet sie mit der Sparkasse KölnBonn zusammen, die den Kunden der Bürodesign GmbH bei Bedarf einen Kredit zur Verfügung stellt.*

Rabatte (Preisnachlässe)

Preisnachlässe werden gewährt, um die Preise möglichst flexibel auf die Abnehmer abstellen zu können.

- **Mengenrabatt:** Die Abnehmer sollen zum Kauf größerer Mengen angeregt werden. Häufig wird eine Rabattstaffel angeboten. Je größer die gekaufte Menge, desto größer ist der Preisnachlass.

  Beispiel *Für das Produkt „Stapler" aus der Produktlinie „Konferenzen und Schulung" bietet die Bürodesign GmbH an: Ab 25 Stück 5 %, ab 50 Stück 10 %, ab 100 Stück 15 % Rabatt auf den Listenverkaufspreis.*

- **Treuerabatt:** Langjährige Stammkunden sollen gehalten werden, deshalb gewährt man ihnen einen Preisnachlass.

- **Sonderrabatt:** Er wird aus besonderen Anlässen geboten, um Abnehmer zum Kauf zu veranlassen.

  Beispiele *Jubiläumsrabatt, Messerabatt, Einführungsrabatt, Rabatte wegen Umbau der Geschäftsräume und Räumung des Lagers*

■ Servicepolitik

Garantie, Kulanz

→Bd. 2
Die **Sachmängelhaftung** für die Lieferung mangelfreier Produkte beträgt nach gesetzlicher Regelung zwei Jahre. Häufig verlängern Lieferer diese Frist, um ihren Kunden entgegenzukommen und sich von dem Angebot der Konkurrenz abzuheben **(Garantie)**. Im Rahmen der **Kulanz** kann ein Unternehmen auch Leistungen erbringen, zu denen es gesetzlich oder vertraglich nicht verpflichtet ist.
→Bd. 2

Beispiel *Zu einem Umtausch oder zu einer Rücknahme mangelfrei gelieferter Ware ist ein Verkäufer nicht verpflichtet. Die Bürodesign GmbH erklärt sich in Ausnahmefällen kulanterweise bereit, ausgelieferte Ware zurückzunehmen, falls sie unbeschädigt ist.*

Service, Kundendienst

Service- und Kundendienstleistungen sind ein wichtiges Instrument des Marketings. Hierin kann für die Abnehmer ein entscheidendes Auswahlkriterium für die Wahl des Lieferanten bestehen. Diese Leistungen können für die Kunden entweder kostenfrei sein oder in Rechnung gestellt werden.

Beispiele *Die Bürodesign GmbH bietet beim Verkauf ihrer Büromöbel folgende Leistungen an:*
- *Ersatzteilgarantie für zehn Jahre (z. B. für Schubladenschlösser, Rollen für Drehstühle)*
- *Einrichtungsberatung durch qualifizierte Innenarchitekten (Gestaltung von Arbeitsräumen, Beratung bei der Auswahl von Büromöbeln)*
- *Lieferung der Büromöbel und fachmännischer Aufbau*
- *Rücknahme und Entsorgung von alten Büromöbeln*
- *Mitnahme und Entsorgung der Transportverpackungen*
- *Reparatur von Büromöbeln*

Die Bürodesign GmbH behält sich vor, in jedem Einzelfall über die zu gewährenden Serviceleistungen zu entscheiden.

Zusammenfassung: Konditionen- und Servicepolitik gestalten

- Die Gestaltung der Konditionen muss darauf abgestimmt sein, dass für die Kunden **Kaufanreize** entstehen und eine **positive Abgrenzung zur Konkurrenz** besteht. Sofern durch die Konditionen Kosten verursacht werden, müssen sie in der Preiskalkulation berücksichtigt werden.
- Die **Lieferbedingungen** umfassen die Beförderungskosten und die Lieferzeit.
- Die **Zahlungsbedingungen** regeln das Zahlungsziel, Skonto, Rabatte und Finanzierungshilfen.
- Die **Garantie** kann über den gesetzlichen Rahmen der Sachmängelhaftung (zwei Jahre) hinausgehen.
- **Kulanz:** Leistung des Lieferers ohne gesetzliche Verpflichtung
- **Service und Kundendienst** können kostenfrei oder kostenpflichtig sein.

Aufgaben

1 *Überlegen Sie sich Argumente, weshalb Lieferer ihren Kunden ein Zahlungsziel einräumen.*

2 *Wenn die Bürodesign GmbH ihren Kunden drei Monate Zahlungsziel gewährt, muss sie davon ausgehen, dass die Kunden dieses auch ausnutzen werden.*
a) Überlegen Sie, warum dadurch für die Bürodesign GmbH Kosten entstehen.
b) Erläutern Sie, wie diese Kosten von der Bürodesign GmbH gedeckt werden können.

3 *Es ist einleuchtend, dass Kunden lieber eine Garantiefrist haben, die die gesetzlich vorgeschriebene Frist von zwei Jahren übersteigt. Für den Lieferer können dadurch langfristige Verpflichtungen und ggf. Kosten entstehen. Zählen Sie Gründe auf, weshalb sich die Bürodesign GmbH trotzdem zu längeren Garantiefristen entschließen könnte.*

4 *Welche Vorteile*
a) hat der Lieferer *b) haben die Kunden*
durch die Ausnutzung von Skonto?

5 *Ein Kunde erhält eine Rechnung über 12 000,00 €, das Zahlungsziel beträgt zwei Monate, innerhalb von zehn Tagen können 2 % Skonto in Anspruch genommen werden. Der Kunde möchte über einen Kredit (Zinssatz 9 %) von seiner Bank den Skonto ausnutzen. Berechnen Sie, ob sich dieser Entschluss lohnt.*

6 *Überlegen Sie sich, welche Kundendienst- und Serviceleistungen Sie als Privatverbraucher bereits in Anspruch genommen haben, und sammeln Sie die Ergebnisse in einer Liste.*

7 *Werten Sie Anzeigen in Zeitungen bezüglich der Angabe von Liefer- und Zahlungsbedingungen aus, beschaffen Sie sich Liefer- und Zahlungsbedingungen von Unternehmen (Geschäftsbedingungen bei Kaufverträgen) und stellen Sie Unterschiede heraus.*

8 *a) Erstellen Sie eine Liste von Service- und Kundendienstleistungen, die die Bürodesign GmbH ihren Kunden anbieten kann.*
b) Formulieren Sie für die Bürodesign GmbH konkrete Konditionen für die Bezahlung und die Lieferung von Produkten.

9 *Erstellen Sie mit einem Tabellenkalkulationsprogramm eine Entscheidungshilfe für die Ausnutzung eines Zahlungsziels oder den Abzug von Skonto. Ziel ist es, ein praktikables Instrument zu entwickeln, bei dem ein Rechnungsbetrag, ein Skontosatz und der marktübliche Zinssatz einzugeben sind. Aus diesen Werten ist eine eventuelle Kosteneinsparung bei Skontoausnutzung zu berechnen.*

10 *Die Bürodesign GmbH hat durch zahlreiche Maßnahmen im Rahmen der Konditionen- und Servicepolitik die Möglichkeit, sich bei ihren Kunden Präferenzen im Vergleich zur Konkurrenz zu beschaffen.*
a) Nennen Sie derartige Maßnahmen, die von der Bürodesign GmbH ergriffen werden können.
b) Erläutern Sie, welche Vorteile solche Präferenzen für die Bürodesign GmbH haben können.

11 *Beschreiben Sie die Unterschiede zwischen Sachmängelhaftung, Garantie und Kulanz.*

1.4.4 Distributionspolitik zur Optimierung der Absatzwege einsetzen

Ein großer Teil der Entscheidungen für die Markteinführung des „Ergo-design-natur"-Bürostuhls ist gefallen. Nun steht wieder eine Besprechung an, zu der die Geschäftsführer alle erforderlichen Abteilungs- und Gruppenleiter eingeladen haben. Herr Braun, der Assistent der Geschäftsleitung, ist schon gespannt auf diesen Termin, denn er hat – wie er meint – eine bombige Idee für die Vermarktung ausgeklügelt. Bei der Besprechung meldet er sich sofort zu Wort: *„Meine Damen und Herren, bisher haben wir unsere Produkte einerseits an den Groß- und Facheinzelhandel verkauft. Andererseits beliefern wir unsere Großkunden direkt. Schließlich verkaufen wir in unserem Verkaufsstudio an Selbstabholer. Hierzu habe ich eine kleine Aufstellung gemacht (vgl. S. 433).*

Interessant ist dabei, dass der Verkauf im Facheinzelhandel und in unserem Verkaufsstudio in den letzten Jahren zugenommen hat, der Umsatz mit Großhändlern jedoch zurückgegangen ist. Was halten Sie davon, wenn wir mit unserem neuen Programm verstärkt den Einzelhandel beliefern? Ich denke da z. B. an große Warenhauskonzerne und an Einkaufszentren. Das wäre doch ein Knüller, wir könnten dadurch ganz neue Zielgruppen ansprechen. Ferner könnten wir unsere Produkte im Internet anbieten."

Herr Stein antwortet sofort: *„Solange ich hier etwas zu sagen habe, kommt das gar nicht infrage! Wir sind ein seriöses Haus und haben einen guten Ruf zu verlieren. Wir können unsere Produkte nicht einfach an jeder Straßenecke anbieten."*

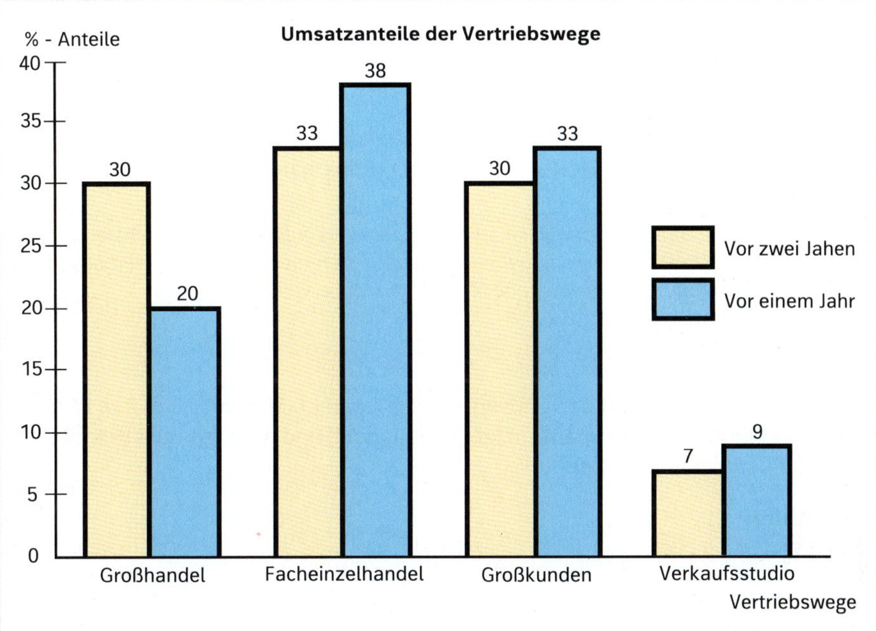

Herr Braun ist entsetzt, mit einer solchen Reaktion hatte er nicht gerechnet. Ist seine Idee wirklich so schlecht, wie Herr Stein meint?

Arbeitsaufträge
- **Sammeln Sie Argumente für die Standpunkte von Herrn Braun und Herrn Stein.**
- **Beschreiben Sie die verschiedenen Möglichkeiten des direkten und indirekten Absatzes.**
- **Erläutern Sie im Rahmen der Distributionspolitik die Nutzung des E-Commerce für die Bürodesign GmbH.**

Die Distributionspolitik (Distribution = Verteilung) beschäftigt sich mit der Auswahl von Vertriebs- oder Absatzwegen. Damit sind alle Wege bzw. Kanäle gemeint, auf denen die hergestellten Produkte an die Endverbraucher oder -nutzer gebracht werden.

■ Direkter Absatz

Beim direkten Absatz beliefert ein Industrieunternehmen den Endabnehmer direkt. Das ist nur möglich, wenn zu den Endabnehmern auch Kontakt hergestellt werden kann. Für den Direktabsatz sind verschiedene Formen denkbar:

Verkauf über eigenen Außendienst

Ein Industrieunternehmen beschäftigt Mitarbeiter **(Reisende)**, die im Außendienst Kunden beraten und Vertragsabschlüsse herbeiführen. Oft erhalten sie neben einem Grundgehalt und ihren Reisekosten zusätzlich Verkaufsprovision. Sie besuchen die Kunden in deren Geschäftsräumen und präsentieren dort ihre Produkte über Kataloge, PowerPoint- oder Filmvorführungen bzw. mit Mustern oder Modellen. Der Kontakt zu den Kunden kann auf verschiedenen Wegen hergestellt werden.

Beispiele
- *gezielte Werbebriefe*
- *Anzeigen in Fachzeitschriften, auf die Kunden mit der Aufforderung zu einem „Vertreterbesuch" reagieren*
- →Bd. 2 **Anfragen** *von Kunden*
- *Versenden von Angeboten*
- *Kontakte auf Messen und Ausstellungen*
- *gezielte Anrufe bei Kunden (Telefonmarketing)*
- *Internet*

Verkauf in eigenen Verkaufsräumen:

Um die Nähe zu den Abnehmern zu erreichen, werden häufig **Verkaufsniederlassungen** errichtet. Hier kommt der Kunde zum Hersteller und kann Produkte betrachten, ggf. ausprobieren und nach einer Beratung auswählen.

Beispiel *Die Bürodesign GmbH hat am Sitz ihres Werkes ein Verkaufsstudio eingerichtet. Hier wird einerseits die gesamte Kollektion aller Büromöbel ausgestellt, andererseits können gewerbliche und private Kunden hier auch Restposten und auslaufende Modelle günstig erwerben.*

■ Indirekter Absatz

Viele Industriebetriebe beliefern den Endverbraucher indirekt. Sie vertreiben ihre Produkte über selbstständige Handelsunternehmen (Einzel-, Großhandel) und Absatzmittler (Handelsvertreter, Handelsmakler und Kommissionäre).

Vertragshändler

Ein Hersteller kann auch sog. **Vertragshändler** einsetzen. Ein Industriebetrieb und ein Handelsbetrieb schließen miteinander einen Vertrag, in dem sich der Händler verpflichtet, die Produkte des Herstellers nach seinem Marketingkonzept anzubieten. Der Vertragshändler ist rechtlich selbstständiger Unternehmer und vertreibt seine Produkte unter eigenem Namen. Er benutzt aber seinen Kunden gegenüber die Marke des Herstellers. Deshalb wirkt er auf einige Kunden wie eine Filiale (Außenstelle) des Industriebetriebs.

Beispiel *Automobilhersteller vertreiben ihre Kraftfahrzeuge häufig über Vertragshändler.*

Franchising

Hierbei handelt es sich um eine enge Kooperationsform, bei der der Franchisegeber (Franchisor = Kontraktgeber) aufgrund einer langfristigen Bindung dem Franchisenehmer (Franchisee = Kontraktnehmer) das Recht einräumt, bestimmte Waren oder Dienstleistungen unter Verwendung der Firma, der Marke, der Ausstattung und der technischen und wirtschaftlichen Erfahrungen des Franchisegebers zu nutzen. Der Franchisenehmer tritt seinen Kunden gegenüber nicht in eigenem Namen auf, er verwendet den Namen seines Franchisegebers. Der Franchisegeber vergibt eine Konzession für ein von ihm entwickeltes Marketingprogramm, das sich bereits im Praxiseinsatz bewährt hat. Er erhält dafür i. d. R. ein einmaliges Entgelt und/oder eine Umsatzbeteiligung. Hierdurch kann er ein Vertriebsnetz ohne großen Investitionsaufwand errichten, erreicht hohe Marktnähe und kann schnell expandieren.

Beispiele *für Franchising: McDonald's (Fast-Food), Benetton (Textilien), Obi (Baumarkt), Hagebau (Baumarkt), Nordsee (Fisch), Fressnapf (Tierfutter), Lekkerland (Süßwaren), dm (Drogerie), Coca Cola (Getränke), Ibis-Hotels (Hotels)*

Vorteile für den Franchisenehmer	Nachteile für den Franchisenehmer
• weitgehende Selbstständigkeit im Rahmen des Vertrages • Nutzung des Know-hows des Franchisegebers • Förderung des Absatzes durch einheitliche Verkaufsraumgestaltung, Werbung, Verkaufsförderung sowie ein abgerundetes Sortiment • Nutzung von Dienstleistungen des Franchisegebers, wie z. B. zentrales Rechnungswesen, Kalkulation • Meistens erhält der Franchisenehmer Gebietsschutz.	• langfristige Bindung an ein Sortiments- und Präsentationskonzept • keine selbstständigen Sortimentsentscheidungen • hohe Kosten durch Eintritts- oder Franchiseentgelte • Das Insolvenzrisiko liegt beim Franchisenehmer.

Großhandel

Großhändler beziehen bei Industrieunternehmen Güter, die sie entweder an gewerbliche Kunden oder an Einzelhändler weiterverkaufen.

Beispiele *Metro, Handelshof*

Einzelhandel

Einzelhändler beziehen ihre Waren entweder bei Herstellern oder bei Großhändlern und verkaufen direkt an den Endverbraucher. Der Facheinzelhandel beschränkt sich dabei auf ein bestimmtes Sortiment (= Summe der angebotenen Waren).

Beispiele *Facheinzelhandel für Büromöbel, für Teppiche, für Werkzeuge usw., Warenhaus, Fachgeschäfte*

Zum Einzelhandel gehören auch Waren- und Kaufhäuser, Supermärkte und der Versandhandel, Fachmärkte und SB-Märkte.

Verkauf über Handelsvertreter

Ein Handelsvertreter (vgl. S. 434) ist ein selbstständiger Kaufmann, der für andere Unternehmen Geschäfte vermittelt oder abschließt. Hierfür erhält er eine **Provision.**

Kombination von Absatzwegen

Industrieunternehmen beschränken sich selten auf nur einen Absatzweg. Häufig werden mehrere Absatzwege kombiniert.

Beispiel *Die Bürodesign GmbH hat sich für folgende Absatzwege entschieden: Großhandel, Facheinzelhandel, Direktverkauf über Außendienst (Reisende), Handelsvertreter. Ferner werden auch Produkte in einem eigenen Verkaufsraum angeboten, dem Verkaufsstudio.*

Die Entscheidung über die Auswahl und Kombination der Absatzwege gehört zu den Aufgaben der Distributionspolitik. Hierbei sind als Entscheidungskriterien Absatzchancen, Marktnähe, Eigenschaften des Produktes und Kosten des Vertriebsweges zu berücksichtigen.

Absatzchancen und Marktnähe

Vielfach kann der Handel bestimmte Aufgaben besser erfüllen als ein Industriebetrieb. Hierzu gehört die Abgabe in handelsüblichen Mengen. Ein Industriebetrieb stellt Produkte in großen Mengen her, der Endverbraucher benötigt jedoch nur kleine Mengen.

Beispiel *Ein Betrieb der Lebensmittelindustrie in Bochum fertigt täglich 48000 Schokoriegel, abgepackt in Kartons zu je 960 Stück. Ein Endverbraucher kauft jedoch nur in erheblich kleineren Mengen ein.*

Außerdem ist der Handel dem Endverbraucher räumlich näher.

Beispiel *Wenn ein Kunde in Hamburg einen Schokoriegel kaufen möchte, so kann er ihn in Supermärkten, Kiosken usw. erwerben. Ein Kauf direkt beim Hersteller in Bochum wäre für ihn nicht sinnvoll.*

Eigenschaften des Produktes

Je mehr ein Produkt ein Massen- oder Konsumgut ist und je geringer sein Wert ist, desto eher wird es über den Handel vertrieben.

Beispiel *Investitionsgüter wie maschinelle Anlagen, Baukräne u. Ä. werden direkt vertrieben, Güter des täglichen Gebrauchs werden über den Groß- und Einzelhandel vertrieben.*

Kosten des Absatzweges

Die unterschiedlichen Wege, Endabnehmer durch die Produkte zu erreichen, verursachen bei dem Hersteller unterschiedliche Kosten. Diese Kosten sind aus den Aufzeichnungen des Rechnungswesens zu ermitteln.

Beispiel *Kostenvergleich zwischen eigenem Außendienst (Reisende) und Handelsvertretern: Reisende erhalten ein festes Gehalt, Reisekosten und Verkaufsprovision. Handelsvertreter erhalten nur eine Verkaufsprovision, die allerdings meist höher ist als die der Reisenden. Es stellt sich die Frage, welcher Vertriebszweig kostengünstiger ist. Der Kostenvergleich kann mithilfe einer geeigneten Tabellenkalkulationssoftware durchgeführt werden.*

Die Gehalts- und Reisekosten für einen Reisenden betragen pro Jahr 80000,00 €, er erhält eine Verkaufsprovision von 2% vom Umsatz. Ein Handelsvertreter erhält eine Umsatzprovision von 16%. Für ihn fallen pro Jahr fixe Betreuungskosten in Höhe von 10000,00 € an (Kataloge, Muster, Produktschulungen, Abrechnungskosten usw.)

Es ist herauszufinden, bei welchem Umsatz Reisende oder Handelsvertreter die niedrigeren Kosten haben. Dies kann rechnerisch mithilfe einer Tabellenkalkulationssoftware erfolgen, indem die Kosten beider Absatzwege in einer Gleichung geschrieben werden:

Kosten Reisender = Kosten Handelsvertreter, d. h.: 2/100 · Umsatz + 80000 = 16/100 · Umsatz + 10000

Diese Gleichung wird nach der Unbekannten Umsatz aufgelöst und es ergibt sich, dass bei einem Umsatz von 0,5 Mio. € die Kosten beider Absatzwege gleich sind. Bei niedrigeren Umsätzen ist ein Handelsvertreter günstiger. Aussagen über die künftige Höhe des Umsatzes muss die Marktforschung liefern.
Eine digitale Grafik verdeutlicht den Kostenvergleich. Sie erinnert an die Break-even-Point-Analyse, die bereits bei der Preispolitk benutzt wurde.

	Reisender (R)	Handelsvertreter (HV)
Fixe Kosten (€)	80000,00	10000,00
Provision (%)	2,00	16,00

Umsatz in €	Kosten R in €	Kosten HV in €	Umsatz in €	Kosten R in €	Kosten HV in €
0	80000,00	10000,00	350000,00	87000,00	66000,00
50000,00	81000,00	18000,00	400000,00	88000,00	74000,00
100000,00	82000,00	26000,00	450000,00	89000,00	82000,00
150000,00	83000,00	34000,00	500000,00	90000,00	90000,00
200000,00	84000,00	42000,00	550000,00	91000,00	98000,00
250000,00	85000,00	50000,00	600000,00	92000,00	106000,00
300000,00	86000,00	58000,00			

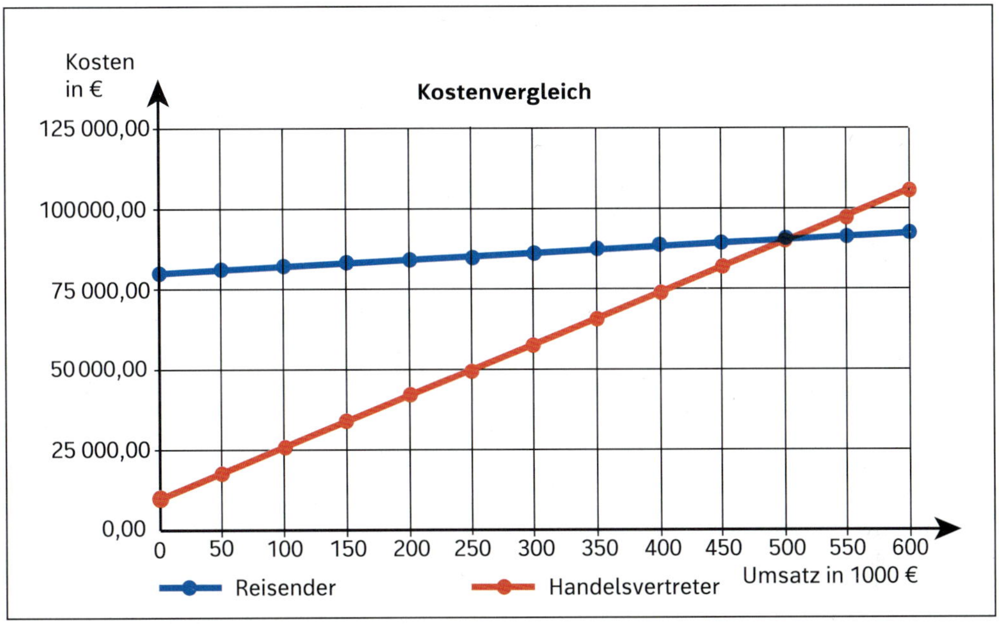

Electronic Commerce (E-Commerce, E-Business)

Unter Electronic Commerce versteht man den digitalen Austausch und die elektronische Abwicklung von Informationen, Gütern, Dienstleistungen, Zahlungen und Geschäftstransaktionen.

Die Dienste des **Internets** sind die wesentliche Kommunikationsplattform des E-Commerce.

Internetdienste	Erläuterungen	*Beispiele*
E-Mail	**Elektronische Post:** Informationen können weltweit und binnen Sekunden versandt werden, Anhänge sind möglich (alle Dateiformate, Texte, Grafiken, Videos, Sound usw.), Serienbriefe sind einfach erstellbar, direkte Antwortmöglichkeiten.	*Die Bürodesign GmbH erstellt einen Newsletter für spezielle Kundengruppen, als Anhang können Fotos von neuen Produkten versandt werden. Kundenanfragen können per E-Mail schnellstens beantwortet werden.*
FTP	**File Transfer Protocol:** Dateien aller Formate (Texte, Grafiken, Datenbankauszüge, Video, Sound) können zwischen verschiedenen Rechnern übertragen werden (Upload, Download).	*Die Bürodesign GmbH stellt auf ihrer Webseite Download-Files zur Verfügung, bei Bedarf können Interessenten sich Filmsequenzen von Büroausstattungen, Katalogauszüge usw. downloaden und in Ruhe studieren.*
IRC	**Internet Relay Chat:** Textbasierende Kommunikation zwischen mehreren Benutzern. In sog. Chaträumen „unterhalten" sich Personen, indem sie kurze Textmeldungen versenden, die von allen Besuchern des Chatraumes zeitgleich verfolgt werden können.	*Im Chatraum der Bürodesign GmbH werden gezielte Fragen von Kunden beantwortet und Produkteigenschaften sowie Liefer- und Zahlungsbedingungen diskutiert.*

Internetdienste	Erläuterungen	*Beispiele*
Newsgroups	**Diskussionsforen:** Interessengruppen tauschen Informationen aus. Zu bestimmten Themen können Meinungen oder Fragen „gepostet“ werden. Die Leser der Newsgroups senden dann ihre Stellungnahmen, auf die wiederum geantwortet werden kann usw.	*Die Bürodesign GmbH beteiligt sich an der Newsgroup „Ergonomie im Büro“. Hier erhält sie Anregungen zur Produktionsverbesserung und -gestaltung, sie kann aber auch eigene Anregungen abgeben und auf Stellungnahmen reagieren.*
Net-Phoning	**Internettelefonie:** Via Internet werden Verbindungen zum akustischen zeitgleichen Datenaustausch hergestellt. So kann bei Einbeziehung einer Webcam eine Videokonferenz durchgeführt werden.	*Für kurzfristige Entscheidungen mit Lieferern setzt die Bürodesign GmbH Videokonferenzen ein, um Reisekosten zu sparen.*
WWW	**World Wide Web:** In diesem Dienst werden die klassischen Internetdienste unter einer multimedialen Oberfläche zusammengefasst. Auf den Webseiten werden Informationen präsentiert und über Links wird auf weitere Seiten verwiesen (Hypertexte). Ferner werden Möglichkeiten zur Kommunikation (E-Mail, Gästebuch usw.) sowie zum Download von Dateien angeboten.	*Die Webpräsenz der Bürodesign GmbH beginnt mit der Homepage. Dem Besucher der Seite werden Navigationshilfen geboten (Sitemap, Suchhilfe). Es können z. B. Produktbeschreibungen, Preislisten und AGB abgerufen werden und ein Newsletter abonniert werden, ferner kann direkt per E-Mail Kontakt aufgenommen werden.*

E-Commerce kann einerseits sämtliche **Geschäftsprozesse** innerhalb eines Unternehmens und seiner Beziehungen zur Umwelt (Kunden, Lieferer, Banken, Spediteure usw.) tiefgreifend beeinflussen und andererseits völlig neue **Geschäftsmodelle** hervorbringen.

Zusammenfassung: Distributionspolitik zur Optimierung der Absatzwege einsetzen

- Distributionspolitik umfasst die **Auswahl und Kombination von Absatz- oder Vertriebswegen.**

Direkter Absatz (Verkauf direkt an Endabnehmer)	Indirekter Absatz (Verkauf über den Handel)	
• Reisende (angestellte Mitarbeiter im Verkaufsaußendienst) • eigene Verkaufsräume • Verkaufsniederlassungen	• Großhandel • Facheinzelhandel • Waren- und Kaufhäuser • Versandhandel	• Handelsvertreter • SB-Märkte, Fachmärkte • Vertragshändler • Franchising

- Eine **Kombination von Absatzwegen** ist üblich, hierbei werden berücksichtigt:
  - **Absatzchancen und Marktnähe**
  - **Eigenschaften des Produkts**
  - **Kosten des Absatzweges**
- **E-Commerce:** elektronischer Austausch von Informationen, Gütern, Dienstleistungen, Zahlungen und Geschäftstransaktionen

Aufgaben

1 Für viele Hersteller von Konsumartikeln (Lebensmittel, Gegenstände des täglichen Gebrauchs) ist der Einzelhandel der bedeutendste Absatzweg. Begründen Sie, weshalb die Hersteller diesen Absatzweg bevorzugen.

2 Willi Wagner ist gelernter Kaufmann im Einzelhandel und hat fünf Jahre Verkaufspraxis in einem Möbelfachgeschäft. Er möchte sich beruflich verändern und bewirbt sich bei einem Hersteller von Büromöbeln als Verkäufer im Außendienst. Beim Vorstellungsgespräch sagt ihm der Personalchef: „Bei uns müssen Sie sich aber ganz schön umstellen, der Verkauf im Außendienst ist etwas ganz anderes als der Verkauf im Einzelhandel." Willi Wagner fragt sich, was er damit meint. Stellen Sie die Unterschiede zwischen Verkauf im Außendienst und Verkauf im Einzelhandel einander gegenüber. Berücksichtigen Sie u. a. folgende Aspekte: Zustandekommen des ersten Kontakts zwischen Kunde und Verkäufer, Arten der Kunden (private Kunden, Geschäftskunden), Beratungsbedarf der Kunden, Verhandlungsgeschick der Kunden usw.

3 Sie haben die Wahl, Franchisenehmer eines bedeutenden Unternehmens zu werden oder selbstständiger Einzelhändler der gleichen Branche. Erstellen Sie mithilfe einer geeigneten Software ein digitales Produkt, in dem Sie Vor- und Nachteile gegenüberstellen.

4 a) Erläutern Sie, weshalb es für Unternehmen sinnvoll ist, mehrere Absatzwege zu kombinieren.
b) Erläutern Sie, welche Gesichtspunkte zu berücksichtigen sind, wenn ein Unternehmen verschiedene Absatzwege kombiniert.

5 Erstellen Sie mithilfe einer Tabellenkalkulationssoftware eine Entscheidungshilfe für den Kostenvergleich zwischen Handelsvertretern und Reisenden. Berücksichtigen Sie beim Reisenden Jahresgehalt, Reisekosten, Personalnebenkosten, Betreuungskosten für Schulungen, Kataloge, Prospekte usw. und Umsatzprovision. Für den Handelsvertreter sind Umsatzprovision und Betreuungskosten zu berücksichtigen.

6 Die Bürodesign GmbH möchte den Verkauf in ihrem Verkaufsstudio intensivieren.
a) Die Geschäftsleitung möchte hierzu Rechtsanwälte, Notare und Steuerberater im Kölner Raum als Zielgruppe anschreiben. Entwerfen Sie einen Werbebrief.
b) Alle zwei Jahre findet in Köln die „ORGATEC", eine Messe für Büroausstattung (einschließlich Computertechnik), statt. Die Bürodesign GmbH möchte aus Kostengründen nicht mit einem eigenen Stand auf dieser Messe vertreten sein. Überlegen Sie sich Maßnahmen, wie Messebesucher veranlasst werden können, das Verkaufsstudio der Bürodesign GmbH aufzusuchen.

7 Erstellen Sie ein Referat über die Bedeutung des Großhandels und des Internets für Industriebetriebe und für Endverbraucher.

8 Erläutern Sie die verschiedenen Internetdienste im E-Commerce.

9 a) Untersuchen Sie, welche Absatzchancen das Internet als Vertriebskanal für die Bürodesign GmbH bietet. Prüfen Sie die Konkurrenzsituation und entwerfen Sie ein Konzept für eine entsprechende Webpräsenz und stellen Sie diese Ihren Mitschülern in geeigneter digitaler Form vor.
b) Erstellen Sie einen Maßnahmenkatalog bezüglich der Anpassung vorhandener Produktionsplanungs- und Warenwirtschaftssoftware in der Bürodesign GmbH.
c) Konzipieren Sie eine Checkliste für Anforderungen an eine Vertriebslogistik und prüfen Sie, inwiefern die Deutsche Post AG diese Anforderungen erfüllt.

1.4.5 Kommunikationspolitik zur Kundenerreichung anwenden

Die Markteinführung des „Ergo-design-natur"-Bürostuhls geht gut voran. Viele Vorüberlegungen sind schon angestellt, wie die Bestimmung der Absatzwege, die Preisfestlegung usw. Herr Kempf, der Chef-Konstrukteur und Designer, hat einen Prototyp in seiner Werkstatt erstellt und ihn der Geschäftsleitung und den Abteilungsleitern präsentiert. Stolz sagt er: *„Dies ist der beste Stuhl, den wir je entworfen haben!"* Er schwärmt: *„Dieser Stuhl verkauft sich von selbst, jeder, der ihn sehen wird, will ihn sofort haben! Einfach absolute Spitzenklasse, super!"* Der Verkaufschef, Herr Stam, bremst ihn in seiner Schwärmerei: *„Nun mal halblang! Kein Produkt verkauft sich von selbst, mag es noch so toll sein. Bisher weiß doch noch niemand, dass es dieses neue Modell überhaupt gibt. Damit auch der letzte mögliche Abnehmer von ‚Ergo-design-natur' erfährt, liegt noch eine Menge Arbeit vor uns." „Genau!"*, meldet sich Herr Braun, *„wir müssen ordentlich die Werbetrommel rühren, jeder im Lande soll von unserer Neuentwicklung erfahren, wir bringen Fernsehspots, wir lassen Zeppeline über ganz Deutschland fliegen, die Prospekte abwerfen, in allen Zeitungen erscheinen Anzeigen über ‚Ergo-design-natur'."* Versonnen schließt er die Augen und träumt bereits davon, in einem Werbespot selbst aufzutreten. Frau Friedrich holt ihn wieder in die Wirklichkeit zurück. *„Das ist doch dummes Zeug! Wir engagieren eine solide Werbeagentur, die macht für uns die Arbeit, denn dort sitzen Spezialisten."* Frau König, Gruppenleiterin des Rechnungswesens, mischt sich sofort ein: *„Bedenken Sie aber die Kosten, wir müssen sparsam mit unseren Finanzen umgehen."* Herr Braun denkt bei sich: *„Die sitzt auf dem Geld, als ob es ihr eigenes wäre."* Herr Stam meldet sich wieder: *„Jedes Mal die gleiche Zankerei, wenn wir ein neues Produkt auf den Markt bringen. Wir wissen doch alle, dass Werbung allein nicht genügt. Wir müssen unser gesamtes Unternehmen in ein positives Licht setzen, die Öffentlichkeit schaut auf uns, wir müssen zusätzlich unser Image pflegen und unseren Außendienst vernünftig unterstützen."*

Arbeitsauftrag

- ***Beantworten Sie folgende Fragen: Verkauft sich ein gutes Produkt allein? Muss man ein Riesen-Werbespektakel veranstalten? Braucht man für Werbung Spezialisten? Wozu braucht ein Unternehmen ein positives Image in der Öffentlichkeit?***

Die Kommunikationspolitik umfasst die **Koordination folgender Instrumente**:

Werbung	Maßnahmen, um Produkte oder Dienstleistungen dem Verbraucher bekannt zu machen, z. B. Werbespots, Anzeigen, Plakate
Verkaufsförderung (Salespromotion)	Maßnahmen zur Unterstützung des Verkaufsaußendienstes, der Groß- und Einzelhändler und der Handelsvertreter, z. B. Schulungskurse, Verkäuferwettbewerbe
Öffentlichkeitsarbeit (Public Relations)	Maßnahmen, die in der Öffentlichkeit ein positives Bild (Image) des Unternehmens bewirken sollen. Hierbei wird nicht für ein bestimmtes Produkt geworben, sondern für das Unternehmen selbst, z. B. Spenden, „Tag der offenen Tür".

Alle kommunikationspolitischen **Maßnahmen** muss ein Unternehmen **planen, koordinieren und kontrollieren,** denn diese Aktivitäten sind mit Kosten verbunden. Ferner sind alle Maßnahmen der Kommunikationspolitik mit den übrigen marketingpolitischen Instrumenten abzustimmen.

Beispiele
- *Wenn im Rahmen der Preispolitik die Strategie der Niedrigpreise angestrebt wird, muss dies bei der Werbung berücksichtigt werden. Der Preis muss werbewirksam herausgestellt werden.*
- *Wenn bei den Absatzwegen Groß- und Einzelhändler eingesetzt werden sollen, muss im Rahmen der Kommunikationspolitik die Verkaufsförderung dieser Absatzmittler mit der Werbung, die sich an den Endverbraucher richtet, abgestimmt werden.*

Werbung

Die Werbung informiert über Produkte und Dienstleistungen eines Unternehmens. Sie ist ein Bindeglied zwischen Anbietern und Nachfragern von Produkten und nimmt gezielt Einfluss auf Kaufentscheidungen von Abnehmern.

Ziele der Werbung

Bekanntmachung von Produkten bei den Abnehmern

Nur durch Werbung können Abnehmer von der Existenz eines Produktes erfahren. Die Werbung informiert über den Grund- und Zusatznutzen eines Produktes bzw. einer Dienstleistung.

Dadurch können ein **bestehendes Marktpotenzial** (= die Menge aller möglichen Abnehmer eines Produktes, vgl. S. 460) ausgeschöpft und **neue Abnehmer** gewonnen werden. Außerdem sollen bereits vorhandene Abnehmer, z. B. **Stammkunden,** gehalten werden.

Beispiele
- *Die Motoren-AG in Würzburg stellt Heimwerker-Bohrmaschinen her. Ihr Marktpotenzial entspricht der Anzahl aller Haushalte in Deutschland, also etwa 50 Mio. Im letzten Jahr hat sie 650000 Maschinen verkauft, also das Marktpotenzial nur zu 1,3% ausgeschöpft. Einerseits benötigt nicht jeder Haushalt eine Bohrmaschine, andererseits wurden Konkurrenzprodukte gekauft. Durch Werbung möchte die Motoren-AG ihre Produkte bekannt machen, um mehr Maschinen absetzen zu können. Sie stellt in der Werbung z. B. heraus, dass ihre Bohrmaschinen leicht zu bedienen und geräuscharm sind, dass sie besonders preisgünstig sind, eine Garantie von drei Jahren haben usw.*
- *Die Bürodesign GmbH vertreibt ihre Büromöbel u. a. über den Groß- und Facheinzelhandel. Diese Unternehmen müssen von Bürodesign GmbH über die Produkte informiert werden, damit sie Endverbrauchern angeboten werden können. Den bisherigen Stammkunden müssen ebenfalls neue Produkte bekannt gemacht werden, damit sie bei Neuanschaffungen informiert sind.*

Weckung von neuen Bedürfnissen

Einen großen Teil der heute existierenden Produkte hat es vor 30 Jahren noch nicht gegeben. Die Bedürfnisse nach ihnen wurden erst durch Werbung geweckt. Es entstand ein Bedarf, da ein großer Teil der Bevölkerung bereit war, für diese Produkte Teile des Einkommens auszugeben.

Durch das Wecken neuer Bedürfnisse entstehen ein neues Marktpotenzial und eine Nachfrage, die von Anbietern entsprechender Produkte befriedigt werden kann.

Beispiele
- ***Mountainbikes:*** *Vor 40 Jahren gab es keine Mountainbikes. Die Zweiradindustrie konnte keine Zuwachsraten mehr verzeichnen. Durch Werbung wurde bei bestimmten Verbrauchergruppen jedoch das Bedürfnis geweckt, ein stabiles und geländegängiges Fahrrad zu besitzen. Die geschaffene Nachfrage ermöglicht es, vorhandene Produktionskapazitäten in der Zweiradindustrie auszulasten und letztlich Arbeitsplätze zu sichern und zu schaffen. Ein neuer Trend sind Elektrofahrräder.*

- ***MP3-Player:*** *Die Unterhaltungsindustrie hat durch Werbung das Bedürfnis geweckt, jederzeit und überall, unabhängig von einer Steckdose bequem und individuell Musik hören zu können, ohne Mitmenschen durch eine Geräuschkulisse zu stören. Es entstand der Bedarf für den MP3-Player. Diese wiederum werden zunehmend von Smartphones mit Zugang zu Streamingportalen verdrängt.*
- ***Smartphone:*** *Die Telekommunikationsindustrie weckte durch Werbung das Bedürfnis, schnell und kostengünstig mündliche und schriftliche Mitteilungen zu versenden. Heute sind Smartphones aus Unternehmen nicht mehr wegzudenken. Man wundert sich, wie noch vor 15 Jahren ein Unternehmen ohne Smartphone existieren konnte.*
- ***Büromöbel:*** *Die Bürodesign GmbH stellte durch Marktforschung ein Bedürfnis nach ergonomischen und ökologischen Büromöbeln fest. Durch Werbung wird dieses Bedürfnis verstärkt.*

Werbeplan

Es ist nicht sinnvoll, Werbung ohne sorgfältige Zielbestimmung, Koordination mit den übrigen Marketinginstrumenten und genaue Planung durchzuführen. In einem **Werbeplan** müssen deshalb folgende Punkte festgelegt werden:

Inhalte des Werbeplans	*Beispiele*
1 Streukreis Das ist die Personengruppe, die umworben werden soll, sie kann in spezielle Zielgruppen unterteilt werden. Der Streukreis wird durch Marktforschung festgestellt. Zielgruppen und somit der Streukreis können hinsichtlich soziografischer Merkmale (Alter, Familienstand, verfügbares Einkommen usw.), geografischer Merkmale (Bundesland, Stadt, Land usw.) oder verhaltensbezogener Merkmale (Einstellungen, Werte, Konsumverhalten, Statusbewusstsein usw.) unterschieden werden.	• *Ein Hersteller von Alarmanlagen möchte seinen Absatz vergrößern. Sein Marktpotenzial sind alle Besitzer oder Eigentümer einer Immobilie. Die Anzahl ist bei den Grundbuchämtern zu erfahren. Der Streukreis der Werbung umfasst somit die Zielgruppen private Haushalte und Unternehmen. Diese beiden Zielgruppen können weiter unterteilt werden, z. B. private Haushalte, private Unternehmen, kommunale Unternehmen usw.* • *Die Bürodesign GmbH hat als Marktpotenzial alle Unternehmen und Freiberufler, die Büromöbel benötigen. Sie verkauft ihre Produkte an Großhändler, Facheinzelhändler und direkt an Endabnehmer. Die Werbung der Bürodesign GmbH umspannt somit einen großen Streukreis mit unterschiedlichen Zielgruppen.*
2 Werbebotschaft Hier wird festgelegt, **was** in der Werbung der Zielgruppe mitgeteilt werden soll. Durch die Werbung soll ein Produkt vom Nachfrager eindeutig identifiziert werden können, z. B. durch einen einprägsamen Namen, durch ein Markenzeichen, ein Logo, ein Symbol usw. Gleichzeitig muss in der Werbebotschaft der Zielgruppe ein besonderer Nutzen (Grund- und Zusatznutzen) des Produktes mitgeteilt werden. Ferner wird bestimmt, **wie** die Botschaft präsentiert wird, z. B. durch Auswahl geeigneter Sprache, Farben, Sounds, Aktionsformen usw.	• *Bürostuhl „Ergo-design-natur"* • *Logo der Bürodesign GmbH* • *Eine Werbung für Rasierwasser für sportliche, junge, dynamische Männer könnte folgende Botschaften enthalten: „Prickelnd, erfrischend, jung, klar, echt, rein ..."* *Wenn für dasselbe Produkt die Zielgruppe älterer gut verdienender Männer (Managertyp) geworben wird, könnten folgende Attribute verwendet werden: „Verführerischer Duft, exklusiv, edel ..."* • *Die Bürodesign GmbH wählt für die Präsentation ihres neuen Bürostuhls „Ergo-design-natur" eine klare informative Sprache, sie stellt den ergonomischen und ökologischen Aspekt des neuen Produktes heraus.*

Inhalte des Werbeplans	*Beispiele*
3 Werbemittel und Werbeträger Die Werbemittel enthalten die eigentliche Werbebotschaft, die durch Schrift, Bild oder Sprache gekennzeichnet ist. Jedes Werbemittel hängt mit einem passenden Werbeträger zusammen.  Die Medien, die die Werbemittel an die Zielgruppen herantragen, heißen Werbeträger. Durch sie soll die in den Werbemitteln enthaltene Werbebotschaft gestreut werden.	*Werbemittel:* • *Anzeigen, Inserate, Beilagen in Zeitungen, Internet* • *Fernseh-, Kino-, Rundfunkspots* • *Plakate, Prospekte, Kataloge, Flugblätter* • *Schaufensterwerbung* • *Werbegeschenke* • *Werbebriefe* • *Bandenwerbung bei Sportveranstaltungen* • *Product Placement (Produkte werden in Kino- oder Fernsehfilmen eingesetzt. In einer Krimi-Serie benutzt ein Detektiv immer ein Fernglas eines bestimmten Herstellers, ein Schauspieler trinkt ein bestimmtes Bier usw.)* *Werbeträger:* • *Zeitungen, Fachzeitschriften, Anzeigenblätter* • *Plakatwände, Litfaßsäulen, Schaufenster* • *Fernseh- und Rundfunkanstalten* • *Adressbücher, Datenbanken, Internet* • *Direktwerbung (Werbebriefe, Drucksachen, Wurfsendungen)*
4 Streuzeit Hier werden Beginn und Dauer der Werbung kalendermäßig festgelegt. Meist wird in einem Ablaufplan auch bestimmt, in welchem zeitlichen Umfang die Vorbereitungsarbeiten für die Werbung stattfinden (Fristen für Anzeigen in Zeitungen, Fristen für die Erstellung von Werbespots usw.).	• *Die Lebkuchenfabrik Schmitz & Co. OHG in Erlangen möchte für ihren neuen Geschenkkarton „Lebkuchen – die leckere Auswahl" im Weihnachtsgeschäft werben. Bereits im März werden hierzu Sendezeiten bei den Fernsehanstalten gebucht, die Mitte November täglich fünfmal ausgestrahlt werden sollen. Im Mai werden zusammen mit einer Werbeagentur die Werbespots gedreht.*
5 Streugebiet Hier wird der geografische Raum für die Werbung festgelegt. Häufig bestimmt das Streugebiet die Auswahl der Werbemittel. 	• *Die Bürodesign GmbH möchte für ihr neues Produkt „Ergo-design-natur" in Fachzeitschriften werben. Hierzu muss festgelegt werden, zu welchem Zeitpunkt die Anzeigen erscheinen sollen. Die Werbeabteilung entschließt sich, die Anzeigen erstmalig im Monat September zu schalten, weil die Unternehmen häufig zum Jahresende die Budgetplanung für Büroausstattung festlegen.* • *Die Bürodesign GmbH hat bei ihrer Werbung als Streugebiet Deutschland und wirbt u. a. in Fachzeitschriften mit Anzeigen. Für bestimmte Produkte kann sie kleinere Gebiete festlegen, z. B. Verkaufsbezirk Nordrhein-Westfalen.* • *Ein Bäcker in Köln möchte für seine Mini-Baguettes werben. Der Einzugsbereich seiner Kundschaft liegt in einem Radius von 2 km. Er entscheidet sich, Anzeigen in der Stadtteilzeitung zu platzieren und Handzettel an alle Haushalte in seiner nächsten Umgebung zu verteilen. Sein Streugebiet ist recht klein.* • *Ein Markenhersteller von Blu-ray-Geräten legt als Streugebiet Deutschland, Österreich, Schweiz fest. Als Werbemittel wählt er u. a. TV-Spots im jeweiligen Landesfernsehen aus.*

Inhalte des Werbeplans	Beispiele
6 Werbeintensität Sie ergibt sich als Verhältnis der eingesetzten Werbemittel zum Streugebiet und zur Zielgruppe und legt die Häufigkeit der Werbung fest. Wenn die Auswahl der Werbemittel und -träger nicht auf das Streugebiet und die Zielgruppe abgestimmt ist, kommt es zu Streuverlusten. 	• *Ein kleines Fachgeschäft für Büromöbel in Bonn inseriert einmal pro Woche in einer bundesweiten Fernsehzeitschrift. Es muss mit einem enormen Streuverlust rechnen, da die allermeisten Leser nicht im direkten Umfeld des Geschäftes ansässig sind und auch nicht mögliche Abnehmer von Büromöbeln sind. Eine Anzeige in einer Regionalzeitung oder gezielte Direktwerbung mit Werbebriefen würde zu einer höheren Werbeintensität führen.* • *Der Hersteller und Vertreiber von Computerspielen „Fun-Connections“ möchte ein BWL-Adventure-Game in Multi-Media-Technik (Sound, Grafik, Animation) vermarkten. Um eine hohe Werbeintensität zu erreichen, konzentriert er sich auf Werbeträger, die vorwiegend auf Jugendliche in der Berufsausbildung abzielen, und inseriert monatlich in einschlägigen Zeitschriften für Auszubildende.* • *In Nordrhein-Westfalen (Streugebiet) sind etwa 6000 Steuerberater (Zielgruppe) niedergelassen. Die Bürodesign GmbH möchte speziell diese Zielgruppe mit einer Anzeige über ihre neuen Produkte informieren. Als Werbeträger kommen u. a. folgende Medien infrage:* – *eine überregionale Tageszeitung, Auflage 12 Mio. täglich* – *ein Wirtschaftsjournal, Auflage 18000 monatlich* – *die Verbandszeitung der nordrhein-westfälischen Steuerberater, Auflage 15000 monatlich* *Zwar wird bei der Tageszeitung, dem Wirtschaftsjournal und der Verbandszeitung sehr vielen Lesern die Möglichkeit gegeben, die Anzeige der Bürodesign GmbH zu sehen, jedoch gehören die wenigsten zur angestrebten Zielgruppe, somit ist mit einem hohen Streuverlust zu rechnen.*

Das Werbebudget

Das Werbebudget bzw. der Werbeetat ist der Betrag in Euro, der für Werbezwecke ausgegeben werden kann. Dieser Betrag kann für einzelne Produktgruppen, Produkte oder spezielle Werbeaktionen aufgeteilt werden. Häufig wird er als Prozentanteil am Umsatz angegeben. Die Aufwendungen für Werbung werden in die Preiskalkulation der Produkte einbezogen.

Beispiel *Die Bürodesign GmbH hat in den vergangenen Jahren regelmäßig etwa 4% vom Jahresumsatz für Werbezwecke ausgegeben. Durch die Vermarktung des neuen Bürostuhls werden im ersten Jahr etwa 1 Mio. € Umsatz erwartet. Da es sich um eine Neueinführung handelt, sollen die Werbeausgaben 6% vom Umsatz betragen, also 60000,00 €. Für diesen Betrag können z. B. Anzeigen geschaltet, Sonderprospekte, Plakate und Poster gedruckt und versandt werden.*

Die Werbeerfolgskontrolle

Mit Werbemaßnahmen und -aktionen werden wirtschaftliche Ziele angestrebt. Sie verursachen Kosten. Deshalb ist es erforderlich, diese Maßnahmen auf ihren Erfolg hin zu kontrollieren. In jedem Unternehmen kann es geschehen, dass Produktentwicklungen nicht vermarktet werden können und zu einem **„Flop"** werden. Die Ursachen hierfür können im Produkt selbst liegen, z. B. wenn kein Bedarf für dieses Produkt auf dem Markt vorhanden ist oder der Preis zu hoch angesetzt war. Es kann aber auch eine „falsche Werbung" verantwortlich sein, wenn z. B. die Zielgruppe nicht richtig angesprochen wurde.

Beispiele
- *Ein Softwarehersteller hat ein Programm entwickelt, das alle Finanzgerichtsurteile gespeichert hat. Der Benutzer gibt ein Stichwort ein, z. B. Abschreibung auf Fuhrpark, und erhält alle dazu gesprochenen Urteile, die er sich bei Bedarf ausdrucken lassen kann. Das Softwarehaus wirbt in allen Computerzeitschriften. Das Produkt wurde ein Flop, weil die Zielgruppe mit der Auswahl der Werbeträger nicht getroffen wurde.*
- *Ein Konkurrent der Bürodesign GmbH wollte mit exklusiven Küchenstühlen in den Markt der privaten Endverbraucher eindringen. Für einen Stuhl wurde ein Preis von 1 149,00 € angesetzt. Dieser Preis war zu hoch, deshalb wurde das Produkt ein Flop.*

Der wirtschaftliche Erfolg einer Werbeaktion ist durch Umsatz- bzw. Absatzsteigerungen messbar.

Beispiel *Die Bürodesign GmbH hatte mit der Produktgruppe Schulmöbel einen Umsatz von 0,6 Mio. €. Innerhalb eines Jahres wurden in einer Aktion 2000 ausgesuchte Unternehmen angeschrieben, die hausinterne Kurse durchführen. Die gesamte Aktion verursachte Kosten in Höhe von 130000,00 € (Kosten für Papier, Prospekte, Besuche des Außendienstes usw.). Nach einem Jahr ergab sich ein Umsatz mit Schulmöbeln von 0,83 Mio. €, also eine Steigerung um 38 %.*

Wirtschaftliche Werbewirkungen sind sehr leicht zu erfassen, da hier ausschließlich der Umsatz und seine Entwicklung mit unterschiedlichen Methoden kontrolliert wird. Üblich sind:

- **Abverkaufskontrolle:** Wenn z. B. mit Sonderangeboten geworben wurde, genügt die Kontrolle der jeweiligen Abverkaufsergebnisse in Stück (Abverkauf vor und nach der Werbemaßnahme).
- **Umsatzvergleich:** Hier wird der Umsatz in Euro insgesamt, für Sortimentsteile oder für einzelne Produkte mit früheren Werbeperioden verglichen.
- **Kundenfrequenzvergleich:** Hier wird die Zahl der Kunden pro Std./Tag ermittelt und mit den Plandaten verglichen.
- **Ausgabenentwicklung pro Kunde:** Hier wird der Durchschnittswert der Kassenbons oder Rechnungen vor, während und nach einer Aktion festgestellt und mit früheren Zeitabschnitten verglichen.

Bei jeder Werbemaßnahme muss jedoch auch die psychologische Werbewirkung ermittelt werden. Hierzu zählt die Erhöhung des Bekanntheitsgrades des Unternehmens in der Öffentlichkeit.

Einschalten einer Werbeagentur

Viele Unternehmen überlassen die Werbung Spezialisten einer Werbeagentur. Sie haben i. d. R. eine höhere Fachkompetenz und sind Experten für spezielle Probleme, z. B. die Auswahl geeigneter Werbeträger, die Gestaltung von Werbemitteln usw. Außerdem haben sie gute Kontakte zu den Medien und arbeiten mit Marktforschungsinstituten zusammen, deren Ergebnisse sie mehrfach und somit kostengünstiger nutzen können. Sie beraten das Unternehmen in allen Fragen der Werbung gegen ein vereinbartes Honorar.

Rechtliche Rahmenbedingungen der Werbung

Um sicherzugehen, dass es im Kampf um Marktanteile fair zugeht, hat der Gesetzgeber eine Reihe von Gesetzen und Verordnungen erlassen, die Verbraucher und Mitbewerber vor unlauteren Maßnahmen schützen. Die wichtigste Rechtsgrundlage ist das **Gesetz gegen den unlauteren Wettbewerb (UWG).**

§ 1 UWG Zweck des Gesetzes
Dieses Gesetz dient dem Schutz der Mitbewerber, der Verbraucherinnen und Verbraucher sowie der sonstigen Marktteilnehmer vor unlauteren geschäftlichen Handlungen. Es schützt zugleich das Interesse der Allgemeinheit an einem unverfälschten Wettbewerb.

Das Gesetz ist somit nicht nur ein reines Verbraucherschutzgesetz, das B2C-Beziehungen (Business-to-Consumer) regelt, sondern es regelt ebenfalls B2B-Beziehungen (Business-to-Business). Das Gesetz definiert eindeutig die relevanten Begriffe, um Missverständnissen vorzubeugen.

§ 2 UWG Definitionen
(1) Im Sinne dieses Gesetzes bedeutet
1. „geschäftliche Handlung" jedes Verhalten einer Person zugunsten des eigenen oder eines fremden Unternehmens vor, bei oder nach einem Geschäftsabschluss, das mit der Förderung des Absatzes oder des Bezugs von Waren oder Dienstleistungen oder mit dem Abschluss oder der Durchführung eines Vertrags über Waren oder Dienstleistungen objektiv zusammenhängt; als Waren gelten auch Grundstücke, als Dienstleistungen auch Rechte und Verpflichtungen;
2. „Marktteilnehmer" neben Mitbewerbern und Verbrauchern alle Personen, die als Anbieter oder Nachfrager von Waren oder Dienstleistungen tätig sind;
3. „Mitbewerber" jeder Unternehmer, der mit einem oder mehreren Unternehmern als Anbieter oder Nachfrager von Waren oder Dienstleistungen in einem konkreten Wettbewerbsverhältnis steht;

[...]

§ 3 Abs. 1 UWG Verbot unlauterer geschäftlicher Handlungen
Unlautere geschäftliche Handlungen sind unzulässig.

Es werden konkrete **Beispiele** beschrieben, die deutlich den Tatbestand des unlauteren Wettbewerbs eingrenzen. Hierbei werden sowohl Beispiele für den Verbraucherschutz aufgeführt als auch Beispiele, die Unternehmen als Mitbewerber schützen sollen.

§ 4 UWG Mitbewerberschutz
Unlauter handelt, wer
1. die Kennzeichen, Waren, Dienstleistungen, Tätigkeiten oder persönlichen oder geschäftlichen Verhältnisse eines Mitbewerbers herabsetzt oder verunglimpft;
2. über die Waren, Dienstleistungen oder das Unternehmen eines Mitbewerbers oder über den Unternehmer oder ein Mitglied der Unternehmensleitung Tatsachen behauptet oder verbreitet, die geeignet sind, den Betrieb des Unternehmens oder den Kredit des Unternehmens zu schädigen, sofern die Tatsachen nicht erweislich wahr sind; [...]
3. Waren oder Dienstleistungen anbietet, die eine Nachahmung der Waren oder Dienstleistungen eines Mitbewerbers sind [...]

§ 5 Abs. 1 UWG Irreführende geschäftliche Handlungen
Unlauter handelt, wer eine irreführende geschäftliche Handlung vornimmt, die geeignet ist, den Verbraucher oder sonstigen Marktteilnehmer zu einer geschäftlichen Handlung zu veranlassen, die er andernfalls nicht getroffen hätte. Eine geschäftliche Handlung ist irreführend, wenn sie unwahre Angaben enthält oder sonstige zur Täuschung geeignete Angaben über folgende Umstände enthält:
1. die wesentlichen Merkmale der Ware oder Dienstleistung wie Verfügbarkeit, Art, Ausführung, Vorteile, Risiken, Zusammensetzung, [...] geografische oder betriebliche Herkunft, von der Verwendung zu erwartende Ergebnisse oder die Ergebnisse oder wesentlichen Bestandteile von Tests der Waren oder Dienstleistungen;
[...]
7. Rechte des Verbrauchers, insbesondere solche auf Grund von Garantieversprechen oder Gewährleistungsrechte bei Leistungsstörungen.

Ferner ist eine **irreführende Werbung** eindeutig verboten (§ 5 UWG).

Beispiele
- *Ein Fachgeschäft für Büromöbel wirbt in einem Prospekt für den Bürostuhl „Ergo-design-natur" von der Bürodesign GmbH. Darin werden Eigenschaften des Arbeitssessels angepriesen, die er gar nicht hat, z. B. „Dauerbelastung bis 250 kg", „Sonderpreis: Ergo-design-natur für die Dauer einer Woche nur 99,99 € – solange der Vorrat reicht" (der Händler hat nur einen „Vorrat" von drei Arbeitssesseln).*
- *Ein anderes Fachgeschäft wirbt: „Wir sind Europas einziger autorisierter Fachhändler für Produkte der Bürodesign GmbH" (was nicht stimmt).*

Ferner regelt das UWG **vergleichende Werbung** (§ 6 UWG), **unzumutbare Belästigungen** (§ 7 UWG), Verrat von **Geschäfts- und Betriebsgeheimnissen** (§ 17 UWG) sowie Rechtsansprüche aus Gesetzesverstößen wie **Unterlassungsanspruch** (§ 8 UWG) und **Schadenersatzanspruch** (§ 9 UWG). Das UWG sieht für bestimmte Verstöße gegen diese Gesetze **Geldstrafen** und **Freiheitsstrafen** vor (strafbare Werbung, § 16 UWG).

Verkaufsförderung (Salespromotion)

Die Verkaufsförderungsmaßnahmen dienen der Motivation, Information und Unterstützung aller Beteiligten am Absatzprozess, den Verkäufern im Innen- und Außendienst, dem Groß- und dem Einzelhandel. Ferner sollen sie die Werbung unterstützen, die sich an den Endverbraucher richtet. Gemessen an den Gesamtausgaben für die Kommunikationspolitik nahmen die Ausgaben für Verkaufsförderung in den letzten Jahren erheblich zu. In einigen Bereichen und Branchen, z. B. der Lebensmittelindustrie, haben sie einen Anteil von etwa 50 %. Die Maßnahmen der Verkaufsförderung lassen sich einteilen in Verkaufs-, Händler- und Verbraucherpromotion.

Verkaufspromotion

Diese Maßnahmen richten sich an das **Verkaufspersonal im Innen- und Außendienst**, dessen Leistungsfähigkeit und -bereitschaft verbessert werden soll.

Beispiele
- ***Schulungen***
  Die Bürodesign GmbH veranstaltet für ihre Verkaufsmitarbeiter folgendes Lehrgangsprogramm:
  - *Produktschulung: Hier wird den Mitarbeitern das gesamte Erzeugnisprogramm ihres Unternehmens vorgestellt, damit sie bei Verkaufsverhandlungen über die Funktionen und die Nutzenbreite ihrer Produkte Bescheid wissen.*

- *Grund- und Aufbaukurs für Inneneinrichtung von Büros: In einer Seminarreihe werden den Mitarbeitern Grund- und Fachkenntnisse der Innenarchitektur, der Ergonomie, der Farbgestaltung und der unterschiedlichen Gestaltung verschiedener Büroformen (Großraumbüro, Chefbüro usw.) vermittelt.*
- *Verkaufstraining und Rhetorik: Hier werden Fähigkeiten der Gesprächsführung, der Argumentationstechnik, Techniken der Kundenansprache und -betreuung, Telefonverkaufstechniken u. Ä. trainiert.*

- *Info-Dienst: Die Mitarbeiter erhalten monatlich eine geeignete Auswahl aus Presseberichten, Fachaufsätzen und Fachliteratur zum eigenen Studium.*

• ***Motivation***
Insbesondere die Mitarbeiter des Verkaufsaußendienstes werden durch gezielte Motivationsmaßnahmen zu Leistungssteigerungen angeregt. Hierzu gehören Provisions- und Prämiensysteme, Verkäuferwettbewerbe mit attraktiven Preisen und sonstige finanzielle Anreize. Ebenfalls zählt hierzu die private Benutzung eines repräsentativen Geschäftswagens.

• ***Verkaufsunterstützung***
Alle Außendienstmitarbeiter der Bürodesign GmbH erhalten einen repräsentativen Aktenkoffer für ihre Preislisten, Kataloge und Prospekte. Ferner haben sie ein Autotelefon, damit sie jederzeit mit der Zentrale in Verbindung treten können. Sie verfügen über ein leistungsstarkes Notebook mit einem Drucker und einem Smartphone, womit sie über das Internet Texte, Tabellen und Notizen empfangen und versenden können. Für Demonstrations- und Präsentationszwecke können sie über eine mobile DVD-Anlage oder Apps verfügen, auf der sie ihre Produktpalette vorführen können. Die DVDs können sie potenziellen Kunden kostenlos überlassen.

Händlerpromotion

Bei den Absatzwegen über Groß- und Einzelhandel müssen die Händler durch geeignete Maßnahmen bewegt werden, die vom Hersteller angebotenen Produkte in ihr Sortiment aufzunehmen und zu verkaufen. Hierzu werden folgende Promotionsaktivitäten eingesetzt:

Maßnahmen	***Beispiele***
• **Ausbildung und Information des Handels**	• *spezielle Händlerzeitschriften, die vom Hersteller herausgegeben werden* • *Händler-Meetings oder -Tagungen* • *Ausbildung von Verkäufern des Händlers (Seminare mit hauseigenen Zertifikaten)*
• **Beratung bei der Gestaltung der Verkaufsräume und der Kundenbetreuung**	• *Einteilung der Verkaufsfläche* • *Hilfen bei der Warenplatzierung* • *Bereitstellen von Regalen, Vitrinen, Displays (Verkaufsständer, Poster, Schaufensterdekoration u. Ä.)* • *Verpackungsmaterial*
• **Preis- und Kalkulationshilfen**	• *Druck von Preislisten und Katalogen für Händler usw.*
• **Motivation des Handels**	• *Einführungs- und Mengenrabatte* • *Verkaufsaktionen mit Sonderrabatten* • *Händlerpreisausschreiben* • *Händlerwettbewerbe* • *Produktdemonstrationen beim Händler* • *Ausrichten von Verkaufsshows beim Händler* • *Schaufensterwettbewerbe usw.*

Die Händlerpromotion wird nach dem **Push-pull-System** ausgerichtet. Die Produkte sollen u. a. durch großzügige Gewährung von Rabatten in den Handel „gepusht" (hineinverkauft, gedrückt) werden und mit „Pull-Maßnahmen" (Werbung, Rabatte, Verbraucherpromotion) soll der Abverkauf unterstützt werden.

***Beispiel** Ein neues Produkt wird durch niedrige Preise und günstige Konditionen (Rabatte) in den Groß- und Einzelhandel „gepusht". Anschließend werden durch gezielte Werbung in Verbindung mit preispolitischen Maßnahmen Kaufanreize für den Endverbraucher geschaffen. Das neue Produkt wird verstärkt nachgefragt („Pull-Effekt").*

Verbraucherpromotion

Maßnahmen der Verbraucherpromotion beziehen sich auf den Ort des Verkaufes an den Endverbraucher, den sog. **POS (Point of Sale)** oder **POP (Point of Purchase)**, also den Verkaufsraum. Das Ziel besteht darin, den Verbraucher auf bestimmte Produkte des Herstellers aufmerksam zu machen, ihn mit den Produkten in Kontakt zu bringen und einen Kaufanreiz zu schaffen.

***Beispiele** Preisausschreiben für Kunden, Produktproben (z. B. Lebensmittel), Modenschauen bei Textilien, Aktionen mit Prominenten (Autogrammstunden im Warenhaus), Displays im Verkaufsraum usw.*

Alle Maßnahmen der Verkaufsförderung müssen mit den übrigen Marketinginstrumenten abgestimmt sein. Die Maßnahmen müssen finanziell und im Ablauf geplant sein und ständig auf ihren Erfolg hin kontrolliert werden.

■ Öffentlichkeitsarbeit (Public Relations)

Maßnahmen der Öffentlichkeitsarbeit (PR-Arbeit) eines Unternehmens beziehen sich nicht auf ein bestimmtes Produkt oder eine Produktreihe, sondern auf das Bild des Unternehmens, sein Image in der Öffentlichkeit. Sie sind getragen durch den Gedanken:

■ ***„Tue Gutes und sprich darüber!"***

Wirksamkeit der PR-Arbeit

Für die PR-Arbeit wird wie für die Werbung und die Verkaufsförderung ein Etat bereitgestellt. Eine exakte Kontrolle der Wirksamkeit ist jedoch nicht immer möglich, da mit Öffentlichkeitsarbeit kein direkter Umsatzzuwachs bei einzelnen Produkten angestrebt wird. Jedoch kann eine gezielte PR-Arbeit auch **wirtschaftliche Erfolge** erzielen, wenn das Image eines Unternehmens in der Öffentlichkeit verbessert wird. Letztlich kann gute PR-Arbeit zum Überleben eines Unternehmens beitragen und seine Wettbewerbsfähigkeit stärken.

***Beispiel** Das Bild von Lebensversicherungsgesellschaften in der Öffentlichkeit war jahrelang geprägt durch Begriffe wie „Sterbegeld, Todesfall, Witwen, Waisen usw.". Umsatzzuwächse waren nur in bescheidenem Maße zu erzielen, weil Lebensversicherungen mit einem negativen Image belastet waren. Durch aktive Öffentlichkeitsarbeit verschiedener Unternehmen konnte dieses Image korrigiert werden. Heute verbindet man mit einer Lebensversicherung (wie Umfragen ergeben haben) die Begriffe „Sicherheit, Sparen für den Ruhestand, Finanzierungshilfe usw.". Dadurch konnte die Zahl der abgeschlossenen Verträge erheblich gesteigert und der Bestand der Gesellschaften gesichert werden.*

Maßnahmen der PR-Arbeit

Der Katalog möglicher PR-Arbeit ist unerschöpflich, es liegt an der Kreativität des einzelnen Unternehmens, sinnvolle PR-Aktivitäten zu initiieren. Häufig sind PR-Effekte auch recht preisgünstig zu erzielen. In jedem Fall ist es aber wichtig, die **Öffentlichkeit über diese Aktivitäten zu informieren**. Deshalb sind gute Kontakte zur Presse und zu den Medien Basis jeder PR-Arbeit. Auch hierbei können sich Unternehmen der Hilfe von Experten (PR-Agenturen) bedienen.

Beispiele *Die Bürodesign GmbH hat im Rahmen ihrer Öffentlichkeitsarbeit folgende Maßnahmen und Aktivitäten durchgeführt:*

- *Einrichtung einer* ***Pressestelle****: Diese Funktion nimmt der Assistent der Geschäftsleitung, Herr Braun, in Zusammenarbeit mit der Abteilung Marketing wahr. Er informiert Journalisten über die Geschäftstätigkeit des Unternehmens, berichtet ihnen von Umstellungen bei Produktionsverfahren, von größeren Investitionen, Mitarbeiterjubiläen usw.*
- *Jedes Jahr wird ein* ***Tag der offenen Tür*** *durchgeführt. Eingeladen sind neben der Presse alle Bürger, die sich für die Fertigung von Büromöbeln interessieren. Sie werden kostenlos bewirtet und erhalten einen Unternehmensprospekt sowie einen Katalog. Für Kinder werden Spielstände aufgestellt.*
- *Die Bürodesign GmbH fördert einen örtlichen Fußballverein* ***(Sponsoring)****. Es werden Trikots mit Firmenaufschrift und Bälle zur Verfügung gestellt. Jährlich wird ein Fußballturnier ausgerichtet, das bereits den Charakter eines kleinen Volksfestes hat. Ausgespielt wird der begehrte „Bürodesign-Pokal".*
- *Der Geschäftsführer, Herr Stein, ist aktives Mitglied in einem Karnevalsverein und stiftet jährlich einen beträchtlichen Geldbetrag* ***(Spenden)*** *für den Kinderkarneval. Ebenfalls werden Geld- und Sachspenden für karitative Zwecke bereitgestellt.*
- *Frau Friedrich ist als Prüferin für die Ausbildungsberufe Industriekaufmann/-frau und Kaufmann/-frau für Büromanagement bei der IHK Köln bestellt, sie schreibt regelmäßig Artikel zur beruflichen Aus- und Fortbildung mit Nennung ihres Unternehmens* ***(Veröffentlichungen)****.*
- *Die Bürodesign GmbH legt großen Wert auf* ***gute Ausbildung*** *in ihrem Hause. Über ihre Aus- und Fortbildungsaktivitäten berichtet sie regelmäßig in der Presse und auf der Webseite des Unternehmens. Einige Schulungsveranstaltungen sind auch für betriebsfremde Interessenten zugänglich.*
- *Die Bürodesign GmbH gibt Studenten und Schülern die Möglichkeit zur Absolvierung von* ***Betriebspraktika****. Es ist ein Fonds eingerichtet worden, aus dem jährlich eine herausragende Examensarbeit prämiert wird.*
- *Die Bürodesign GmbH informiert über die Presse die Öffentlichkeit, dass sie ausschließlich umweltschonende Materialien verwendet und ökologisch vertretbare Produktionsverfahren einsetzt* ***(Umweltschutz)****.*

Corporate Identity

Die Palette an Produkten und Dienstleistungen auf den Märkten wird immer größer. Gleichzeitig verwischen aber immer mehr die Unterschiede zwischen den einzelnen Produkten. Für Unternehmen, die sich auf dem Markt behaupten wollen, wird es zunehmend wichtiger, sich durch klare Image- und Profilgebung voneinander abzuheben.

Eine Möglichkeit, das Unternehmen in der Öffentlichkeit als geschlossene Einheit zu präsentieren, ist das Konzept des Corporate Identity. Hierbei handelt es sich um das Bestreben, eine eindeutige Identifizierung (Erkennung) des Unternehmens durch die Kunden, Lieferer und Mitbewerber zu ermöglichen. Corporate Identity zielt dabei auf eine Außenwirkung auf dem Markt. Dort sollen die Produkte mit dem Qualitätsmerkmal „made by ..." erkennbar sein. Vor allem bei Konsumgütern vermitteln Image und Wertigkeit eines Produktes einen für den Verbraucher erstrebenswerten Lebensstil. Zwischen zwei gleich bekannten Unternehmen wird der Kunde i. d. R. Produkte desjenigen Unternehmens bevorzugt kaufen, welches das bessere Image hat.

Die gewünschte Außenwirkung wird durch das visuelle Erscheinungsbild des Unternehmens erreicht. Hierzu gehören z. B. einheitliche Unternehmensfarben und -symbole oder -logos, die sich von der Einrichtung der Gebäude, der Kleidung der Mitarbeiter bis hin zur Gestaltung von Briefköpfen und Vordrucken erstreckt **(Corporate Design).**

Beispiele

- *Die Bürodesign GmbH präsentiert ihr Unternehmenslogo auf allen Briefen, Rechnungen, Lieferscheinen, Lkws, Visitenkarten usw.*
- *Die Bürodesign GmbH hat ihre Arbeitsabläufe und Verantwortlichkeiten in einem Qualitätsmanagement-Handbuch beschrieben und durch ein Autorisierungsunternehmen (TüV-Cert, VDE) zertifizieren (bescheinigen) lassen* ***(Qualitätsaudit ISO 9002)****.*

Corporate Identity zielt auch auf unternehmensinterne Wirkungen. Angestrebt wird eine Identifizierung der Mitarbeiter mit dem Unternehmen. Hierzu gehören ein einheitlicher Führungsstil in allen Abteilungen und Maßnahmen der Personalförderung und -entwicklung. Gut ausgebildete und motivierte Mitarbeiter sind ein wesentlicher Wettbewerbsfaktor für Unternehmen. In den Ausbildungsstand der Mitarbeiter müssen enorme Summen investiert werden. Durch die Identifizierung der Mitarbeiter mit ihrem Unternehmen soll erreicht werden, dass diese Ausgaben sich lohnen und qualifiziertes Personal nicht zu Mitbewerbern „abwandert".

Kooperation in der PR-Arbeit

Manchmal schließen sich Unternehmen zusammen, um gemeinsam PR-Arbeit zu betreiben. Nach dem Motto „Einigkeit macht stark!" vertreten sie ihre Interessen in der Öffentlichkeit, obwohl sie auf dem Markt Konkurrenten sind.

Beispiele

- *Verschiedene Möbelhersteller weisen in Anzeigen und Fernsehspots darauf hin, dass sie bei ihrer Produktion keine gefährdeten Tropenhölzer verwenden. Sie wollen damit der Öffentlichkeit mitteilen, dass sie sich nicht am Raubbau in den tropischen Regenwäldern beteiligen, und ein positives Image der Branche erreichen.*
- *Die Automobilindustrie beteiligt sich an den Aktivitäten der Deutschen Verkehrswacht e. V., hier werden Veranstaltungen zur allgemeinen Verkehrserziehung und -sicherheit durchgeführt.*

Zusammenfassung: Kommunikationspolitik zur Kundenerreichung anwenden

- **Kommunikation** umfasst den Austausch von Informationen zwischen Unternehmen, Kunden und Absatzmittlern. Die **Kommunikationspolitik** eines Unternehmens hat das **Ziel,** den **Absatz** zu **fördern** und den Bestand des Unternehmens zu sichern.
- Die Werbung ist ein Bindeglied zwischen Anbietern und Nachfragern von Produkten.
  - **Ziele der Werbung:**
    - **Ausschöpfen eines bestehenden Marktpotenzials** durch Bekanntmachung von Produkten
    - **Schaffung eines neuen Marktpotenzials** durch Weckung neuer Bedürfnisse
  - Im **Werbeplan** werden festgelegt:
    - **Werbemittel** (verschiedene Ausdrucksformen bzw. Darstellungen der Werbung, z. B. Anzeige, Fernsehspot)
    - **Werbeträger** (Kommunikationseinrichtungen, die dazu dienen, die Werbung zu verbreiten, z. B. Zeitung, Fernsehanstalt)
    - **Streuzeit** (Beginn und Dauer der Werbung)
    - **Streugebiet** (geografischer Werbebereich)
    - **Streukreis** (umworbene Personengruppe)
    - **Werbebotschaft** (Inhalte der Werbung für Zielgruppe)
    - **Werbeintensität** (Verhältnis der eingesetzten Werbemittel zum Streugebiet und zur Zielgruppe)
  - Das **Werbebudget** legt die Höhe der Ausgaben für die Werbung fest.
  - Die **Werbekontrolle** überprüft, ob die Werbemaßnahmen zu einem Umsatzzuwachs geführt haben.
  - **Werbeagenturen** übernehmen gegen Entgelt Planung und Realisation von Werbemaßnahmen. Sie helfen durch Fachkompetenz und Kontakte zu den Medien.
  - Mit dem **Gesetz gegen den unlauteren Wettbewerb (UWG)** sind rechtliche Rahmenbedingungen für die Werbung gesetzt.
- **Verkaufsförderungsmaßnahmen** dienen der **Motivation, Information und Unterstützung** aller Beteiligten am Absatzprozess.
- **Verkaufspromotions** beziehen sich auf das eigene Verkaufspersonal:
  - **Schulungen** (Produktkunde und Verkaufstechnik)
  - **Motivationsmaßnahmen** (finanzielle Anreize)
  - **Verkaufsunterstützung** (Prospekte, Präsentationsmedien)

- **Händlerpromotions** richten sich an **Groß- und Einzelhändler sowie an Handelsvertreter:**
  - Ausbildung und Information
  - Beratung bei Verkaufsraumgestaltung und Kundenbetreuung
  - Preis- und Kalkulationshilfen
  - Motivationshilfen (Verkaufswettbewerbe)
- **Verbraucherpromotion** richtet sich an den **Endverbraucher** am Ort des Verkaufsgeschehens **(POS, POP):**
  - Preisausschreiben
  - Displays im Verkaufsraum
  - Produktproben
- Die Öffentlichkeitsarbeit eines Unternehmens bezieht sich nicht auf einzelne Produkte, sondern soll ein **positives Bild bzw. Image des Unternehmens in der Öffentlichkeit erzeugen. PR-Aktionen** sind nur wirksam, wenn sie der **Öffentlichkeit mitgeteilt** werden.
  - **Maßnahmen** sind z.B.: Sponsoring, Spenden, Kundenzeitschriften, Berichte über erfolgreichen Umweltschutz usw.
  - **Corporate Identity** umfasst Maßnahmen
    - zur **Außenwirkung:** Das Unternehmen soll schnell und leicht von Kunden und Lieferern identifiziert werden und durch ein positives Image bekannt sein.
    - zur **Innenwirkung:** Die Mitarbeiter sollen sich mit ihrem Unternehmen identifizieren.
- Eine Kooperation mehrerer Unternehmen **bei der PR-Arbeit** ist sinnvoll, wenn das Image einer ganzen Branche in der Öffentlichkeit verbessert werden soll.

Aufgaben

1 *Überlegen Sie, in welcher Form Unternehmen mit Ihnen als Verbraucher kommuniziert haben und erstellen Sie eine Liste mit entsprechenden Beispielen.*

2 *In einer Fernsehdiskussion über die Verteuerung von Benzin ist ein Interessenvertreter der Automobilhersteller eingeladen. Erläutern Sie, welche Absicht er haben könnte, sich an dieser Gesprächsrunde zu beteiligen.*

3 *Beschreiben Sie den Unterschied zwischen Werbung und Verkaufsförderung.*

4 *Zählen Sie aus Ihrem Erfahrungsbereich Marktpotenziale auf, die vor fünf Jahren noch nicht vorhanden waren, und erläutern Sie, welche neuen Bedürfnisse damit geweckt wurden.*

5 *Die Bürodesign GmbH benötigt für die Vermarktung ihres neuen Bürostuhls „Ergo-design-natur" einen Werbeplan. Sie sollen dabei in Vierergruppen behilflich sein. Als Werbebudget wird von der Bürodesign GmbH ein Betrag von 375 000,00 € zur Verfügung gestellt. Dokumentieren Sie alle Ihre Arbeiten in einer hierfür angelegten „Werbeplan-Mappe". Machen Sie sich für alle Arbeiten einen zeitlichen Ablaufplan. Erstellen Sie für Ihre Ergebnisse ein digitales Produkt, das Sie in einer geeigneten Weise Ihren Mitschülern vorstellen.*
a) Legen Sie den Streukreis fest. Dabei können Sie auch verschiedene Zielgruppen bestimmen.

b) Formulieren Sie die Werbebotschaft. Stellen Sie den Nutzen des Produktes für die Zielgruppe(n) heraus, wählen Sie eine geeignete Sprache. Entwerfen Sie ein Werbeposter.
c) Welche Werbemittel und Werbeträger sollen ausgewählt werden? Entwerfen Sie eine Anzeige in einer Fachzeitschrift, skizzieren Sie den Ablauf eines Werbespots im Fernsehen (etwa 30 Sekunden).
d) Legen Sie die Streuzeit fest.
e) Bestimmen Sie das Streugebiet.
f) Machen Sie Vorschläge, wie der Erfolg Ihrer Werbekampagne gemessen werden kann.

6 *Beschreiben Sie kritisch Ihre eigenen Empfindungen, wenn Sie Werbung in Massenmedien wie Zeitungen und Fernsehen sehen. Wie wirkt diese Werbung auf Sie?*

7 *Sammeln Sie Werbemittel (Anzeigen, Prospekte), bei denen Ihrer Meinung nach gegen moralische oder ethische Grundsätze verstoßen wurde, und begründen Sie Ihre Meinung.*

8 *Der Inhaber einer großen Werbeagentur behauptet: „Wir sind der Motor der Wirtschaft." Sammeln Sie Argumente für und gegen diese Aussage und stellen Sie sie in einer Liste gegenüber.*

9 *Neben den traditionellen Kommunikationsmaßnahmen haben sich in den letzten Jahren moderne Kommunikationsformen entwickelt.*
a) Nennen Sie drei Kommunikationsmaßnahmen, die durch neue Werbeträger entstanden sind.
b) Nennen Sie drei Kommunikationsmaßnahmen, die bereits traditionell verwendet wurden, heute aber in neuer Form eingesetzt werden.

10 *Erstellen Sie für die Bürodesign GmbH ein ausführliches Konzept für die Händlerpromotion. Alle Arbeitsergebnisse sind schriftlich zu dokumentieren, legen Sie hierzu eine Mappe „Verkaufsförderung" an. Arbeiten Sie in Gruppen und vergleichen Sie anschließend die Arbeitsergebnisse. Berücksichtigen Sie folgende Aspekte:*
a) Ausbildung und Schulung des Handels (Schulungsinhalte, Formen der Information)
b) Hilfen bei der Gestaltung der Verkaufsräume (entwerfen Sie Displays, Vorschläge für Dekorationen)
c) Hilfen bei der Kundenbetreuung (Werbegeschenke, Kundenlisten)
d) Preis- und Kalkulationshilfen (Rabatte)
e) Motivation des Händlers (Verkaufsshow, Händlerwettbewerbe)

11 *Im Rahmen der Verbraucherpromotion möchte die Bürodesign GmbH ein Preisausschreiben durchführen. Entwickeln Sie hierzu ein Konzept. Bedenken Sie, dass das Preisausschreiben letztlich einen Kaufanreiz für Produkte der Bürodesign GmbH ausüben soll, zumindest aber die Produkte den Kunden näherbringen soll.*

12 *Erläutern Sie den Grundgedanken der PR-Arbeit „Tue Gutes und sprich darüber".*

13 *Untersuchen Sie den Katalog für PR-Arbeiten der Bürodesign GmbH (vgl. S. 450).*
a) Welche Maßnahmen sind Ihrer Meinung nach besonders wirksam, welche sind weniger wirksam? Begründen Sie jeweils Ihre Meinung.
b) Machen Sie Vorschläge zur Ergänzung von PR-Maßnahmen, die kostengünstig, aber wirksam sind.

14 *Erstellen Sie mithilfe einer Kamera einen Werbefilm für den Bürostuhl „Ergo-design-natur".*

1.5 Marketingmix auf seinen Erfolg untersuchen und gängige Kennziffern berechnen

Die Absatzabteilung der Bürodesign GmbH hat inzwischen alle absatzpolitischen Instrumente, die für die Einführung des neuen Bürostuhls „Ergo-design-natur" infrage kommen, analysiert. *„Jetzt müssen wir die einzelnen Instrumente nur noch auflisten und dann in einem Konzept zusammenfassen"*, sagt Herr Stam, der Abteilungsleiter Absatz. *„So einfach geht das denn doch nicht. Schließlich müssen wir uns genau überlegen, welche Instrumente wir zur Einführung einsetzen wollen und wie diese dann zusammenpassen"*, erläutert ihm Herr Dohm, der Gruppenleiter Außendienst. *„Richtig! Und wir müssen vor allem den Einsatz aller Instrumente auf die von der Geschäftsleitung vorgegebenen Marketingziele ausrichten"*, ergänzt Frau Freund, die Gruppenleiterin Marketing. *„Am besten tragen wir zunächst nochmal die Ausgangsdaten zusammen und überlegen dann gemeinsam, welche Marketinginstrumente für die Einführung sinnvoll sein könnten. Die Geschäftsleitung möchte übermorgen das Gesamtkonzept mit uns diskutieren."*

Arbeitsaufträge

- ***Erarbeiten Sie Gründe für die Abstimmung der einzelnen absatzpolitischen Instrumente im Hinblick auf die Marketingzielsetzung.***
- ***Erstellen Sie ein Schema, das Auskunft über die Bedeutung der einzelnen Marketinginstrumente der Bürodesign GmbH im Rahmen des Gesamtmarketingkonzepts gibt. Erstellen Sie für die Vorstellung Ihrer Ergebnisse ein digitales Produkt, das Sie mit einer Präsentationssoftware vorstellen.***

■ Marketingmix auf seinen Erfolg untersuchen

Im Rahmen des **Marketingmix** kombiniert ein Unternehmen sein absatzpolitisches Instrumentarium unter Berücksichtigung seiner Marketingziele. Die Bedeutung der einzelnen Instrumente hängt im Wesentlichen vom jeweiligen Unternehmen (z. B. Hersteller, Handel) und vom Käufer (z. B. Endverbraucher, Einkäufer eines Unternehmens) ab. Ein optimales Zusammenwirken der einzelnen Instrumente kommt nur dann zustande, wenn die Marketinginstrumente harmonisch zusammenwirken.

Der Marketingmix ist zudem kein starres System, sondern es muss sich ständig den sich ändernden Marktgegebenheiten anpassen. Je nachdem, in welcher Produktlebenszyklusphase sich ein Unternehmen mit seinem Produkt befindet, müssen die Instrumente ggf. modifiziert und optimiert werden.

Absatzmarketingkonzept für den Bürostuhl „Ergo-design-natur“

Situations-analyse	Produkt- und Sortiments-politik	Preis-, Kon-ditionen und Kundendienst-politik	Distributions-politik	Kommunika-tionspolitik
• Unternehmens-situation • Absatzmarkt • Konkurrenz • Zielgruppe • Marketingziele • Marketing-strategie	• Produkt-innovation • Produktdiffe-renzierung • Produkt-variation • Sortiments-aufbau • Sortiments-erweiterung • Sortiments-variation • Sortiments-bereinigung	• Preisfest-legung • Preisstrate-giefestlegung • Konditionen • Service/ Qualität	• Absatz-methoden • Absatzwege • Absatzorgane	• Absatz-werbung • Verkaufs-förderung • Öffentlich-keitsarbeit • Verkaufs-gespräche • Vorstellung des neuen Produktes im Internet • gesetzliche Regelungen

Situationsanalyse

Im Rahmen einer Situationsanalyse beschreibt ein Unternehmen die Ausgangsdaten für das Absatzmarketingkonzept. Hierzu gehört eine Kurzbeschreibung der Unternehmenssituation, der Absatzmarktbeschreibung, der Konkurrenzsituation, der Zielgruppe und der Zielsetzung. Alle Daten basieren auf Erhebungen im Rahmen der Marktforschung.

- **Unternehmenssituation:** Die Bürodesign GmbH als Hersteller für Büromöbel konnte in den letzten Jahren eine zunehmende Konzentration im Bereich des Einzel- und Großhandels beobachten. Folge dieser Entwicklung war die Schließung einiger Handelsgeschäfte, z.T. jahrelange Kunden der Bürodesign GmbH. Neue Kunden konnten dagegen im Bereich von Großverbrauchern gewonnen werden, da hier zunehmend der Wunsch nach einer Komplettlösung für den Bürobedarf beobachtet werden konnte.

  In einer Situation des Käufermarkts und der damit verbundenen starken Nachfragemacht, der steigenden Mobilität der Käufer und der zunehmenden Konkurrenz ist die Gewinnspanne der Bürodesign GmbH immer mehr unter Druck geraten. Zudem neigen insbesondere öffentliche Institutionen aufgrund der Defizite öffentlicher Haushalte zu immer größerem Sparverhalten, wenn es um zusätzliche Ausgaben geht. Auch beim privaten Verbraucher ist mit einem Rückgang der Nachfrage zu rechnen.

- **Absatzmarktbeschreibung:** Als potenzielle Kunden für den neuen Bürostuhl „Ergo-design-natur“, der der Produktgruppe Arbeiten am Schreibtisch zugeordnet wird, kommen zunächst alle derzeitigen Kunden der Bürodesign GmbH infrage. In der genannten Produktgruppe konnte zudem eine Umsatzsteigerung festgestellt werden. Grundsätzlich sind in der Büromöbelbranche derzeit rückläufige Umsatzzahlen zu beobachten. Hiervon nicht so stark betroffen sind allerdings Büromöbel, die gesundheitsfördernd sind, da viele Menschen nicht mehr die Zeit haben, ihrem Körper auf andere Weise „etwas Gutes zu tun“. Die meisten Menschen sind auch bereit, entsprechend höhere Preise zu zahlen. Zudem neigen immer mehr Unternehmen dazu, ihre Arbeitsplätze ergonomisch zu gestalten, da ein besserer Arbeitsschutz viel Geld sparen kann und die Arbeitnehmer weniger erkranken.
  Beispiel *Der Deutsche Gewerkschaftsbund hat gesundheitsschädigende Arbeitsbedingungen als Hauptursache für den Krankenstand in Betrieben und die hohe Frühinvalidität bezeichnet. Ergonomisch gestaltete Arbeitsplätze können dieser Tendenz entgegenwirken.*

- **Konkurrenzsituation:** Von den direkten Konkurrenten der Bürodesign GmbH bietet bisher einer ein ähnliches Produkt an. Dieses ist jedoch, wie alle Produkte des Konkurrenten, qualitativ erheblich hochwertiger angesiedelt und entsprechend teurer. Zudem beliefert dieser Konkurrent vor allem den ortsansässigen Facheinzelhandel und keine Großverbraucher.

- **Zielgruppe:** Als Hauptzielgruppe für den Bürostuhl „Ergo-design-natur" kommen ökologisch orientierte Unternehmen infrage, die die Gesundheit ihrer Arbeitnehmer im Auge haben. Weitere Kunden könnten im Bereich des Sanitätsfacheinzel- und Großhandels gefunden werden, da hier der Privatverbraucher Lösungen für seine Gesundheitsprobleme sucht.

- **Marketingziele:** Aufgrund der vorliegenden Situationsanalyse haben die Geschäftsführer der Bürodesign GmbH für die Einführung des Bürostuhls „Ergo-design-natur" folgende Ziele zusammengefasst:
  - Erreichung eines Marktanteils von 5 % innerhalb von einem Jahr,
  - Umsatzerwartung für das erste Geschäftsjahr: 500 000,00 €,
  - Schaffung eines Bekanntheitsgrades der Produktlinie von 50 %.

- **Marketingstrategie:** Die Bürodesign GmbH hat sich entschlossen, für die Einführung des „Ergo-design-natur" mit einer Kombination aus Differenzierungsstrategie und Marktsegmentierungsstrategie vorzugehen. Zum einen will sich die Bürodesign GmbH mithilfe der Kundendienstpolitik bewusst von den Konkurrenten abheben (Differenzierung), zum anderen soll der Markt in Teilgruppen nach den Abnehmergruppen Endverbraucher in Verkaufsstudio, Facheinzel- und Großhandel, öffentliche Großverbraucher und karitative Einrichtungen (Marktsegmentierung) zur besseren Bearbeitung segmentiert werden.

Produkt- und Sortimentspolitik

- **Einflussgrößen auf die Produktdifferenzierung:** Nachdem das Rechnungswesen in Zusammenarbeit mit dem Controlling grundsätzlich einen positiven Deckungsbeitrag für den neuen Bürostuhl „Ergo-design-natur" erwartet, spielen für die Bürodesign GmbH vor allem die **Auswahl** der **künftigen Lieferer** in Bezug auf die Qualitätsanforderungen und die **Umweltverträglichkeit** der Produktbestandteile eine wichtige Rolle.

- **Einordnung in den Sortimentsaufbau:** Der **Artikel** Bürostuhl „Ergo-design-natur" soll in den **Sorten** Schwarz, Dunkelgrün, Jadegrün, Karminrot und Azurblau angeboten werden.

- **Sortimentspolitische Entscheidung:** Mit der Einführung des „Ergo-design-natur" erfolgt im Rahmen einer **Sortimentserweiterung** eine **Produktdifferenzierung**.

Preis-, Konditionen- und Kundendienstpolitik

Ein Schwerpunkt im Absatzmarketingkonzept für den „Ergo-design-natur" soll auf den Bereich des Kundendienstes und der Konditionen gelegt werden, da die derzeitige Unternehmenssituation einen starken Preiskampf vermuten lässt und daher schon von Anfang an weitere Wege zur Abhebung von der Konkurrenz gefunden werden müssen.

- **Preispolitik:** Bei der Preisgestaltung orientiert sich die Bürodesign GmbH vor allem an den **Kosten**. Die Vollkostenrechnung hat ergeben, dass der Listenverkaufspreis bei 225,00 € liegen muss. Dieser Preis liegt ca. 75,00 € unter dem des einzigen Konkurrenten, der jedoch höherwertige Bezugsstoffe verwendet. Im Rahmen einer **Preisdifferenzierung** sollen folgende Arten praktiziert werden.

Art der Preisdifferenzierung	Konkrete Gestaltung
Mengenmäßige Preisdifferenzierung	Staffelpreise: ab 1 Stück 225,00 €, ab 5 Stück 215,00 €, ab 10 Stück 199,50 €
Zeitliche Preisdifferenzierung	In der Einführungsphase von sechs Monaten gilt ein Sonderpreis von 199,50 €.
Personelle Preisdifferenzierung	Abnehmergruppen mit besonderer Multiplikatorfunktion (z. B. Stadtverwaltungen) und soziale Einrichtungen (z. B. Rotes Kreuz, Behindertenwerkstätten, Jugendeinrichtungen) erhalten einen Sonderpreis von 202,50 €.
Räumliche Preisdifferenzierung	Inlandskunden zahlen den Normalpreis, Auslandskunden je nach Marktsituation einen Zu- oder Abschlag.

- **Konditionenpolitik:** Wie oben beschrieben, gewährt die Bürodesign GmbH für den Bürostuhl „Ergo-design-natur" sowohl einen **Mengen-** als auch einen **Einführungsrabatt**. Weitere Rabatte sind zunächst nicht vorgesehen. Im Gegensatz zu den Allgemeinen Geschäftsbedingungen gilt bei den **Lieferbedingungen** zunächst eine kostenfreie Zustellung im Rheinland. Alle weiteren Kunden im Bundesgebiet beliefert die Bürodesign GmbH porto- und frachtfrei ab einem Auftragswert von 10000,00 € zuzüglich Mehrwertsteuer. Erfolgt die Bestellung bis 12:00 Uhr, so geht die Ware bis 18:00 Uhr in den Versand und wird i. d. R. am nächsten Tag ausgeliefert. Die **Zahlungsbedingungen** der Bürodesign GmbH erlauben ein Zahlungsziel von 30 Tagen. Bei Zahlung innerhalb von zehn Tagen werden 2 % Skonto gewährt. Die **Garantie** für diesen Bürostuhl wird auf drei Jahre festgesetzt. Weiterhin können alle Kunden, die innerhalb der Einführungsphase kaufen, von der **Valutierung** ihrer Rechnung bis zum Ende dieser Phase Gebrauch machen.

- **Kundendienstpolitik:** Die Bürodesign GmbH plant, die Einführung des neuen Bürostuhls durch einige gesundheitsfördernde Maßnahmen, Schulungen und Beratungen für ihre Kunden zu begleiten. Zu diesem Zweck kann von den Kunden Herr Sali, ein Mitarbeiter im Verkauf der Bürodesign GmbH, angefordert werden. Herr Sali soll vor Ort die ergonomische Situation der Arbeitsplätze analysieren und ein passendes Einrichtungskonzept erarbeiten. Gleichzeitig bietet die Bürodesign GmbH für ihre Kunden einmal im Monat eine kostenlose Rückenschule an. Neben diesen **warenunabhängigen** Serviceleistungen wird auch ein **warenabhängiger** Service geboten: Reparatur und kostenlose Zustellung im Rheinland.

Distributionspolitik

Für den Verkauf des Bürostuhls „Ergo-design-natur" beschließt die Bürodesign GmbH, die bisherigen Absatzwege und -organe beizubehalten. Der **indirekte Absatz** erfolgt an Großkunden über **Handelsvertreter** und der **direkte Absatz** über das **Verkaufsstudio** an den Endverbraucher. Als Ergänzung soll in Zukunft zudem der Versandhandel über die Internetadresse der Bürodesign GmbH möglich werden. Im Rahmen des **indirekten Absatzes** wird der **Facheinzel-** und **Großhandel** beliefert. Die Bürodesign GmbH ist auf den Messen ORGATEC in Köln und der Fachmesse für Arbeitsschutz in Düsseldorf vertreten. Daneben veranstaltet die Bürodesign GmbH im Anschluss an die ORGATEC eine **Hausmesse**.

Kommunikationspolitik

Ausgehend von der Situationsanalyse und den Entscheidungen der Produkt- und Sortiments-, Preis-, Konditionen-, Kundendienst- und Distributionspolitik werden für die Einführung des neuen Bürostuhls „Ergo-design-natur" folgende Maßnahmen geplan.

- **Absatzwerbung:** Der Schwerpunkt der bisherigen marketingpolitischen Entscheidungen liegt in der Produktdifferenzierung und der Konditionen- und Kundendienstpolitik. Zunächst ist eine **Einzelwerbung** durch die Bürodesign GmbH geplant. Der Werbeplan wird wie folgt aufgestellt:

Inhalt des Werbeplans	Maßnahmen im Rahmen der Einführung des Bürostuhls „Ergo-design-natur“
Streukreis	Der Markt für den „Ergo-design-natur“ umfasst Großverbraucher, Behörden und Facheinzelhändler sowie den Endverbraucher im Verkaufsstudio.
Werbebotschaft	Botschaft: „formschönes Design, Berücksichtigung ergonomischer Bedürfnisse, ökologisch, einwandfrei‘“; die Präsentation erfolgt in einer klaren informativen Sprache und stellt die ergonomischen und ökologischen Aspekte des neuen Produkts sowie der Zusatzleistungen der Bürodesign GmbH heraus.

Beispiel *für den Text einer Anzeige auf der Internetseite der Bürodesign GmbH:*

Tun Sie etwas für Ihre Gesundheit!

Der neue Bürostuhl „Ergo-design-natur“ ist ein körpergerecht geformter Stuhl, der nach ergonomischen und arbeitsmedizinischen Erkenntnissen gefertigt ist. Die Wirbelsäule wird aufgerichtet, die inneren Organe werden durchblutet, und durch den orthopädischen Sitzkeil kippt das Becken nicht mehr ab. Herz und Lunge werden entlastet und das Gehirn besser durchblutet. Er ist zudem ökologisch „einwandfrei“, da er voll recyclingfähig und wiederverwertbar ist.

Der „Ergo-design-natur“ hat eine Sicherheitsgasfeder nach DIN 4551, ist medizinisch getestet und GS-geprüft.

Inhalt des Werbeplans	Maßnahmen im Rahmen der Einführung des Bürostuhls „Ergo-design-natur“
Werbemittel und Werbeträger	Für die Einführungsphase sind Prospekte, eine Internetseite und die Direktwerbung geplant. Persönliche Werbebriefe werden per Post und über Internet an die derzeitigen und potenziellen Kunden versandt.
Streuzeit	Alle Werbemittel sollen im August und September erscheinen, damit die Unternehmen bis zum Ende des Jahres noch Gelegenheit haben, die Büroeinrichtung mit in das neue Budget einzuplanen. Entsprechend wird auch der Termin für die ersten Serviceleistungen festgesetzt.
Streugebiet	Die Bürodesign GmbH will zunächst ihren Schwerpunkt in Nordrhein-Westfalen setzen, damit alle Kunden optimal von den Serviceleistungen profitieren können.
Werbeintensität	Die gezielte Direktwerbung soll aus einem Werbebrief und einem Antwortbrief bestehen.

Da durch die Vermarktung des neuen Bürostuhls im ersten Jahr ein Umsatz von etwa 0,5 Mio. € erwartet wird, soll das **Werbebudget** prozentual davon bestimmt werden. Aufgrund der Neueinführung sollen 10 % vom Umsatz als Werbebudget verwendet werden, also 30 000,00 €.

Nach dem Abschluss der Einführungswerbeaktionen ist geplant, die potenziellen Kunden im Rahmen der **Werbeerfolgskontrolle** anzurufen und ihnen kurze Fragen zum Produkt zu stellen. Natürlich werden auch die entsprechenden Umsatzzahlen ständig beobachtet.

- **Verkaufsförderung:** Durch eine Verkaufspromotion sollen die Verkaufsmitarbeiter für den Verkauf der neuen Produktlinie geschult werden. Zudem erfolgt ein Kurs zur ergonomischen Gestaltung von Büros. Die Händler des Facheinzel- und Großhandels erhalten im Rahmen der **Händlerpromotion** die Möglichkeit, sich ebenfalls über die neue Produktlinie und eine ergonomische Gestaltung von Arbeitsplätzen zu informieren. Gleichzeitig bietet die Bürodesign GmbH diese Kurse für Rückenschulung an. In der Einführungsphase wird es einen Händlerwettbewerb geben, der als ersten Preis die komplette Büroausstattung für den Unternehmensleiter verspricht.
- **Öffentlichkeitsarbeit:** Zur Einführung des neuen Bürostuhls plant die Bürodesign GmbH ihren jährlichen **Tag der offenen Tür**. Eingeladen sind neben der Presse auch alle Kunden, die sich für die neue Produktlinie und die anderen Waren der Bürodesign GmbH interessieren. In diesem Zusammenhang finden Vorträge zur ergonomischen Gestaltung von Arbeitsplätzen und Vorführungen einer sinnvollen Rückenschule statt.
- **Beratungs- und Verkaufsgespräche:** In Zusammenarbeit mit einem Spezialisten hat die Bürodesign GmbH für die Einführung des Bürostuhls „Ergo-design-natur" eine Ablaufskizze für ein Verkaufsgespräch entwickelt. Der **Schwerpunkt** liegt hierbei in der **Bedarfsermittlung** und der **Argumentation**. Darüber hinaus soll im Rahmen des **Telefonmarketings** auch eine längere Nachkontaktphase aufgebaut werden.

■ Berechnung gängiger Kennzahlen

Um den Erfolg der Marketingmix-Maßnahmen zu überprüfen, können **Branchenvergleiche** durchgeführt und der **Marktanteil** eines Unternehmens ermittelt werden.

Branchenvergleiche/Benchmarking

Fachverbände, Industrie- und Handelskammern sowie Marktforschungsinstitute erstellen periodisch Branchenvergleiche. Die hier veröffentlichten Daten können einen wesentlichen Beitrag zur Konkurrenzanalyse leisten. Oft sind die Daten bereits aufbereitet, sodass sie mit eigenen Unternehmensdaten verglichen werden können. Unter **Benchmarking** (engl. Benchmark = „Maßstab") versteht man eine **Fortentwicklung eines Betriebsvergleiches**. Es handelt sich um eine Methode, bei der zielgerichtet Betriebe verglichen werden, um das jeweils beste Unternehmen zu ermitteln. Dieses dient dann als Maßstab für eine Leistungsoptimierung der anderen Unternehmen, die nach besseren Methoden und Praktiken (Best Practises) suchen.

Beispiel *Kennzahlenstruktur einer Branche*

Kennzahl	Eigenes Unternehmen	Branchendurchschnitt	Durchschnitt Top Ten
Umsatz (Mio €) Veränderung zum Vorjahr	8400000,00 3%	8000000,00 2%	9880000,00 4%
Mitarbeiter Veränderung zum Vorjahr	120 – 2%	170 – 1%	190 – 1%
Umsatz je Mitarbeiter Veränderung zum Vorjahr	70000,00 + 4%	46000,00 + 2%	52000,00 + 3%
Gewinn (Mio €) Veränderung zum Vorjahr	700000,00 + 2%	500000,00 + 1%	670000,00 + 3%

Marktpotenzial, Marktvolumen, Marktanteil

Der Marktanteil eines Unternehmens wird häufig als wichtigste Messlatte im Vergleich zur Konkurrenz betrachtet. In der Praxis bereitet es jedoch immense Schwierigkeiten, einen bestimmten Markt konkret abzugrenzen.

Beispiel *Wettbewerbssituation bei der Bürodesign GmbH im Teilmarkt Schreibtische, gehobener Bedarf, eigener Marktanteil der Bürodesign GmbH: 5 %*

Mitbewerber	Marktanteil (5)	Verhalten des Mitbewerbers
Alpenbau GmbH	8	Kooperationsbereitschaft
Dänen-Büromöbel	17	aggressive Preispolitik
Bonner Büromöbelwerke AG	13	riesiges Sortiment
Herforder Büromöbelbau	11	exklusive Designertische
Eifel-Büromöbel	29	baut Marktführerschaft aus
Berg-Büromöbel-Bau	17	expandiert stark

Die Bürodesign GmbH gibt einen Marktanteil von 5 % im Segment „Schreibtische, gehobener Bedarf" an. Hierbei ist genau festzulegen, um welche konkreten Produkte es sich handelt und wie der Markt regional und kundengruppenmäßig abgegrenzt ist.

Marktpotenzial

Das Marktpotenzial (vgl. S. 441) ist eine theoretische Größe. Sie gibt die maximale Aufnahmefähigkeit eines Marktes in Stück an, wobei unterstellt wird, dass alle denkbaren Käufer über entsprechendes Einkommen verfügen und alle auch entsprechende Kaufbereitschaft entwickelt haben.

Beispiel *Das Marktpotenzial für Smartphones in Deutschland entspricht in etwa der Bevölkerungsanzahl (Ausnahme Kleinkinder unter sechs Jahren). Nicht alle Bürger sind aber bereit oder in der Lage, sich ein Smartphone anzuschaffen.*

Marktvolumen

Das Marktvolumen ist eine Teilmenge des Marktpotenzials. Man versteht hierunter die realisierbaren bzw. prognostizierbaren Absatzmengen pro Periode in einem abgegrenzten Markt. Hierbei wird von realitätsnahen Prognosen ausgegangen, z. B. auf der Basis von Produktionskapazitäten, Rohstoffversorgung, Kaufkraft der Kunden usw.

Beispiele *Das Marktvolumen für Smartphones im Jahr 2021 basiert auf der Prognose, dass bestimmte Zielgruppen bereit und in der Lage sind, ein Smartphone zu kaufen. Zielgruppe Jugendliche (bis 16 Jahre) 40 %, Zielgruppe Erwachsene: 40 %, Zielgruppe Senioren 20 %. Wenn diese Daten mit den Bevölkerungszahlen abgeglichen werden, kann das Marktvolumen ermittelt werden. Hierbei muss jedoch noch berücksichtigt werden, wie viele Personen erstmalig ein Smartphone kaufen bzw. Ersatzbeschaffungen tätigen.*
Die Bürodesign GmbH ruft jährlich aktuelle Marktdaten für Büroausstattung bei der Gesellschaft für Konsumforschung (GfK) ab. Diese kostenpflichtige Information ist für die Bürodesign GmbH eine Basis, um das Marktpotenzial zu prognostizieren.

Marktanteil

Der Marktanteil eines Unternehmens ist der prozentuale Anteil seines Umsatzes oder Absatzes am Marktvolumen. Mit dieser Messzahl wird die Stärke der Marktposition im Vergleich zur Konkurrenz gemessen. Der Marktanteil kann in Mengeneinheiten wie Stück (Absatz) oder in Werteinheiten wie Euro (Umsatz) gemessen werden.

$$\textbf{Marktanteil in \%} = \frac{\text{Unternehmensumsatz oder -absatz} \cdot 100}{\text{Marktvolumen}}$$

Die zeitliche Veränderung der Marktanteile zeigt die Entwicklung der Marktstellung eines Unternehmens. Da die Summe aller Marktanteile eines Marktes genau 100 ist, kann eine Ausweitung des Marktanteiles eines Unternehmens immer nur zulasten des Marktanteils eines anderen Unternehmens gehen.

Beispiel *Der inländische Marktanteil der Bürodesign GmbH im Segment „Schreibtische" beträgt 5 %, 95 % des Marktvolumens entfallen in Deutschland auf die Mitbewerber.*

Marktwachstum

Das Marktwachstum stellt die Vergrößerung des Marktvolumens dar, es ist i. d. R. von einem Unternehmen kaum beeinflussbar.

$$\textbf{Marktwachstum in \%} = \frac{\text{zusätzliches reales Wachstum in einer Periode} \cdot 100}{\text{Marktvolumen der vorigen Periode}}$$

Tendiert das Marktwachstum gegen null, liegt **Marktsättigung** vor, bei einem negativen Wert handelt es sich um einen **schrumpfenden Markt**.

Zusammenfassung: Marketingmix auf seinen Erfolg untersuchen und gängige Kennziffern berechnen

- Im **Marketingmix** kombiniert ein Unternehmen seine marketingpolitischen Instrumente unter Berücksichtigung der jeweiligen Ausgangssituation. Als optimal wird der Marketingmix dann bezeichnet, wenn die Kombination der Instrumente harmonisch und zielgerecht ist. Im Hinblick auf eine marktorientierte Unternehmensführung, sollten die gewählten Instrumente ständig beobachtet und ggf. an neue Marktgegebenheiten angepasst werden.
- Der **Marketingmix** zur **Einführung des Bürostuhls „Ergo-design-natur'"** setzt Schwerpunkte in der **Konditionen-** und **Kundendienstpolitik**. Zudem bietet sich die Einzelwerbung im Rahmen der **Kommunikationspolitik** an, um potenzielle Kunden ohne große Streuverluste über die **Produktdifferenzierung** zu informieren.
- **Kennzahlenvergleiche** innerhalb einer Branche und im Zeitablauf lassen Trends erkennen und helfen bei der Maßnahmenplanung.
- Das **Marktpotenzial** gibt die theoretisch maximale Aufnahmefähigkeit eines Marktes an.
- Das **Marktvolumen** gibt die realistisch prognostizierbare Absatzmenge eines Marktes an.
- Der **Marktanteil** ist der prozentuale Anteil eines Unternehmens am Marktvolumen.
- Das **Marktwachstum** ergibt sich durch einen Vergleich der Marktvolumina zweier aufeinanderfolgender Perioden.

Aufgaben

1 Planen Sie in Vierergruppen für Bürodesin GmbH eine Sortimentserweiterung aus wirtschaftlichen oder ökologischen Gründen. Entwickeln Sie einen entsprechenden Marketingmix für die Einführung der neuen Produktgruppe bzw. des neuen Artikels. Stellen Sie Ihr Ergebnis auf einem Plakat dar und präsentieren Sie es vor der Klasse.

2 Die Tiefkühl Food GmbH steht vor dem Planungsproblem, ihre Tiefkühlfertigprodukte neu zu überdenken, da, entgegen dem allgemeinen Trend, die Umsätze stark zurückgegangen sind. Generelles Ziel des Unternehmens ist dabei die Ausweitung des Marktanteils durch eine Umsatzsteigerung bei den Tiefkühl-Produkten (TK-Produkten).

Auszug aus einer Fachzeitschrift:

Bequemlichkeit
englisch: convenience – hat in deutschen Küchen ohnehin Konjunktur: Der amerikanische Appetit auf vorgefertigte Nahrungsmittel oder fix und fertig zubereitete Speisen hat die Deutschen angesteckt. Dass diese Bequemlichkeit ihren Preis hat, vermuten nicht nur Verbraucherverbände. Umso neidvoller blickt der Handel daher auf die Tankstellen-Shops, die die Convenience-Kunden bisher fast allein bedienten. Im traditionellen Handel machten diese Produkte bisher nur ein bis zwei Prozent aus. Das Convenience-Feld wollen die Händler aber nicht kampflos verloren geben – können sie auch nicht.
Die der Tiefkühl Food GmbH zugrunde liegende Zielgruppenanalyse für Endverbraucher orientiert sich stark an dem durch die Sinus-Studie beschriebenen hedonistischen Milieu: Stark jugendlich geprägt (zwei Drittel sind jünger als 25 Jahre), Streben nach Genuss, Abwechslung, Zerstreuung und intensivem Leben. Das Hier und Jetzt verdeckt Gedanken an das Morgen. Bürgerliche Karriere und Spießertum werden abgelehnt. Man lebt in einer Ästhetik der starken Reize. Interessant ist ferner, dass die Käufer von Fertiggerichten von ihrer psychologischen Grundeinstellung für Neuerungen prinzipiell aufgeschlossen sind und auch noch ein relativ hohes Preisniveau akzeptieren. Die TK-Gerichte werden zurzeit in vier Zubereitungen (Hähnchenbrust-Filet, Kabeljau-Filet, Chop Suey und Rinderstreifen), in einem Karton verpackt, angeboten. Die Listenverkaufspreise der Produkte liegen derzeit zwischen 1,49 € und 1,68 €. Die Distribution erfolgt ausschließlich in Ladengeschäften der Tiefkühl Food GmbH.

Erarbeiten Sie in Kleingruppen ein sinnvolles Absatzmarketingkonzept für die Tiefkühl Food GmbH. Informieren Sie sich dafür vorab über die Produktvielfalt im Tiefkühlfertiggerichtbereich. Präsentieren Sie Ihre Ergebnisse mithilfe geeigneter Medien vor der Klasse.

3 Führen Sie eine Internetrecherche durch, um Informationen für Kennzahlenvergleiche in der Büromöbelindustrie zu erhalten. Besuchen Sie hierzu z. B. Seiten von IHK, Banken, Statistischen Ämtern und einschlägigen Industrieunternehmen.

4 a) Erläutern Sie mit konkreten Ausführungen aus der Sicht der Bürodesign GmbH die Beziehungen zwischen Marktpotenzial, Marktvolumen, Marktanteil und Marktwachstum.
b) Erläutern Sie, weshalb es für ein Unternehmen wirtschaftlich sinnvoll sein kann, in einen schrumpfenden Markt zu investieren.

5 Die Bürodesign GmbH möchte den Verkauf der Regalsysteme „Wikinger“ im Einzel- und Großhandel durch Maßnahmen der Verkaufsförderung unterstützen und bittet Sie, hierzu Vorschläge zu erarbeiten. Besuchen Sie ein Warenhaus oder ein Fachgeschäft für Büromöbel und stellen Sie fest, welche Maßnahmen der Verkaufsförderung in diesen Unternehmen eingesetzt werden.

Handlungsfeldübergreifende Aufgaben

1 Beschreiben Sie die Bedeutung von Kaufmotiven unterschiedlicher Abnehmergruppen für den Einsatz der Marketinginstrumente.

2 Beschreiben Sie, wie sich die Bürodesign GmbH bei folgenden Marketingstrategien verhält:
a) Strategie der Anpassung
b) Strategie der Differenzierung
c) Strategie der Marktdurchdringung
d) Strategie der Markterschließung
e) Strategie der Marktsegmentierung

3 Die Bürodesign GmbH möchte den neuen Bürostuhl „Ergo-design-natur“ auf den Markt bringen. Bisher gibt es noch keine nennenswerte Konkurrenz für dieses Produkt.
a) Welche Marketingstrategie empfehlen Sie kurz- und langfristig? Begründen Sie Ihre Antwort.
b) Welche Preispolitik empfehlen Sie? Berücksichtigen Sie Premium-, Skimming- und Penetrationspolitik.

4 Unterscheiden Sie Marktanalysen, -beobachtung, -prognose und erläutern Sie, welche Maßnahmen ein Unternehmen für diese Teilaufgaben der Marktforschung durchführen kann.

5 Produktinnovation, -variation und -elimination stehen im Zusammenhang mit dem Lebenszyklus eines Produktes. Erläutern Sie diese Begriffe
a) am Beispiel des Produktes „Schallplattenspieler“,
b) an einem selbst gewählten Beispiel.

6 Beschreiben Sie Grund- und Zusatznutzen sowie geplante Obsoleszenz am Beispiel selbst gewählter Produkte.

7 Für einen Büroschrank liegen folgende Werte vor: variable Kosten je Stück 300,00 €, Verkaufserlös je Stück 650,00 €, fixe Kosten 360000,00 €.
a) Erstellen Sie eine Break-even-Point-Analyse rechnerisch und grafisch.
b) Erläutern Sie, welche Aussagen eine Break-even-Point-Analyse ermöglicht.

8 Beschreiben Sie, welche Bedeutung die psychologische Preisfestsetzung für
a) Endverbraucher, b) Unternehmen
als Nachfrager hat.

9 Erläutern Sie mit Beispielen, wie Zahlungs- und Lieferkonditionen von der Bürodesign GmbH gestaltet werden können, damit sie für ihre Kunden einen Kaufanreiz darstellen.

10 a) Erstellen Sie eine Tabelle, in der Sie die verschiedenen Distributionswege für ein Industrieunternehmen aufführen.
b) Führen Sie zu jedem Distributionsweg die Kosten auf, die für das Industrieunternehmen anfallen.
c) Betrachten Sie das Sortiment der Bürodesign GmbH und geben Sie für die drei Sortimentsgruppen an, welcher Distributionsweg besonders geeignet ist. Begründen Sie Ihre Entscheidungen.

11 Im Rahmen der Kommunikation werden zwischen Sender und Empfänger Nachrichten ausgetauscht. Nennen Sie Beispiele für Kommunikation, bei der
a) ein Unternehmen Sender ist, b) Kunden Sender sind.

12 Begründen Sie, weshalb viele Unternehmen sich bei ihrer Kommunikationspolitik der Hilfe von Werbeagenturen und Kommunikationsberatern bedienen.

13 Die Höhere Handelsschule ist für viele Schüler der Sekundarstufe II eine attraktive Möglichkeit zur Vorbereitung auf eine Berufsausbildung oder ein anschließendes Studium. Sie steht in Konkurrenz zum Gymnasium, obwohl sie ein Schuljahr kürzer ist. Sie erhalten den Auftrag, mit Ihrer Klasse ein Werbekonzept zu erarbeiten, das zum Ziel hat, die Anmeldezahlen für das kommende Schuljahr um 25 % zu erhöhen. Hierzu steht Ihnen ein Werbebudget in Höhe von 2 500,00 € zur Verfügung.
a) Bestimmen Sie die genaue Zielgruppe für die Werbemaßnahmen.
b) Erarbeiten Sie einen detaillierten Werbeplan (vgl. S. 442 ff.).
c) Überlegen Sie sich Maßnahmen zu einer Werbeerfolgskontrolle.
d) Erarbeiten Sie einen Maßnahmenkatalog für die Öffentlichkeitsarbeit Ihrer Schule.
e) Dokumentieren Sie alle Ihre Arbeitsergebnisse und legen Sie sie Ihrer Schulleitung vor.

14 „Ohne Werbung wären die meisten Produkte für die Verbraucher preiswerter zu erwerben, Werbung verteuert die Waren nur sinnlos." Nehmen Sie kritisch Stellung zu dieser Aussage.

15 Stellen Sie fest, wie viele Werbebotschaften Sie durchschnittlich pro Woche „konsumieren". Berücksichtigen Sie dabei TV- und Radiowerbung, Internetwerbung, Werbung in Zeitschriften, Werbung auf Plakaten, in Schaufenstern, im Internet usw.
a) Finden Sie heraus: Wie viel Werbung nehmen Sie bewusst wahr, wie viel konsumieren Sie unbewusst?
b) Hat diejenige Werbung, die Sie unbewusst wahrnehmen, einen Einfluss auf Ihre Kaufentscheidungen? Begründen Sie Ihre Ansicht.
c) Führen Sie in Ihrer Klasse eine Diskussion über die These „Gerade die unbewusst wahrgenommene Werbung beeinflusst das Kaufverhalten".

16 Bilden Sie ein Beispiel für Werbung, die
a) gegen gesetzliche Vorschriften verstößt,
b) gegen den guten Geschmack verstößt oder ethisch-moralische Grenzen überschreitet.

17 Besuchen Sie ein Warenhaus oder einen Supermarkt und stellen Sie fest, welche Maßnahmen zur Verbraucherpromotion eingesetzt werden.

18 Verkaufs- und Händlerpromotion sind Maßnahmen, die für einen Industriebetrieb mit erheblichen Kosten verbunden sind.
a) Erstellen Sie einen Katalog dieser Maßnahmen.
b) Eräutern Sie, welchen Erfolg ein Unternehmen von diesen Aktivitäten der Salespromotion erwartet.

19 Der Erfolg von Öffentlichkeitsarbeit ist nur schwer messbar. Führen Sie Gründe an, weshalb Unternehmen trotzdem Public-Relations-Arbeit betreiben.

20 Neben gesetzlichen Vorschriften zur Werbung hat die Wirtschaft in Deutschland sich weitere Spielregeln gesetzt. Insbesondere der Deutsche Werberat hat Verhaltensregeln und Empfehlungen für die Werbung geschaffen und wacht über deren Einhaltung. Rufen Sie die Internetpräsenz des Deutschen Werberates auf (www.werberat.de) und bearbeiten Sie folgende Aufgaben:

a) Beschreiben Sie die Aufgaben des Deutschen Werberates.
b) Erläutern Sie, welche Grundlagen die Entscheidungen des Deutschen Werberates haben.
c) Geben Sie konkrete Beispiele für Bereiche an, für die der Deutsche Werberat Verhaltensregeln bzw. besondere Empfehlungen ausgesprochen hat.
d) Jeder Bürger hat das Recht, über diskriminierende bzw. unlautere Werbung beim Werberat Beschwerde einzulegen. Beschreiben Sie, wie Sie eine solche Beschwerde einreichen können.

21 *Ein klassisches Werbemedium ist die Tageszeitung. Hier werden Anzeigen geschaltet oder Prospekte als Beilage gebucht. Um die Kosten und Erfolge dieser Werbung zu kalkulieren, müssen u. a. die Anzeigenpreise sowie die Zielgruppen und Leser der Zeitung bekannt sein.*
a) Ermitteln Sie die Kosten für Anzeigen (halb- und ganzseitig, farbig und schwarz-weiß) Ihrer Tageszeitung. Schauen Sie in der Internetpräsenz nach, oder rufen Sie den Link www.die-zeitungen.de auf und suchen nach der gewünschten Zeitung, dort sind die meisten Anzeigen-Tarife abrufbar.
b) Finden Sie heraus, was unter dem Tausenderpreis einer Zeitungsanzeige zu verstehen ist und wozu ein Unternehmen diesen Wert benutzt. Nutzen Sie dabei das Internet als Informationsquelle.

22 *Die Drinkbox GmbH, ein führender deutscher Getränkehersteller, hat sich entschlossen, einen neuen Energydrink auf den Markt zu bringen. Sie sind Mitglied eines Teams, das ein umfassendes Marketingkonzept für das neue Produkt erarbeiten soll. Dazu ist zunächst eine Marktanalyse erforderlich, die an Ihrer Schule durchgeführt wird. Hierzu sind fünf Arbeitsgruppen einzurichten:*

Gruppe A: Produktpolitik
Gruppe B: Preispolitik[1]
Gruppe C: Distributionspolitik
Gruppe D: Kommunikationspolitik (Werbung)
Gruppe E: Kommunikationspolitik (Verkaufsförderung, Öffentlichkeitsarbeit)

Sie haben nun folgende Aufgaben:
1. *Bilden Sie in Ihrer Klasse die fünf Arbeitsgruppen und informieren Sie sich gründlich über* ***Ihr absatzpolitisches Instrument****.*
2. *Erstellen Sie in jeder Gruppe* ***maximal vier Fragen*** *für den gemeinsamen Fragebogen zur Marktanalyse.*
3. *Tragen Sie die Fragen in einem gemeinsamen Fragebogen zusammen. Kopieren Sie den Fragebogen und führen Sie die* ***Befragung*** *an Ihrer Schule durch.*

Der Arbeitsgruppe „Preispolitik" liegen folgende Angaben vor über die Kosten, die bei der Produktion zu erwarten sind. Danach verursacht die Herstellung von 1 Liter des neuen Energydrinks folgende Kosten:

	€		€
Wasser	0,03	Verpackung (einschl. Etikett)	
Zucker	0,02	• Glasflasche (Einweg)	0,05
Aromastoffe	0,04	• Glasflasche (Mehrweg)	0,07
Farbstoff	0,01	• Verbundverpackung	0,02
weitere Zusätze	0,09	• Dose (Alu)	0,03
Fertigungslöhne	0,10	fixe Kosten (pro Tag)	
Energie	0,04	• Miete	50,00
		• Gehälter	600,00
		• sonstige fixe Kosten	350,00

Die maximale Tageskapazität für die Herstellung des neuen Energydrinks liegt bei 20000 Litern.

4. *Werten Sie den Fragebogen aus und erarbeiten mithilfe der Ergebnisse* ***Vorschläge*** *für konkrete Maßnahmen bei der Einführung des neuen Getränks.*
5. *Entwickeln Sie ein umfassendes Marketingmix-Konzept für das neue Getränk und präsentieren Sie Ihre Ergebnisse mit geeigneten Medien vor der Klasse.*

Tipps:
- *Nutzen Sie Ihr Lehrbuch. Stimmen Sie sich mit den anderen Gruppen ab.*
- *Berücksichtigen Sie die Ergebnisse des Fragebogens.*
- *Nutzen Sie bei der Präsentation geeignete Medien.*
- *Legen Sie fest, welche Gruppenmitglieder welche Themenbereiche vortragen.*

23 ***Fallstudie:*** *Absatzpolitik eines Unternehmens*

Die Wilhelm Straub GmbH, ein Industrieunternehmen für Werkzeuge und Gartengeräte aller Art, baute seit 1985 ein leistungsstarkes Produktprogramm von Elektrogeräten, Handwerkzeugen und Gartengeräten für die Verwendung in privaten Haushalten und Handwerksbetrieben auf. Hierbei wurde die Wilhelm Straub GmbH in ihren Aktivitäten durch günstige Marktprognosen hinsichtlich der Entwicklung des Heimwerkerbedarfs bestärkt. Diese Prognosen beruhten auf drei Annahmen:

- Zunahme der Heimwerkertätigkeiten aufgrund sinkender Arbeitszeiten bzw. zunehmender Freizeiten,
- Kostenersparnis aufgrund hoher Handwerkerlöhne,
- starker Nachholbedarf in den neuen Bundesländern.

Zur verbesserten Wahrnehmung der Chancen auf dem Heimwerkermarkt hat die Wilhelm Straub GmbH eine Abteilung Produktmanagement eingerichtet. Das aktuelle Produktprogramm setzt sich aus fünf Produktgruppen zusammen, deren Umsätze sich in den Jahren 1 und 2 wie folgt entwickelt haben:

Produktgruppe	**Umsatz in Mio. € Jahr 1**	**Umsatz in Mio. € Jahr 2**
1 Elektrowerkzeuge	5,25	4,7
2 Handwerkzeuge und Maschinen für Heimwerker	0,45	0,5
3 Werkzeuge und Maschinen für Handwerk und Industrie	4,4	4,5
4 Gartengeräte	0,85	0,9
5 sonstige Artikel	0,8	0,8
Gesamtumsatz	11,75	11,4

Anhand der vorgelegten Umsatzzahlen kann ein starker Rückgang bei den Elektrowerkzeugen für Heimwerker festgestellt werden, den die Unternehmensleitung auf die starken Marketingaktivitäten mehrerer Konkurrenten zurückführt. Diese Hauptkonkurrenten haben zusammen einen Marktanteil von ca. 55 %, während der Marktanteil der Wilhelm Straub GmbH bei 8 % liegt. Das Marktvolumen bei Elektrowerkzeugen belief sich im Jahr 2 auf ca. 160 Mio. €. Für die nächsten drei bis sechs Jahre wird mit einem jährlichen Wachstum von 8 % bis 12 % gerechnet. Allerdings muss die Wilhelm Straub GmbH bei Elektrowerkzeugen mit einer weiteren Verschlechterung der Marktposition rechnen, da

- der Einzelhandel bei zunehmendem Konkurrenzdruck nur noch durch Preissenkungen Umsatzsteigerungen erreichen kann,
- die Werbeaktivitäten der Konkurrenz (5 Mio. €) um das Fünffache höher als die eigenen sind, infolgedessen kann der Bekanntheitsgrad des eigenen Produktprogramms nicht wesentlich gegenüber den renommierten Marken der Konkurrenz erhöht werden.

Im Januar des Jahres 3 wird von der Unternehmungsleitung eine Konferenz aller leitenden Mitarbeiter einberufen, wobei den Mitarbeitern folgende Untersuchungsergebnisse eines Marktforschungsinstitutes als Diskussionsgrundlage vorgelegt werden:

Der typische deutsche Heimwerker ist der Mann. Frauen beteiligen sich am Tapezieren und Anstreichen. Am stärksten ist diese Neigung bei Verheirateten, die ein Eigenheim oder eine Eigentumswohnung haben. Insgesamt befassen sich 30 % der Bevölkerung mit Heimwerkerprodukten, wobei 43 % Arbeiter, 42 % Angestellte, 9 % Beamte und 6 % Selbstständige sind. Die Nettoeinkommenssituation stellt sich folgendermaßen dar:

Nettoeinkommen	Prozentanteil
1 300,00 € bis 1 800,00 €	40 %
1 800,00 € bis 2 800,00 €	38 %
über 2 800,00 €	22 %

Heimwerker üben folgende Tätigkeiten bevorzugt aus (befragter Personenkreis 3000 Personen):

Tätigkeiten	Anteil	Tätigkeiten	Anteil
Anstreicherarbeiten	46 %	Schlosserarbeiten	20 %
Elektrikerarbeiten	43 %	Glasarbeiten	11 %
Tapezieren	41 %	Klempnerarbeiten	10 %
Tischlerarbeiten	26 %	Fliesenarbeiten	9 %
Maurerarbeiten	23 %	Sonstige Arbeiten	28 %

Die häufigsten Gründe für Heimwerken sind:
- Heimwerken ist billiger.
- Die Heimarbeit macht Spaß.
- Kein Ärger mit den Handwerkern.

Die einberufene Konferenz endet mit der Bildung einer Arbeitsgruppe, die beauftragt wird, zu den folgenden Aufgaben Stellung zu nehmen.

a) Interpretieren Sie die vorliegenden Informationsmaterialien und stellen Sie wesentliche Schwächen der Wilhelm Straub GmbH heraus und leiten Sie daraus einen Ziel- und Maßnahmenkatalog ab.

b) Begründen Sie differenziert, welche Schwerpunkte der Produktpolitik Sie der Unternehmensleitung auf der Grundlage der vorliegenden Daten empfehlen würden.

c) Erläutern Sie, welche Distributionsstrategie Sie für geeignet halten, damit sich die Wilhelm Straub GmbH als mittelständisches Unternehmen gegen die starke Konkurrenz behaupten kann. Erläutern und begründen Sie einzelne Maßnahmen.

d) Stellen Sie in einer Übersicht begründet dar, welche Möglichkeiten der Werbung einschließlich der Salespromotion-Maßnahmen auf der Basis des begrenzten Werbeetats realisierbar sind.

e) Skizzieren Sie Ihre Gesamtstrategie, die aus den Lösungsvorschlägen bzw. -ansätzen zu den drei vorausgegangenen Arbeitsaufträgen resultieren soll, indem Sie weitere Instrumente aus dem Marketingmix einbeziehen. Nutzen Sie hierzu geeignete Präsentationsformen.

24 Fallstudie: *Einführung eines neuen Produkts*

Die Hage AG, ein Hersteller für Elektrogeräte, plant die Einführung eines Kaffee-/Teeautomaten für Großraumbüros, der dem Anspruch nach umweltschonender Herstellung und anspruchsvollem Design genügen soll.
Das Gerät soll aus recyceltem Kunststoff hergestellt und nach Ablauf der Lebensdauer im Rahmen einer Rücknahmegarantie dem Recycling zugeführt werden. Die Gestaltung wird von einem bekannten Designer vorgenommen, der dem Gerät eine unverwechselbare Form geben soll. Das Gerät soll dem Großhandel unter dem Namen „Öko-Design-Kaffee-/Teeautomat" zu einem um 10 % über dem Branchendurchschnitt liegenden Preis angeboten werden. Als das Projekt auf einer Konferenz der Abteilungsleiter der Hage AG vorgestellt wird, sind diese eher skeptisch. Man ist der Meinung, der Verbraucher sei nicht bereit, einen höheren Preis für einen „Öko-Design-Kaffee-/Teeautomaten" zu zahlen. Und außerdem seien die Kunden, die auf Ökologie und anspruchsvolles Design achten, grundverschieden.

a) Armin Hack macht den Vorschlag, die Wünsche der Kunden im Rahmen der Marktforschung zu ermitteln. Stellen Sie fest, welche Marktdaten die Hage AG zur Neueinführung des Kaffee-/Teeautomaten benötigt, und machen Sie Vorschläge, wie die erforderlichen Daten beschafft werden können.

b) Die Geschäftsleitung legt fest, dass die Daten über den Markt im Rahmen einer Befragung von 30 Einzelhandelsbetrieben erhoben werden sollen. Sie erhalten den Auftrag, den erforderlichen Fragebogen zu erstellen. Formulieren Sie geeignete Fragen für diesen Fragebogen. Die Auswertung der Befragung zeigt, dass das Thema „Umwelt" von 68 % der Befragten als wichtigstes Thema angesehen wird. 63 % sind bereit, für ein ökologisch vertretbares Produkt einen 10 % über dem Durchschnitt liegenden Preis zu zahlen. 80 % der Befragten sind der Meinung, dass ökologisch vertretbare Produkte und anspruchsvolles Design gut zusammenpassen.

c) Auf der Grundlage der Befragung entscheidet die Geschäftsleitung, dass der „Öko-Design-Kaffee-/Teeautomat" produziert werden soll. Legen Sie eine Marketingstrategie für das neue Produkt fest und erläutern Sie Ihre Entscheidung.

d) In einer weiteren Sitzung der Geschäftsleitung wird die Preisstrategie diskutiert. Der Verkaufsleiter möchte im Rahmen der „Skimmingpolitik" einen deutlich hohen Einführungspreis festlegen, der Produktionsleiter ist für die „Penetrationspolitk", d. h. einen niedrigen Einführungspreis, um eine schnelle Markteinführung zu sichern. Sie werden aufgefordert, die Vor- und Nachteile dieser preispolitischen Strategien darzustellen und eine begründete Auswahl für eine Strategie zu treffen.

e) Im Rahmen der Konditionen- und Servicepolitik sollen Sie Vorschläge ausarbeiten, die die gewählte Preisstrategie sinnvoll unterstützen.

25 **Fallstudie:** *Entwicklung und Vermarktung von Hartschalenkoffern*

Die Goeke GmbH mit Sitz in Hannover ist ein traditionsreiches mittelständisches Unternehmen, das Koffer und Reisetaschen in mittlerer Preislage herstellt. Im Zuge der Globalisierung und der zunehmenden Mobilität der Menschen weltweit haben sich die Verkaufszahlen der Goeke GmbH in den letzten 20 Jahren sehr positiv entwickelt. Allerdings ist die Konkurrenz in Europa groß und Billigimporte aus Asien erschweren seit einigen Jahren die Lage auf dem Markt für Koffer und Reisetaschen. Aus diesem Grund hat sich die Goeke GmbH entschlossen, den Gedanken der Nachhaltigkeit in den Vordergrund zu rücken, um sich damit stärker von der Konkurrenz abzuheben und den Kunden ein zusätzliches Kaufargument zu liefern.

Peter Goeke, der Geschäftsführer der Goeke GmbH, sucht ständig nach neuen Ideen und war daher sehr beeindruckt von einem Artikel über Rimowa, den führenden deutschen Hersteller von hochwertigen Hartschalenkoffern.

- **Arbeiten Sie** aus dem Artikel „In Schale" die einzelnen Marketinginstrumente **heraus** und **erklären** Sie deren Umsetzung am Beispiel der einzelnen Maßnahmen von Rimowa.

UNTERNEHMEN

In Schale

Aus dem schlichten Alu-Koffer von Rimowa ist ein Top-Accessoire geworden. Wie konnte das passieren?

Das Büro von Dieter Morszeck, 58, ähnelt einem Technikmuseum. Auf seinem Aktenschrank steht ein halbes Dutzend Modellflugzeuge. Der Schreibtisch ist aus dem Höhenleitwerk einer original DC-9 gezimmert. Die Wände sind tapeziert mit Fotografien und Werbepostern, auf dem Fußboden stapeln sich bunte Koffer in allen Größen, gängige Modelle und Sonderanfertigungen. Zumindest das ist kein Wunder, denn Morszeck hat sie ja quasi in Schale geworfen.

Die Hartschalenkoffer der Kölner Firma Rimowa, die mit den Rillen, waren früher vor allem beliebt bei Piloten, Fotografen und BWL-Studenten, die auch mal ein bisschen Abenteurer spielen wollten. Zu Zeiten von Morszecks Vater (zugleich Namensgeber des Unternehmenskürzels „RIchard MOrszeck WArenzeichen") gab es die Kisten nur in der silbernen Aluminium-Version. Inzwischen werden sie auch aus federleichtem Polycarbonat produziert.

Bill Kaulitz, der Sänger der Teenieband Tokio Hotel, reist mit ihnen. Die Musiker von A-ha und Kiss nutzen sie, Top-Model Marcus Schenkenberg und US-Aktrice Cameron Diaz ebenso wie Jazz-Star Till Brönner. Selbst die Männer und Frauen der deutschen Fußballnationalmannschaft reisen mit einer Sonderanfertigung von Spiel zu Spiel.

Aus dem einst so unspektakulären Gepäckstück ist ein Lifestyle-Produkt geworden, das zudem nicht billig ist: Ein Rimowa in klassischer Koffergröße kann 400 Euro kosten. Dafür kriegen andere schon eine Woche Vollpension auf Lanzarote, Flug inklusive.

Verantwortlich für den Erfolg der Kölner ist etwas, das man Audi-Strategie nennen könnte. Auch die Autos aus Ingolstadt waren imagemäßig jahrelang ein Problemfall: Wer es nett mit ihnen meinte, lobte die herausragende Technik, die nur langweilig verpackt war. Andere schmähten Audi als Rentnerschaukeln, die ihre Besitzer locker überleben konnten.

Dank Hightech, modernem Design, viel Werbung und mutiger Hochpreispolitik ist heute nicht nur Audi en vogue, sondern eben auch Rimowa. Innerhalb von nur rund zehn Jahren ist der Umsatz von 10 Millionen auf 100 Millionen Euro hochgeschossen – auch und vor allem, weil Morszeck Polycarbonat entdeckte.

Der Kunststoff ist teuer, fast unzerstörbar und überdies extrem leicht. Einer von Morszecks Zulieferern aus dem Bergischen Land hatte ihm den Tipp gegeben. „Der hat mir einen Hammer in die Hand gedrückt und mich darauf rumhauen lassen", erinnert sich der Rimowa-Chef. Kurz darauf bestellte er fünf Musterplatten einer schwedischen Firma. „Wie die Kinder sind wir darauf rumgesprungen und haben versucht, sie einzudellen. Aber es blieb kein Kratzer, keine Beule zurück – wir waren begeistert."

Seit gut zehn Jahren gibt es die Koffer aus Polycarbonat – und sie haben eine Renaissance des Hartschalenkoffers ausgelöst. Auch andere Produzenten wie Samsonite oder Delsey bieten die leichten Utensilien inzwischen an, zumal vor allem Flugreisende heute beim Einchecken auf jedes Gramm Übergepäck achten müssen.

In über 50 Ländern kann man die Koffer kaufen; während sie in Deutschland ganz klassisch neben anderen im Fachgeschäft stehen, gibt es in Asien bereits 36 eigene Rimowa-Läden. Vor eineinhalb Jahren wurde mit viel Pomp und Prominenz ein Flagshipstore am Rodeo Drive in Beverly Hills eröffnet. Und weil die Werke in Köln und Pelhrimov, Tschechien, mit der Produktion nicht mehr hinterherkommen, baut Morszeck gerade eine weitere Fabrik in Kanada.

Er kann lange Vorträge halten über Schutzkörper für Vier-Rollen-Systeme, spezielle Reißverschlüsse, Gießverfahren und Materialforschung. Das alles soll suggerieren: Es ist die Qualität, die Rimowa so begehrenswert macht. Aber der gebürtige Kölner gilt auch als begnadeter Verkäufer. Eine Productplacement-Agentur sorgt dafür, dass die deutschen Koffer in Hollywood-Filmen wie „Wall Street 2", „Iron Man" oder „Das A-Team" auftauchen. Obendrein werden Sondereditionen angefertigt, mal für die Kölner Rockband BAP, mal für den Star-Geiger David Garrett. Morszeck selbst hat Reklame-Ideen, für die manche Marketing-Experten schon zu bewusstseinserweiternden Drogen greifen müssten. Beispielsweise bietet er heute Koffer an, die farblich exakt zum Porsche Panamera passen. Oder er lässt in der First Class von Lufthansa und Thai Airways die Toilettenartikel in Gratis-Mini-Rimowas verteilen. Die limitierten Einzelstücke werden bei Ebay gehandelt, Stückpreis bis zu hundert Dollar.

Der einzige Anbieter, der ihm in puncto Lautsprecherei noch ernsthaft Konkurrenz macht, ist Zero Halliburton. Die Parallelen zu der US-Firma sind erstaunlich: Auch Zero begann mit robusten Alu-Koffern, der Gründer war ähnlich flugbegeistert wie die Macher von Rimowa, und auch das US-Design wurde seit Jahren kaum verändert. Nur gelten die Koffer von Halliburton unter Vielfliegern als belastbarer.

Vor allem aber haben die Amerikaner ihren Koffer an einer Stelle platziert, wo eine deutsche Firma wohl nie hinkommen wird: Der sogenannte „atomic football" stammt von Halliburton. In dem strengbewachten Koffer, der sich stets in Reichweite des US-Präsidenten befindet, werden die geheimen Codes für den Gebrauch der amerikanischen Nuklearwaffen transportiert. Mehr Reklame geht kaum.

Quelle: Amann, Susanne: In Schale, 15.08.2011. In: www.spiegel.de/spiegel/print/d-79973996.html [16.11.2018].

Bildquellenverzeichnis

BC GmbH Verlags- und Medien-, Forschungs- und Beratungsgesellschaft, Wiesbaden: 205 3, 205 7, 205 9.
Foto Stephan - Behrla Nöhrbaß GbR, Köln: 202 1; Foto Stephan 22 1, 338 1, 449 1.
fotolia.com, New York: Titel; 3darcastudio 30 4; Baudot, Christophe 224 1; Durocher, Carl 327 1; Fauvel, Patrick 408 1; fischer-cg.de 28 2, 28 3, 28 4; goran 21 1, 29 1, 166; Helgason, Barbara 97 1; Herrmann, Frank 31 1; Hirte, Oliver 405 1; Kneschke, Robert 184 1; Marx, Ronny 30 1, 31 3; Mühlbauer, Johanna 444 1; Oczkowicz, Dariusz T. 31 2; Patrick Fauvel 440 1; Pfluegl, Franz 27 2, 29 2, 30 3, 141 1, 166; RRF 22 2; styleuneed 29, 30 2, 166, 318 1, 323 1, 421 1, 454 1; Svemir 31 4, 39 1; Teufel, Thomas 360 1, 381 1; Tom 319 1; Zerbor 25 1.
Galas, Elisabeth, Bad Breisig: 26 1, 26 2.
Google Germany GmbH, Hamburg: 215 1.
imu-Infografik, Duisburg: 37 2.
iStockphoto.com, Calgary: alvarez 37 1; Apriori1 228; AzmanL 382 2; gerenme 232; MicroStock-Hub 42.
Jouve Germany GmbH & Co. KG, München: 34 1, 34 2, 110 2, 117 1, 117 2, 134, 137, 234 1, 244 1, 254 1, 256 1, 277 1, 283 1, 287 1, 287 3, 288 1, 316 1, 316 2, 333 1, 347 1, 349 1, 349 2, 350 1, 351 1, 353 1, 355 1, 409 1, 412 1, 412 2, 423 1, 433 1, 437 1.
Picture-Alliance GmbH, Frankfurt/M.: dpa-infografik 40 1, 40 2, 246, 247, 261.
Shutterstock.com, New York: Boldin, Alexey 460; Boyko.Pictures 416 2; CosminIftode 443 1; Dezay 235; Eivaisla 95; extradeda 242; Flipser 296; HandmadePictures 444 2; kurhan 229; lxMaster 177 1; Lysenko, Oleksandr 399; resilva 225; Reuta, Viktorija 70 1; Sanca, Michal 416 1.
stock.adobe.com, Dublin: contrastwerkstatt 443 2; Darya, Klekta 287 4; difeng, zhu 361; Dmitrii 359; Ernst, Daniel 396; fatihyalcin 294 1, 302, 302, 310, 310, 311, 316; Kneschke, Robert 366, 445; Livyy, Taras 81; martialred 250; nikolarakic Titel; Popov, Andrey 27 1; Sieglinde, Scheer 319 2; structuresxx 375; unpict 398; vectorfusionart 448; WavebreakMediaMicro 269.
TransFair e.V., Köln: 208.

Wir arbeiten sehr sorgfältig daran, für alle verwendeten Abbildungen die Rechteinhaberinnen und Rechteinhaber zu ermitteln. Sollte uns dies im Einzelfall nicht vollständig gelungen sein, werden berechtigte Ansprüche selbstverständlich im Rahmen der üblichen Vereinbarungen abgegolten.

Sachwortverzeichnis

Q

R

S

T

U

V

W

Z